清寶應劉氏本論語正義

第四册

清 劉寶楠撰

中國國家圖書館藏清同治五年寶應劉氏刻本

山東人民出版社·濟南

論語正義卷十八

恭冕述

衛靈公第十五 集解

凡四十九章 正義曰：釋文於君子不可小知章後有子曰父在觀其志父沒觀其行十字，又鄭注曰：古皆無此章。今皇邢本無此章，則集解本與鄭本異也。但皇邢本祇四十二章，釋文亦止四十三章，今云四十九章，九字誤，當作三。

衛靈公問陳於孔子。注孔曰：軍陳行列之法。孔子對曰：俎豆之事則嘗聞之矣，注孔曰：俎豆，禮器。軍旅之事未之學也。注鄭曰：萬二千五百人爲軍，五百人爲旅。軍旅，末事，本未立，不可教以末事。明日遂行。正義曰：說文：「敶，列也。」今經典多省作陳。釋文作陣，顏氏家訓書證篇謂陣字始見王羲之小學章則晉時俗體也俎豆者朝聘禮所用也新序五昔衛靈公問陳孔子言俎豆賤兵而重禮也故春秋曰善爲國者不師史記孔子世家孔子將西見趙簡子至於河乃還而反乎衛入主蘧伯玉家他日靈公問兵陳孔子曰俎豆之事則嘗聞之軍旅之事未之學也明日與孔子語見蜚鴻仰視之色不在孔子孔子遂行復如陳夏衛靈公卒此事在魯哀二年孔子去衛實因靈公問陳之故其明日又適遇靈公仰視蜚鴻故去志益決論語記夫子去衛之本意故但及問陳耳左哀十一年傳孔文子之將攻大叔也訪於仲尼仲尼曰胡簋之事則嘗學之矣軍旅之事未之聞也退命駕而行與此事畧同○注軍陳行列之法○正義曰太公六韜有天陳地陳人陳雲鳥之陳皆軍行陳列之名春秋時諸侯多別制陳法如鄭有魚麗魯有支離楚有荆尸類皆是○注俎豆禮器○正義曰說文俎禮俎也從半肉在且上且薦也從几足有二橫一其下地也明堂位俎有虞氏以梡夏后氏以嶡殷以椇周以房俎鄭注梡斷木爲四足而已嶡之言蹷也謂中足爲橫距之象椇之言枳椇也謂曲橈之也房謂足下跗也上下兩間有似於堂房聶崇義三禮圖案舊圖云俎長二尺四寸廣尺二寸高一尺漆兩端赤中央

黑案俎載牲體豆盛醢醬及諸濡物是皆禮器也○注萬
二至末事○正義曰萬二千五百人爲軍五百人爲旅卯
疏云皆司馬序官文也本末猶先後本者謂先教民使得
所養知尊君親上之義也本立乃教以兵事則於蒐狩時
習之然後可以即戎故軍旅爲末事也子路篇子曰以不
教民戰是謂棄之孟子告子下孟子曰不教民而用之謂
之殃民殃民者不
容於堯舜之世

在陳絶糧從者病莫能興(注)孔曰從者弟子興起也孔子去
衛如曹曹不容又之宋遭匡人之難又之陳會吳伐陳陳
亂故乏食**子路愠見曰君子亦有窮乎子曰君子固窮小
人窮斯濫矣**(注)濫溢也君子固亦有窮時但不如小人窮
則濫溢爲非　正義曰説文糧穀也周官廩人注行道曰糧
是糧爲行食夫子時在道故稱糧矣鄭注云粻糧也本爾
雅釋言陳氏鱣古訓詞古論作糧鄭所注魯論作粻義或

爾也。皇本作根，係俗體。荀子宥坐篇：孔子南適楚，厄於陳蔡之閒，七日不火食，藜羹不糂，弟子皆有飢色。呂氏春秋慎人篇：孔子窮於陳蔡之閒，七日不嘗食，藜羹不糝。宰予備矣。高誘注：備當作憊。憊，極也。莊子讓王、韓詩外傳、說苑雜言並畧同。高注呂氏春秋連引問陳、絕糧兩事，當時師編相連，未有分別，而皇、邢本又以明日遂行屬此節之首。然以爲孔注觀之，兩事既非在一時，則不得合爲一節，而明日遂行，必屬上節無疑矣。君子亦有窮乎者，據天恒理言君子當蒙福佑，不宜窮也。固窮者，言窮當固守也。尸子曰：君守道固窮，則輕王公。荀子宥坐載此事，夫子告子路曰：君子之學，非爲通也，爲窮而不憂，困而意不衰也，知禍福終始而心不惑也。又云：故君子博學深謀，修身端行，以俟其時，即言其困窮之義。易困彖曰：困，剛揜也。險以說，困而不失其所亨，其惟君子乎。象曰：澤无水，困，君子以致命遂志。致命遂志，此君子所以能困窮也。說文：爁，過差也。引此文作爁。爁、濫字異義同。鄭注云：濫，竊也。坊記：小人貧斯約，約斯盜。小人貧必至爲盜，故此注以竊言之。禮器注：濫，亦竊盜也。是也。易繫辭傳：困，德之辨也。鄭注：辨，別也。遭困之時，君子固窮，小人窮則濫，德於是別也。○注：興，起。○正義曰：興，起，爾雅釋詁文。說文：起，能立也。孔子去衛如曹，云云據世家則在定十四十五兩年至吳伐陳陳亂則在哀元年世家云孔子去衛過曹去曹適宋與弟子習禮大樹下宋司馬桓魋欲殺孔子拔其樹孔子去適鄭至陳主司城貞子家然則去宋之後尚有適鄭一節注不備耳但由鄭至陳不由蔡地與陳蔡之閒之文不合又在宋遭桓魋之難與匡人無涉孔注亚誤世家又云孔子遷於蔡三歲吳伐陳楚救陳軍于城父聞孔子在陳蔡之閒楚使人聘孔子孔子將往拜禮陳蔡大夫謀曰孔子賢者所刺者皆中諸侯之疾今者久留陳蔡之閒諸大夫所設行皆非仲尼之意今楚大國也來聘孔子孔子用於楚則陳蔡大夫用事危矣於是乃相與發徒役圍孔子於野不得已絕糧於是使子貢至楚楚昭王興師迎孔子然後得免是絕糧事在哀公六年此注不本之而以爲在哀元年不知何本江氏永鄉黨圖考據世家孔子自陳遷于蔡是爲陳蔡之閒在哀四年其說較確然世家亦可從詳先進疏惟世家言陳蔡大夫合謀圍孔子故致絕糧全氏祖望經史問答辨之云陳事楚蔡事吳則讐國矣安得二國之大夫合謀乎又云吳志在滅陳楚昭至誓死以救之陳之仗楚何如感楚何如而敢圍其所用之人乎全氏此辨極當案孟子云君子之戹於陳蔡之閒無上下之交也先進篇亦云從

我於陳蔡者皆不及門也明因其時弟子未仕陳蔡無上下之交故致困乏耳此注以爲困亂亦近臆測而世家更附會爲陳蔡大夫合謀圍孔子更非是也○注濫溢至爲非○正義曰說文云濫氾也水氾濫則至潰溢杜注左哀五年傳濫溢也是也不如猶言不似孟子梁惠王上孟子云無恒產而有恒心者惟士爲能若民則無恒產因無恒心苟無恒心放辟邪侈無不爲矣是小人窮則濫溢爲非也

子曰賜也女以予爲多學而識之者與對曰然注孔曰然謂多學而識之**非與**注孔曰問今不然**曰非也予一以貫之**注善有元事有會天下殊途而同歸百慮而一致知其元則衆善舉矣故不待多學而一知之　正義曰史記孔子世家言孔子阨於陳蔡子貢色作孔子曰賜爾以予爲多學而識之者與云云是此節亦絕糧時問答語阮氏元一貫說貫行也此夫子恐子貢但以多學而識學聖人而不於行事學聖人也夫子於曾子則直告之於子貢則略加問難而出之卒之告子

貢曰予一以貫之亦謂壹是皆以行事爲教也亦即忠恕之道也今案夫子言君子博學於文又自言默而識之是孔子以多學而識爲貴故子貢答曰然然夫子又言文莫吾猶人躬行君子未之有得是聖門之教行尤爲要中庸云博學之審問之愼思之明辨之篤行之學問思辨多學而識之也篤行一以貫之也荀子勸學篇君子博學而日參省乎己則知明而行無過矣又曰其數則始乎誦經終乎讀禮其義則始乎爲士終乎爲聖人皆言能行之效也否則徒博學而不能行如誦詩三百而授政使四方不能達不能專對雖多亦奚爲哉至其所以行之不外忠恕故此章與詔曾子語相發也○注善有至知之○正義曰焦氏循補疏繫辭傳云天下何思何慮天下同歸而殊途一致而百慮韓康伯注云少則得多則惑途雖殊其歸則同慮雖百其致不二苟識其要不在博求一以貫之不慮而盡矣與何晏說同易傳言同歸而殊途一致而百慮何氏倒其文爲殊途而同歸百慮而一致則失乎聖人之指莊子引記曰通于一而萬事畢此何韓之說也夫通於一而萬事畢是執一之謂也非一以貫之也孔子以一貫語曾子曾子即發明之云忠恕而已矣忠恕者何成已以成物也孟子曰大舜有大焉善與人同舍己從人樂取於人以

爲善舜於天下之善無不從之是眞一以貫之以一心而同萬善所以大也一貫則爲聖人執一則爲異端董子云夫喜怒哀樂之發與淸暖寒暑其實一貫也四氣者天與人所同也天與人一貫人與己一貫故一貫者忠恕也孔子焉不學無常師無可無不可異端反是孟子以楊子爲我墨子兼愛子莫執中而不知有當爲我當兼愛之時也爲楊者必斥墨爲墨者必斥楊楊已不能貫墨墨已不能貫楊使楊子思兼愛之說不可廢墨子思爲我之說不可廢則恕矣則不執一矣聖人之道貫乎爲我兼愛執中者也執一則人之所知所行與己不合者皆屏而斥之入主出奴不恕不仁道日小而害日大矣人之有技若己有之保邦之本也己所不知人其舍諸舉賢之要也知之爲知之不知爲不知力學之基也善與人同則人之所知所能皆我之所知所能而無有異惟事事欲出乎己則嫉忌之心生嫉忌之心生則不與人同而與人異執兩端而一貫者聖人也執一端而無權者異端也記曰夫言豈一端而已夫各有所當也各有所當何可以一端概之史記禮書云人道經緯萬端規矩無所不貫惟孔子無所不貫以忠恕之道通天下之志故無所不知無所不能非徒恃乎一己之多學而識也忠恕者絜矩也絜矩者格物也物格而

後致知故無不知由身以達乎家國天下是一以貫之也
一以貫之則天下之知皆吾之知天下之能皆吾之能何
自多之有自執其多仍
執一矣案焦說亦是

子曰由知德者鮮矣注王曰君子固窮而子路慍見故謂之
少於知德正義曰中庸之德民所鮮能故知德者鮮○注
君子至知德○正義曰荀子宥坐載夫子厄於
陳蔡荅子路語畢復曰居吾語女昔者公子重耳霸心生於
於曹越王句踐霸心生於會稽齊桓公小白霸心生於莒
故居不隱者思不遠身不佚者志不廣佚與逸同
謂奔竄也或即此知德之義但荀子語稍駁耳

子曰無爲而治者其舜也與夫何爲哉恭己正南面而已矣
注言任官得其人故無爲而治正義曰恭己者修己以敬
也漢書王子侯表下饗共
己之治顏注引此文亦作共己云共讀曰恭此所見本異
也正南面者正君位也禮中庸云詩云不顯惟德百辟其
刑之是故君子篤恭而天下平呂氏春秋先己篇昔者先
聖王成其身而天下成治其身而天下治故善響者不於

響於聲善影者不於影於形爲天下者不於天下於身詩曰淑人君子其儀不忒其儀不忒正是四國言正諸身也故反其道而身善矣行義則人善矣樂備君道而百官已治矣萬民已利矣三者之成也在於無爲無爲之道曰勝天注天無爲而化君能無爲而治民以爲勝於天○注言任官得其人故無爲而治○正義曰注以恭己固可以德化然亦因輔佐得人乃成郅治此注可補經義漢書董仲舒傳對策曰堯在位七十載迺遜于位以禪虞舜堯崩天下不歸堯子丹朱而歸舜舜知不可辟迺即天子之位以禹爲相因堯之輔佐繼其統業是以垂拱無爲而天下治又曰三王之道所祖不同非其相反將以捄溢扶衰所遭之變然也故孔子曰亡爲而治者其舜虖改正朔易服色以順天命而已其餘盡循堯道何更爲哉此即謂舜因堯舊任官得人也大戴禮主言篇昔者舜左禹而右皋陶不下席而天下治新序雜事三故王者勞於求人佚於得賢舜舉衆賢在位垂衣裳恭己無爲而天下治詩卷阿云伴奐爾游矣優游爾休矣鄭箋伴奐自縱弛之意也賢者既來王以才官秩之各任其職則得伴奐而優游自休息也孔子曰無爲而治者其舜也與恭己正南面而已言任賢故逸也逸與此注義同

子張問行子曰言忠信行篤敬雖蠻貊之邦行矣言不忠信行不篤敬雖州里行乎哉(注)鄭曰萬二千五百家爲州五家爲鄰五鄰爲里行乎哉言不可行立則見其參於前也在輿則見其倚於衡也夫然後行(注)包曰衡軛也言思念忠信立則常想見參然在目前在輿則若倚車軛子張書諸紳(注)孔曰紳大帶 正義曰史記弟子傳子張從在陳蔡閒因問行孔子曰言忠信云云是此問亦在絕糧時翟氏灝考異以子張時年少爲疑過矣篤與竺同厚也謂厚愛人也荀子修身篇體恭敬而心忠信術禮義而情愛人橫行天下雖困四夷人莫不貴又說苑敬慎篇顏回將西遊問於孔子曰何以爲身孔子曰恭敬忠信可以爲身恭則免於衆敬則人愛之忠則人與之信則人恃之人所愛人所恃必免於患矣與此文義同蠻貊者說文云蠻南蠻蛇種貉北方豸種孔子曰貉之爲言惡也此貉作貊係別體說文所無也在輿謂在軍中也戴氏

震釋車云車式較內謂之輿自注大車名箱書諸紳者謂書夫子語於紳也說文書箸也又序云箸於竹帛謂之書趙氏佑溫故錄據玉藻言帶之制天子終辟大夫辟垂士率下辟辟讀如字即襞積之襞率即繂謂緶緝也終辟者上下皆辟之大夫山辟其垂者即紳也士辟其垂之末而已紳之長三尺則書諸紳亦刺文於其上與或曰紳有囊蓋書而貯之皇本參下有然字此誤依注增入又夫然後行句末有也字○注萬二千五百家爲州○正義曰弟子傳集解作二千五百家爲州此有萬字衍也周官大司徒五黨爲州一黨五百家五黨是二千五百家鄭彼注及州長內則注並云二千五百家爲州此注亦當同釋名釋州國云州注也郡國所注仰也○注衡軛至車軛○正義曰衡之言橫也謂橫於車前阮氏元車制圖考說衡與車廣等長六尺四寸是也衡兩旁下有曲木叉馬頸謂之軛衡軛本二物注以軛釋衡意尚未晰皇疏云參猶森也森森然滿亙於已前也釋文參所金反說文森字注讀若曾參之參是參森音同然參不訓森皇疏所云未必即得注意朱子集注云參讀如毋往參焉之參言與我相參也王氏引之經義述聞家大人曰參字可訓爲直故墨子經篇曰參直也論語參於前謂相直於前也呂氏春秋有始篇夏

至日行近道乃參於上謂直人上也淮南說山篇越人學
遠射參天而發謂直天而發也自注鄘風柏舟釋文引韓
詩曰直相當也二說皆視此注爲長俞氏樾羣經平議又
以參爲厽王篇曰厽尚書以爲參字蓋西伯戡黎篇乃罪
多參在上古字作厽說文厽部厽絫坺土爲牆壁象形尚
書論語並作當厽厽之言絫也言見其積絫於前也其說
亦有理故
附箸之

子曰：直哉史魚！邦有道如矢，邦無道如矢。注孔曰：衛大夫史鰌，有道無道，行直如矢，言不曲。**君子哉蘧伯玉！邦有道則仕，邦無道則可卷而懷之。**注包曰：卷而懷，謂不與時政，柔順不忤於人。

正義曰：韓詩外傳：正直者順道而行，順理而言，公平無私，不爲安肆志，不爲危激行。昔者衛大夫史魚病且死，謂其子曰：我數言蘧伯玉之賢而不能進，彌子瑕不肖而不能退，爲人臣生不能進賢而退不肖，死不當治喪正堂，殯我於室足矣。衛君問其故，子以父言對，君造然召蘧伯玉而貴之，而退彌子瑕，徙殯於正堂，成禮而後去生以身諫死以尸諫可謂直矣此相傳史魚直諫之事可爲論語此文證也外傳又云外寬而內直自設於隱栝之中直己不直人善廢而不悒悒蘧伯玉之行也是伯玉亦守直道但不似史魚之直人不問有道無道又其出處深合有道則見無道則隱之義覩史魚爲更賢故夫子以君子許之外傳云善廢而不悒悒即此所云卷而懷之也儀禮公食大夫禮注卷收也懷與褱同藏也下篇懷其寶訓同卷而懷之蓋以物喻唐石經懷之作懷也阮氏元挍勘記後漢書周黃徐姜申屠傳序亦作也俞氏樾羣經平議以也字爲是而訓懷爲歸引詩匪風作皇矣毛傳爲證亦通○注衛大至不曲○正義曰鄭注云史魚衛大夫名鰌君有道無道行常如矢直不曲也此僞孔所本梁氏玉繩人表攷案杜譜列史鰌在雜人蓋不得其族系而閻氏四書釋地又續以爲史朝之子高氏姓名攷亦云史魚朝子並謂即榜弓之衛大史柳莊不知何據詩大東云其直如矢亦以矢行最直故取爲喻也顏師古漢書貢禹傳注如矢言其壹志謂志壹於直不計有道無道○注卷而懷謂不與時政○正義曰黃氏式三後案曰左傳襄公十四年孫林父逐其君衎二十六年甯喜弒其君剽蘧伯玉身遭其變近關再出或以伯玉爲無此事而左氏爲

誣或以左氏有此事而伯玉爲非左氏信史也伯玉賢大夫也爲此說者豈通論哉孔子之再主伯玉家也據史記在衞靈將卒之時事在哀公二年距襄公之十四年年六十有七則孫氏構禍伯玉年少而名德既著物望攸歸孫氏奸雄意欲收拾人心藉以爲重卒能進退裕如全身遠害此明哲之知幾也逮夫衎弃剽立孫甯專國伯玉當此無道必已卷而懷之矣惟其卷而懷之甯喜亦聽其從近關出也伯玉之答孫林父曰君制其國誰敢奸之大義已懔懔矣其答甯喜則曰瑗不得聞君之出敢聞其入是出與入皆可付之不聞矣包子良謂其不與時政者是也潘氏德輿養一齋集曰卷而懷之殆未仕也與夫獻公之暴所謂邦無道時也觀史魚之進伯玉知伯玉始固未嘗進矣又曰未仕而國之卿大夫訪之重其賢也案黃潘二說義同竊以伯玉年少時已仕及見獻公無道乃更不仕故難作得從近關出也不與與時政卽是避位而去若但以爲始未嘗仕尚未盡然

子曰可與言而不與之言失人不可與言而與之言失言知者不失人亦不失言正義曰皇本唐石經宋十行本岳珂本考文引古本足利本高麗本不與

下無之字後漢安帝紀引亦無之字中論貴言篇君子必貴其言貴其言則尊其身尊其身則重其道重其道所以立其教言費則身賤身賤則道輕道輕則教廢故君子非其人則弗與之言又曰故君子之與人言也使辭足以達其智慮之所至事足以合其性情之所安弗過其任而強牽制也苟過其任而強牽制則將昏瞀委滯而遂疑君子以爲欺我也不則曰吾聞知矣非故也明偏而示之以幽弗能照也聽寡而告之以微弗能察也故孔子曰可與言而不與之言失人不可與言而與之言失言知者不失人亦不失言夫君子之於言也所致貴也雖有夏后之璜商湯之駟弗與易也今以施諸俗士以爲志誣而弗貴聽也不亦辱己而傷道乎是以君子將與人語大本之源而談性義之極者必先度其心志本其器量視其銳氣察其墮衰然後唱焉以觀其和導焉以觀其隨隨和之徵發乎音聲形乎視聽著乎顏色動乎身體然後可以發幽而步遠功察而治微於是乎闓張以致之因來以進之審諭以明之雜稱以廣之立準以正之疏煩以理之疾而勿迫徐而勿失雜而勿結放而勿逸欲其自得之也故大禹善治水而君子善導人導人必因其性治水必因其勢是以功無敗而言無弃也荀卿曰禮恭然後可與言道之致有爭氣

者勿與辨也孔子曰惟君子然後能貫其言貫其色小人能乎哉

子曰：志士仁人，無求生以害仁，有殺身以成仁。（注）孔曰：無求生以害仁，死而後成仁，則志士仁人不愛其身也。

正義曰：志士者，孟子滕文公篇「志士不忘在溝壑」，趙岐注：「志士，守義者也。」俞氏樾平議謂志士卽知士，與仁人爲知仁竝舉，其說亦通。害仁，唐石經作「害人」，文選曹植贈徐幹詩注、太平御覽四百十九亦引作「人」，皆從唐石經而誤也。張栻解：「人莫不重於其生也，君子亦何以異於人哉？然以害仁則不敢以求生，以成仁則殺身而不避，蓋其死有重於生故也。夫仁者，人之所以生者也，苟虧其所以生者，則其生也亦何爲哉？曾子所謂得正而斃者，正此義也。」焦氏循雕菰樓文集云：「殺身成仁，解者引比干之諫、夷齊之餓，固矣。然殺身不必盡刀鋸鼎鑊也。舜勤衆事而野死，冥勤其官而水死，爲民禦大災捍大患，所謂仁也。以死勤事，卽是殺身成仁。苟自愛其身，則禹不胼胝，顏色不黧黑，竅氣不塞，足不偏枯，而水不平，民生不遂，田賦不能成，卽是不能成仁，則爲求生以害仁也。管仲不死而相桓公，霸諸侯，一匡天下，民到

于今受其賜是成仁不必殺身夫聖賢之死不死審乎仁不仁非謂仁必死也非謂死則仁也

子貢問爲仁子曰工欲善其事必先利其器居是邦也事其大夫之賢者友其士之仁者【注】孔曰言工以利器爲用人以賢友爲助【正義曰】爲仁者爲猶行也利其器漢書梅福傳作厲其器惠氏棟九經古義以利爲古論馮氏登府異文攷證以厲爲魯論一字訓義略同也言居是邦則在夫子周遊時曾子制言下凡行不義則吾不事不仁則吾不長奉相仁義則吾與之聚羣荀子哀公篇所謂庸人者不知選賢人善士託其身焉以爲己憂然則所事所友皆己德行之助可資以祇厲故宜慎選之也皇疏云大夫貴故云事士賤故云友也大夫言賢士言仁互言之也案皇本仁者下有也字

顏淵問爲邦子曰行夏之時【注】據見萬物之生以爲四時之始取其易知【正義曰】爲邦者謂繼周而王以何道治邦也呂氏春秋察今篇故治國無法則亂守法而

弗變則悖悖亂不可以持國世易時移變法宜矣譬之若良醫病萬變藥亦萬變病變而藥弗變嚮之壽民今爲殤子矣故凡舉事必循法以動變法者因時而化若此論則無過務矣夫不敢議法者衆庶也以死守者有司也因時變法者賢主也呂覽此言正顏子問爲邦之意干寶易雜卦注弟子問政者數矣而夫子不與言三代損益以非其任也回則備言王者之佐伊尹之人也故夫子及之焉○注據見至易知○正義曰見萬物之生謂建寅月也白虎通三正篇正朔有三何本天有三統謂三微之月也明王者當奉順而成之故受命各統一正也敬始重本也三微者何謂也陽氣始施黃泉萬物動發而未著也十一月之時陽氣始養根株黃泉之下萬物皆赤赤者盛陽之氣也故周爲天正色尚赤也十二月之時萬物始牙而白白者陰氣故殷爲地正色尚白也十三月之時萬物始達孚甲而出皆黑人得加功故夏爲人正色尚黑尚書大傳曰夏以孟春月爲正殷以季冬月爲正周以仲冬月爲正夏以十三月爲正色尚黑以平旦爲朔殷以十二月爲正色尚白以雞鳴爲朔周以十一月爲正色尚赤以夜半爲朔三正之相承若順連環也孔子承周之弊行夏之時知繼十一月正者當用十三月也周書周月解夏數得天百王所

同其在商湯用師于夏除民之災順天革命改正朔變服殊號一文一質示不相沿以建丑之月爲正易民之視亦越我周王致伐于商改正異械以垂三統至于敬授民時巡守祭享猶自夏焉是謂周月以紀于政據周書此言是周亦用夏時乾鑿度云天氣三微而成一著夏時萬物始達雖微而已著故白虎通以爲人得加功也禮鄉飲酒義春之爲言蠢也産萬物者聖也周月解凡四時成歲有春夏秋冬各有孟仲季以名十二月萬物春生夏長秋收冬藏天地之正四時之極不易之道是春主生物爲四時始寅月爲孟春夏時用之民旣便於施功故易得知之也

乘殷之輅（注）馬曰殷車曰大輅左傳曰大輅越席昭其儉也

正義曰釋文輅本亦作路說文輅車輪前橫木也段注引應劭說謂以木當胸以輓車者卽此又謂車名本字自作路案釋名釋車天子所乘曰路路亦車也謂之路者言行于道路也是路爲車名爾雅釋詁舍人注路車之大也此引申之義。注殷車至儉也。正義曰禮明堂位鸞車有虞氏之輅也鉤車夏后氏之輅也大輅殷輅也乘輅周輅也是歷代車制不同名亦各異此注殷車曰大輅卽據明堂位別之鄭彼注云鸞車有鸞和也鉤車有曲輿者也大路木路也乘路玉路也案周官巾車言王五路木路居末最質故知殷大路是木路也鄭注巾車謂玉路以玉飾諸末金路以金飾諸末象路以象飾諸末革路輓之以革而漆之無他飾至木路則不輓以革漆之而已是木路最質故亦稱素車也郊特牲大路繁纓一就先路三就次路五就疏云殷則有三路其世猶質故以少質爲先如疏所言是殷有三路論語此文當得兼之引左傳者桓二年文服虔云大路木路是據殷禮言之越席者結草爲席置大路中以爲藉也亦尚質之意

服周之冕注包曰冕禮冠周之禮文而備取其黈纊塞耳不任視聽

注冕禮至視聽。正義曰注有脫文當云取其垂旒蔽明黈纊塞耳不任視聽也大戴禮子張問入官篇古者冕而前旒所以蔽明也黈纊塞耳所以弇聽也盧辯注禮緯含文嘉以懸紞垂旒爲閑姦聲弇亂色令不惑視聽則瑱瑱之設兼此二事也孔氏廣森補注玉篇曰黈黃色也紞綿也以綿爲充耳垂冕兩旁其下綴玉謂之瑱懸紞之繩謂之紞天子玄紞諸侯黃大夫青士素今案纊紞一字注言此者欲言冕制之善亦文備之一端也宋書禮志周監二代典制詳密弁師掌六冕司服掌六服設擬等差各有其序周之祭冕纖采備飾故夫子曰服周之冕以盡美稱之**樂則韶舞**（注）韶舜樂也盡善盡美故取之正義曰兪氏樾羣經平議舞當讀爲武周官鄉大夫五曰興舞論語八佾馬注引作興武莊十年左傳經文以蔡侯獻舞歸穀梁作獻武皆古人舞武通用之證樂則韶舞者則之言法也言樂當取法韶武也子於四代之樂獨於韶武有盡美之論雖盡善未盡善微有低昂然尚論古樂韶之後即及武而夏殷之樂不與焉可知孔子之有取於武矣夏時殷輅周冕皆以時代先後爲次若韶舞專指舜樂則當首及之惟韶武非一代之樂故列於後且時言夏輅言殷冕言周而韶舞不言虞則非止舜樂明矣案兪說是也孔子世家言孔子絃歌詩以求合韶武雅頌之音韶武並言皆孔子所取也武爲周一代之樂合文武周公所作樂名之說詳八佾疏**放鄭聲遠佞人鄭聲淫佞人殆**（注）孔曰鄭聲佞人亦俱能惑人心與雅樂賢人同而使人淫亂危殆故當放遠之正義曰放者罷廢之也樂記云鄭音好濫淫志宋音燕女溺志衛音趨數煩志齊音敖辟喬志此四者皆淫於色而害於德是以祭祀弗

用也是四國皆有淫聲此獨云鄭聲者亦舉甚言之五經異義魯論說鄭國之俗有溱洧之水男女聚會謳歌相感故云鄭聲淫左傳說煩手淫聲謂之鄭聲者言煩手躑躅之聲使淫過矣謹案鄭詩二十一篇說婦人十九矣故鄭聲淫也案白虎通禮樂篇樂尚雅何雅者古正也所以遠鄭聲也孔子曰鄭聲淫何鄭國土地民人山居谷汲男女錯雜爲鄭聲以相悅懌又漢書禮樂志云桑閒濮上鄭衛宋趙之聲並出內則致疾損壽外則亂政傷民庶民以爲利列國以相間皆以鄭聲爲鄭國之聲與魯論說同其煩手淫聲謂之鄭聲乃左傳別一義服虔解誼據之不與魯論同也又魯論舉溱洧一詩以爲鄭俗多淫之證非謂鄭詩皆是如此許氏錯會此旨舉鄭詩而悉被以淫名自後遂以鄭詩混入鄭聲而謂夫子不當取淫詩又以序所云刺時刺亂者改爲刺淫則皆許君之一言誤之矣樂記云世亂則禮慝而樂淫是故其聲哀而不莊樂而不安慢易以犯節流湎以忘本廣則容姦狹則思欲感條暢之氣而滅平和之德是以君子賤之也周官大司樂凡建國禁其淫聲過聲凶聲慢聲注淫聲若鄭衛也淫聲爲建國所宜禁故此言爲邦亦放之矣白虎通誅伐篇佞人當誅何爲其亂善行傾覆國政韓詩內傳曰孔子爲魯司寇先誅少

正卯謂佞道已行亂國政也佞道未行章明遠之而已論語曰遠佞人公羊莊十一年齊人執鄭詹書甚佞也何注孔子曰放鄭聲遠佞人罪未成者伯當討之而已與白虎通義合通鑑孝元帝紀引荀悅曰子曰遠佞人非但不用而已乃遠而絕之隔塞其源戒之極也。注鄭聲至遠之。正義曰鄭聲與雅樂同佞人與賢人同是其能惑人也惑於鄭聲則思淫亂惑於佞人則當危殆下篇子曰惡鄭聲之亂雅樂也惡利口之覆邦家者利口即佞人二者皆似是而非故易惑人也

子曰人無遠慮必有近憂注王曰君子當思患而預防之 正義曰皇本人下有而字張栻解慮之不遠其憂卽至故曰近憂。注君子當思患而預防之。正義曰邢疏云此易旣濟象辭也案繫辭云安不忘危存不忘亡是以身安而國家可保也荀子大畧篇先事慮事先患慮患先事慮事謂之接接則事優成先患慮患謂之豫豫則禍不生事至而後慮者謂之後後則事不舉患至而後慮者謂之困困則禍不可禦又仲尼篇智者之舉事也滿則慮嗛平則慮險安則慮危曲重其豫猶恐及其禍是以百舉而不陷也皆

言人宜遠慮也

子曰已矣乎吾未見好德如好色者也正義曰皇本無乎字

子曰臧文仲其竊位者與知柳下惠之賢而不與立也注孔曰柳下惠展禽也知賢而不舉是爲竊位正義曰文選陶徵士誄注引鄭注云柳下惠魯大夫展禽食采柳下諡曰惠太平御覽四百二引鄭注柳下惠魯士師展禽也其邑名柳下諡曰惠文小異左僖二十六年疏魯語展禽對臧文仲云獲聞之是其人氏展名獲字禽柳下爲邑名者柳下若桑中棘下之類其地今不可考閻氏若璩四書釋地說國策顏斶言秦攻齊令有敢去柳下季壟五十步而樵採者死不赦古人多葬於食邑壟所在即邑所在則柳下自當在齊南魯北二國接壤處昔爲魯地後爲齊有也惠爲諡者列女傳柳下惠死門人將誄之妻曰夫子之諡宜爲惠乎門人從以爲諡是惠爲諡也高誘淮南說林訓注柳下惠魯大夫展無駭之子名獲字禽家有大柳樹行惠德因號柳下惠一曰柳下邑趙岐孟子公孫丑篇注亦云柳下是其號也

以柳下爲號，與晉陶潛自稱五柳先生同。疑未必然。至惠之爲謚，明見列女傳，而亦以爲生前之號，均與鄭異，義非也。又高誘謂柳下惠爲無駭之子，亦不知所本。柳下惠爲士師，見微子篇。「不與立」者，邢疏云：「不稱舉與立於朝廷也。」方氏觀旭偶記：「展喜犒齊師，使受命於展禽，正臧孫辰爲政之時，見內傳。展禽譏文仲祀爰居，文仲曰：『是吾過也。』季子之言，不可不法也。使書之以爲三筴。」見外傳。並是文仲知柳下惠之證。李氏惇羣經識小：「案臧氏世爲司寇，文仲當己爲之，或爲司空而兼司寇也。柳下惠爲士師，正其屬官，無容不知。此與文子同升事正作一反照。」○注：「知賢而不舉，是爲竊位。」○正義曰：竊，如盜竊之竊。言竊居其位，不讓進賢能也。

子曰：「躬自厚而薄責於人，則遠怨矣。」注：孔曰：「責己厚，責人薄，所以遠怨咎。」正義曰：春秋繁露仁義法篇：「以仁治人，義治我。躬自厚而薄責於外，此之謂也。且論己見之，而人不察，曰君子攻其惡，不攻人之惡，非仁之寬與？自攻其惡，非義之全與？此之謂仁造人，義造我，何以異乎？故自稱其惡謂之情，稱人之惡謂之賊；求諸己謂之厚，求諸人謂之薄；自責以備謂之明，責人以備謂之惑。」呂氏春秋舉難篇故君子責人則以人自責則以義責人以人則易足易足則得人自責以義則難難爲非難爲非則行飾故任天地而有餘不肖者則不然責人則以義自責則以人責人以義責難贍難贍則失親自責以人則易爲易爲則行苟故天下之大而不容也身取危國取亡焉此桀紂幽厲之行也中論脩本篇孔子之制春秋也詳內而畧外急己而寬人故於魯也小惡必書於衆國也大惡始筆夫見人而不自見者謂之矇聞人而不自聞者謂之瞶慮人而不自慮者謂之瞀故明莫大乎自見聽莫大乎自聞睿莫大乎自慮

子曰不曰如之何如之何者吾未如之何也已矣注孔曰不曰如之何者猶言不曰奈是何注孔曰如之何者言禍難已成吾亦無如之何 正義曰春秋繁露執贄篇子曰人而不曰如之何如之何者吾莫如之何也矣故匿病者不得良醫羞問者聖人去之以爲遠功而近有災此以如之何爲問人之辭凡稱何如是也朱子集注云如之何如之何者孰思而審處之辭也不如是而妄行雖聖人亦無如之何矣此以如之何爲心自審度亦通

荀子大略篇天子即位上卿進曰如之何憂之長也憂長即審度之義。注如之何者禍難已成。正義曰陸賈新語辨惑篇故孔子遭君暗臣亂衆邪在位政道隔於王家仁義閉於公門故作公陵之歌傷無權力於世大化絶而不通道德私而不用故曰無如之何者吾末如之何也已矣夫言道因權而立德因勢而行不在其位者則無以齊其政不操其柄者則無以制其剛此論語家舊説指世亂言之僞孔所云禍難已成似即竊取此義然曰無如之何者亦統兩如之何爲一句非如僞孔橫分兩句也

子曰羣居終日言不及義好行小慧難矣哉注鄭曰小慧謂小小之才知難矣哉言終無成。正義曰此章是夫子家塾之戒説文云羣輩也羣居謂同來學共居者也夫子言人羣居當以善道相切磋不可以非義小慧相誘引也釋文慧音惠皇本作惠注同此依魯論改不知鄭君定讀已作慧也考文引古本作惠即指皇本文選陳琳檄吳將校部曲文注太平御覽人事部引並作慧。注小慧謂小小之才知。正義曰説文慧儇也史記索隱慧智也左成十八年傳周子有兄而無慧杜

注蓋世所謂白癡則慧爲有才知之稱戴氏望注云小慧爲小辨慧也哀公欲學小辨以觀於政孔子曰不可社稷之主愛日案戴說即鄭義釋文引注更云魯讀慧爲惠今從古則作慧者古論魯論用假借字作惠也馮氏登府異文攷證案晉語巧文辯惠則賢惠即慧後漢孔融傳將不早惠乎注惠作慧列子穆王篇秦人逢氏有子少而惠陸機弔魏武文知惠不能去其惡並與慧同

子曰君子義以爲質禮以行之孫以出之信以成之君子哉

注鄭曰義以爲質謂操行孫以出之謂言語 正義曰釋文云義以爲質一本作君子義以爲質鄭本畧同翟氏灝考異孝經三才章疏引此文無君子二字臧氏琳經義雜記以有者爲衍是也義以爲質者義者宜也人行事所宜也禮運云何謂人義父慈子孝兄良弟弟夫義婦聽長惠幼順君仁臣忠十者謂之人義講信修睦謂之人利爭奪相殺謂之人患故聖人之所以治人七情修十義講信修睦尚辭讓去爭奪舍禮何以治之又云其居人也曰養其行之以貨力辭讓飲食冠昬喪祭射御朝聘注養當爲義字之誤也是凡

禮皆以行義也禮尙辭讓去爭奪故孫以出之信者申也言以相申束使不相違背故信以成之稱君子者言其人有士大夫之行可爲法則也。注義以至言語。正義曰禮器注質猶性也荀子臣道注質體也操者持也守也義本於心之裁度而要以制事故注以操行言之出謂出諸口鄭以行禮已是孫讓故解孫以出之爲言語也詩云愼爾出話無不柔嘉

子曰君子病無能焉不病人之不己知也注包曰君子之人但病無聖人之道不病人之不己知　正義曰憲問篇子曰不患人之不己知患其不能也義同

子曰君子疾沒世而名不稱焉注疾猶病也　正義曰沒世猶沒身也史記孔子世家子曰弗乎弗乎君子病沒世而名不稱焉吾道不行矣吾何以自見於後世哉以此爲孔子作春秋時語亦安國舊說中論考僞篇貴名乃所以貴實也張栻論語解有是實則有是名名者所以命其實也終其身而無實之

可名君子疾諸非謂求名於人也錢氏大昕養新錄孔子贊易曰善不積不足以成名孝經曰立身行道揚名於後世於論語曰君子去仁惡乎成名又曰君子疾沒世而名不稱焉聖人以名立教未嘗惡人之好名也孟子曰令聞廣譽施於身令聞廣譽非名而何唯聲聞過情斯君子恥之耳道家以無爲宗故曰聖人無名又曰無智名無勇功又以伯夷死名與盜跖死利並言此悖道傷教之言儒者所弗道。注疾猶病也。正義曰法言問神篇君子病沒世而無名

子曰君子求諸己小人求諸人【注】君子責己小人責人 正義曰禮中庸云君子素其位而行不願乎其外又云正己而不求於人則無怨上不怨天下不尤人鄭注引此文說之中論貴驗篇子思曰事自名也聲自呼也貌自眩也物自處也人自官也無非自己者故怨人之謂壅怨己之謂通通也知所悔壅也遂所誤。注君子責己小人責人。正義曰求訓責亦引申之義禮大學云君子有諸己而後求諸人謂先責諸己也若小人則藏身不恕而即欲喻諸人故但責人孟子所謂今以其昏昏使人昭昭者也

子曰君子矜而不爭注包曰矜矜莊也羣而不黨注孔曰黨助也君子雖衆不相私助義之與比　正義曰矜易於爭羣易於黨故君子絶之劉氏宗周論語學案矜者斬斬自持不爭則非絶物矣羣者油油與人不黨則非徇物矣此君子持世之準也○注矜矜莊也○正義曰呂覽重言注矜嚴也嚴莊義同○注黨助至與比○正義曰黨訓助者引申之義義之與比言與人以義相親比也

子曰君子不以言舉人注包曰有言者不必有德故不可以言舉人也不以人廢言注王曰不可以無德而廢善言　正義曰禮文王世子云凡語于郊者必取賢斂才焉或以德進或以事舉或以言揚揚如揚于王廷之揚蓋先揚之而後考其德事乃進用之也書舜典云敷奏以言明試以功車服以庸彼是考績之法亦在試以功效不專尚言故管子明法解云明主之擇賢人也言勇者試之以軍言智者試之以官試於軍而有功者則舉之試於官而事治者則用

之故以戰功之事定勇怯以官職之治定愚智故勇怯愚智之見也如白黑之分亂主則不然聽言而不試故妄言者得用觀此是古舉人之術皆不以言可知

子貢問曰有一言而可以終身行之者乎子曰其恕乎己所不欲勿施於人注言己之所惡勿加施於人正義曰一言謂一字春秋左氏疏引易云伏羲作十言之教曰乾坤震巽坎離艮兌消息韓非子說林下齊人曰臣請三言而已曰海大魚又古人稱所箸書若數萬言數十萬言及詩體四言五言七言並以一字爲一言也皇本行下無之字人下有也字。注言己之所惡勿加施於人。正義曰皇本無此注

子曰吾之於人也誰毀誰譽如有所譽者其有所試矣注包曰所譽者輒試以事不虛譽而已斯民也三代之所以直道而行也注馬曰三代夏殷周用民如此無所阿私所以

云直道而行者正義曰集注云毀者稱人之惡而損其眞譽者揚人之善而過其實包氏愼言溫故錄斯民兩語正申明上文所試句如與而同以用也言我之於人無毀無譽而或有所譽稱揚稍過者以斯人皆可獎進而入於善之人往古之成效可覩也蓋斯民卽三代之民三代用此民直道而行而人皆競勸於善安在今之不可與爲善哉其有所試謂三代已嘗試之非謂身試之也漢書藝文志儒家敘畧云孔子曰如有所譽其有所試唐虞之隆殷周之盛仲尼之業已試之效也後漢書班彪傳彪上議曰國以簡賢爲務賢以孝行爲先孔子曰事親孝故忠可移於君忠孝之人持心近厚鍛鍊之人持心近薄三代之所以直道而行者在所以磨之故也章懷注云彪引之者言三代選賢皆磨礪選錄然後用之合此二文校其語意則上文所云如有所譽是卽直道也直者無私曲之謂如有所譽似偏於厚而究其磨礪誘掖之意非爲私曲故曰直道所謂善善宜從長也班固景帝贊曰孔子稱斯民三代之所以直道而行信哉周秦之敝網密文峻而姦軌不勝漢興掃除煩苛與民休息至於孝文加之以恭儉孝景遵業五六十載之間移風易俗至於黎民醇厚周言成康漢言文景美矣此贊以孔子之言證漢事言秦人以

刻薄驅民而民俗益敝至漢文景務率民於寬厚能容人過而治迹蒸蒸日上是直道本厚意而行之者也案論衡率性篇傳曰堯舜之民可比屋而封桀紂之民可比屋而誅斯民也三代所以直道而行也聖主之民如彼惡主之民如此竟在化不在性也此亦謂堯舜以德化民卽是直道而行異於桀紂之暴虐此與包君所引證若合符也皇本人下無也字所作可。注所譽者輒試以事不虛譽而已。正義曰漢書薛宣傳谷永薦宣疏以宣爲御史中丞舉錯皆當如有所用必有所試謂譽而用之也以試爲夫子身試與包注同亦可通。注用民至而行。正義曰無所阿私謂無所阿比以私意毀譽人也劉氏逢祿述何篇春秋不虛美不隱惡褒貶予奪悉本三代之法無虛加之辭也

子曰吾猶及史之闕文也有馬者借人乘之今亡矣夫(注)包曰古之良史於書字有疑則闕之以待知者有馬不能調良則借人乘習之孔子自謂及見其人如此至今無有矣

言此者以俗多穿鑿正義曰毛詩抑傳借假也亦常訓唐石經史下無之字皇本今下有則字朱子集注本矣誤已。注古之至穿鑿。正義曰宋氏翔鳳發微云周禮保氏教之六藝四曰五馭五曰六書御與書同在六藝皆國子之所當教故孔子言執御又言正名言雅言所以教門弟子者與天子諸侯之設官無以異也史籀爲周宣王時太史作大篆十五篇周禮內史掌達書名于四方亦太史之屬漢律太史試學童能諷書九千字以上乃得爲史又以六體試之課最者以爲尚書御史史書令史吏民上書字或不正輒舉劾史書令史者爲掌史書之令史專以正書字爲職故曰史書曰史篇皆謂書字掌於太史而保氏以教班氏藝文志云古制書必同文不知則闕問諸故老至於衰世是非無正人用其私故孔子曰吾猶及史之闕文也今亡矣夫蓋傷其寖不正其引論語史之闕文即上子路篇不知蓋闕同義志又言史籀篇周官教學童者也見論語之史若漢代史書史篇之類而不必爲紀言紀事之成書也許氏說文解字敘云說更正文鄉壁虛造不可知之書以燿於世與班氏言衰世之弊同孔子之所歎許氏又云書曰予欲觀古人之象言必遵修舊文而不穿鑿孔子曰吾猶及史之闕文今亡矣夫蓋非其不知而不問人用已私是非無正巧說衺辭使天下後學者疑蓋文字者經藝之本王政之始前人所以垂後人所以識古故曰本立而道生知天下之至賾而不可亂也班許兩家之言若出一涂故論語包注云云凡有馬而借人乘習則皆期於善御亦六藝之一弟子之事而保氏之所教也五馭之目爲鳴和鑾逐水曲過君表舞交衢逐禽左乘之者習此者也有一定之法非可人用其私故車能同軌六書之目爲指事象形諧聲會意轉注叚借闕文者所不知者也有一定之法非可詭更正文故書能同文案宋說史闕文之義至爲詳確其謂有馬借人乘之爲五馭之法尤補注義荀子禮論篇故大路之馬必倍至教順然後乘之所以養安也注倍至謂倍加精至也則有馬須借人乘之乃得教順此學御之事夫子時六藝之學將廢故俗多穿鑿不免自以爲是也

子曰巧言亂德小不忍則亂大謀(注)孔曰巧言利口則亂德義小不忍則亂大謀 正義曰吳氏嘉賓論語說先王有不忍人之政然非小不忍之謂也故曰惟仁者能愛人能惡人苟不忍於惡一人則將有亂大謀者矣聖人之所惡常在於似之而非者巧言亂德所謂惡

佞足以亂義也小不忍則亂仁或曰必有忍其乃有濟若後世所謂能有所忍以就大事者不知此狙詐之術雖於聖人之辭若可通竊以爲非也案漢書李尋傳執乾剛之德勉彊大誼絕小不忍外戚傳夫小不忍則亂大謀恩之所不能已義之所割也二傳文皆如吳說

子曰衆惡之必察焉衆好之必察焉注王曰或衆阿黨比周或其人特立不羣故好惡不可不察也正義曰潛夫論潛歎篇云孔子曰衆好之必察焉衆惡之必察焉故聖人之施舍也不必任衆亦不必專己必察彼己之所爲而度之以義或舍人取己故舉無遺失而政無廢滅也或君則不然已有所愛則因以斷正不稽於衆不謀於心苟眩於愛惟言是從此政之所以敗亂而士之所以放佚者也又管子明法解亂主不察臣之功勞譽衆者則賞之不審其罪過毀衆者則罰之如此者則邪臣無功而得賞忠臣無罪而有罰又云如此則慤愿之人失其職而廉潔之吏失其治故明法曰官之失其治也是主以譽爲賞而以毀爲罰也案潛夫論引衆好句在衆惡前宋葛洪涉史隨筆王氏論語辨惑司馬溫

公論選舉狀議貢舉狀王臨川答段縫書亦先好後惡風俗通義正失篇羅隱兩同書眞僞章好均作善亦衆善句在前。卽王注疑亦如此俞氏樾平議以爲傳寫誤倒或有然也。注或衆至察也。正義曰或衆阿黨比周所以衆好或其人特立不羣所以衆惡梁書劉孝綽傳孤特則積毀所歸比周則積譽斯信卽本王注故亦引論語說之

子曰人能弘道非道弘人㊟王曰才大者道隨大才小者道隨小故不能弘人 正義曰皇本弘人下有也字。注王曰人至弘人。正義曰皇本不言王肅曰則何晏等義也道隨才爲大小故人能自大其道卽可極仁聖之詣而非道可以弘人故行之不著習矣不察終身由之而不知其道則仍不免爲衆中庸記所云苟不至德至道不凝焉卽此意也漢書董仲舒傳夫周道衰於幽厲非道亡也幽厲不繇也至於宣王思昔先王之德興滯補弊明文武之功業周道粲然復興下引此文又禮樂志載平當說衰微之學興廢在人亦引此文義皆可證

子曰過而不改是謂過矣 正義曰韓詩外傳三孔子曰過而改之是不過也當本此文而反言

之穀梁僖二十年傳過而不改又之是謂之過

子曰吾嘗終日不食終夜不寢以思無益不如學也正義曰思者思其所學也然思之不達而一於思反爲無益故曰思而不學則殆大戴禮勸學篇孔子曰吾嘗終日而思矣不如須臾之所學也畧本此文賈子新書修政語上湯曰學聖王之道者譬其如日靜思而獨居譬其若火夫舍學聖之道而靜居獨思譬其若去日之明於庭而就火之光於室也然可以小見而不可以大知是故明君而君子貴尚學道而賤下獨思也

子曰君子謀道不謀食耕也餒在其中矣學也祿在其中矣君子憂道不憂貧注鄭曰餒餓也言人雖念耕而不學故飢餓學則得祿雖不耕而不餒此勸人學正義曰潛夫論讚學篇引耕也餒在其中三句連上吾嘗終日不食爲一章當時簡編相聯未分別也耕者說文云犂也謂以牛犂田也○注餒餓

至人學。正義曰：段本說文：「餧，飢也。」此常訓。念耕者，念猶思也，本非所習而思爲之，故曰念耕。古者四民各習其業，自非有秀異者，不升於學。春秋時士之爲學者，多不得祿，故趨於異業而習耕者衆。觀於樊遲以學稼學圃爲請，而長沮、桀溺、荷蓧丈人之類雖隱於耕，而皆不免謀食之意，則知當時學者以謀食爲亟，而謀道之心或不專矣。夫子示人以君子當謀之道，學當得祿之理，而耕或不免餒，學則可以得祿，所以誘掖人於學，而凡爲君子者當自勉矣。鄭謂念耕而不學，謂士之爲農者但務農而不爲學也。既不學不可得祿，故或遇凶歉而不免於餒，是兩失之矣。若夫農務於耕，自習其業，安得概以謀食責之？潛夫論釋難篇釋此文云：「君子勞心，小人勞力，故孔子所稱謂君子爾。」誼與鄭同。夫耕原於謀食，謀食即不得不憂貧。君子志其大者遠者，但憂謀道之無得於己，而豈口腹身家之圖所能易其志哉？

子曰：「知及之，仁不能守之，雖得之，必失之。注包曰：知能及治其官，而仁不能守，雖得之必失之。**知及之，仁能守之，不莊**

以涖之則民不敬注包曰不嚴以涖之則民不敬從其上知及之仁能守之莊以涖之動之不以禮未善也注王曰動必以禮然後善

正義曰此章十一之字包注指位言但民言知足以及民卽知臨爲大君之宜案知及之謂政令條教足以及民也仁不能守之謂不能以仁守之仁字置句首與知及之配儷成文耳大戴禮武王踐阼篇師尚父曰且臣聞之以仁得之以仁守之其量百世以不仁得之以仁守之其量十世以不仁得之以不仁守之必及其世是言凡得民者皆當以仁守之也孟子離婁篇桀紂之失天下也失其民也失其民者失其心也得天下有道得其民斯得天下矣得其民有道得其心斯得民矣此文得之失之卽謂得民失民也莊以涖之者涖臨也見毛詩采芑傳說文竦臨也卽涖本字皇本作莅又涖或體莊以涖之謂威儀也左氏傳北宮文子曰有威而可畏謂之威有儀而可象謂之儀君有君之威儀其臣畏而愛之則而象之故能有其國家令聞長世臣有臣之威儀其下畏而愛之故能守其官職保族宜家又曰故君子在位可畏施舍可

愛進退可度周旋可則容止可觀作事可法德行可象聲氣可樂動作有文言語有章以臨其下謂之有威儀也皆言臨民當莊之義動之以禮謂以禮感動於民使行之也荀子王霸篇上莫不致愛其下而制之以禮上之於下如保赤子政令制度所以接下之人百姓有不理者如豪末則雖孤獨鰥寡必不加焉故下之親上歡如父母可殺而不可使不順君臣上下貴賤長幼至于庶人莫不以是爲隆正然後皆內自省以謹於分此動之以禮爲治之善也○注知能至失之○正義曰後漢書劉梁傳孔子曰智之難也有臧武仲之智而不容於魯國抑有由也作而不順施而不恕矣蓋善其知義譏其違道也下文又云患之所在非徒在智之不及又在及而違之者矣故曰智及之仁不能守之雖得之必失之也此引論語以證武仲之失位而於不順不恕不順不恕即是不仁與包義正合易繫辭傳何以守位曰仁

子曰君子不可小知而可大受也小人不可大受而可小知也注王曰君子之道深遠不可以小了知而可大受小人

之道淺近可以小了知而不可大受也正義曰集注云知我知之也受彼所受也淮南子主術訓是故有大畧者不可責以捷巧有小智者不可任以大功人有其才物有其形有任一而太重或任百而尚輕是故審豪釐之計者必遺天下之大數不失小物之選者惑於大數之舉譬猶狸之不可使搏牛虎之不可使搏鼠也○注王曰至受也○正義曰皇本無王肅曰則何晏等義也了者無餘之辭君子所知皆深遠之道不可以小了之也小人祇知淺近故可以小了知

子曰民之於仁也甚於水火〔注〕馬曰水火及仁皆民所仰而生者仁最爲甚水火吾見蹈而死者矣未見蹈仁而死者也〔注〕馬曰蹈水火或時殺人蹈仁未嘗殺人正義曰說文云蹈踐也惠氏棟周易述仁乃乾之初生之道故未見蹈仁而死極其變如求仁得仁殺身成仁乃全而歸之之義不可言死○注水火至爲甚○正義曰孟子告子篇民非水火不生活是水火爲民所仰而生也仰者望也鄭注云甚於水火於

仁最急也

同馬義

子曰當仁不讓於師【注】孔曰當行仁之事不復讓於師言行仁急 ○正義曰此章是夫子示門人語蓋事師之禮必請命而後行獨當仁則宜急行故告以不讓於師之道恐以展轉誤人生死也○注當行至仁急○正義曰說文當田相值也人於事值有當行仁者不復讓於師所謂聞斯行之也春秋繁露竹林篇論楚子反許宋平事云今子反往視宋聞人相食大驚而哀之不意之至於此也是以心駭目動而違常禮禮者庶於仁文質而成體者也今使人相食大失其仁安著其禮方救其質奚恤其文故曰當仁不讓此之謂也彼言子反不讓於君與此義畧同故引文說之

子曰君子貞而不諒【注】孔曰貞正諒信也君子之人正其道耳言不必小信 注貞正至小信○正義曰易彖傳貞正也此常訓君子以義制事咸合正道而不必爲小信之行何異孫十一經問對孟子曰君子不亮惡乎執亮與諒同孔子曰豈若匹夫匹婦之爲諒也又曰君子

貞而不諒諒者信而不通之謂君子所以不亮者非惡乎信惡乎執也故孟子又曰所惡執一者爲其賊道也焦氏循孟子正義論語云好信不好學其蔽也賊蓋好信不好學則執一而不知變通遂至於賊道君子貞而不諒正恐其執一而蔽於賊也友諒兼友多聞多聞由於好學則不至於賊案上篇夫子答子貢曰言必信行必果硜硜然小人哉孟子離婁下大人者言不必信行不必果唯義所在言必信卽此注所云小信也亦卽諒也漢書王貢等傳贊貞而不諒薛方近之顔注云薛方志避亂朝詭引巢許爲喻近此義也亦言不必信之證

子曰事君敬其事而後其食（注）孔曰先盡力而後食祿正義曰敬者自急敕也禮表記云子曰事君軍旅不辟難朝廷不辭賤處其位而不履其事則亂也故君使其臣得志則愼慮而從之否則孰慮而從之終事而退臣之厚也是言事君當敬其事也檀弓云仕而未有祿去可見當時人臣居位有不得祿然祇去位則可若在位而但計及食祿不復敬君之事則大不可朱子集注云後與後獲之後同儒行曰先勞而後祿亦此意郡齋讀書志載蜀石經作敬其事而後食其祿是依注文妄增

子曰有教無類【注】馬曰言人所在見教無有種類注言人所在見教無有種類○正義曰說文云類種類相似唯犬爲甚故其字從犬皇疏云人乃有貴賤同宜資教不可以其種類庶鄙而不教之也教之則善本無類也呂氏春秋勸學篇故師之教也不爭輕重尊卑貧富而爭於道其人苟可其事無不可

子曰道不同不相爲謀正義曰吳氏嘉賓說孟子曰伯夷伊尹柳下惠三子者不同道道者志之所趨舍如出處語默之類雖同於爲善而有不同其是非得失皆自知之不能相爲謀也案孟子又言君子之行不同也或遠或近或去或不去歸潔其身而已矣歸潔其身道也而遠近去不去行各不同則不能相爲謀也史記伯夷列傳引此文云亦各從其志也卽孟子不同道之說顏注以天道人道爲言失其旨矣老莊申韓列傳世之學老子者則絀儒學儒學亦絀老子道不同不相爲謀豈謂是耶亦以老子之學與儒不同未可厚非也若夫與時偕行無可無不可夫子之謂集大成安有所謂不相謀哉不相謀者道之本能相爲謀者聖人之用後世儒者舉一廢百

始有異同之見而自以爲是互相攻擊既非聖人覆燾持載之量亦大昧乎不相爲謀之旨

子曰辭達而已矣注孔曰凡事莫過於實辭達則足矣不煩文豔之辭注凡事至之辭。正義曰辭皆言事而事自有實不煩文豔以過於實故但貴辭達則足也儀禮聘禮記辭無常孫而說辭多則史少則不達辭苟足以達義之至也是辭不貴多亦不貴少皆取達意而止錢氏大昕潛研堂文集據聘記解此文以爲論語亦是聘辭則不若此注言凡事得兼舉也

師冕見注孔曰師樂人盲者名冕**及階子曰階也及席子曰席也皆坐子告之曰某在斯某在斯**注孔曰歷告以坐中人姓字所在處**師冕出子張問曰與師言之道與子曰然固相師之道也**注馬曰相導也正義曰趙氏佑溫故錄禮迎客於門每門必讓降等之客則於門内此師冕見當先有坐客則弟侯諸階故紀從階始案趙說是也但師冕來見必亦有扶工者入門之

後當立堂下故此及階及席夫子若爲扶工者一一詔告之又告以某某在斯者令師冕知之得與爲禮也禮少儀云其未有燭而有後至者則以在者告道瞽亦然注爲其不見意欲知之也師冕見云云正瞽無目恒如日闇故道示之亦如無燭時也○注歷告以坐中人姓字所在處○正義曰廣雅釋詁某名也言以某名其人也此歷舉姓字亦云某某者坐中非止一人夫子本以姓字告之記者不能盡述故重言某以括之姓字釋某所在處釋在斯○注相導也○正義曰相導爾雅釋詁文鄭注云相扶也扶導義同周官眡瞭凡樂事相瞽注相扶工

江都錢國珍校刊

論語正義卷十九

恭冕述

季氏第十六　集解

凡十四章

季氏將伐顓臾冉有季路見於孔子曰季氏將有事於顓臾

注孔曰顓臾伏羲之後風姓之國本魯之附庸當時臣屬魯季氏貪其土地欲滅而取之冉有與季路爲季氏臣來告孔子孔子曰求無乃爾是過與注孔曰冉求爲季氏宰相其室爲之聚斂故孔子獨疑求教之夫顓臾昔者先王以爲東蒙主注孔曰使主祭蒙山且在邦域之中矣注孔

曰魯七百里之封顓臾爲附庸在其域中是社稷之臣也

正義曰季氏謂康子說文云伐擊也從人持戈左莊二十九年傳凡師有鍾鼓曰伐季氏欲伐顓臾二子知其謀因見孔子告之皇疏引蔡謨曰冉有季路並以王佐之姿處彼相之任豈有不諫季孫以成其惡所以同其謀者將有以也量己揆勢不能制其悖心於外順其意以告夫子實欲致大聖之言以救斯弊是以夫子發明大義以酬來感宏舉治體自救時難斯乃聖賢同符相爲表裏者也集注引洪氏曰二子仕於季氏凡季氏所欲爲必以告於夫子則因夫子之言而救止者宜亦多矣伐顓臾之事不見於經傳其以夫子之言而止也與無乃爾是過與是猶寔也說見王氏經傳釋詞邦域者周禮大宰注邦疆國之境釋名釋州國邦封也封有功於是也釋文云邦或作封蓋二字音義同漢書王莽傳封域之中卽邦域也惠氏棟謂依孔注邦當作封然孔云七百里之封乃釋邦爲封非孔本作封惠氏誤也陳氏鱣又謂下文邦內鄭作封內明此邦域亦當爲封域然釋文於此但云或作封邦域義通不必舍正本用

何以伐爲注孔曰已屬魯爲社稷之臣何用滅之爲

或本矣說文云或邦也从口从戈以守一一地也域或又
从土漢書賈誼傳注域界局也是域即所封之界也何以
伐爲與何以文爲同一句法皇本作何以爲伐也○注顓臾風
姓也實司大皞與有濟之祀杜注大皞伏羲四國伏羲之
後故主其祀附庸者鄭注王制云小城曰附庸附庸者以
國事附於大國未能以其名通也案庸與墉同詩以作爾
庸謂以作爾城也顓臾爲魯附庸故得稱臣詩閟宮箋云
附庸則不得專臣也是謂附庸得自立國繼世雖稱臣不
得專之矣趙氏佑溫故錄詩云錫之山川土田附庸魯屬
國之在邦域者多矣自向爲莒人徧被宋遷邾與魯世相
仇殺魯又滅項取須句取邿取鄫取卞皆附庸而不相
克保魯之不字小亦甚矣獨顓臾爲幸存非其事大謹職
何能至于今不貳故曰社稷之臣○注使主祭蒙山○正
義曰左傳言顓臾司有濟之祀司者主也濟與東蒙顓臾
並主其祀左傳論語各舉其一耳蒙山即東蒙山在魯東
故云胡氏渭禹貢錐指蒙山在今蒙陰縣南四十里西南
接費縣界漢志蒙陰縣有蒙山祠顓臾國在山下後魏志
新泰縣有蒙山劉芳徐州記蒙山高四十里長六十九里
西北接新泰縣界元和志蒙山在新泰縣東八十八里費

縣西北八十里東蒙山在費縣西北七十五里是謂蒙與東蒙爲二山也齊乘曰龜山在今費縣西北七十里蒙山在龜山東二山連屬長八十里禹貢之蒙論語之東蒙正此蒙山也後人惑於東蒙之說遂誤以龜山當蒙山蒙山爲東蒙而隱没龜山之本名故今定正之邑人公鼐論曰蒙山高峯數處俗以在東者爲東蒙中央者爲雲蒙在西北爲龜蒙其實一山龜山自在新泰亦非即龜蒙峯也蔣氏廷錫尚書地理今釋蒙山在今山東青州府蒙陰縣南八里西南接兖州費縣界延袤一百餘里今案蔣說以蒙陰縣南八里諸山爲即蒙山蒞統山之羣阜言之與胡氏蒙陰縣南四十里說異而實同也蒙陰今屬沂州府○注魯七百里之封顓臾爲附庸在其域中○正義曰孟子云公侯百里伯七十里子男五十里不能五十里不達於天子附於諸侯曰附庸解者謂此周初之制其後成王用周公之法制廣大邦國之竟故周官大司徒言公方五百里侯四百里伯三百里子二百里男百里先鄭注以爲附庸在內後鄭則以附庸不在其中明堂位云成王以周公爲有勳勞於天下是以封周公於曲阜地方七百里注云上公之封地方五百里加魯以四等之附庸方百里者二十四并五五二十五積四十九開方之得七百里是魯七百

野包有附庸僞孔此注用後鄭義也大司徒注又云凡諸
侯爲牧正帥長及有德者乃有附庸爲有祿者當取焉公
無附庸侯附庸九同伯附庸七同子附庸五同男附庸三
同進則取焉退則歸焉魯於周法不得有附庸故言錫之
也地方七百里者包附庸以大言之也附庸二十四言得
兼此四等矣賈疏云凡有功進地侯受公地附庸九同伯
受侯地附庸七同子受伯地附庸五同男受子地附庸三
同魯本五百里四面各加百里四五二十郎二十同四角
又各百里爲四同故附庸二十四魯兼
侯伯子男四等之附庸以開方知之也**冉有曰夫子欲之**
吾二臣者皆不欲也㊟孔曰歸咎於季氏**孔子曰求周任**
有言曰陳力就列不能者止危而不持顛而不扶則將焉
用彼相矣㊟馬曰周任古之良史言當陳其才力度己所
任以就其位不能則當止包曰言輔相人者當能持危扶
顛若不能何用相爲**且爾言過矣虎兕出於柙龜玉毀於**

櫝中是誰之過與㊟馬曰柙檻也櫝匱也失虎毀玉豈非典守之過邪冉有曰今夫顓臾固而近於費㊟馬曰固謂城郭完堅兵甲利也費季氏邑今不取後世必爲子孫憂

正義曰陳力二句是周任語危而不持云云則夫子設譬以曉之止謂去位也危者行傾側也顛者失隊也說文持握也扶佐也集注云相瞽者之相也此言瞽者將有危顛則須相者扶持之漢書陳球傳傾危不持焉用彼相邪正本此文矣與邪同王氏經傳釋詞謂此矣字與乎同義是也虎兕皆獸名爾雅釋獸兕似牛郭注一角青色重千斤說文豸加野牛而青兕古文從儿周官囿人職掌囿游之獸禁牧百獸注養獸以宴樂視之禁者其蕃衞也案蕃與藩同蕃衞卽此所云柙也龜謂守龜龜人掌之玉謂命圭典瑞掌之皇本出下毁下無於字釋文匣戶甲反本今作柙漢書文三王傳引亦作匣顓臾與費相近閻氏釋地又續謂相距僅七十里樊廷枚釋地補引兗州府志故顓臾城距古費城六十五里是顓臾近費也後世必爲子孫憂釋文本無後世字引或本有之馮氏攷證謂後漢臧宮傳

注引亦無後世字○注周任古之良史○正義曰左隱六年昭五年皆引周任說不言爲史官馬此注當別有所本杜預云周大夫路史注商太史江氏永羣經補義疑郎書盤庚遲任不知然否○注柙檻也○正義曰說文柙檻也臧虎兕也從木甲聲義本論語○注固謂城郭完堅兵甲利也○正義曰周官掌固云掌脩城郭溝池樹渠之固序官注云固國所依阻者也國曰固野曰險此注兼兵甲言者引申之義**孔子曰求君子疾夫**注孔曰疾如女之言**舍曰欲之而必爲之辭**注孔曰舍其貪利之說而更作他辭是所疾也**丘也聞有國有家者不患寡而患不均不患貧而患不安**注孔曰國諸侯家卿大夫不患土地人民之寡少患政理之不均平憂不能安民耳民安則國富**蓋均無貧和無寡安無傾**注包曰政教均平則不貧矣上下和同不患寡矣小大安寧不傾危矣**夫**

如是故遠人不服則脩文德以來之既來之則安之正義曰皇本而必下有更字寡者民多流亡也均者言班爵祿制田里皆均平也左傳子產言天子之地一圻列國一同自是以衰春秋繁露度制篇孔子曰君子不盡利以遺民故君子仕則不稼田則不漁食時不力珍大夫不坐羊士不坐犬又云孔子曰不患貧而患不均故有所積重則有所空虛矣大富則驕大貧則憂憂則爲盜驕則爲暴此衆人之情也聖者則于衆人之情見亂之所從生故其制人道而差上下也使富者足以示貴而不至于驕貧者足以養生而不至于憂以此爲度而調均之是以財不匱而上下相安故易治也案繁露引不患貧而患不均魏書張普惠傳同蓋貧由於不均故下文言均無貧論語本錯綜其文而繁露則依義引之故不同也和無寡者言既均平則上下和協民皆思歸也脩文德者脩謂加治之文德謂文治之德所以別征伐爲武事也周語云有不祭則脩意有不祀則脩言有不享則脩文有不貢則脩名有不王則脩德序成而有不至則脩刑於是乎有刑不祭伐不祀征不享讓不貢告不王於是乎有刑罰之辟有攻伐之兵有征討之備有威讓之令有文告之辭布令陳辭而又不至則又增

於德無勤民於遠是以近無不聽遠無不服周語此文郎
謂遠人不服宜脩文德之事來謂召來之也趙岐孟子章
指引作懷之懷亦來也安之者施
以養教之術使之各遂其生也 今由與求也相夫子遠
人不服而不能來也邦分崩離析而不能守也注孔曰民
有異心曰分欲去曰崩不可會聚曰離析 而謀動干戈於
邦內注孔曰干楯也戈戟也 吾恐季孫之憂不在顓臾而
在蕭牆之內也注鄭曰蕭之言肅也牆謂屏也君臣相見
之禮至屏而加肅敬焉是以謂之蕭牆後季氏家臣陽虎
果囚季桓子 正義曰閻氏釋地又續徐文長謂顓臾在邦
域中非遠人當以淮夷徐戎當之余亦不謂
然淮夷徐戎並興乃伯禽之時非哀公也考哀公元年冬
伐邾二年春伐邾三年冬圍邾六年冬伐邾七年秋伐邾
遂入之以邾子益來八年夏以吳將伐我乃歸邾子遠人
似即謂邾或曰魯擊柝聞於邾相距僅七十六里何以爲

遠曰敵國則遠人矣邦分崩離析謂四分公室季氏取二孟孫叔孫各一此時賦用益繁誅求無藝上下相猜將不能守其邦也釋文邦內鄭本作封內不在顓臾或作不在於顓臾馮氏攷證唐石經亦有於字阮氏挍勘記曰隸釋載漢石經殘字而在下有於字云盍毛包周無於宋本而在下亦有於字陳氏鱣曰高麗本上句有於字與釋文合下句無於字從包周本也牆漢石經作蘠下篇辟諸宮牆亦作蘠脩華嶽碑蘠屋傾亞皆叚蘠爲牆方氏觀旭偶記俗解以蕭牆之內爲季氏之家不知禮天子外屏諸侯內屏大夫以簾士以帷則蕭牆惟人君有耳卿大夫以下但得設帷薄管仲僭禮旅樹禮記不言自管仲始可見管仲之後諸國卿大夫無有效之僭者季氏之家安得有此竊謂斯時哀公欲去三桓季氏實爲隱憂又以出甲墮都之後雖有費邑難爲臧紇之防孫林父之戚可藉以逆命君臣既已有隙一旦難作卽效意如之請囚於費而無可遝又畏顓臾世爲魯臣與魯犄角以逼已惟有謀伐顓臾克之則如武子之取卞以爲己有而益其彊不克則魯師實已勞憊於外勢不能使有司討已以干戈憂在內者攻彊乃田常伐吳之故智此後所爲正不可知所謂內變將作者也然則蕭牆之內何人魯哀公耳不敢斥君故婉言

之若曰季孫非憂顓臾而伐顓臾實憂魯君疑己而將爲不臣所以伐顓臾耳此夫子誅奸人之心而抑其邪逆之謀也案方說是也漢書五行志成帝建始三年未央殿中地震谷永曰地震蕭牆之內是蕭牆當指人君○注干楯也戈戟也○正義曰爾雅釋言干扞也孫炎注干盾自蔽扞方言盾自關而東或謂之瞂或謂之干關西謂之盾廣雅釋器干瞂樐盾也楯與盾同干盾瞂樐皆一物異名方言又云戟楚謂之釨凡戟而無刃秦晉之間謂之釨或謂之鏔吳揚之間謂之戈東齊秦晉之間謂其大者曰鏝胡其曲者謂之鉤釨鏝胡郭注釨取名於鉤釨也鉤釨鏝胡即今雞鳴鉤釨戟也說文戟有枝兵也戈平頭戟也據方言是戈爲戟之異稱據說文則戈亦戟類故此注以戟訓戈○注蕭之至桓子○正義曰說文云蕭艾蒿也蕭牆義無取此故鄭訓蕭爲肅釋名釋宮室蕭牆在門內肅肅也臣將入於此自肅敬之處也亦同鄭義說文牆垣蔽也屏亦短垣所以障蔽內外故亦稱牆陽虎囚季桓子在定公八年而二子事季則在哀公十一年後鄭氏此言未得其實宜乎方氏之易其義也

孔子曰天下有道則禮樂征伐自天子出天下無道則禮樂

征伐自諸侯出　正義曰：禮記中庸云非天子不議禮不制度雖有其德苟無其位不敢作禮樂焉孟子盡心下云征者上伐下也敵國不相征也則禮樂征伐皆宜自天子出白虎通攷黜篇禮說九錫車馬衣服樂則朱戶納陛虎賁鈇鉞弓矢秬鬯皆隨其德可行而賜能安民者賜車馬能富民者賜衣服能和民者賜樂則民衆多者賜朱戶能進善者賜納陛能退惡者賜虎賁能誅有罪者賜鈇鉞能征不義者賜弓矢孝道備者賜秬鬯故王制曰賜之弓矢然後專殺又曰賜圭瓚然後爲暢未賜者資暢於天子禮天子賜侯氏車服路先設路下四亞之又曰諸公奉篋服王制曰天子賜諸侯樂則以柷將之詩曰君子來朝何錫與之雖無與之路車乘馬又何與之玄袞及黼書曰明試以功車服以庸朱戶納陛虎賁者皆與之制度而鈇鉞弓矢玉瓚皆與之物各因其宜也按此謂九命惟天子有賜諸侯始得用之故曰九命作伯其諸侯自有之禮樂及尋常刑賞施之國中亦由天子制定爲法故曰禮樂征伐自天子出白虎通誅伐篇諸侯之義非天子之命不得動衆起兵誅不義者所以彊幹弱枝尊天子卑諸侯也是諸侯雖有征伐亦須天子之命蓋禮樂征伐皆黜陟之大權所以褒賢誅不肖天子之所獨操之者也此惟

治世則然故曰天下有道及無道之時上替者必下陵禮樂征伐不待天子賜命而諸侯輒擅行之或更國有異政僭上無等雖極霸彊要爲無道之天下矣**自諸侯出蓋十世希不失矣**注孔曰希少也周幽王爲犬戎所殺平王東遷周始微弱諸侯自作禮樂專行征伐始於隱公至昭公十世失政死於乾侯矣**自大夫出五世希不失矣**注孔曰季文子初得政至桓子五世爲家臣陽虎所囚**陪臣執國命三世希不失矣**注馬曰陪重也謂家臣陽虎爲季氏家臣至虎三世而出奔齊 正義曰云蓋十世者蓋是大略之辭下五世三世不言蓋統上而省文也劉氏逢祿述何篇自諸侯出蓋十世希不失何也曰齊自僖公小霸桓公合諸侯歷孝昭懿惠頃靈莊景凡十世而陳氏專國晉自獻公啟疆歷惠懷文而代齊霸襄靈成景厲悼平昭頃而公族復爲彊臣所滅凡十世魯自隱公僭禮樂滅極至昭公出奔凡十世曰自

大夫出五世希不失獨驗於三桓而齊陳氏晉三家終於竊國何也曰陳氏三家皆異姓公侯之後其本國亾故復其始也曰陪臣執國命若南蒯公山弗擾陽虎皆及身失之而云三世始失何也曰計其同惡相連故稱三世也案十世五世三世皆約略言之故有及世而未失者亦有未及世而失者運有遲速終於失之匪惟人事抑天道矣馮氏李驊春秋三變說隱桓以下政在諸侯僖文以下政在大夫定哀以下政在陪臣當其初會盟征伐皆國君主之隱十年翬帥師會四國伐宋也則貶而去族桓十一年柔會宋公陳侯蔡叔盟折也亦貶而去族權猶不遽下移也僖十九年大夫爲翟泉之盟以伐鄭則諱不書公文二年垂隴盟書士縠十五年以上軍下軍入蔡書卻缺而大夫始專矣浸淫至成二年鞌之戰魯以四卿帥師而三家之勢張襄十六年溴梁之會晉直以大夫主盟而無君之勢成于是物極必反上行下效諸侯專天子大夫專諸侯家臣專大夫宋樂祁有陳寅鄭罕達有許瑕齊陳恆有陳豹衛孔悝有渾良夫晉趙鞅有董安于魯仲孫有公斂處父而莫狡且彊于季孫之陽虎以公伐鄭而實意在惡季孟于鄆國盟公周社而實意在詛三桓于國人夫子于定八年特書盜竊寶玉大弓所以治陪臣也春秋上治諸侯中

治大夫下治陪臣至自之曰盜充其類以盡其義諸侯大夫一言以蔽之耳顧氏棟高春秋大事表春秋之中葉討伐無書公者政自大夫出也定公之初伐齊反書公者陪臣執國命而欲叚公以與大夫抗也哀公之世征伐盟會無書公者大夫復張已專其利而以危難之事陷其君也馮氏景解春集孔子不言禮樂征伐自陪臣出而曰執國命其辭信其義精蔡氏蒙引仍以禮樂征伐爲國命者非也家臣雖專政無行禮樂征伐之事禮樂征伐必交乎四鄰而國命不出境陪臣執之云者猶彊奴抗孱主第相鬨於門之內而已矣○注周幽至侯矣○正義曰鄭注云亦謂幽王之後也平王東遷政始微弱諸侯始專征伐此僞孔所襲周本紀幽王嬖褒姒生伯服幽王欲廢太子太子母申侯女而爲后幽王得褒姒欲廢申后幷去太子用褒姒爲后以其子伯服爲太子申侯怒乃與繒西夷犬戎共攻幽王遂殺幽王驪山下於是諸侯乃卽申侯而共立故幽王太子宜臼是爲平王也漢書地理志平王東居洛邑於是王室之尊與諸侯無異是平王東遷周始微弱也隱公名息姑惠公之子魯世家魯孝公二十五年犬戎殺幽王二十七年孝公卒子弗湟立是爲惠公惠公立於平王之世而春秋託始隱公可知平王東遷之始諸侯猶守王

命至隱公時禮樂征伐乃出自諸侯也僞孔以十世失政專據魯事言之自隱後歷桓莊閔僖文宣成襄昭爲十世也乾侯晉地昭二十五年伐季氏不克孫於齊後如晉居乾侯三十二年卒於乾侯○注季文至所囚○正義曰定五年左傳九月乙亥陽虎囚季桓子及公父文伯由桓逆推至五五世知爲文子始專政也○注陪重至奔齊○正義曰說文陪重土也引申爲凡加益之義廣雅釋詁陪臣也韋昭楚語注臣之臣爲陪曲禮列國之大夫入天子之國自稱曰陪臣某是諸侯大夫於天子爲陪臣則諸侯大夫家臣亦於諸侯爲陪臣矣陽虎之先爲季氏臣未有所證或馬據論語以意言之但注陽虎虎字疑誤當謂陽虎之先別一人也

天下有道則政不在大夫注孔曰制之由君**天下有道則庶人不議**注孔曰無所非議

正義曰說文議語也廣雅釋詁議謀也詩北山或出入風議是謀論政事爲議也方氏觀旭偶記云議者圖議國政倘云私議君上之得失則庶人傳語正是先王之制王者斟酌焉而事行不悖豈得謂非有道蓋庶人有凡民有府史胥徒之屬凡民可以傳語府史胥徒不當與謀國政況有道之時野無遺賢俊傑在位王公論道

經邦自不下資於庶人之微春秋傳齊晏曰舍大臣而與小臣謀一罪也鄭子國曰國有大命而有正卿童子言焉將爲戮矣冉有曰君子有遠慮小人何知竝言古之正法若曹劌論戰事足見魯卿大夫之巳鄙重人告伯宗足見晉卿大夫之無學□□□□□□鄙人論政而曹國亾俱是無道之時庶人之議得聞於世者也。注制之由君。正義曰君統天子諸侯言之政制自上臣下奉而行之所謂君令臣共者也若夫桓文啟霸政柄未移雖禮樂征伐出自諸侯而考其世運猶可稱有道矣

孔子曰祿之去公室五世矣注鄭曰言此之時魯定公之初魯自東門襄仲殺文公之子赤而立宣公於是政在大夫爵祿不從君出至定公爲五世矣**政逮於大夫四世矣**注孔曰文子武子悼子平子**故夫三桓之子孫微矣**注孔曰三桓謂仲孫叔孫季孫三卿皆出桓公故曰三桓也仲孫

氏改其氏稱孟氏至哀公皆衰正義曰：爾雅釋訓「逮，及也」，說文同。又云：「隶，及也。」隸及也，音義並同。○注「言此」至「世矣」。○正義曰：鄭知夫子此言在定公初者，以下文「政逮大夫四世」，又言「三桓子孫微」，是在定公五年陽虎作難之時，故知爲定公初也。毛氏奇齡稽求篇：「按春秋昭二十五年，叔孫舍如宋，宋樂祁曰：『魯君必出，政在季氏三世矣，魯君喪政四公矣。』至三十二年，公薨乾侯，史墨對趙簡子曰：『季友有大功於魯，受費以爲上卿。至于文子、武子，世增其業。魯文公薨，而東門襄仲殺適立庶，魯君於是乎失國政，政在季氏，於此君也四公矣。』兩人所言四公，上自文薨以後，下及昭終之年，宣、成、襄、昭，紬指四世。其不云五世者，樂祁與史墨言此在昭公時，子所言在定公時，多一世也。故史記魯世家云：『文公卒，襄仲立宣公，魯由此公室卑，三桓彊。』而漢食貨志云：『魯自文公以後，祿去公室，政在大夫。』則是文公以後，爲宣、成、襄、昭、定五世。」案：毛氏此言足以證明鄭義。春秋繁露玉林篇：「文公不能服喪，不時奉祭，倒序，以不三年，又以喪取，取于大夫，以卑宗廟，亂其羣祖，以逆先公。小善無一，而大惡四五，故諸侯弗予盟，命大夫弗爲使，是惡惡之徵、不臣之效也。出侮于外，入奪于內，無位之君也。孔子曰：『政逮于大夫四世矣。』

蓋自文公以來之謂也案董氏以季文子始仕在文公時文公出侮入奪固已自啟其釁故至宣公祿去公室繁露此言與鄭意似異而實同也左文十八年傳文公二妃敬嬴生宣公敬嬴嬖而私事襄仲宣公長而屬諸襄仲襄仲欲立之叔仲不可仲見于齊侯而請之齊侯許之冬十月仲殺惡及視而立宣公公羊傳作子赤是惡卽赤此其事也祿謂百官之俸注爵祿連言者謂有爵而後有祿也祭統云古者明君爵有德而祿有功必賜爵祿于太廟示不敢專也故祭之日一獻君降立於阼階之南南鄉所命北面史由君右執策命之再拜稽首受書以歸而舍奠于其廟此爵賞之施也今魯之政在大夫爵祿皆不由君出則用舍之權俱是大夫主之可知○注孔曰文子武子悼子平子○正義曰皇本此注作鄭曰左氏傳言魯文公薨而政在季氏季氏者文子也宣十八年傳欲去三桓以張公室成十六年傳魯之有季孟猶晉之有欒范也政令于是乎成竝指文子江氏永羣經補義專政者東門遂輔之者季孫行父襄仲死逐子家者文子也觀傳所載衞姑成婦等事行父亦專横矣故專政當自文子始昭二十五年宋樂祁曰政在季氏三世矣杜注三世文子武子平子孔疏云不數悼子者悼子未爲卿而卒不執魯政故不數也十

二年傳曰季悼子之卒也叔孫昭子以再命爲卿卿必再命乃得經書名氏七年三月經書叔孫婼如齊涖盟其年十一月季孫宿卒是悼子先武子而卒平子以孫繼祖也此疏甚確當以文子武子平子桓子爲四世案江氏是也閻氏若璩毛氏奇齡馮氏景李氏惇方氏觀旭說並同閻氏又引孔子世家言季武子卒平子代立亦一證○注三桓至皆衰○正義曰禮郊特牲注云三桓魯桓公之子莊公之弟公子慶父公子牙公子友此注所云仲孫即慶父之後又稱爲孟氏也叔孫即公子牙之後季孫即公子友之後方氏觀旭偶記曰四世是季文至桓惟是宣公時孟叔二家與季文子其事孟則慶父之曾孫獻子蔑蔑生莊子速速生孝伯羯羯生僖子貜貜生懿子何忌與季桓子同時叔則牙之孫莊叔得臣得臣生宣伯僑如穆叔豹豹生昭子婼婼生成子不敢不敢生武叔州仇與季桓子同時孟與叔竝已五世柄政此經論三桓之子孫而統云四世者蓋惟就季氏之世爲言季氏孟叔二家所宗也是以傳言季氏爲家卿二子爲介卿叔孫穆子指楹曰雖惡之其可去乎鬷戾曰凡有季氏與無於我孰利皆曰無季氏是無叔孫氏也然則二家視季氏爲盛衰舉季氏之世而三桓可知矣案方氏是也此注謂至哀公皆衰則統三家

言之三家微於定哀之時至後益衰不復自振矣漢書楚元王傳向上封事曰祿去公室政逮大夫危亡之兆

孔子曰：益者三友，損者三友。友直，友諒，友多聞，益矣。友便辟，（注）馬曰：便辟，巧辟人之所忌以求容媚。**友善柔，**（注）馬曰：面柔也。**友便佞，損矣。**（注）鄭曰：便，辯也。謂佞而辯。

正義曰：公羊定四年傳：朋友相衛。何休解詁：君臣言朋友者，闔廬本以朋友之道爲子胥復讎。孔子曰：益者三友云云。據何注，則三友三樂皆指人君言。直者能正言極諫，諒者能忠信不欺，多聞者能識政治之要，人君友此三者，皆有益也。便辟者，集注云：謂習於威儀。此但能爲容媚，與直相反；善柔能爲面柔，與諒相反；便佞但能口辯，非有學問，與多聞相反。人君友此三者，皆有損也。蓋便辟是體柔，郎所謂足恭也；善柔是面柔，郎所謂令色也；便佞是口柔，郎所謂巧言也。說文：諞，便巧言也。從言扁聲。周書曰：截截善諞言。論語曰：友諞佞。此當出古論。○注：便辟，巧辟人之所忌以求容媚。○正義曰：巧辟者，辟與避同，謂君忌直言，則諱避不諫也。此義迂曲，於經旨不相應。釋文音辟爲婢亦反，謂注亦同，是誤以馬注讀避爲婢亦矣盧氏文弨考證曰公羊定四年傳疏云便辟謂巧爲譬喻又云今世間有一論語音便辟爲便僻者非鄭氏之意通人所不取矣據此則讀辟爲譬本鄭注馬融則讀爲避避與鄭義異故皇本注中作避惠氏云馬鄭皆讀辟爲避誤案盧校是也巧爲譬喻已是便佞鄭君此義未爲得也考文載一本高麗本經注皆作便僻後漢爰延傳注太平御覽交友部引論語亦作僻與公羊疏所稱世閒之音合而徑寫經注字作僻此直以義妄改夫善柔便佞皆邪僻之行則作便僻便是渾言無所指稱宜爲通人所不取也後漢書佞幸傳贊咎在親便嬖所任非仁賢故仲尼箸損者三友此又讀便辟爲便嬖孟子梁惠王篇爲便嬖不足使令于前與便嬖是近倖小臣不得稱友且若輩亦非盡無良以釋此文未能允也○注面柔也○正義曰爾雅釋訓戚施面柔也鄭箋詩新臺云戚施面柔下人以色是其義也鄭此注云善柔夸毗也案爾雅夸毗體柔也毛詩板云無爲夸毗傳云夸毗以體柔人也鄭此訓與馬異馬氏是也公羊定四年疏云善柔謂口柔面柔體柔之屬與馬鄭各别陳氏鱣古訓疑爲鄭義非也○注便辯也謂佞而辯○正義曰爾雅釋訓諸諸便便辯也辯辯字同何休公羊解詁引此文釋文云辯佞如字本亦作便佞

疏云辯佞辯爲媚矣是陸徐所見本均用鄭義宋氏翔鳳輯鄭注攷云御覽四百六引此注便佞也文異義同

孔子曰益者三樂損者三樂樂節禮樂（注）動得禮樂之節樂道人之善樂多賢友益矣樂驕樂（注）孔曰恃尊貴以自恣樂佚遊（注）王曰佚遊出入不節樂宴樂損矣（注）孔曰宴樂沈荒淫瀆三者自損之道

正義曰道人之善者道猶說也若舜隱惡揚善也賢友即直諒多聞是也佚遊者佚猶放也釋文云佚本亦作逸二字古通用○注動得禮樂之節○正義曰禮得其體樂得其和動必由之有制節也禮記玉藻云古之君子必佩玉右徵角左宮羽趨以采薺行以肆夏周還中規折旋中矩進則揖之退則揚之然後玉鏘鳴也鄭注君子士已上大戴記保傅云行中鸞和步中采茨趨中肆夏所以明有度也又云天子處位不端受業不敬言語不序聲音不中律進退節度無禮升降揖攘無容周旋俯仰視瞻無儀安顧咳唾趨行不得色不比順隱琴瑟凡此其屬太保之任也是言在位者有禮樂之節也○注佚遊出入不節○正義曰出

入猶言往反書皋陶謨云無若丹朱傲惟慢遊是好孟子梁惠王下載晏子對景公云從流下而忘反謂之流從流上而忘反謂之連從獸無厭謂之荒是佚遊爲非義也無逸言文王不敢盤于遊田其戒嗣王無淫于觀于逸于遊于田胥是意也○注宴樂沈荒淫瀆○正義曰說文云宴安也飲食所以安體故亦曰宴漢書成帝紀帝爲太子其後幸酒樂燕樂宴作燕者叚借字易象傳君子以飲食宴樂鄭注宴享宴也彼是以禮飲食與此宴樂爲沈荒淫瀆不同書微子云沈酗于酒大雅抑詩云荒湛于酒湛與沈同春秋左氏傳以貪于飲食爲饕餮而晏子亦以飲食若流戒齊景公古人燕飲非有不舉非有故不特殺不欲以口腹之欲敗乃度也淫瀆謂淫於女色注是推廣言之史記樂書宋音燕女溺志集解引王肅曰燕歡悅也

孔子曰侍於君子有三愆（注）孔曰愆過也言未及之而言謂之躁（注）鄭曰躁不安靜言及之而不言謂之隱（注）孔曰隱匿不盡情實未見顏色而言謂之瞽（注）周曰未見君子顏

色所趣向而便逆先意語者猶瞽也正義曰言及之而不言皇本無而字韓詩外傳曰未可與言而言謂之瞽可與之言而不與之言謂之隱君子不瞽言謹慎其序略本論語此文集注引尹氏焞曰時然後言則無三者之過○注愆過也○正義曰爾雅釋言愆過也說文愆過也愆籀文○注躁不安靜○正義曰說文趮疾也躁即趮字考工記羽豐則遲殺則趮趮與遲對文亦訓疾人性疾則不安靜釋名釋言語云躁燥也物燥乃動而飛揚也是也釋文引注更云魯讀躁為傲今從古盧氏玫證曰未及言而先自言之是以己所知者傲人之不知也此則魯義與古不同荀子勸學篇未可與言而言謂之傲可與言而不言謂之隱不觀顏色而言謂之瞽君子不傲不隱不瞽謹順其身鹽鐵論孝養篇言不及而言者傲也並用魯論作傲陳氏鱣曰繫辭傳云躁人之辭多故鄭從古作躁

孔子曰君子有三戒少之時血氣未定戒之在色及其壯也血氣方剛戒之在鬭及其老也血氣既衰戒之在得【注】孔

曰得貪得　正義曰：說文云：𢦔，警也。从廾持戈，以戒不虞。又云：壯，大也。爾雅釋詁同。曲禮云：三十曰壯。鬭猶爭也。說文：鬥，兩士相對，兵杖在後，象鬥之形。鬭，遇也。從鬥斲聲。二字義微別，今經典通作鬭。釋文：得或作德，非。翟氏顯攷異：淮南詮言訓：凡人之性，少則猖狂，壯則彊暴，老則好利。本此章。張栻論語解：人有血氣，則役於血氣。血氣有始終盛衰之不同，則其所役亦隨而異。夫血氣未定則動而好色，血氣方剛則銳而好鬭，血氣既衰則歉而志得。凡民皆然，爲其所役者也。於此而知戒，則義理存。義理存則不爲其所役矣。

孔子曰：君子有三畏：畏天命，畏大人，注：順吉逆凶，天之命也。大人即聖人，與天地合其德。畏聖人之言。注：深遠不可易知測，聖人之言也。小人不知天命而不畏也，狎大人，侮聖人之言。注：恢疏，故不知畏。直而不肆，故狎之。不可小知，故侮之。　正義曰：天命兼德命、祿命言。知己之命原於天，則修其德命，而仁義之道無或失；安於祿命，而吉凶順逆必脩身以俟之安爲希冀者非委心任運者亦非也且得位則行義以達其道不得位亦必隱居以求其志此方是天地生人降厥德于我躬之意故惟君子能知天命而畏之也其畏之者恐己之德有未至無以成己成物有負於天耳鄭注大人謂天子諸侯爲政教者以言天子諸侯爲政教是爲賢德之君程氏廷祚說大人謂當時之天子諸侯也天子有天下建立諸侯與之分而治之君子之畏之者豈爲其崇高富貴哉位曰天位事曰天職則皆天命之所在也故進退必以禮匡諫必以正所謂我非堯舜之道不敢以陳於王前也小人之於大人效奔走之恭極逢迎之巧而曰導之以非所謂是何足與言仁義則狎之甚也程氏此說指當時天子諸侯不必是賢德之君與鄭微異均得通也朱氏彬經傳考證大人以位言引禮運大人世及以爲禮鄭注大人謂諸侯可證鄭說又引士相見禮與大人言言事君鄭注大人卿大夫也昭十八年左傳閔子馬曰夫必多有是說而後及其大人大人患失而惑杜注大人在位者此解大人兼及卿大夫亦鄭義之引伸也是故畏天命則戒謹恐懼必致其修己安人安百姓之學畏大人則秉禮懷刑必無干犯其長上者畏聖人之言則古訓是式必無有敢蔑棄先王之典者鄭注云狎慣忽也

孔穎達書疏謂慣見而忽之是謂小人狎侮其君上不加
敬也廣雅釋詁侮輕也傷也漢書外戚中山衛姬傳不畏
天命侮聖人言師古曰侮古侮字案說文侮下云侮古文
從母外戚傳所引當出古論○注順吉至其德○正義曰
易文言傳積善之家必有餘慶積不善之家必有餘殃尸
子曰從道必吉反道必凶如影如響卽此注義春秋繁露
郊語篇引此文解之云以此見天之不可不畏敬猶主上
之不可不謹事不謹事主其禍來至顯不畏敬天其殃來
至闇闇者不見其端若自然也由是觀之天殃與上罰所
以别者闇與顯耳孔子同之俱言可畏也又天順命篇說
文云其祭社稷宗廟山川鬼神不以其道無災無害至於
祭天不享其卜不從使其牛口傷鼷鼠食其角或言食牛
或言食而死或食而生或不食而自死或改卜而牛死或
卜而食其角遇有深淺厚薄而災有簡甚不可不察也以
此見其可畏專誅絶者其唯天乎臣殺君子殺父三十有
餘諸其賤者則損以此觀之可畏者其唯天命大人乎亾
國五十有餘皆不事畏者也況不畏大人大人專誅之君
之滅者何日之有哉案董氏言天命專主禍福必論語家
舊說故此注同之又董氏解大人爲君上與鄭注同此注
以大人爲卽聖人者孟子云有大人者正己而物正者也

是大人即聖人易文言傳夫大人者與天地合其德此注所本中庸云仲尼上律天時下襲水土辟如天地之無不持載無不覆幬辟如四時之錯行如日月之代明是聖人與天地合德也陳氏鱣古訓何解大人即聖人則與下聖人之言相複是二畏矣故今不從之也○注深遠不可易知測聖人之言也○正義曰繁露郊語篇云天地神明之心與人事成敗之眞固莫之能見也惟聖人能見之聖人者見人之所不見者也故聖人之言亦可畏也又順命篇云魯宣違聖人之言變古易常而災立至聖人之言可不愼董氏之旨亦主禍福此注則以聖言深遠難可知測或慮德闇易獲罪聖言也與繁露旨意當同○注恢疏至侮之○正義曰邢疏云案老子德經云天網恢恢疏而不失言天之網羅恢恢疏遠刑淫賞善不失毫分也案天道難測故於報施有遲速顯闇之異小人不明此理故不畏也肆倨肆也言大人正直而無所肆慠於人故小人押之左襄二十九年傳直而不倨杜注倨傲意略同小知者小有所知也小人不知聖言故曰不可小知

孔子曰生而知之者上也學而知之者次也困而學之又其

次也注孔曰困謂有所不通困而不學民斯爲下矣正義曰上次又次皆言人資質之殊非謂其知有淺深也中庸云或生而知之或學而知之或困而知之及其知之一也鄭注困而知之謂長而見禮義之事已臨之而有不足乃始學而知之中庸又云有弗學學之弗能弗措也有弗問問之弗知知弗措也有弗思思之弗得弗措也有弗辨辨之弗明弗措也人一能之已百之人十能之已千之果能此道矣雖愚必明雖柔必彊此言困學之事當百致其功也若使困而不學則蠢然罔覺斯爲材質之最下者不得爲士類矣○注困謂有所不通○正義曰不通者言心有所隔塞也廣雅釋詁困窮也

孔子曰君子有九思視思明聽思聰色思溫貌思恭言思忠事思敬疑思問忿思難見得思義正義曰孫氏奇逢近指孟子云心之官則思思則得之不思則不得也君子嚴於所思而約之有此九端蓋凡言行莫能外是矣說文聰察也色謂顏色貌謂禮容尚書洪範貌曰恭言曰從視曰明聽曰聰從謂順乎理此文言忠忠者誠實之謂誠實則順

理可知釋文難乃旦反皇疏云一朝之忿忘其身以及其親是謂難也案後漢吳祐傳孝子忿必思難動不累親與皇疏合大戴禮曾子立事云忿怒思患患難義同

孔子曰見善如不及見不善如探湯吾見其人矣吾聞其語矣[注]孔曰探湯喻去惡疾**隱居以求其志行義以達其道吾聞其語矣未見其人也**正義曰如不及如己所不及也孟子云文王望道而未之見言文王如未之見善如不及及之意探湯者以手探熱易致傷害也爾雅釋詁探取也郭注探者摸取也說文湯熱水也孟子冬日則飲湯列子湯問篇日初出則滄滄涼涼及日中如探湯亦以探湯喻熱大戴禮曾子立事云見善恐不得與焉見不善者恐其及己也盧辨注引此文明探湯即恐其及己之意聞其語皆謂古語隱居求志行義達道若伊尹耕莘而樂堯舜之道及湯三聘而行其君臣之義以達其所守之道者也春秋之末賢人多隱故長沮桀溺接輿丈人皆潔己自高不復求其所志夫子未見之歎正緣於此然夫子處無道之

世周遊諸侯栖栖不已而又言天下有道則見無道則隱隱者即此隱居求志之謂非如隱而果於忘世也孟子云故士窮不失義達不離道窮不失義故士得己焉達不離道故民不失望焉與此語義正同程氏瑤田論學小記謂居以求其志求其所達之道也當其求時猶未及行故謂之志行義以達其道行其所求之志也及其行時不止於求故謂之道志與道通一無二故曰士何事曰尚志案後漢書逸民列傳序引此文○李賢注云求志謂長沮桀溺如其說則夫子固見其人矣○注探湯喻去惡疾○正義曰毛氏奇齡賸言案扁鵲傳湯液醴灑所以治病者故以探湯去疾爲卻惡之喻今案漢書楚元王傳向上封事曰見不善如探湯今二府奏佞讇不當在位歷年而不去顏師古注探湯言其除難無所避也與去疾義同或論語舊說如此僞孔襲其義也

齊景公有馬千駟死之日民無德而稱焉（注）孔曰千駟四千匹**伯夷叔齊餓于首陽之下**（注）馬曰首陽山在河東蒲坂縣華山之北河曲之中**民到于今稱之其斯之謂與**（注）王

曰此所謂以德爲稱【正義曰此章亦孔子語陳祥道禮書云諸侯六閑衞文公之騋牝三千齊景公之有馬千駟三千則近於天子十二閑之數而千駟又過之是皆僭侈而違禮者也閻氏若璩釋地又續引郝敬說並申之云千駟蓋指公馬之畜於官者非國馬之散在民間者也周禮校人天子十有二閑良馬十閑二千一百六十匹駑馬二閑千二百九十六匹共三千四百五十六匹降而諸侯六閑猶千二百九十六匹皆所以給公用備賜予也齊景公時地大於王畿性又雅好狗馬是故畜多如是至出自民間則說苑所稱長轂三千乘是非此數也樊氏廷枚釋地補漢書梅福傳雖有景公之位伏櫪千駟臣不食也伏櫪正與韋昭國語注繫馬良馬在閑非放牧者同義包氏慎言溫故錄後漢書濟南王康傳康多殖貨財大修宮室廄馬千二百匹奢侈恣欲游觀無度何敞上疏諫曰諸侯之義節制度然後能保其社稷和其民人楚作章華以凶吳興姑蘇而滅景公千駟民無稱焉依何敞疏則千駟當指公廄之馬蓋僭侈之事民無德而稱者言民無所知其德稱說之也皇本作民無得稱焉阮氏元校勘記云德得雖通此處自當作德于注邢疏皆以斯字即指德言若改爲得頗乖文義今案皇疏云生時無德

而多馬又云言多馬而無德是皇本亦作德今字作得當出異域所改說文云餓飢也淮南說山訓注餓困乏也史記伯夷列傳伯夷叔齊聞西伯昌善養老盍往歸焉及至西伯卒武王東伐紂伯夷叔齊叩馬而諫曰父死不葬爰及干戈可謂孝乎以臣弒君可謂仁乎左右欲兵之太公曰此異人也扶而去之武王已平殷亂天下宗周而伯夷叔齊恥之義不食周粟隱於首陽山采薇而食之及餓且死作歌曰云云遂餓死於首陽山此其事也錢氏可選補闕疑夷齊不食周粟非絕粒不食也古人祿皆以粟如原思辭粟是也餓而食薇者粟或不足有時采薇以充之未必止食薇也秦記謂其食薇三年顏色不改誕矣案漢書王貢兩龔鮑傳昔武王伐紂遷九鼎於雒邑伯夷叔齊薄之餓于首陽不食其祿亦謂因不仕周食祿故致餓也其斯之謂與句上當有脫文注以斯指德亦是因文解之蔡節論語集說牽合上章而謂見善矣又若不及見之也見不善矣猶未免於嘗試之此指齊景公隱居二句爲指夷齊殊爲穿鑿張栻論語解孔廣森經學卮言並以隱居求志行義達道證合夷齊而於見善見不善二句略而不言則亦集說之傅會矣○注首陽至之中○正義曰漢地理志河東郡蒲反有堯山首山祠雷首山在南司馬彪郡國

志河東郡蒲坂有雷首山劉昭注補引論語此文並馬注
說之首山首陽雷首三名實一地反與坂同華山即太華
在蒲坂西南大河之南蓋河由壺口之西循山麓南行至
太華乃折而東雷首山適當其北故曰華山之北河曲之
中也太平寰宇記引論語鄭康成注首陽山在河中蒲坂
城南今陽區山俗號爲首陽山知鄭此文亦有注與馬義
同唐詩采苓云采苓采苓首陽之顛首陽之名確見此詩
其序言刺晉獻公好聽讒言讒言即指驪姬當時太子申
生被誣以死驪姬復譖公子重耳夷吾曰二公子皆知之
於是重耳奔蒲夷吾奔屈獻公復命寺人披伐蒲故其詩
言舍旃舍旃勸公勿信讒言致伐之也重言舍旃者非一
之辭晉語重耳處蒲城韋昭解蒲今蒲坂是首陽在蒲坂
卽是雷首有明徵矣金氏鶚求古錄亦據詩首陽以爲即
夷齊之所居其說誠是而以首陽爲在晉都平陽之西則
全無所據揆其意徒以采苓是晉詩首陽應在晉都左右
不知獻公時疆域甚廣所謂河外列城五者其地即在蒲
坂大河之西蒲是晉邑得舉其境內之山豈必斤斤於晉
都左右求首陽之所在耶莊子讓王云夷齊北至于首陽
之山遂餓而死所謂北至者蓋夷齊自孟津諫武王伐紂
後遂由孟津西北至首陽也莊子大略言之故祗稱北至

矣大戴記曾子制言中昔者伯夷叔齊死於溝澮之間又云夫二子者居河濟之間孔氏廣森補注首陽山在蒲坂河曲中其南王屋濟水所出故云河濟之間孔氏釋首陽即本馬鄭也金氏亦知平陽不在河濟之間因謂二子先居河濟間後乃隱首陽河濟間即孟津夷齊諫武王時居此此則彊文成義不可爲典要矣至許慎說文謂首陽在遼西曹大家注幽通賦謂在隴西高誘注呂氏春秋有始覽謂在洛陽東北司馬貞史記索隱謂在岐山之西皆非是

陳亢問於伯魚曰子亦有異聞乎（注）馬曰以爲伯魚孔子之子所聞當有異　對曰未也嘗獨立（注）孔曰獨立謂孔子鯉趨而過庭曰學詩乎對曰未也不學詩無以言鯉退而學詩他日又獨立鯉趨而過庭曰學禮乎對曰未也不學禮無以立鯉退而學禮聞斯二者陳亢退而喜曰問一得三

聞詩聞禮又聞君子之遠其子也正義曰異聞者謂有異教獨聞之也稱鯉者將

遊對父之語若當父前子自稱名也趨而過庭者禮臣行過君前子行過父前皆當徐趨所以爲敬也過庭謂東西徑過也王通中說立命篇引姚義曰夫教之以詩則出辭氣斯遠暴慢矣約之以禮則動容貌斯立威嚴矣義與此章相發說苑建本篇孔子曰鯉君子不可以不學見人不可以不飾不飾則無根無根則失理失理則不忠不忠則失禮失禮則不立說苑所述疑卽過庭學禮之訓而文較詳聞斯二者伯魚自明所聞如此未有異也遠其子者司馬光家範引此文說云遠者非疏遠之謂也謂其進見有時接遇有禮不朝夕嘻嘻相褻狎也案古者命士以上父子皆異宮所以别嫌疑厚尊敬也一過庭須臾之頃而學詩學禮教以義方所謂家人有嚴君者是之謂遠白虎通五行篇云君子遠子近孫此其義也皇本不學詩無以言不上有曰字言下有也字二者下有矣字

邦君之妻君稱之曰夫人夫人自稱曰小童邦人稱之曰君夫人稱諸異邦曰寡小君異邦人稱之亦曰君夫人注孔

曰小君君夫人之稱對異邦謙故曰寡小君當此之時諸侯嫡妾不正稱號不審故孔子正言其禮也　正義曰曲禮天子之妃曰后諸侯曰夫人公羊隱二年傳女在其國稱女在塗稱婦入國稱夫人明夫人爲君所稱也白虎通嫁娶篇國君之妻稱之曰夫人何明當扶進夫人謂非妾也國人尊之故稱君夫人也自稱小童者謙也言已智能寡少如童蒙也曲禮夫人自稱於其君曰小童注云小童若云未成人也唐石經稱諸異邦諸誤謂皇本亦曰君夫人下有也字○注小君至禮也○正義曰小君者比於君爲小也春秋書葬我小君是小君卽君夫人之稱於本國稱小君於異邦稱寡小君猶稱其君於本國曰君於異邦曰寡君也白虎通云論語曰國君之妻國人稱之曰君夫人稱諸異邦曰寡小君謂聘問兄弟之國及臣於他國稱之謙之辭也白虎諸儒以稱諸異邦爲國人所稱當是論語家舊義故僞孔此注亦以寡小君爲邦人謙稱也曲禮夫人自稱於諸侯曰寡小君注云謂饗來朝諸侯之時彼文以寡小君爲夫人自稱於異邦諸侯與論語言寡小君爲邦人所稱異孫氏奇逢近指引郝敬說稱諸異邦如大夫士出使他邦

致辭之類非夫人自稱也夫人無越國亦無有自稱爲君者曲禮謂夫人自稱於諸侯曰寡小君誤也此說足正從來傳注之誤李氏光地劄記下兩句皆以邦人之稱言君尊之則邦人尊之故稱於本國者耦君以重君命也夫人自小則邦人小之故稱於異邦者不敢夷君以順夫人意也胡氏培翬研六室雜著此節惟小童句係夫人自稱餘皆他人稱謂之辭稱諸異邦亦是邦人稱之雜記夫人薨赴於他國曰寡小君此其確證也聘禮夫人使下大夫韋弁歸禮注云致辭當稱寡小君又聘禮記君以社稷故在寡小君注云此贊拜夫人聘享辭明寡小君是臣下對他邦人釋辭之稱非夫人自稱審矣俗解因曲禮有自稱於諸侯曰寡小君之文遂指爲夫人自稱然則云寡小君不祿亦可爲夫人自稱乎曲禮當屬記者之誤孔疏謂古者諸侯相饗夫人亦出故得自稱考之禮饗食主賓皆有擯贊傳辭亦無夫人對他國君自稱之禮內宰凡賓客之祼獻瑤爵皆贊是其證況論語無自字與記文本異考古者當據論語以訂曲禮之非不當因曲禮而滋論語之誤案孫氏諸說皆精審足以證明此注矣云嫡妻不正者詩江有汜釋文嫡正夫人也白虎通嫁娶篇妾者接也以時接見也嫡尊得稱夫人妾卽娣媵之屬卑不得稱夫人春秋

時嫡妾之禮不正多以妾爲夫人故左傳言魯文公有二妃齊桓公有三夫人鄭文公有夫人芊氏江氏宋平公納其御步馬者稱君夫人及左師受饋亦致命曰君夫人是當時妾稱夫人也劉氏逢祿述何篇曰春秋正適妾之名爲仲子成風以天王太廟異邦正之不得稱夫人也則妾子爲君皆繫於子君稱之曰母自稱曰先君之妾邦人稱之曰君母稱諸異邦曰寡君之母異邦人稱之亦曰君之母而已母以子貴公羊氏之駁言也以穀梁爲正

高郵胡汝馴校刊

論語正義卷二十

恭冕述

陽貨第十七　集解

凡二十四章　正義曰：漢石經凡廿六章。洪氏頤煊讀書叢錄謂漢石經分子曰唯上知與下愚不移、子謂伯魚曰各自爲一章，故云廿六。邢本古者民有三疾章下有子曰巧言令色鮮矣仁，注王曰巧言無實令色無質。唐石經亦有此章，係旁注。御覽三百八十八引論語陽貨曰巧言令色鮮矣仁，疑古傳本有二，有者非後人所增，無者亦非後人所刪也。皇本、考文引古本、足利本、高麗本皆無此章，則從集解所據本也。王注亦見學而篇皇疏。

陽貨欲見孔子，孔子不見，注孔曰：陽貨，陽虎也，季氏家臣而專魯國之政，欲見孔子，使仕。歸孔子豚。孔子時其亡也而往拜之遇諸塗（注）孔曰：欲使往謝，故遺孔子豚。塗，道也。於道路與相逢。

正義曰：孟子滕文公篇載此事云：「陽貨欲見孔子而惡無禮。」惡無禮者，謂孔子不往見，嫌己無禮以致之也。又云：「大夫有賜於士，不得受於其家，則往拜其門。陽貨矙孔子之亡也，而饋孔子蒸豚；孔子亦矙其亡也，而往拜之。當是時，陽貨先，豈得不見？」趙岐注：「陽貨，魯大夫也。孔子，士也。矙，視也。陽貨視孔子亡而饋之者，欲使孔子來答，恐其便答拜使人也。豚非大牲，故用熟饋也。孔子矙其亡者，心不欲見陽貨也。」據孟子，則歸豚本由矙亡，故孔子亦受而矙亡拜之。彼文作「饋」，此作「歸」，二字通用。釋文載鄭本作「饋」，云：「魯讀饋爲歸，今從古。」則作「饋」者，古論；作「歸」者，魯論也。廣雅釋詁：「覸，視也。」王氏念孫疏證引此文，謂「時」與「覸」同。釋言篇：「時，伺也。」此與孟子作「矙」義合。陽貨稱大夫者，毛氏奇齡四書賸言：「季氏是司徒，下有大夫二人，一曰小宰，一曰小司徒，故邑宰家臣通稱大夫也。」周氏柄中典故辨正說：「禮玉藻云：『酒肉之賜，弗再拜。』又云：『大夫親賜於士，士拜受，又拜於其室。』孔疏：『此非酒肉之賜，故再拜。』陽貨饋蒸豚，正是酒肉之賜，弗再拜者，故必矙亡而來。」○注「陽貨，陽虎也」。○正義云：貨、虎一聲之轉，疑貨是名，虎是字也顧氏棟高春秋大事表陽虎欲以己更孟氏疑與孟孫同族○注欲使至相逢○正義曰廣雅釋詁歸遺也孟子疏引此注豚豕之小者今此文脫説文豚小豕也從彖省象形豚篆文從肉豕方言豬其子或謂之豚或謂之豯吳揚之間謂之豬子是豚爲豕之小者也爾雅釋宮路旅塗也釋名釋道云涂度也人所由得通度也周官司險注五涂徑畛涂道路也此注塗訓道又道路連言皆準舉不分別也相逢者訓遇爲逢也爾雅釋詁遘逢遇也遘逢遇遻見也穀梁傳不期而會曰遇

謂孔子曰來予與爾言曰懷其寶而迷其邦可謂仁乎曰不可注馬曰言孔子不仕是懷其寶也知國不治而不爲政是迷邦也**好從事而亟失時可謂知乎曰不可**注孔曰言孔子棲棲好從事而數不遇失時不得爲有知**日月逝矣歲不我與**注馬曰年老歲月已往當急仕**孔子曰諾吾將仕矣**注孔曰以順辭免正義曰毛氏奇齡稽求篇引明

郝敬云前兩曰不可皆是貨自爲問答以斷爲必然之理此如史記留侯世家張良阻立六國後八不可語有云今陛下能制項籍之死命乎曰未能也能得項籍頭乎曰未能也能封聖人墓表賢者閭式智者門乎曰未能也皆張良自爲問答至漢王輟食吐哺以下纔是高祖語此章至孔子曰以下纔是孔子語孔子答語祇此故記者特加孔子曰三字以別之閻氏若璩釋地又續同此樊氏廷枚釋地補云孔子世家楚令尹子西曰王之使使諸侯有如子貢者乎曰無有王之輔相有如顏回者乎曰無有王之將率有如子路者乎曰無有王之官尹有如宰予者乎曰無有此亦子西自爲問答王氏引之經傳釋詞有一人之言而自爲問答者則加曰字以別之論語云云孟子告子篇爲是其智弗若與曰非然也是也懷其寶者懷藏也皇疏寶猶道也義見廣雅釋詁胡氏紹勳拾義或謂身爲寶如老子輕敵幾喪吾寶注云寶身也呂覽先已篇嗇其大寶注云大寶身也懷其寶謂藏其身兩義並通爾雅釋詁迷惑也說文同言懷道不仕若已迷惑其邦不使致治也吾將仕者言已當就仕也左僖二十三年傳策名委質服虔解誼古者始仕必先書其名於策委死之質於君然則夫子言將仕意亦策名委質如今時投選報吏部矣○注言孔

至有知。正義曰：孔子初適周反魯，既又適齊反魯，是栖栖也。少儀：亟見曰朝夕。注：亟，數也。是亟有數訓。○注：年老歲月已往。○正義曰：陽虎於定八年冬叛魯，孔子年五十一，此語在未叛魯前，時孔子年亦近五十，始衰，得稱老也。○注：以順辭免。○正義曰：皇疏引郭象曰：聖人無心，仕與不仕隨世耳。陽虎勸仕，理無不諾，不能用我，則無自用，此直道而應者也。然免遜之理亦在其中也。

子曰：性相近也，習相遠也。注孔曰：君子慎所習。正義曰：戴氏震孟子字義疏證：性者，分於陰陽五行以爲血氣心知品物，區以別焉，舉凡既生以後所有之事，所具之能，所全之德，咸以是爲其本，故易曰「成之者性也」。氣化生人生物以後，各以類滋生久矣，然類之區別，千古如是也，循其故而已矣。在氣化曰陰陽，曰五行，而陰陽五行之成化也，雜糅萬變，是以及其流形，不特品物不同，雖一類之中又復不同。凡分形氣於父母，卽爲分於陰陽五行，人物以類滋生，皆氣化之自然。中庸曰「天命之謂性」，以生而限於天，故曰天命。大戴禮記曰：分於道之謂命，形於一之謂性。分於道者，分於陰陽五行也。言乎分，則其限之於始，有偏全、厚薄、淸濁、昬明之不齊各隨所分而形於一各成其性也然性雖不同大致以類爲之區別故論語曰性相近也此就人與人近言之也孟子曰凡同類者舉相似也何獨至於人而疑之聖人與我同類者言同類之相似則異類之不相似明矣故語告子生之謂性曰然則犬之性猶牛之性牛之性猶人之性與明乎其不可混同言之也又曰問孟子之時因告子諸人紛紛各立異說故直以性善斷之孔子但言相近意在於警人慎習非因論性而發故不必直斷以善與曰然古今常語凡指斥下愚者矢口言之每曰此無人性稍舉其善端則曰此猶有人性以人性爲善稱無人性卽所謂人見其禽獸也有人性卽相近也善也論語言性相近正見人無有不善若不善與善相反其遠已縣絶何近之有分別性與習然後有不善而不可以不善歸性凡得養失養及陷溺梏亡咸屬於習也李氏光地論語劄記案夫子此言惟孟子能暢其說其曰性善卽相近之說也其曰或相倍蓰而無算其所以陷溺其心者然也則習相遠之說也先儒謂孔子所言者氣質之性非言性之本孟子所言乃極本窮源之性愚謂惟其相近是以謂之善惟其善是以相近似未可言孔孟之指殊也蓋孔孟所言者皆人性耳若以天地之理言則乾道變化各正性命禽獸草木

無非是者然禽獸之性則不可言與人相近相近者必其
善者也故孝經曰天地之性人爲貴是孔子之說無異於
孟子也禽獸之性不可以言善所謂善者以其同類而相
近也故曰人皆可以爲堯舜是孟子之說又無異於孔子
也焦氏循曰性善解性無他食色而已飲食男女人與物同
之當其先民知有母不知有父則男女無別也茹毛飲血
不知火化則飲食無節也有聖人出示之以嫁娶之禮而
民知有人倫矣示之以耕耨之法而民知自食其力矣以
此示禽獸禽獸不知也禽獸不知則禽獸之性不能善人
知之則人之性善矣以飲食男女言性而人性善不待煩
言自解也禽獸之性不能善亦不能惡人之性可引爲善
亦可引爲惡惟其可引故性善也牛之性可以敵虎而不
可使之咥人所知所能不可移也惟人能移則可以爲善
矣是故惟習相遠乃知其性相近若禽獸則習不能相遠
也案諸說皆精審足以發明孔孟言性之旨其他家言性
若荀子性惡是就當時之人性皆不善此有激之論不爲
典要至世碩言性有善有惡與公都子所言性有善有不
善同又告子言性無善無不善或說性可以爲善可以爲
不善及漢後儒者之說皆多影響故俱畧之漢書宣元六
王傳詔曰夫人之性皆有五常及其少長耳目牽於耆欲

故五常消而邪心作情亂其性利勝其義由是言之性不外乎耆欲習卽生於耆欲善者能制其耆欲而習而爲善不善者不能制其耆欲而習而爲不善善惡殊途所以云相遠也。注君子慎所習。正義曰後漢書班彪傳時東宮初建諸王國並開而官屬未備師保多缺彪上言曰孔子稱性相近習相遠賈誼以爲習與善人居不能無善猶習與惡人居不能無惡是以聖人慎所與居而戒慎所習卽此注之義漢書刑法志風俗移人人性相近而習相遠信矣亦謂人習於俗也

子曰惟上知與下愚不移注孔曰上知不可使爲惡下愚不可使彊賢

正義曰阮氏元論性篇性中雖有秉彝而才性必有智愚之別然愚者非惡也智者善愚者亦善也古人每言才性卽孟子所謂非才之罪也韓文公原性因此孔子之言爲三品之說雖不似李習之之悖於諸經然以下愚爲惡誤矣或者更欲以性爲至靜至明幾疑孔子下愚之言爲有礙則更誤矣尚書召誥曰今天其命哲命哲與愚相對哲卽智也有吉必有凶有智必有愚召公曰既命哲者言所命非愚然則愚亦命之所有下愚亦命之所有但今若生子在厥初生自貽哲命耳孔子之言與召公之言無少差謬又案

韓文公原性篇謂孔子性善之說得上而遺下蓋文公以子魚楊食我等爲性惡也然此正是孔子所謂不移之下愚也非惡也今案阮說是也漢書古今人表傳曰譬如堯舜禹稷卨與之爲善則行鯀讙兜欲與爲惡則誅可與爲善不可與爲惡是謂上智桀紂龍逢比干欲與之爲善則誅于莘崇侯與之爲惡則行可與爲惡不可與爲善是謂下愚齊桓公管仲相之則霸豎貂輔之則亂可與爲善可與爲惡是謂中人此文畧本賈誼新書連語篇以上智爲善下愚爲惡論衡論性篇亦云孔子曰性相近也習相遠也夫中人之性在所習焉習善而爲善習惡而爲惡也至於極善極惡非復在習故孔子曰性上智與下愚不移性有善不善聖化賢教不能復移易也是以上智下愚爲善惡之分又以上章及此章爲三品漢人早有此說而文公因之然有性善有性不善性可以爲善可以爲不善孟子已辭而闢之而斷爲性善則知三品之言非矣夫子言生而知之爲上即此上智困而學之爲又次困即是愚而爲又次無不可移也至困而不學乃云民斯爲下下即此所云下愚戴氏震孟子字義疏證生而下愚其人難與言禮義由自絶於學是以不移然苟畏威懷惠一旦觸於所畏所懷之人啟其心而憬然覺悟往往有之苟悔而從善則

非下愚矣加之以學則日進於智矣以不移定爲下愚又往往在知善而不爲知不善而爲之者故曰不移不曰不可移雖古今不乏下愚而其精爽幾與物等者亦究異於物無不可移也程氏瑤田論學小記人之氣有清濁故有智愚然人之智固不同於犬牛之智人之愚亦不同於犬牛之愚犬牛之愚無仁義禮智之端人之愚未嘗無仁義禮智之端是故智者知正其衣冠矣愚者亦未嘗不欲正其衣冠也其有不然者則野人之習於鄉俗者也然野人亦自有智愚其智者亦知當正其衣冠而習而安焉此習於惡則惡之事也其愚者見君子之正其衣冠也亦有所不安於心及欲往見君子必將正其衣冠焉此習於善則善之事也案如程說是愚亦可爲善則愚非惡矣如戴說即下愚亦可移蓋均本孟子性善之旨以發明夫子言外之意

子之武城，聞弦歌之聲。（注）孔曰：子游爲武城宰。**夫子莞爾而笑，**（注）莞爾，小笑貌。**曰：「割雞焉用牛刀？」**（注）孔曰：言治小何須用大道。

正義曰：鄭注云：武城，魯之下邑。與前篇包注畧同。御覽卷一百六十引此文注云：武城今在費縣。此

注不知爲誰宋氏翔鳳樸學齋札記謂亦鄭注不知然否

弦歌者說文弦弓弦也從弓象絲軫之形曹憲廣雅音凡弓弩琴瑟弦皆從弓皇本此文作絃是別體文王世子春誦夏弦注弦謂以絲播詩周官小師弦歌注弦謂琴瑟也歌依詠詩也依詠詩者謂以琴瑟之弦依詩詠之也毛詩子衿傳古人教以詩樂誦之歌之弦之舞之夫子於武城得聞之者樂記云古之教者家有塾黨有庠春秋時庠塾之教廢故禮樂崩壞雅頌之音不作子游爲武城宰乃始復庠塾之教於時受學者衆故夫子得聞弦歌之聲也莞爾釋文作莧華版反本今作莞易夬九五莧陸夬夬虞翻注莧悅也讀如夫子莧爾而笑之莧案說文莧讀若丸與莧字從卄從見形最相似莧訓山羊細角羊有善義故引申爲和睦之訓論語正字作莧段借作莞集解云小笑貌與虞氏莧睦之訓亦合釋文所見本作莧遂音華版反非也此說畧本之劉氏毓崧見其所箸通義堂集唐石經作莞皇邢本同列子天瑞篇老韭之爲莞也殷敬順釋文莞一作莧亦二字提用不別廣雅釋詁莧笑也疑莞字小變唐貞觀孔子廟碑哯爾微笑此後出俗字割雞謂分割肉節也爾雅釋言割裂也說文雞知時畜也鷄籀文雞從鳥牛刀謂割牛刀也不言割者冢上省文○注莞爾小笑貌

○正義曰唐貞觀碑哫爾微笑微小義同楚辭漁父云漁父莞爾而笑王逸注笑離齗也文選張衡東京賦注莞爾舒張面目之貌也。注言治小何須用大道。正義曰此戲言也皇疏引繆播曰惜其不得導千乘之國如牛刀割雞不盡其才此深得夫子之意**子游對曰昔者偃也聞諸夫子曰君子學道則愛人小人學道則易使也**注道謂禮樂也樂以和人人和則易使**子曰二三子**注孔曰從行者**偃之言是也前言戲之耳**注孔曰戲以治小而用大道○正義曰君子者謂王公士大夫之子孫也小人者謂凡庶民之子孫也尚書大傳新穀已入櫌鉏已藏祈樂已入歲事既畢餘子皆入學是小人亦入學習禮樂也樂記云樂者爲同禮者爲異同則相親異則相敬合情飾貌者禮樂之事也又云樂至則無怨禮至則不爭揖讓而治天下者禮樂之謂也則學禮樂自知相親相敬之道故愛人也又云禮義立則貴賤等矣樂文同則上下和矣民知事貴敬上之道故易爲上所使也戲者爾雅釋詁戲謔也呂覽重言篇注戲不誠也公山弗擾以費畔，召，子欲往。注：孔曰：「弗擾爲季氏宰，與陽虎共執季桓子而召孔子。」子路不說，曰：「末之也已，何必公山氏之之也？」注：孔曰：「之，適也。無可之則止，何必公山氏之適。」子曰：「夫召我者，而豈徒哉？如有用我者，吾其爲東周乎？」注：興周道於東方，故曰東周。

正義曰：潛夫論志氏姓：「公山氏，魯公族，姬姓。」弗擾，皇本弗作不。左傳及史記孔子世家、漢書古今人表皆作不狃。王氏引之春秋名字解詁：「不，語詞。不狃，狃也。論語作弗擾，段借字也。古音狃與擾同。不狃字子洩，洩與忕通，皆貫習之義。」金履祥通鑑前編：「公山不狃以費畔季氏，佛肸以中牟畔趙氏，皆家臣畔大夫也。而召孔子，孔子雖卒不往，而云欲往者，蓋大夫畔諸侯，而陪臣以張公室爲名也。」子韓哲曰：「大夫而欲張公室，罪莫大焉，此當時流俗之言也。抑大夫而欲張公室，亦名義也，故欲往以明其可也。然二人者皆以已私爲之，非眞可與有爲也，故卒不往以知其不可也。」案：金說是也。翟氏灝考異謂召是季氏召，下文何必公山氏之之也何必下脫因字上之謂往下之謂季氏此不得其解妄爲說之豈徒者言不徒召之而往也吾其爲者其與豈同言不爲也東周者王城也周自文王宅豐武王宅鎬及後伐紂有天下遂都鎬稱鎬京焉天下謂之宗周迨周公復營東都於郟鄏是爲王城幽王時犬戎攻滅宗周平王乃遷居東都遂以東都爲東周而稱鎬京爲西周也史記孔子世家定公九年陽虎奔于齊是時孔子年五十公山不狃以費畔季氏使人召孔子孔子循道彌久溫溫無所試莫能已用曰蓋周文武起豐鎬今費雖小儻庶幾乎欲往子路不說止孔子孔子曰夫召我豈徒哉如用我其爲東周乎然亦卒不行據世家之文是孔子欲以費復西周文武之治此當出安國故也鹽鐵論褒賢篇孔子曰如有用我者吾其爲東周乎庶幾成湯文武之功爲百姓除殘去賊豈貪祿樂位哉亦據文武爲孔子欲復西周而兼言成湯此皆古論家說其後夫子作春秋據魯新周卽此意必據魯者周道幽厲傷之而猶在魯故據魯春秋而一新以西周之治新以西周不得不絀東周故此文亦言不爲東周也鄭注此云東周據時成周案公羊傳曰王城者何西周也成周者何東周也成周者亦周公所營以處殷頑民在王城之東胡氏渭禹貢錐指謂二城東西相去四

十里是也王子朝之亂敬王出居成周當時遂以王城爲
西周成周爲東周鄭云據時當指成周爲當訓助然考其
時王室已定不致有爲東周之疑也皇本用上有復字。
注弗擾至孔子。正義曰左定五年傳季桓子行野及費
子洩爲費宰逆勞於郊桓子敬之九月乙亥陽虎囚季桓
子又八年傳季寤公鉏極公山不狃皆不得志於季氏叔
孫輒無寵於叔孫氏叔仲志不得志於魯故五人因陽虎
欲去三桓將享桓子於蒲圃而殺之桓子以計入於孟氏
孟氏之宰公歛處父率兵敗陽虎陽虎遂逃於讙陽關以
叛季寤亦逃而出竊意不狃斯時正爲費宰而陰觀成敗
於其際故畔形未露直至九年始據邑以叛然猶曰張公
室也久之而並與魯爲敵故定十二年仲由爲季氏宰將
墮費而不狃及叔孫輒率費人襲魯夫子命申句須樂頎
伐之而後北國人追之敗諸姑蔑不狃及輒遂奔齊此則
不狃畔魯之事而非此之以費畔也史記孔子世家載以
費叛召孔子在定九年可補左氏之遺趙氏翼陔餘叢考
信左傳而反議史記並疑論語則過矣若毛氏奇齡稽求
篇據此注謂陽虎囚季桓子弗擾之畔即在其時則爲定
五年與世家不合且不狃初以仲梁懷不敬已而欲陽虎
逐之虎遂並囚桓子桓子先亦甚敬不狃斯時似尚無釁

其畔季氏乃八年以後事左傳文甚明顯不得牽混。注之適也無可之則止。正義曰武氏億經讀考異近讀從已字絕句案孔曰云云是當以也字爲句已爲止又作一讀今案近讀義勝。注興周道於東方故曰東周。正義曰費在周東故曰東方

子張問仁於孔子孔子曰能行五者於天下爲仁矣請問之曰恭寬信敏惠恭則不侮注孔曰不見侮慢寬則得衆信則人任焉敏則有功注孔曰應事疾則多成功惠則足以使人　正義曰任謂任事也國語晉語箕鄭曰信於令則時無廢功信於事則民從事有業卽此義也惠者仁也謂以仁心行仁政也書臯陶謨云安民則惠黎民懷之民懷其上故足使之也趙氏佑溫故錄惠順也此康誥惠不惠之惠仁者待人務順乎人情凡有所使皆量其長而不苛所短予以佚而常體其勞是之謂惠此義亦通。注不見侮慢。正義曰鄭注云不致人侮慢之言卽僞孔所本皇疏引江熙曰自敬者人亦敬己也。注應事疾則多成

功。正義曰：說文敏疾也管子形勢云朝忘其事夕失其功是言治事當敏疾也焦氏循補疏僖四年公羊傳注生事有漸故敏敏則有功徐彦疏云敏審也言舉事敏審則有成功矣是敏之義爲審僖二十三年左傳辟不敏也注云敏猶審也卅三年左傳禮成而加之以敏注云敏審當於事亦以敏爲審周官師氏二曰敏德注云敏德仁義順時者也當其可之謂時順時則審當之謂也案焦從何義亦通

佛肸召子欲往注孔曰晉大夫趙簡子之邑宰**子路曰昔者由也聞諸夫子曰親於其身爲不善者君子不入也**注孔曰不入其國**佛肸以中牟畔子之往也如之何**正義曰阮氏元挍勘記佛肸皇本作胇肸唐石經作佛肸古今人表作茀肸佛茀胇三字音近通借五經文字云肸肸上說文下隸省史記孔子世家佛肸爲中牟宰趙簡子攻范中行伐中牟佛肸畔使人召孔子云云是中牟爲范中行邑佛肸是范中行之臣於時爲中牟宰而趙簡子伐之故佛肸卽據中牟以畔也左哀五年傳夏趙鞅伐衞范氏之故也遂圍中牟

此節簡子伐中牟之事然則佛肸之召孔子當在哀五年無疑矣翟氏灝考異云簡子挾晉侯以攻范中行佛肸爲范中行家邑宰因簡子致伐距之于晉爲畔于范中行猶爲義也且聖人神能知幾范中行滅則三分晉地之勢成三分晉地之勢成則大夫自爲諸侯之禍起其爲不善較佛肸孰大小哉子路見未及此但知守其常訓聖人雖有見焉卻難以前知之幾爲門弟子語也故但以堅白恒理答之案翟說太深反失聖意蓋聖人視斯人之徒莫非吾與而思有以治之故於公山佛肸皆有欲往之意且其時天下失政久矣諸侯畔天子大夫畔諸侯少加長下淩上相沿成習恬不爲怪若必欲棄之而不與易則滔滔皆是天下安得復治故曰天下有道丘不與易也明以無道之故而始欲仕也且以仲弓子路冉有皆仕季氏夫季氏非所謂竊國者乎而何以異於畔乎子路身仕季氏而不欲夫子赴公山佛肸之召其謹守師訓則固以親於其身爲不善君子不入二語而已而豈知夫子用世之心與行道之義固均未爲失哉中牟者邑名王氏瑬四書地理攷洪氏亮吉曰管子云築五鹿中牟鄴者三城相接也五鹿今直隸大名府元城縣鄴今河南彰德府安陽縣是中牟在當時與五鹿鄴相接矣韓非子晉平公問趙武曰中牟三

國之股肱邯鄲之肩髀邯鄲即今直隸廣平府邯鄲縣是中牟在當時又與邯鄲咫尺矣臣瓚引汲郡古文云齊師伐趙東鄙圍中牟趙時已都邯鄲是中牟又在邯鄲之東矣戰國策昔者趙氏襲衛魏主身披甲底劍挑趙索戰邯鄲之中驚河山之間亂衛得是藉也亦收餘甲而北面殘剛平墮中牟之郭是中牟又在衛之北境矣太平寰宇記湯水在湯陰縣北源出縣西牟山去縣三十五里元豐九域志亦云湯陰縣有牟山戰國策舊注云中牟在相州湯陰縣史記佛肸爲中牟宰索隱云此河北之中牟蓋在漢陽西漢陽蓋濮陽之誤今湯陰縣正在濮州西也張守節史記正義亦云湯陰縣西五十八里有牟山蓋中牟邑在此山側則中牟在湯陰無疑也今湯陰去安陽不五十里去邯鄲元城亦不出一二百里益信管子韓非子所云相接云肩髀無一字妄設也春秋傳晉車千乘在中牟中牟人欲伐之哀五年趙鞅伐衛圍中牟杜預以滎陽中牟爲注而疑其回遠裴駰集解又以中牟非自衛適晉之次不知春秋傳之中牟即今湯陰中牟也晉在衛之西北今湯陰縣正在滑縣等西北爲衛入晉必由之道若河南之中牟漢雖立爲縣而其名實未嘗見於經傳班固地理志于河南郡中牟縣注云趙獻侯自耿徙此則以鄭之中牟爲

趙之中牟，雖偶有未檢，然殊非小失矣。左傳正義以爲中牟在河北，不復知其處，而又引臣瓚云「中牟當在溫水之上」，史記集解引瓚說「溫水」又作「漯水」，則又未知何據也。案定九年，衛侯將如五氏，過中牟，五氏在今邯鄲縣西南，蓋衛侯自今開州至邯鄲，而路由湯陰，是時中牟屬晉。至哀五年，趙鞅伐衛，圍中牟，則中牟屬衛矣。豈因佛肸之叛，地入于衛與？若臣瓚之說，引作「溫水」，或引作「漯水」，疑當爲「湯水」之譌也。案洪說甚核，全氏祖望經史問答、莊氏述祖別記畧同。「如之何」者，「之」者是也，謂佛肸也。言佛肸已畔，已雖往，如彼不善何也。○注「晉大夫趙簡子之邑宰」。○正義曰：佛肸是范、中行邑宰，見孔子世家，此當出安國舊義。今此孔注以爲趙簡子邑宰，與彼文不合，其僞顯然。

子曰：「然，有是言也。不曰堅乎，磨而不磷；不曰白乎，涅而不緇。

【注】孔曰：「磷，薄也。涅，可以染皁。言至堅者磨之而不薄，至白者染之於涅而不黑，喻君子雖在濁亂，濁亂不能污。」

吾豈匏瓜也哉？焉能繫而不食？」

【注】匏，瓠也。言匏瓜得繫一處者

不食故也吾自食物當東西南北不得如不食之物繫滯

一處正義曰不曰堅乎句上皇本有曰字緇史世家作淄新語道基篇論衡問孔篇文選座右銘注亦作淄阮氏元校勘記淄緇古字通後漢后妃紀恩隆好合遂忘淄蠹以淄爲緇漢州輔碑所謂摩而不鄰涅而不緇者摩與磨同鄰當磷之段借校勘記及翟氏灝考異桂氏馥羣經義證馮氏登府異文攷證引漢費鳳别碑涅而不滓廷尉仲定碑泥而不宰校尉熊君碑泥而不滓據史記屈賈列傳有云皭然泥而不滓者也後漢書隗囂傳賢者泥而不滓與三碑略同皆是涅而不緇異文書洪範疏引荀子白沙在涅與之俱黑大戴禮曾子制言篇涅作泥是涅泥二字通用之證鄭注云我非匏瓜焉能繫而不食者冀往仕而得祿也此非經旨。注磷薄也涅可以染皁。正義曰廣雅釋詁磷禣也王氏念孫疏證考工記鮑人雖敝不甐鄭注云甐故書或作鄰鄭司農云鄰讀爲磨而不磷之磷磷甐鄰並通禣經傳皆通作薄方言涅化也燕朝鮮洌水之間曰涅說文涅黑土在水中也是涅乃黑土用以染物故方言以涅訓化漢書敘傳引此文顏注涅汚泥可以染皁以汚泥當黑土辭之誤也焦氏循補疏孔謂可以染皁者淮南齊俗訓云素之質白染之以涅則黑俶眞訓云今以涅染緇則黑于涅高誘注云涅礬石也西山經女牀之山其陰多石涅郭注云即礬石也楚人名爲涅石秦人名爲羽涅也神農本草經礬石一名羽碮碮即涅也其可以染皁蓋指今之皁礬。注匏瓠至一處。正義曰詩匏有苦葉傳匏謂之瓠說文匏瓠也一物二名言匏瓜者匏亦瓜類也詩傳又云瓠葉苦不可食也陸機詩疏謂匏葉先甘後苦王氏念孫廣雅疏證謂瓠有甘苦二種瓠甘者葉亦甘瓠苦者葉亦苦甘者可食苦者不可食又引北方農人謂瓠之甘者次年或變爲苦以陸氏先甘後苦之說爲非如王之言是此云不可食者謂匏瓜之苦者也魯語云苦匏不材於人共濟而已韋昭云材讀若裁也不裁於人言不可食也是也匏瓜以不食得繫滯一處王粲登樓賦懼匏瓜之空懸畏井渫之不食空懸即謂懸繫也韋昭解魯語其濟謂佩匏可以渡水自是釋彼文宜然或遂援以解論語謂繫即繫以渡水則已有用於人於取譬之旨不合矣皇疏又載一通云匏瓜星名也言人有材智宜佐時理務爲人所用豈得如匏瓜繫天而不可食耶黃震日鈔云臨川應抑之天文圖有匏瓜星其下注引論語正指星而言蓋星有匏瓜之名徒繫於天而不可食正與維

南有箕不可簸揚維北有斗不可挹酒漿同義今案匏瓜
星名見史記天官書此義亦通吾自食物者言吾當如可
食之物與匏瓜異也當東西南北者言人當志在
四方也檀弓引夫子云今丘也東西南北之人也

子曰由也女聞六言六蔽矣乎【注】六言六蔽者謂下六事仁知信直勇剛也**對曰未也居吾語女**【注】孔曰子路起對故使還坐**好仁不好學其蔽也愚好知不好學其蔽也蕩**【注】孔曰仁者愛物不知所以裁之則愚蕩無所適守**好信不好學其蔽也賊**【注】孔曰父子不知相爲隱之輩**好直不好學其蔽也絞好勇不好學其蔽也亂好剛不好學其蔽也狂**【注】孔曰狂妄抵觸人

正義曰六言六蔽是古成語夫子以其義問子路也廣雅釋詁蔽障也荀子解蔽注蔽言不能通明滯于一隅如有物壅蔽之也臧氏震孟子字義疏證人之血氣心知本乎陰陽五行

者性也如血氣資飲食以養其化也卽爲我之血氣非復所飲食之物矣心知之資於問學其自得之也亦然以血氣言昔者弱而今者彊是血氣之得其養也以心知言昔者狹小而今者廣大昔者闇昧而今者明察是心知之得其養也故曰雖愚必明案六言皆心知之善而不好學皆有所蔽故荀子勸學云君子博學而參省乎己則知明而行無過矣卽謂學能祛蔽也管氏同紀聞大人之所以言不必信者惟其爲學而知義所在也苟好信不好學則惟知重然諾而不明事理之是非謹厚者則硜硜爲小人苟又挾以剛勇之氣必如周漢刺客游俠輕身殉人扞文網而犯公義自聖賢觀之非賊而何哉案前篇云直而無禮則絞下章云君子有勇而無義爲亂與此言好直好勇之蔽同蓋禮義皆須學以成也皇本由下無也字居上有曰字○注子路起對故使還坐○正義曰凡尊長問己己將答之皆起離席以中敬也對畢就坐若未畢尊長命之坐則坐○注仁者至適守○正義曰仁者不好學則不知裁度或至愛無差等也知者不好學多姿自用不能據德依仁故無所適守○注狂姿抵觸人○正義曰說文抵側擊也觸牴也牴與抵同剛者性獷直其言行多抵觸人也

子曰小子何莫學夫詩注包曰小子門人也詩可以興注孔曰興引譬連類可以觀注鄭曰觀風俗之盛衰可以羣注孔曰羣居相切磋可以怨注孔曰怨刺上政邇之事父遠之事君注孔曰邇近也多識於鳥獸草木之名正義曰學詩可以事父事君者荀子言詩故而不切其依違諷諫不指切事情故言者無罪聞者足戒詩序言正得失動天地感鬼神莫近於詩先王以是經夫婦成孝敬厚人倫美教化移風俗明詩教有益故學之可事父事君也焦氏循毛詩補疏序夫詩溫柔敦厚者也不質直言之而比興言之不言理而言情不務勝人而務感人自理道之說起人各挾其是非以逞其血氣激濁揚清本非謬戾而言不本於情性則聽者厭倦至於傾軋之不已而忿毒之相尋以同爲黨即以比爲爭甚而假宮闈廟祀儲貳之名動輒千百人哭於朝門自鳴忠孝以激其君之怨害及其身禍於其國全失乎所以事君父之道余讀明史每歎詩教之亾莫此爲甚案焦說甚通說文鳥長尾禽總名也爾雅釋鳥云二足而羽

謂之禽四足而毛謂之獸鳥獸草木所以貴多識者人飲食之宜醫藥之備必當識別匪可妄施故知其名然後能知其形知其性爾雅於鳥獸草木皆專篇釋之而神農本草亦詳言其性之所宜用可知博物之學儒者所甚重矣○注興引譬連類○正義曰周官大師教六詩曰風曰賦曰比曰興曰雅曰頌注賦之言鋪直鋪陳今之政教善惡比見今之失不敢斥言取比類以言之興見今之美嫌於媚諛取善事以喻勸之鄭司農云比者比方於物也興者託事於物案先鄭解比興就物言後鄭就事言互相足也賦比之義皆包於興故夫子止言興毛詩傳言興百十有六而不及賦比亦此意也此注言引譬者謂譬喻於物也學記云不學博依不能安詩注博依廣譬喻也即此引譬之義也言連類者意中兼有賦比也○注觀風俗之盛衰○正義曰謂學詩可論世也詩序云治世之音安以樂其政和亂世之音怨以怒其政乖亡國之音哀以思其民困世治亂不同音亦隨異故學詩可以觀風俗而知其盛衰若吳季札觀樂最著也○注羣居相切磋○正義曰焦氏循補疏案詩之教溫柔敦厚學之則輕薄嫉忌之習消故可以羣居相切磋○注怨刺上政○正義曰鄭注云怨謂刺上政此僞孔所本廣雅釋詁譏諫怨也諫刺同凡君親

有過諫之不從不能無怨孟子所謂親親之義也然必知比興之道引譬連類而不傷於徑直故言易入而過可改也

子謂伯魚曰女爲周南召南矣乎人而不爲周南召南其猶正牆面而立也與（注）馬曰周南召南國風之始樂得淑女以配君子三綱之首王教之端故人而不爲如向牆而立

正義曰皇本召作邵周南召南者謂周公召公分郟所得南國之詩也不主一國故總繫焉二南之詩用於鄉人用於邦國當時鄉樂未廢故夫子令伯魚習之依其義說以循行之故稱爲也竊又意二南皆言夫婦之道爲王化之始故君子反身必先修諸己而後可刑于寡妻至于兄弟以御于家邦漢書匡衡傳謂室家之道修則天下之理得即此義也時或伯魚授室故夫子特舉二南以訓之與○注周南至而立○正義曰二南亦是國風以列在前故言國風之始淑女謂大姒君子謂文王也關雎序云周南召南正始之道王化之基是以關雎樂得淑女以配君子注言此者見二南多言德化之所及其致治之本則在關雎故舉淑女配君子以爲言也三綱者謂君臣父

子夫婦也後漢荀爽傳臣聞有夫婦然後有父子有父子然後有君臣有君臣然後有上下有上下然後有禮義禮義備則人知所厝矣夫婦人倫之始王化之端故文王作易上經首乾坤下經首咸恒毛詩關雎傳亦云夫婦有別則父子親父子親則君臣敬君臣敬則朝廷正朝廷正則王化成是夫婦爲三綱之首王教之端也向牆而立者訓正爲向與正南面之正同向牆面之而立言不可行也孟子謂身不行道不行於妻子漢匡衡傳謂福之興莫不本乎室家道之衰莫不始乎梱內並此意

子曰禮云禮云玉帛云乎哉（注）鄭曰玉圭璋之屬帛束帛之屬言禮非但崇此玉帛而已所貴者乃貴其安上治民**樂云樂云鐘鼓云乎哉**（注）馬曰樂之所貴者移風易俗非謂鐘鼓而已

正義曰說文鐘樂鐘也秋分之音物種成白虎通五行篇鐘者動也言陽氣於黃泉之下動養萬物也皇本鐘作鍾鍾者酒器經傳二文多通用荀子大略篇聘禮志曰幣厚則傷德財侈則殄禮禮云禮云玉帛

云乎哉是言禮不重玉帛也漢書禮樂志樂已治內而爲同禮已修外而爲異同則和親異則畏敬畏敬之意難見則著之於享獻辭受登降跪拜和親之說難形則發之於詩歌詠言鐘石筦弦蓋嘉其敬意而不及其財賄美其歡心而不流其聲音故孔子曰禮云禮云玉帛云乎哉樂云樂云鐘鼓云乎哉此禮樂之本也案此謂敬爲禮本和爲樂本也禮記仲尼燕居云師爾以爲必鋪几筵升降酌獻酬酢然後謂之禮乎爾以爲必行綴兆興羽籥作鐘鼓然後謂之樂乎言而履之禮也行而樂之樂也亦與此章義相發皇疏引繆播曰玉帛禮之用非禮之本鐘鼓者樂之器非樂之主假玉帛以達禮禮達則玉帛可忘借鐘鼓以顯樂樂顯則鐘鼓可遺以禮假玉帛於求禮非深乎禮者也以樂託鐘鼓於求樂非通乎樂者也○注玉圭至治民○正義曰周官典瑞云瑑圭璋璧琮以頫聘圭以聘君璋以聘夫人璧琮以享皆瑞玉也注偏舉圭璋故云屬以兼之說文帛繒也鄭注尚書云帛所以薦玉也聘禮釋幣制玄纁束注云凡物十曰束玄纁之率玄居三纁居二朝貢禮云制丈八尺疏云制謂舒之長短雜記云納幣一束束五兩兩五尋然則每卷二丈若作制幣者每卷丈八尺爲制合卷爲匹也胡氏培翬正義謂雜記是言昏禮納徵束

帛用二丈取成數其他禮幣皆以一丈八尺爲節也案帛亦言屬者據聘禮束帛之外又有錦紡鄭此注意兼有之也孝經廣要道章安上治民莫善於禮此鄭所本○注樂之至而已○正義曰孝經云移風易俗莫善於樂亦馬所本鄭注云言樂不但崇此鐘鼓而已所貴者貴其移風易俗也與馬畧同

子曰色厲而内荏注孔曰荏柔也謂外自矜厲而内柔佞譬諸小人其猶穿窬之盜也與注孔曰爲人如此猶小人之有盜心穿穿壁窬窬牆　正義曰說苑修文篇顓孫子莫曰去爾外厲曾子曰外厲者必内折内折與内荏同義釋文穿踰本又作窬此誤依孔義改經文作踰陸所見本已然也先伯父五河君經義說畧儒行篳門圭窬鄭注圭窬門旁窬也穿牆爲之釋文圭窬說文云穿木戶也郭璞三蒼解詁云門旁小窬也此則鄭本作竇陸本作窬玉篇引禮記及左傳並作圭窬今左傳亦作圭竇是知窬與竇通說文竇空也窬下曰一曰空中也窬是穿木戶亦取空中之義故凡物之取於空中者皆得爲窬淮南氾論訓古者爲窬木方版以爲舟航高誘曰窬空

也是也窬與窬同孟康漢書注曰東南謂鑿木空中如曹曰窬是也此穿窬猶言穿戶與踰牆之踰不同孟子穿窬亦此解謹案臧氏庸拜經日記畧同漢書胡建傳黃帝李法曰壁壘已定穿窬不繇路是謂姦人姦人者殺此在軍律尤嚴也○注荏柔也○正義曰漢書翟方進傳引此文應劭注荏屈橈也詩巧言荏染柔木毛傳荏染柔意也說文集弱貌集與荏同廣雅釋詁恁弱也○注穿穿壁窬窬牆○正義曰說文穿通也從牙在穴中壁卽牆也云窬窬牆者謂窬卽踰之叚借孔注本亦是窬字不作踰也或謂僞孔亦解窬爲空則與穿壁義複孔意不如是

子曰鄉原德之賊也注周曰所至之鄉輒原其人情而爲意以待之是賊亂德也一曰鄉向也古字同謂人不能剛毅而見人輒原其趣嚮容媚而合之言此所以賊德也　正義曰孟子盡心篇云孟子答萬章問引孔子曰過我門而不入我室我不憾焉者其惟鄉原乎鄉原德之賊也此孟子述所聞語較詳曰何如斯可謂之鄉原矣曰何以是嘐嘐也言不顧行行不顧言則曰古之人古之人行何爲踽踽涼涼

生斯世也爲斯世也善斯可矣閹然媚於世也者是鄉原也此孟子言鄉原異於狂狷也萬子曰一鄉皆稱原人焉無所往而不爲原人孔子以爲德之賊何哉曰非之無舉也刺之無刺也同乎流俗合乎污世居之似忠信行之似廉潔衆皆說之自以爲是而不可與入堯舜之道故曰德之賊也孔子曰惡似而非者惡莠恐其亂苗也惡佞恐其亂義也惡利口恐其亂信也惡鄭聲恐其亂樂也惡紫恐其亂朱也惡鄉原恐其亂德也趙岐注萬章言人皆以爲原善所至亦謂之善人是趙訓原爲善前篇侗而不愿鄭注愿善也原與愿同中論考僞篇鄉愿無殺人之罪而仲尼深惡之字直作愿與趙訓同矣一鄉皆稱善而其忠信廉潔皆是假託故足以亂德所謂色取仁而行違者也子貢問鄉人皆好夫子以爲未可亦是恐如鄉原者在其中也○注所至至德也○正義曰注前讀鄉如字後讀鄉與向同其解原字並謂原人之情與孟子不合蓋未然也

子曰道聽而塗說德之棄也（注）馬曰聞之於道路則傳而說之　正義曰此爲闇於大道不知審擇者戒也荀子大畧篇君子疑則不言未問則不立道遠日益矣楊倞注未曾

學問不敢立爲論議所謂不知爲不知也爲道久遠自日
有所言不必道聽塗說也○注聞之於道路則傳而說之
○正義曰皇疏云記問之學不足以爲人師師人必當溫
故而知新研精久習然後乃可爲人傳說耳若聽之於道
路道路乃卽爲人傳說必多謬妄所以爲有德者所棄也
亦自棄其德也案注傳而說之卽言說之說釋文於塗說
無音於注說之音悅此不可解

子曰鄙夫可與事君也與哉注孔曰言不可與事君**其未得之也患得之**注患得之患不能得之楚俗言**旣得之患失之苟患失之無所不至矣**注鄭曰無所不至者言其邪媚無所不爲

正義曰釋文與哉本或作無哉得之失之之者是也謂祿位也鄙夫患不得祿位則有貪緣干
進之術旣得而又患失則言思固其祿位而不敢正言直
諫以取媚人主招權納賄以深病民漢書朱雲傳今朝廷
大臣上不能匡主下亡以益民皆尸位素餐孔子所謂鄙
夫不可與事君苟患失之亡所不至者也又後漢李法傳

法上疏諫坐失旨免爲庶人還鄉里人問其不合上意之
由法曰未嘗應對固問之法曰鄙夫可與事君乎哉苟患失之
之無所不至正以已無患失之心遂上疏諫致罷免耳是
與鄙夫異也若然禮雜記云既得之而又失之君子恥之
與鄙夫所患同者君子恥不稱其位而失之與鄙夫思固
其位之志殊也先伯父五河君經義說略曰自色厲而內
荏至鄙夫凡四章語意大畧相同皆言中不足而外有餘
蓋貌爲有德則色厲而陰實小人故內荏貌爲好學則道
聽而中無所守故塗說是故居則爲鄉愿出則爲鄙夫欺
世盜名之徒其害可勝言哉○注言不可與事君○正義
曰注以與爲我與之也王氏引之經傳釋詞解此文云與
猶以也下文患得患失皆言鄙夫所以不可事君之故非
謂不可與鄙夫事君也顔師古匡謬正俗曰孔子曰鄙夫
可以事君也與哉李善注文選東京賦曰論語曰鄙夫不
可以事君變與言以正與經旨相合○注患得之者患不
能得之楚俗言○正義曰臧氏琳經義雜記古人之言多
氣急而文簡如論語其未得之也患得之以得爲不得猶
尚書以可爲不可焦氏循補疏古人文法有急緩不顯顯
也此緩讀也公羊傳如勿與而已矣何休注云如即不如
也齊人語也此急讀也以得爲不得猶以如爲不如何云

楚俗語孔子魯人何爲效楚言也今案荀子子道篇孔子曰小人者其未得也則憂不得既已得之又恐失之是以有終身之憂無一日之樂也潛夫論愛日篇孔子病夫未得之也患不得之又毛氏奇齡賸言引家語患弗得之皆以訓詁增成其義韓愈王承福傳其賢於患不得之而患失之以濟其生之欲者亦此意沈作喆寓簡據王承福傳謂古本必如是此未達古人立文之法。注無所不至者言其邪媚無所不爲。正義曰鹽鐵論語悱篇君子疾鄙夫之不可與事君患其聽從而無所不至也聽從者無所匡正但知保其祿位故必至邪媚無所不爲也後漢李法傳注引此注邪媚上多諂佞二字

子曰古者民有三疾今也或是之亡也注包曰言古者民疾與今時異**古之狂也肆**注包曰肆極意敢言**今之狂也蕩**注孔曰蕩無所據**古之矜也廉**注馬曰有廉隅**今之矜也忿戾**注孔曰惡理多怒**古之愚也直今之愚也詐而已矣**

正義曰朱子集注云氣失其平則爲疾故氣稟之偏者亦謂之疾昔所謂疾今亦亾之傷俗之益衰也鄭注云魯讀廉爲貶今從古陳氏鱣古訓曰貶自貶損也釋名云廉自撿斂也貶廉義同案陳說固是然廉字義勝故鄭從古宋氏翔鳳發微云狂也矜也愚也皆氣質之偏古所謂疾也有肆以救狂有廉以救矜有直以救愚是不失爲古之疾也蕩則失其所謂狂忿戾則失其所謂矜詐則失其所謂愚此古但爲人疾而今遂至於死亾人情日變風俗日瀉聖人所爲明禮樂以救之與○注肆極意敢言○正義曰孟子盡心下言狂者云其志嘐嘐然曰古之人古之人夷考其行而不掩焉者也趙岐注嘐嘐志大言大者也重言古之人欲慕之也志大言大即此注所云極意敢言也○注蕩無所據○正義曰據即據於德之據無所據則自放禮法之外若原壤者也○注有廉隅○正義曰說文廉仄也仄與側同漢書賈誼傳廉遠地則堂高注廉側隅也荀子不苟篇廉而不劌注廉稜也義俱相近○注廉惡理多怒○正義曰注以惡理訓戾多怒訓忿說文戾曲也字林戾乖戾戾也乖戾則多違理故注云惡理

子曰惡紫之奪朱也注孔曰朱正色紫間色之好者惡其邪

好而奪正色惡鄭聲之亂雅樂也注包曰鄭聲淫聲之哀
者惡其奪雅樂惡利口之覆邦家者注孔曰利口之人多
言少實苟能說媚時君傾覆國家正義曰皇本者作也孟子盡心下引孔子此言
惡莠恐其亂苗也惡佞恐其亂義也惡利口恐其亂信也
惡鄭聲恐其亂樂也惡紫恐其亂朱也惡鄉原恐其亂德也
也較此文爲詳而總之云惡似而非者趙岐注似眞而非
眞者孔子之所惡也○注朱正至正色○正義曰說文云
朱赤心木趙岐孟子注亦云朱赤也儀禮士冠禮注凡染
絳一入謂之縓再入謂之赬三入謂之纁朱則四入與朱
爲正色者考工記畫繢之事東方青南方赤西方白北方
黑赤是朱居南方之正故爲正色也紫爲閒色者鄉黨皇
疏引潁子嚴云北方水水色黑水剋火火色赤以黑加赤
故爲紫紫爲北方閒也釋名釋采帛紫疵也非正色也五
色之疵瑕以惑人者也是紫爲閒色以黑加赤稍有赤故
與朱亂也云閒色之好者以時尚紫知色好也困學紀聞
周衰諸侯服紫玉藻云玄冠紫緌自魯桓公始管子云齊
桓公好服紫衣齊人尚之五素易一紫皆周衰之制也江

氏永鄉黨圖考又引渾良夫紫衣僭君服是當時好服紫矣夫子以紫奪朱惡之非謂其間色也若他間色紅綠碧緇之類皆得用之○注利口至國家○正義曰鄭注云疾時利口多言少實也此僞孔所襲多言少實是其言不由中但務爲說媚而已中論覈辨篇且利口者心足以見小數言足以盡巧辭給足以應切問難足以斷俗疑然而好說而不倦諜諜如也夫類族辨物之士者寡而愚闇不達之人者多孰知其非乎此其所以無用而不見廢也至賤而不見遺也先王之法析言破律亂名改作者殺之行僻而堅言僞而辨記醜而博順非而澤者亦殺之爲其疑衆惑民而潰亂至道也孔子曰巧言亂德惡似而非者也

子曰予欲無言（注）言之爲益少故欲無言**子貢曰子如不言則小子何述焉子曰天何言哉四時行焉百物生焉天何言哉**正義曰皇疏引王弼曰子欲無言蓋欲明本舉本統末而不物於極者也夫立言垂教將以通性而弊至於淫寄旨傳辭將以正邪而勢至於繁既求道中不可勝御是以修本廢言則天而行化案夫子本以身教恐弟子

徒以言求之故欲無言以發弟子之悟也詩日月報我不述毛傳述循也言弟子無所遵行也鄭注云魯讀天爲夫今從古鄭以四時行百物生皆說天不當作夫故定從古翟氏灝考異謂兩句宜有別上句從魯論爲勝誤也四時行者謂春夏秋冬四時相運行也春秋繁露四時之副篇天之道春暖以生夏暑以養秋清以殺冬寒以藏暖暑清寒異氣而同功皆天之所以成歲也又人副天數篇春生夏長百物以興秋殺冬收百物以藏是百物之生隨四時爲興藏也詩文王云上天之載無聲無臭載者事也天不言而事成故無聲無臭也禮記哀公問篇孔子云無爲而物成是天道也已成而明是天道也荀子天論篇列星隨旋日月遞炤四時代御陰陽大化風雨博施萬物各得其和以生各得其養以成不見其事而見其功夫是之謂神皆知其所以成莫知其無形夫是之謂天案聖人法天故大易咸取爲象夫子易傳特發明之故曰大人者與天地合其德與日月合其明與四時合其序與鬼神合其吉凶先天而天弗違後天而奉天時其教人也亦以身作則故有威可畏有儀可象亦如天道之自然循行望之而可知儀之而可得固不必諄諄然有話言矣○注言之爲益少○正義曰夫子欲訥於言而敏於行故恐徒言之則爲益少

也

孺悲欲見孔子孔子辭以疾將命者出戶取瑟而歌使之聞之注孺悲魯人也孔子不欲見故辭之以疾爲其將命者不知已故歌令將命者悟所以令孺悲思之

正義曰釋文孺字亦作孺此俗體禮雜記云恤由之喪哀公使孺悲之孔子學士喪禮士喪禮於是乎書是孺悲實親學聖門而孔子不見之者此欲見是始來見尚未受學時也儀禮士相見禮疏謂孺悲不由紹介故孔子辭以疾此義當出鄭注御覽四百二引韓詩外傳云子路曰聞之於夫子士不中間而見女無媒而嫁者非君子之行也注云中間謂介紹也禮少儀云聞始見君子者辭曰某固願聞名於將命者不得階主此少者見尊長之禮當有介紹聘義所謂君子於其所尊弗敢質敬之至也是也鄭注又云將命傳辭者此指主人之介傳主人辭者也戶室戶也古人燕居在室中郎見賓亦然取瑟而歌謂取瑟鼓之而復倚聲以歌也皇本辭下有之字○注爲其至思之○正義曰不知已邢本脫知字

已誤已此從皇本補正將命者悟知其非疾必亦告之孺悲令孺悲自思其失禮而改之也

宰我問三年之喪期已久矣君子三年不爲禮禮必壞三年不爲樂樂必崩舊穀既沒新穀既升鑽燧改火期可已矣

注馬曰周書月令有更火之文春取榆柳之火夏取棗杏之火季夏取桑柘之火秋取柞楢之火冬取槐檀之火一年之中鑽火各異木故曰改火也

正義曰三年喪期鄭君以爲二十七月王肅以爲二十五月儀禮士虞禮云朞而小祥又朞而大祥中月而禫是月也吉祭猶未配注中猶間也與大祥間一月自喪至此凡二十七月胡氏培翬正義三年之喪二十五月而大祥二十七月而禫猶期之喪十三月而大祥十五月而禫皆與大祥間隔一月也檀弓曰祥而縞是月禫徙月樂祥而縞謂二十五月也是月禫二十七月也徙月樂二十八月也戴德喪服變除禮云二十五月大祥二十七月而禫白虎通云二十七月而禫通祭宗廟去喪之殺也自

王肅誤讀祥而縞是月禫之文以禫亦在二十五月祥禫同月又以士虞禮中月而禫爲月中而禫謂在祥月之中與鄭異說非也案二十五月之說見禮三年問及公羊閔二年傳或彼文止據大祥爲再期未數禫月也梁氏玉繩瞥記閔二年吉禘于莊公傳云譏始不三年也文二年公子遂如齊納幣傳云譏喪娶也蓋周衰禮廢三年之喪久已不行論語宰我問三年喪疏引繆協謂宰我思啟憤於夫子以戒將來義在屈己明道此解極確與齊宣王欲短喪不同案詩素冠序刺不能三年也檜爲鄭武公所滅此詩當作於平王之世又公羊哀五年經秋九月癸酉齊侯處臼卒六年傳秋七月除景公之喪是三年之喪當時久不行故滕文公問孟子定爲三年之喪而父兄百官皆不欲且云吾宗國魯先君莫之行吾先君亦莫之行魯先君則文公以來之謂也然檀弓言子夏閔子騫皆三年喪畢見於夫子是聖門之徒皆能行之宰我親聞聖教又善爲說辭故舉時人欲定親喪爲期之意以待斥於夫子其謂君子三年不爲禮禮必壞三年不爲樂樂必崩此亦古成語謂人久不爲禮樂則致崩壞非爲居喪者言而當時短喪者或據爲口實故宰我亦直述其語不爲諱隱也期已久矣期讀如其釋文云期音基下同一本作其一本是也

其已久矣謂三年太久史記弟子列傳作不已久乎可證
也下文期可已矣方讀如基與期已久矣之期文同義異
盧氏文弨攷證反疑其爲朞之誤非也說文云穀續也百
穀之總名沒盡也鄭注云升成也言舊穀已盡新穀已成
明期是周歲天道將復始也燧者左文十年傳命夙駕載
燧杜注燧取火者禮內則事佩有木燧金燧鄭注木燧鑽
火也金燧可取火於日考工記輈人鑒燧之齊鄭注鑒燧
取水火於日月之器也此卽金燧之制與木燧名同世本
云造火者燧人因以爲名也周氏柄中典故辨正鑽燧之
法書傳不載揭子宣璇璣遺述云如榆剛取心一段爲鑽
柳剛取心方尺爲盤中鑿眼鑽頭大旁開寸許用繩力牽
如車鑽則火星飛爆出竅薄煤成火矣此卽莊子所謂木
與木相摩則燃者古人鑽燧之法意亦如此今案揭說頗
近理若然則春取榆柳者正用兩木一爲鑽一爲燧也其
棗杏桑柘意亦然矣徐氏頲改火解改火之典昉於上古
行於三代迄於漢廢於魏晉以後復於隋而仍廢尸子曰
燧人上觀星辰察五木以爲火故曰昉於上古也周監二
代周禮有司爟行火之政令故曰行於三代也漢武帝時
別置火令丞中興省之然續漢志曰冬至鑽燧改火故曰
迄於漢隋王劭以改火之義近代廢絕引東晉時有以雒

陽火渡江者世世事之非見細於魏晉後乎隋文從劭請
而復之然其後不見踵行者蓋視爲具文而已故曰復於
隋而仍廢者也案周官司爟云四時變國火以救時疾管
子禁藏篇鑽燧易火所以去茲毒也蓋四時之火各有所
宜若春用榆柳至夏仍用榆柳便有毒人易以生疾故須
改火以去茲毒卽是以救疾也。注周書至火也。正義
曰周書月令篇今亾漢書藝文志周書七十一篇劉向云
周時誥誓號令蓋孔子所論百篇之餘周禮司爟疏引鄭
此注周書曰云云與馬注同漢人皆見周書則隋書經籍
志繫之汲冢謂與竹書並出晉世誤也先鄭司爟注引鄹
子同亦本周書榆柳棗杏桑柘柞檜槐檀皆木名說文柘
桑也疑柘是桑之屬又說文樜下云樜木出發鳩山而北
山經發鳩之山其上多柘木則樜柘通也此木今不知所
指鄭詩箋云柞櫟也櫟今之皁斗陸機引三蒼棫卽柞也
爾雅釋木棫白桵郭注以爲小木叢生二說各異然高誘
注淮南時則訓云木不出火惟櫟爲然則以柞爲棫近之
矣說文檜柔木也工官以爲耎輪郭注中山經又云檜剛
木也中車材段氏玉裁說文注謂此木堅韌故剛柔異稱
而同實是也皇疏云榆柳色青春是木木色青故春用榆
柳也棗杏色赤夏是火火色赤故夏用棗杏也桑柘色黃

季夏是土土色黃故季夏用桑柘也柞楢色白秋是金金色白故秋用柞楢也槐檀色黑冬是水水色黑故冬用槐檀也案淮南時則訓春爨其燧火夏秋爨柘燧火冬爨松燧火此與周書不同又天文訓云冬至甲子受制木用事火烟青七十二日戊子受制土用事火烟黃七十二日庚子受制金用事火烟白七十二日丙子受制火用事火烟赤七十二日壬子受制水用事火烟黑七十二日其次土先於金金先於火周氏柄中以董子繁露證之木令後當次火火令後當次土今文錯誤其說甚確管子幼官篇又云春以羽獸之火爨夏以毛蟲之火爨秋以介蟲之火爨冬以鱗蟲之火爨中央以倮蟲之火爨周氏柄中云月令春其蟲鱗夏其蟲羽秋其蟲毛冬其蟲介蓋冬至後改春火春其蟲鱗而時則猶冬也故曰冬以鱗獸之火爨其實木用事乃春火也由此推之春改夏火夏其蟲羽故曰春以羽獸之火爨夏改秋火秋其蟲毛故曰夏以毛獸之火爨秋改冬火其蟲介故曰秋以介蟲之火爨月令以四時之正言管子以改火之始言故異耳**子曰食夫稻衣夫錦於女安乎曰安女安則爲之夫君子之居喪食旨不甘聞樂不樂居處不安**

故不爲也今女安則爲之注孔曰旨美也責其無仁恩於
親故再言女安則爲之宰我出子曰予之不仁也子生三
年然後免於父母之懷注馬曰子生未三歲爲父母所懷
抱夫三年之喪天下之通喪也注孔曰自天子達於庶人
予也有三年之愛於其父母乎注孔曰言子之於父母欲
報之德昊天罔極而予也有三年之愛乎正義曰說文稻
方以稻爲穀之貴者故居喪不食之也儀禮喪服傳言居
喪既虞食疏食水飲既練始食菜果飯素食練者小祥之
祭鄭彼注云疏猶麤也素猶故也謂復平生時食也程氏
瑤田疏食素食說云疏食者稷食也不食稻粱黍也素食
鄭云復平生時食謂黍稷也賤者食稷然豐年亦得食黍
若稻粱二者據聘禮公食大夫禮皆加饌非平生常食居
喪更何忍食故夫子斥宰我曰食夫稻于女安乎是雖既
練飯素食亦必不食稻粱宜止於黍稷也詩碩人箋錦文

衣也。終南傳：「錦衣，采色也。」錦是有文采之衣，謂凡朝祭服
以帛爲之者也。檜詩刺不能三年，而云「庶見素冠」，「素衣」，素
冠，練冠也。禮檀弓云：「練，練衣黃裏，縓緣。」間傳云：「期而小祥，
練冠縓緣。又期而大祥，素縞麻衣。」注云：「麻衣，十五升布，深
衣也。謂之麻者，純用布，無采飾也。」陳氏奐毛詩疏：小祥、大
祥皆用麻衣，大祥之麻衣配縞冠，小祥之麻衣配練冠，是
未終喪皆服麻衣，無采飾，則不得衣錦可知。皇本「稻」下、「錦」
下有「也」字。「汝安則爲之」句上有「曰」字。說文：「甘，美也。」詩多言
旨酒，此文食旨，兼凡飲食言之。喪大記云：「祥而食肉。」謂大
祥也。間傳云：「期而大祥，有醯醬。」者，明始得食肉也。
又云：「中月而禫，禫而飲醴酒。始飲酒者，先飲醴酒；始食肉
者，先食乾肉。」則自小祥後，但得食菜果、飯素食，而醯醬、食
肉，必待至大祥之後；飲醴酒，必待至禫之後。則小祥後不
得食旨明矣。喪大記：「祥而外無哭者，禫而內無哭者，樂作
矣故也。」檀弓云：「祥之日，鼓素琴。」則自大祥之前，不與於樂。
故曲禮云「居喪不言樂」是也。居處，謂居常時之處也。間傳
云：「父母之喪，居倚廬，寢苫枕塊，不說絰帶。既虞卒哭，柱楣
翦屏，芐翦不納。期而小祥，居堊室，寢有席。又期而大祥，居
復寢。中月而禫，禫而牀。」喪服傳言「既虞，寢有席」，與間傳言
寢有席在小祥之後稍異。又喪服傳言「既練，舍外寢」，注云：

舍外寢於中門之外所謂堊室也則鄭以喪服傳與間傳合也又喪大記既練居堊室既祥黝堊禫而從御吉祭而復寢復寢在禫後與間傳在大祥後又稍異以理衡之當以大記爲備也禮問喪云夫悲哀在中故形變於外也痛疾在心故口不甘味身不安美也孝經喪親章服美不安聞樂不樂食旨不甘此哀慼之情也不仁者言不愛父母是不仁也故又曰予也有三年之愛於其父母乎言無有也大戴禮盛德篇凡不孝生於不仁愛也不仁愛生於喪祭之禮不明喪祭之禮所以教仁愛也致愛故能致喪祭即此義也漢石經於其父母下無乎字當誤脫。注旨美也。正義曰說文同。注子生未三歲爲父母所懷抱。正義曰說文褱俠也裹褱也今字作懷作抱皆叚借字蓼莪詩云父兮生我母兮鞠我拊我畜我長我育我顧我復我出入腹我。注自天子達於庶人。正義曰禮三年問引論語此文通喪作達喪注達謂自天子至於庶人此孔所本禮中庸云父母之喪無貴賤一也。注欲報之德昊天罔極。正義曰詩蓼莪文注引此者見三年之喪亦是思報德也

子曰飽食終日無所用心難矣哉（注）馬曰爲其無所據樂善

生淫欲**不有博弈者乎爲之猶賢乎已**正義曰孟子告子篇心之官則思思

則得之不思則不得也思者思理義也無所用心則於理義皆不知思其不說學可知難者言難以成德也孟子告子篇今夫弈之爲數小數也不專心致志則不得也是博弈皆用心也賢者勝也已者止也博弈之人知用其心若作他事當亦用心故視無所用心者爲勝也荀子脩身篇偷儒憚事無廉恥而嗜乎飲食則可謂惡少者矣偷儒憚事卽無所用心之人也博者說文簙局戲也六箸十二棊也方言簙謂之蔽或謂之箘秦晉之間謂之簙吳楚之間或謂之蔽或謂之箭裏或謂之簙毒或謂之夗專或謂之曁璇或謂之綦簙與博同荀子大略篇六貳之博楊倞注六貳之博卽六博也王逸注楚辭云投六箸行六棊故曰六博今之博局亦二六相對也西京雜記許博昌善陸博法用六箸以竹爲之長六分或用二箸列子說符篇釋文引六博經云博二人相對坐向局局分爲十二道兩頭當中名爲水用棊十二枚法六白六黑又用魚二枚置於水中其擲采以瓊爲之二名牽魚每一牽魚獲二籌翻一魚獲三籌若已牽兩魚而不勝者名曰被翻雙魚彼家獲六籌爲大勝也弈者說文云弈圍棊也文選博弈論注引邯

鄲淳藝經曰棊局縱橫各十七道合二百八十九道白黑棊子各一百五十枚焦氏循孟子正義博蓋即今之雙陸弈爲圍棊棊以其局同用板平承於下則皆謂之枰以其同行於枰皆謂之棊上高而銳如箭亦如箸今雙陸棊俗謂之錘尚可攷見其狀故有箭箸之名今雙陸枰上亦有水門其法古今有不同如弈古用二百八十九道今則用三百六十一道亦其例也蓋弈但行棊博以擲采而後行棊後人不行棊而專擲采遂稱擲采爲博博與弈益遠矣。注爲其無所據樂善生淫欲。正義曰不用心則無所據依以樂善既不樂善則自生淫欲魯語敬姜曰夫民勞則思思則善心生逸則淫淫則忘善忘善則惡心生

子路曰君子尚勇乎子曰君子義以爲上君子有勇而無義爲亂小人有勇而無義爲盜正義曰尚上義同故二文並用義以爲上者言以義勇爲上也禮聘義云有行之謂有義有義之謂勇敢故所貴於勇敢者貴其能以立義也所貴於立義者貴其有行也所貴於有行者貴其行禮也故所貴於勇敢者貴其敢行禮義也故勇敢強有力者天下無事則用之於禮義天下有

事則用之於戰勝用之於戰勝則無敵用之於禮義則順
治外無敵內順治此之謂盛德故聖王之貴勇敢強有力
如此也勇敢強有力而不用之於禮義戰勝而用之於爭
鬬則謂之亂人刑罰行於國所誅者亂人也又荀子榮辱
篇爲事利爭貨財無辭讓果敢而振猛貪而戾恈恈
然惟利之見是賈盜之勇二文並可證此章之義

子貢曰君子亦有惡乎子曰有惡惡稱人之惡者（注）包曰好稱說人之惡所以爲惡**惡居下流而訕上者**（注）孔曰訕謗毁**惡勇而無禮者惡果敢而窒者**（注）馬曰窒窒塞也（正義）曰皇本子貢下有問字漢石經作君子有惡乎子曰有案亦是承上之辭此句上無所承自不當有亦字陳氏鱣古訓曰子曰有者與檀弓曾子曰有句法同又漢石經惡居下而訕上者無流字惠氏棟九經古義云當因子張篇惡居下流涉彼而誤鹽鐵論大夫曰文學居下而訕上漢書朱雲傳小臣居下訕上是漢以前無流字陳氏鱣古訓云四輩經比丘尼經音義引亦無流字馮氏登府異文攷證云白六帖兩引俱無流字案皇疏云又憎惡爲人臣下而毁謗

其君上者也邢疏云謂人居下位而訕毁在上並無流字今經文有流字後人據誤本加也少儀疏引此文雖有流字亦後人所增蔡邕楊賜碑惟我下流二三小臣此自稱爲謙辭非本論語此文鄭注云魯讀窒爲室今從古馮氏登府異文攷證說文室實也集韻窒實也義本通古二字亦相假周卯敦銘孚乎家窒韓勑碑廧城庫窒漢書功臣表有清簡侯窒中同史記作室皆其證也馬氏應潮曰窒有窒義太玄經曰泠竹爲管室灰爲候虞翻注窒室也案室窒音義俱近故魯論作室鄭以窒義較顯故從古○注好稱說人之惡所以爲惡○正義曰君子隱惡揚善故稱說人惡爲君子惡也○注訕謗毁○正義曰說文訕謗也一切經音義五引蒼頡訕誹毁也禮少儀云爲人臣下者有諫而無訕孔疏謂道說君之過惡○注窒窒塞也○正義曰注當云窒實也衍一說窒字說文窒塞也塞隔也戴氏望注云不通恕道窒塞於事廣雅釋詁怪很也王氏念孫疏證玉篇怪惡性也論語惡果敢而窒者窒與怪通言很戾也馬融訓窒爲塞失之下文云痓惡也義與怪相近案王說亦備一義其斥馬注爲失誤也

曰賜也亦有惡乎惡徼以爲知者〔注〕孔曰徼抄也抄人之意以爲已

有惡不孫以爲勇者惡訐以爲直者。注包曰：訐謂攻發人之陰私。正義曰：曰賜也亦有惡乎，皇本乎作也，以此語屬子貢，邢疏同。文選西征賦注引子貢曰賜也亦有惡乎，尤可證。釋文：徼，鄭本作絞，古卯反。中論覈辨篇：孔子曰小人毀訾以爲辨，絞急以爲智，不遜以爲勇，斯乃聖人所惡。中論此文誤以此節爲夫子語。毀訾以爲辨，即訐以爲直之義。絞急與鄭本作絞字同。阮氏元校勘記曰：敫聲交聲古音同部，故得通借。案左成十四年傳引詩彼交匪儌，漢書五行志引左傳彼交作匪徼，亦交敫二聲旁通之證。絞急者，謂於事急迫，自炫其能以爲知也。中論此文可補鄭義。馮氏登府異文攷證：禮記隱義云：齊以相絞訐爲棹磬。論語言絞以爲知，又云訐以爲直，絞訐連文，正齊魯之方言。鄭氏北海人，其注三禮多齊言，故於齊古魯參校之時，不從古而從魯也。案鄭作絞，不知何論。必如隱義之說，亦是齊論，而馮君以爲從魯，殊屬臆測。惡不遜以爲勇者，言本無勇，叚不遜以爲勇也。荀子脩身篇：加惕悍而不順，險賊而不弟焉，則可謂不詳少者矣。即此文之意。○注：徼抄也，抄人之意以爲已有。○正義曰：說文：徼，循也。循，順行也。漢書言中尉徼循京師，引申爲凡遮取之義，故注訓抄說文鈔叉取也無抄字一切經音義二引字書抄掠也又引通俗文遮取謂之抄掠音義又云古文抄剿二形案曲禮毋剿說注剿猶擥也謂取人之說以爲己說與此注意同。注訐謂攻發人之陰私。正義曰釋文引說文云訐面相斥是訐爲攻發也陰私人所諱言而面相攻發以爲己直也

子曰唯女子與小人爲難養也近之則不孫遠之則怨正義曰此爲有家國者戒也養猶待也左僖二十四年傳女德無極婦怨無終杜注婦女之志近之則不知止足遠之則忿怨無已即此難養之意易家人九三云家人嗃嗃悔厲吉婦子嘻嘻終吝象傳家人嗃嗃未失也婦子嘻嘻失家節也此即不孫之象故初九云閑有家言當教之於始也六二云无攸遂在中饋貞吉言婦人惟酒食之議故能順以巽也師上六云開國承家小人勿用小人即此篇上章所指鄉原鄙夫之屬皇本怨上有有字

子曰年四十而見惡焉其終也已注鄭曰年在不惑而爲人所惡終無善行　正義曰漢石經年卌見惡焉卌从兩廿即四十字之併漢碑多如此作。注年在至

善行。正義曰皇疏云人年未四十則德行猶進當時雖未能善善猶望可改若年四十在不惑之時猶爲衆人其所見憎惡者則當終其一生無復有善理案曾子立事篇三十四十之間而無藝卽無藝矣五十而不以善聞則無聞矣七十而無德雖有微過亦可以勉矣孔氏廣森補注勉當爲免言不足責並言人年至壯老無所成德譏論之也

合肥蒯光藻校刊

論語正義卷二十一

荼晃述

微子第十八　集解

凡十四章正義曰此篇實止十一章疑四爲一誤

微子去之箕子爲之奴比干諫而死注馬曰微箕二國名子爵也微子紂之庶兄箕子比干紂之諸父微子見紂無道早去之箕子佯狂爲奴比干以諫見殺孔子曰殷有三仁焉注仁者愛人三人行異而同稱仁以其俱在憂亂寧民

正義曰微箕皆有封國還仕王朝爲卿士至此諫紂俱不聽微子乃去其位行遯於外箕子以佯狂去位爲紂奴也史記宋微子世家周武王克殷微子乃持其祭器造於軍門肉袒面縛左牽羊右把茅膝行而前以告於是武王乃

釋微子復其位如故復其位者復其微子之位也及武庚滅乃改封國於宋爲宋公又宋世家言武王封箕子於朝鮮而不臣是二子後皆別封此仍言微箕者從故爵也舊時說者謂微子去之是去殷如周與載籍無一合者抑亦晏矣朱氏彬經傳攷證此章止敘比干之諫一似微箕兩賢初無一言之悟主者不知非也微箕之諫已貫於比干之諫之中特文勢蟬聯而下使人不覺耳宋世家曰紂既立不明淫亂於政微子數諫紂不聽及祖伊以西伯昌之修德滅阢懼禍至以告紂紂曰我生不有命在天乎是何能爲于是微子度紂不可諫欲死之及出未能自決乃問于太師少師于是太師少師乃勸微子去遂行又曰紂爲淫泆箕子諫不聽人或曰可以去矣箕子曰人臣諫不聽而去是彰君之惡而自說于民吾不忍爲也乃被髮佯狂而爲奴又曰王子比干見箕子諫不聽而爲奴則曰君有過而不以死爭則百姓何辜乃直言諫紂由此觀之微箕非不諫也特比干被禍尤烈耳○注微箕至見殺○正義曰微箕皆殷時封國孔氏書疏引鄭玄說以爲俱在圻內也杜預春秋釋例僖六年微東平壽張縣西北有微鄉微子冢水經濟水注濟水又北逕微鄉東春秋莊公二十八年經書冬築郿京相璠曰公羊傳謂之微東平壽張縣西

北三十里有故微鄉魯邑也杜預曰有微子家西北去朝歌向在圻內寰宇記云博州聊城縣有微子城博州今東昌府治聊城爲附郭首邑與壽張毗連故兩邑皆言有微地實則壽張是也閻氏若璩釋地謂今潞安府潞城縣東北十五里有微子城此據明一統志不足信也左僖三十三年經晉人敗狄于箕注太原陽邑縣南有箕城閻氏釋地謂在今山西遼州榆社縣東南三十里而彙纂謂在太谷縣東南三十五里是榆社縣西亦一邑兩載皆在圻內但未知孰是又左傳秦入我河曲焚我箕郜江氏永春秋地理考實謂今山西隰州蒲縣東北有箕城當即其地然去朝歌甚遠必非箕子所封邑也比干未有封國孟子稱王子比干疑比干卽其名或字也路史謂唐之比陽有比水卽比干國其說不知何本考比陽於漢地志屬南陽郡非在圻內路史誤也白虎通爵篇子者孳也孳孳無已也殷爵三等謂公侯伯也此得有子者鄭君王制注異畿內謂之子是也微子名啟箕子名無考莊子大宗師若孤不偕務光伯夷叔齊箕子胥餘紀他申徒狄司馬彪注以胥餘爲箕子名尸子亦云箕子胥餘漆身爲厲被髮佯狂胥餘並承箕子之下則彪說亦可信也左定九年傳陽虎曰微子啟帝乙之元子也呂氏春秋仲冬紀紂之母生微子

啟與仲衍其時猶尚爲妾已而爲妻而生紂史記殷本紀
帝乙長子曰微子啟啟母賤不得嗣少子辛辛母正后辛
爲嗣帝乙崩子辛立是爲帝辛天下謂之紂宋世家微子
開者殷帝乙之首子而紂之庶兄也庶兄者謂微子生時
其母未爲后則微子是帝乙庶子郎是紂之庶兄此馬注
意亦然也孟子告子篇以紂爲兄之子且以爲君而有微
子啟王子比干又以微子比皆紂諸父說比干者無異辭而
微子爲諸父則止孟子一言翟氏灝考異引陸象山說從
孟子則以箕子稱微子曰王子與比干稱謂同或其行輩
亦同子姚氏彝經說牧誓言播棄王父母弟不迪苟有庶兄
播棄不迪其罪不甚于王父母弟乎而武王乃不言之乎
吾是以知惟孟子之言信也宋世家又云箕子者紂親戚
也不言爲何行輩服虔杜預以爲紂庶兄而王肅以爲紂
諸父與馬此注同高誘注淮南主術爲紂庶兄而注呂氏
春秋必已離謂過理等篇皆爲紂諸父傳聞各異未知孰
是殷本紀云紂愈淫亂不止微子數諫不聽乃與太師少
師謀遂去比干曰爲人臣者不得不以死爭迺强諫紂紂
怒曰吾聞聖人心有七竅剖比干觀其心箕子懼乃詳狂
爲奴紂又囚之此紀先敘微子次比干箕子馬此注本之
遂以微子爲早去也宋世家云箕子諫不聽乃被髮佯狂

而爲奴王子比干見箕子諫不聽而爲奴乃直言諫紂紂怒乃遂殺王子比干於是太師少師乃勸微子去遂行則又先箕子次王比干次微子與殷紀敍述不同韓詩外傳紂作炮烙之刑王子比干曰主暴不諫非忠也畏死不言非勇也見過即諫不用即死忠之至也遂諫三日不去紂以殺之又云比干諫而死箕子曰知不用而言愚也殺身以彰君之惡不忠也遂被髮佯狂而去此傳先比干次箕子與殷紀同與宋世家異而不言微子去之在何時竊以微子事當從宋世家以宋人所載必得實也若箕比先後宜闕疑焉佯狂者佯僞也廣雅釋詁狂癡也後漢陳忠傳注狂易謂狂而易性也爲奴者周官司厲其奴男子入于罪隸女子入于舂槀凡有爵者與七十者與未齔者皆不爲奴鄭注謂坐爲盜賊而爲奴者輸于罪隸此據漢法以況爲盜賊之罰其實凡有罪皆得輸入故甘誓言奴戮汝也箕子是有爵雖有罪不得爲奴故必佯狂而後得以沒入先鄭司厲注云箕子爲之奴罪隸之奴也是也御覽四百十九引鄭注云此三人紂同姓大臣微子知紂惡而去之箕子比干不忍去故或爲奴或見殺詩邶柏舟疏引鄭注又云箕子比干不忍去皆是同姓之臣有親屬之恩君雖無道不忍去之也然君臣義合道終不行雖同姓有去之

理故微子去之與箕子比干同稱三仁案白虎通五行篇親屬臣諫不相去何法法木枝葉不相離也何休公羊莊九年注禮公子無去國道也是同姓之臣無去理然微子實處不得不去之勢故鄭君復言同姓有去理以明之也○注仁者至盜民○正義曰憂亂者憂君亂也憂亂盜民皆是愛人故爲仁也中論智行篇微子介於石不終日箕子内難而能正其志比干諫而剖心君子以微子爲上箕子次之比干爲下故春秋大夫見殺皆譏其不能以智自免也案微子之去在箕比事後彼見二子及已諫已不行故聽太師少師之勸然後去也以智許之必非微子所願而比干以忠愛受奇禍復從而奪之亦太近刻然則夫子之次三子或如胡炳文四書通謂先易者後難者也以爲上下之次殆未然矣

皇本此注作馬曰

柳下惠爲士師注孔曰士師典獄之官**三黜人曰子未可以去乎曰直道而事人焉往而不三黜**注孔曰苟直道以事人所至之國俱當復三黜**枉道而事人何必去父母之邦**

正義曰：鄭注云黜退也案説文黜貶下也三黜仍爲此官故先言爲士師明非改官也柳下被黜不去即是降志辱身之事然不爲枉道故孟子稱爲聖之和又言不以三公易其介也戰國燕策燕王喜謝樂毅書曰昔者柳下惠吏于魯三黜而不去或謂之曰可以去柳下惠曰苟與人之異惡往而不黜乎猶且黜乎寧于故國耳與此文略同○注士師典獄之官○正義曰鄭亦有此注孔所襲也周官士師下大夫四人鄭注士察也主察獄訟之事此官王朝得有下大夫若侯國不過以中下士爲之故孟子言柳下惠不卑小官也

齊景公待孔子曰若季氏則吾不能以季孟之閒待之注孔曰魯三卿季氏爲上卿孟氏爲下卿不用事言待之以二者之閒**曰吾老矣不能用也孔子行**注以聖道難成故云吾老不能用 正義曰待孔子史記孔子世家作止孔子謂商所以安止之也世家云魯昭公奔於齊頃之魯亂孔子適齊景公問政孔子孔子曰君君臣臣父父子子他日又復問政於孔子孔子曰政在節財景公說欲

以尼谿田封孔子晏嬰進云云後景公敬見孔子不問其
禮異日景公止孔子曰奉子以季氏吾不能以季孟之閒
待之齊大夫欲害孔子孔子聞之景公曰吾老矣弗能用
也孔子遂行反乎魯其事在孔子三十五歲之後四十二
歲之前景公欲以尼谿封孔子晏嬰雖沮之而公猶欲待
之以季孟之閒是公意猶未忌也邪疏云景公言我待孔
子以上卿之位則不能以其有田氏專政故也又不可使
其位卑若魯之孟氏故將待之以季孟二者之閒案左氏傳
劉康公曰叔孫之位不若季孟又叔孫僑如曰魯之有季
孟猶晉之有欒范二文皆言季孟全氏祖望而答謂以權
勢稱之故四分公室舍中軍則季氏將左師孟氏將右師
而叔孫氏自爲軍是三桓之勢季一孟二不可墨守下卿
之說而輕之其說甚確若然則康公所言叔孫位不若孟
者亦是明其權重假位說之非其實也此文季孟之閒專
是言位周氏炳中典故辨正謂季孟之閒明明在季之下
孟之上卽謂將以叔孫氏待孔子亦無不可周氏之言尢
洽經旨景公雖欲待孔子而終不果行後又託於吾老而
不能用孔子所以去齊而反魯也待孔子與吾老之言非
在一時故論語用兩曰字別之○注魯三至之閒○正義
日昭四年左傳季孫爲司徒叔孫爲司馬孟孫爲司空司

徒上卿也司空下卿也哀二年經書季孫斯叔孫州仇仲孫何忌帥師伐邾此正魯三卿之位次但孟氏雖居下卿而權重於叔氏故當時多言季孟此注謂孟不用事誤○注以聖道難成故云吾老不能用○正義曰世家晏嬰曰自大賢之息周室既衰禮樂缺有間今孔子盛容飾繁登降之禮趨詳之節累世不能殫其學當年不能究其禮若欲用之以移齊俗非所以先細民也是晏嬰以聖道難成故景公聞而止尼谿之封其後以吾老不能用辭孔子亦由晏嬰前言惑沮之也左襄二十五年傳叔孫宣伯之在齊也叔孫還納其女于靈公嬖生景公宣伯在齊爲魯成十六年景公之生當在成十七八年計其卽位時已二十七八歲至孔子因魯亂適齊則在景公三十一年後故閻氏若璩釋地謂孔子在齊爲景公三十三年時年已六十故稱老

齊人歸女樂季桓子受之三日不朝注桓子季孫斯也使定公受齊之女樂君臣相與觀之廢朝禮三日**孔子行**正義曰釋文歸如字鄭作饋案後漢蔡邕傳注文選鄒陽上書注並引作饋用鄭本也江氏永鄉黨圖考按世家歸女樂去魯

適衛皆敘於定公十四年非也定十三年夏有築蛇淵囿大蒐比蒲皆非時勞民之事使夫子在位而聽其行之則何以爲夫子考十二諸侯年表及衛世家皆於靈公三十八年書孔子來祿之如魯衞靈三十八當魯定十三蓋女樂事在十二十三冬春之閒去魯實在十三年春魯郊嘗在春故經不書當以衞世家爲正○注桓子至三日○正義曰孔子世家孔子由大司寇行攝相事於是誅魯大夫亂政者少正卯與聞國政三月粥羔豚者弗飾賈男女行者別於塗塗不拾遺四方之客至乎邑者不求有司皆予之以歸齊人聞而懼曰孔子爲政必霸霸則吾地近焉我之爲先并矣盍致地焉犂鉏曰請先嘗沮之沮之而不可則致地庸遲乎於是選齊國中女子好者八十人皆衣文衣而舞康樂文馬三十駟遺魯君陳女樂文馬於魯城南高門外季桓子微服往觀再三將受乃語魯君爲周道游往觀終日怠於政事子路曰夫子可以行矣孔子曰魯今且郊如致膰乎大夫則吾猶可以止桓子卒受齊女樂三日不聽政郊又不致膰俎於大夫孔子遂行宿乎屯而師己送曰夫子則非罪孔子曰吾歌可夫歌曰彼婦之口可以出走彼婦之謁可以死敗蓋優哉游哉維以卒歲師已反桓子曰孔子亦何言師已以實告桓子喟然歎曰夫子

罪我以羣婢故也夫此僞孔所本韓非內儲說言齊景公以女樂六遺哀公此紀事之誤又言仲尼諫不聽去而之楚謂孔子諫女樂深合事情足補世家之闕案孟子言孔子於季桓子有見行可之仕世家亦言行乎季孫三月不違其任孔子甚專至將死命康子必反孔子此不得謂不知孔子矣乃受齊女樂甘墮齊人術中而迫孔子以不得不行此當別有隱情或卽憾於公伯繚之愬以夫子爲彊公弱私不利於己故孔子於女樂之受雖諫亦不聽也世家言孔子去魯適衛而韓非及檀弓皆言適楚亦傳聞各異

楚狂接輿歌而過孔子（注）孔曰接輿楚人佯狂而來歌欲以感切孔子曰鳳兮鳳兮何德之衰（注）孔曰比孔子於鳳鳥鳳鳥待聖君乃見非孔子周行求合故曰衰往者不可諫來者猶可追已而已而今之從政者殆而（注）孔曰已往所行不可復諫止自今已來可追自止辟亂隱居已而已而

者言世亂已甚不可復治也再言之者傷之深也孔子下欲與之言趨而辟之不得與之言注包曰下下車正義曰莊子人閒世云孔子適楚楚狂接輿遊其門曰鳳兮鳳兮何如德之衰也來世不可待往世不可追也天下有道聖人成焉天下無道聖人生焉方今之時僅免刑焉福輕乎羽莫之能載禍重乎地莫之知避已乎已乎臨人以德殆乎殆乎畫地而趨迷陽迷陽無傷吾行吾行卻曲無傷吾足山木自寇也膏火自煎也桂可食故伐之漆可用故割之人皆知有用之用而莫知無用之用也此當似接輿歌原文論語節引之耳衰追已殆皆韻戴氏望論語注據莊子解此文云往往世諫正也言禍亂相尋已往不可以禮義正之來來世也言待來世之治猶可追耶明不可追殆疑也昭王欲以書社地封孔子令尹子西沮之故言今之從政者見疑也案戴說是也孔子世家載子西說云且楚之祖封於周號爲子男五十里今孔丘述三王之法明周召之業王若用之則楚安得世世堂堂方數千里乎夫文王在豐武王在鎬百里之君卒王天下今孔丘得據土壤賢弟子爲佐非楚之福也是子西以夫子得志不利於楚故疑之

也莊子云殆乎殆乎畫地而趨畫地卽指封書社之事明以此見殆則殆訓疑至確也何德之衰此據邢本與世家同漢石經作何而德之衰也與莊子合如而古字通唐石經及皇本高麗本作何德之衰也又諫下追下漢石經及皇本高麗本並有也字鄭注云魯讀期斯已矣今之從政者殆今從古陳氏鱣古訓曰期時也言出處之道惟其時而已矣今之從政者殆是可已之時也此或得魯義鄭所以必從古者正據世家作已而已而又莊子亦云已乎已乎知古本爲近也又皇本辟作避不得與之言下有也字○注接輿至孔子○正義曰接輿楚人故稱楚狂莊子逍遥游肩吾問於連叔曰吾聞言於接輿應帝王篇肩吾見狂接輿狂接輿曰云云又接輿曰云云此外若荀子堯問秦策楚辭史記多稱接輿故馮氏景解春集謂接是姓輿是名引齊稷下辨士接子作證皇甫謐高士傳陸通字接輿妄撰姓名殊不足據韓詩外傳稱楚狂接輿躬耕以食楚王使使者齎金百鎰願請治河南接輿笑而不應乃與其妻偕隱變易姓字莫知所之觀此則接輿乃其未隱時所傳之姓字後人因孔子下解爲下車遂謂楚狂與夫子之輿相接而歌誤也秦策范睢曰箕子接輿漆身而爲厲被髮而陽狂無益於殷楚史記鄒陽傳上書曰箕子佯狂

接輿避世楚辭涉江云接輿髠首髠首如仲雍之斷髮漆身與首皆佯狂之行故此注言接輿佯狂也感切猶感動○注已往至治也○正義曰注以往者來者指孔子與莊子不合陳氏奐論語孔注辨僞序云已止也止所止息也此即教孔子避亂隱居之意訓解云云與下句今之從政殆義重複僞也案陳說是也以魯讀證之益見○注下下車○正義曰注以下爲下車則前云歌而過當謂過夫子車前也鄭注云下堂出門也與包異者鄭以莊子言孔子適楚楚狂接輿游其門是夫子在門内非在車上故以下爲下堂也前篇下而飲拜下皆不言堂與此同高士傳前用莊子游其門之文及此復從包氏以爲下車不免自相矛盾

長沮桀溺耦而耕使子路問津焉注鄭曰長沮桀溺隱者也耜廣五寸二耜爲耦津濟渡處 正義曰金履祥集注考證說長沮桀溺名皆從水子路問津一時何自識其姓名諒以其物色名之如荷蕢晨門荷蓧丈人之類蓋二人耕於田其一人長而沮洳一人桀然高大而塗足因以名之案金說亦甚有理漢婁壽碑榮且溺之耦耕且卽沮省史記世家敘此事於孔子去

葉反蔡之時則爲哀公六年孔子年六十四也水經潕水注方城山水東流注潕水故地理志曰南陽葉方城邑西有黃城山是長沮桀溺耦耕之所有東流水則子路問津處寰宇記畧同未知其說所本而近時山東通志又謂魚臺縣桀溺里在縣北三十里相傳爲子路問津處其地乃濟水經流之地有問津亭碑載夫子適陳蔡有渡有橋有菴但以問津名考魚臺爲魯棠邑夫子時非去魯何緣於此問渡地里書多難徵信若此世家云孔子曰隱者使子路問津焉論衡知實篇謂孔子使子路問津欲觀隱者之操此或古論家說然求意太深反失事實○注耜廣至渡處○正義曰耜廣五寸二耜爲耦考工匠人文說文耜作枱云臿也臿者耒之別名三蒼云耜耒頭鐵也京房易繫辭傳注耜耒下耓也訓義相同匠人注古者耜一金兩人併發之今之耜岐頭兩金象古之耦也鄭意古耜一金一人發之若兩人二耜併發則謂之耦說文耦耒廣五寸爲伐二伐爲耦伐與發同許所偁亦古制也匠人疏云二人雖並發一尺之地未必並頭共發知者孔子使子路問津於長沮長沮不對又問桀溺若並頭共發不應別問桀溺明前後不並可知雖有前後其甽自得一尺不假要並也案漢書食貨志后稷始甽田曰二耜爲耦廣尺深尺曰甽

長終晦一晦三甽一夫三百甽而播種於甽中此文下云
耰爲覆種則耦耕爲播種於甽中矣津濟渡處者說文津
水渡也水經河水注自黃
河泛舟而渡者皆爲津也長沮曰夫執輿者爲誰子路曰
爲孔丘曰是魯孔丘與曰是也曰是知津矣〔注〕馬曰言數
周流自知津處問於桀溺桀溺曰子爲誰曰爲仲由曰是
魯孔丘之徒與對曰然曰滔滔者天下皆是也而誰以易
之〔注〕孔曰滔滔周流之貌言當今天下治亂同空舍此適
彼故曰誰以易之且而與其從辟人之士也豈若從辟世
之士哉〔注〕士有辟人之法有辟世之法長沮桀溺謂孔子
爲士從辟人之法已之爲士則從辟世之法耰而不輟〔注〕
鄭曰耰覆種也輟止也覆種不止不以津告正義曰皇疏云執輿猶執

轡也子路初在車上卽爲御御者執轡今旣下車而往問津渡則廢轡與孔子也漢石經輿作車誰下有子字曰是下無也字一曰字皇本誰下有子字曰是上有對字釋文云孔子之徒一本作子是今作孔丘之徒與世家作子孔丘之徒與又滔滔釋文引鄭本作悠悠世家載此文正作悠悠爲孔注本亦同陳氏鱣古訓曰後漢書朱穆傳悠悠者皆是其可稱乎亦本此洪氏頤煊讀書叢錄文選養生論夫悠悠者旣以未效不求李善引此文當作悠悠今本作滔滔後人所改案鹽鐵論大論篇言孔子云悠悠者皆是皆同鄭本當是古論集解從魯論作滔滔也又漢書班固敘傳固作幽通賦曰溺招路以從己兮謂孔氏猶未可安慆慆而不茹兮卒隕身乎世禍鄧展曰慆慆者亂貌也茹避也師古曰論語稱桀溺曰慆慆者天下皆是也此引論語作慆亦由所見本異舀聲古音在蕭幽部故與悠通誰以易之誰謂當時諸侯也以與也易治也言當時諸侯皆無賢者孔子得誰與治之耶且而之而謂子路也顏師古敘傳注云避人之士謂孔子避世之士溺自謂也耰而不輟漢石經作櫌不輟說文引亦作櫌五經文字曰櫌音憂見論語集韻櫌或從耒然則作耰乃或體字○注滔滔至易之○正義曰盧氏文弨釋文攷證史記世家集解引此

注滔滔作悠悠又文選四十九干令升晉紀總論悠悠風塵注所引孔注亦同是古論作悠悠鄭孔皆同何晏依魯論作滔滔采孔注而改之晏甚今案悠悠訓周流疑與詩淇水滺滺同卽滌之或體水回旋周流皆是此水喻當世之亂同也注云治亂同者連言耳空舍此適彼言彼此皆同不必以此易彼也說似可通但與下句丘不與易義不協○注士有至之法○正義曰注以兩從字爲孔子及沮溺所從非謂子路從於語意不合○注耰覆種也輟止也○正義曰說文耰摩田器是耰本器名用以摩田而此云覆種者徐鍇說文繫傳云謂布後以此器摩之使土開發處復合以覆種也是也江氏永羣經補義或疑播種之後不可摩摩則種不固然沮溺耦耕時卽耰國語云深耕而疾耰之孟子亦曰麰麥播種而耰之是耰在播種之後問諸北方農人曰播種之後以土覆是摩而平之使種入土鳥不能啄也案齊民要術耕荒畢以鐵齒鍽楱再徧杷之漫擲黍穄勞亦再徧勞與耰一音之轉輟止者爾雅釋詁輟已也已止同訓

子路行以告夫子憮然注爲其不達己意而便非己也曰鳥獸不可與同羣吾非斯人之徒與而誰與注

孔曰隱於山林是同羣吾自當與此天下人同羣安能去
人從鳥獸居乎天下有道丘不與易也(注)言凡天下有道
者丘皆不與易也己大而人小故也正義曰子路行以告
並無行字今皇邢本皆有行字阮氏元校勘記謂因丈人
章誤衍是也夫子憮然漢石經無夫字又皇本羣下有也
字○注爲其不達己意而便非己也○正義曰三蒼云憮
然失意貌也孟子滕文公上夷子憮然趙注憮然者猶悵
然也焦氏循正義說文憮一曰不動爾雅釋言云憮撫也
廣雅釋詁既訓撫爲安又訓撫爲定安定皆不動之義蓋
夫子聞子路述沮溺之言寂然不動久而乃有鳥獸不可
同羣之言此夷之聞徐辟述孟子之言寂然不動久而乃
有命之之言案焦說與三蒼義合蓋人失意每致寂然不
動如有所失然也沮溺不達己意而妄非己故夫子有此
容○注隱於至居乎○正義曰山林是鳥獸所居人隱居
山林是與鳥獸同羣也人與人同羣故當相人偶也言辟
人辟世法皆非也○注言凡至故也○正義曰皇本作孔
注其申注云言凡我道雖不行於天下天下有道者而我

道皆不至與彼易之是我道大彼道小故也案注意謂天下即有道某亦不以治民之大道易彼隱避之小道也於義殊曲故不從之

子路從而後遇丈人以杖荷蓧注包曰丈人老人也蓧竹器子路問曰子見夫子乎丈人曰四體不勤五穀不分孰爲夫子注包曰丈人云不勤勞四體不分植五穀誰爲夫子而索之耶植其杖而芸注孔曰植倚也除草曰芸子路拱而立注未知所以答止子路宿殺雞爲黍而食之見其二子焉明日子路行以告子曰隱者也使子路反見之至則行矣注孔曰子路反至其家丈人出行不在

正義曰從而後者謂從夫子行而在後也釋文云蓧本又作條又作莜盧氏文弨攷證說文莜從條省聲論語曰以杖荷莜是莜爲正字論語

本與說文合條乃條攸字於六書爲叚借今作蓧不省皇本作篠誤四體者趙岐孟子注體者四枝股肱也五穀者禾黍稷稻麥也說五穀者多家此從程氏瑤田說定之鄭注云分猶理謂理治之也宋氏翔鳳發微云王制百畝之分鄭注分或爲糞此五穀不分當讀如草人糞種之糞必先糞種而後五穀可治兪氏樾平議略同於義亦通朱氏彬經傳攷證宋呂本中紫薇雜說曰四體不勤二語荷蓧丈人自謂其說得之平議又云兩不字並語詞不勤勤也不分分也引詩徒御不警大庖不盈不戢不難受福不那諸得爲據亦是也植其杖漢石經植作置惠氏棟九經古義案商頌那詩置我鞉鼓箋云置讀曰植正義云金滕云植璧秉圭鄭注云植古置字然則古者置植字同說文曰植或作櫃從置今爲依詩箋植置本二字金滕注謂植古置字者謂古以植爲置段借之義也段氏玉栽說文注云丈人行來至田則置杖於地用蓧芸田植杖者置杖也此從漢石經作置爲訓如呂氏春秋異用薅所云孔子置枝之比然用蓧芸田必拄杖而後可芸耨以此文作植爲正作置亦是段字段說耒能合也芸本作耨耘是或體俱見說文今作芸漢石經作耘俱隸省拱者說文拱斂手也新書容經固頤正覩平肩正背臂如抱鼓足閒二寸端面擿

纓端股整足體不搖肘曰經立因以微磬曰共立共與拱同檀弓孔子與門人立拱玉藻臣侍於君垂拱垂卽微磬之象子路聞丈人言知其賢者禮異之也爲黍者治黍爲飯也黍禾屬而黏者其不黏者別名穄穄用以作飯蓋食之貴者所以敬禮容也○注丈人老人也蓧竹器○正義曰淮南脩務訓注丈人長老之稱與此注合至道應訓注以爲老而杖於人故稱丈人此說不免附會易師丈人吉鄭注丈之言長能以法度長於人彼稱丈人爲位尊者與此荷蓧丈人爲齒尊異也說文莜萩田器其字從草此注云竹器者草竹一類也皇本經注皆作蓧卽本此注誤改說文癹以足蹋夷草從癶從殳春秋傳曰癹夷蘊崇之丁氏杰曰今南昌人耘田用一具形如提梁旁加索綱楚足下手持一杖以足蹋草入泥中名曰腳罶是可爲論語以杖荷蓧植杖而芸及說文莜字癹字之證○注丈人至之耶○正義曰宋氏翔鳳發微云詳包意亦以四體不勤五穀不分爲自逝其不遑暇逸之義故不能知孰爲夫子以答子路非以責子路也○注植倚也除草曰芸○正義曰植者立也故有倚訓謂依倚之也江氏永羣經補義今人耘田必扶杖乃能用足則植杖正所以耘猶云拄杖也說文賴除苗間穢也段氏玉裁注小雅毛傳曰耘除草也食

貨志云苗生三葉以上稍耨壠草因隤其土以附苗根比成壠盡而根深能風與旱此古者耨耔爲一事也謂苗初生之始也既成以後仍有莠及童蓈生乎其閒則又以槈薅之薅者拔田草也亦謂之耨今案用茠芸草亦在既成以後吾鄉農人云田宜多芸不獨除草且茂苗也○注子路反至其家丈人出行不在○正義曰注以丈人偶出行不遇非知子路子路曰注鄭曰留言以語丈人之二子不復來而避之也

仕無義長幼之節不可廢也君臣之義如之何其廢之注孔曰言女知父子相養不可廢反可廢君臣之義邪欲潔**其身而亂大倫**注包曰倫道理也**君子之仕也行其義也道之不行已知之矣**注包曰言君子之仕所以行君臣之義不必自己道得行孔子道不見用自己知之者正義曰義者宜也君子成己所以成物故士必宜仕仕即是義亦即是道不仕則無君臣之義是爲亂倫亂之爲言猶廢也夫子栖栖不

己知其不可而猶爲之，亦是冀行其道而已。道行而君臣之倫以盡，道不行而君臣之倫終未嘗一日敢廢，故孟子言孔子三月無君則皇皇如也，明雖知道不行，猶不敢忘。相長幼之節，謂前見二子，有兄弟之節文也。注以父子作義言之，非矣。漢石經「君臣之禮，如之何其廢之也」，皇本下如之何其可廢也。潔，阮據宋本作絜。道之不行，皇本行有也字。釋文：「己音紀，一音以。」盧氏文弨攷證曰：「音以是。」○注「倫道理也」。○正義曰：說文：「倫，一曰道也。」又訓理者，謂文理也。凡論倫字皆訓理，其證也。○注「不必」至「知之」。○正義曰：注讀己知之己爲紀，己道不行，則望人行之，故曰不必自己道得行，明人行之與己同也，此說稍曲。

逸民（注）逸民者，節行超逸也。**伯夷、叔齊、虞仲、夷逸、朱張、柳下惠、少連。**（注）包曰：此七人皆逸民之賢者。正義曰：說文：「佚，佚民也，從人，失聲。」段氏玉裁注謂論語逸民，許作佚民，佚正字，逸段借字。孟子曰：「遺佚而不怨。」案下篇「舉逸民」，亦用段字。顏師古漢書律麻志注：「逸民謂有德而隱處者。」此虞仲後雖爲君，柳下惠亦爲士師，要自其初皆爲民也。左僖五年傳：「宮之奇曰：『太伯虞仲太王之昭也史記周本紀古公有長子曰太伯次曰虞仲又云太伯虞仲知古公欲立季歷以及昌乃二人亾如荆蠻文身斷髮以讓季歷吳太伯世家太伯之犇荆蠻荆蠻義之立爲吳太伯太伯卒無子弟仲雍立是爲吳仲雍周武王克殷求太伯仲雍之後得周章周章已君吳因而封之乃封周章弟虞仲於周之北故夏墟是爲虞仲列爲諸侯案本紀以虞仲爲太伯弟世家以仲雍爲太伯弟虞仲則仲雍曾孫周章之弟說似不同吳仁傑兩漢刊誤補遺謂仲雍亦名虞仲是虞仲有兩人漢書地理志周太王長子太伯次曰仲雍少曰公季公季有聖子昌欲傳國焉太伯仲雍辭行采藥遂犇荆楚故孔子美而稱曰太伯可謂至德也已矣謂虞仲夷逸隱居放言身中清廢中權師古曰虞仲卽仲雍也志又云太伯卒仲雍立至曾孫周章而武王克殷因而封之又封周章弟中于河北是爲北吳後世謂之虞師古曰中讀曰仲班志此文亦以周有兩虞仲虞吳通用如騶虞亦作騶吾之比仲雍稱吳仲雍故或稱虞仲志引論語隱居放言卽指逃竄荆蠻之事兩虞仲本皆爲吳仲故稱周章之弟爲北吳對周章爲南吳也後世稱北吳爲虞者亦以兩吳不能分別故取同音字而爲虞矣仲雍亦稱虞者此又因音同而假之其本字異

則爲吳也虞仲在夷齊前而先夷齊者重德也若孟子稱伯夷在伊尹前矣○注逸民者節行超逸也○正義曰子後漢書逸民傳敘蓋錄其絕塵不及與此注義同○注此七人皆逸民之賢者○正義曰虞仲注不知何指尸子云夷逸者夷詭諸之裔或勸其仕曰吾譬則牛盍服軛以耕於野不忍被繡入廟而爲犧禮雜記孔子曰少連大連善居喪三日不怠三月不解期悲哀三年憂東夷之子也此夷逸少連二人事可考者朱張見漢書古今人表論語釋文云朱張並如字衆家亦爲人姓名王弼注朱張字子弓荀卿以比孔子案荀子非相篇非十二子篇儒效篇以仲尼子弓並言楊倞注以子弓爲仲弓則是夫子弟子豈得厠於古賢之列而曰我異於是且子弓之郎爲朱張亦別無一據則王說未可信也竊以朱張行事當夫子時已失傳故下文論列諸賢不及朱張而但存其姓名於逸民之列蓋其愼也又釋文引鄭作侏張云音陟留反宋氏翔鳳過庭錄文選劉琨答盧諶書自頃輈張注曰輈張驚懼之貌也揚雄國三老箴負乘覆餗姦宄侏張輈與侏古字通此鄭本作侏張知非人姓名矣故鄭作者七人注獨不舉夷逸朱張郝氏敬曰朱張當作譸張爲幻即陽狂也曰逸民曰夷逸曰朱張三者品其目夷齊仲惠連五者舉

其人也此說當得鄭義臧氏庸拜經日記略同今案鄭義不著或如宋臧所測然夷逸明見尸子柳下豈爲陽狂於義求之似爲非也漢地志說仲雍之事引謂虞仲夷逸本此文連言師古以爲竄於蠻夷而遁逸其義或與鄭同要未必得班本旨也七人爲逸民之賢者是解逸民爲隱逸不謂超逸也此集解前後失撿處 子曰不降其志不辱其身伯夷叔齊與注鄭曰言其直已之心不入庸君之朝 謂柳下惠少連降志辱身矣言中倫行中慮其斯而已矣注孔曰但能言應倫理行應思慮如此而已矣謂虞仲夷逸隱居放言注包曰放置也不復言世務身中清廢中權注馬曰清純潔也遭世亂自廢棄以免患合於權也 正義曰孟子公孫丑篇孟子曰伯夷非其君不事非其友不友不立於惡人之朝不與惡人言立於惡人之朝與惡人言如以朝衣朝冠坐於塗炭是故諸侯雖有善其辭命而至者不受也不受也者是亦不屑就已是卽

伯夷不降其志不辱其身之事也舉伯夷則叔齊可知又云柳下惠不羞汙君不卑小官遺佚而不怨阨窮而不憫故曰爾爲爾我爲我雖袒裼裸裎於我側爾焉能浼我哉故由由然與之偕而不自失焉援而止之而止援而止之而止者是亦不屑去已是卽柳下惠降志辱身之事也論出處之節自以不屑不降不辱爲優而夷齊亦失之過峻韓詩外傳謂夷齊爲磏仁又曰仁磏則其德不厚又曰磏仁雖下然聖人不廢者匡民隱括有在是中者也是知夷齊雖聖人所許亦聖人所不爲也惠連降志辱身出處之際似無足觀然中倫中慮言行如此實非枉道以殉人故夫子亦許之也虞仲夷逸亦是不降不辱故能中清中權而隱居放言於世亦寡所合但不及夷齊之行故述逸民之目仲逸亞於夷齊論行事則夷齊與惠連爲最異故相次論之而後及虞仲夷逸也不辱其身皇本身下有者字其斯而已矣漢石經作其斯以乎謂虞仲夷逸漢石經作夷泆身中清世家身作行行與廢當是對文謂居位行道也此安國舊義也廢中權釋文引鄭作發云動貌案貌疑作也後漢隗囂傳方望曰動有功發中權此謂行事所發見也皇疏引江熙曰晦明以遠害發動中權也二文並作發與鄭本同當由齊魯文異江熙所云可補鄭義○注但能至

已矣○正義曰倫理者訓倫爲理也思慮者謂心所思慮於道也孟子以柳下惠爲和爲介又大戴衞將軍文子篇孝子慈幼允德秉義約貨去怨蓋柳下惠之行也是其言行有可稱也○注放置也不復言世務○正義曰放置見廣雅釋詁中庸云國無道其默足以容即此注義後漢孔融傳跌蕩放言李賢注放縱也又荀韓鍾陳傳論漢自中世以下閹豎擅恣故俗遂以遁身矯潔放言爲高李賢注放肆其言不拘節制也論語曰隱居放言此解似勝包氏○注遭世亂自廢棄以免患合於權也○正義曰注以虞仲夷逸當亂世則虞仲似非仲雍疑指周章弟當紂世也

我則異於是無可無不可注馬曰亦不必進亦不必退惟義所在

義所在注亦不必進亦不必退惟義所在○正義曰進者可也退者不可也逸民或治則進亂則退或雖治亦退或雖亂亦進行各不同皆未適於大道惟夫子本從心之矩妙隱見之權進退俱視乎義義苟可進雖亂亦進義苟宜退雖治亦退孟子云孔子可以仕則仕可以止則止可以久則久可以速則速久謂久居其國速謂速去此孔子之行也孟子以孔子爲聖之時此注則以義衡之義者宜也即時也故易傳屢言時義也鄭注此云不爲夷齊

之淸不爲惠連之屈故曰異於是也案法言淵騫篇或問李仲元是夷惠之徒與曰不夷不惠可否之閒也後漢黃瓊傳李固引傳曰不夷不惠可否之閒可否即可與不可也孟子云伯夷隘柳下惠不恭隘與不恭君子不由也君子即孔子是謂孔子不爲夷惠也

太師摯適齊亞飯干適楚（注）孔曰亞次也次飯樂師也摯干皆名**三飯繚適蔡四飯缺適秦**（注）包曰三飯四飯樂章名各異師繚缺皆名也**鼓方叔入於河**（注）包曰鼓擊鼓者方叔名入謂居其河內**播鼗武入於漢**（注）孔曰播搖也武名也**少師陽擊磬襄入於海**（注）孔曰魯哀公時禮壞樂崩樂人皆去陽襄皆名

正義曰太師摯等皆殷人則太師少師等官是殷制也周官有太師小師鼓人磬師又大司樂膳夫皆以樂侑食瞽矇眂瞭皆掌播鼗與此諸職尊卑同異未聞也亞飯三飯四飯者禮王制云天

子曰食舉樂公羊隱五年傳注魯詩傳曰天子食日舉樂
白虎通禮樂篇王者食所以有樂何樂食天下之太平富
積之饒也明天子至尊非功不食非德不飽故傳曰天子
食時舉樂王者所以日四食者何明有四方之物食四時
之功也王者平居中央制御四方平旦食少陽之始也晝
食太陽之始也餔食少陰之始也暮食太陰之始也論語
曰亞飯干適楚三飯繚適蔡四飯缺適秦諸侯三飯卿大
夫再飯尊卑之差也案此班氏所說殷制當爲論語舊義
周官膳夫云王齊日三舉則天子亦三飯又鄭注鄉黨云
不時非朝夕日中時此通說大夫士之禮則周制自天子
至士皆三飯與殷異也又禮器曰禮有以少爲貴者天子
一食諸侯再大夫士三注云謂告飽也既告飽則侑之乃
更食凡三侑儀禮特牲是士禮有九飯少牢是大夫禮有
十一飯故鄭注以諸侯十三飯天子十五飯皆因侑更食
之數與論語亞飯三飯四飯之義不同而近之儒者若黃
氏式三後案凌氏曙典故覈皆援之以釋論語謂初飯不
侑始侑爲亞飯再侑爲三飯三侑爲四飯案亞飯諸義白
虎通言之最晰舍可據之明文而別爲新義未爲得理且
三侑不過須臾之頃何得更人更爲樂也漢書古今人表
太師摯等同在智人之列其次在殷末周前顏師古注自

師摯已下八人皆紂時奔走分散而去又禮樂志云書序殷紂斷棄先祖之樂迺作淫聲用變亂正聲以說婦人樂官師瞽抱其器而奔散或適諸侯或入河海師古注論語云云此志所云及古今人表所敘皆謂是也云諸侯者追繫其地非爲當時已有國名又董仲舒傳對策曰至於殷紂逆天暴物殺戮賢知殘賊百姓伯夷太公皆當世賢者隱處而不爲臣守職之人皆奔走逃亾入于河海師古注謂若鼓方叔播鼗武少師陽之屬也然則以太師摯等爲殷人董氏先有此義而班氏承之故其著白虎通義於亞飯三飯四飯卽據殷禮說之矣惟齊楚蔡秦皆周時國名世多以爲疑毛氏奇齡稽求篇辨之云周成王封熊繹于楚纘孝王封非子爲附庸而邑之秦皆先名其地而後封之者國語文王諏于蔡原注蔡公殷臣樂記齊者三代之遺聲也則齊在夏殷已先有之案如毛說則齊蔡秦楚皆舊時國名周人因而名之如今府州縣多沿先朝之稱之比顏師古以爲追繫其地尚未然也毛氏又曰太師摯摯字是疵字其又云師摯之始關雎之亂此師摯是魯人與人表所記不同考周本紀太師疵少師彊抱其樂器而奔周疵與彊卽摯與陽兩音相近之名殷本紀亦云剖比干囚箕子殷之太師少師乃持其祭樂器奔周是也段氏玉

裁尚書撰異尚書微子篇父師少師史記作太師少師宋
世家於比干死之後云太師少師乃勸微子去則少師非
比干太師比干箕子甚明殷本紀亦云微子與太師少師謀
去而比干剖心箕子爲奴殷之太師少師乃持其祭樂器
奔周周本紀又云云是則太師少師爲殷之樂官即太師
摯少師陽也摯即疵陽即彊音皆相近惟傳聞異辭則載
所如不一而其事則一此今文尚書說也今案毛段說是
也上章逸民有夷齊爲殷末周初下章八士亦周初人則
此章太師摯等自爲殷末八竊以太師適齊少師入海皆
在奔周之前摯伯夷大公避紂居海濱後皆適周而大公仕
爲太師亦其類也鄭此注以爲周平王時人顔師古古今
八表注郎不取之案史記十二諸侯年表太史公讀春秋
厤譜諜至周厲王曰師摯見之矣鄭或據此文以爲目及
見之則在厲王後歷宣幽而當平王矣不知年表所言師
摯即泰伯篇之師摯當是魯之樂官與此太師摯爲殷人
異也且師摯與夫子同時以爲平王時亦非入於河皇本
作于下同漢石經入于海亦作于說文鞀遼也從革召
聲鞉鞀或從兆聲鼗鞀或從鼓兆磬籀文鞀從殸召段氏
玉裁注遼者謂遼遼必閒其聲也案此則今本作鼗即鼗
之移寫釋文鼗亦作鞉皇本作鞀皆或體儀禮大射儀注

鼗如鼓而小有柄周官小師注鼗如鼓而小持其柄搖之
旁耳還自擊據爾雅釋樂大鼗謂之麻小者謂之料鼗有
大小鄭禮注據小者言之論語播鼗播為搖亦小鼗矣○
注亞次也○正義曰爾雅釋言亞次也說文亞醜也賈侍
中說以為次第也○注三飯四飯樂章名○正義曰包原
注句首當有亞飯二字集解刪之耳樂章名者謂舉食之
樂取於亞飯三飯四飯為章名也鄭注此云亞飯三飯四
飯皆舉食之樂與包義同○注播搖也○正義曰廣雅釋
言播搖也與此注同說文播一曰布也周官瞽瞍掌播鼗
柷敔塤籥管絃歌注播謂發揚其音義皆相近○注魯哀
公時禮壞樂崩樂人皆去○正義曰孔此說無據顏師古
禮樂志注譏其未允是也史記禮書云仲尼沒後受業之
徒沈淪而不舉或適齊楚或入河海說者以子語魯太師
樂亞飯諸職即其所屬之官當時聞樂於夫子故皆為
受業之徒與孔氏哀公時之說相影響不知禮書所云
齊楚河海乃假論語以為文而非太師諸人皆孔子弟
子也史公作弟子列傳詳載諸賢而不及師摯諸人此可
證矣又或據孔子世家孔子學琴師襄子以為即擊磬襄
閭氏若璩釋地說夫子在衞學琴師襄子則襄子自為衞
人與論語曰襄者自別又且一琴一磬各為樂師不得奚

有牽合

周公謂魯公曰君子不施其親不使大臣怨乎不以故舊無大故則不棄也無求備於一人【注】孔曰魯公周公之子伯禽封於魯施易也不以他人之親易己之親以用也怨不見聽用大故謂惡逆之事

正義曰不施漢石經同釋文作不弛施弛二字古多通用周官遂人注施讀爲弛可證也此文不施即不弛段借鄭注坊記云弛棄忘也以訓此文最當泰伯篇君子篤於親親篤者厚也即不弛之義禮中庸云仁者人也親親爲大又云親親則諸父昆弟不怨儀禮喪服傳始封之君不臣諸父昆弟則諸父昆弟在始封國時當加恩也左昭十四年傳乃施邢侯晉語施邢侯氏孔晁注廢其族也此施亦當讀弛訓廢與鄭君棄忘之訓相近服虔注左傳云施猶劾也謂劾其罪也惠氏棟九經古義援以解此文謂不施爲隱其罪此似讀施如字亦待公族之道於義得通者也大臣謂三卿也不以謂不用其言也禮緇衣云子曰大臣不親百

姓不當則忠敬不足而富貴已過也大臣不治而邇臣比矣故大臣不可不敬也是民之表也又云君毋以小謀大則大臣不怨蓋既用爲大臣當非不賢之人而以小臣間之則大臣必以不用爲怨矣魏志杜恕傳引恕何不以以意屬文未足深據包氏愼言溫故錄以爲所見本異武氏億羣經義證更謂何與呵通今本作乎卽呼嗟之義皆未然也故舊者周官大宗伯以賓射之禮親故舊朋友注云王之故舊朋友爲世子時共在學者王制言大學之制云王太子王子羣后之太子卿大夫元士之適子國之俊選皆造焉此文故舊卽謂魯公共學之人苟非有大故當存錄擇用之不得遺棄使失所也備者鄭注特牲禮云備盡也人才知各有所宜小知者不可大受大受者不必小知因器而使故無求備也漢書東方朔傳顏師古注士有百行功過相除不可求備亦此義也大傳云聖人南面而聽天下所且先者五民不與焉一曰治親二曰報功三曰舉賢四曰使能五曰存愛以此五者爲先當是聖人初政之治周公此訓略與之同故說者咸以此文爲伯禽就封周公訓誡之詞當得實也○注魯公至之事○正義曰史記魯周公世家武王破殷徧封功臣同姓戚者封周公旦於少昊之虛曲阜是爲魯公周公不就封留佐武王武王既

崩成王少周公乃踐祚代成王攝行政當國於是卒相成
王而使其子伯禽代就封於魯又云周公卒子伯禽固已
前受封是爲魯公據此文是周公封魯卽爲魯公祗以周
公身仕王朝未得就封故猶以王官稱之而曰周公至伯
禽始得稱魯公耳施易亦常訓此注似以親爲父母於義
最謬無足爲之引申鄭注云大故爲惡逆之事此孔所襲

周有八士伯達伯适仲突仲忽叔夜叔夏季隨季騧（注）包曰

周時四乳生八子皆爲顯仕故記之爾　正義曰達适突忽夜夏隨騧皆依韻
命名漢書古今人表仲忽作中曶顏師古注曶與忽同惠
氏棟九經古義周有叔液鼎卽八士之叔夜也古文液或
省作夜尙書大傳時則有脂夜之妖鄭注云夜讀爲液是
古液字作夜白虎通姓名篇稱號所以有四何法四時用
事先後長幼兄弟之象也故以時長幼號曰伯仲叔季也
伯者長也伯者子最長迫近父也仲者中也叔者少也季
者幼也質家所以積於仲何質者親親故積於仲文家尊
尊故積於叔卽如是論語曰周有八士云云不積於叔何
蓋以兩兩俱生故也不積於伯季明其無二也○注周時
至之爾○正義曰乳猶生也每生得二子故四乳得生八

子釋文引鄭云成王時劉向馬融皆以爲宣王時則馬鄭本有此章注義集解佚之耳盧氏文弨釋文攷證云聖賢羣輔錄云周八士見論語賈逵以爲文王時晉語說文王卽位詢于八虞賈唐云八虞周八士皆在虞官漢書古今人表載周八士在中上列成叔武霍叔處之前二人皆文王子則班固亦以爲文王時孔氏廣森經學卮言逸周書和寤篇曰王乃勵翼於尹氏八士武寤篇曰尹氏八士太師三公是八士皆尹氏爲武王時人有明證也或疑十亂之南宮适卽此伯适又克殷篇曰乃命南宮忽振鹿臺之財巨橋之粟乃命南宮百達史佚遷九鼎三巫古者命士以上父子皆異宮故禮曰有東宮有西宮蓋達适忽尹氏之子別居南宮者猶南宮敬叔本孟氏子而以所居稱之耳國語文王詢于八虞賈侍中云周八士皆在虞官君奭言文王之臣有若南宮适然則八士且逮事文王矣案盧孔說是也江氏永羣經補義翟氏灝四書考異略同春秋繁露郊語篇詩曰唯此文王小心翼翼昭事上帝允懷多福多福者非謂人事也事功也謂天之所福也傳曰周國子多賢蕃殖至於駢孕男者四四產而得八男皆君子俊雄也今此天之所以興周國也非周國之所能爲也董引傳說以釋詩多福之文則八士在文王時董義亦然此當

無疑者也包注雖不言八士在何時然以八士皆爲顯仕當據晉語仕爲虞官則與董賈説亦合也

涇包　誠校刊

論語正義卷二十二

恭冕述

子張第十九　集解

凡二十五章

子張曰：士見危致命，見得思義，祭思敬，喪思哀，其可已矣。注致命，不愛其身。正義曰：眞德秀四書集編：義、敬、哀皆言思，致命獨不言思者，死生之際，惟義是狥，有不待思而決也。

子張曰：執德不弘，信道不篤，焉能爲有？焉能爲亡？注孔曰：言無所輕重。正義曰：執德猶言據德。弘者，大也。執德不弘，即子夏所言小道不能致遠者也。篤者，厚也，固也。嘗時容有安於小成，或於異端，故子張譏之。○注「言無所輕重」。○正義曰：皇疏云：世無此人，則不足爲輕；世有此人

亦不足爲重

子夏之門人問交於子張注孔曰問與人交接之道子張曰子夏云何對曰子夏曰可者與之其不可者距之子張曰異乎吾所聞君子尊賢而容衆嘉善而矜不能我之大賢與於人何所不容我之不賢與人將距我如之何其距人也注包曰友交當如子夏汎交當如子張正義曰距者棄尼注拒敵也漢書趙廣漢傳注引晉灼曰距閉也距與拒同論語釋文云距本今作拒案漢石經作距邢疏本集注本皆作拒翟氏灝考異漢石經可者下者距上凡闕四字今此間有五字疑漢本無其字嘉者說文云美也嘉善猶尊賢互辭矜者詩鴻鴈傳憐也○注友交當如子夏汎交當如子張○正義曰注以二子論交各有所宜非互訾也鄭注云子夏所云倫黨之交也子張所云尊卑之交也尊卑亦是汎交倫黨則與爲同類是友交矣蔡邕正交論子

夏之門人問交於子張而二子各有所聞乎夫子然則其以交誨也商也寬故告之以距人師也褊故告之以容衆各從其行而矯之若夫仲尼之正道則汎愛衆而親仁故非善不喜非仁不親交游以方會友以仁可無貶也蔡邕此言以二子所聞各得一偏其正道則汎愛衆即汎交親仁即友交義與包鄭相發矣世儒多徇子張之言以子夏爲失案呂氏春秋觀世篇周公旦曰不如吾者吾不與處累我者也與我齊者吾不與處無益我者也惟賢者必與賢於己者處又上篇子曰毋友不如己者並子夏所聞論交之義大戴禮衛將軍文子篇孔子曰詩云式夷式已無小人殆而商也其可謂不險也盧辯注言其鄰於德也子夏之行抑由所聞而然固無失矣

子夏曰雖小道注小道謂異端**必有可觀者焉致遠恐泥**注包曰泥難不通**是以君子不爲也**正義曰周官大司樂注才藝鄭注云小道如今諸子書也鄭舉一端故云如以例之漢書宣元六王傳東平王宇上疏求諸子及太史公書上曰問大將軍王鳳對曰諸子書或反經術非聖人或明鬼神信物怪太史公書有戰國縱横權譎之謀不可予不

許之辭宜曰五經聖人所制萬事靡不畢載夫小辯破義小道不通致遠恐泥皆不足已留意藝文志小說家者流蓋出於稗官街談巷語道聽塗說者之所造也孔子曰雖小道必有可觀者焉致遠恐泥是已君子弗爲也然亦弗滅也閭里小知者之所及亦使綴而不忘如或一言可采此亦芻蕘狂夫之議也後漢書蔡邕傳上封事曰夫書畫辭賦才之小者匡國理政未有其能昔孝宣會諸儒於石渠章帝集學士於白虎通經釋義其事優大文武之道所宜從之若乃小能小善雖有可觀孔子已爲致遠則泥君子故當志其大者據此則小道爲諸子書已本漢人舊義故鄭注同之江熙曰百家競說非無其理一用鄭義也○注小道謂異端○正義曰焦氏循補疏聖人一貫則其道大異端執一則其道小孟子以爲大舜有大焉善與人同能通天下之志故大執己不與人同其小可知故小道爲異端也○注泥難不通○正義曰泥難二字連讀鄭注云泥謂滯陷不通與包義同漢書五行志中之上震遂泥注引李奇曰泥者泥溺於水不能自拔爾雅釋獸威夷長脊而泥郭注泥少才力亦滯難之義

子夏曰日知其所亡月無忘其所能可謂好學也已矣注孔

日日知其所未聞正義曰皇疏云日知其所亡是知新也月無忘所能是溫故也劉氏宗周學案君子之於道也日進而無疆其所亡者既日有知之則拳拳服膺而弗失之至積月之久而終不忘所謂學如不及猶恐失之者矣

子夏曰博學而篤志注孔曰廣學而厚識之切問而近思仁在其中矣注切問者切問於已所學未悟之事近思者近思已所能及之事汎問所未學遠思所未達則於所學者不精所思者不解正義曰中庸言博學審問慎思明辨篤行爲執善固執之功與此章義相發擇善固執是誠之者誠者所以行仁也故曰仁在其中○注寶本作厚識之○正義曰注以志爲識謂博學而識之也集注讀志如字謂篤志好學也亦通○注近思已所能及之事○正義曰此從皇本校改邢本脫近字所下衍未字

子夏曰百工居肆以成其事君子學以致其道注包曰言百

工處其肆則事成猶君子學以致其道正義曰說文云肆極陳也凡陳物必有所居之處故市廛爲貨物所居亦通名肆俞氏樾羣經平議周易說卦傳巽爲工虞翻曰爲近利市三倍子夏曰工居肆然則此肆字卽市肆之肆市中百物俱集工居於此則物之良苦民之好惡無不知之故能成其事案致如致知致曲之致致者極也盡也禮記大學云大學之道在明明德在親民在止於至善止至善則致其道之謂故大學又言君子無所不用其極極致義同趙氏佑溫故錄此學以地言乃學校之學對居肆省一居字卽國語稱士羣萃而州處少而習焉其心安焉不見異物而遷者也學記大學之教也退息必有居學此說亦通

子夏曰小人之過也必文注孔曰文飾其過不言情實正義曰皇本必下衍則字○注文飾其過不言情實○正義曰小人不欲改過故於人之責之也則爲文飾之言以自解說若爲無過者然史記孔子世家齊羣臣對景公曰君子有過則謝以質小人有過則謝以文文謂文飾也孟子云且古之君子過則改之今之君子過則順之又云今之君子豈徒順之又從爲之辭辭卽文也

子夏曰君子有三變望之儼然卽之也溫聽其言也厲注鄭曰厲嚴正正義曰望之謂遠望之觀其容也卽就也在近就見之觀其色也釋文儼本或作嚴案皇本作嚴邢本作儼二字通用爾雅釋詁儼敬也詩澤陂傳儼矜莊貌下篇云君子正其衣冠尊其瞻視儼然人望而畏之

子夏曰君子信而後勞其民未信則以爲厲己也信而後諫未信則以爲謗己也注王曰厲猶病也正義曰子夏此言亦無欲速之意鄭注云厲讀爲賴恃賴也案左昭四年楚滅賴公羊作厲又公羊僖十五年釋文厲舊音賴是厲賴字通音亦同然鄭注非全文恃賴之義亦頗難曉也○注厲猶病也○正義曰管子度地厲一害也注厲疾病也言上勞己使己病也

子夏曰大德不踰閑小德出入可也注孔曰閑猶法也小德則不能不踰法故曰出入可注閑猶至入可○正義曰說文閑闌也此訓法者引申之義廣雅釋詁閑灋也灋與法同注以小德當行權故云不能不踰法書酒誥云越小大德小子惟一此據常經可不

行權雖小德不當出入荀子王制篇孔子曰大節是也小節是也上君也大節是也小節一出焉一入焉中君也大節非也小節雖是也吾無觀其餘矣荀子言小節未可出入卽酒誥之意若子夏所云可者謂反經合權有不得不出入者也繁露玉英篇夫權雖反經亦必在可以然之域不在可以然之域故雖死亡終弗爲也故諸侯在不可以然之域者謂之大德大德無踰閑者謂正經諸侯在可以然之域者謂之小德小德出入可也權譎也尙歸之以奉鉅經耳董解亦謂行權與此注同韓詩外傳云孔子遭齊程本子於郯之間傾蓋而語終日有間顧子路曰由束帛十匹以贈先生子路曰昔者由也聞之於夫子士不中道相見女無媒而嫁者君子不行也孔子曰大德不踰閑小德出入可也此相傳夫子佚事於義得證者也邢疏以大德小德指人言方氏觀旭偶記亦同非也

子游曰子夏之門人小子當洒埽應對進退則可矣抑末也本之則無如之何注包曰言子夏弟子但當對賓客修威儀禮節之事則可然此但是人之末事耳不可無其本故

云本之則無如之何正義曰子游漢石經作斿稱小子者子游呼而告之也釋文洒掃上色買反又所綺反正作灑經典相承作洒下素報反本今作埽盧氏文弨攷證說文灑汛也洒滌也古文以爲灑埽字經典中如毛詩論語及周禮隸僕國語晉語皆作洒掃是借用凡糞除先以水溰地使塵不揚而後掃之故洒先於掃曲禮云凡爲長者糞之禮必加帚於箕上以袂拘而退其塵不及長者以箕自鄉而扱之弟子職云凡拚之道實水于槃攘袂及肘堂上則播灑室中握手執箕膺揲厥中有帚入戶而立其儀不貸執帚下箕倚于戶側凡拚之紀必由奧始俯仰罄折拚毋有徹拚前而退聚于戶內坐板排之以葉適已實帚于箕此洒掃之事也應說文作䧹云以言對也今通作應散文應對無別對文則應是唯諾不必有言對與對專主答辭異也曲禮云在父母之所有命之應唯敬對又云父召無諾先生召無諾唯而起又云進退周旋慎齊凡摳衣趨隅與夫正立拱手中規中矩之節皆幼儀所當習者子游習於禮樂以學道爲本而以洒掃應對進退爲禮儀之末故譏子夏爲失教法大戴禮曾子事父母篇曾子曰夫禮大之由也不與小之自也又謂趨翔周旋俛仰從命爲末成於弟亦此意釋文云末本末之末字

或作末非也○注但當對賓客修威儀禮節之
事○正義曰當對卽應對爾雅釋詁應當也　子夏聞之
曰噫言游過矣君子之道孰先傳焉孰後倦焉（注）孔曰噫
心不平之聲也包曰言先傳業者必先厭倦故我門人先
教以小事後將教以大道譬諸草木區以別矣君子之道
焉可誣也（注）馬曰言大道與小道殊異譬如草木異類區
別言學當以次君子之道焉可使誣言我門人但能洒掃
而已有始有卒者其惟聖人乎（注）孔曰終始如一惟聖人
耳　正義曰君子之道謂禮樂大道卽子游所謂本也此當
視人所能學而後傳之故曰孰先傳焉孰後倦焉倦卽
誨人不倦之倦言誰當爲先而傳之誰當爲後而倦敎皆
因弟子學有淺深故敎之亦異草木區別卽淺深之喻今
子游所譏則欲以君子之道概傳之門人是誣之也毛氏
奇齡稽求篇倦卽古券字傳與券皆古印契傳信之物一

如教者之與學者兩相印契故借其名曰傳曰券如毛此說則倦爲券誤亦得備一義也漢書薛宣傳宣令薛恭尹賞換縣移書勞勉之曰昔孟公綽優于趙魏而不宜滕薛故或已德顯或以功舉君子之道焉可憮也注蘇林曰憮同也兼也晉灼曰憮音誣師古曰謂行業不同所守各異此引論語作憮當由齊古異文毛詩巧言傳憮大也訓大故有同兼之義師古所說從蘇解也晉灼音憮爲誣正謂憮卽誣也焦氏循補疏謂憮乃誣字叚借說文誣加也加與同兼義近其說良然漢石經惟作唯○注言先至大道○正義曰注以先傳必先厭倦後傳則後厭倦非經旨注言大至而已○正義曰草木區別喻人學有不同故注云大道小道則指本末言之本爲大道末爲小道也華嚴經音義上引注云區別也疑注有脫文凡地域謂之區區以分別故區卽訓別注以誣爲欺誣言教人以所不能則爲誣也於義亦通○注終始如一惟聖人耳○正義曰大學云物有本末事有終始知所先後則近道矣此大學教人之法雖聖人亦不外此然聖道體備學其本而末已賅學其末而本不廢故能終始如一如一者一貫之謂也

子夏曰仕而優則學【注】馬曰行有餘力則以學文學而優則

仕。正義曰：古者大夫士年七十致事，則設教於其鄉，大夫爲大師，士爲少師，是仕而優則學也。學至大成乃仕，是學而優則仕也。○注「行有餘力，則以學文」。○正義曰：《說文》：「優，饒也。饒，餘也。」言人從事於所當務，而後及其餘，不泛騖也。故引「學而文」說之，此又一義。

子游曰：喪致乎哀而止。注：孔曰：「毀不滅性。」正義曰：朱子《集注》云：「致極其哀，不尚文飾也。」楊氏曰：「喪與其易也寧戚，不若禮不足而哀有餘之意。」案《問喪》云：「故哭泣辟踊，盡哀而止矣。」與此「而止」文法同。夏氏之蓉《喪說》：「人未有自致者也，必也親喪乎！先王制禮，非由天降，非自地出，人情之所不能自已者而已矣。是故衰麻免絰之數，哀之發於容服者也；擗踊哭泣之節，哀之發於聲音者也；斬衰唯而不對，齊衰對而不言，大功言而不議，哀之發於言語者也；父母之喪，朝一溢米，莫一溢米，齊衰之喪，不食菜果，大功不食醯醬，小功不飲酒醴，哀之發於飲食者也；父母之喪，居倚廬，寢苫枕塊，齊衰之喪，居堊室，哀之發於居處者也。凡此者無他，創鉅者其日久，痛深者其愈遲，凡有知者之所固然，稱情以立文焉而已矣。」○注「毀不滅性」。○正義曰：注說非經意。性與生同。喪服

四制云三日而食三月而沐期而練毀不滅性不以死傷生也

子游曰吾友張也為難能也然而未仁注包曰言子張容儀之難及注言子張容儀之難及○正義曰焦氏循補疏此文但言難能未言所以難能者何在故下連載曾子之言堂堂知堂堂為難能即知難能指堂堂此自相發明之例案焦說本此注大戴禮衛將軍文子篇孔子言子張不弊百姓以其仁為大又言其不伐不侮可侮不佚可佚是子張誠仁而子游譏其未仁者以其容儀過盛難與並為仁但能成已而不能徧成物即是未仁未仁者未為仁也以此見仁道之至難也

曾子曰堂堂乎張也難與並為仁矣注鄭曰言子張容儀盛而於仁道薄也正義曰弟子羣居脩德講學皆是為仁但必忠信篤敬慮以下人而後與人以能親容人以可受故可與並為仁若容儀過盛則疑於矜已或絕物矣故難與並為仁列子仲尼篇子曰師之莊賢於丘也又曰師能莊而不能同莊即謂堂堂不能同即難與並之意○注言子張容儀盛而於仁道薄也○正義曰御覽

三百八十九引仁道薄下有勉難進三字容儀謂容貌之儀子張平居容儀過盛故云師也辟辟者盤辟也知堂堂爲容儀盛者廣雅釋詁堂明也釋訓堂堂容也後漢書伏湛傳杜詩上疏言湛容貌堂堂國之光暉字通作棠魯峻碑棠棠忠惠

曾子曰吾聞諸夫子人未有自致者也必也親喪乎注馬曰言人雖未能自致盡於他事至於親喪必自致盡　正義曰漢石經作吾聞諸子人未有自致也者孟子云親喪固所自盡也意同

曾子曰吾聞諸夫子孟莊子之孝也其他可能也其不改父之臣與父之政是難能也注馬曰孟莊子魯大夫仲孫速也謂在諒陰之中父臣及父政雖有不善者不忍改也　正義曰皇本難下無能字朱子集注云其父獻子名蔑獻子有賢德而莊子能用其臣守其政故其他孝行雖有可稱而

皆不若此事之爲難○注謂在至改也○正義曰注意以三年不改爲孝故云在諒陰之中諒陰凶廬上下通稱其實三年不改亦謂其父善道己能守之便是至孝若有不善正當改易何爲云不忍哉注説誤也

孟氏使陽膚爲士師問於曾子注包曰陽膚曾子弟子士師典獄之官正義曰檀弓疏引鄭注論語云慶父輈稱死時子問孝章丁氏杰以爲當在此下臧氏庸從之公羊僖元年傳慶父於是抗輈經而死此鄭所本公羊疏引鄭云慶父輈死當即論語注文臧氏以此注稱字爲經之誤陳氏鱣以稱字誤衍二説均有理考鄭以魯人諱慶父之事故稱孟氏此義未知所出杜預謂慶父是莊公長庶兄庶長稱孟於理爲順問於曾子者陽膚問也

曾子曰上失其道民散久矣如得其情則哀矜而勿喜注馬曰民之離散爲輕漂犯法乃上之所爲非民之過當哀矜之勿自喜能得其情正義曰張栻解先王之於民所以養之教之者無所不用其極故民心親附其上服

習而不違如是而猶有不率焉而後刑罰加之蓋未嘗不致哀矜惻怛也若夫後世禮義衰微所以養之教之者皆蕩而不存矣上之人未嘗心乎民也故民心亦渙散而不相屬以陷於罪戾而蹈於刑戮此所謂上失其道民散久矣情者實也謂民所犯罪之實也周官小宰以敘聽其情禮記大學無情者不得盡其辭哀矜者哀其致刑矜其無知或有所不得已也書呂刑云哀矜折獄與此文同論衡雷虛篇引論語作哀憐或是以義代之段氏玉裁遂疑矜當作矜矜讀如憐恐未是也韓詩外傳昔之君子道其百姓不使迷是以威厲而刑措不用也故形其仁義謹其教道使民目晰焉而見之使民耳晰焉而聞之使民心晰焉而知之則道不迷而民志不惑矣詩曰示我顯德行故道義不易民不由也禮樂不明民不見也詩曰周道如砥其直如矢言其易也君子所履小人所視言其明也睠言顧之潸焉出涕哀其不聞禮教而就刑誅也夫散其本教而待之刑辟猶決其牢而發以毒矢也不亦哀乎鹽鐵論後刑篇引此文說之云夫不傷民之不治而伐已之能得奸猶弋者覩鳥獸挂罻羅而喜也○注民之至之過○正義曰離散謂民心畔離違經犯道故以輕漂形之禮樂記云流辟邪散荀子勸學篇注散謂不自撿束

子貢曰紂之不善不如是之甚也是以君子惡居下流天下
之惡皆歸焉（注）孔曰紂爲不善以喪天下後世憎甚之皆
以天下之惡歸之於紂、正義曰紂者殷王帝乙之子名辛
字受又字紂高誘呂氏春秋功名
注蔡邕獨斷並以桀紂爲諡書戡黎疏謂後人見其惡爲
作惡諡是也皇本善下有也漢石經之甚作其甚○注紂
爲至於紂○正義曰列子楊朱篇天下之美歸之舜禹周
孔天下之惡歸之桀紂漢書敘傳班伯呂侍中起眡事時
乘輿幄坐張畫屏風畫紂醉踞妲己作長夜之樂上因顧
指畫而問伯紂爲無道至於是虖伯對曰書云迺用婦人
之言何有踞肆於朝所謂衆惡歸之不如是之甚者也楊
敞之傳惲書曰下流之人衆毁所歸後漢書竇憲傳論憲率
羌胡邊雜之師一舉而空朔庭列其功庸兼茂於前多矣
而後世莫稱者章末釁以降其實也是呂下流君子所甚
惡焉諸文皆以天下之惡爲惡名此注與之同也皇疏引
蔡謨曰聖人之化由羣賢之輔闇主之亂由衆惡之黨是
以有君無臣宋襄以敗衞靈無道夫奚其喪言一紂之不
善其亂不得如是之甚身居下流天下惡人皆歸之是故

亾也此以天下之惡爲惡人其說亦通左昭七年傳楚芋尹無宇曰昔武王數紂之罪以告諸侯曰紂爲天下逋逃主萃淵藪杜注天下逋逃悉以紂爲淵藪集而歸之孟子滕文公篇言紂臣有飛廉墨子非樂有費中惡來崇侯虎淮南覽冥訓有左彊道應訓有屈商是紂時惡人皆歸之證

子貢曰君子之過也如日月之食焉過也人皆見之更也人皆仰之注孔曰更改也 正義曰皇本食作蝕釋名釋天日月虧曰食稍稍侵虧如蟲食草木葉也凌氏曙典故覈日月之行天上日居上月居下日爲月所揜故日食月在天上日乃在地下地球居中隔之日光爲地球所掩不能耀月故月食人皆仰之者言人皆仰戴之也孟子公孫丑篇有此文當亦古語而二賢述之○注更改也○正義曰說文云更改也此常訓

衛公孫朝注馬曰公孫朝衛大夫問於子貢曰仲尼焉學子貢曰文武之道未墜於地在人賢者識其大者不賢者識

其小者莫不有文武之道焉夫子焉不學而亦何常師之

有【注】孔曰文武之道未墜落於地賢與不賢各有所識夫子無所不從學無所不從學故無常師

正義曰春秋時魯有成大夫公孫朝見昭廿六年傳楚武城尹公孫朝見哀十七年傳鄭子產兄公孫朝見列子楊朱篇及此凡四人故論語稱衛以別之與公子荊書法同此翟氏灝考異說云公孫者白虎通姓名篇諸侯之子稱公子公子之子稱公孫史記弟子傳此章爲陳子禽問子貢葢涉下章而誤焉學者焉所從受學也夫子學皆從周中庸云仲尼祖述堯舜憲章文武憲者法也章者明也大道之傳由堯舜遞至我周制禮作樂於是大備故言文王既沒其文在茲及此子貢言道亦稱文武也漢石經墜作隧識作志馮氏登府攷證荀子儒效篇至共頭而山隧漢西狄頌數有顚覆霣隧之患前漢王莽傳不隧如髮並與墜同周官保章氏注志古文識漢書楚元王傳劉歆引此文孟子尹士章章指引並作志或出古論賢與不賢謂孔子同時人此與大受小知章君子小人皆以才器言也賢者識其承天治人之大不賢者識其

名物制度之細文武之道所以常存而夫子刪定贊修皆爲有徵之文獻可知書傳言夫子問禮老聃訪樂萇弘問官郯子學琴師襄其人苟有善言善行足取皆爲我師此所以爲集大成也與

叔孫武叔語大夫於朝注馬曰魯大夫叔孫州仇武謚曰子貢賢於仲尼子服景伯以告子貢子貢曰譬之宮牆賜之牆也及肩窺見室家之好夫子之牆數仞注包曰七尺曰仞不得其門而入不見宗廟之美百官之富得其門者或寡矣夫子之云不亦宜乎注夫子謂武叔

正義曰夫子歿後諸子切劘砥礪以成其學故當時以有若似聖人子夏疑夫子而叔孫武叔陳子禽皆以子貢賢於仲尼可見子貢晚年進德修業之功幾幾乎超賢入聖然孟子言子貢智足知聖人又子貢有若皆言夫子生民未有故此及下兩章皆深致贊美法言問明篇仲尼聖人也或劣諸子貢子貢辭而精之然後廓如也宮牆者室四周有牆凡寢廟皆居其中牆南

面有門以通出入此制上下當同但高卑廣狹必有差別今無文以明之金氏鶚禮說謂士庶人垣牆不周未必然也墨子辭過篇故聖王作爲宮室宮牆之高足以辨男女之禮說文寏周垣也寏當爲宮牆之名漢石經作譬諸宮牆下賜之牆同皇本作譬諸句末多也字及肩者說文肩髆也肩俗從戶言宮牆卑與人肩齊也窺釋文作闚皇本宋石經同說文窺小視也闚閃也義別而音近故二字通用錢氏站後錄王宮牆高五丈爲六仞四分仞之一故曰數仞錢氏據仞爲八尺之說推之其義未審所據釋文仞一作刃魏李仲璇孔子廟碑汲縣太公碑用此文並作刃當時傳本用叚字也錢氏又曰攷工記外有九室九卿朝焉注外路門之表也九室如今朝堂諸曹治事處百官之富卽指此案及肩之牆是士庶人故以室家爲言數仞之牆指天子諸侯故有宗廟百官此其美富惟得其門而入者見之門謂宮牆之門及朝廟諸門也武叔未親聖教本在門外而但自宮牆窺之故於士庶人室家之好能見之於天子諸侯宗廟百官則不得見焉今但舉所見者稱之則謂子貢賢於夫子固其宜矣皇本作夫夫子之牆又入下有者字夫子云無之字○注魯大夫叔孫州仇○正義曰邢疏云案世本州仇公子叔牙六世孫叔孫不敢子也

春秋定十年秋叔孫州仇帥師圍郈左傳武叔懿子圍郈是知叔孫武叔即州仇也○注七尺曰仞○正義曰鄭此注與包同高誘呂氏春秋適威注亦同趙岐注孟子王逸注楚辭樊光注爾雅及許氏說文並云八尺曰仞應劭注漢書食貨志云五尺六寸曰仞考工記匠人疏引王肅說莊子庚桑楚釋文引小爾雅廣度並云四尺曰仞諸家不同程氏瑶田通藝錄以七尺爲是其說曰揚雄方言云度廣曰尋杜預左傳仞溝洫注度深曰仞二書皆言人伸兩手以度物之名而尋爲八尺仞必七尺者何也同一伸手度物而廣深用之其勢自不得不異人長八尺伸兩手亦八尺用以度廣其勢全伸而不屈而用之以度深則必上下其左右手而側其身焉身側則身與所度之物不能相摩於是兩手不能全伸而成弧之形弧而求其弦以爲仞必不能八尺故七尺曰仞亦其勢然也

叔孫武叔毁仲尼子貢曰無以爲也仲尼不可毁也他人之賢者丘陵也猶可踰也仲尼日月也無得而踰焉人雖欲自絶其何傷於日月乎多見其不知量也【注】言人雖欲自

絶棄於日月，其何能傷之乎？適足自見其不知量也。正義曰：毀謂非毀。夫子以爲他人得賢之也。無以爲者，言無以爲毀禁止之也。說文：丘，土之高也，非人所爲也。陵，大𨸏也。猶可踰。踰者，言於丘陵可過之也。仲尼日月者，日月至高，非人所得踰之也。皇本日月上有如字。阮氏元挍勘記：後漢書孔融傳、列女傳二注引此文並有如字。又皇本絶下有也字。○注言人至量也○正義曰：絶如晉侯使呂相絶秦之絶。絶棄於日月者，絶棄郎謂毀也。云適足者，多與祇同，祇訓適也。左襄廿九年傳多見疎也，服本作祇，云祇，適也。此證甚多，不具引。

陳子禽謂子貢曰：子爲恭也，仲尼豈賢於子乎？子貢曰：君子一言以爲知，一言以爲不知，言不可不慎也。夫子之不可及也，猶天之不可階而升也。正義曰：爲恭者，言爲恭敬以尊崇其師也。公羊桓元年：鄭伯以璧假許田。易之也。易之則其言假之何？爲恭也。何休注：爲恭遜之辭。與此義同。釋文：爲知音智，下同。智者知人知人則無失言故君子於人之一言就其言之得失識其人之智與不智故言當極慎也喪大記虞人設階注階所乘以升屋者說文梯木階也子貢以夫子道高若天亦前章以日月爲喻之意**夫子之得邦家者所謂立之斯立道之斯行綏之斯來動之斯和其生也榮其死也哀如之何其可及也**

〔注〕孔曰謂爲諸侯若卿大夫

〔注〕孔曰綏安也言孔子爲政其立教則無不立道之則莫不興行安之則遠者來至動之則莫不和穆故能生則榮顯死則哀痛

正義曰立者以禮立之也之指人言所謂立人也道猶導也所謂達人也達者通也行也綏之者言有仁政安集之也動之者以禮樂興動之也荀子儒效云造父者天下之善御者也無輿馬則無所見其能羿者天下之善射者也無弓矢則無所見其巧大儒者善調一天下者也無百里之地則無所見其功夫子未得大用故世人莫知其聖而或毀之然至誠必能動物存神過化理有不忒夫子仕魯未幾政化大行亦可識其略矣

○注綏安也○正
義曰爾雅釋詁文

上元陳正榕校刊

論語正義卷二十三

恭冕述

堯曰第二十

正義曰：漢書藝文志論語古二十一篇出孔子壁中兩子張何晏等序亦云古論分堯曰下章子張問以爲一篇有兩子張兩子張者前第十九篇是子張此子張問從政又爲子張故云兩也如淳注漢書以此子張篇名從政金氏履祥集注考證以此篇名子張問金說似爲得之也翟氏灝考異引毛奇齡說未有一章可爲一篇者是必別有子張一篇未必是從政章此說似非蓋論語自微子篇說夫子之言已訖故子張篇皆記弟子之言至此更搜集夫子遺語綴於冊末而有兩篇者以論語非一人所撰兩篇皆更待裒錄而未有所得故堯曰止一章子張止二章也此眞孔壁之舊其合併爲一篇則齊魯家學者爲之矣翟氏灝考異以堯曰云云爲論語後序故專爲篇而文今不全歷引周易序卦及先秦兩漢諸子史後序皆居篋尾又以堯曰章及孟子由堯舜章皆爲一書後序子張問以下古原別分爲篇蓋於書成後續得附編故又居後序之後此說尤誤論語之作非出一人此序果

誰所作且泰伯篇末嘗論堯舜文武禹矣亦將謂爲後序耶必不然矣篇內文有脫佚自昔儒者嘗言之

集解

凡三章　正義曰翟氏灝考異古論語分此一篇爲二則堯曰凡一章子張凡二章魯論無不知命章則堯曰凡二章

堯曰咨爾舜天之歷數在爾躬〔注〕歷數謂列次也**允執其中四海困窮天祿永終**〔注〕包曰允信也困極也永長也言爲政信執其中則能窮極四海天祿所以長終**舜亦以命禹**〔注〕孔曰舜亦以堯命己之辭命禹　正義曰爾雅釋詁嗟咨嗟也詩文王咨女殷商毛傳咨嗟也堯有所重誡於舜故歎而後言也書堯典云乃命羲和欽若昊天歷象日月星辰敬授民時歷象歷數詞意並同洪範五紀一曰歲二曰月三曰日四曰星辰五曰歷數歷數是歲月日星辰運行之法曾子天圓篇聖人

愼守日月之數以察星辰之行以序四時之順逆謂之歷
中論歷數篇昔者聖王之造歷數也察紀律之行觀運機
之動原星辰之迭中寤晷景之長短於是營儀以准之立
表以測之下漏以考之布算以追之然後元首齊乎上中
朔正乎下寒暑順序四時不忒夫歷數者先王以憲殺生
之萌而詔作事之節也使萬國不失其業者也此歷數之
義也史記歷書言黃帝考定星歷建立五行起消息正閏
餘於是有天地神祇物類之官又言堯復遂重黎之後立
羲和之官明時正度年耆禪舜申戒文祖云天之歷數在
爾躬舜亦以命禹由是觀之王者所重也據史記之文則
咨舜云云乃堯禪位語舜不陟帝位故當堯之世但攝政
也王者天之子當法天而行故堯以天之歷數責之於舜
春秋繁露郊祭篇引此文釋之云言察身以知天也此董
以在訓察躬訓身也在之爲察見爾雅釋詁察身者謂省
察其身當止至善以承天之事受天之大福故天垂象而
人主怯焉天示異而人主懼焉書洪範云王省惟歲詩大
明云唯此文王小心翼翼昭事上帝聿懷多福翼翼者敬
也並皆察身之義也鄭此注云歷數在汝身謂有圖籙之
名圖籙者帝王受命有符瑞之徵可先知也其書起於周
末漢世儒者用以說經故康成據之實則於義非也執中

者謂執中道用之禮中庸云子曰舜其大知也與執其兩端用其中於民執而用中舜所受堯之道也用中卽中庸故庸訓用也中庸之義自堯發之其後賢聖論政治學術咸本此矣四海困窮者孟子滕文公上當堯之時天下猶未平洪水橫流氾濫於天下草木暢茂禽獸繁殖五穀不登禽獸偪人獸蹄鳥跡之道交於中國堯獨憂之舉舜而敷治焉又滕文公下當堯之時水逆行氾濫於中國蛇龍居之民無所定下者爲巢上者爲營窟書曰洚水警余洚水者洪水也是堯時四海困窮之徵堯舉舜敷治之故此咨告之言當憂恤之也其後舜命禹亦言此者水土初平民猶艱食鮮食故也天祿者天子玉食萬方有祿食自天子之故言天也毛氏奇齡稽求篇閻潛丘云四海困窮是儆辭天祿永終是勉辭蓋四海當念其困窮天祿當期其永終也江氏聲尙書集注音疏疑此節爲舜典佚文東晉古文入之大禹謨○注歷數謂列次也○正義曰爾雅釋詁歷數也歷卽是數故歷數連文禮記郊特牲注簡歷謂算具陳列之也次亦數也○注允信至長終○正義曰允信永長皆爾雅釋詁文段氏玉裁說文注云困之本義爲止而不過引申之爲極盡論語四海困窮謂君德充塞宇宙與橫被四海之義略同段說卽包此注意然非經旨矣

祿所以長終者言享天祿能終竟之也易歸妹象傳君子以永終知敝書金縢惟永終是圖漢魏人用此經語班彪王命論云福祚流于子孫天祿其永終矣雋不疑謂暴勝之曰樹功揚名永終天祿韋賢傳匡衡曰其道應天故天祿永終其他封策禪詔若漢武帝立子齊王閎策漢靈帝立皇后詔吳大帝卽位告天文漢禪位于魏册魏使鄭沖奉册于晉凡引此文皆作永長解惟魏明帝青龍二年山陽公薨魏志注引獻帝傳有山陽公深識天祿永終之運禪位文皇帝又曰惟山陽公昔知天命永終於己深觀歷數允在聖躬傳祚禪位是解永終爲永絕在魏末晉初而嗣後宋齊梁陳其文一轍皆曰敬禪神器授帝位于爾躬四海困窮天祿永終於戲王其允執厥中儀刑前典以副昊天之望于是皆以天祿永終繼困窮之後爲却位絕天之辭於古義絕不相應此閻氏若璩毛氏奇齡說

曰予小子履敢用玄牡敢昭告于皇皇后帝（注）孔曰履殷湯名此伐桀告天之文殷家尚白未變夏禮故用玄牡皇大后君也大大君帝謂天帝也墨子引湯誓其辭若此**有罪**

不敢赦(注)包曰順天奉法有罪者不敢擅赦帝臣不蔽簡在帝心(注)言桀居帝臣之位罪過不可隱蔽以其簡在天心故朕躬有罪無以萬方萬方有罪罪在朕躬(注)孔曰無以萬方萬方不與也萬方有罪我身之過

正義曰曰予上當有湯字稱小子者王者父天母地爲天之子湯告天故謙言小子也鄭注以此文爲舜命禹事則舜本不名履殊可疑俞氏樾羣經平議謂鄭本無履字或得之昭告者詩大明昭事上帝箋云昭明也言明告上帝不敢有所隱飾也鄭注云皇皇后帝並謂大微五帝在天爲上帝分王五方爲五帝用玄牲者爲舜命禹事於時總告五方之神莫適用用皇天大帝之牲案周官司服祀昊天上帝則服大裘而冕祀五帝亦如之大宗伯以蒼璧禮天以黃琮禮地以青圭禮東方以赤璋禮南方以白琥禮西方以玄璜禮北方皆有牲幣各放其器之色注云此禮天以冬至謂天皇大帝在北極者也禮東方以立春謂蒼精之帝禮南方以立夏謂赤精之帝禮西方以立秋謂白精之帝禮北方以立冬謂黑精

之帝鄭不言中央之帝以經文不見故略之也史記天官書南宮朱鳥權衡衡太微三光之廷又言掖門內五星五帝坐是五帝屬太微故此注言太微五帝也在天爲上帝卽謂昊天上帝亦卽大宗伯注所云天皇大帝也舜命禹總祭五帝卽是受終文祖也五帝分祭牲幣各有所尚今此是總祭故莫適用而以昊天爲主用玄牡故夏禮亦尚玄也說文牡畜父也廣雅釋獸牡雄也凡大祭牲用牛則此玄牡爲黑牛矣如鄭之言有罪謂四凶帝臣卽謂禹其注云簡閱在天心言天簡閱其善惡也周官小宰二曰聽師田以簡稽鄭司農注遂大夫簡稼器注並云簡閱也是簡有閱訓帝臣爲善有罪爲惡帝心承上二句言所舉黜皆本天心所簡閱也周語王子晉言皇天嘉禹胙以天下韋昭注引論語帝臣不蔽簡在帝心爲證韋同鄭義而與白虎通及包孔注以爲湯伐桀告天者異當亦經師相傳有此訓也無以萬方漢石經無作毋又萬方有罪不重罪字皇本亦不重爾雅釋詁朕我也郭注古者貴賤皆自稱朕至秦世始爲天子尊稱案此告天亦稱朕是朕未爲尊稱也東晉古文采此節文入湯誥○注履殷至若此○正義曰孫氏志祖讀書脞錄據大戴禮少閒篇商履代興白虎通姓名篇湯王後更名爲子孫法本名履也則湯名

天乙又名履自無可疑案潛夫論五行志亦稱子履是履爲湯名也明堂位夏后氏牲尚黑殷白牡是殷尚白於時湯甫伐桀仍用夏禮爲玄牡也說文皇大也詩楚茨先祖是皇傳亦云大也爾雅釋詁后君也說文后繼體君也象人之形天帝稱后者尊之故君之也墨子兼愛下夫兼相愛交相利不惟禹誓爲然雖湯說亦猶是也湯曰惟予小子履敢用玄牡告于上天后曰今天大旱即當朕身履未知得罪于上下有善不敢蔽有罪不敢赦簡在帝心萬方有罪即當朕身朕身有罪無及萬方呂氏春秋順民篇亦云湯克夏而天大旱湯以身禱于桑林曰余一人有罪無及萬夫萬夫有罪在余一人然則此語爲因旱禱雨之辭墨子謂之說者周官大祝掌六祈以同鬼神示曰類曰造曰禬曰禜曰攻曰說又詛祝亦掌類造攻說禬禜之祝號說謂以詞自解說也孔注本墨子而云湯誓爲伐桀告天之辭與墨子不合作僞者之疎可知白虎通三軍篇王者受命質家先伐文家先改正朔何質家言天命己使己誅無道今誅得爲王故先伐故論語曰云云此湯伐桀告天用夏家之牲也與此包孔注合周語內史過引湯誓余一人有辠無以萬夫萬夫有辠在余一人是湯誓亦有其文疑伐桀告天及禱雨文略相同然禱雨在克夏後無爲仍

用夏牲故白虎諸儒不用墨子爲說也伐桀所以告天者

繁露四祭篇已受命而王必先祭天乃行王事文王之伐

崇是也又郊祀篇是故天子每將興師必先郊祭以告天

乃敢征伐行子道也文王先郊乃敢行事而與師伐崇下

俱引詩棫樸證之是此告天亦郊祭也○注言桀至心故

○正義曰墨子云有善不敢蔽是帝臣謂善臣呂氏春秋

簡選篇言湯反桀之事遂其賢良是也此注以帝臣爲桀

與墨子不合又簡在帝心承上有罪帝臣言之故鄭注謂

簡閱其善惡也此注單承桀言亦誤○注無以萬方萬方

不與也○正義曰以與也與預也世之治也在位者皆自

引過以求盡乎治民之道世衰則君諉罪於臣臣諉罪於

民於是以民皆不肖而視之如仇讐欲民之治不可得已

周有大賚善人是富〔注〕周周家賚賜也言周家受天大賜

富於善人有亂臣十人是也 注周周至是也○正義曰爾雅釋詁賚賜也說文賜予也

詩周頌序云賚大封於廟也賚予也言所以錫予善人也

鄭注大封武王伐紂時封諸臣有功者是大賚謂武王所

賚此注言周家受天者當謂受天命因大賜也孔氏詩疏

云樂記說武王克殷未及下車而封薊祝陳下車而封杞

宋又言將率之士使爲諸侯是大封也昭二十八年左傳曰昔武王克商光有天下其兄弟之國者十有五人姬姓之國四十人皆是武王大封之事此注舉十亂者以十亂中若周召太公畢公皆封國爲諸侯餘亦畿内諸侯也亂臣臣字當衍此後人所加說見前疏

雖有周親不如仁人（注）孔曰親而不賢不忠則誅之管蔡是也仁人謂箕子微子來則用之

百姓有過在予一人

正義曰墨子兼愛中昔者武王將事泰山隧傳曰泰山有道曾孫周王有事大事既獲仁人尚作以祇商夏蠻夷醜貉雖有周親不若仁人萬方有過維予一人宋氏翔鳳說周親四語蓋封諸侯之辭也武王封大公於齊在泰山之陰故將事泰山而稱仁人尚爲封大公之辭也今案說苑貴德篇武王克殷問周公曰將奈其士衆何周公曰使各宅其宅田其田無變舊親惟仁是親百姓有過在予一人舊親韓詩外傳作舊新彼爲誓衆之辭與此封諸侯略同周者至也見逸周書謚法解毛詩鹿鳴傳親者近也密也周親兼舊新言之百姓有過在予一人言凡諸國百姓有不虞天性不迪率典者皆我一人之責所以然者百姓有過亦由所封諸侯未得其

人故引以自責也曲禮云君天下曰天子朝諸侯分職授
政任功曰予一人分職即謂封諸侯也白虎通號篇王者
自謂一人者謙也欲言已材能當一人耳東晉古文采諸
文入泰誓○注親而至用之○正義曰注不解周字而以
管蔡當周親是以周爲周家也管蔡作亂被誅在成王時
注言此者欲見管蔡是周親其封當亦在武王時是不如
仁人也呂氏春秋離謂篇周公召公以此疑高誘注以管
蔡流言故疑也論語曰雖有周親不如仁人此之謂亦以
管蔡當周親與此注意同史記宋世家周武王克殷微子
乃造於軍門肉袒面縛左牽羊右把茅膝行而前以告於
是武王乃釋微子復其位如故又曰武王乃封箕
子於朝鮮而不臣也是箕子微子來則用之也

謹權量審法度修廢官四方之政行焉（注）包曰權秤也量斗斛 正義

曰漢書律歷志虞書乃同律度量衡所以齊遠近立民信
也自伏羲畫八卦由數起至黃帝堯舜而大備三代稽古
法度章焉周衰官失孔子陳後王之法曰謹權量審法度
修廢官舉逸民四方之政行矣據志此文是謹權量審法云云
以下皆孔子語故何休公羊昭三十二年注引此節文冠
以孔子曰說文云宷悉也知宷諦也審篆文從番考工記

弓人注審猶定也成氏蓉鏡經義駢枝曰法度與權量相對爲文當爲二事法謂十二律度謂五度也堯典同律度量衡馬融注律法也量衡郎論語之權量則律度亦郎論語之法度矣漢書律歷志引虞書及論語此文又云元始中義和劉歆等言之最詳一曰備數二曰和聲三曰審度四曰嘉量五曰權衡聲者宮商角徵羽也五聲之本生於黃鍾之律二十有二律郎法也案成說是也律者聲之所出聲正而後數可明數明而後萬物可正故黃鍾爲萬物根本也度者漢志云分寸尺丈引也謹審之本在正律故漢志引劉歆曰五聲之本生於黃鍾之律九寸爲宮或損或益以定商角徵羽九六相生陰陽之應也又云度本起黃鍾之長以子穀秬黍中者一黍之廣度之九十分黃鍾之長一爲一分十分爲寸十寸爲尺十尺爲丈十丈爲引而五度審矣量本起于黃鍾之龠用度數審其容以子穀秬黍中者千有二百實其龠以井水準其槩十龠爲合十合爲升十升爲斗十斗爲斛而五量嘉矣權本起于黃鍾之重一龠容千二百黍重十二銖兩之爲兩二十四銖爲兩十六兩爲斤十斤爲鈞四鈞爲石而五權謹矣包氏愼言溫故錄漢志引此文云云顏氏不解修廢官者意蓋以官郎職此權量法度者志上云周衰官失孔子陳後王

之法下乃引論語明繼周而起者惟修此數官爲急耳故
下又引劉歆鍾律篇分敘權量法度云權者所以稱物平
施知輕重也職在大行人鴻臚掌之量者所以量多少也
職在太倉大司農掌之度者所以度長短也職在內官廷
尉掌之以修廢官爲修此數官故劉氏每敘一事而結云
某職在某官某官掌之案包說是也據成君義法訓律當
據志稱云聲所以作樂者職在大樂太常掌之昔舜一歲
四巡守皆同律度量衡月令春秋分皆同度量正權概周
官大行人十有一歲同度量同數器蓋奸民貿易積久弊
生古帝王特設專官以審察之其官歷代皆未廢至周衰
而或失耳趙氏佑溫故錄或有職而無其官或有官而不
舉其職皆曰廢是也四方之政行焉謂凡所以治四方者
其政皆舉而行之也皇本焉作矣○注權秤也量斗斛○
正義曰說文無秤字稱下云銓也謂銓量多少也周易象
傳君子以稱物平施左傳地平天成稱也稱所以平物故
俗作秤廣韵秤昌孕切俗稱字是也漢志云權重也衡所
以任權而均物平輕重也又云權者銖兩斤鈞石也權衡
皆統名稱故此注以秤釋權也志又云量者龠合升斗斛
也所以量多少也又云合者合龠之量也升者登合之量
也斗者聚升之量也斛者角斗平多少之量也此注舉斗

斛二者以概其餘

興滅國，繼絶世，舉逸民，天下之民歸心焉。

正義曰：爾雅釋詁：滅絶也。公羊僖五年傳：滅者，亡國之善辭也。許氏五經異義解此文云：國謂諸侯，世謂卿大夫。白虎通封公侯篇：王者受命而作，興滅國，繼絶世，何？爲先王無道，妄殺無辜，及嗣子幼弱，爲强臣所奪，子孫皆無罪囚而絶，重其先人之功，故復立之。論語曰云云。據此，是興滅國爲無罪之國，若有罪當滅者，亦不與之也。尚書大傳：古者諸侯始受封，則有采地，百里諸侯以三十里，七十里諸侯以二十里，五十里諸侯以十五里。其後子孫雖有皋黜，其采地不黜，使其子孫賢者守之，世世以祠其始受封之人，此之謂興滅國，繼絶世。書曰：兹予大享于先王，爾祖其從與享之。此之謂也。韓詩外傳同。此言平時立國，不以有皋黜其采地，亦與滅繼絶之義。凡封國當有此制也。漢成帝詔曰：蓋聞褒功德，繼絶統，所以重宗廟，廣聖賢之路也。又曰：夫善善及子孫，古今之通義也。五經異義：按公羊、穀梁說云：卿大夫世，則權并一姓，妨塞賢路，經譏尹氏、崔氏是也。古春秋左氏說：卿大夫得世禄，不世位，父爲大夫，死，子得食其故采地，如有賢才，則復父故位。許愼謹案：易爻位三爲三公，食舊德謂食父故禄。尚書云：世選爾勞，予不絶爾善。論

語興滅國繼絶世詩云凡周之士不顯亦世孟子云文王之治岐也仕者世祿故周世祿也從左氏義鄭氏無駁異同許

所重民食喪祭注孔曰重民國之本也重食民之命也重喪所以盡哀重祭所以致敬正義曰東晉古文采此文入武成○注重民至致敬○正義曰夏書曰衆非元后何戴后非衆無與守邦孟子盡心下民爲貴又言諸侯之寶有人民周官大宰以九兩繫邦國之民大司徒掌人民之數司民掌登萬民之數自生齒以上皆書于版異其男女歲登下其死生及三年大比以萬民之數詔司寇司寇獻其數于王王拜受之登于天府內史司會冢宰貳之以贊王治是民爲國之本也書洪範八政一曰食伏生傳食者萬物之始人事之所本故八政先食周官大宰以九職任萬民一曰三農生九穀二曰園圃毓草木大司徒辨十有二壤之物而知其種以教稼穡樹藝又云頒職事十有二于邦國都鄙使以登萬民一曰稼穡二曰樹藝是食爲民命當重之也喪以哀爲主祭以敬爲主喪祭者所以教民反本追孝也禮記經解云喪祭之禮廢則臣子之恩薄臣子之恩薄則背死亾生者衆矣

寬則得衆信則民任焉敏

則有功公則說注孔曰言政教公平則民說矣凡此二帝三王所以治也故傳以示後世

正義曰漢石經無信則民任焉句皇本足利本高麗本亦無翟氏灝考異阮氏元校勘記並疑爲子張問仁章誤衍又公則說皇本說上有民字考異又云按四語與上文絕不蒙與前論仁章文惟公說二字殊疑子張問仁一章原在古論子張篇首而此爲脫亂不盡之文古書簡盡則止不以下章節分簡故雖大半脫去猶得餘其少半連絡于下章也下章子張問政孔子約數以示侯張請目然後詳晰言之與問仁章文勢畫一顯見其錄自一手分又二十篇中惟此二章以子答弟子之言加用孔字蓋古者分堯曰子張問以下別爲一篇與前季氏篇爲別一記所錄稱孔子是其大例故知命章首舊本亦有孔字今以問仁章亂入陽貨之篇既嫌其體例不符而公山佛肸連類並載之間橫隔以此亦頗不倫又云恭寬信敏惠之本獨舍此句未足該歷代帝王爲治之體要也○注言政教公平則民說矣○正義曰呂氏春秋貴公篇昔先聖王之治天下也必先公公則天下平矣平得於公嘗試觀於上志其得之以公其失之必以偏故鴻範曰無偏無黨王道蕩蕩

無偏無頗遵王之義無或作好遵王之道無或作惡遵王
之路天下非一人之天下也天下之天下也陰陽之和不
長一類甘露時雨不私一物萬民之主不阿一人是言政
教宜公平也公平則舉措刑賞皆得其宜民服於上故說
也

子張問於孔子曰何如斯可以從政矣子曰尊五美屛四惡
斯可以從政矣(注)孔曰屛除也子張曰何謂五美子曰君
子惠而不費勞而不怨欲而不貪泰而不驕威而不猛子
張曰何謂惠而不費子曰因民之所利而利之斯不亦惠
而不費乎(注)王曰利民在政無費於財擇可勞而勞之又
誰怨欲仁而得仁又焉貪君子無眾寡無小大無敢慢斯
不亦泰而不驕乎(注)孔曰言君子不以寡小而慢也君子

正其衣冠，尊其瞻視，儼然人望而畏之，斯不亦威而不猛乎

正義曰皇本問下有政字尊者崇尚之意或作遵漢平都相蔣君碑遵五迸四後漢祭遵傳遵美屛惡洪适漢隸釋以遵迸爲魯論異文方言遵行也此義亦通貪者說文云欲物也呂覽愼大注求無厭是爲貪阮氏元校勘記卦注旅師疏及文選洞簫賦注引此文並作因民所利利之皇疏兩述經文皆無上之字疑後人妄增又皇本下有其字案擇可勞而勞之以下皆因子張問而答之言子張問者統於首句何謂惠而不費凡諸問辭皆從也勞民如治溝洫及耕斂之類又農隙講武事與土功是擇而勞之荀子富國篇言古人使民夏不宛暍冬不凍寒急不傷力緩不後時事成功立上下俱富而百姓皆愛其上人歸之如流水親之歡如父母爲之出死斷亾而不愉者無它故焉忠信調和均辨之至也是言勞民而民不怨也欲仁得仁謂欲施仁政於民卽可施行故易得仁也皇疏云君子正其衣冠者衣無撥冠無免也中論法象篇夫法象立所以爲君子法象者莫先乎正容貌愼威儀是故先王之制禮也爲冕服采章以旌之爲佩玉鳴璜以聲之欲其尊也欲其莊也焉可懈慢也夫容貌者人之符表也

符表正故情性治情性治故仁義存仁義存故盛德著盛德著故可以爲法象斯謂之君子矣故孔子曰君子威而不猛泰而不驕詩云敬爾威儀惟民之則○注屏除也○正義曰穀梁宣九年傳放猶屏也廣雅釋詁摒除也摒與屏同○注利民在政無費於財○正義曰左氏傳云上思利民忠也利民在政者政在養民故當順民之性使之各遂其生邢疏云民居五土所利不同山者利其禽獸渚者利其魚鹽中原利其五穀人君因其所利使各居其所安不易其利則是惠愛利民在政且不費於財也說文費散財用也廣雅釋言費耗也費損也○注言君子不以寡小而慢也○正義曰寡小人所易慢經意所主故注別言之書無逸至于小大無時或怨鄭注小大謂萬民上及羣臣詩泮水無小無大從公于邁皆與此稱小大同皇疏引殷仲堪曰君子處心以虛接物以敬不以衆寡異情大小改意無所敢慢斯不驕也即此注意說文慢惰也一曰不畏也二義相近

子張曰何謂四惡子曰不教而殺謂之虐不戒視成謂之暴注馬曰不宿戒而責目前成爲視成慢令致期謂之賊注孔曰與民無信而

虛刻期猶之與人也出納之吝謂之有司（注）孔曰謂財物俱當與人而吝嗇於出納惜難之此有司之任耳非人君之道　正義曰不教而殺謂未以禮義教民民犯於法則以罪殺之此爲虐也說文虐殘也今從隸省作虐京房易傳不教而誅茲謂虐義本此毛詩終風傳暴疾也高誘淮南天文訓注暴虐也戒者說文戒警也儀禮士冠禮主人戒賓注戒警也告也言上於民當先告戒之而後責成功也慢令者新序雜事篇緩令急誅暴也緩令卽慢令說文訓慢爲惰凡怠惰則致緩也王氏樵紹聞編視成如今官府之受成致期如今官府之立限周公之營洛邑也賦工命役咸勤誥治戒之如此其至也然後視其成焉而不愆于素若但曰吾知責其成而已而無夙戒之道則卒遽無漸而人難於效功矣費誓魯公之令衆也甲戌我惟征徐戎甲戌我惟築期會明審如此芻糧之不備楨幹之不供則有某刑其令之嚴又如此孰敢不依期而集哉今也慢其令於先而刻期於後以誤其民而必刑之則是賊之而已荀子宥坐篇魯有父子訟者拘之三月其父請止孔子舍之季孫不說孔子曰嫚令謹誅賊也今生也有時斂

也無時暴也不教而責成功虐也已此三者然後刑可即也韓詩外傳孔子曰不戒責成害也慢令致期暴也不教而誅責也君子爲政避此三者又子貢謂季孫曰託法而治謂之暴不戒致期謂之虐不教而誅謂之賊以身勝人謂之責責者失身賊者失臣虐者失政暴者失民文皆略同出納者說文納絲濕納納也別一義內入也从冂自外而入也經傳多段納爲內此處皇本釋文本皆作內唯邢本作納公羊桓二年傳納者入辭也上句言與人此言出又言納者俞氏樾平議因出納爲人之恒言故言出而及納史記刺客傳多人不能無生得失言失而並言得也游俠傳緩急人之所時有也言急而並言緩也此言出納亦猶是矣案俞說是也胡氏紹勳拾義納亦主與人凡財物出於已必入於人亦謂之納引禹貢納總納銍納秸禮納采納吉納徵曲禮納女於天子諸文爲一據其說亦通夏小正納卵蒜傳云納者何也入之君也亦一證○注不宿戒而責目前成爲視成○正義曰公食大夫記不宿戒注申戒爲宿又鄉飲酒注再戒爲宿戒○注與民無信而虛刻期○正義曰注謂令既出而行之有違是虛刻期爲無信也此說雖通究非經旨○注俱當至之道○正義曰方言荆汝江湘之郊凡貪而不施或謂之悋虞翻易注坤

爲吝嗇皇疏云有司謂主典物者也猶庫吏之屬也庫吏
雖有官物而不得自由故物應出入者必有所諮問不敢
擅易人君若物與人而吝卽與庫吏無異故云謂之有司
也案夫子言從政之道而人君爲政亦不異此故注廣言
之

孔子曰不知命無以爲君子也注孔曰命謂窮達之分**不知**
禮無以立也不知言無以知人也注馬曰聽言而別其是
非

正義曰釋文本皇邢本唐宋石經並作孔子唯集注本
無孔字當是誤脫釋文云魯論無此章今從古此亦出
鄭注韓詩外傳子曰不知命無以爲君子言天之所生皆
有仁義禮智順善之心不知天之所以命生則無仁義禮
智順善之心謂之小人又曰大雅曰天生蒸民有物有則
民之秉彝好是懿德言民之秉德以則天也不知所以則
天又焉得爲君子乎漢書董仲舒傳對策曰天令之謂命
人受命於天固超然異於羣生貴於物也故曰天地之性
人爲貴明於天性知自貴於物然後知仁義禮智安處善
樂循理謂之君子故孔子曰不知命無以爲君子此之謂

也二文皆言德命其義極精蓋言德命可兼祿命也說詳
前疏○注聽言而別其是非○正義曰言者心聲言有是
非故聽而別之則人之是非亦知也易繫辭傳將叛者其
辭慙中心疑者其辭枝吉人之辭寡躁人之辭多誣善之
人其辭游失其守者其辭屈此孔子知言即知人之學孟
子自許知言云詖辭知其所蔽淫辭知其所陷邪辭知其
所離遁辭知其所窮亦
謂知言即可知人也

嘉興錢馥校刊

恭冕述

論語序 正義曰：經典釋文、唐石經標題如此，必是何晏等原式。皇疏本作論語集解敘，邢疏本則每篇首行題論語註疏解經卷第幾，此序首行題論語註疏解經序，次行題序解疏三字。案何晏等作序時止有註，未有疏也，今竟稱註疏序，此自作疏時妄題，其後失撿，遂仍之也。

序曰：漢中壘校尉劉向言魯論語二十篇，皆孔子弟子記諸善言也。大子大傅夏侯勝、前將軍蕭望之、丞相韋賢及子玄成等傳之。 正義曰：序，皇疏本作敘。爾雅釋詁：敘，緒也。孫炎注：敘謂端緒也。說文：敘，次第也。凡紀錄一篇，說述其大義並傳授源流，令人識而知之，故謂之序。周易傳有序卦，此稱序之始。序者，東西牆之名，蓋假借也。漢者，水名。高祖初爲漢王，王巴蜀漢中，後因以爲有天下之號。中壘校尉者，漢書百官公卿表：中壘校尉掌北軍壘門內外掌西域顏師古注掌北軍壘門之內而又外掌西域案壘者軍所立營壘以爲固也校尉官名若司隸城門屯騎越騎胡騎射聲虎賁輕車皆有校尉秩皆二千石劉向官終中壘校尉故此舉爵稱之邢疏云劉向者高祖少弟楚元王之後辟彊之孫德之子字子政本名更生成帝卽位更名向數上疏言得失以向爲中壘校尉向爲人簡易專精思於經術成帝詔校經傳諸子詩賦每一書已向輒條其篇目撮其指意錄而奏之著別錄新序此言魯論語二十篇皆孔子弟子記諸善言也蓋出於彼故何晏引之案此言出向別錄邢氏連言新序耳魯論語二十篇者言魯人所傳論語有此篇漢書藝文志漢興有齊魯之說明齊人魯人所傳論語始於漢興時也釋名釋典藝論語紀孔子與諸弟子所語之言也論倫也有倫理也語敘也敘已所欲說也案論倫字皆從侖說文侖部云侖理也倫理之訓實爲至當故皇侃序疏首列其義其下二途則經綸今古輪轉無窮均爲傳會通人所不取也藝文志云論語者孔子應答弟子時人及弟子相與言而接聞於夫子之語也當時弟子各有所記門人相與輯而論纂故謂之論語此謂夫子及弟子之語門人論之何異孫十一經問對論語有弟子記夫子之言者有夫子答弟子問者有弟子

目相答問者又有時人相言者有臣對君問者有師弟子對大夫之問者皆所以討論文義故謂之論語案如何說是夫子與弟子時人各有討論之語非謂夫子弟子之語門人始論之也此則覼漢志爲得也藝文志又云論語魯二十篇魯王駿說二十篇是二十篇爲魯論也漢書武帝紀著之于篇顔師古注篇謂竹簡也竹簡用以寫書故說文訓篇爲書實則書成竹簡編連之方名篇也皆孔子弟子記諸善言也者說文皆俱詞也言孔子弟子不止一人也史記孔子世家云孔子生魯昌平鄉陬邑其先宋人也曰孔防叔防叔生伯夏伯夏生叔梁紇紇禱於尼丘得孔子生而首上圩頂故因名曰丘字仲尼姓孔氏此言孔子者弟子稱其師曰子尊者之名不敢斥言也弟子是對兄與父之稱當時弟子事夫子比於父兄故自稱弟子若公西華言弟子不能學是也弟子亦稱門人者言爲夫子門內受業之人也釋名釋典藝記紀也紀識之也言恐有遺忘故識於策也諸者不一之辭廣雅釋言善佳也漢書匡衡傳論語孝經聖人言行之要趙岐孟子題辭論語者五經之錧鎋六藝之喉衿楊泉物理論論語者聖人之至論王者之大化是論語所言爲善言也漢書百官公卿表太子太傅古官秩二千石前後左右將軍皆周末官秦因之

位上卿漢不常置或有前後或有左右皆掌兵及四夷相國丞相皆秦官掌丞天子助理萬機有左右高帝即位置一丞相十一年更名相國孝惠高后置左右丞相文帝二年復置一丞相是太子太傅前將軍丞相皆漢官名也邢疏引漢書傳云夏侯勝字長公東平人少好學爲學精熟善說禮服徵爲博士宣帝立太后省政勝以尙書授太后遷長信少府坐議廟樂事下獄繫再更冬會赦出爲諫大夫上知勝素直復爲長信少府遷太子太傅受詔撰尙書論語說賜黃金百斤年九十卒官賜冢塋葬平陵太后賜錢三百萬爲勝素服五日以報師傅之恩儒者以爲榮始勝每講授謂諸生曰士病不明經術經術苟明其取青紫如俛拾地芥耳學經不明不如親耕蕭望之字長倩東海蘭陵人也好學齊詩事同縣后倉又從夏侯勝問論語禮服以射策甲科爲郎累遷諫大夫後代丙吉爲御史大夫左遷爲太子太傅及宣帝寢疾選大臣可屬者引至禁中拜望之爲前將軍元帝即位爲弘恭石顯等所害飲鴆自殺天子聞之驚拊手爲之卻食涕泣哀動左右長子伋嗣爲關內侯韋賢字長孺魯國鄒人也賢爲人質朴少欲篤志於學兼通禮尙書以詩教授號稱鄒魯大儒徵爲博士給事中進授昭帝詩稍遷光祿大夫及宣帝即位以先帝

師甚見尊重本始三年代蔡義爲丞相封扶陽侯年七十餘爲相五歲地節三年以老病乞骸骨賜黄金百斤罷歸加賜第一區丞相致仕自賢始年八十二薨謚曰節侯少子玄成字少翁復以明經歷位至丞相鄒魯諺曰遺子黄金滿籯不如一經玄成爲相七年建昭三年薨謚曰共侯此四人皆傳魯論案漢藝文志魯夏侯說二十一篇此當即夏侯勝受詔所作說也志載韋賢不及玄成然韋賢傳言玄成復以明經位至丞相且遺子一經著於時諺是玄成固傳其父之學張禹傳言韋玄成說論語故此序及陸德明釋文敘錄並載之東平蘭陵鄒皆屬魯故漢儒林瑕丘江公傳言韋賢夏侯勝皆魯人也又漢志魯論語家傳十九篇當是傳魯論語者所作翟氏灝考異謂古人釋經經與傳說俱各篇兩行故經二十篇而傳說之篇或十九或二十一也至漢志復有常山都尉龔奮魯扶卿又王駿說二十篇師古曰王吉子據王吉傳吉子駿從梁丘臨學易左曹陳咸薦駿賢父子經明行修是駿亦經生然王吉本傳齊論而駿傳魯論者蓋父子異學若孟卿爲禮春秋而使子孟喜從田王孫受易劉向受穀梁而劉歆獨好左氏春秋也龔奮魯扶卿王駿不載此序皆所遺也又敘錄復有太子少傅夏侯建亦序所遺

齊論語二

十二篇其二十篇中章句頗多於魯論琅邪王卿及膠東庸生昌邑中尉王吉皆以教授正義曰齊論語者齊人所傳與魯不同故多二篇章句者說文云章樂竟爲一章從音從十十數之終也本言樂竟故文字每節已終則謂之章說文云句曲也詩關雎疏云句者局也聯字分疆所以局言者也東觀漢紀徐防上疏曰試論語本文章句但通度勿以射策趙岐孟子敘言論四百八十六章漢石經釋文敘錄每篇亦載章數自是漢經師所傳有之惟不言句數或久失傳或但有章連言句耳今惟毛詩有章句舊題也漢書張禹傳始魯扶卿及夏侯勝王陽蕭望之韋玄成皆說論語篇第或異王陽是傳齊論餘皆傳魯論齊魯篇第既有或異則齊論章句容亦增多馮椅論語解以子張問仁於孔子稱孔子爲齊論盧氏文弨鍾山札記以陳成子弒簡公不稱齊亦爲齊論洪與祖論語說引或說以季氏篇爲齊論或當是也竊又疑此文所云章句專指訓釋之詞若下言周氏包氏章句者也章句聯綴於本文故言二十篇中章句也漢志於魯論載傳十九篇而於齊論載說二十九篇則多魯論十篇齊說即此序所言章句也二十九篇之說爲齊論章句

則十九篇之傳亦爲魯論章句矣魯傳齊說不著作者姓氏明是諸儒相傳之義非一人也瑯邪郡名膠東國名昌邑屬山陽郡武帝天漢四年更山陽爲昌邑國並見漢地理志邢疏云王卿天漢元年由濟南太守爲御史大夫庸生名譚生蓋古謂有德者也案翟氏灝考異引七略曰論語家近有瑯邪王卿不審名蓋卿非王氏名據七略此文不言王卿居何官又漢志及釋文敘錄亦不詳庸生之名邢疏云云當別有所本中尉者百官公卿表云中尉秦官掌徼循京師又云諸侯王掌治其國有中尉掌武職成帝綏和元年令中尉如郡都尉此昌邑中尉卽昌邑國所置之中尉也漢書王吉傳王吉字子陽瑯邪臯虞人也少好學明經以郡吏舉孝廉爲郎補若盧右丞遷雲陽令舉賢良爲昌邑中尉此三人皆傳齊論其見於王吉傳若臣聞高宗諒闇三年不言天不言四時行焉百物生焉舜湯不用三公九卿之世而舉臯陶伊尹皆齊論也王卿所教授今無可考王吉傳初吉兼通五經能爲騶氏春秋以詩論語教授張禹傳禹先事王陽後從庸生王陽卽王吉是庸生王吉皆以齊論教授於人也漢志云傳齊論者昌邑中尉王吉少府宋畸御史大夫貢禹尚書令五鹿充宗膠東庸生惟王陽名家釋文敘錄同此序不及宋畸貢禹五鹿

充宗亦所遺也**故有魯論有齊論**正義曰論語亦單稱論故有魯論齊論及古論之名董仲舒春秋繁露趙岐孟子章句凡引論語多直稱論史游急就章宦學諷誦孝經論張禹傳欲爲論念張文是也亦有單稱語者後漢書邳彤傳引語曰一言可以興邦橋玄傳引語曰三軍可奪帥匹夫不可奪志崔駰傳引語曰不患無位患所以立是也又有稱經者漢書于定國傳引經曰萬方有罪罪在朕躬是也又有稱傳者漢書魯共王傳得古文經傳傳謂論語其他見於史者甚多揚雄傳贊所謂傳莫大於論語是也又有稱記者後漢書趙咨傳引記曰喪與其易也寧戚是也又有稱說者前漢書郊祀志引論語說曰子不語怪神是也**魯共王時嘗欲以孔子宅爲宮壞得古文論語**正義曰邢疏云傳曰魯共王餘景帝子程姬所生以孝景前二年立爲淮陽王前三年徙王魯二十八年薨謚曰共王初好治宮室壞孔子舊宅以廣其宮聞鐘磬琴瑟之音遂不敢復壞於其壁中得古文經傳卽謂此論語及孝經爲傳也酈道元水經泗水注言曲阜武子臺南四里許則孔廟卽夫子之故宅也宅大一頃所居之堂後世以爲廟又云孔廟東南五百步有雙石闕卽靈光之南闕北百餘

步卽靈光殿基是魯恭王之所造也據此文夫子宅東南三四百步外卽近靈光則共王所居之宮與夫子宅相毗連可知故欲壞孔子宅以廣其宮也其孔子壁中有經傳者孔叢子獨治篇陳餘謂子魚曰秦將滅先王之籍而子書籍之主其危矣乎子魚曰顧有可懼者必或求天下之書焚之書不出則有禍吾將先藏之以待其求求至無患矣孔叢雖僞書然此言當得其眞顏師古注漢書藝文志引漢紀尹敏傳云孔鮒所藏鮒卽子魚也若家語以爲孔騰所藏今文書序以爲孔惠所藏則異說矣論衡佚文篇恭王壞孔子宅以爲宮聞弦歌之聲懼復封塗上言武帝武帝遣吏發取古經論語然則恭王始壞孔宅而復封塗未竟壞也武帝乃更毀壁發取古文則古文非共王所得此序以壞宅得論語屬之共王者本以共王始事故也漢藝文志言武帝末魯恭王壞孔子宅案恭王初封淮陽後封魯在位二十八年薨當元朔元年其壞孔子宅事又在其前則爲武帝初年漢志以爲武帝末未審也志又云得古文尚書及禮記論語孝經凡數十篇皆古字也魏書江式傳亡新居攝使大司空甄豐校文字之部時有六書一曰古文孔子壁中書也魯恭王壞孔子宅而得禮尚書春秋論語孝經也許愼說文自敘云倉頡之初作書蓋依類

象形故謂之文其後形聲相益即謂之字及周宣王大史籀著大篆十五篇與古文或異至孔子書六經左丘明述春秋傳皆以古文是古文爲倉頡所作言古者依後世今文別之也晉書衛恒傳漢武時魯恭王壞孔子宅得尚書春秋論語孝經時人以不復知有古文謂之科斗書漢世秘藏希得見之段氏玉裁說文序注云古文出於壁中故謂之壁中書晉人謂之科斗文王隱曰科斗文者周時古文也其字頭麤尾細似科斗之蟲故俗名之焉又說文自敘稱論語亦爲古文此古文據段說兼有大篆今其著者惟荷臾字爲古文其餘所引則段氏謂所說字形字音字義皆合倉頡史籀非謂皆用壁中古文也翟氏灝四書考異云按魏正始中立三字石經嘗倣效孔壁古文備爲一書又晉咸甯時汲郡人發古冢得竹冊十餘萬言其間具有論語又云魏所立石隋志僅錄其尚書春秋未定論語之曾刊否也汲冢所出羣書隨復散棄存於後者惟周書魏史穆天子傳瑣語數種其論語自六朝皆絕口不稱恐已旋滅之矣據此則論語古文久已無傳而郭忠恕汗簡錄古論語字如郁作〓科作〓窮作〓昆作〓備作〓奪作〓羿作〓訒作〓舉作〓虐作〓勃作〓惠作〓貉作〓又作組綍作〓篤作〓慶作〓朱雲金石韻府續錄古

論語如弟作罬鼓作鼔媚作屭柙作䒷褻作紹凡所載古文疑皆後人依放鐘鼎及說文爲之未必及見孔壁古文也

齊論有問王知道多於魯論二篇古論亦無此二篇分堯曰下章子張問以爲一篇有兩子張凡二十一篇篇次不與齊魯論同

正義曰漢藝文志齊二十二篇多問王知道如淯曰問王知道皆篇名也晁公武郡齋讀書志詳其名當是內聖之道外王之業朱氏彝尊經義考斥晁說爲附會謂今逸論語見於說文初學記文選注太平御覽等書其詮玉之屬特詳竊疑齊論所逸二篇其一乃問玉非問王也考之篆文三畫正均者爲王中畫近上者爲王初無大異因譌玉爲王耳王伯厚亦云問王疑即問玉亶其然乎案說文引逸論語玉粲之瑮兮其瑮猛也如玉之瑩段氏玉裁注云張禹魯論所無則謂之逸論語如十七篇之外爲逸禮二十九篇之外爲逸尚書也其初學記所引璠璵魯之寶玉也孔子曰美哉璠璵遠而望之奐若也近而視之瑟若也一則理勝一則孚勝又初學記及御覽所引玉十謂之區沿玉謂之琢又謂之雕瑳玉色鮮白也瑩玉色也瑛玉光也瓊赤玉也瑾瑜美玉

也璑三采玉也玲瑒瑲瑣瑝玉聲也璬玉佩也瑱充耳也璪玉飾以水藻也凡所詮玉之辭與說文所引逸論語文全不類朱氏不當並數之今家語亦有問玉篇當是依用論語篇名然則問王之爲問玉其說信不誣也宋氏翔鳳師法表以問王爲春秋素王之事備其問答又合知道爲發揮堯曰篇之義蘊此曲說不可從漢石經論語碑末記諸家有無不同之說有蓋肆乎其肆也句不知何篇之文則亦逸文之僅存也漢志云論語古二十一篇出孔子壁中有兩子張蓋古論分堯曰下章子張問從政別爲一篇而題以子張問與第十九篇之子張篇題略同故有兩子張如氏注以爲篇名從政殆未然也論衡正說篇漢興失亡至武帝發取孔子壁中古文得二十一篇其齊魯河間九篇本三十篇至昭帝女讀二十一篇宣帝下太常博士時尚稱書難曉後更隸寫傳誦又云今時稱論語二十篇又失齊魯河間九篇本三十篇分布亡失或二十一篇目或多或少文讃或是或誤案齊魯河間九篇不知何篇翟氏灝考異以藝文志論語十二家有燕傳說三篇河間趙地偪近於燕燕傳疑即論衡所云河間者也案翟說亦是存疑不足爲據魯論齊論已見前志不得別有齊魯合河間爲九篇出於漢志之外又合古論爲三十篇也史記孔

孔世家時魯共王壞孔子舊宅壁中得古文虞夏商周之書及傳論語孝經悉還孔氏漢藝文志亦言武帝末魯共王壞孔子宅得古文尚書及禮記論語孝經凡數十篇孔安國者孔子後也悉得其書則古文論語久入孔氏昭帝女何由得讀既帝女能讀而宣帝時博士轉難曉耶此皆無稽之說不足與深辨也皇侃義疏敘曰古論篇次以鄉黨爲第二篇雍也爲第三篇內倒錯不可具說是古論篇次不與齊魯論同然皇本多爲異域人所改此等說他處未見恐難據也隋書經籍志古論語章句煩省與魯論不異然學而篇未若貧而樂古論樂下有道字鄉黨篇車中內顧古論作不內顧衛靈公篇子曰父在觀其志父沒觀其行鄭云古皆無此章堯曰篇知命章鄭云魯論無此章則謂古齊有此章也古齊魯章句本有不同而隋志謂其煩省不異亦大略言之爾經典敘錄引桓譚新論說古論云文異者四百餘字今略見史記說文並鄭注中

安昌侯張禹本受魯論兼講齊說善者從之號曰張侯論爲世所貴正義曰安昌據漢地理志屬汝南郡漢書王傳云張禹字子文河內軹人也從沛郡施讎受易琅邪王陽膠東庸生問論語既皆明習有徒眾舉爲郡文學甘露

中諸儒薦禹禹有詔太子太傅蕭望之問禹對易及論語大義望之善焉奏禹經學精習有師法可試事奏寢罷歸故官久之試爲博士初元中立皇太子而博士鄭寬中目尙書授太子薦言禹善論語詔令禹授太子論語由是遷光祿大夫數歲出爲東平內史成帝卽位徵禹寬中皆以師賜爵關內侯給事中領尙書事河平四年代王商爲丞相封安昌侯爲相六歲鴻嘉元年以老病乞骸骨就第建平二年薨諡曰節侯始魯扶卿及夏侯勝王陽蕭望之韋玄成皆說論語篇第或異禹先事王陽後從庸生采獲所安最後出而尊貴諸儒爲之語曰欲爲論念張文由是學者多從張氏餘家寖微釋文敘錄云安昌侯張禹受魯論於夏侯建又從庸生王吉受齊論擇善而從號曰張侯論據敘錄是禹受魯論於夏侯建而禹傳不及建蓋所遺也宋氏翔鳳師法表張論合齊魯兩家之學特其篇章與魯論同故多以張論爲魯論後漢熹平石經郎用張論案藝文志魯安昌侯說二十一篇師古曰張禹也考禹傳云初禹爲師以上難數對已問經爲論語章句獻之意此卽二十一篇說也隋書經籍志張氏晚講齊說後遂合而考之刪其繁惑除去問王知道二篇從魯論二十篇爲定是張論本二十篇而漢志言禹有二十一篇說者疑一字誤衍或

是經二十篇誤一篇志連經言之得有二十一篇也又禹傳云禹成就弟子尤著書淮陽彭宣至大司空沛郡戴崇至少府九卿當亦傳論語之學者此序未之及也

包氏周氏章句出焉

正義曰後漢儒林傳包咸字子良會稽曲阿人也少爲諸生受業長安師事博士右師細君習魯詩論語王莽末去歸鄉里光武卽位舉孝廉除郎中建武中入授皇太子論語又爲其章句拜諫議大夫永平五年遷大鴻臚經傳有疑輒遣小黄門就舍卽問年七十卒於官子福拜郎中亦以論語入授和帝邢疏云周氏不詳何人不言名而言氏者蓋爲章句之時義在謙退不欲顯題其名但欲傳之私族故直云氏而已或曰以何氏諱咸故沒其名但言包氏連言周氏耳釋文敘錄云後漢包咸周氏並爲章句立於學官宋氏翔鳳師法表云謂立石大學非張論曾立博士也案宋說似誤趙岐孟子題辭孝文欲廣遊學之路論語孝經孟子爾雅皆置博士劉歆移讓太常書孝文時尚書初出屋壁詩始萌芽天下衆書往往頗出皆諸子傳說猶立於學官爲置博士時所稱傳卽論語孟子類也唐書薛放傳漢時論語首立於學官則論語西漢時已立至後漢百官志太常博士凡十四人不及論語然後漢徐防傳云防疏謂博士及甲乙

試策宜從其家章句開五十難以試之五經各取上第六人論語不宜射策雖所失或久差可矯革詔書下公卿皆從仍言翟氏灝考異云據通典載漢小郡都尉博士督郵板狀曰通易尙書詩禮春秋孝經論語兼綜載籍窮微闡奥都尉博士猶講授論語太常博士詎轉不講授與此正可與徐防事互爲發明蓋其時諸經皆衆論語故不復設專官耳案翟氏甚是論語惟立博士故得立石大學洪适隸釋載殘字石經堯曰篇末云而在於蕭蕭之內盍毛包周無於此以諸家校魯論之異同宋氏翔鳳師法表云盍氏毛氏不知與包周孰爲先後又不知爲齊爲魯

古論唯博士孔安國爲之訓解而世不傳至順帝時南郡太守馬融亦爲之訓說正義曰古論者古字論語也史記孔子世家安國孔子十一世孫爲武帝博士漢書孔光傳言安國爲武帝博士至臨淮太守世家但言博士者當是史公就目見時言之此序本世家故亦祇言博士未詳其後所居之官耳世家又云特魯共王壞孔子舊宅壁中得古文虞夏商周之書及傳論語孝經悉還孔氏漢書藝文志云魯共王壞孔子宅而得古文尙書及禮記論語孝經凡數十篇皆古字也孔安國者孔子後

也悉得其書是古文論語爲安國所得也然漢志不言安國注論語而此序謂安國爲古論訓解者王肅家語後序云魯恭王得壁中書以歸夫子十一世孫子國子國乃考論古今文字撰眾師之義爲古文論語訓二十一篇尙書傳五十八卷其後孝成帝詔劉向校定眾書都記錄名古文尙書論語别錄子國孫衍爲博士上書辨之略曰古文尙書論語世人莫有能言者臣祖安國爲之今文讀而訓傳其義旣畢會値巫蠱事起遂各廢不行於時然其典雅正實與世所傳者不同日而語也光祿大夫向以爲其時所未施行之故尙書則不記于别錄論語則不使名家也臣竊惜之臣愚以爲宜皆記錄别見奏上天子許之未卽論定而遇帝崩向又病亡遂不果立案漢藝文志列論語十二家於齊魯論傳說皆備載之而於古論不言有孔氏說劉向雅博爲世通儒倘及見典雅正實之安國古文訓豈有廢置之不使名家乎安國以今文讀古文而司馬遷正從安國問故其孔子世家弟子列傳所載論語文必是安國之學今校之孔注如在陳絕糧敘孔子去衛如曹又之宋之陳佛肸爲趙簡子邑宰顯與史記不合其他差謬違失經旨者甚多是此注必非安國所作今所傳尙書傳孝經傳往時儒者皆知其僞而論語因爲集解所采無敢

異議沂陳氏鱣箸論語古訓自序疑其不類沈氏濤箸論
語孔注辨僞自序譏其詮義膚淺徵典舛誤疑爲平叔所
作丁氏晏箸論語孔注證僞以爲王肅所作蓋王肅好與
鄭難故論者以尚書傳爲肅作則此論語注必亦出肅之
手而特於家語序互證成之丁氏此說較沈氏爲得論衡
正說篇謂安國以授魯人扶卿官至荆州刺史始曰論語
案扶卿爲魯論之學見漢藝文志不傳古論且漢志及張
禹傳經典敘録皆言魯扶卿是魯爲其姓論衡獨言魯人
扶卿與漢志諸文不同又荆州刺史似謂扶卿所居之官
論衡此言未知所本至論語之名早見坊記豈至安國及
扶卿時始有其名王充於經術頗疏此等說終是不可據
也邢疏云案後漢紀孝順皇帝諱保安帝之子也地理志
云南郡秦置高帝元年更爲臨江郡五年復故景帝二年
復爲臨江郡中二年復故屬荆州表云郡守秦官掌治其
郡秩二千石景帝中二年更名太守後漢書傳云馬融字
季長扶風茂陵人也有俊才初京兆摯恂以儒術教授隱
於南山融從其遊學博通經籍永初四年拜爲校書郎中
詣東觀典校秘書陽嘉二年拜議郎大將軍梁商表爲從
事中郎轉武都太守三遷桓帝時爲南郡太守融才高博
洽爲世通儒註孝經論語詩易三禮尚書年八十八延熹

九年卒於家據融傳但言註論語而此序以爲古論者以融注他經多爲古文故意所注論語亦是古論其後康成取古論校正魯論當亦受之融者也皇侃疏隋經籍志謂馬融亦注魯論似未然

漢末大司農鄭玄就魯論篇章考之齊古爲之註

正義曰康成生當靈獻時故曰漢末大司農者漢書百官公卿表云治粟內史秦官掌穀貨有兩丞景帝後元年更名大農令武帝太初元年更名大司農司馬彪百官志大司農卿一人中二千石後漢書傳云鄭玄字康成北海高密人也受業師事京兆第五元先始通京氏易公羊春秋三統歷九章算術又從東郡張恭祖受周官禮記左氏春秋韓詩古文尚書以山東無足問者迺西入關因涿郡盧植事扶風馬融融素驕貴玄在門下三年不得見迺使高業弟子傳受於玄玄日夜尋誦未嘗怠倦會融集諸生考論圖緯聞玄善算迺召見於樓上玄因從質諸疑義問畢辭歸融喟然謂門人曰鄭生今去吾道東矣玄自遊學十餘年迺歸鄉里家貧客耕東萊學徒相隨已數百千人及黨事起迺與同郡孫嵩等四十餘人俱被禁錮遂隱修經業杜門不出建安元年自徐州還高密玄後嘗疾篤自慮以書戒子益恩云云時大將軍袁紹總兵冀州

遣使徵玄舉玄茂才表爲左中郎將皆不就公車徵爲大
司農給安車一乘所過長吏送迎迺以病自乞還家卒年
七十四自郡守以下嘗受業者縗絰赴會千餘人凡玄所
注周易尙書毛詩儀禮禮記論語孝經尙書大傳中候乾
象歷又著天文七政論魯禮禘祫義六藝論毛詩譜駁許
愼五經異議答臨孝存周禮難凡百餘萬言玄質於詞訓
通人頗譏其繁至於經傳洽孰稱爲純儒齊魯閒宗之就
魯論篇章云云者隋書經籍志鄭以張侯論爲本參校齊
古而爲注張論卽魯論陸氏音義云鄭校周之本以齊古
讀正凡五十事宋氏翔鳳師法表云周之本卽周氏之出
於張侯者蓋張論出而三家遂微鄭學興而齊古差見是
康成雖就魯侯實兼通齊古而於古論尤多徵信故注中
從古讀正魯論者不一而足其從齊讀已不可考然尋兩
家之學可以得其一二案音義謂鄭以齊古校正周本凡
五十事今以鄭氏佚注校之祇得二十四事皆明著魯讀
之文其哀公問主解爲社主雖從周本作主仍是從古論
義爲社主也至如有酒食先生饌饌鄭作餕無適也適鄭
作敵異乎三子者之撰撰鄭作僎云僎讀曰詮子貢方人
方鄭作謗朱張鄭作侏張廢中權廢鄭作發皆與集解本
異疑此卽據齊論校正者也又衞靈公篇子曰父在觀其

志父沒觀其行鄭云古皆無此章謂古論及齊論無此章鄭仍從周本有此章也又堯曰篇知命章鄭云魯論無此章此又從齊古挍補周本者也宋氏謂鄭從齊讀已不可考是大略言之未細撿耳宋氏師法表又云隋經籍志論語注十卷鄭玄注經典敘錄同隋志又言梁有古文論語鄭玄注亡葢阮孝緒所箸錄鄭無別注古文其所注論卽用古文故別題古文論語案舊唐書經籍志論語十卷鄭玄注論語釋義十卷鄭玄注新唐書藝文志論語鄭玄注十卷又注論語釋義一卷分注與釋義爲二疑釋義郎鄭君論語敘故新志作一卷其舊志云十卷者字之誤也又二志有鄭君論語篇目弟子一卷今略見史記集解中宋氏翔鳳師法表云隋志言梁陳之時惟鄭玄何晏立於國學而鄭氏甚微周齊鄭學獨立至隋何鄭並行鄭氏盛於人間攷箸錄家說論語者康成以前俱已久佚至鄭氏大抵佚於五季之亂

略存於何解陸音**近故司空陳羣太常王肅博士周生烈皆爲義說**正義曰邢疏云年世未遠人已歿故是近故也晉書職官志太尉司徒司空並古官也自漢歷魏置以爲三公漢書百官公卿表奉常秦官掌宗廟禮儀景帝中六年更名太常司馬彪百官志太常卿一人中二

千石本注曰掌禮儀祭祀百官公卿表博士秦官掌通古今是司空太尉博士皆官名也魏志陳羣傳陳羣字長文穎川許昌人也太祖辟羣爲司空西曹掾屬文帝即位遷尚書僕射明帝即位進封潁陰侯頃之爲司空青龍四年薨謚曰靖侯王朗傳王朗東海蘭陵人子肅字子雍年十八從宋忠讀太玄而更爲之解黃初中爲散騎黃門侍郎太和三年拜散騎常侍正始元年出爲廣平太守公事徵還拜議郎頃之爲侍中遷太常時大將軍曹爽專權任用何晏鄧颺等肅曰此輩即弘恭石顯之屬後爲光祿勳從爲河南尹後遷中領軍加散騎常侍甘露元年薨初肅好賈馬之學而不好鄭氏采會同異爲尚書詩論語三禮左氏解皆列於學官經典敘錄有王肅論語注十卷後漢馮衍傳尚書周生豐李賢注風俗通曰周生姓也王朗傳自魏初徵士燉煌周生烈明帝時董遇等亦歷注經傳頗傳於世裴松之注臣按此人姓周生名烈何晏論語集解有烈義例餘所箸述見晉武帝中經簿經典敘錄周生烈注引七錄字文逢邢疏引七錄云字文逸本姓唐魏博士侍中案逢逸二字形相近未知孰是隋志周生子要論一卷魏侍中周生烈撰新唐志儒家有周生烈子五卷是周生後官侍中其說論語即裴氏所云義例也今邢疏集解但

有周氏無周生氏至皇疏又但有周生烈而無周氏蓋二家之注久爲後人混併莫可識別矣惟冉有退朝注云吾之朝見於釋文所引此則確爲周生義也**前世傳受師說雖有異同不爲訓解中間爲之訓解至于今多矣所見不同互有得失**正義曰邢疏云據今而道往古謂之前世上教下曰傳下承上曰受中間爲之訓解謂自古至今中間包氏周氏等爲此論語訓解有二十餘家故曰至于今多矣以其趣舍各異故得失互有也案前世當指前漢藝文志載有魯齊之說卽僞孔此注亦見采錄則非不爲訓解矣序之此言舉其大略未爲篤論也後漢儒林傳言何休註訓論語不爲集解所采是當時已佚不傳矣北堂書鈔六十六引論語女爲君子儒無爲小人儒何休注云君子爲儒將以明道小人爲儒則矜其名劉氏逢祿據書鈔所引爲何休佚注推演其義爲論語述何篇一卷然集解載此注爲孔安國注史記弟子傳集解引作何曰何者何晏非何休也足利本不載姓名則亦以爲何曰矣且小人儒不必是矜名其義淺狹決非劭公語**今集諸家之善記其姓名有不安者頗爲改易名**可知

曰論語集解正義曰：爾雅釋言集會也通作輯若劉歆有輯略也邢疏云註但記其姓而此連言名者以著其姓所以名其人非謂名字之名也頗爲改易者註首不言包曰馬曰及諸家說下一曰者皆是何氏自下己意改易先儒者也案此語亦見晉書鄭沖傳惟記其姓名下有因從其義四字集解姓名並舉以皇疏本證之自見邢氏亦本皇疏而此疏云云或所見別本實不稱名也集解者集諸家解論語之義杜預注春秋左傳合經傳諸文比其義類亦名集解與此言同旨異經典敘錄隋志唐志俱云何晏集解十卷

光祿大夫關內侯臣孫邕光祿大夫臣鄭沖散騎常侍中領軍安鄉亭侯臣曹羲侍中臣荀顗尚書駙馬都尉關內侯臣何晏等上正義曰：漢百官公卿表大夫掌論議有大中大夫中大夫諫大夫皆無員多至數十人太初元年更名中大夫爲光祿大夫秩比二千石無印綬晉書職官志光祿大夫加金章紫綬者品秩第二祿賜班位冠幘車服佩玉置吏卒羽林其以爲加官者惟假章綬祿賜班位而已不別給車服吏卒也光祿大夫假銀章青綬者品秩第三位在金紫將軍下

諸卿上漢時所置無定員多以爲拜假賵賻之使及監護喪事魏氏已來轉復優重不復以爲使命之官其請公告老者皆家拜此位及在朝顯職復用加之又云光祿大夫與卿同秩中二千石據晉志則魏時貴重之臣方拜此職而孫邕以關內侯得爲光祿大夫者大約如諸公告老家拜此位也司馬彪百官志關內侯承秦賜爵十九等爲關內侯無土寄食在所縣民租多少各有戶數爲限劉昭注關內侯者依古畿內子男之義也秦都山西以關內爲王畿故曰關內侯也邢疏云孫邕字宗儒樂安青州人也案魏志齊王紀注引魏書廢齊王表有光祿大夫關內侯邕郎孫邕也晉任城太守夫人孫氏碑云夫人濟南孫氏之中女也父列卿光祿大夫建德亭侯又歷述其父於魏文帝時爲侍郎又爲勃海太守十餘年其後爲吏部尚書又爲侍中武氏億跋尾據盧毓傳孫邕代毓爲吏部尚書與碑言吏部尚書合而關內侯特名號侯之一至其後乃獲實封有建德亭侯爵矣桂氏馥跋尾據管寧傳侍中孫邕薦寧與碑言侍中合魏文帝典論光和中北海王和平亦好道術自以當仙濟南孫邕少事之則邕爲濟南人邢疏云樂安者樂安與濟南同隸青州地最相近故兩地並稱案王和平事亦見後漢方術傳典論言王和平爲光和時

人而歲少事之則邕亦爲靈帝或獻帝時人計終魏世必已殁矣晉書鄭沖傳鄭沖字文和滎陽開封人也起自寒微卓爾立操清恬寡欲耽玩經史遂博究儒術及百家之言及魏文帝爲太子命沖爲文學累遷尚書出補陳留太守大將軍曹爽引爲從事中郎轉散騎常侍光祿勳嘉平三年拜司空及高貴鄉公講尚書沖執經親授與侍中鄭小同俱被賞賜俄轉司徒常道鄉公卽位拜太保封壽光矦時文帝輔政平蜀之後命賈充羊祜等分定禮儀律令皆先諮于沖然後施行按曹爽輔政在正始之際沖由從事中郎轉至光祿勳在曹爽輔政時惟傳言爲光祿勳與此敘光祿大夫不同疑光祿勳是其實官光祿大夫則加官也作此序時未爲光祿勳故但言光祿大夫及陳壽作傳詳其實官亦不及加官矣晉職官志散騎常侍本秦官也秦置散騎又置中常侍散騎騎從乘輿車後中常侍得入禁中皆無員亦以爲加官漢東京初省散騎而中常侍用宦者魏文帝黄初初置散騎合之于中同掌規諫不典事合之于中者晉灼漢表注云魏文帝合散騎中常侍爲散騎常侍也晉志又云中領軍將軍魏官也漢建安四年魏武丞相府自置及拔漢中以曹休爲中領軍文帝踐阼始置領軍將軍以曹休爲之主五校中壘武衛等三營據

志此文則中領軍即中領軍將軍也不言將軍者辭之省曹爽傳爽弟羲爲中領軍與武衛將軍訓散騎常侍彥並列且稱其貴寵莫盛其後司馬懿奏誅曹爽亦言其破壞諸營盡據禁兵羣官要職皆置所親殿中宿衛歷世舊人皆復斥出即指曹羲等言齊王紀正始三年秋七月乙酉以領軍將軍蔣濟爲太尉則曹羲之官中領軍必在三年秋後矣安鄉亭侯者安鄉不知所在說文亭民所安定也亭有樓從高省丁聲漢書百官公卿表云大率十里一亭十亭一鄉皆秦制也此安鄉亭即是十亭之鄉故舉鄉名以表之司馬彪百官志列侯所食縣爲侯國本注曰承秦爵二十等爲徹侯金印紫綬以賞有功功大者食縣小者食鄉亭得臣其所食吏民然則安鄉亭侯即列侯食於安鄉者也邢疏云曹羲沛國譙人魏宗室曹爽之弟晉志又云秦置侍中漢因之俱無定員魏晉以來置四人掌賓贊威儀漢表注引應劭曰入侍天子故曰侍中荀顗傳字景倩潁川人魏太尉彧之第六子也博學洽聞理思周密魏時以父勳除中郎擢拜散騎侍郎累遷侍中爲魏少帝執經拜騎都尉賜爵關內侯難鍾會易無互體又與扶風王駿論仁孝孰先見稱於世案顗爲魏少帝執經指高貴鄉公見三國志注其爲侍中在其前則當齊王時故廢齊王

表亦有侍中臣顏郎荀顗也晉志又曰列曹尚書本漢承秦置至成帝又置尚書五人一人爲僕射而四人分爲四曹通掌圖書秘記章奏之事各有其任其一曰常侍曹主丞相御史公卿事其二曰二千石曹主刺史郡國事其三曰民曹主吏民上書事其四曰主客曹主外國夷狄事後成帝又置三公曹主斷獄是爲五曹後漢光武改常侍曹爲吏部曹主選舉祠祀事又云六曹並令僕二人謂之八座尚書雖有曹名不以爲號靈帝以侍中梁鵠爲選部尚書於此始見曹名及魏改選部爲吏部主選部事凡五曹尚書二僕射一令爲八座此何晏所官尚書郎是吏部魏志傳嘏傳時曹爽秉政何晏爲吏部尚書經典敘錄亦言吏部尚書何晏又文選景福殿賦注引典略云平叔遷尚書主選裴松之曹爽傳注晏爲尚書主選舉其宿與之有舊者多被拔擢言晏主選舉則爲吏部無疑此序但言尚書者當時不列曹名齊王紀正始八年有尚書何晏奏亦是祇言尚書也漢表云奉車都尉駙馬都尉皆武帝初置秩比二千石師古曰駙副馬也非正駕車皆爲駙馬司馬彪志本注曰無員掌駙馬魏制無考曹眞傳晏何進孫也母尹氏爲太祖夫人晏長於宮省又尚公主少以才秀知名好老莊言作道德論及諸文賦著述凡數十篇裴松之

注晏字平叔尚主又好色故黃初時無所事任及明帝立頗爲冗官至正始初曲合於曹爽亦以才能故爽用爲散騎侍郎遷侍中尚書晏前以尚主得賜爵爲列侯案此序晏爲關內侯而裴注言爲列侯者蓋晏初封列侯繼封關內侯耳宋氏翔鳳師法表云鄭沖傳初沖與孫邕荀顗何晏共集論語諸家訓詁之善者記其姓名因從其義有不安者輒改易之名曰論語集解成奏之魏朝于今傳焉魏志言何晏作道德論及諸文賦箸述凡數十篇不言注論語而沖在高貴鄉公時講尚書執經親授與侍中鄭小同俱被賞賜是沖本經生論語集解之成當定自沖手今使平叔專其莊氏者蓋上論語集解奏列邕沖等名而晏最在後箸錄家見奏末稱臣何晏等上遂以集解爲晏一人所撰相沿至今也劉氏毓崧通義堂筆記曰唐宋時臣下上表結銜皆尊者居後此序末列銜亦是由下遞數蓋平叔官最顯要故最居後專集解之名也考通典二十一言尚書至後漢則爲優重出納王命敷奏萬幾蓋政事之所由宜選舉之所由定罪賞之所由正斯乃文昌天府衆務淵藪內外所折衷遠近所稟仰故李固云陛下之有尚書猶天之有北斗斗爲天之喉舌尚書亦爲陛下之喉舌斗斟酌元氣運平四時尚書出納王命賦政四海據此則尚

書之權甚重吏部專掌選舉又晏以國戚尚主貴莫與比故晏居首漢表言侍中得入禁中通典二十一云侍中漢代爲親近之職魏晉選用稍增華重而大意不異自注晉任愷爲侍中萬機大小多管綜之是侍中職亦甚重故荀顗居次中領軍則掌三營兵故曹羲又居次其光祿大夫皆是加官同於閑散故鄭沖孫邕又居次何晏曹羲孫邕沒於魏世惟荀顗鄭沖皆仕晉故晉書有傳沖傳居前故詳言與孫邕等共爲集解之事荀顗傳居後自不復述今宋氏據沖傳所言以爲集解定自沖手恐非案劉說是也經典釋文載論語舊題止集解二字在學而第一之下自注一本作何晏集解可見陸氏所見正本未嘗以集解專屬何晏其兼載一本自是後人改題之誤故釋文云何晏集孔安國云云其文兩見則皆爲後人改題所惑矣然裴松之注曹眞傳即稱何晏論語集解裴爲此注在宋文帝時是其誤久矣蔡邕獨斷凡羣臣上書于天子者有四名一曰章二曰奏三曰表四曰駁議此文稱上則奏類也經典敍錄正始中上之盛行于世正始即齊王芳曹羲何晏以齊王嘉平元年爲司馬宣王所殺上此集解則在正始三年後也晉書禮志魏齊王正始二年帝講論語通使太子釋奠則意當時諸臣亦以帝通論語故撰集訓說以獻

之爾羣臣上書不書姓而此稱姓者著述之體所以紀實也結銜當別爲一行獨斷所云左方下附曰某官臣某甲上也今連綴序末亦後人所合併

附錄

鄭玄論語序逸文 正義曰略本宋氏翔鳳所輯

仲弓子游子夏等撰 正義曰此引見論語音義至敘錄則云仲弓子夏等所撰定不及子游邢疏與音義同兩處引文不言鄭序陳氏鱣古訓宋氏翔鳳輯鄭注並采入敘雖由意測當得之也仲弓子游子夏皆孔子弟子論語崇爵讖曰子夏六十四人共撰仲尼微言以當素王明標子夏之名傳休奕傳子昔仲尼既沒仲弓之徒追論夫子之言謂之論語此當本鄭序故數仲弓也但作論語者雖有三子之名實非止三子所作故鄭言等以明之漢書藝文志論語者孔子應答弟子時人及弟子相與言而接聞於夫子之語也當時弟子各有所記夫子既卒門人相與輯而論纂故謂之論語趙岐孟子題辭七十子之疇會集夫子所言以爲論語二文所言皆以論語爲聖門羣弟子所作故鄭君既箸其姓名復言等以總括之也鄭樵通志藝文略有論語撰人名一卷不知誰作翟氏灝四書考異曰通志所錄撰人名恐即源本崇爵讖今其書不傳莫可詳矣陸九淵象山語錄曰鄭康成王肅謂

論語爲子游子夏所編亦有可考者如學而篇子曰次章便載有若一章又子曰而下載曾子一章皆不名而以子稱之蓋子夏輩平昔所尊者此二人耳案陸以王肅說與鄭同不知何本其以有子曾子爲子夏輩所尊故稱子其說良是柳宗元文集論語辨以論語稱曾子子爲師稱因以論語爲出自曾子弟子樂正子春子思之徒程子朱子則以爲出於曾子有子之門人其說與象山異雖亦得通但不當取後遺前爾反沒羣賢箸錄之功也又考論語弟子之稱子者自有子曾子外閔子騫皆書字而先進篇一稱閔子冉伯牛冉仲弓冉有皆書字而雍也篇子路篇各一稱冉子則意書字者爲弟子所記書子者爲三子之弟子所記也胡寅論語詳解趙順孫四書纂疏謂憲問篇不書姓且直稱名疑通篇皆憲所記其說亦頗得理要之論語之作不出一人故語多重見而編輯成書則由仲弓子游子夏首爲商定故傳論語者能知三子之名鄭君習聞其說故於序標明之也撰定者禮記內則注撰治撰之名也廣雅釋詁撰具也定也凡有所作述必具衆義擇善從之故此三訓義皆通也漢書揚雄傳譔以爲十三卷顏師古注譔與撰同說文定安也荀子王制夫是之謂定論楊倞注定論謂不易之論仲弓等裒輯諸弟子所記勒爲此

編故以爲所撰定也旣經撰定不得無名以稱之此論語二字必亦仲弓等所題漢志云門人相與輯而論篹故謂之論語謂之者門人謂之也經典敘錄亦云夫子旣終微言已絶弟子恐離居以後各生意見而聖言永滅故相與論撰因輯時賢及古明王之語合成一法謂之論語亦以論語爲弟子所題也論衡正說篇初孔子孫安國以教魯人扶卿官至荊州刺史始曰論語似論語之名爲安國所題此誤說也翟氏灝攷異曰按論語名見禮坊記及今家語弟子解今家語不可信坊記可信也蓋自孔氏門人相論纂畢隨題之爲論語矣

書以八寸策

鉤命決云春秋二尺四寸書之孝經一尺二寸書之故知六經之策皆長二尺四寸

易書詩禮樂春秋皆尺二寸孝經謙半之論語八寸策者三分居一又謙焉

正義曰書以八寸策見北史徐遵明傳彼文作八十宗乃傳寫之誤徐氏就而通之非也說文云書箸也又序云箸於竹帛謂之書也八寸者策之度策者冊之叚借說文策馬箠也別一義冊符命也諸侯進受於王也象其札一長一短中有二編

之形冊古文冊從竹符命卽天子賜諸侯之冊書故凡書簡編連之亦曰策魯語云遂書以爲三筴筴卽俗策字鄭注中庸云策簡也聘禮記注同爾雅釋器簡謂之畢郭注今簡札也說文簡牒也釋名釋典藝札櫛也編之如櫛齒相比也凡皆異名同物杜預春秋左傳序云大事書之于策小事簡牘而已孔疏申之以單執一札爲簡連編諸簡爲策分策簡爲二非也聘禮記云百名以上書于策不及百名書于方鄭注名書文也今謂之字方版也用策用方以字之多少有異不以事之大小有異則杜預以策與簡牘分大事小事亦非也鉤命決者緯篇名鉤命決止言春秋孝經之策鄭君據之得以推測他經故總言知六經之策也易書詩禮樂春秋者六經之名說文經織也織有文理故羣經取以爲名釋名釋典藝經徑也常典也如徑路無所不通可常用也此說經爲叚借未必然也管子戒篇澤其四經尹注四經謂詩書禮樂是孔子前已稱經故禮記經解亦舉六藝也孝經者孔子爲弟子曾參說孝道因亦稱經孔子世家云孔子晚好讀易韋編三絕易旣得編成策則他經可知晉書束皙傳太康二年汲縣人盜發魏襄王冢得竹書數十車皆簡編科斗文字襍寫經史可見羣經皆有策矣六經之策二尺四寸說見左傳序疏若儀

禮聘禮疏引作尺二寸字之誤也後漢書周磐傳編二尺
四寸簡寫堯典一篇又曹襃傳言箸新禮成寫以二尺四
寸簡亦以新禮比於經也獨斷云策者簡也其制長二尺
短者半之二尺下疑脱四寸二字齊書王僧虔傳文惠太
子鎮雍州有盜發楚王冢獲竹簡書青絲編簡廣數分長
二尺有得十餘簡以示王僧虔僧虔曰是科斗書考工記
周官所闕文也所言策長二尺者則以齊尺大於古尺也
鹽鐵論詔聖篇云二尺四寸之律古今一也是漢時律尺
與經策同若漢書杜周傳所言不循三尺法則金氏鶚求
古錄以爲舉成數是也鄭君據鉤命決之文以推知六經
之策又蘉所見論語之策八寸以六經之策較之是爲三
分居一矣論衡正說篇說論者皆知說文解語而已不知
論語本幾何篇但周以八寸爲尺不知論語所以獨一尺
之意夫論語者弟子共紀孔子之言行勑己之時甚多數
十百篇以八寸爲尺紀之約者懷持之便也以其遺非經
傳文紀識恐忘故但以八寸尺不二尺四寸也仲任所見
論語之策與鄭君同彼謂論語以周尺度之爲一尺於漢
尺則爲八寸然則六經之策二尺四寸孝經之策一尺二
寸亦是據漢尺若在周策六經策爲三尺孝經策爲一尺
五寸矣宋氏翔鳳師法表以八寸之策爲壁中古文然若

論衡所言八寸爲據漢尺則安知非魯齊論尺度也鄭注尚書云三十字一簡之文漢書藝文志劉向以中古文校歐陽大小夏侯三家經文率簡二十五字者脫亦二十五字簡二十二字者脫一三十二字是一簡容字有多寡之殊服虔左傳注謂古文篆書一簡八字此或服氏所見適然非謂羣經之策皆是一簡八字也金氏鶚求古錄云論語策八寸容八字六經之策二尺四寸者容二十餘字至三十字大約一寸容一字古用科斗大篆其字體不宜小又一簡止容一行則字體更不宜小故每一寸容一字也古人書策每行亦不拘字體故或有二十五字或有二十二字推之或二十三字或二十四字皆未可定此由字體有繁簡繁者宜疏簡者宜密總欲其點畫之明析而已謙者史記樂書王肅注謙自謙損也陳氏鱣古訓曰謙讀爲減樂記禮主其減樂書減作謙陳氏此說亦是也孝經策一尺二寸比之六經之策爲損去其半論語策八寸比之六經之策爲三分居一孝經已爲謙半論語則又謙矣段氏玉裁說文冊字注考正此文謂論語策八寸尺二寸者三分居二又謙焉語殊不憭

魯扶先　正義曰此引見經典敘錄注宋氏翔鳳師法表以爲鄭序文也案漢書張禹傳言魯扶卿說論語漢志敘魯論家有魯扶卿經

典敘錄同此稱扶先者先是先生之省史記鼂錯傳學申商刑名於軹張恢先所徐廣曰先即先生漢書梅福傳叔孫先非不忠也顏師古注先猶言先生也是也論衡正說篇安國以教魯人扶卿官至荊州刺史始曰論語案論衡以扶卿爲人姓名而魯則所居之地又以扶卿爲安國弟子是傳古論之學與漢志諸文不合至以論語爲安國等所題尤不可信

後敘

班生有言仲尼沒而微言絕七十子喪而大義乖聖人之言中正和易而天下萬世莫易其理故曰微言非祇謂性與天道也大義者微言之義七十子之所述者也今其箸者咸見論語竊以先聖存時諸賢親承指授當已屬稿或經先聖筆削故言特精善迨後追錄言行勒為此編作之者非一人成之者非一時先儒謂孔子沒後弟子始共撰述未盡然也曾子子思孟子荀子皆有箸書於先聖之道多所發明而注家未之能及至八佾鄉黨二篇多言禮樂制度漢人注者惟康成最善　又其就魯論兼考齊古而為之注知其所擇善

矣魏人作於鄭注多所刪佚而僞孔王肅之説反藉以存此其失也梁皇侃依集解爲疏所載魏晉諸儒講義多涉清玄於宫室衣服諸禮闕而不言宋邢昺又本皇氏别爲之疏依文衍義益無足取我

朝崇尚實學經術昌明諸家説論語者彬彬可觀而於疏義之作尚未遑也先君子少受學於從叔端臨公研精羣籍繼而授館郡城多識方聞綴學之士時於毛氏詩鄭氏禮注皆思有所述録（初著毛詩詳注鄭氏釋經例後皆輟業）及道光戊子先君子應省試與儀徵劉先生文淇江都梅先生植之涇包先生慎言丹徒柳先生興恩句容陳丈立始爲約各治一經加以疏證先

君子發策得論語自是屏棄他務專精致思依焦氏作孟子正義之法先爲長編得數十巨册次乃薈萃而折衷之不爲專己之學亦不欲分漢宋門戶之見凡以發揮聖道證明典禮期於實事求是而已既而作宰畿輔簿書繁瑣精力亦少就衰後所闕卷舉畀恭冕使續成之恭冕承命惶悚謹事編纂及咸豐乙卯秋將卒業而先君子病足瘇遂以不起蓋知此書之將成而不及見矣傷哉丙辰後邑中時有兵警恭冕兢兢慎持懼有遺失暇日亟將此稾重復審校手自繕錄蓋又十年及乙丑之秋而後寫定述其義例列於卷首繼自今但求精 更得未見書讀之冀少有裨益是則先君子之

後敘

所以爲　一　恭冕之所受於先君子者不敢廷也世有鴻博

碩儒幸不吝言補其罅漏正其迷誤跂予望之同治五年歲

次丙寅春三月恭冕謹識

清寶應劉氏本論語正義

第二册

清 劉寶楠撰

中國國家圖書館藏清同治五年寶應劉氏刻本

山東人民出版社·濟南

論語正義卷七

寶應劉寶楠學

雍也第六

正義曰皇疏言古論以雍也爲第三篇此僞本不足據

集解

凡三十章

子曰雍也可使南面〔注〕包曰可使南面者言任諸侯治注可使南面者言任諸侯治。正義曰周官撣人注面猶鄉也人君鄉明而治故位皆南面鄭此注云言任諸侯之治與包同說苑修文篇當孔子之時上無明天子也故言雍也可使南面南面者天子也與包鄭說微異鹽鐵論殊路篇七十子皆諸侯卿相之才可南面者數人亦兼天子諸侯言之古人爲學皆以盡倫學也者效也學之爲父子焉學之爲君臣焉推之昆弟夫婦朋友莫不各有當然之則即莫不各有當學之事舍人倫無學也學修於己自能成物而得勢以行其所學故能措施裕如中庸所謂道前定則不窮者也大學言格物致知而極之治國平天下夫治國平天下皆天子諸侯之所有事而列於大學之目此正言人盡倫之學若曰爲君而後學爲君爲臣而後學爲臣則當其未學便已廢倫一旦假之以權其不至於敗乃事者幾希孟子謂士志仁義不能殺一無罪此亦指天子諸侯言之故曰大人之事備矣大人以位言之舉位則德自見蓋德必稱其位而後爲能居其位故夫天子諸侯卿大夫士位之差即德之差其德能爲天子而爲天子則舜禹之由登庸而進也其德能爲天子諸侯而僅爲卿大夫或僅爲士則孔孟之不得位以行其道也孟子云匹夫而有天下德必若舜禹而又有天子薦之者故仲尼不有天下荀子謂聖人之得勢者舜禹是也聖人之不得勢者仲尼子弓是也子弓即仲弓夫子議禮考文作春秋皆天子之事其答顏子問爲邦兼有四代之制蓋聖賢之學必極之治國平天下其不嫌於自任者正其學之分內事也夫子極許仲弓而云可使南面其辭隱其義顯包鄭均指諸侯劉向則謂天子說雖不同要皆通也近之儒者謂爲卿大夫不兼天子諸侯證引雖博未免淺測聖言文選思元賦注引論語摘輔像曰仲弓微明淸理可以爲卿彼自爲文不足證

仲弓問子桑伯子〔注〕王曰伯子書傳無見焉子曰可也簡〔注〕孔曰以其能簡故曰可也仲弓曰居敬而行簡以臨其民不亦可乎居簡而行簡無乃大簡乎〔注〕孔曰居身敬肅臨下寬略則可包曰伯子之簡大簡子曰雍之言然正義曰鄭注云子桑秦大夫以公孫枝字子桑故爲秦大夫然左傳言子桑之忠知人能舉善並無行簡之事鄭此說未可據也莊子山木篇孔子問子桑雩云云異日桑雩又曰舜之將死云云釋文雩音戶本又作雩音于李云桑姓雩其名隱人也或云姓桑雩名隱釋文所載二說以前說爲是至大宗師篇言桑戶與孟子反琴張爲友楚辭涉江篇以接輿桑扈並舉雩戶扈音近通用與孔子同時漢書古今人表列於周顯王之世非也王逸楚辭注謂桑扈爲隱士與莊子李注同則通志氏族略以爲魯大夫者亦非桑氏伯字下子字爲男子之美稱上子字則弟子尊其師者之稱如子

沈子子公羊子之例楚辭云桑扈臝行王逸注去衣裸裎効夷狄也說苑修文篇孔子曰可也簡簡者易野也易野者無禮文也說孔子見子桑伯子子桑伯子不衣冠而處弟子曰夫子何爲見此人乎曰其質美而無文吾欲說而文之孔子去子桑伯子門人不說曰何爲見孔子乎曰其質美而文繁吾欲說而去其文故曰文質修者謂之君子有質而無文謂之易野子桑伯子易野欲同人道於牛馬仲弓曰大簡此卽孔子所指爲簡之事當時隱者多是如此仲弓正之曰居敬而行簡以臨其民居敬則有禮文禮毋不敬也居敬卽大舜之恭己行簡臨民卽大舜之無爲而治此足見仲弓成己成物之學與隱士有異說苑所謂仲弓通於化術孔子明於王道而無以加仲弓之言者是也朱子或問謂夫子雖不正言其居簡之失而所謂可者固有未盡善之意仲弓默契聖人之微旨而分別夫居敬居簡之不同夫子所以深許之此說亦是皇疏此節與上章別形疏則聯上爲一章說苑云雍之所以得稱南面者問子桑伯子於孔子云云是以此節仲弓所言爲可使南面之證足知當日弟子類記不爲無意。注伯子書傳無見焉。正義曰王未考莊子楚辭說苑又不從鄭故云未見。注孔曰以其能簡故曰可也。正義曰皇本無孔安國曰以可爲美辭非經旨。注居身敬肅臨下寬略則可。正義曰爾雅釋詁簡大也寬大之治有似疏略毛詩匪風傳亨魚煩則碎治民煩則散煩與簡相反夫子以居上不寬爲不足觀又言寬則得衆是亦尚行簡之意是故居敬則有威儀可觀行簡則不大聲色於以化民民自能順帝則又且用得其賢衆職咸理此居敬行簡之所以爲可也若不能居敬而所行事又簡在己已無法度可守所行必至怠惰或更放誕無禮斯臨民亦必綱紀廢弛而不可爲治矣

哀公問弟子孰爲好學孔子對曰有顏回者好學不遷怒不貳過不幸短命死矣今也則亡未聞好學者也注凡人任情喜怒違理顏淵任道怒不過分遷者移也怒當其理不易移也不貳過者有不善未嘗復行正義曰說文㚔吉而免凶也從夭從屰夭死之事故死謂之不幸言不能免凶也短命者言顏子受命短也史記仲尼弟子傳顏回少孔子三十歲年二十九

髮盡白蚤死未箸卒之歲年家語弟子解始云三十二而死王肅注校其年則顏回死時孔子年六十一李氏鍇尚史辨之云顏子卒於伯魚之後按譜孔子七十而伯魚卒是顏子之卒當在孔子七十一之年顏子少孔子三十歲是享年四十有一矣江氏永鄉黨圖考同臧氏庸拜經日記史記列傳但云蚤死夫五十以下而卒皆可謂之蚤三十一之文不知所本必係王肅僞撰公羊傳哀十四年顏淵死子曰噫天喪予子路死子曰噫天祝予西狩獲麟孔子曰吾道窮矣何休注天生顏淵子路爲輔佐皆死者天將亾夫子證時得麟而死此亦天告夫子將沒之徵又史記孔子世家河不出圖雒不出書吾已矣夫顏淵死天喪予及西狩獲麟曰吾道窮矣夫曰天喪予曰天祝予曰吾道窮曰吾已矣者皆孔子將沒之年所言故公羊春秋及弟子傳皆連言之則顏子之死必與獲麟子路死夫子卒相後先孔子年七十一獲麟七十二子路死七十三孔子卒顏子少孔子三十歲孔子七十顏子巳四十也又史記世家云伯魚年五十先孔子卒以核家語孔子年二十而生伯魚之說尚不甚遠則伯魚卒時孔子年六十九據論語顏子死在伯魚之後則孔子年七十顏子正四十也魯哀季康子之問皆在哀十一年孔子反魯之後時顏子新卒

故聖人述之有餘痛焉案臧說甚核毛氏奇齡稽求篇孔氏廣森公羊通義並略同但與李鍇說差少一年今更無文定之也又案秦漢人說顏子卒年本多乖互列子力命篇顏子之才不出衆人之下而壽十八淮南子精神訓顏淵夭死高誘注顏淵十八而死後漢書郎顗傳顏子十八天下歸仁皆以顏子卒年爲十八此眞異說非可據也三國志孫登傳權立登爲太子年三十三卒臨終上疏曰周晉顏回有上智之才而尙夭折況臣愚陋年過其壽亦以顏子卒年未至三十三則或與家語同未可知也皇本問下有曰字釋文云本或無以字即連下句讀俞氏樾羣經平議謂旣云以又云未聞好學於辭複此與先進篇語有詳略因涉彼文而誤衍以字當據釋文或本訂正○注凡人至復行○正義曰喜怒者七情之發凡人任情多致違理不中節也但喜雖違理無所傷害於人故夫子專以怒言之春秋言君子善善及子孫惡惡止其身是喜雖違理不失爲君子若怒則不宜違理也左宣十七年傳范武子曰喜怒以類者鮮易者實多杜注易遷怒也蓋喜怒當其理謂之類類者比也若遷怒則不依其類而違理矣顏子好學能任道故善養其氣而幾於中和也遷移見廣雅釋言此常訓易繫辭傳子曰顏氏之子其殆庶幾乎有不善

未嘗不知知之未嘗復行也易曰不遠復无祇悔元吉此注言有不善未嘗復行卽本易傳過者謂或過中或不及中也中庸云子曰回之爲人也擇乎中庸得一善則拳拳服膺而弗失之矣當未擇時不能無過中之失及得善而服膺弗失所以能不貳過此顏子思誠之學以人道合天道者也是故言天行者不能無贏縮陵歷之異水旱沴孽之災而於穆不已不違能復故於復見天地之心益初至四五復其象曰君子以見善則遷有過則改明改過能有益也夫子學易可以無大過顏子好學亦能體復故夫子易傳獨稱之

子華使於齊冉子爲其母請粟子曰與之釜注馬曰子華弟子公西赤之字六斗四升曰釜**請益曰與之庾**注包曰十六斗曰庾**冉子與之粟五秉**注馬曰十六斛曰秉五秉合爲八十斛**子曰赤之適齊也乘肥馬衣輕裘吾聞之也君子周急不繼富**注鄭曰非冉有與之太多　正義曰使者夫子使之也此與

原思爲宰不必同在一時弟子類記之以見聖人取予之
際各有所宜爾冉子據鄭注即冉有稱子者冉有門人所
記也說文粟嘉穀實也粟本禾米之名諸穀亦得稱之請
粟是請於夫子與粟五秉則冉有自以藏粟與其母也言
粟五秉則與釜與庾不言數是爲一釜一庾矣適齊者爾
雅釋詁適往也此常訓周急者禮記月令周天下注周謂
給不足也周官鄉師職賙萬民之囏阨鄭司農云賙讀爲
周急之周賙同也李賢後漢書王丹傳注周急謂周
濟困急也○明注子華至曰釜○正義曰鄭此注與馬同史
記弟子傳公西赤字子華公西是兩字氏鄭目錄曰魯人
少孔子四十二歲釜爲鬴或字見說文考工記㮚氏爲量
量之以爲鬴深尺內方尺而圜其外其實一鬴左昭三年
傳齊舊四量豆區釜鍾四升爲豆各自其四以登于釜鄭
注㮚氏云四升曰豆四豆曰區四區曰鬴鬴六斗四升也
依左氏文爲說○注十六斗曰庾○正義曰說文㪥量也
庾即㪥字段借考工記陶人庾實二㪥厚半寸脣寸注豆
實三而成㪥則㪥受斗二升庾讀如請益與之庾之庾戴
氏震補注二斗四升曰庾十六斗曰籔庾與籔音聲相通
傳注往往譌溷論語與之庾謂於釜外更益二斗四升蓋
與之釜已當所益不得過乎始與馬氏宗璉左傳補注引

戴說又云案庾籔讀瀏者聘禮記云十六斗曰籔鄭注今文籔或爲逾康成但謂其音同庾庾非謂籔卽庾也論語包注直云十六斗曰庾始混籔爲庾矣元凱注左傳混庾爲籔正義反援儀禮正之且以庾爲瓦器非量器尤爲臆說今案左昭二十年傳粟五千庾賈逵注十六斗爲庾此元凱所本魯語缶米韋昭解云缶庾也亦誤以爲瓦器又引聘禮曰十六斗曰庾此用儀禮今文以庾與逾同故直引聘禮作庾小爾雅廣量云二釜有半謂之庾其誤與包咸同藝文類聚八十五引鄭此注云六斛四升曰庾文有譌錯當據考工注文正之又廣雅釋器云區四曰釜釜十曰鍾鍾十曰與與釜爲六斗四升則釜十曰鍾當得六斛四斗鍾十曰與當得六十四斛此說與數太多未知所本。注十六斛曰秉。正義曰聘禮記十六斗曰籔十籔曰秉鄭注秉十六斛王氏念孫廣雅疏證秉之言方也方者大也量之最大者也

原思爲之宰（注）包曰弟子原憲思字也孔子爲魯司寇以原憲爲家邑宰**與之粟九百辭**（注）孔曰九百九百斗辭讓

不受注弟子至邑宰。○正義曰：史記弟子列傳原憲字子思鄭目錄云魯人司馬貞索隱引家語云宋人少孔子三十六歲金氏鶚禮說依家語則夫子仕魯時子思方十七八歲未任爲宰家語三字當是二字之譌鄭此注云孔子初仕魯爲中都宰從中都宰爲司空從司空爲司寇也案孔子五十二歲始仕魯爲中都宰五十三歲進位爲司空司寇五十六歲去位則此原思爲宰蓋在孔子爲司空司寇時也包氏止就司寇言舉最後之官意中兼有司空與鄭義同云原憲爲家邑宰者晉語云官宰食加韋昭注官宰家臣也加大夫之加田也論語曰原憲爲家邑宰與包此注合加田當謂采地原憲爲家邑宰明此與粟爲食加矣儀禮喪服斬衰章疏孤卿大夫有采邑者其邑既有邑宰又有家相若魯三卿公山弗擾爲季氏費宰子羔爲孟氏郈宰之類皆爲邑宰也陽貨冉有子路之等爲季氏家相亦名家宰若無地卿大夫則無邑宰直有家相者也賈氏此言最晰諸書言孔子仕魯不言采地則止有家相不得有邑宰包韋之說未可據矣○注九百至不受○正義曰云九百九百斗者孔以意言之胡氏紹勳拾義案世家孔子居魯奉粟六萬索隱云當是六萬斗正義云六萬小斗當今二千石也據此知孔子時三斗當唐時一斗宋沈括筆談云予求秦漢以來度量計六斗當今之一斗七升九合是宋斗又大於唐斗元史言世祖取江南命輸粟者止用宋斗斛以宋一石當今七斗是元斗又大於宋斗然則周時九百斗合元時僅得一百八十九斗也江氏永羣經補義云古者百畝當今二十三畝四分三釐有奇就整爲二十三畝半今稻田自佃一畝約收穀二石四斗二十三畝半收穀五十六石四斗折半爲米二十八石二斗人一歲約食米三石六斗可食八人據江氏說古農夫百畝合今斗且得米二百八十二斗加孔注以九百爲九百斗止合元斗一百八十九斗反不及農夫所收之數原思何又嫌多而斛之或九百爲九百石則又不若是多古制計粟以五量量莫大於斛十斗爲一斛粟多至九百必以量之最大者計之則九百當爲九百斛何以知爲九百斛也當時孔子爲小司寇即下大夫其家宰可用上士爲之孟子曰上士倍中士當得四百畝之粟又曰卿以下必有圭田圭田五十畝明士亦有圭田以五十畝合四百畝爲四百五十畝以漢制畝收粟一石半計之當得六百七十五石若以石合斛一石爲百二十斤古無大斗一斛粟不足百斤二斛約重一石有半是百畝收百五十石合得二百斛四百畝爲八百斛卿圭田五十畝爲一百斛共得

九百斛案胡說近理因並箸之云辭辭讓不受者說文辤不受也辭訟也二字義别今經典多作辭子曰毋
以與爾鄰里鄉黨乎注孔曰祿法所得當受無讓鄭曰五
家爲鄰五鄰爲里萬二千五百家爲鄉五百家爲黨正義曰鄭
注云毋止其辭讓也士辭位不辭祿案說文毋止之詞也
古人祿皆以粟故注以祿解粟此與上章請粟爲私與之
粟不同也有位則有祿義所當受不得辭惟辭位乃無祿
耳鄭以毋字絕句武氏億經讀考異謂毋通作無以通作
已毋以亦連下讀如孟子無以則王乎句亦通王氏引之
經傳釋詞謂毋與無通無訓爲不連下讀與武又異而義
亦遜○注五家至爲黨○正義曰說文鄉國離邑民所居
也國離邑者言鄉爲國所附麗之邑也釋名釋州國鄉向
也衆所向也玉篇鄉廣雅云居也一曰五百家爲䣊今作
黨據說文黨從尚黑訓不鮮則段借也周官大司徒令五
家爲比五比爲閭四閭爲族五族爲黨五黨爲州五州爲
鄉注黨五百家鄉萬二千五百家又遂人掌邦之野以土
地之圖經田野五家爲鄰五鄰爲里四里爲酇五酇爲鄙
五鄙爲縣五縣爲遂注鄭司農云田野之居其比伍之名

與國中異制，故五家爲鄰。玄謂異其名者，示相變耳。案此則鄰里鄉黨實兼鄉遂之制，各舉二者以概其餘。

子謂仲弓曰：犂牛之子騂且角，雖欲勿用，山川其舍諸？（注）犂，雜文。騂，赤也。角者，角周正，中犧牲。雖欲以其所生犂而不用，山川寧肯舍之乎？言父雖不善，不害於子之美。

正義曰：皇疏載一說：犂或音梨，謂耕牛也。釋文：犂又力兮反，耕犂之牛。此六朝經師解論之最可據者。說文：𥝢，耕也；耕，𥝢也。互相訓。犂即𥝢省。古有人耕、牛耕二法。孔門弟子如冉耕字伯牛，司馬牛名犂，名字都是相配。惠氏士奇禮說：犂牛爲耕牛，犂牛之子非犢而何？體醇騂而角繭栗，此天牲也。以天牲而用之山川，則近於非禮。然天下未有歆於上帝而吐於山川者，故曰山川其舍諸。說者據此以爲山川用騂牲，誤矣。何休云：別天牲，主以角。故知騂且角爲天牲。先從叔丹徒君騈枝云：惠氏謂山川不得用騂牲，以其非禮，故欲勿用，此義非也。又云天下未有歆於上帝而吐於山川者，故曰山川其舍諸。夫既非禮矣，山川豈得享之？祭義曰：古者天子諸侯必有養獸之官，犧牲祭牲必於是取之。民間耕牛非所以待祭祀故欲勿用然有時公牛不足則耕牛之犢亦在所取周禮羊人職云若牧人無牲則受布於司馬使其賈買牲而共之遂人所謂野牲曲禮所謂索牛是也周禮用騂牲者三祭天南郊一也宗廟二也望祀南方山川三也郊廟大祀也山川次祀也耕牛之犢而有騂角之材繼不用諸上帝山川次祀亦豈得舍之不得巳而思其次之辭也三代以下世及爲禮未有起畎畝之中膺天子之薦者諭匹夫之遭際至於得國而止五嶽視三公四瀆覲諸侯故有山川之驗說苑脩文篇日雍也可使南面南面者天子也孫卿子日聖人之得埶者舜禹是也聖人之不得埶者仲尼子弓是也楊倞注子弓仲弓也顏淵問爲邦夫子告以四代禮樂仲弓德行亞於顏淵覲夫子所以稱之者其分量可知矣謹案騂枝此義甚精南齊祭祀志建武二年何佟之奏牧人云陽祀用騂牲陰祀用黝牲鄭云陽祀祭天南郊及宗廟陰祀祭地北郊及社稷前軍長史劉繪議語云犁牛之子云云未詳山川合爲陰祀否若在陰祀則與黝乖矣佟之云周禮以天地爲大祀四望爲次祀山川爲小祀自四望以上牲色各依其方者以其祀大宜從本也山川以下牲色不見者以其祀小從所尚也則禮論二說合爲一矣從之考佟之議謂此山川爲山林

川澤羣祀之小者與四望不同四望者五嶽四瀆其祀尊故各用其方色山川其祀卑則各從所所尚用之明堂位夏后氏牲尚黑殷尚白周騂剛騂本周所尚故此山川得用之也四望山川不在陰祀之列故鄭注牧人不數之騂㸿謂望祀南方山川用騂是山川亦用其方之色與四望大祭同此騂牛但舉南方與何說異何謂山川用牲各從所尚考之經傳未有所徵則當以騂犢爲然也若然山川用騂而牧人云凡外祭毀事用尨外祭兼有山川彼謂毀除殃咎之祭非正祭說文市居曰舍捨擇也誼別今經典多段舍爲捨○注犛雜至之美○正義曰云犛雜文者王氏引之經義述聞犛與騂對舉犛者黃黑相間之名也魏策驪牛之黃也似虎驪與犛通犛之爲驪猶黎之爲驪禹貢厥土青黎史記夏本紀作青驪東山經鯥魚其狀如犛牛郭注牛似虎文者則犛牛郎驪牛矣廣韻之黧黑而黃也黧亦與犛通然則犛牛者黃黑相雜之牛也淮南說林篇髡屯犛牛既科以椅決鼻而羈生子而犧尸祝齋戒以沈諸河河伯豈羞其所從出辭而不享哉而犧與犛相對爲文魯頌閟宮傳犧純也曲禮鄭注犧純毛則犛爲不純色者矣故高注曰犛牛不純色引論語云云據此則雜文之訓確不可易月令曰命宰歷卿大夫至於庶民土田之數

而賦犧牲以共山林名川之祀則山川之祀亦用純色而
不純者不用此正與論語義合今案法言脩身篇或問犂
牛之犢與玄騂之犢有以異乎曰同然則何以不犂也曰
將致孝乎鬼神不敢以其犂也如刲羊刺豕罷賓犒師惡
在犂不犂也此亦以犂牛爲雜文與淮南同其實論語犂
牛即是耕牛東山經借犂爲驪與此犂牛字同實異不得
援以爲證且騂角之牛既已可用何必追溯所生而以雜
文爲嫌致有勿用之疑若以雜文喻仲弓父行惡無論此
說全不可信且即有之而稱子之美必及其父之惡長者
所不忍言而謂聖人能出諸口乎然則以犂牛爲耕牛以
耕牛爲喻微賤其說信不可易云騂赤也者郊特牲云牲
用騂尚赤也明堂位周騂剛注騂赤色草人職云騂剛用
牛注故書騂爲挈杜子春挈讀爲騂謂地色赤案說文垟
赤剛土也从土觲省聲此即草人騂剛之義垟正字段騂
字爲之與明堂位騂剛騂爲正字異也說文馬部無騂徐
鉉新附字作騂云从馬觲省聲云角者角周正中犧牲者
說文角獸角也象形角與刀魚相似釋名釋形體角者生
於額角也何休公羊僖三十一年傳注禮祭天牲角繭栗
社稷宗廟角握六宗五嶽四瀆角尺繭栗者言其堅細角
以細小爲貴故握大於繭栗尺又大於握也此祭山川當

用角尺皇疏云角周正長短尺寸合禮也周氏柄中典故辨正云角爲周正如春秋鼷鼠食郊牛角則不周矣爾雅角一俯一仰曰觭則不正矣此言角雖合度然稍有偏頗亦爲不合用也說文犧宗廟之牲也賈侍中說此非古字意古或以義爲之又說文牲牛完全凡鳥獸用於祭祀皆謂之犧牲引申之義也騂角合禮故言中犧牲也云雖欲以其所生犂而不用山川寧肯舍之乎者此言人欲勿用之也王氏引之經傳釋詞諸之乎也急言之曰諸徐言之曰之乎据王說則此注之乎二字卽釋諸字也云言父雖不善不害於子之美者此魏晉人誤說史記仲尼弟子列傳仲弓父賤人孔子曰犂牛之子云云賤者微賤之稱夫子亦自言少賤非謂其行有不善也家語弟子解乃云仲弓伯牛之宗族生於不肖之父家語爲王肅所亂不足取證論衡自紀篇母犂犢騂無害犧牲祖濁裔清不妨奇人鯀惡禹聖叟頑舜神伯牛寢疾仲弓潔全顏路庸固回傑超倫孔墨祖愚丘翟聖賢以伯牛爲仲弓父必有所本伯牛寢疾豈爲惡行可知家語及此注之謬

子曰回也其心三月不違仁其餘則日月至焉而已矣〔注〕餘

人暫有至仁時唯回移時而不變正義曰顏子體仁未得位行道其仁無所施於人然其心則能不違故夫子許之日月至者謂每一日皆至仁也一日皆至仁非謂日一至也積日成月故日日月至○注餘人暫有至仁時唯回移時而不變○正義曰言日月至則非終日終月不違仁故注以暫言之云移時者天有四時每三月爲一時過三月竟則移時皇疏云既不違則應終身而止舉三月者三月一時爲天氣一變一變尚能行之則他時能可知也亦欲引汲故不言多時也故苞遠云顏子不違仁豈但一時將以勗羣子之志故不絕其階耳

季康子問仲由可使從政也與子曰由也果注包曰果謂果敢決斷於從政乎何有曰賜也可使從政也與曰賜也達注孔曰達謂通於物理於從政乎何有曰求也可使從政也與曰求也藝注孔曰藝謂多才藝於從政乎何有正義曰從

政謂從事於政或據左傳晉之從政者新以此從政爲執政非也魯人使使召冉求冉求先歸至此康子始問三子從政則由求之仕季氏並在夫子歸魯後矣果者能任事達者能明事藝者能治事故皆可以從政公孫丑以樂正子爲政疑其强有知慮多聞識强即是果有知慮即是達多聞識即是藝皇本曰賜也達曰求也藝兩曰上有子字○注果謂果敢決斷○正義曰爾雅釋詁果勝也一切經音義引爾雅作惈孫炎曰惈決之勝也又引蒼頡篇惈憨也憨與敢同子路好勇故遇事明決爲果敢也其可使治賦亦以此○注達謂通於物理○正義曰儀禮士昏禮注達通達也此常訓物猶事也○注藝謂多才藝○正義曰鄭亦有此注同孔所襲也藝本作埶見說文古以禮樂射御書數爲六藝人之才能由六藝出故藝即訓才能冉求自任以爲小國三年可使足民其藝可知

季氏使閔子騫爲費宰注孔曰費季氏邑季氏不臣而其邑宰數畔聞子騫賢故欲用之正義曰史記弟子列傳閔損字子騫少孔子十五歲鄭目錄云魯人玉篇郲魯季氏邑論語作費或作鄪○注費季至用之○正義曰左僖元年傳公賜季友汶陽之田及費

是費爲季氏邑也顧氏棟高春秋大事表費邑有二魯大夫費庈父之邑在今兖州府魚臺縣西南季氏之費邑在今沂州府費縣治西南七十里江氏永春秋地理考實費伯帥師城郎郎亦在魚臺縣故城在今費縣西北二十里今之費縣治祊城于欽齊乘謂伯國姬姓魯懿公之孫後爲季氏之邑以費伯之費與季氏之費合爲一非也邑宰數畔謂南蒯公山弗擾之類如注所言季氏當指康子以上章康子問三子從政觀之此爲康子無疑

閔子騫曰善爲我辭焉注孔曰不欲爲季氏宰託使者善爲我辭焉說令不復召我

如有復我者則吾必在汶上矣注孔曰復我者重來召我去之汶水上欲北如齊

正義曰陸氏釋文曰一本無吾字鄭本無則吾二字阮氏元挍勘記史記無則吾二字與鄭本同○注不欲至召我○正義曰史記弟子傳言閔損不仕大夫不食汙君之祿不仕大夫郎指此辭費宰此家語執轡篇載閔子爲費宰問政於夫子與論語顯背可知其僞矣毛氏奇齡改錯曰夫子一門多仕季氏郎夫子已先爲季氏史爲季氏司職吏閔子祗以費本巖邑而

其先又經叛臣竊據實恐難任故辭之頗堅觀其居喪未終要經從政則非仲尼之門不肯仕大夫之家已可知也案毛說固是然閔子實不欲臣季氏與由求諸人異所謂君子之行有不同也史傳稱其不食汙君之祿與上句不仕大夫互文見義明此大夫亦汙君之類故不欲仕不得援要經從政謂此辭辛但以難任故矣云說令不復召我說即辭也或謂辭與原思辭粟之辭同辭不受也亦通○注去之汶水上欲北如齊○正義曰漢書地理志泰山郡萊蕪下曰禹貢汶水出西南入濟瑯邪郡朱虛下曰東泰山汶水所出東至安丘入濰是汶水有二此水經由齊魯界上閔子所指之汶未知確在何處水經汶水注云汶水經鉅平縣故城而西南流城東有魯道詩所云魯道有蕩是也王氏祀說齊魯往來孔道實在嬴博當今盦陽東平閒則意汶上亦在嬴博說頗近理閭氏若璩釋地引曾彥和曰出萊蕪縣原山入濟者徐州之汶也出朱虛縣泰山入濰者青州之汶也論語在汶指徐州言以魯事也

伯牛有疾子問之自牖執其手注馬曰伯牛弟子冉耕包曰牛有惡疾不欲見人故孔子從牖執其手也正義曰說文牖穿壁也以

木爲交窗也從片戶甫譚長以爲甫上日也非戶也牖所以見日段氏玉裁注交窗者以木橫直爲之即今之窗也在牆曰牖在屋曰窗此則互明之必言以木者字從片也古者室必有戶有牖牖東戶西皆南鄉毛詩傳曰向北出牖也北或有穴通明至冬塞之然士虞禮祝啓牖鄉鄭注云鄉牖一名明堂位達鄉注鄉牖屬是南牖亦名向士喪禮寢東首於墉下喪大記作北墉下今本墉皆謂牖非也今案士虞禮注牖先闔後啓扇在內也窗扇在內故毛傳及說文以向爲北出牖北出猶言北開士虞禮明堂位所云啓鄉達鄉即豳詩之塞向非有南牖北牖之分古人寢居在奧故士昏禮御衽于奧媵衽良席在東北止至冬時氣寒故令塞向塞者蔽也不是北牆別有穴以通明而名向也喪大記寢東首于北墉下注謂君來視之時也病者恒居北墉下或爲北牖下釋文庸本又作墉則經文必本作庸非作牖可知作牖者鄭君所記別本陸氏未爲作音也孔疏所見經注皆是牖不能辨正且謂病者恒在北牖下若君來視之時暫移嚮南牖下東首令君得南面視己與鄭注違異非也毛氏奇齡稽求篇郊特牲云喪國之社屋其上而開北牖所以絕陽光而通陰氣陰生則物死是北牖爲死牖而謂病者居其下誤矣方氏觀旭

偶記說者謂古人西北隅有扉謂之屋漏案喪大記甸人所徹廟之西北扉舊解云扉是屋簷也不為門扉扉之義為隱是室隱處惟喪事徹去其扉為日光漏入因而其處有屋漏之名然則西北隅無扉不必為北牖一誤字從而為之辭案古人平時寢處皆在奧病時始遷北墉下卽君視疾亦然毛氏奇齡謂東首西面與君之入室西立東面正得相對若然病者遷北墉下而論語稱自牖執其手者包咸謂牛有惡疾不欲見人故遷於南牖下夫子自牖外就而問之此是變禮故論語特文記之漢書龔勝傳勝稱病篤為牀室中戶西南牖下東首加朝服扡紳使者入戶西行南面立致詔付璽書遷延再拜蓋勝不欲仕莽偽辭以疾而惟恐使者知之故遷於牖下不令人室以示不敢當尊之意其使者則仍入戶致詔蓋亦知其非病矣毛氏奇齡謂因王莽詔使迎勝勝以死自居案死後遷牖下是南首龔勝遷牖下是東首與平時寢處無異何言自居以死毛說誤也又案以龔勝傳觀之伯牛遷牖下亦當是東首○注伯牛至手也○正義曰史記弟子列傳冉耕字伯牛鄭目錄云魯人聖門志闕里廣志稱伯牛少孔子七歲不審何據弟子傳又云伯牛有惡疾此包所本淮南子精神訓伯牛為厲說文癘惡疾也厲卽癘省毛氏奇齡賸言

古以惡疾爲癩禮婦人有惡疾去以其癩也故韓詩解芣苢之詩謂蔡人之妻傷夫惡疾雖愚癩而不忍絶而劉孝標作辨命論遂謂冉耕歌其芣苢正指是也**曰亾之**注孔曰亾喪也疾甚故持**其手曰喪之命矣夫斯人也而有斯疾也斯人也而有斯疾也**注包曰再言之者痛惜之甚正義曰漢書楚元王傳茂之命矣夫新序節士篇末之命矣夫本此文亾茂末皆訓無無末茂叉聲轉史記弟子傳曰命也夫斯人也而有斯疾命也夫當是古論如此白虎通情性篇命者何謂也人之壽也天命已使生者也又言命有三科有遭命以遇暴遭命者逢世殘賊若上逢亂君下必災變暴至夭絶人命下云冉伯牛危言正行而遭惡疾孔子曰命矣夫斯人而有斯疾也是則孔子此歎蓋傷時無賢君有道之士多致夭病與哭顏淵同意○注亾喪也疾甚故持其手曰喪之○正義曰注以疾甚知其將死故曰喪之吳氏英經句說讀亾爲無云春秋傳公子曰無之謂無其事也此無之謂無其理也有斯疾必有致斯疾者而斯人無之也案吳說亦通新序言關龍逢諫桀因囚拘之君子引此文惜之亦謂無其理也顏師古楚

元王傳注蔑無也言命之所遭無有善惡此義非是

子曰賢哉回也一簞食一瓢飲在陋巷人不堪其憂回也不改其樂賢哉回也〔注〕孔曰簞笥也顏淵樂道雖簞食在陋巷不改其所樂正義曰說文云陋阸陝也陝與狹同顏子家貧所居陋狹故曰陋巷說文䢼里中道從䢼從共皆在邑中所共也巷篆文從䢼省廣雅釋詁衖尻也釋室衖道也又云閭謂之衖衖爲䢼之變體巷則從篆文巷省古人稱巷有二義里中道謂之巷人所居亦謂之巷故廣雅兼列二訓顏子陋巷即儒行所云一畝之宮環堵之室解者以爲街巷之巷非也此王氏念孫說見經義述聞寰宇記陋巷在曲阜縣西南二里孔子廟北二百步一統志陋巷在曲阜縣闕里東北今顏子廟在焉此出後世傳會不足依據○注簞笥至所樂○正義曰鄭注云簞笥也此僞孔所本說文簞笥也漢律令簞小筐也笥飯及衣之器也其字從竹是簞笥以竹爲之亦有用葦者士喪禮櫛於簞注簞葦笥是也笥兼大小簞則止是小者故許引漢律以簞爲小筐也說文匚部匡飯器筥也筥者籍

之一名容五升則此小筐亦容五升矣廣雅釋器籯匧匴笥也簞籚篋筐也匴與簞同曲禮凡以弓劍苞苴簞笥問人者鄭注簞笥盛飯食者圜曰簞方曰笥對文簞笥別散文通稱皇本簞笥也下有瓢瓠也三字案云瓢瓠者謂瓠爲瓢也衆經音義十八引三蒼云瓢瓠勺也士昏禮實四爵合巹鄭注合巹破匏也太平御覽引三禮圖云巹取四升瓠中破然則瓢亦是破瓠爲之但此用爲飲器其容數未聞鄭注云貧者人之所憂而顔淵志道自有所樂故深賢之此注云樂道與鄭同趙岐注孟子離婁篇云當亂世安陋巷者不用於世窮而樂道也惟樂道故能好學夫子疏水曲肱樂在其中亦謂樂道也

冉求曰非不說子之道力不足也子曰力不足者中道而廢今女畫注孔曰畫止也力不足者當中道而廢今女自止耳非力極注畫止至力極○正義曰說文畫界也象田四界聿所以畫之引申之凡有所界限而不能前進者亦爲畫故此注訓止法言學行篇是故惡夫畫也李軌注同凡人志道皆必力學人不可一日勿學故於學自

有不已之功聖門弟子若顏子大賢猶言欲罷不能既竭吾才欲從末由其於夫子之道蓋亦勉力之至然循序漸進自能入德奚至以力不足自諉里仁篇夫子云有能用其力於仁矣乎我未見力不足者若此言力不足者中道而廢蓋特就冉求之言指出眞力不足以曉之張栻論語解爲仁未有力不足者故仁以爲己任者死而後已焉今冉求患力之不足非力不足也乃自畫耳所謂中道而廢者如行半塗而足廢者也士之學聖人不幸而死則已矣此則可言力不足也不然而或止焉則皆爲自畫耳畫者非有以止之而自不肯前也南軒說卽此注義表記云鄉道而行中道而廢忘身之老也不知年數之不足也俛焉日有孳孳斃而後已鄭注廢喻力極罷頓不能復行則止也俛焉勤勞之貌表記之文與此章相發中道而廢卽是斃惟斃不得不廢廢猶言止也人之力生於氣而其爲學也則有志以帥氣志之不立而諉於氣之不振是自棄矣是故君子之爲學日知所亾月無忘其所能莫殫也莫究也期之終身而已身之未亾是力猶未盡故夫彊有力者將以爲學也舍學而彊有力將何用焉力之既至而學亦至則希聖達天之詣力之既至而學猶未至則是中道而廢亦不失爲賢者之歸當時若顏子未達一間而遽

以早死是亦中道而廢者也冉求未至罷頓力極而曰力不足則是自爲畫止非力不足可知注中力極二字似本表記注

子謂子夏曰女爲君子儒無爲小人儒注孔曰君子爲儒將以明道小人爲儒則矜其名 正義曰周官太宰四曰儒以道得民注儒諸侯保氏有六藝以教民者大司徒四曰聯師儒注師儒鄉里教以道藝者據此則儒爲教民者之稱子夏於時設教有門人故夫子告以爲儒之道君子儒能識大而可大受小人儒則但務卑近而已君子小人以廣狹異不以邪正分。注孔曰至其名。正義曰小人儒不必是矜名注說誤也皇本作馬曰弟子傳集解引作何曰足利本不載姓名則亦以爲何曰矣北堂書鈔六十六引何休注文同當是何晏之誤

子游爲武城宰注包曰武城魯下邑子曰女得人焉耳乎注孔曰焉耳乎皆辭曰有澹臺滅明者行不由徑非公事未

嘗至於偃之室也〔注〕包曰澹臺姓滅明名字子羽言其公且方

正義曰耳他本或引作爾耳爾皆辭阮氏元挍勘記段氏說文注並以耳爲爾譌爾於此也此者此武城也段云耳在古音一部爾在古音十五部音義絕不相混然唐宋石經宋本九經岳珂本此文皆作耳耳訓語辭不必從爾訓於此矣鄭注云汝爲此宰寍得賢人與之耳語與也注有譌脫莫曉其義又云澹臺滅明者孔子弟子子游之也同門也步道曰徑修身正行公事乃肯來我室與之語耳非公事不肯來言無私謁案弟子列傳澹臺滅明狀貌甚惡欲事孔子孔子以爲材薄既已受業退而脩行行不由徑非公事不見卿大夫是滅明先受學孔子與子游同門同門者謂同在一師門也步道曰徑者說文徑步道也言爲人所步走之道釋名釋道云徑經也人所經由也周官遂人職夫間有遂遂上有徑此卽步道之徑祭義道而不徑老子大道甚夷而民好徑焦竑筆乘古井田之制道路在溝洫之上方直如棊枰行必遵之毋得斜冒取疾野廬氏禁野之橫行徑踰者脩閭氏禁徑踰者皆其證惠氏士奇禮說徑謂之蹊釋名蹊系也射疾則用之故還系於正道康成亦云徑踰射邪趨疾禁之所以防姦謂不

由正道昌翔觀伺將開寇盜之端故橫行徑踰者禁之有相翔者訞之則寇盜之端絕矣君子絕惡於其細禁姦於其微射邪趨疾未必遂爲盜也而昌翔觀伺爲盜之端遂萌於此野廬氏掌凡道徑塞其塗弁其迹則形勢不得爲非使民無由接於姦邪之地故晏嬰治阿而築蹊徑者以此也春秋禁書雖存而官失其職道禁之不行久矣子羽獨奉而行之以爲先王之道存焉則一步一趨無在而非先王之道也○私謁者謂以私事謁也謁訓請亦訓告○注武城魯下邑○正義曰魯有兩武城史記弟子列傳曾參南武城人澹臺滅明武城人大戴禮衞將軍文子篇注曾參魯南武城人澹臺滅明魯東武城人分別甚明顧氏炎武日知錄謂子羽曾子同一武城子羽傳次曾子省文但曰武城似非南武城據顧氏棟高春秋大事表在今嘉祥縣於曲阜爲西南東武城與邾吳接壤在今費縣於曲阜爲東南江氏永春秋地理考實引一彙纂云通典費縣有古武城今故城在費縣西南九十里一云在費縣西南八十里石門山下案八十里說近是山東通志引闕里志云武城在費縣西南八十里關陽川之旁子游所宰邑也有古石刻云仰視高山俯聽流水絃歌之聲宛然如在今以嘉祥之南武山爲武城並東昌之武城縣爲絃歌鄉者皆循

名而失實也○注澹臺至且方○正義曰弟子列傳澹臺滅明字子羽少孔子三十九歲云公且方者公謂不以私事至也方謂行不由徑朱子集注云不由徑則動必以正而無見小欲速之意可知非公事不見邑宰則其有以自守而無枉己徇人之私可見矣

子曰孟之反不伐注孔曰魯大夫孟之側與齊戰軍大敗不伐者不自伐其功奔而殿將入門策其馬曰非敢後也馬不進也注馬曰殿在軍後前曰啟後曰殿孟之反賢而有勇軍大奔獨在後爲殿人迎功之不欲獨有其名曰我非敢在後拒敵馬不能前進正義曰之反毛本誤子反鄭注云姓孟名之側字之反也案古人名多用之爲語助若舟之僑宮之奇介之推公罔之裘庾公之斯尹公之他與此孟之反皆是杜預左傳注之側孟氏族也奔說文作奔云走也走謂速走釋名釋姿容奔變也有疾變奔赴之也門者國門左哀十一年傳說此事

云抽矢策其馬曰馬不進也似謂以矢策馬說文敕擊馬也敕策同音叚借○注魯大夫孟之側○正義曰之反爲大夫亦以意言○注殿在至爲殿○正義曰左傳云齊伐我及清孟孺子洩帥右師師及齊師戰于郊右師奔齊人從之陳瓘陳莊涉泗孟之側後入以爲殿錢氏大昕潛研堂文集古文尻臀字本作屍殿從屍得聲臀又從殿取聲人之一身臀居其後軍後曰殿亦取斯義漢時課吏有殿最之法亦以居後爲殿也案詩采菽傳殿鎮也孔疏軍行在後曰殿取其鎮重之義愚謂臀居人後亦以其鎮重故名之左襄二十三年傳齊侯伐衛大殿商子游御夏之御寇是殿本軍制邢疏引司馬法謀帥篇乘車大震大震卽大殿音相似是也魯師雖奔而之反能在後結陳以行所保全之功甚鉅故注云軍大奔獨在後爲殿也云前曰啓者詩元戎十乘以先啓行司馬法夫前驅啓啓訓開爲軍先鋒故在前也注言此者明啓殿皆陳法非是奔在後卽爲殿也

子曰不有祝鮀之佞而有宋朝之美難乎免於今之世矣

孔曰佞口才也祝鮀衛大夫子魚也時世貴之宋朝宋之

美人而善淫言當如祝鮀之佞而反如宋朝之美難乎免於今之世害也

正義曰：鄭注云：「不有，言無也。祝即祝史，說文祝祭主贊詞者。」○注「祝鮀」至「害也」。○正義曰：周官惟大祝是下大夫，小祝、喪祝、甸祝、詛祝皆以士爲之，此祝鮀於衞不得儕大夫，注以意言之耳。左定四年傳先言祝鮀，後言子魚，鮀者魚名，故名鮀字子魚。古今人表作佗，則鮀同音段借字。宋朝謂宋公子朝也。朝初仕衞爲大夫，通於襄夫人宣姜，又通於靈公夫人南子，並見左氏傳，是其善淫也。衞別有公子朝，爲季札所說，許爲君子。昭二十一年曾救宋，與宋公子朝爲二人，杜預注左傳未能晰矣。先兄五河君經義說畧：美必兼佞，方可見容。美而不佞，衰世猶嫉之。故九侯女不憙淫，商辛惡之；褒姒不好笑，周幽惡之；莊姜之美，衞人爲之賦碩人，而衞莊亦惡之。美而不佞，豈容於衰世乎？蓋美者色也，所以說其美者情也。如不必有可說之情，胡然而天，胡然而帝，祇見其尊嚴而已，何說之有？故夫子歎時世不佞之人，雖美難免。夫子非不惡宋朝也，所以甚言時之好佞耳。先兄此說即注義也。王氏引之經傳釋詞訓而爲與，引墨子有同聞善而不善皆以告○上，韓子說林以管子之聖而隰朋之智而皆

與也而與聲之轉說與注異亦通他家疑而爲不誤或謂而如通用如或也皆未是

子曰誰能出不由戶何莫由斯道也（注）孔曰言人立身成功當由道譬猶出入要當從戶

正義曰說文誰何也言何人能若有以問之也上句言誰下句言何互相訓出謂出室也宮室之制外半爲堂內半爲室室有南壁東開戶以至堂說文戶護也半門曰戶象形一切經音義十四引字書云一扇曰戶兩扇曰門何莫由斯道者莫猶非也說文道所行道也言人日用行習無非是道特人或終身由之而不知耳禮記禮器云禮有大有小有顯有微大者不可損小者不可益顯者不可揜微者不可大也故經禮三百曲禮三千其致一也未有入室而不由戶者彼文言人行事必由禮如入室不能不由戶故此文亦言出當由戶何莫由斯道意與禮器同也春秋繁露身之養重於義篇故曰聖人天地動四時化者非有他也其見義大故能動動故能化化故能大行化大行故法不犯法不犯故刑不用刑不用則堯舜之功德此大治之道也先聖傳授而復也故孔子曰誰能出不由戶何莫由斯道也繁露此言以道爲先聖傳授明雖久遠無所變

易故知人必由之也後人解何莫由斯道謂人知由戶不知由道故夫子慨歎之與繁露之旨不合皇本戶下有者字

子曰質勝文則野文勝質則史文質彬彬然後君子（注）包曰野如野人言鄙略也史者文多而質少彬彬文質相半之貌

正義曰禮有質有文質者本也禮無本不立無文不行能立能行斯謂之中失其中則偏偏則爭爭則相勝君子者所以用中而達之天下者也古稱天子諸侯卿大夫士皆曰君子君者羣也言羣下之所歸心也子者男子之稱也非有位而稱君子者以其人有道德可任在位也此文君子專指卿大夫士下篇云後進於禮樂君子也君子質而已矣何以文爲皆就有位者言之當時君子非質勝文卽文勝質其名雖稱君子其實則曰野曰史而已夫子爲之正其名究其義曰文質彬彬然後君子言非文質備無以爲君子矣其無以爲君子者以君子必用中于民若文質偏勝無以示民民無所效法而何以爲稱其位哉禮緇衣云子曰長民者衣服不貳從容有常以齊其民則民

德壹詩云彼都人士狐裘黃黃其容不改出言有章行歸于周萬民所望案此詩二章言臺笠緇撮三章言充耳琇實四章言垂帶而厲又屢言君子女君子即都人士言都者君子居國中也詩意謂古之長民者能備文質與此章義相發○注野如至之貌○正義曰爾雅釋地牧外謂之野說文野郊外也野爲人所居故謂其人曰野夫子言野哉由也亦謂其有似野人仲尼燕居敬而不中禮謂之野禮是文野人有質無文故言鄙略儀禮聘記云辭多則史注史謂策祝亦言史官辭多文也是史有二此注渾言未晰莫曉其所主策祝文勝質則禮所譏失其義陳其數是也史官文勝質則當時紀載或譏爲浮夸者是也釋文引注文質相半也無之貌二字鄭注彬彬雜半貌也義同說文份文質備也引此文作份份彬古文份從彡林段注今論語作彬古文也彡者毛飾畫文也飾畫者拭而畫之也從彡與彫彰同意案彬又作斌史記儒林傳斌斌多文學之士

子曰人之生也直注馬曰言人所以生於世而自終者以其正直也罔之生也幸而免注誣罔正直之道而亦生者是

幸而免正義曰：皇本無上之字。晉語德不純而福祿並至謂之幸，幸言非分而得可慶幸也。○注言人至直也○正義曰：皇疏引李充云：人生之道，惟其身直乎？言惟直乃可生也。此即馬義。蓋直者，誠也。誠者，內不自以欺，外不以欺人。中庸云：天地之道，可一言而盡也。其爲物不貳，則其生物不測。不貳者，誠也，即直也。天地以至誠生物，故繫辭傳言乾之大生，靜專動直。專直皆誠也。不誠則無物，故誠爲生物之本。人能存誠，則行主忠信，而天且助順，人且助信，故能生也。若夫罔者，專務自欺以欺人，所謂自作孽，不可活者，非有上罰，必有天殃，其能免此者幸爾。鄭此注云：始生之性皆正直。鄭以生也直即夫子性善之旨，與馬不同。然則罔之生，便是告子所稱性不善，其實性不善由於習爲惡，不關性也。○注誣罔正直之道而亦生○正義曰：罔本訓無，誣者皆造爲虛無，故曰罔。玉篇：誷，誣也。罔與誷同。或謂經文罔之句言無直道也，亦通。

子曰：知之者不如好之者，好之者不如樂之者。注包曰：學問知之者不如好之者篤，好之者不如樂之者深。者注學問至深者深○正義曰尚書大傳言新穀已入稫鉏已藏祈樂已入歲事旣畢餘子皆入學是庶人之子孫亦得受學至春秋時庠塾之制廢詩書之澤衰人多不知學故此言知之者明與不知有異也至好之樂之更不多覯故夫子於門人中獨稱顏子好學又謂一簞食一瓢飲在陋巷不改其樂正謂不改其好學之樂夫子疏食飲水樂在其中亦是此樂故曰發憤忘食樂以忘憂樂者樂其有得於己也故論語首章卽以時習之說示人

子曰中人以上可以語上也中人以下不可以語上也（注）王曰上謂上知之所知也兩舉中人以其可上可下

注上謂至可下○正義曰釋文上知音智漢書古今人表列知仁之目亦引此文說之穀梁僖元年傳有中知以上中知以下之文然則此兩言中人謂中知矣中人爲中知則上謂上知下謂愚也顏師古人表注解此文以中人爲中庸失之孔子罕言利命仁性與天道弟子不可得聞則是不可語上觀所答弟子諸時人語各有不同正是因人才知量爲語之可知夫子循循善誘之法若夫性質旣愚又不能自勉於學問是夫子所謂下愚非惟不可語上且並不可語之矣

樊遲問知子曰務民之義注王曰務所以化道民之義敬鬼神而遠之可謂知矣注包曰敬鬼神而不黷問仁曰仁者先難而後獲可謂仁矣注孔曰先勞苦而後得功此所以爲仁

正義曰務猶事也民之義者禮運曰何謂人義父慈子孝兄良弟弟夫義婦聽長惠幼順君仁臣忠十者謂之人義是也敬鬼神而遠之者謂以禮敬事鬼神也表記子曰夏道尊命事鬼敬神而遠之近人而忠焉殷人尊神率民以事神先鬼而後禮周人尊禮尚施事鬼敬神而遠之近人而忠焉鄭注遠鬼神近人謂外宗廟内朝廷案尊命尊禮尚施皆近人之事周道與夏道略相似也近人而忠卽是務民之義於鬼稱事神稱敬者禮數故言事禮疏故言遠也但事亦是敬故論語此文統言敬鬼神夫子所以告樊遲者正是教之從周道左氏傳季梁曰民神之主也是以聖王先成民而後致力于神亦是舉夏周道言之矣難謂事難也獲得也謂得祿也春秋繁露仁義發篇孔子謂冉子曰治民者先富之而後加教語樊遲曰治身者先難後獲以此之謂治身之與治民所先後者不同焉

矣詩云飲之食之教之誨之先飲食而後教誨謂治人也
又曰坎坎伐輻彼君子兮不素餐兮先其事後其食謂治
身也董子說此義至明下篇言事君敬其事而後其食義
同竊以夫子此文論仁知皆居位臨民之事意樊遲時或
出仕故也皇本問仁下有子字唐石經初刻作先勞磨改
作先難○注敬鬼神而不黷○正義曰遠者敬之至不知
所遠雖敬亦黷黷者慢也楚語觀射父曰古者民神異業
敬而不瀆故神降之嘉生民以物享禍災不至求用不匱
及少皞之衰也九黎亂德民神雜糅不可方物夫人作享
家爲巫史無有要質民匱於祀而不知其福烝享無度民
神同位民瀆齊盟無有嚴威神狎民則不蠲其爲嘉生不
降無物以享禍災薦臻莫盡其氣顓頊受之乃命南正重
司天以屬神命火正黎司地以屬民使復舊常無相侵瀆
是謂絕地天通案世衰則神教興其始亦以禍福示戒而
終必歸於瀆祀以長其詔慢之罪春秋時如黄能實沈多
非禮之祀在上者僭越無等在下者習於風俗競爲所禳
而不知所懲究之獲罪鬼神莫能徼福而免於患斯惑之
甚者矣惟知敬遠之義則吉凶順逆皆可順受其正修其
在已而不爲无妄
之求斯可謂知矣

子曰：知者樂水，（注）包曰：知者樂運其才知以治世，如水流而不知已。仁者樂山，（注）仁者樂如山之安固，自然不動而萬物生焉。知者動，（注）包曰：日進故動。仁者靜，（注）孔曰：無欲故靜。知者樂，（注）鄭曰：知者自役得其志，故樂。仁者壽。（注）包曰：性靜者多壽考。

正義曰：皇疏云：樂水樂山爲智仁之性，動靜爲智仁之用，壽樂爲智仁之功。案夫子體備仁智，故能言之，所謂善言德行也。爾雅釋詁：動，作也。說文：靜，審也。竫，亭安也。義微別，凡與動對言，當爲竫，今經典通作靜。壽即𡕢省，說文：𡕢，久也。○注「知者樂運其才知以治世，如水流而不知已」。○正義曰：韓詩外傳：夫水者緣理而行，不遺小間，似有智者；動而下之，似有禮者；蹈深不疑，似有勇者；障防而清，似知命者；歷險致遠，卒成不毀，似有德者。天地以成，羣物以生，國家以寧，萬物以平，品物以正。此智者所以樂於水也。說苑雜言篇略同。又云：子貢問曰：君子見大水必觀焉，何也？孔子曰：夫水者，君子比德焉。遍予而無私，似德；所及者生，似仁；其流卑下句倨，皆循其理似義淺者流行深者不測似智其赴百仞之谷不疑似勇綿弱而微達似察受惡不讓似包蒙不清以入鮮絜以出似善化至量必平似正盈不求概似度其萬折必東似意是以君子見大水觀焉爾也案此則樂水兼有數義○注渾舉其意而以治世言之即外傳天地以成云云之旨

注仁者樂如山之安固自然不動而萬物生焉○正義曰韓詩外傳夫山者萬民之所瞻仰也草木生焉萬物植焉飛鳥極焉走獸休焉四方益取予焉出雲道風從乎天地之間天地以成國家以寧此仁者所以樂於山也說苑略同此注言樂如山者言仁者願比德於山故樂山也安固不動即外傳國家以寧之義○注日進故動○正義曰水運行不已有進之象君子自強不息進德脩業日有孳以而莫之止其進也即其動也易象傳水洊至習坎君子以常德行習教事○注無欲故靜○正義曰欲即聲色味臭安佚之欲仁者所不能無而云無欲者仁者善制其欲克己復禮凡視聽言動自能以禮制心而不稍過乎欲故曰無欲無欲者無非禮之欲也易象傳兼山艮君子以思不出其位思不出位故能無欲○注知者自役得其志故樂○正義曰知者能爲世用不嫌自役知有成功得志故樂○注性靜者多壽考○正義曰說文考老也易象傳敦艮

之吉以厚終也厚終謂當得壽也春秋繁露循天之道篇故仁人之所以多壽者外無貪而内清淨心平和而不失中正取天地之美以養其身是其且多且治申鑒俗嫌篇仁者内不傷性外不傷物上不違天下不違人處正居中形神以和故咎徵不至而休嘉集之壽之術也中論夭壽篇或問孔子稱仁者壽而顏淵早夭豈聖人之言不信而欺後人耶潁川荀爽以爲古人有言死而不朽其身殁矣其道猶存故謂之不朽夫形體固自朽弊消亡之物壽與不壽不過數十歲德義立與不立差數千歲豈可同日言也哉詩云萬有千歲眉壽無有害人豈有萬歲千歲者皆令德之謂也北海孫翱以爲死生有命非他人之所致也若積善有慶行仁得壽乃教化之義誘人而納於善之理也幹以爲二論皆非其理也夫壽有三有王澤之壽有聲聞之壽有行仁之壽書曰五福一曰壽此王澤之壽也詩云其德不爽壽考不忘此聲聞之壽也孔子曰仁者壽此行仁之壽也孔子云爾者以仁者利養萬物萬物亦受利矣故必壽也聞自堯至於武王自稷至於周召皆仁人也君臣之數不爲少矣此非仁者壽之驗耶又七十子豈殘酷者哉顧其仁有優劣耳其夭者惟顏回據一顏回而多疑其餘無異以一鉤之金權於一車之羽云金輕於羽也

子曰齊一變至於魯魯一變至於道注包曰言齊魯有太公周公之餘化太公大賢周公聖人今其政教雖衰若有明君興之齊可使如魯魯可使如大道行之時注言齊至之時○正義曰

齊者國名也周武王滅紂封太師呂望於齊是爲齊太公太者尊大之稱說苑政理篇伯禽與太公俱受封而各之國三年太公來朝周公問曰何治之疾也對曰尊賢先疏後親先義後仁也此霸者之迹也周公曰太公之澤及五世五年伯禽來朝周公問曰何治之難對曰親親先內後外先仁後義也此王者之迹也周公曰魯之澤及十世故魯有王迹者仁厚也齊有霸迹者武政也齊之所以不如魯者太公之賢不如伯禽也漢書地理志初太公治齊修道術尊賢智賞有功故至今其士多好經術矜功名舒緩濶達而足智其失夸奢朋黨言與行繆虛詐不情急之則離散緩之則放縱又云周興已少昊之虛曲阜封周公子伯禽爲魯侯已爲周公主其民有聖人之教化故孔子曰齊一變至於魯魯一變至於道言近正也瀕洙泗之水其民涉度幼者扶老而代其任俗既益薄長老不自安與幼

少相讓故曰魯道衰洙泗之間齗齗如也孔子閔王道將廢迺修六經已述唐虞三代之道弟子受業而通者七十有七人是已其民好學上禮義重廉恥顏師古注魯庶幾至道齊人不如魯也案周公雖封魯猶仕王朝身未歸魯惟命伯禽之國就封而伯禽亦能秉周公之教以存王迹故說苑漢書歸美伯禽與此注歸美周公意同魯俗雖衰而洙泗之間王化未歇迨沐聖人之教而俗益臻醕美蓋所謂至於道者其言殊有驗矣

子曰觚不觚注馬曰觚禮器一升曰爵二升曰觚觚哉觚哉注觚哉觚哉言非觚也以喻為政不得其道則不成注觚禮器一升曰爵二升曰觚○正義曰云觚禮器者燕禮公用象觚注觚有象骨飾也說文云觚鄉飲酒之爵也段氏玉裁注謂鄉當作禮鄉飲酒有爵觶無觚是也聶崇義三禮圖謂觚用木惟用木故考工梓人制之宣和博古圖載商周觚三十五其形如今銅花瓶而腹起四棱與禮注不合且皆以金爲之則非梓人所司後世僞作此無疑矣云一升曰爵二升曰觚者言爵觚盛酒之量鄭注禮器云凡觴一升曰爵二升曰觚三升曰觶四升曰角五升曰散特牲記

注引舊說同梓人疏引禮器制度亦云觚大二升五經異義今韓詩說一升曰爵爵盡也足也二升曰觚觚寡也飲當寡少三升曰觶觶適也飲當自適也四升曰角角觸也不能自適觸罪過也五升曰散散訕也飲不能自節爲人所謗訕也總名曰爵並與此馬注同考工記梓人爲飲器觚三升禮器疏引異義載古周禮說觚二升獻以爵而酬以觚一獻而三酬則一豆矣陳氏壽祺疏證謂二當作三升此周禮說與韓詩異許君異義云謹案周禮一獻三酬當一豆若觚二升不滿一豆此許從周禮說以辨韓詩之非鄭駁異義以周禮獻以爵而酬以觚觶是觗譌觗即觶則意梓人觚三升亦爲觗三升觗三則觚有二周禮與韓詩無異矣皇疏一獻之禮賓主百拜此則明有觚之用也當於爾時用觚酌酒而沈湎無度故王肅曰當時沈湎於酒故孔子曰觚不觚言不知禮也觚哉觚哉言用觚之失道也毛氏奇齡改錯云古制器命名各有取義禮注云觚容二升取寡爲義詩說所云飲常寡少曰觚則此觚命名原與君子之稱孤寡有同義也今飲常不寡而仍稱曰觚名實乖矣猶曰觚哉又云諸酒器皆有義而獨及觚者此猶燕禮極尚宴樂而其洗奠享獻惟用一觚亦以觚本常用並取寡少無過之名蓋不觚非改制但不寡飲卽失本名

實耳案毛說與王肅同可補馬義舊有注云孔子曰削觚而志有所念觚不時成故曰觚哉觚哉觚小器耳心不專一尚不時成況于大事也此說觚爲木簡與馬異宋氏翔鳳謂是徐氏論語隱義語義當本鄭亦是意爲之辭說文柧棱也棱柧也史游急就章急就奇觚與眾異顏師古注觚者學書之牘或以記事削木爲之蓋簡屬也孔子嘆觚即此之謂其形或六面或八面皆可書觚者棱也以有棱角故謂之觚班固西都賦曰上觚棱而棲金爵今俗猶呼小兒削書簡爲木觚章蓋古之遺語也王應麟補注史記破觚爲圜應劭曰觚八棱有隅者說文通釋觚八棱木於其上學書又引說文云幡書兒拭觚布也據此則柧亦作觚廣雅釋器篣籥䈙笘籙䉉也竹木本一類故柧亦作䉉漢書所云操觚之士西京雜記傳介子好學書嘗棄觚而嘆即此柧也柧有四棱八棱之異通俗文曰木四方爲棱八棱爲柧此析言之若散文亦通稱故師古以觚有六面則六棱亦名柧矣孔子嘆觚師古之說與舊注同異不可知或謂觚當有棱其後無棱亦名觚如史記所云破觚爲圜之比此亦名實相乖於義得通者也○注以喻爲政不得其道則不成○正義曰政者正也其身不正如正人何政不得成猶彊名之注說亦當有所本

宰我問曰仁者雖告之曰井有仁焉其從之也(注)孔曰宰我以仁者必濟人於患難故問有仁人墮井將自投下從而出之不乎欲極觀仁者憂樂之所至子曰何爲其然也君子可逝也不可陷也(注)孔曰逝往也言君子可使往視之耳不肯自投從之可欺也不可罔也(注)馬曰可欺者可使往也不可罔者不可得誣罔令自投下○正義曰皇本有仁下有者字其從之也也皇本作與王氏引之經傳釋詞謂也與歟同義○注宰我至所至○正義曰仁者無不愛也故見人有患難則必濟之而於仁人尤所親念故宰我設爲此問以見仁道之至難也俞氏樾平議謂井有人爲井中有仁道從之者行仁道也或謂井有仁即井有人仁與人同並通○注逝往至從之○正義曰逝往爾雅釋詁文往視之者思所以出之也不肯自投從之者徒傷其身無以救人故不肯也俞氏樾平議讀逝爲折云君子殺身成仁則有之故可得

而摧折不可以非理陷害之此義亦通○注可欺至罔下
○正義曰可使往者言使往救之也孟子亦曰君子可欺
以其方難罔以非其道方者義也以義責君子君子必信
而從之然非其道則亦難罔之矣蓋可欺者仁也不可罔
者知也宋氏翔鳳發微云夫滔滔天下非人誰與色斯之
舉可以翔集公山佛肸之往南子之見是可逝也可欺也
磨而不磷涅而不緇是
不可陷也不可罔也

子曰君子博學於文約之以禮亦可以弗畔矣夫注鄭曰弗
畔不違道　正義曰釋文云一本無君子字兩得臧氏琳經義雜記君子乃成德之稱不嫌其違畔於道顏
淵篇此章再見無君子字知此亦無有者爲得也馮氏登
府異文攷證引後漢范升傳亦無君子字程氏瑤田論學
小記天下達道五而人之行百其切於吾身而不可以須
臾離者乎其切於吾心而不可以一端弗學矣乎於何學
之曰於文聖人賢人先我而盡道者也夫固我之師也然
而已往矣其所存者文而已矣文存則道存道存則教存
吾學其文而有獲不啻親炙焉而詔我以語之呼我以喻
之也不啻相依焉而攜我以舉之掖我以履之也舜之大

孝也武王周公之達孝也其德同其所德者不同也堯之文章也夫子之文章也其美富同其所美富者不同也徵之於文而後舜與武王周公之所德若或聞而知之矣徵之於文而後堯與夫子之所美富者亦若見而知之矣是故學文不可緩也案博文者詩書禮樂與凡古聖所傳之遺籍是也文所以載道而以禮明之者也禮即文之所著以行之者也博學於文則多聞多見可以畜德而於行禮驗之禮也者履也言人所可履行之也禮著於經曲之大而慎於視聽言動之際凡人能以所行納於軌物而無所違是之謂約約者約束非謂省約與上博字爲反對也之者此也謂此身也夫子告顏子以克己復禮復者反也反之於禮是爲約矣他日顏子言夫子善誘博我以文約我以禮約禮即復禮之教也是故博文即大學之致知格物約禮即大學之誠意正心脩身人非博學無由約禮故夫子言誦詩三百不足以一獻然徒事博文而不約之以禮則後世文人記誦之習或有文無行非君子所許也後漢范升傳引孔子曰博學約之弗叛矣夫又曰夫學而不約必叛道也明弗畔專以約禮言也畔即叛字唐石經初刻作叛後磨改說文叛反也畔田界也義異經典多段畔爲叛左昭廿一年經宋華亥向甯華定自陳入于宋南里以

叛公羊經作畔○注弗畔不違道○正義曰禮者道之所以行也人違道與否不可得知但已博文約禮由其外以測其内亦可不致違道

子見南子子路不說夫子矢之曰予所否者天厭之天厭之

注孔安國等以爲南子者衞靈公夫人淫亂而靈公惑之孔子見之者欲因以說靈公使行治道矢誓也子路不說故夫子誓之行道既非婦人之事而弟子不說與之祝誓義可疑焉　正義曰史記世家孔子自蒲反乎衞靈公夫人有南子者使人謂孔子曰四方之君子不辱欲與寡君爲兄弟者必見寡小君寡小君欲見孔子孔子辭謝不得已而見之夫人在絺帷中孔子入門北面稽首夫人自帷中再拜環佩玉聲璆然孔子曰吾鄉爲弗見見之禮答焉法言五百篇或問聖人有詘乎曰有曰焉詘乎曰仲尼於南子所不欲見也於陽虎所不欲敬也見所不見敬所不敬不詘如何孔叢子儒服篇創爲異說以夫人與於大

饗當時南子饗夫子夫子亦弗獲已果爾則禮所應見子路何爲不說且論語史記但言見南子不言南子饗夫子毛氏奇齡改錯曰古無男女相見之禮惟祭則主婦獻尸尸酢主婦謂之交爵非祭則否故坊記云非祭男女不交爵亦並非相見即助祭卿大夫亦並不因此妾行見禮若夫人初至春秋經稱大夫宗婦覿用幣謂大夫之宗婦以覿禮入非謂大夫亦同入也至諸侯大饗大夫出行祼獻禮同姓諸侯有之異姓則否故禮正義謂王饗諸侯及諸侯自相饗同姓則后夫人親獻異姓則使人攝獻自繆侯陽侯以同姓而遭此變後凡同姓亦攝獻是男女無相見禮無覿禮祇有交爵饗獻二禮而既則交爵存而饗獻亦廢至大夫覿幣惟何休杜預皆有是說孔仲達即非之謂禮無此文況穀梁傳云大夫不見其夫人後世儒說何如傳文足據乎由毛說觀之益知孔叢之謬不足證矣竊謂南子雖淫亂然有知人之明故於蘧伯玉孔子皆特致敬其請見孔子非無欲用孔子之意子路亦疑夫子此見爲將詘身行道而於心不說正猶公山弗擾佛肸召子欲往子路皆不說之比非因南子淫亂而有此疑也夫子知子路不說故告以予若固執不見則必觸南子之怒而厭我矣天即指南子夫子言人而不仁疾之已甚爲亂孟子亦

言仲尼不爲已甚可知聖人達節非俗情所能測矣尹氏
奇齡稽求篇夫子矢之案釋名云矢指也說文云否者不
也夫子以手指天而曰吾敢不見哉不則天將厭我矣吾
南子方得天也故史記直曰予所不者不者不見也詞例
與項羽傳不者吾屬將爲所虜正同所若也左傳所不與
崔慶史記所不與子犯共皆作若解舊以此爲誓正以所
字相似耳案毛解天字稍異高誘呂覽貴因注引亦作不
說文否從不聲故不叚否爲之厭與壓同考文引古本正
作壓說文壓笮也禮記畏厭溺左氏傳將以厭衆皆壓字
天厭之或當時有此語論衡問孔篇說此文天厭之正與
毛同而以否爲鄙解爲鄙陋之行反似子路不說爲疑夫
子淫亂紛紛詰難均無當矣鄭注云矢誓也否不也鄭此
注非全文無由知其說皇疏引繆播曰否不也此言予若
不用是天將厭塞此道樂肇曰天厭之者言我之否屈乃
天所厭也王弼曰否泰有命我之所屈不用於世者乃天
命厭之言非人事所免也蔡謨曰矢陳也夫子爲子路矢
陳天命非誓也李充曰夫道消運否則聖人亦否故曰予
所否者天厭之厭亦否也言聖人與天同其否泰耳參觀
諸說矣或訓誓或訓陳而否爲否鑒厭爲厭絕其辭同也
天未欲夫子行道豈南子所能興明己之往見不過欲答

其禮而非爲求仕可知此以解子路之惑於義亦通但師
弟相言不得設誓矢當訓指爲指天也王氏崧說緯以此
見在靈公卒後輒立之時南子欲因孔子以固輒位子路
以見之似有爲輒之意而與初言正名相反所以不說夫
子則怒而矢之謂子如不正名必獲天誅其說甚誕史記
敘此文下即云居衞月餘靈公與夫人同車使孔子爲次
乘招搖市過之云孔子醜之去衞則此見明在靈公時江
永鄉黨圖考繫此事在孔子五十七歲其非衞輒時可知
至宋孫奕示兒編謂南子是南蒯欲張公室以叛季氏夫
子見之與欲赴弗擾佛肸同意王應麟困學紀聞引陳自
明說同然南蒯叛時孔子年方二十二子路少孔子九歲
年方十三其說鑿而不通宜爲伯厚所斥矣○注孔安至
疑焉○正義曰皇本作孔安國曰舊以南子者邢本同釋
文載集解本皆作等以爲南子者是舊爲等之譌臧氏庸
拜經日記謂孔安國下不當有曰字孔安國等以爲者首
舉孔以該馬鄭包周諸儒之義行道以下四句乃何氏語
以道國章集解引包馬說又云義疑故兩存之可見此
按極確今依以訂正呂氏春秋貴因篇孔子道彌子瑕見
釐夫人因也釐夫人即南子淮南子泰族訓孔子欲行王
道東西南北七十說而無所偶故因衞夫人彌子瑕而欲

通其道隨鐵論論儒篇孔子適衛因嬖臣彌子瑕以見衛
夫人此皆當時所傳陋說以夫子爲詭道求仕不經之談
敢於侮
聖矣

子曰中庸之爲德也其至矣乎民鮮久矣（注）庸常也中和可
常行之德世亂先王之道廢民鮮能行此道久矣非適今
注庸常至適今○正義曰說文庸用也凡事所可常用故
庸又爲常洪氏震煊中庸說鄭君目錄云名曰中庸者以
其記中和之爲用也庸用也注君子中庸云庸常也用中
爲常道也二說相輔而成證諸喪服四制之篇曰此喪之
所以三年賢者不得過不肖者不得不及此喪之中庸也
王者之所常行也不得過不及謂之中所常行謂之庸常
行者即常用是也故讚舜之大智曰執其兩端用其中於
民用中即中庸之義是也古訓以庸爲常非平常之謂也
庸德之行庸言之謹鄭君亦注云庸猶常也言德常行也
言常謹也證諸易文言曰庸言之信庸行之謹九家注云
庸常也謂言常以信行常以謹荀子不苟篇曰庸言必信
之庸行必愼之楊倞注云庸常也謂言常信行常愼故下

文反之曰言無常信行無常貞惟利所在無所不傾者是則可謂小人矣此皆以常訓庸者也爾雅釋詁曰典彝法則刑範矩庸恒律戛職秩常也書篇或以典名或以範名禮篇或以法名或以庸名其義一也案執中始於堯之咨舜舜亦以命禹其後湯執中立賢無方至周官大司樂以中和祗庸孝友爲六德知用中之道百王所同矣夫子言中庸之旨多箸易傳所謂中行行郎庸也所謂時郎時中也時中則能和和乃爲人所可常行故有子言禮之用和爲貴而子思作中庸益發明其說曰喜怒哀樂之未發謂之中發而皆中節謂之和中也者天下之大本也和也者天下之達道也致中和天地位焉萬物育焉明中庸之爲德皆人所可常用而極其功能至於位育參贊己之性以盡人之性盡人之性以盡物之性盡物之性則可以贊天地之化育所謂成己以成物者如此故夫子贊爲至德周官師氏一曰至德鄭注至德中和之德覆燾持載含宏者也下引論語此文覆燾持載至德也惟舜在位能用中於民民皆化之顏子未得位但能擇中庸得善勿失而無所用於民所謂有德無位不敢作禮樂者也世之衰也上無明天子下無賢方伯民無所取法賢知之所過愚不肖之所不及皆無所裁度以適於道又甚則無所忌憚如小人之

之反中庸故曰民鮮久矣云非適今者適祇也中庸篇曰中庸其至矣乎民鮮能久矣鄭注鮮罕也言中庸爲道至美顧人罕能久行鄭意謂當時民亦能行但不能久行義通此注

子貢曰如有博施於民而能濟衆何如可謂仁乎子曰何事於仁必也聖乎堯舜其猶病諸（注）孔曰君能廣施恩惠濟民於患難堯舜至聖猶病其難

正義曰皇本如有作如能衆下有者字何事於仁事猶爲也見禮樂記注言博施濟衆何爲於仁言之明非仁者所能矣毛氏奇齡改錯曰鄉飲酒義曰東方者春春之爲言蠢也產萬物者聖也南方者夏夏之爲言假也假者大也養而大之仁也則內聖外王總以仁及萬物爲言禮所云天子之立也嚮仁而左聖以此是也然則仁與聖皆推心之恕以長養萬物淺深一體祇春爲生之本而夏爲養之本養祇遂生而春爲資生之原長養不窮故聖進於仁案仁訓愛聖訓通並見說文爲最初之誼通之爲言無疑滯也無阻礙也是故通乎天地陰陽柔剛之道而後可以事天察地通乎人仁義之道而後可以成己以成物若

我於理義有未能明曉我於人有未能格被是卽我之疑滯阻礙而有所不通矣如此者以之自治則行事乖戾以之治人則多所拂逆桀紂盜跖之行無惡不作然推究其先祇是不通已極耳是故天地交爲泰天地不交爲否泰者通也治象也否者不通也亂象也通與不通天下之治亂繫之博施濟衆無一人不遂其欲以我性情通於人並使人無乎不通故夫子以爲聖以爲堯舜猶病聖仁本用原同故已達達人達亦爲通特聖爲成德之名仁則尚在推暨時言仁道大成方可稱聖故夫子視聖爲最難而但言仁又以仁亦難及而先言恕○注君子能至其難○正義曰言廣施者博訓廣也廣施恩惠言君無私德能偏及也禮運言大同之治云選賢與能講信脩睦故人不獨親其親不獨子其子使老有所終壯有所用幼有所長矜寡孤獨廢疾者皆有所養男有分女有歸此則可言博施矣爾雅釋言濟渡也濟成也濟益也三言此文皆通注以濟渡爲言濟於患難若禹治水益焚山澤之類堯舜者唐虞二帝名當時有洚水民苦昏墊艱食鮮食是博施濟衆堯舜猶病其難也廣雅釋詁病難也亦據引申以成義

夫仁者已欲立而立人已欲達而達人能近取譬可謂仁之

方也已。注孔曰：更爲子貢說仁者之行。方，道也。但能近取譬於己，皆恕己所欲而施之於人。

正義曰：阮氏元論仁篇：孔子論人以聖爲第一，仁即次之。仁固甚難能矣。聖仁孔子皆謙不敢當，子貢視仁過高，誤入聖域，故孔子分別聖字，將仁字論之曰：所謂仁者，己之身欲立則亦立人，己之身欲達則亦達人。即如己欲立孝道，亦必使人立孝道，所謂不匱錫類也。己欲達德行，亦必使人達德行，所謂愛人以德也。又曰：爲之不厭，己立已達也；誨人不倦，立人達人也。立者，如三十而立之立；達者，如在邦必達、在家必達之達。案：立謂身能立道也，達謂道可行諸人也。○注更爲至於人。○正義曰：鄭注云：方猶道也。此孔所本。說文：恕，仁也。如己之心以推諸人，此求仁之道，故恕亦訓仁。恕、仁本一理，子貢未能至恕，故夫子以爲非爾所及。他日問終身行之，又告以恕，皆此教也。孟子云：彊恕而行，求仁莫近焉。即此近取譬之義。譬者，喻也，以己爲喻，故曰近。大學言君子絜矩之道云：所惡於上，毋以使下；所惡於下，毋以事上；所惡於前，毋以先後；所惡於後，毋以從前；所惡於右，毋以交於左；所惡於左，毋以交於右。矩者，法也，即此所云譬也。絜者，結也，挈也，即此所云

取也

定遠凌先甲校刊

論語正義卷八

寶應劉寶楠學

述而第七　集解

凡三十八章　正義曰：釋文云舊三十九章，今三十八章。所云舊，當謂六朝舊本，所多一章，疑分子路問三軍爲一章也。釋文又云：子於是日以下舊別爲章，今宜合前章；亡而爲有以下舊爲別章，今宜與前章合。陸云宜合，但論其理，實未嘗合併也。若已合併，則爲三十六章。盧氏文弨釋文攷證以舊三十九章爲釋文本，今三十八章爲朱子本，則誤解陸氏原文爲後人校語也。翟氏灝考異譏陸氏宜合者兩條總題，但減其一，以爲失於點對，則是舊爲四十章，不合言三十九也。

子曰：述而不作，信而好古，竊比於我老彭。(注)包曰：老彭，殷賢大夫，好述古事。我若老彭，但述之耳也。　正義曰：說文云：述，循也。作，起也。述是循舊作是創始禮中庸記云非天子不議禮不制度不注云議禮制度考文皆作者之事然必天子乃得爲之故中庸又云今天下車同軌書同文行同倫雖有其位苟無其德不敢作禮樂焉雖有其德苟無其位亦不敢作禮樂焉鄭注今孔子謂其時明孔子無位不敢作禮樂而但可述之也漢書儒林傳周道旣衰壞於幽厲陵夷二百餘年而孔子興究觀古今之篇籍於是敘書則斷堯典稱樂則法韶舞論詩則首周南綴周之禮因魯春秋舉十二公行事繩之以文武之道成一王法至獲麟而止蓋晚而好易讀之韋編三絕而爲之傳皆因近聖之事以立先王之教故曰述而不作信而好古是言夫子所述六藝事也故中庸云仲尼祖述堯舜憲章文武憲法也章明也堯舜文武其政道皆布在方策所謂古也下章云子曰蓋有不知而作之者我無是也多聞擇其善者而從之多見而識之知之次也多聞多見皆所學於古者故又言好古敏以求之也若然孟子云孔子作春秋春秋是述亦言作者散文通稱如周公作常棣召公述之亦曰作常棣矣信者知之明不信必不能好故言篤信好學也竊者廣雅釋詰云私也夫子謙言不敢顯比老彭故言私比也老彭殷大夫夫子亦殷人故加我以親之○注老彭殷賢大夫○正義曰大戴禮虞

戴德云昔老彭及仲傀政之教大夫官之教士技之教庶人揚則抑抑則揚綴以德行不任以言漢書古今人表列老彭於仲虺下仲虺卽仲傀是老彭爲殷初人包氏此注當卽本戴記也鄭注云老老聃彭彭祖老聃周之太史以老彭爲二人與包義異漢書敘傳若允彭而偕老兮師古注謂彭祖老聃此老彭爲二人也鄭語彭姓彭祖爲祝融之後滅於商楚辭天問彭鏗斟雉帝何饗王逸注謂彭祖以雉羹進堯而堯饗之也史記五帝紀禹皋陶契后稷伯夷夔龍倕諡彭祖自堯時而皆舉用則彭祖是堯臣也史記老子韓非列傳老子者楚苦縣厲鄉曲仁里人也姓李氏名耳字伯陽諡曰聃周守藏室之史也司馬貞索隱曰按藏室史周藏書室之史也又張蒼傳老子爲柱下史蓋卽藏室之柱下因以爲官名則老子是周史也既老子是史官意彭祖在堯時亦是史官故夫子欲竊比此二人矣莊子音義引世本云彭祖姓籛名鏗在商爲守藏史在周爲柱下史以彭祖爲商人與鄭語及五帝紀不合至入周爲柱下史則以彭祖爲數百歲人並恐傳聞之誤高誘注呂氏春秋情欲諸篇以老彭彭祖爲一人邢昺疏論語謂彭祖於堯時封彭城又云卽老子也以老彭彭祖老聃爲一人說與包鄭又異尤未是也老子列傳云孔子[illegible][illegible][illegible]

問禮於老子又云老子修道德其學以自隱無名爲務居
周久之見周之衰迺遂去至關關令尹喜曰子將隱矣強
爲我著書於是老子迺著書上下篇言道德之意五千餘
言而去又云李耳無爲自化清靜自正漢書藝文志道家
者流蓋出於史官歷記成敗存亡禍福古今之道然後知
秉要執本清虛以自守卑弱以自持此君人南面之術合
於堯之克攘易之嗛嗛一嗛而四益此其所長也及放者
爲之則欲絕去禮樂兼弃仁義曰獨任清虛可以爲治案
老子之學源出黃帝故漢人多以黃老並言宋氏翔鳳發
微云老子曰聖人處無爲之事行不言之教無爲而有事
不言而有教非居而敬何又曰聖人抱一爲天下式一者
誠也誠爲敬故抱一卽居敬又曰兵者不祥之器非君子
之器卽軍旅之事未之學也又曰聖人無常心以百姓心
爲心又曰善建者不拔善抱者不脫子孫祭祀不輟修之
於身其德乃眞修之於家其德乃餘修之於鄉其德乃長
修之於國其德乃豐修之於天下其德乃普卽修己以安
百姓非獨任清虛者之所及也其書二篇屢稱聖人卽述
而不作也又曰執古之道以御今之有能知古始是謂道
紀此信而好古也又曰象帝之先又曰大上下知有之曰
帝之先曰大上此推乎古而諡遠者也又云論語不曰彭

老而曰老彭者以老子有親炙之義且尊周史也至三朝
記稱商老彭者以老子雖生周代而所傳之學則歸藏之
學故歸之於商尤信而好古之明徵也案宋君發明老子
之學是也其以彭祖爲殷人則沿世本之誤而以三朝記
老彭爲二人亦是彊經就我其他謂孔子贊易多取於歸
藏小戴所錄七十子之記皆爲殷禮則顯然違異今皆刪
佚不敢著之
以誤來學

子曰默而識之學而不厭誨人不倦何有於我哉（注）鄭曰無
是行於我我獨有之也　正義曰默者王逸楚辭惜賢注云寂
也識者記也詩書禮樂士之正業皆
須諷誦若博學無方既非家有其書則惟宜默識之也下
篇云多見而識之亦謂默識也猒說文作猒飽也引申之
訓足訓棄夫子自彊不息曰有孳孳不知年數之不足故
能不厭於學也倦說文作券勞也廣雅釋詁劵勞也止也
何有於我言二者之外我無所有也下篇子曰若聖與仁
則吾豈敢抑爲之不厭誨人不倦則可謂云爾已矣公西
華曰正唯弟子不能學也孟子公孫丑篇子貢問於孔子
曰夫子聖矣乎孔子曰聖則吾不能我學不厭而教不倦

也子貢曰學不厭知也教不倦仁也仁且知夫子既聖矣觀彼文則學不厭教不倦乃夫子所自任何有於我乃辭聖仁不敢居之也下篇出則事公卿章何有於我義同○注無是行於我我獨有之○正義曰注有譌文當以行字句絕我字重行鄭謂他人無是行夫子乃獨有之與上篇爲國乎何有於從政乎何有何有皆爲不難也

子曰德之不修學之不講聞義不能徙不善不能改是吾憂也注孔曰夫子常以此四者爲憂正義曰說文云修飾也廣雅釋詁修治也五常之德人所固有當時修治之則德日新大學記所云明明德是也學之不講者汪氏中述學云講習也習肄也古之爲教也以四術書則讀之禮樂同物誦之歌之弦之舞之揖讓周旋是以行禮故其習之也恒與人共之學而時習之則有朋自遠方來所謂君子以朋友講習也學人習之其師則從而告之記曰小學正學干大胥贊之籥師學戈籥師丞贊之春誦夏弦大師詔之瞽宗秋學禮執禮者詔之冬讀書典書者詔之曰學曰贊曰詔必皆有言故於文講從言孔子適宋與弟子習禮大樹下魯諸儒講禮鄉飲大射于孔子冢皆講學也禮樂不可斯須去身故孔子憂學

之不講徒說文云迻也此常訓下篇云徒義崇德也荀子大畧篇君子之學如蛻蟠然遷之故其行效其立效其坐效其置顔色出辭氣效無畱善亦言君子能徙義也易象傳風雷益君子以見善則遷有過則改二者貴能力行故有取於風雷否則習爲不善而不復進於德矣故夫子深憂之也汪氏中經義知新記講字古音媾修講一韻徙改一韻皇本修作脩又每句下皆有也字○注夫子常以此四者爲憂○正義曰北堂書鈔藝文部四引鄭此注云夫子常以爲憂也此孔所襲四者是夫子誨人之語而云吾憂者正恐教術或疎致有斯失故引爲己責也

子之燕居申申如也夭夭如也（注）馬曰申申夭夭和舒之貌

正義曰釋文云燕鄭本作宴案後漢仇覽傳引亦作宴說文宴安也宴本字燕鳥名蓋叚借也禮記有仲尼燕居孔子閒居二篇鄭目錄云退朝而處曰燕居退燕避人曰閒居此皇疏亦云燕居者退朝而居也○注申申夭夭和舒之貌○正義曰皇疏引詩云桃之夭夭即美舒義月出舒夭紹兮亦以夭紹爲舒之姿也廣雅釋訓妖妖申申容也妖與夭同胡氏紹勳拾義漢書萬石君傳子孫勝冠者在側雖燕必冠申申如也師古注云申申整勅之貌此[illegible]

者先言申申後言夭夭猶鄉黨先言踧踖後言與與申言其敬夭夭言其和馬注申申亦訓和舒失之矣案胡說是也漢安世房中歌敕身齊戒施教申申說文申神也七月陰氣成體自申東從臼自持也是申有約束之義申申如者所謂望之儼然夭夭如者所謂即之也溫

子曰甚矣吾衰也久矣吾不復夢見周公〔注〕孔曰孔子衰老不復夢見周公明盛時夢見周公欲行其道也　正義曰呂覽去宥篇人之老也形益衰高誘注衰肌膚消也說文㝱寐而有覺也今省作夢夫子日有孳孳不知老之將至至是血氣益衰力極罷頓無復從前之精專故有此歎呂氏春秋博志篇蓋聞孔子墨翟晝日諷誦習業夜親見文王周公旦而問焉用志如此其精也何事而不達何爲而不成故曰精而熟之鬼將告之非鬼告之也精而熟之也案周公成文武之德致治太平制禮作樂魯是周公之後故周禮盡在魯夫子言舍魯何適又屢言從周故綴周之禮其修春秋繩之以文武之道成一王法與周公制作之意同也舊讀以吾衰也久矣爲句見翟氏灝考異所引呂覽不苟注張

載正蒙楊時資吾院記今讀或以久矣屬下句皇本公下有也字釋文云本或無復字非

子曰：志於道，據於德，依於仁，游於藝。(注)志慕也。道不可體，故志之而已。據，杖也。德有成形，故可據。依，倚也。仁者功施於人，故可倚。藝，六藝也。不足據依，故曰游。

正義曰：此夫子誨弟子進德修業之法。道者，明明德、親民，大學之道也。德者，少儀云"士依於德"，鄭注："德，三德也。一曰至德，二曰敏德，三曰孝德。"此本周官師氏之文，鄭彼注云："至德，中和之德，覆燾持載含宏者也。敏德，仁義順時者也。孝德，尊祖愛親。三德所以教國子。"故鄭注少儀依用之，論語此文義當同也。言據者，據猶守也，中庸言顏子"擇乎中庸，得一善，則拳拳服膺而弗失之"，卽據德矣。依仁猶言親仁，謂於仁人當依倚之也。游於藝者，學記云："不興其藝，不能樂學。"又云："故君子之於學也，藏焉，修焉，息焉，游焉。"鄭注："興之言喜也，歆也。游謂閒暇無事於之游。"然則游者，不迫遽之意。少儀言"士游於藝"，鄭彼注云："藝，六藝也。一曰五禮，二曰六樂，三曰五射，四曰五御，五曰六書，六曰九數。"亦本周官保氏。彼注云："五禮，吉凶賓軍嘉也六樂雲門大咸大韶大夏大濩大武也鄭司農云五射白矢參連剡注襄尺井儀也五御鳴和鸞逐水曲過君表舞交衢逐禽左六書象形會意轉注指事假借諧聲也九數方田粟米差分少廣商功均輸方程贏不足旁要唐石經游作遊○注志慕至曰游○正義曰說文云據杖持也依倚也並常訓道不可體德有成形皆清虛之論不可以解此文也禮樂不可斯須去身故周公自稱多藝夫子言藝能從政而以爲不足據依亦異乎吾所聞

子曰自行束修以上吾未嘗無誨焉注孔曰言人能奉禮自行束修以上則皆教誨之正義曰修與脩同謂以脩爲摯見其師也周官膳夫凡肉脩之頒賜皆掌之腊人掌乾肉凡田獸之脯腊膴胖之事鄭注薄析曰脯棰之而施薑桂曰鍛脩釋名釋飲食脯又曰脩脩縮也乾燥而縮也曲禮云以脯脩置者左朐右末鄭注屈中曰朐此弟子行束脩於其師亦當如置脯脩之法左朐右末執之稱束者少儀疏云束脩十脡脯也以非一脡故須束之孔氏廣森經學卮言禮薦脯五職凡作脯之法皆以條肉中屈之而五職則爲朐者五爲脡者十故謂之束取其與束帛十端而五匹者同義北史儒林傳馮偉門徒束

束脩一毫不受隨書劉炫傳後進質疑受業不遠千里然
齎於財不行束脩者未嘗有所教誨是束脩爲摯禮李賢
後漢延篤傳注束脩謂束帶脩飾鄭注論語曰束脩謂年
十五以上也李引鄭注所以廣異義人年十六爲成人十
五以上可以行摯見師故舉其所行之摯以表其年若然
則十五以下未能行摯故曲禮云童子委摯而退委摯者
委於地也後漢伏湛傳杜詩薦湛曰自行束脩訖無毀
玷隸釋謁者景君墓表惟君束脩仁知幽州刺史朱龜碑
仁義成於束脩孝弟根其本性隸續金恭碑束脩聽皆以
束脩表年與鄭義同若後漢和帝紀束修良吏鄧后紀故
能束修不觸羅綱鄭均傳束修安貧恭儉節整馮衍傳圭
潔其行束修其心劉般傳束修至行胡廣傳使束修守善
有所勸仰王龔傳束修勵節皆以約束修飾爲義而其字
與脩通用後之儒者移以解論語此文且舉李賢束帶修
飾之語以爲鄭義亦然是誙奠奏至闕黨童子則使將命
互鄉童子與其潔已並是夫子教思之廣雝未行束脩亦
誨之矣鄭注云誨魯讀爲悔字今從古包氏慎言溫故錄
案魯論則束修不謂脯脡易曰悔吝者言乎其小疵也又
曰震无咎者存乎悔聖人戒慎恐懼省察維嚴故時覺其
有悔自行束修以上謂自知謹飭砥礪而學日以漸進也

恐人以束脩卽可無悔故言未嘗無悔以曉之案魯論義不箸包說但以意測易繫辭傳慢藏誨盜釋文引虞作悔二字同音叚借疑魯論義與古同叚悔字爲之鄭以古論義明故定從誨也○注言人能奉禮○正義曰注義不明書秦誓正義引孔此注云束帶脩飾當是此注脫文其義卽李賢所本

子曰不憤不啟不悱不發舉一隅不以三隅反則不復也注鄭曰孔子與人言必待其人心憤憤口悱悱乃後啟發爲說之如此則識思之深也說則舉一隅以語之其人不思其類則不復重教之正義曰說文云啟教也從攴启聲下引此文又隅陬也淮南原道訓經營四隅高誘注隅猶方也一隅三隅合爲四隅故舉一隅則可知三隅反者反而思之也荀子大畧篇有法者以法行無法者以類舉以其本知其末以其左知其右凡百事異理而相守也是其義也劉氏逢祿述何篇聖人之言皆舉一隅而俟人之以三隅反故文約而旨無窮董子說春秋云不能察寂若無深察之無物不在謂不書多於書也皇

本高麗本鼂公武據蜀石經一隅下有而示之三字文選西京賦注引同皇本則下有吾字○注孔子至教之○正義曰方言憤盈也說文憤懣也二訓義同人於學有所不知不明而仰而思之則必興其志氣作其精神故其心憤憤然也下篇夫子言發憤忘食謂憤於心也文選嘯賦注引字書曰悱心誦也誦疑作痛方言菲惄悵也菲與悱同廣雅釋詁作悲說文無悱字新附據鄭注補或疑悱即說文悲字當得之玉篇悱口悱悱此本鄭訓學記曰時觀而弗語存其心也注云使之悱悱憤憤然後啟發也記又云力不能問然後語之力不能問故口悱悱也當心憤憤口悱悱時已是用力於思而未得其義乃後啟發爲說之使人知思之宜深不敢不專心致志也孟子盡心下云君子引而不發躍如也引者引其緒也又學記云故君子之教喻也開而弗達開而弗達則思注云開謂開發事端但爲學者開發大義而已亦不事事使之通達也並此舉一隅之義也不復重教之者言教之既不深思則不復重教之學記所謂語之而不知雖舍之可也易蒙彖云初筮告再三瀆瀆則不告利貞鄭注弟子初問則告之以事義不思其三隅相況以反解而筮者此勤師而功寡學者之災也瀆筮則不復告欲令思而得之亦所以利義而幹事之也

子食於有喪者之側，未嘗飽也。注喪者哀慼，飽食於其側，是無惻隱之心。

正義曰：檀弓云：「食於喪者之側，未嘗飽也。」注：「助哀戚也。」毛氏奇齡稽求篇謂檀弓所記即夫子事。皇本連下章，而以此注繫於後，與釋文所見本不合。

子於是日哭，則不歌。注一日之中，或哭或歌，是褻於禮容。

正義曰：說文云：「哭，哀聲也。」「歌，詠也。」毛詩園有桃傳：「曲合樂曰歌。」謂人聲與樂齊作也。何休公羊注引魯詩傳：「大夫士曰琴瑟。」曲禮云：「大夫無故不徹縣，士無故不徹琴瑟。」注：「故謂災患喪病。」此弔人之喪，既以情親哀哭之故，一日之內亦不得歌也。曲禮：「哭日不歌。」檀弓：「弔於人，是日不樂。」毛氏奇齡稽求篇謂檀弓即指夫子此事，是也。鄭注檀弓云：「君子哀樂不同日。」又鄭志答臨碩云：「謂一日之中既以哀事哭，又以樂而歌，是爲哀樂之心無常。」言人既以哀事哭，則竟一日當常有哀心也。此惟弔哭在前則然，若已歌而後聞他人之喪，則弔哭正禮所宜矣。皇本「日」下有「也」字，論衡感類篇引亦有「也」字。釋文云：「舊以爲別章，今宜合前章。」○注「一日」至「禮容」。○正義曰：皇本此注脫。

子謂顔淵曰用之則行舍之則藏唯我與爾有是夫(注)孔曰言可行則行可止則止唯我與顔淵同 正義曰新語愼微篇引此文說之云言顔淵道施於世而莫之用是行藏皆指道言孟子謂士窮不失義達不離道又云古之人得志澤加於民不得志修身見於世窮則獨善其身達則兼善天下卽此義案下篇夫子言天下有道則見無道則隱此明人出處之正法若此云用之則行舍之則藏但言用之舍之不復計及有道無道者正是維世之意欲易無道爲有道也此惟時中之聖能之孟子稱孔子可以仕則仕謂用之卽可以仕也可以止則止謂舍之卽可以止也顔子合符聖德故夫子言我與爾有是矣

子路曰子行三軍則誰與子曰暴虎馮河死而無悔者吾不與也必也臨事而懼好謀而成者也(注)孔曰大國三軍子路見孔子獨美顔淵以爲已勇至於夫子爲三軍將亦當誰與已同故發此問暴虎徒搏馮河徒涉 正義

曰好謀者好猶善也左襄四年傳咨難爲謀說文慮難曰謀戴氏望論語注云王者行師以全取勝不以輕敵爲上傳曰善爲國者不師善師者不陳善陳者不戰善戰者不死善死者不亡案逸周書武紀解謀有不足者三仁廢則文謀不足武廢則勇謀不足備廢則事謀不足是行軍當用謀也焦氏循補疏好謀而成成會定也定即決也三國志郭嘉傳袁公多端寡要好謀無決無決即是無成好謀而成即是好謀而能決也釋文馮亦作憑皇本同○注大國至徒涉○正義曰夏官序官凡制軍萬有二千五百人爲軍王六軍大國三軍次國二軍小國一軍軍將皆命卿是大國三軍也夫子爲三軍將即命卿矣子路有治賦之才故問夫子行軍將誰與冀已有所能以自見也暴虎徒搏馮河徒涉並爾雅釋訓文郭注徒搏云空手執也徒涉云無舟楫說文溯無舟渡河也玉篇徒涉曰溯今經典作馮皆溯之叚借馮說文訓馬行疾別一義

子曰富而可求也雖執鞭之士吾亦爲之(注)鄭曰富貴不可求而得之當修德以得之若於道可求者雖執鞭之賤職

我亦爲之如不可求從吾所好注孔曰所好者古人之道

正義曰史記伯夷列傳引富貴如可求此出古論以富貴連文而與如義通也宋氏翔鳳發微云周官太宰祿以馭其富三代以上未有不仕而能富者故官愈尊則祿愈厚求富郎千祿也富而可求謂其時可仕則出而求祿孔子爲委吏乘田其職與執鞭之仕同也不可求爲時不可仕孔子世家言定公五年陽虎四季桓子季氏亦僭於公室陪臣執國政是以魯自大夫以下皆僭離於正道故孔子不仕退而修詩書禮樂弟子彌眾至自遠方莫不受業焉此孔子不仕謂不可求修詩書禮樂爲從吾所好孔子自述出處之際故以兩吾字明之案宋說與古論義合說苑立節篇引此文說之云故阨窮而不憫勞辱而不苟然後能有致也勞辱郎謂執鞭言雖勞辱之事亦不可苟當覗可求然後爲之也阨窮不憫則從吾所好也但言爲執鞭者孟子云仕非爲貧也而有時乎爲貧爲貧者辭尊居卑辭富居貧惡乎宜乎抱闕擊析今此言富而可求謂時可仕兼已亦爲貧故但可爲執鞭之士也釋文鞭或作硬音吾孟反非也吾亦爲之一本無亦字之下有矣字如不可求皇本求下有者字○注富貴至爲之○正義曰鄭以富

貴達言亦古論義也修德以得富貴即夫子言寡尤寡悔祿在其中學也祿在其中之旨於道可求謂仕之道也言已雖修德仍視道可仕否也孟子云古之人未嘗不欲仕也又惡不由其道即此義也執鞭爲賤職者鞭是刑具書鞭作官刑是也周官條狼氏掌執鞭以趨辟王出入則八人夾道公則六人侯伯則四人子男則二人又云凡誓執鞭以趨於前且命之注趨辟趨而辟行人若今卒辟車之爲也孔子曰云云言士之賤也據序官條狼氏是下士故稱賤矣

子之所慎齊戰疾（注）孔曰此三者人所不能慎而夫子獨能慎之

正義曰說文云慎謹也齋戒潔也從示齊省聲經典齋齊二文錯見祭統云及時將祭君子乃齊齊之爲言齊也齊不齊以致齊者也故散齊七日以定之致齊三日以齊之又云及其將齊也防其邪物訖其耆欲耳不聽樂故記曰齊者不樂言不敢散其志也心不苟慮必依於道手足不苟動必依於禮韓詩外傳八傳曰居處齊則色姝食飲齊則氣珍言語齊則信聽思齊則成志齊則盈五者齊斯神居之亟言慎齊之事也說文云戰鬭也慎戰謂

臨事而懼好謀而成也禮器云子曰我戰則克祭則受福
蓋得其道此之謂也愼疾者所以守身也金匱要畧言人
有疾當愼養苦酸辛甘不遺形體有衰
雖在經絡無由入其腠理卽此義也

子在齊聞韶三月不知肉味 (注)周曰孔子在齊聞習韶樂之
盛美故忽忘於肉味 **曰不圖爲樂之至於斯也** (注)王曰爲
作也不圖作韶樂至於此此齊 正義曰皇本韶下有樂字
史記孔子世家言孔子年
三十五昭公奔於齊魯亂孔子適齊與齊太師語樂聞韶
音云云江氏永鄉黨圖考敘此適齊爲孔子三十六歲
十七歲自齊反魯說苑修文篇孔子至齊郭門之外遇一三
嬰兒挈一壺相與俱行其視精其心正其行端孔子謂御
曰趣趨之趣趨之韶樂方作此相傳夫子聞韶之事不
知肉味猶言發憤忘食也說文味滋味也圖畫計難也不
圖者言韶樂之美非計度所及也釋文爲樂並如字本或
作嫣音居危反非包氏愼言温故錄嫣陳姓夫子蓋知齊
之將爲陳氏故聞樂而深痛太公丁公之不血食也此就
釋文所載或本爲義然此句承不知肉味之下正以贊美

韶樂所以聞習之久至不知肉味也若以爲樂作嫣樂至於斯爲陳將代齊則別是感痛之義與上文不貫似非是也○注周曰至肉味○正義曰文選嘯賦注引此注爲周生或當時周與周生能識別也聞習者謂聞而習之孔子世家言孔子學之三月不知肉味學之二字卽安國故也亦卽此注所云聞習也○注爲作至此齊○正義曰爲作常訓注以此爲齊言此韶樂不意至於齊也此王誤解漢書禮樂志夫樂本情性浹肌膚而藏骨髓雖經乎千載其遺風餘烈尚猶不絕至春秋時陳公子完犇齊陳舜之後招樂存焉故孔子適齊聞招三月不知肉味曰不圖爲樂之至於斯美之甚也以不圖句爲美義勝此注上篇子謂韶盡美盡善又左傳吳季札見舞韶箾者曰德至矣哉大矣如天之無不幬也如地之無不載也雖甚盛德其蔑以加於此矣觀止矣是言韶樂至美也

冉有曰夫子爲衛君乎注鄭曰爲猶助也衛君者謂輒也衛靈公逐太子蒯聵公薨而立孫輒後晉趙鞅納蒯聵於戚城衛石曼姑帥師圍之故問其意助輒不乎**子貢曰諾吾**

將問之入曰伯夷叔齊何人也曰古之賢人也曰怨乎曰求仁而得仁又何怨（注）孔曰夷齊讓國遠去終於餓死故問怨邪以讓爲仁豈有怨乎出曰夫子不爲也（注）鄭曰父子爭國惡行孔子以伯夷叔齊爲賢且仁故知不助衛君明矣

（正義）曰說文云諸䜅也引夷齊者借二子以正衛事也蓋輒之立及拒蒯聵是以王父命辭父命然叔齊亦是父命立之及父死不復拘執父命而讓國伯夷與衛輒之堅執王父命而辭父命者相反若伯夷則又遵守父命而終讓國不受與衛蒯聵之棄父命而爭國者相反故子貢於二子詢其人爲何如蓋欲以知夫子之爲衛君與否而兼以明蒯聵之是非耳云怨乎者言伯夷不得立叔齊或恐兄爭國不得已而讓皆不能無怨惟夷齊之讓出於親愛之誠其心無非求仁而即得仁尚何所怨乎公羊疏解論語此文以爲夷齊適周怨周王不用其言非矣釋文吾將問之一本無將字曰古之賢人也皇本曰上有子字賢人作賢仁惠氏棟九經古義引下鄭注賢且仁以爲

古本賢仁之證不知鄭注乃隱括古之賢人也求仁而得仁二句義非本作賢仁阮氏元校勘記皇本高麗本考文引古本足利本又何怨下有乎字左傳哀三年正義史記伯夷列傳索隱文選江淹雜體詩注引並作又何怨乎疑古本如此○注爲猶至不乎○正義曰詩鳧鷖福祿來爲鄭箋爲猶助也左定四年傳言衛靈公太子蒯聵得罪君夫人南子出奔宋哀二年夏靈公卒夫人曰命公子郢爲太子君命也對曰郢異於他子且君沒於吾手若有之郢必聞之且亡人之子輒在乃立輒又經書六月乙亥晉趙鞅帥師納衛世子蒯聵于戚三年春齊國夏衛石曼姑帥師圍戚此蒯聵出奔及輒立拒父始末也公羊傳晉趙鞅帥師納衛世子蒯聵于戚戚者何衛之邑也曷爲不言入于衛父有子子不得有父也齊國夏曷爲與衛石曼姑帥師圍戚伯討也此其爲伯討奈何曼姑受命乎靈公而立輒以曼姑之義爲固可以拒之也輒者曷爲者也蒯聵之子也然則曷爲不立蒯聵而立輒蒯聵爲無道靈公逐蒯聵而立輒然則輒之義可以立乎曰可其可柰何不以父命辭王父命以王父命辭父命是父之行乎子也不以家事辭王事以王事辭家事是上之行乎下也穀梁傳晉趙鞅帥師納衛世子蒯聵于戚納者內弗受也何用弗受也

以輒不受也以輒不受父之命受之王父也信父而辭王父則是不尊王父也其弗受以尊王父也二傳所言自是衛人當日所據之義鄭依為說故此注言靈公逐蒯聵又言立孫輒也周人之法無適子者立適孫蒯聵負罪出亡已絕於衛故輒得申王父之命當時臣民安之大國助之而夫子亦且為公養之仕故冉有疑夫子為衛君也夫子於哀六年自楚反衛為衛輒四年此問當在其時○注夷齊至怨乎○正義曰史記伯夷列傳父欲立叔齊及父卒叔齊讓伯夷伯夷曰父命也遂逃去叔齊亦不肯立而逃之國人立其中子於是伯夷叔齊聞西伯昌善養老盍往歸焉及至西伯卒武王東伐紂伯夷叔齊叩馬而諫武王已平殷亂天下宗周而伯夷叔齊恥之義不食周粟隱於首陽山采薇而食之遂餓死於首陽山此卽二子讓國終於餓死之事也伯夷能順乎親叔齊能蒸其兄孝弟皆為仁也左僖八年傳能以國讓仁孰大焉○注父子至明矣○正義曰不言蒯聵爭國而曰父子爭國是秉絕之也何休公羊解詁謂輒鉏得正非義之高卽引此文說之正

子曰飯疏食飲水曲肱而枕之樂亦在其中矣（注）孔曰疏食

菜食肱臂也孔子以此爲樂**不義而富且貴於我如浮雲**

注 鄭曰富貴而不以義者於我如浮雲非己之有 正義曰說文云

飯食也疏粗也粗疏也詩召旻彼疏斯粺鄭箋疏麤也謂糲米也段氏玉裁說文注云糲米與粺米校則糲爲粗國語食粗衣惡是也稷與黍稻粱校則稷爲粗喪服傳食疏食注疏猶麤也是也案論語三言疏食皆謂糲米亦當兼稷言之稷今之高粱北方用爲常食比粱黍爲賤也釋文云疏本又作蔬皇本作蔬因孔注致誤說文云枕臥所薦首者樂亦在其中者言貧賤中自有樂也呂氏春秋愼人篇古之得道者窮亦樂達亦樂所樂非窮達也道得於此則窮達一也爲寒暑風雨之序矣斯其義也不義而富且貴者謂不以其道得富貴也浮雲者說文浮汎也雲山川气也孟子謂行一不義殺一不辜而得天下孔子不爲故孔子自言不義之富貴視之如浮雲然明無所動於心也劉氏逢祿述何篇此因上章而類記之不義之富貴不特蒯瞶與輒也即石曼姑之受命於靈公皆不義也○注疏食菜食肱臂也○正義曰說文無蔬字疑古菜食之字亦作疏禮記月令云有能取蔬食注菜曰蔬是也蔬爲菜之

通名不爲粗惡孔此注誤也說文云臂上也肱古或從肉廣雅釋親肱謂之臂

子曰：加我數年，五十以學易，可以無大過矣。注 易窮理盡性以至於命，年五十而知天命，以知命之年讀至命之書，故可以無大過。

正義曰：孔子世家：孔子晚而喜易，序彖繫象說卦文言，讀易韋編三絕，曰：假我數年，若是我於易則彬彬矣。彼文作假，風俗通義窮通卷引論語亦作假。春秋桓元年：鄭伯以璧假許田。史記十二諸侯年表作以璧加魯易許田，是加假通也。夫子五十前得易，冀以五十時學之，明易廣大悉備，未可遽學之也。及晚年贊易既竟，復述從前假我數年之言，故曰假我數年，若是我於易則彬彬矣。若是者，竟事之辭，言惟假年乃彬彬也。世家與論語所述不在一時，解者多失之。姚氏配中周易學云：文王爻辭，惟九三言人事，傳則言行言學言進脩，无在非學也。象曰：君子以自強不息。子蓋三致意焉。子曰：五十以學易，而於每卦象傳必曰以，以者學之謂也。又曰：學易學爲聖也，非徒趨吉避凶已也。有天地即有易，既作易而天地之道著，天下之理得，聖之所以爲聖，求諸易而可知矣。

案學易可以無大過者易之道皆主中行主變通故學之
而可與適道可與立權也繫辭傳云是故君子居則觀其
象而玩其辭動則觀其變而玩其占是以自天祐之吉无
不利吉凶者言乎其失得也悔吝者言乎其小疵也无咎
者善補過也夫子聖德既學易當無小疵無過可補而云
可無大過者謙言不敢自承無過也釋文云學易如字魯
讀易爲亦今從古此出鄭注惠氏棟九經古義外黃令高
彪碑恬虛守約五十以斆此從魯論亦字連下讀也案魯
讀不謂學易與世家不合故鄭從古論戴氏望論語注加
當言假假之言暇時子尚周流四方故言暇我數年也五
十者天地之數大衍所從生用五用十以學易謂錯綜變
化以求之也易說曰易一陰一陽合而爲十五之謂道陽
變七之九陰變八之六亦合於十五則象變之數若一陽
動而進變七之九象其氣之息也陰動而退變八之六象
其氣之消也故大一取其數以行九宮四正四維皆合於
十五五音六律七宿由此作焉大過於消息爲十月卦陽
伏陰中上下皆陰故雜卦曰大過顚也顚則陽息萬物死
聖人使陽升陰降由復出震自臨而泰盈乾生井終既濟
定六位正王度見可不遇大過之世也此以五十皆易數
亦備一義○注易窮理盡性以至於命○正義曰易說卦

文窮理者致知格物之學盡性者成己成物之學至命則所以盡人事而達天道也

子所雅言(注)孔曰雅言正言也**詩書執禮皆雅言也**(注)鄭曰讀先王典法必正言其音然後義全故不可有所諱禮不誦故言執

正義曰此承上章學易之言而類記之所字郎指易言乃不獨易也若詩書執禮皆雅言也此略本焦氏循補疏說不及樂者方氏觀旭偶記謂樂在詩禮之中是也○注讀先至言執○正義曰詩書皆先王典法之所在故讀之必正言其音鄭以雅訓正故偽孔本之先從叔丹徒君駢枝曰夫子生長於魯不能不魯語惟誦詩讀書執禮必正言其音所以重先王之訓典謹末學之流失又云昔者周公著爾雅一篇以釋古今之異言通方俗之殊語劉熙釋名曰爾昵也昵近也雅義也義正也五方之音不同皆以近正為主也上古聖人正名百物以顯法象別品類統人情壹道術名定而實辨言協而志通其後事為踵起象數滋生積漸增加隨時遷變王者就一世之所宜而斟酌損謚之以為憲法所謂雅也然而五方之俗不能彊同或意同而言異或言同而聲異綜集謠俗釋

以雅言比物連類使相附近故曰爾雅詩之有風雅也亦然王都之音最正故以雅名列國之音不盡正故以風名王之所以撫邦國諸侯者七歲屬象胥諭言語協辭命九歲屬瞽史諭書名聽聲音正於王朝達於諸侯之國是謂雅言雅之爲言夏也孫卿榮辱篇云越人安越楚人安楚君子安雅是非知能材性然也是注錯習俗之節異也又儒俗篇云居楚而楚居越而越居夏而夏是非天性也積靡使然也然則雅夏古字通謹案駢枝發明鄭義至爲確矣周室西都當以西都音爲正平王東遷下同列國不能以其音正乎天下故降而稱風而西都之雅音固未盡廢也夫子凡讀易及詩書執禮皆用雅言然後辭義明達故鄭以爲義全也後世人作詩用官韻又居官臨民必說官話卽雅言矣曲禮云詩書不諱臨文不諱注云爲其失事正鄭以不諱亦雅言之一端故舉以明之禮不誦故言執者禮亦有讀但此執禮是在行事時故言不誦也困學紀聞引葉夢得曰蓋古者謂持禮書以治人者皆曰執周官大史大祭祀宿之日讀禮書祭之日執書以次位常凡射事執其禮事論語駢枝曰執猶掌也執禮謂詔相禮事文王世子曰秋學禮執禮者詔之雜記曰女雖未許嫁年二十而笄禮之婦人執其禮諸文皆言執禮與此經同翟氏

灝考異云古者學禮行禮皆有詔贊者爲之宣唱校呼使無失錯若今之贊禮官其書若今之儀注於此而不正其言恐事亦失正也

葉公問孔子於子路，子路不對。子曰：「女奚不曰：其爲人也，發憤忘食，樂以忘憂，不知老之將至云爾。」【注】孔曰：葉公名諸梁，楚大夫，食采於葉，僭稱公。不對者，未知所以答。

正義曰：發憤忘食者，謂好學不厭，幾忘食也。樂以忘憂者，謂樂道不憂貧也。不知老之將至者，言忘身之老，自彊不息也。荀子勸學篇：「眞積力久則入，學至乎沒而後止也。故學數有終，若其義則不可須臾舍也。」是夫子忘老之意也。孔子世家言：「齊景公卒之明年，孔子自蔡如葉，葉公問政」云云，「他日問孔子於子路」云云。計夫子時年六十三四歲，故稱老矣。又世家「其爲人也」句下有「學道不倦，誨人不厭」二句。皇本「至」下有「也」字。○注「葉公」至「以答」。○正義曰：左定五年傳「葉公諸梁之弟后臧從其母於吳」，哀十六年傳稱「沈諸梁」，莊子釋文云：「姓沈，名諸梁，字子高。」杜預左宣三年傳注：「葉，楚地，南陽葉縣其故城距今縣治二十里據左傳葉公是縣尹非食采之邑故鄭注禮緇衣云葉公楚縣公是也鄉飲酒禮注大國有孤四命謂之公士喪禮注公大國之孤四命也若然則諸侯臣得稱公故左傳有邢公棠公商成公白公此葉公亦是四命之孤非因僭稱也然高誘注呂覽察微篇淮南覽冥訓並云楚僭稱王其守邑大夫皆稱公則以公爲僭稱漢儒已有是說不始於僞孔矣未知所以答者子路以己之知不足知聖人也

子曰我非生而知之者好古敏以求之者也注鄭曰言此者勸人學

正義曰敏勉也言黽勉以求之也說本朱氏彬經傳考證皇本敏下有而字。注言此者勸人學。

正義曰生知者不待學而能知也夫子亦是生知特以生知爲上謙不敢居且恐學者自恃聰質將懈於學故但以學知自承且以勸勉人也

子不語怪力亂神注王曰怪怪異也力謂若奡盪舟烏獲舉千鈞之屬亂謂臣弑君子弑父神謂鬼神之事或無益於

教化或所不忍言正義曰不語謂不稱道之也大戴禮曾子立事篇君子亂言而弗殖神言弗致
也即此義○注怪怪至忍言○正義曰說文云怪異也此
常訓書傳言夫子辨木石水土諸怪及防風氏骨節專車
之屬皆是因人問答之非自爲語之也至日食地震山崩
之類皆是災變與怪不同故春秋紀之獨詳欲以深戒人
君當修德力政不諱言之矣奡盪舟憲問篇文說具彼疏
烏獲見孟子告子下趙岐注古之有力人也能移舉千鈞
左宣十五年傳民反德爲亂亂莫大於弑父與君故舉以
釋之皇疏云無益於教化者解不言怪力神三事也云或
所不忍言者解
不言亂事也

子曰三人行必有我師焉擇其善者而從之其不善者而改之注言我三人行本無賢愚擇善從之不善改之故無常師正義曰三人者衆辭也行者行於道路也錢氏坫後錄左傳子産曰其所善者吾則行之其所惡者吾則改之是吾師也與此文同義案如錢說是善與不善謂人以我爲善不善也我並彼爲三人若彼二人以我爲善我則從

之二人以我爲不善我則改之是彼二人皆爲吾師書洪範云三人占則從二人之言此之謂也皇疏引王朗曰于時道消俗薄鮮能崇賢尙勝故託斯言以厲之夫三人之行猶或有師況四海之內何求而不應哉釋文我三人行本無我字必得我師焉本或作必有唐石經及皇本高行本無我字據古本足利本三本上並有我字有作得與釋文一本合馮氏登府異文攷證案何注邢疏並云言我三人行麗本合馮氏登府異文攷證案何注邢疏並云言我三人行本合馮氏登府異文攷證案何注邢疏並云言我三人行

注言我三人行本無賢愚相與〇正義云注似以行爲言行之行三人此之

行本無賢愚我至常師亦云我三人行至有作得史記世家亦如此三人之改之

亦之可非謂一人善有不善者皆隨事所見擇而從之人改之〇行文

亦可通也下篇子貢曰夫子焉不學而亦何常師之有

子曰天生德於予桓魋其如予何注包曰桓魋宋司馬天生

德者謂授我以聖性德合天地吉無不利故曰其如予何

正義曰書召誥云今天其命哲是人之知愚皆天所生夫子五十知天命知己有德爲天所命故此復言天生德於予也史記孔子世家云孔子去衞過曹去曹適宋與弟子習禮大樹下宋司馬桓魋欲殺孔子拔其樹孔子去弟子

曰可以速矣孔子曰天生德於予桓魋其如予何是此語爲夫子答弟子之辭世家云是歲魯定公卒爲定十五年又云孔子遂至陳主於司城貞子家宋世家則以孔子過宋在宋景二十五年當魯哀三年陳世家及十二諸侯年表又以孔子至陳在湣公六年當魯定十四年傳聞異辭未知孰是○注桓魋至予何○正義曰桓魋卽向魋稱桓者向是桓族也聖性者孟子以堯舜爲性之言性成自然也夫子聖性是天所授雖遭困阨無損聖德故曰吉無不利也此夫子據天道福善之理解弟子憂懼之意若微服而過則又知命所宜然矣

子曰二三子以我爲隱乎吾無隱乎爾吾無行而不與二三子者是丘也注包曰二三子謂諸弟子聖人知廣道深弟子學之不能及以爲有所隱匿故解之我所爲無不與爾共之者是丘之心 正義曰學記云教人不盡其材注謂師有所隱也夫子以身教不專以言教故弟子疑有所隱也行者謂所行事也與猶示也教也下篇予欲無言章義同趙氏佑溫故錄乎爾與詩之俟我于著

乎而孟子然而無有乎爾則亦無有乎爾俱齊魯間語辭
皇本作以我爲隱子乎又吾無下有所字○注聖人至之
心○正義曰聖人知廣道深弟子學之旣不能及故夫子
亦不教之所謂中人以下不可語上也乃弟子則疑夫子
有所隱匿故夫子復以無隱解之明我之心凡所爲學無
不欲與二三子共之但二三子未能幾此耳疑我爲隱不
亦過乎注此義亦通隱匿者爾雅釋詁隱匿微也說
文隱蔽也與乙同乙匿也象迟曲隱蔽形讀若隱

子以四教文行忠信注四者有形質可舉以教正義曰文謂詩書禮樂凡
博學審問愼思明辨皆文之教也行謂躬行也中以盡心
曰忠恒有諸己曰信人必忠信而後可致知力行故曰忠
信之人可以學禮此四者皆教成人
之法與教弟子先行後學文不同

子曰聖人吾不得而見之矣得見君子者斯可矣注疾世無
明君**子曰善人吾不得而見之矣得見有恒者斯可矣亡
而爲有虛而爲盈約而爲泰難乎有恒矣**注孔曰難可名

之爲有常

正義曰：大戴禮五義篇所謂聖人者，知通乎大道，應變而不窮，能測萬物之情性者也。是言聖人無所不通，能成己成物也。禮記哀公問篇：子曰：「君子者，人之成名也。」韓詩外傳言：「行多當，未安愉也；知慮多當，未周密也。是篤厚君子，未及聖人也。」此聖人君子之分也。善人者，下篇夫子答子張言善人之道，不踐迹，亦不入於室。言踐迹然後入室，是善人爲聖人之次也。有恒者，有常也。易象傳：「雷風恒，君子以立不易方。」非有恒，無以爲君子，卽無由爲善人，故有恒爲學者始基也。兩加子曰者，言非一時也。虛者，續漢五行志：「虛，空名也。」盈者，說文云：「滿也。」泰者，易序卦傳：「通也。」亡有、虛盈、約泰，以淺深取義。李氏光地說：有恒是篤實之人，若不篤實，則虛夸。虛夸之人，必不能有常心而久於事。易曰：「浚恒之凶。」以求深也。始而求深，在賢者尚有進銳退速之過，況其下者乎？夫子有川上之歎，而亟稱於水曰：「水哉！水哉！」爲其德至實，不舍晝夜，盈科後進也。故學者始但求小德，得一善則拳拳服膺，如水雖未出中，而涓涓不息也。終則其中未有，有若無，實若虛，如水之既平，而終不盈也。惟如是，是以能常德行而習教事，久於其道，而忽不知入於聖賢之域，此夫子之思有恒意也。案：中庸云：「君子之道，闇然而日章。」

小人之道的然而日亡君子是有恒故能闇然而日章小人是無恒故雖的然而日亡的然卽亡而爲有諸象也宋石經避諱恒作常釋文云亡如字此舊爲別章今宜與前章合案皇本正與前章合不爲別章或如盧氏文弨攷證謂釋文所云爲後人校語也○注疾世無明君○正義曰注以聖人君子善人有恒皆指當時天子諸侯言之所謂上無明天子下無賢方伯也○注難可名之爲有常○正義曰爾雅釋詁恒常也說文恒心之常也易彖傳恒久也久常義同

子釣而不綱弋不射宿(注)孔曰釣者一竿釣綱者爲大綱以橫絕流以繳繫釣羅屬著綱弋繳射也宿宿鳥　正義曰御覽八百三十四引鄭注云綱謂爲大索橫流屬釣案說文綱維紘繩也考工記注綱連侯繩也皇疏云作大綱橫遮於廣水而羅列多鈎著之以取魚也卽鄭義也王氏引之經義述聞謂綱爲網譌此不解綱制欲改經字也釋文綱音剛鄭本同綱字本可不音陸氏之意亦恐人誤作網矣物茂卿論語徵云天子諸侯爲祭及賓客則狩豈無虞人之供而躬

自爲之所以敬也狩之事大而非士所得爲故爲祭及賓客則釣弋蓋在禮所必然焉古者貴禮不貴財不欲必獲故在天子諸侯則三驅在士則不綱不射宿○注釣者至宿鳥○正義曰說文釣鉤魚也以鉤取魚謂之釣故釣亦名鉤廣雅釋器釣鉤也是也鉤以細鐵絲爲之以繳繫於竹竿之首詩云籊籊竹竿以釣于淇是也注言一竿釣者對大綱有多鉤言之繫釣當作繫鉤文選西征賦注引此注正作鉤羅者列也言非一鉤也繳者說文繳生絲縷也爲孔此注亦是用鄭義弋繳射者說文隿繳射飛鳥也從佳弋聲弋即隿省周官司弓矢矰矢茀矢用諸弋射注矰矢弓所用也茀矢弩所用也結繳於矢謂之矰矰高也茀矢象焉二者皆可以弋飛鳥也彼注言矰矢爲結繳於矢即此注所云繳射矣說文宿止也言鳥棲止巢中也

子曰蓋有不知而作之者我無是也注包曰時人有穿鑿妄作篇籍者故云然**多聞擇其善者而從之多見而識之知之次也**注孔曰如此者次於天生知之知正義曰不知者不知其義也無所聞

見必不能作惟聞見未廣又不能擇善而從之識之斯於義違失即爲不知而作矣擇善貫下多見故邢疏云多見擇善而識之是也公羊哀十四年傳春秋何以始乎隱祖之所逮聞也所見異辭所聞異辭所傳聞異辭春秋繁露楚莊王篇春秋分十二世以爲三等有見有聞有傳聞有見三世有聞四世有傳聞五世故哀定昭君子之所見也襄成宣文君子之所聞也僖閔莊桓隱君子之所傳聞也所見六十一年所聞八十五年所傳聞九十六年於所見微其辭於所聞痛其禍於傳聞殺其恩與情俱也此夫子修春秋證之所聞所見者也又夫子言夏殷之禮皆能言之但以文獻不足不敢徵之此可見聖人愼審之意漢書朱雲傳贊世傳朱雲言過其實蓋有不知而作之者我無是也謂世人傳述雲事多失其實則爲不知而作作是作述解者或爲作事誤也廣雅釋詁次近也儀禮特牲饋食注次猶貳○注如此者次於天生知之○正義曰下篇子曰生而知之者上也學而知之者次也夫子自居學知故言我非生而知之者好古敏以求之者也是次於生知也

互鄉難與言童子見門人惑（注）鄭曰互鄉鄉名也其鄉人言

語自專不達時宜而有童子來見孔子門人怪孔子見之

正義曰：說文辛部男有辠曰奴奴曰童人部僮未冠也是僮童義別今經典俱叚童爲僮禮雜記注童未成人之稱學記注成童十五以上皇疏引琳公說此鄉有一童子難與言以互鄉難與言童子見八字爲一句非經旨○注互鄉至見之○正義曰互鄉不知所在元和郡縣志謂滕縣東二十三里有合鄉故城即互鄉顧氏祖禹方輿紀要謂在今嶧縣西北當即滕縣東之合鄉又太平寰宇記徐州沛縣陳州項城縣北一里並有互鄉又困學紀聞引王無咎云鹿邑之外有互鄉城前代因立互鄉縣又明一統志謂在陳州商水縣方氏以智通雅謂互鄉名古廬里今在睢州諸說不同閻氏若璩釋地續云余因新舊唐書杜氏通典隨地理志鹿邑名縣始隨開皇十八年此後未見有析置互鄉事則無咎之言閻氏已深斥之地理家好牽附恐他說亦多類此矣言語自專不達時宜謂其俗鄙固不信人言也言怪孔子見之明非怪童子來見

子曰與其進也不與其退也唯何甚

注孔曰：教誨之道與其進不與其退怪我見此童子惡

惡一何甚人潔己以進與其潔也不保其往也注鄭曰往猶去也人虛己自潔而來當與之進亦何能保其去後之行正義曰何休公羊注去惡就善曰進童子來見是求進故宜與之與孟子言來者不拒意同劉氏逢祿述何云春秋列國進乎禮義者與之退則因而貶之亦此義也唯何甚者唯語辭夫子不爲已甚故云唯何甚也潔唐宋石經並作絜說文無潔字鄉飲酒義注絜猶清也保猶保辜之保郭璞方言注保言可保信也。注往猶去也。正義曰言從今以往也皇疏引顧歡曰往謂前日之行夫人之爲行或有始無終或先迷後得故教誨之道潔則與之往日之行非我所保也此與鄭異亦通

子曰仁遠乎哉我欲仁斯仁至矣注包曰仁道不遠行之卽是正義曰此求仁得仁之旨孟子盡心云求則得之舍則失之是求有益於得也求在我者也。注仁道不遠行之卽是。正義曰注以欲仁卽宜行仁夫子告顏子以克己復禮爲仁卽此義

陳司敗問昭公知禮乎孔子曰知禮(注)孔曰司敗官名陳大夫昭公魯昭公　正義曰左昭五年傳公如晉自郊勞至于贈賄無失禮晉侯謂女叔齊曰魯侯不亦善於禮乎對曰魯侯焉知禮公曰何爲對曰是儀也不可謂禮公羊昭二十五年傳公孫于齊次于陽州齊侯唁公于野井昭公曰喪人不佞失守魯國之社稷云云孔子曰其禮與其辭足觀矣是魯昭本習於容儀當時以爲知禮故司敗有此問鄭注云司敗人名齊大夫皇本孔子下有對字○注司敗至昭公○正義曰左文十一年傳楚子西曰臣歸死於司敗宣四年傳楚箴尹克黃自拘于司敗是司敗爲官名子西歸死司敗與晉魏絳歸死司寇語同杜注左傳曰陳楚名司寇爲司敗與陳有司敗本論語此文與僞孔同與鄭異也昭公名裯見左襄三十一年傳周書謚法解容儀恭美曰昭孔子退揖巫馬期而進之曰吾聞君子不黨君子亦黨乎君取於吳爲同姓謂之吳孟子君而知禮孰不知禮(注)孔曰巫馬期弟子名施相助匿非曰黨魯吳俱

姬姓禮同姓不昬而君取之當稱吳姬諱曰孟子巫馬期

以告子曰丘也幸苟有過人必知之㊟孔曰以司敗之言告也諱國惡禮也聖人道宏故受以爲過

正義曰夫子見陳司敗巫馬期爲介入俟於庭及夫子退期當隨行而司敗仍欲與語故揖而進之也皇疏云揖者古人欲相見前進皆先揖之於禮巫馬期當答揖此不言者畧也皇本進之作進也取作娶釋文娶本今作取說文娶取婦也從女從取取亦聲吳者國名杜注左宣十八年傳云吳國今吳郡今江蘇蘇州府治○注巫馬至孟子○正義曰巫馬者以官爲氏周官有巫馬掌養疾馬而乘治之是也仲尼弟子列傳巫馬施字子旗少孔子三十歲漢書古今人表及呂氏春秋具備覽亦作巫馬旗此文作期者梁氏玉繩人表考云說文施旗也故齊欒施字子旗而期與旗古通左昭十三年令尹子旗楚語下作子期定四年子期呂覽高義注作子旗戰國策中期推琴史魏世家作中旗皆其諭也案鄭豐施亦字子旗見左昭十六年傳注旗本字凡作期皆叚借也鄭目錄云魯人家語弟子解則云陳人姬者周姓魯是周公

之後吳是泰伯之後故云俱姬姓也禮坊記篇子云取妻不取同姓以厚別也故買妾不知其姓則卜之又大傳曰繫之以姓而弗別綴之以食而弗殊雖百世而昏姻不通者周道然也是周禮同姓皆不昏也當稱吳姬諱曰孟子者吳姬猶齊姜宋子之比昭公知娶同姓爲非禮故諱稱吳孟子公羊十二年孟子卒傳云昭公之夫人也稱孟子諱取同姓蓋吳女也何休注昭公諱而謂之吳孟子春秋不繫吳者婦人繫姓不繫國雖不諱猶不繫也不稱夫人不言薨不書葬深諱之據何注則吳孟子乃昭公所稱論語所云謂之者昭公謂之也禮雜記云夫人之不命於天子自魯昭公始也注云不告於天子天子亦不命之又坊記云魯春秋去夫人之姓曰吳其死曰孟子卒注吳魯同姓也昭公取焉去姬曰吳而己至其死亦畧云孟子卒不書夫人某氏薨孟子蓋其且字孔疏謂依春秋之例當云夫人姬氏至自吳魯諱同姓但書夫人至自吳仲尼修春秋以犯禮明著全去其文故經無其事是也賈逵左傳解詁言孟子若言吳之長女也然則子是女子之稱而杜注左傳以子爲宋姓則以吳女詭稱宋女若然舊史所書應稱夫人子氏至自宋今春秋猶稱夫人至自吳則稱子不爲宋女明矣○注諱國至爲過○正義曰云諱國惡禮也

者左僖元年傳文公羊隱二年傳無駭率師入極此滅也其言入何內大惡諱也白虎通諫諍篇所以爲君隱惡何君至尊故設輔弼置諫官本不當有遺失然則君有過惡亦人臣之責昭公時孔子本未仕既未得諫而爲君諱故注以爲道宏也坊記善則稱君過則稱己則民作忠此夫子言有過是稱已同於爲臣之義皇疏云若使司敗無譏則千載之後遂承信我言用昭公所行爲知禮則禮亂之事從我而始今得司敗見非而我受以爲過則後人不謬故我所以爲幸也

子與人歌而善必使反之而後和之（注）樂其善故使重歌而自和之　正義曰孫氏奇逢四書近指聲比於琴瑟謂之歌史記云詩三百篇夫子皆絃歌之以求合韶武雅頌之音如孫此說是與人歌爲教弟子樂也合韶武雅頌則善矣說文咊相應也今作和偏旁移易子與人歌謂夫子倡使人和之也反之者冀其善益孄熟故使人倡乃後和之也

子曰文莫吾猶人也躬行君子則吾未之有得（注）孔曰莫無

也文無者猶俗言文不也文不吾猶人者凡言文皆不勝於人身爲君子己未能也

正義曰：先從叔丹徒君駢叔曰楊愼丹鉛錄引晉欒肇論語駁曰燕齊謂勉強爲文莫又方言曰侔莫強也北燕之外郊凡勞而相勉若言努力者謂之侔莫案說文忞強也慔勉也文莫即忞慔叚借字也廣雅亦云文強也黽勉密勿蠠沒文莫皆一聲之轉文莫行仁義也躬行君子由仁義行也謹案淮南子繆稱訓猶未之莫與高誘注莫勉之也亦是借莫爲慔夫子謙不敢居安行而以勉強而行自承猶之言學不敢居生知而以學知自承也胡氏紹勳拾義以莫訓定屬下吾猶人也爲句引詩求民之莫爲據於義亦通蓋夫子言爲學可以及人至躬行則未能矣又一說以莫爲其字古文相近之誤嫌易經字所不敢從皇本得下有也字

子曰若聖與仁則吾豈敢注孔曰孔子謙不敢自名仁聖抑爲之不厭誨人不倦則可謂云爾已矣公西華曰正唯弟

子不能學也注馬曰正如所言弟子猶不能學況仁聖乎正義曰爲之謂爲學也孟子公孫丑篇子貢問於孔子曰夫子聖矣乎孔子曰聖則吾不能我學不厭而教不倦也子貢曰學不厭知也教不倦仁也仁且智夫子既聖矣與此章義相發鄭注云魯讀正爲誠今從古胡氏紹勳拾義爾當作尒說文云尒詞之必然也經傳尒字後人皆改作爾廣雅釋詁訓云爲有正此經確詁云爾即有此之詞若孟子是何足與言仁義也云爾趙注以爲絕語之辭爾當讀如字與論語異薄乎云爾亦然○注正如至聖乎○正義曰學不厭教不倦即是仁聖注義非是

子疾病子路請禱注包曰禱禱請於鬼神子曰有諸注周曰言有此禱請於鬼神之事子路對曰有之誄曰禱爾于上下神祇注孔曰子路失指誄禱篇名子曰丘之禱久矣注孔曰孔子素行合於神明故曰丘之禱久矣正義曰釋文云子疾一本

云子疾病鄭本無病字阮氏元校勘記案集解於子罕篇始釋病則此有病字非吳氏嘉賓論語說父兄病而子弟禱此不當使病者知也周公之冊祝自以爲功雖祝史皆命之使勿敢言況請之乎子路之請禱欲聖人之致齊以取必於鬼神也翟氏灝考異說文讄禱也累功德以求福論語云讄曰禱爾于上下神祇從言纍省聲重文讄或不省又誄諡也從言耒聲此論語所引自有一書名讄與誄異訓然經典不妨段借用之故周禮太祝作六辭其六曰誄注曰誄謂積累生時德行以錫之命春秋傳孔子卒哀公誄之或曰誄論語所謂誄曰禱爾于上下神祇疏曰生人有疾亦累列其德而爲辭故引論語文以相續又小宗伯禱祠於上下神示注引讄曰禱爾于上下神祇是知誄讄通也據翟說是論語義當作讄通作誄當是古魯文異禱爾者爾是語辭漢書郊祀志孝武皇帝始建上下之祀顏師古注上下謂天地天神曰神地神曰祇說文祇地祇提出萬物者也太平御覽五百二十九引舊注云誄大神之辭也困學紀聞太平御覽引莊子曰孔子病子貢出卜孔子曰子待也吾坐席不敢先居處若齋食飲若祭吾卜之久矣子路請禱可以參觀皇本巨之禱久矣禱下有之字○注禱禱請於鬼神○正義曰請者請福也鄭注云禱

謝過於鬼神謂謝過以求福也○注言有此禱請於鬼神之事○正義曰夫子問己有此禱請於鬼神之事否意以子路或有因而請禱也此正夫子戰戰兢兢常若不足之意鄭注云觀子路曉禱禮否又一義○注子路失指誄禱篇名○正義曰指與旨同子路疑夫子問古有此禮否故引誄篇之辭以對爲失夫子本旨也誄禱當讀斷與說文讄禱訓同○注孔子素行合於神明○正義曰鄭注云孔子自知無過可謝明素恭肅於鬼神且順子路之言也僞孔此注當畧本之論衡感虛篇亦云聖人修身正行素禱之日久天地鬼神知其無罪故曰禱久矣案夫子平時心存兢業故恭肅於鬼神自知可無大過不待有疾然後禱也言此者所以止子路

子曰奢則不孫儉則固與其不孫也寧固注孔曰俱失之奢不如儉奢則僭上儉則不及禮固陋也正義曰說文愻順也引書五品不愻今通作遜或省作孫○注俱失至及禮○正義曰禮貴得中奢則過禮而有僭上之失儉但不及乎禮無他失也

子曰君子坦蕩蕩小人長戚戚注鄭曰坦蕩蕩寬廣貌長戚

戚多憂懼注坦蕩至憂懼○正義曰說文云坦安也君子居易俟命無入而不自得故心體常安下篇蕩
蕩乎民無能名焉包曰蕩蕩廣遠之稱與此寬廣訓同釋
文引注更云魯讀坦蕩爲坦湯今從古案詩宛丘子之湯
兮毛傳湯蕩也王逸楚辭章句引作蕩二字音義本同故
鄭仍從古皇疏引江熙曰君子坦爾夷任蕩然無私小人
馳兢於榮利耿介於
得失故長爲愁府也

子溫而厲威而不猛恭而安正義曰釋文云一本作子曰皇本作君子案此章說孔子德行
依此文爲是阮氏元校勘記案今皇本仍與今本同不作
君子疑有脫誤觀後子張篇君子有三變章義疏云所以
前卷云君子溫而厲是也則皇本此處當脫一君字案皇
以君子即孔子文選冊魏公九錫文注引論語鄭注云厲
嚴整也當即此文之注後漢崔駰傳注引威容嚴整釋
文厲一本作例案烈山亦作厲山疑一本用段借字皇本
威不猛無而字似誤脫說文猛健犬也引申爲剛烈之義
凡人生質皆由受天地五行之氣剛柔厚薄各各不同故
惟備中和爲難也書皋陶謨言九德之事云寬而栗柔而
立愿而恭亂而敬擾而毅直而溫簡而廉剛而塞彊而義

鄭注凡人之性有異有其上者不必有下有其下者不必有上上下相協乃成其德卽此義也恭而安者恭而有禮故安也

永定張惟康校刊

論語正義卷九

寶應劉寶楠學

泰伯第八　集解

凡二十一章

子曰泰伯其可謂至德也已矣三以天下讓民無得而稱焉

注王曰泰伯周太王之長子次弟仲雍少弟季歷季歷賢又生聖子文王昌昌必有天下故泰伯以天下三讓於王季其讓隱故無得而稱言之者所以爲至德也

正義曰鄭注云泰伯周太王之長子次子仲雍次子季歷泰伯見季歷賢又生文王有聖人表故欲立之而未有命太王疾泰伯因適吳越採藥太王殁而不返季歷爲喪主一讓也季歷赴之不來奔喪二讓也免喪之後遂斷髮文身三讓也三讓之美

皆隱蔽不著故人無德而稱焉案左僖五年傳太伯虞仲太王之昭也太伯不從是以不嗣虞仲卽仲雍不從者謂不從太王命立己爲嗣也史記周本紀古公有長子曰太伯次曰虞仲太姜生少子季歷季歷生昌有聖瑞古公曰我世當有興者其在昌乎長子太伯虞仲知古公欲立季歷以傳昌乃二人亡如荆蠻文身斷髮以讓季歷古公卒季歷立是爲公季公季卒子昌立是爲西伯西伯曰文王此文卽鄭氏所畧本也韓詩外傳云太王賢昌而欲季爲後也太伯去之吳太王將死謂曰我死汝往讓兩兄彼卽不來汝有義而安太王薨季之吳告伯仲伯仲從季而歸羣[illegible]欲伯之立季季又讓伯謂仲曰今羣臣欲我立季季又讓·二何以處之仲曰刑有所謂矣要於扶微者可以立季季遂立而養文王文王果受命而王孔子曰太伯獨見王季獨知伯見父志季知父心故太王太伯王季可謂見始知終而能承志矣論衡四諱篇太伯入吳採藥斷髮文身以隨吳俗太王薨太伯還王季辟主太伯再讓王季不聽三讓曰吾之吳越吳越之俗斷髮文身吾刑餘之人不可爲社稷宗廟之主王季知不可權而受之二說亦漢儒所傳與鄭氏異案太王薨後季宜攝主斷無置喪事國事於不問而往吳告伯仲之理設使伯仲俱不隨季而歸將季

遂偕逝乎抑將受伯仲之讓獨自歸乎外傳之言於是爲疎矣矣太王殁太伯若以奔喪反國則本爲適長理應嗣立羣臣何敢與立季之議且後既反國則其始之採藥荆蠻夫何爲者論衡此義亦爲未達汎觀諸說惟鄭爲允詩皇矣云帝作邦作對自太伯王季維此王季因心則友則友其兄則篤其慶載錫之光觀此則知王季恭兄之誼必有非尋常人士所及者友愛如太伯固早知之知其父殁遜位季必不受故因太王病而託采藥以行及太王没季歷赴之必屢促之而太伯决然不返及免喪之後文身斷髮從荆蠻之俗太伯世家言荆蠻義之從而歸之千餘家立爲國主勢不容復返故季不得已而受讓耳傳世稱之是謂載錫之光當時民雖無稱而歷世久遠夫子猶歎爲至德則亦王季厚明之所致矣其云三讓之美隱蔽不著者案孟子云好名之人能讓千乘之國然則凡讓國者或出於好名之念惟太伯以讓之故幾不得爲子故其美隱蔽皇疏引范甯說有二釋其後釋云太伯病而託采藥出生不事之以禮一讓也太王薨而不反使季歷主喪死不葬之以禮二讓也斷髮文身示不可用使季歷主祭祀不祭之以禮三讓也此即鄭君所云隱蔽不著之義也隱蔽謂其美非謂其讓蓋讓國之事其迹甚著不可得而隱蔽也

晉孫盛著三讓論不解鄭氏隱蔽之旨輕爲譏彈又謂斷髪之言與左傳相背事爲不經不知端委治禮乃君吳後事其斷髪文身自在免喪後從俗之時兩事判然毫不相背辱身遜迹冀以遜國豈復以不經爲嫌凡此之論未足爲鄭難也至孫自立說則弃太子位爲一讓不赴喪爲二讓不養仲雍子爲己後爲三讓一讓二讓與鄭同三讓則孫氏臆測夫泰伯旣君吳雖立後亦僅爲吳國之嗣於周何與而有此深思遠防哉此亦未爲得理也至范甯前釋以三讓爲季歷文王武王以武王始得天下故也然使當時更延數世甫有天下豈得一併計之是又以文害辭矣

又案鄭本周紀謂文王有聖表故太王欲立王季以及文王此自冀與其國之意非有所覬覦於天下也太王始居邠及狄人侵之去之曾不啻敝屣而謂有所動於天下之念豈其然乎然而夫子必言泰伯以天下讓者何也曰此自美泰伯之德大言之耳明泰伯嗣周能有天下也荀子正論篇天下者至大也非聖人莫之能有也孟子公孫丑篇言伯夷伊尹與孔子得百里之地而君之皆能以朝諸侯有天下卽此義也其德能有天下而讓之人是謂以天下讓古之以天下讓者莫大於堯舜莫難於泰伯及周之服事若禹雖傳世而其始亦是讓故弟子記此篇以論泰

伯始以論堯舜文王及禹終也若夫仲雍偕兄遜國亦是至德此不及者表泰伯則仲雍可知釋文得本亦作德鄭此注卽作德見後漢丁鴻傳注邢疏引鄭作得誤也又丁鴻傳論及劉祐傳引經並作德皆是叚德爲得○注泰伯至德也○正義曰注言昌必有天下故泰伯讓於王季是泰伯有利天下之心且讓迹甚著復不得言其讓隱此皆注說之誤至渾言三讓不分節目亦尚可通金履祥通鑑前編儀禮三遜謂之終遜然則三以天下讓謂終以天下遜也閻氏若璩四書釋地取之卽此王注義

子曰恭而無禮則勞慎而無禮則葸注葸畏懼之貌言慎而不以禮節之則常畏懼**勇而無禮則亂直而無禮則絞**注馬曰絞絞刺也 正義曰恭慎勇直皆德行之美然無禮猶不可行曲禮所云道德仁義非禮不成又云人有禮則安無禮則危故曰禮者不可不學也仲尼燕居云敬而不中禮謂之野恭而不中禮謂之給勇而不中禮謂之逆與此言勞葸亂義近○注葸畏懼之貌○正義曰廣雅釋言葸慎也王氏念孫疏證大戴禮曾子立事云

人言善而色葸焉近於不說其言荀子議兵篇諰諰然常
恐天下之一合而軋已也漢書刑法志作鰓鰓蘇林注云鰓
音慎而無禮則葸之葸鰓鰓懼貌也王延壽魯靈光殿賦
云心猥猥而發悸並字異而義同案鄭注此云慤質貌與
畏懼義亦相近○注絞絞刺也○正義曰絞者兩繩相交
之名故引申爲乖刺之義鄭注云絞急也與馬義不異下
篇云好直不好學其蔽也絞韓詩外傳堂
衣若以子貢言之絞後漢杜根傳好絞直**君子篤於親則**
民興於仁故舊不遺則民不偷（注）包曰興起也君能厚於
親屬不遺忘其故舊行之美者則民皆化之起爲仁厚之
行不偷薄正義曰舊說此與上文不相屬宜別爲一章故
舊者故之爲言古也舊之爲言久也周官大宗
伯以賓射之禮親故舊朋友注云王之故舊朋友爲世子
時共在學者小司寇注故謂舊知也是也郭忠恕汗簡載
此文篤作竺說文竺厚也篤馬行遲鈍義異今經傳皆假
篤爲竺○注興起至偷薄○正義曰興訓起見爾雅釋言
君子指在位者故注以君言之禮記大傳云親者屬也釋
名釋親屬云親襯也言相隱襯也屬續也恩相連續也爾

雅釋親篇有宗族母黨妻黨婚姻此注所云親屬意皆兼之遺忘者連文爲訓孝經疏引劉炫曰遺謂意不存錄也下篇周公謂魯公曰君子不施其親故舊無大故則不棄也也與此文義同毛詩伐木序云自天子至於庶人未有不須友以成者親親以睦友賢不棄不遺故舊則民德歸厚矣是言民化於上也緇衣云上好仁則下之爲仁爭先人此之謂也不偷薄者說文云媮薄也偷與媮同齊語云政不旅舊則民不偷

曾子有疾召門弟子曰啟予足啟予手〔注〕鄭曰啟開也曾子以爲受身體於父母不敢毀傷故使弟子開衾而視之也**詩云戰戰兢兢如臨深淵如履薄冰**〔注〕孔曰此言詩者喻己常戒慎恐有所毀傷**而今而後吾知免夫小子**〔注〕周曰乃今日後我自知免於患難小子弟子也呼之者欲使聽識其言

正義曰廣雅釋詁召呼也門弟子謂曾子門人也禮男子不絕於婦人之手故曾子呼弟子啟其手

足以疾重預戒之也司馬彪禮儀志下登遐三公啟手足色膚如禮是啟手足恇既卒之後曾子既預戒之又引詩言自道其平日致謹其身不敢毀傷之意皆所以守身也詩文在小旻篇毛傳戰戰恐也兢兢戒也又臨淵傳云恐墜也履冰傳云恐陷也○注啟開至之也○正義曰說文启開也啟教也義別今經傳通作啟論衡四諱篇載此文開予足開予手以訓詁代本字也說文誃離別也讀若論語跢予之足作跢當出古論跢與誃音同義亦當不異段氏玉裁注引或說跢與哆同哆開也開即離別之義揆古論之意當謂身將死恐手足有所拘攣令展布之也鄭君以啟為開甚合古訓而以為開衾視之未免增文成義又說文睯視也廣雅釋詁同王氏念孫疏證引此文謂啟與睯同此亦得備一解蓋恐以疾致有毀傷故使視之也後漢崔駰傳注引鄭此注有父母全而生之亦當全而歸之二句就義測之當枉受身體於父母句下孝經云身體髮膚受之父母不敢毀傷大戴禮曾子大孝篇樂正子春下堂而傷其足傷瘳數月不出猶有憂色門弟子問曰夫子傷足瘳矣數月不出猶有憂色何也樂正子春曰吾聞之曾子曾子聞諸夫子曰天之所生地之所養人為大矣父母全而生之子全而歸之可謂孝矣不虧其體可謂全矣

故君子頃步之不敢忘也今予忘夫孝之道矣予是以有憂色也又曰一舉足不敢忘父母故道而不徑舟而不游不敢以先父母之遺體行殆也皆言不敢毀傷也○注乃今至難矣○正義曰曾子知未有毀傷自今日後當無有患難致毀傷矣患難謂刑辱顛隕之事

曾子有疾孟敬子問之注孟敬子魯大夫仲孫捷曾子言曰鳥之將死其鳴也哀人之將死其言也善注包曰欲戒敬子言我將死言善可用君子所貴乎道者三動容貌斯遠暴慢矣正顏色斯近信矣出辭氣斯遠鄙倍矣注鄭曰此道謂禮也動容貌能濟濟蹌蹌則人不敢暴慢之正顏色能矜莊嚴栗則人不敢欺詐之出辭氣能順而說之則無惡戾之言入於耳籩豆之事則有司存注包曰敬子忽大

務小故又戒之以此籩豆禮器正義曰：宋石經避諱，敬子作欽子。敬子是大夫，故告以君子之道容貌者說文頌貌也皃頌儀也貌籀文段氏玉裁注頌即今之容字凡容言其內貌言其外析言則容貌各有當故叔向曰貌不道容是也絫言則曰容貌動容貌是也案古有容禮晉羊舌大夫爲和容漢天下郡國有容史又魯徐生善爲頌後有張氏亦善焉頌即容也亦散文兼貌言之也顏色者說文以顏謂眉目之閒色謂凡見於面也辭氣者辭謂言語氣謂鼻息出入若聲容靜氣容肅是也鄭大夫容貌顏色辭氣之禮曲禮玉藻及賈子容經言之詳矣暴慢者毛詩終風傳暴疾也說文慢惰也鄙倍者史記樂書鄙者陋也趙岐孟子盡心注鄙狹也倍與背同荀子大略注倍者反逆之名也邢疏云人之相接先見容貌次觀顏色次交言語故三者相次而言也案禮記冠義云禮義之始在於正容體齊顏色順辭令容體正顏色齊辭令順而後禮義備表記云是故君子貌足畏也色足憚也言足信也大戴禮四代云蓋人有可知者焉貌色聲衆有美焉必有美質在其中者矣貌色聲衆有惡焉必有惡質在其中者矣是容貌顏色辭氣皆道所發見之處故君子謹之子夏言君子三變望之儼然謂容貌也即之也溫謂顏色也聽其言也厲謂辭氣也又韓詩外傳故望而宜為人君者容也近而可信者色也發而安中者言也入而可觀者行也故君子容色天下儀象而望之不假言而知宜為人君者並與此文義相發有司者有語辭司主也說文云司臣司事於外者也廣雅釋言有司臣也鄭注士冠禮以有司為士所自辟府史以下注特牲以有司為士屬吏謂君命之士二者皆適稱有司據周官籩人掌四籩之實醢人掌四豆之實則有司卽籩人醢人之屬存者爾雅釋詁在存也釋訓存存在也孫氏志祖讀書脞錄蕭山徐鯤云後漢書崔琦傳百官外內各有司存文選頭陀寺碑庀徒揆日各有司存覈其文義皆當以司存二字連讀故晉書職官志敘云咸樹司存各題標準又桓沖傳云臣司存闇外輒隨宜處分北齊書儒林傳敘云齊氏司存或失其守益可以證矣案此訓在為蔡故司存二字連讀自漢後儒者孳生之義非其朔也說苑修文篇曾子有疾孟儀往問之曾子曰鳥之將死必有悲聲君子集大辟必有順辭禮有三儀知之乎對曰不識也曾子曰來吾語女君子修禮以立志則貪欲之心不來思禮以修身則怠情慢易之節不至修禮以仁義則忿爭暴亂之辭遠若夫置尊俎列籩豆此有司之事也君子雖不能可也與此傳聞

略異○注孟敬子魯大夫仲孫捷○正義曰鄭注檀弓云敬子武伯之子名捷此釋文云捷本又作踕同說苑作孟儀疑儀是字○注此道至於耳○正義曰說苑云禮有三是此文言道卽禮也此動容貌謂以禮動之正顏色謂以禮正之出辭氣謂以禮出之能濟濟蹌蹌者曲禮言大夫行容濟濟士蹌蹌皆美盛之貌也中論志學篇君子口無戲謔之言言必有防身無戲謔之行行必有檢故雖妻妾不可得而黷也雖朋友不可得而狎也卽此注義也集注以遠暴慢近信遠鄙倍屬在己者言與說苑合亦通○注籩豆禮器○正義曰爾雅釋器木豆謂之豆竹豆謂之籩瓦豆謂之登然則籩亦是豆特以用竹異其名耳說文木器謂之梪從木豆豆古食肉器也從口象形鄭注周官籩人云籩竹器如豆者其容實皆四升賈疏謂鄭依漢禮器制度知之明堂位夏后氏以楬豆殷玉豆周獻豆注云楬無異物之飾也獻疏刻之此三代之異異飾也異飾故異名

曾子曰以能問於不能以多問於寡有若無實若虛犯而不挍注包曰挍報也言見侵犯不報**昔者吾友嘗從事於斯**

矣（注）馬曰友謂顏淵正義曰不能與寡言人平時莫已若者也中庸記言天地之大愚夫愚婦可與知能而聖人或有所不知不能故以大舜之知猶好問好察邇言者此也中論虛道篇人之爲德其猶虛器歟器虛則物注滿則止焉故君子常虛其心志恭其容貌不以逸羣之才加乎眾人之上視彼猶賢自視猶不足也故人願告之而不倦易曰君子以虛受人詩曰彼姝者子何以告之君子之於善道也大則大識之小則小識之善無大小咸載於心然後舉而行之我之所有既不可奪而我之所無又取於人是以功常前人而人後之也中論所言與此章相發前篇顏子言志願無伐善無施勞亦此若無若虛之意犯而不挍是言其學能養氣也韓詩外傳引顏子曰人不善我我亦善之卽不挍之意鄭注檀弓云昔猶前也曾子言時顏子已卒故稱昔者與孔子言今也則亾意同皇疏引江熙曰稱吾友言已所未能也○注挍報也言見侵犯不報○正義曰小爾雅廣言校報也校與挍同中庸云不報無道○注友謂顏淵○正義曰知謂顏淵者以所言非顏淵不足當之大戴禮曾子疾病篇曾子謂曾元曾華曰吾無夫顏氏之言吾何以語女哉知顏淵爲曾子所甚服也

曾子曰：可以託六尺之孤，（注）孔曰：六尺之孤，幼少之君。**可以寄百里之命，**（注）孔曰：攝君之政令。**臨大節而不可奪也。**（注）大節，安國家，定社稷。奪者，不可傾奪。**君子人與？君子人也。**

正義曰：託，玉篇人部引作侂。說文：侂、託俱訓寄，而從人、從言各有一義，今經傳皆通用託字。六尺之孤，以古六寸爲尺計之，當今三尺六寸。六尺是幼少，故晏子長不滿六尺，當時以爲身短，而孟子、荀子咸言五尺爲童也。稱孤者，無父之辭。鄭注云：六尺之孤，年十五已下。周官鄉大夫之職，國中七尺以及六十，野自六尺以及六十有五，皆征之。賈疏引鄭此注申之云：鄭言已下者，正謂十四已下亦可以寄託，非謂六尺可通十四已下。鄭必知六尺年十五者，以其國中七尺爲二十，對六十；野之六尺，對六十五，晚校五年，明知六尺與七尺早校五年，故以六尺爲十五也。此疏說鄭義甚明憭。大司徒疏引此注，謂年十五，脫已下二字，當據鄉大夫疏補。說文：寄，託也。此常訓。百里者，白虎通封公侯篇：諸侯封不過百里，象雷震百里所潤雲雨同也。不可奪者，說文：奪，手持隹失之也。敓，彊取也。二字義微別，今經傳皆作奪君子者卿大夫之稱曾子言此人才德能稱其位故重言君子以美之釋文君子也一本作君子人也是釋文原本無人字臧氏庸拜經日記義疏曰此是君子人與也又引繆協曰非君子之人與君子者孰能要其終而均其致乎蓋讀君子人與君子也七字爲句亦上有人字下無人字今本下文亦衍○注攝君之政令○正義曰禮緇衣甫刑曰苗民匪用命注命謂政令也魯語諸侯朝修天子之業命注命令也攝猶兼也代也言君幼凡政令皆臣攝治之也或謂百里之命謂民命也書多方大降爾四國民命禮中庸注引孝經說命人所稟受度也六尺之孤謂幼君百里之命謂民命猶秦誓言子孫黎民也此以義亦通○注大節至傾奪○正義曰大節猶大事故注以國家社稷言之明此大節所關在宗社安危存亾也能安國家社稷則不得以利害移威武屈故知不可傾奪傾者覆也謂覆而取之也呂氏春秋忠廉篇言忠臣之事君苟便於主利於國無敢辭違殺身出生以徇之卽此注意

曾子曰士不可以不弘毅任重而道遠注包曰弘大也毅彊而能斷也士弘毅然後能負重任致遠路仁以爲己任不

亦重乎死而後已不亦遠乎注孔曰以仁爲己任重莫重焉死而後已遠莫遠焉　正義曰白虎通爵篇士者事也任事之稱也言士雖先未仕後或有任爵位當任事也祭義鄭注任所擔持也表記云仁之爲器重其爲道遠舉者莫能勝也行者莫能致也取數多者仁也夫勉於仁者不亦難乎表記之文與此章互證惟勉於仁故士貴弘毅也三國志邴原傳注引孔融曰仁爲己任授手援溺振民於難後漢書荀爽傳論誠仁爲己任期紓民於倉卒也是德被羣生爲仁仁者性之德己所自有故當爲己任中庸云誠者非自誠己而已也所以成物也孟子述伊尹之言曰天之生斯民也以先知覺後知以先覺覺後覺予天民之先覺者也予將以斯道覺斯民也非予覺之而誰也又述其意云思天下之民匹夫匹婦有不被堯舜之澤者若已推而內之溝中其自任以天下之重也故孟子稱爲聖之任又謂伊尹與伯夷柳下惠皆爲仁仁者天德故仁爲乾元易傳云天地之大德曰生德即仁也中庸云天地之道可一言而盡也其爲物不貳則其生物不測不貳者誠也天地之道皆是至誠故有不已之德人受天地之中以生當則天而行故於仁亦當無一息之間

故曰君子無終食之間違仁表記小雅曰高山仰止景行行止子曰詩之好仁如此鄉道而行中道而廢忘身之老也不知年數之不足也俛焉日有孳孳斃而後已孳孳者不倦之意是仁以爲己任者也年數有盡不能不斃者身之終也惟斃而後已則未斃而先已非聖賢之所許矣孟子謂士志仁義大人之事備此言士弘毅亦是謂士之志任重故貴能弘道遠故貴能毅也○注弘大也毅強而能斷也○正義曰爾雅釋詁弘大也毅勝也說文毅有決也

子曰興於詩立於禮成於樂注包曰興起也言修身當先學詩禮者所以立身樂所以成性　正義曰禮內則云十年出就外傳朝夕學幼儀十有三年學樂誦詩舞勺成童舞象二十而冠始學禮舞大夏又王制言造士之教云樂正崇四術立四教順先王詩書禮樂以造士春秋教以禮樂冬夏教以詩書並自古相傳教學之法夫子時世卿持祿人不由學進故學制盡失聖門弟子自遠至者多是未學夫子因略本古法教之學詩之後卽學禮繼乃學樂蓋詩卽樂章而樂隨禮以行禮立

而後樂可用也大戴禮衛將軍文子篇吾聞夫子之施教也先以詩世道者孝弟說之以義而視諸體成之以文德蓋入室升堂七十有餘人體者禮也文德者樂也入室升堂則能興能立能成成著也大戴所言正此文實義又孔子世家言孔子以詩書禮樂教弟子蓋三千焉身通六藝者七十二人六藝兼易春秋言之身通六藝則興於詩立於禮成於樂之實效也易與春秋夫子不以教其教惟以詩書禮樂論語不及書者書言政事成德之後自學之也程氏廷祚說引李氏塨曰詩有六義本于性情陳述德義以美治而刺亂其用皆切於己說之故言之而長長言之不足至形於嗟歎舞蹈則振奮之心罷勉之行油然作矣詩之所以主於興也恭敬辭讓禮之實也動容周旋禮之文也冠昏喪祭射鄉相見禮之事也事有宜適物有節文學之而德性以定身世有準可執可行無所搖奪禮之所以主於立也論倫無患樂之情也欣喜歡愛樂之官也小大相承終始相生倡和清濁迭相為經學之則易直子諒之心生易直子諒之心生則樂樂則安安則久而無不化樂之所以主於成也○注言修至成性○正義曰注以立於禮成於樂皆是修身故言修身當先學詩下篇云詩可以興可以觀可以羣可以怨邇之事父遠之事君毛詩序云

故正得失動天地感鬼神莫近於詩先王以是經夫婦成孝敬厚人倫美教化移風俗則學詩能修身也韓詩外傳凡用心之術由禮則理達不由禮則悖亂飲食衣服動靜居處由禮則和節不由禮則墊陷生疾容貌態度進退趨步由禮則雅不由禮則夷固是學禮可以立身立身卽脩身也樂記云是故先王本之情性稽之度數制之禮義合生氣之和道五常之行使之陽而不散陰而不密剛氣不怒柔氣不懾四暢交於中而發作於外皆安其位而不相奪也然後立之學等廣其節奏省其文采以繩德厚律小大之稱比終始之序以象事行使親疏貴賤長幼男女之理皆形見於樂故曰樂觀其深矣是樂以治性故能成性成性亦修身也皇本末句作孔注

子曰民可使由之不可使知之注由用也可使用而不可使知者百姓能日用而不能知 正義曰凌氏鳴喈論語解義以此章承上章詩禮樂言謂詩禮樂可使民由之不可使知之其說是也愚謂上章是夫子教弟子之法此民亦指弟子孔子世家言孔子以詩書禮樂教弟子蓋三千焉身通六藝者七十有二人身通六藝則能興能立能成者也其能興能立能成是由夫子

教之故大戴禮言其事云說之以義而視諸體也此則可使知之者也自七十二人之外凡未能通六藝者夫子亦以詩書禮樂教之則此所謂可使由之不可使知之之民也謂之民者荀子王制篇雖王公士大夫之子孫不能屬於禮義則歸之庶人庶人卽民也是也鄭此注云民冥也其見人道遠由從也言王者設教務使人從之若皆知其本末則愚者或輕而不行鄭君雖泛說人道其義亦未爲誤蓋詩禮樂皆不外言人道也春秋繁露深察名號篇民者瞑也民之號取之瞑也冥瞑皆無知之貌注先釋民爲冥後言愚者正以民卽愚者非泛言萬民也本末猶終始輕重若皆使民知之則愚者以己爲知道而輕視之將恐不能致思矣有解說或更爲訾議致侮聖言也孟子盡心篇孟子曰行之而不著焉習矣而不察焉終身由之而不知其道者衆也衆謂庸凡之衆卽此所謂民也禮緇衣云夫民閉於人而有鄙心注言民不通於人道而心鄙詐難卒告諭卽此章之義說者以民爲羣下之通稱可使由不可使知乃先王教民之定法其說似是而非韓詩外傳詩曰俾民不迷昔之君子道其百姓不使迷是以威厲而刑厝不用也故形其仁義謹其教道使民目晰焉而見之使民耳晰焉而聞之使民心晰焉而知之則道不迷而民志

不彧矣詩曰示我顯德行故道義不易民不由也禮樂不明民不見也詩曰周道如砥其直如矢言其易也君子所履小人所視言其明也據外傳之文則先王教民非槪不使知者故家立之塾黨立之庠其秀異者則別爲教之教之而可使知之也若其愚者但使由之俾就於範圍之中而不可使知其義故曰君子議道自已而置法以民○注由用至能知○正義曰由用見詩君子陽陽傳亦常訓也易繫辭傳仁者見之謂之仁知者見之謂之知百姓日用而不知故君子之道鮮矣惠氏棟周易述見仁見知賢知之過日用不知愚不肖之不及是言民不可知道也然雖不知而能日用則聖人鼓萬物之權故易傳又曰顯諸仁藏諸用

子曰好勇疾貧亂也（注）包曰好勇之人而患疾己貧賤者必將爲亂**人而不仁疾之已甚亂也**（注）包曰疾惡太甚亦使其爲亂　正義曰好勇者逞血氣之强又不知安於義命則放辟邪侈無不爲已故爲亂也不仁之人未有勢位以懲禁之而疾之已甚或爲所侮賊亦致亂也大戴禮曾子立事篇君子惡人之爲不善而弗疾也卽此意○注

疾惡太甚亦使其爲亂○正義曰鄭注云不仁之人當以
風化之若疾之甚是益使爲亂與包略同言此人作亂由
疾之甚者
使之然也

子曰如有周公之才之美使驕且吝其餘不足觀也已注孔
曰周公者周公旦 正義曰說文吝恨惜也玉篇悋鄙也俗
作悋此釋文亦云吝本亦作悋從俗作
也驕是自矜其才吝是靳己所有不以告人孟子謂訑訑
之聲音顏色拒人於千里之外是即驕也中也棄不中才
也棄不才則賢不肖之相去其閒不能以寸是即吝也韓
詩外傳周公踐天子之位七年布衣之士所贄而師者十
人所友見者十二人窮巷白屋所先見者四十九人時進
善百人教士千人官朝者萬人當此之時誠使周公驕而
且吝則天下賢士至者寡矣成王封伯禽於魯周公誡之
曰往矣子無以魯國驕士吾文王之子武王之弟成王之
叔父也又相天子吾於天下亦不輕矣然一沐三握髮一
飯三吐哺猶恐失天下之士吾聞德行寬裕守之以恭者
榮土地廣大守之以儉者安祿位尊盛守之以卑者貴人
眾兵彊守之以畏者勝聰明睿智守之以愚者善博聞彊

記守之以淺者智夫此六者皆謙德也是言周公之德以驕吝爲戒也惠氏棟九經古義周書寤敬篇不驕不悋時乃無敵此周公生平之學所以裕制作之原也夫子因反其語以誠後世之爲人臣者云其餘者言雖有餘才亦不足觀況驕吝者必無周公才也

皇本使上有設字己下有矣字

子曰三年學不至於穀不易得也（注）孔曰穀善也言人三年學不至於善不可得言必無也所以勸人學正義曰釋文引鄭注云穀祿也易鄭音以豉反案穀訓祿本爾雅釋言趙岐孟子滕文公上注穀所以爲祿也隸釋漢孔彪碑龍德而學不至於穀浮游塵埃之外皭焉汜而不俗郡將嘉其所履前後聘召蓋不得已乃翻爾束帶亦解穀爲祿與鄭義合朱子集注從鄭氏又謂至宜當作志案荀子正論其至意至闇也又云是王者之至也楊倞注並云至當爲志疑古志至二文通也胡氏紹勳拾義云周禮鄉大夫職三年則大比攷其德行道藝而興賢者能者又使民興賢出使長之使民興能入使治之州長職三年大比則大攷州里遂大夫職三歲大比則帥其吏而興甿據此知古者賓興出使長

入使治皆用爲鄉遂之吏可以得祿此三年定期也若有不願小成者則由司徒之升國學而王制命鄉論秀士升之司徒曰選士司徒論選士之秀者而升之學曰俊士升於司徒者不征於鄉升於學者不征於司徒曰造士大樂正論造士之秀者以告於王而升諸司馬曰進士司馬辨論官材論進士之賢者以告於王而定其論論定然後官之任官然後爵之位定然後祿之此爲王朝之官而當鄉遂大比志不及此蓋庶人仕進有二道可爲選士者司徒試用之可爲進士者司馬能定之司徒升之國學其選舉與國子同小成七年大成九年如學記比年入學中年考校一年視離經辨志三年視敬業樂羣五年視博習親師七年視論學取友謂之小成九年知類通達彊立而不反謂之大成若侯國取士亦三年一行射義諸侯歲獻貢士於天子注云三歲而貢士據此知侯國亦三年一取士也後人躁於仕進志在干祿鮮有不安小成者故曰不易得案胡說亦足補鄭義皇本也下有已字○注穀善也○正義曰爾雅釋詁文

子曰篤信好學守死善道危邦不入亂邦不居天下有道則

見無道則隱【注】包曰言行當常然危邦不入始欲往亂邦
不居今欲去亂謂臣弑君子弑父危者將亂之兆邦有道
貧且賤焉恥也邦無道富且貴焉恥也【正義曰篤信者爾
雅釋詁篤固也子張篇信道不篤卽謂不固也篤信以好其學斯不惑於他
端故夫子亦自言信而好古也好學所以求道皇疏云守
死善道者寧爲善而死不爲惡而生案孟子盡心云殀壽
不貳修身以俟之所以立命也又云盡其道而死者正命
也修身卽是盡道亦卽此所謂善道君子曰有孳孳斃而
後已凡以求道之無歉於身無愧於心而已不入不居云
云皆言善道之事蓋危邦或入亂邦或居與夫隱見之不
得其宜皆非所以守死非所以善道而其實亦由學之未
至故學者所以安身正命者也孟子盡心云天下有道以
道殉身天下無道以身殉道未聞以道殉乎人者也趙岐
注天下有道得行王政道從身施功實也天下無道道不
得行以身從道守道而隱不聞以正道從俗人也卽此有
道則見無道則隱之義前言天下後言邦互辭邦有道是
必賢者多在上位若己貧賤嫌於己之道未善故君子恥

之邦無道是必在位無賢者或賢者不得施其用若已富貴嫌於以道殉人故君子恥之恥之者恥其失隱見之正而不能善道也中論爵祿篇古之制爵祿也爵以居有德祿以養有功功大者祿厚德遠者爵尊功小者其祿薄德近者其爵卑是故觀其爵則別其人之德也見其祿則知其人之功也古之君子貴爵祿者此也孔子曰邦有道貧且賤焉恥也文武之教衰黜陟之道廢諸侯僭恣大夫世位爵人不以德祿人不以功竊國而貴者有之竊地而富者有之姦邪得願仁賢失志於是則以富貴相詬病矣故孔子曰邦無道富且貴焉恥也○注言行至之兆○正義曰言行當常然者謂不以世有道無道異也危邦不入始欲往者入謂入居其地皇疏以爲入仕殆非也危邦不入則亂邦益不可入故下篇子路述夫子言云親於其身爲不善者君子不入也是也亂邦不居今欲去者謂居止其地若曾子居武城之類禮雜記云內亂不與焉外患弗辟也注謂卿大夫也春秋公羊傳亦云君子辟內難而不辟外難然則亂邦雖已仕猶當去之況未仕乎大戴禮盛德云是故官屬不理分職不明法政不一百事失紀曰亂也地宜不殖財物不蕃萬民飢寒教訓失道風俗淫僻百姓流亾人民散敗曰危也此注以亂爲臣弒君子弒父者舉

大亂言之呂氏春秋明理篇故至亂之化君臣相賊長少相殺父子相忍弟兄相誣知交相倒夫妻相冒日以相危失人之紀心若禽獸長邪苟利不知義理皆言亂邦之事也

子曰不在其位不謀其政〔注〕孔曰欲各專一於其職 正義曰謀謂爲之論議也下篇曾子曰君子思不出其位孟子離婁云位卑而言高罪也禮中庸云君子素其位而行不願乎其外又云在上位不陵下在下位不援上並與此文義相發皇本政下有也字

子曰師摯之始關雎之亂洋洋乎盈耳哉〔注〕鄭曰師摯魯太師之名始猶首也周道衰微鄭衛之音作正樂廢而失節魯太師摯識關雎之聲而首理其亂洋洋盈耳聽而美之

正義曰師摯疑即子語魯太師之名先從叔丹徒君駢枝曰始者樂之始亂者樂之終樂記曰始奏以文復亂以武又曰再始以著往復亂以飭歸皆以始亂對舉其義可見凡樂之大節有歌有笙有閒有合是爲一成始於升歌終

於合樂是故升歌謂之始合樂謂之亂周禮太師職大祭祀帥瞽登歌儀禮燕及大射皆太師升歌摯爲太師是以云師摯之始也合樂周南關雎葛覃卷耳召南鵲巢采蘩采蘋凡六篇而謂之關雎之亂者舉上以該下猶之言文王之三鹿鳴之三云爾升歌言人合樂言詩互相備也洋洋盈耳總歎之也自始至終咸得其條理而後聲之美盛可見言始亂則笙閒在其中矣孔子反魯正樂其效如此謹案凌氏廷堪禮經釋例程氏廷祚論語說並略同終爲亂者爾雅釋詁亂治也說文亂治也從乙乙治之也從𤔔又𤔔治也幺子相亂𠬪治之也讀若亂同曰理也凡樂之終咸就條理故曰亂○注師摯至美之○正義曰下篇大師摯適齊鄭以爲平王時人意此師摯卽其人也夫子時樂部有其遺聲故因本而稱之爾雅釋詁首始也故始有首訓鄭衛二國名其後俗皆淫佚音不由正故夫子言鄭聲淫禮樂記言桑閒濮上之音爲亾國之音桑閒濮上皆衛土他國亦習其音故正樂皆廢而失節也據注義則師摯之始關雎之亂入字爲一句言正聲既失師摯獨能識之而首理其亂此亂卽說文敵字云煩也從支從𤔔𤔔亦聲然則鄭以此文作敵今作亂爲段借矣云首理則他詩亦依次理之可知今知鄭義不然者關雎諸詩列於鄉樂

夫子言觀於鄉而知王道之易易明其時鄉樂尚未失正不得有鄭衛亂之故知鄭義有未合也洋洋盈耳聽而美之者言聽而知其美也漢書延篤傳注洋洋美也

子曰狂而不直侗而不愿（注）孔曰狂者進取宜直侗未成器之人宜謹愿**悾悾而不信**（注）包曰悾悾慤也宜可信**吾不知之矣**（注）孔曰言皆與常度反我不知之 正義曰鄭注云愿善也廣雅釋詁同凡人慤謹則爲善也此章示人當守忠信雖生質未美亦當存誠以進於善不得作僞以自欺也○注侗未成器之人宜謹愿○正義曰書顧命在後之侗某氏傳在文王後之侗稚焦氏循補疏以爲僮字之叚借莊子山木篇侗乎其無識釋文侗無知貌庚桑楚篇能侗然乎釋文三蒼云殼直貌殼即慤省廣雅釋言愿慤也慤謹義近未成器者言其人蒙稚未能成器用也○注悾悾慤也宜可信○正義曰鄭注云悾悾誠慤也與包義同後漢書劉瑜傳臣悾悾推情李賢注悾悾誠慤之貌廣雅釋訓悾悾誠也呂氏春秋下賢篇空空乎其不爲巧故也高誘注空空慤

也巧故僞詐空空與悾悾同○注言皆與常度反我不知之○正義曰狂者當直侗者當愿悾悾者當信此常度也今皆與常度反故不能知之荀子不苟篇君子愚則端慤而法小人愚則毒賊而亂又云端慤生通詐僞生塞誠信生神夸誕生惑此夫子於失常度之人不能知之也詩云爲鬼爲蜮則不可得

子曰學如不及猶恐失之注學自外入至熟乃可長久如不及猶恐失之正義曰如不及者方學而如不及學也猶恐失者既學有得於己恐復失之也如不及故日知所亾恐失故月無忘所能○注學自至失之○正義曰皇疏云繆協稱中正曰學自外來非夫內足恆不懈惰乃得其用如不及者已及也猶恐失者未失也言能恐失之則不失如不及則能及也

子曰巍巍乎舜禹之有天下也而不與焉注美舜禹也言已不與求天下而得之巍巍高大之稱正義曰毛氏奇齡稽求篇云漢王莽傳太后詔曰選忠賢立四輔羣下勸職孔子曰舜禹之有天下也而不與焉王充論衡云舜承安繼治任賢使能恭己無

爲而天下治故孔子曰巍巍乎舜禹之有天下也而不與焉晉劉寔崇讓論云舜禹有天下不與謂賢人讓于朝小人不爭于野以賢才化無事至道與矣已仰其成何與之有此直指任賢使能爲無爲而治之本案毛說是也孟子滕文公篇堯以不得舜爲己憂舜以不得禹臯陶爲己憂又云爲天下得人者謂之仁是故以天下與人易爲天下得人難孔子曰大哉堯之爲君惟天爲大惟堯則之蕩蕩乎民無能名焉君哉舜也巍巍乎有天下而不與焉堯舜之治天下豈無所用其心哉亦不用於耕耳孟子引此兩節皆以證堯舜得人故又言堯舜豈無所用其心明用心於得人也然則以不與爲任賢使能乃此文正詁必言有天下者舜禹以受禪有天下復任人治之而已無所與故舜復禪禹禹復禪益也趙岐注孟子云德盛而巍巍乎有天下之位雖貴盛不能與益舜巍巍之德言德之大大於天子位也趙以與爲加多之義殊爲迂曲○注美舜至之稱○正義曰魏篡漢得國託於舜禹之受禪故平叔等解此文以不與爲不與求也魏志明帝紀注引獻帝傳云仲尼盛稱堯舜巍巍蕩蕩之功者以爲禪代乃大聖之懿事也又文帝紀注引魏氏春秋云帝升壇禮畢顧謂羣臣曰舜禹之事吾知之矣當時援舜禹以文其奸逆大約皆以

爲不求得之矣巍巍爲高大者方言巍高也說文同

子曰大哉堯之爲君也巍巍乎唯天爲大唯堯則之（注）孔曰則法也美堯能法天而行化**蕩蕩乎民無能名焉**（注）包曰蕩蕩廣遠之稱言其布德廣遠民無能識其名焉**巍巍乎其有成功也**（注）功成化隆高大巍巍**煥乎其有文章**（注）煥明也其立文垂制又著明

（正義曰）人受天地之中以生賦氣成形故言人之性必本乎天本乎天卽當法天故自天子至於庶人凡同在覆載之內者皆崇效天卑法地未有能違天而能成德布治者也人皆承天而君爲天之元子故名曰天子白虎通爵篇王者父天母地爲天之子也是也易繫辭傳言包羲氏王天下仰則觀象於天俯則觀法於地又言黃帝堯舜垂衣裳而天下治蓋取諸乾坤然則古聖所以成德布治皆不外則天而行之顧自堯舜以前書缺有閒又舜是堯舉德無以易故夫子此言止稱堯也當堯之時洪水汎濫災患未息故

舉舜敷治之舜又使益使禹諸人乃成盛治故孟子引此章為得人之證蓋任賢致治亦則天之事春秋繁露立元神云天積衆精以自剛聖人積衆賢以自強天所以剛者非一精之力聖人所以強者非一賢之德也是其義也堯則天其德難名所可名者惟成功文章故皆言有以箸之○注則法也美堯能法天而行化○正義曰則法爾雅釋詁文說文則等畫物也等者齊等畫者界也皆所以爲法也書堯典云乃命羲和欽若昊天歷象日月星辰敬授民時欽敬也若順也歷數也象法也言順天以法之也下文分命申命皆言敬授之事故能定時成歲允釐百工庶績成熙其後年老禪舜曰天之歷數在爾躬在者察也言當察身以事天也皆堯法天之驗也○注蕩蕩至名焉○正義曰巍巍言高蕩蕩言廣遠明其德上下四方無所不被也民無能識其名者名者德之名民無能識其德故無能識其名也皇疏云夫名所名者生於善有所章而惠有所存善惡相須而名分形爲若夫大愛無私惠將安在至美無偏名將何生故則天成化道同自然不私其子而君其臣凶者自罰善者自功功成而不立其譽罰加而不任其刑百姓日用而不知所以然夫又何可名也○注功成化隆高大巍巍○正義曰孟子滕文公疏引此注作孔曰說

文功以勞定國也此功爲治業功成而民化乃隆也○注
煥明也其立文垂制又著明○正義曰煥與奐同詩卷阿
伴奐爾游矣毛傳伴奐廣大有文章也廣大釋伴文章釋
奐故煥爲明其立文垂制又著明者上世人質歷聖治
之漸知禮義至堯舜而後文治以盛又載籍尚存故尚書
獨載堯以來自授時外若親睦平章作大章之樂又大戴
禮五帝德言堯事云黃黼黻衣丹車白馬伯夷
主禮龍夔教舞皆是立文垂制之略可考見也

舜有臣五人而天下治（注）孔曰禹稷契皋陶伯益**武王曰予有亂十人**（注）馬曰亂治也治官者十人謂周公旦召公奭太公望畢公榮公大顛閎夭散宜生南宫适其一人謂文母

正義曰李氏光地榕村語錄舜有臣二句亦是夫子語
如微子篇逸民節亦然案武王語乃伐殷誓衆之辭予
者予周也左昭二十四年傳萇弘引太誓曰紂有億兆夷
人亦有離德余有亂十人同心同德成二年傳大誓所謂
商兆民離周十人同者衆也又襄二十八年傳叔孫穆子
曰武王有亂廿人亦本大誓故東晉太誓采此文入之諸

文與論語古本無臣字故論語釋文云予有亂十人本或作亂臣十人非皇本雖有臣字然疏云亂理也我有其理天下者其十人也則本無臣字唐石經於尚書論語及左傳凡四見皆無臣字後人於尚書論語及左昭二十四年皆旁添人字其襄二十八年仍無臣字可證也據石經是東晉古文亦無臣字惠氏棟九經古義謂論語臣字乃後人據晉大誓以益之誤○注禹稷契皋陶伯益○正義曰稷卽后稷名棄當時以官稱之曰稷也舜典言舜命禹宅百揆棄爲稷契爲司徒皋陶作士益爲虞此五人才最盛也○注亂治至文母○正義曰鄭注云亂治也武王言我有治政事者十人十人謂文母周公召公大公畢公榮公太顛閎夭散宜生南宮适也與馬注同當是古論家舊義云治官者禮樂記樂之官也注官猶事也又天地官矣注同治事卽鄭注所言治政事也書君奭云惟文王尚克修和我有夏亦惟有若虢叔有若閎夭有若散宜生有若泰顛有若南宮适晉語重之以周召畢榮諸人惟虢叔不在十亂之數陶潛羣輔錄十亂有毛公無榮公不知其說何本其一人謂文母者據下文言婦人知之也文母卽大姒文王妃也周之王業始於內治故二南之詩多言后妃德化毛詩卷耳序云后妃輔佐君子求賢審官知臣下之勤

勞內有進賢之志而無險詖私謁之心朝夕思念至於憂勤也兔罝序云關雎之化行則莫不好德賢人衆多也皆言文母佐周之治效也後人疑文母不當在十亂而以武王妃邑姜當之北史齊后妃傳論神武肇興齊業武明追蹤周亂武明即神武妻婁氏似以十亂有邑姜隨唐人已爲此說亦不知何所受也

孔子曰才難不其然乎唐虞之際於斯爲盛有婦人焉九人而已

注 孔曰唐者堯號虞者舜號際者堯舜交會之間斯此也言堯舜交會之間比於周周最盛多賢才然尚有一婦人其餘九人而已人才難得豈不然乎

正義曰才難者古語廣雅釋詁才道也古之所謂才皆言人有德能治事者也易傳以人與天地爲三才左傳以八元八愷爲才子即禹皋陶伯益諸人又以渾敦窮奇檮杌饕餮爲不才子人之賢否以才不才別之又周公自稱多才夫子亦言周公之才之美然則才是聖賢之極能故孟子言爲不善非才之罪明才無不善也才是極難當堯舜時比戶可封不乏有德之士而此稱才者五人及周之盛

亦但九人是其爲才難可驗也後之論者離德而言才固非卽以有德爲有才亦非也唐虞之際者際猶下也後也淮南子脩務訓湯旱以身禱于桑林之際太平御覽皇王部七禮儀部八引作桑林之下又潛夫論遏利篇信立於千載之上而名傳乎百世之際是際有下後之義夫子此言唐虞之下至周乃爲盛也王氏引之經義述聞訓於爲與引孟子之麒麟之於走獸云云爲證謂唐虞之際於斯爲盛八字爲一句此説亦通婦人者説文婦服也從女持帚灑埽也婦人古據馬鄭義卽文母螺江日記續編載餘姚邵在陬説衞氏古文婦人作殷人韓退之指爲膠鬲翟氏灝考異辨之云晉書衞恒傳但言其祖敬侯寫邯鄲所傳之古文尚書不能別並不言有論語古文而韓李涫筆解亦絕無殷人膠鬲之説近任氏啓運四書約旨謂漢石經作殷人今所傳石經惟前四篇與後四篇略有其文石泰伯篇久已無存任氏何從見之此均知其妄也○注唐者堯號虞者舜號○正義曰白虎通號篇或曰唐虞者號也唐蕩蕩也蕩蕩者道德至大之貌也虞者樂也言天下有道人皆樂也此注以唐爲堯號虞爲舜號義當如此論衡正説篇唐虞夏殷周者土地之名堯以唐侯嗣位舜從虞地得達皆本所興昌之地重本不忘始故以爲號若人之

有姓矣又云說尚書者唐虞夏殷周者功德之名盛隆之意也其立義美也然而違其正實失其初意唐虞夏殷周猶秦之爲秦漢之爲漢秦起於秦漢興於漢中故曰猶秦漢案論衡是也鄭詩譜云唐者帝堯舊都之地今日太原晉陽是又堯典嬪于虞皇甫謐云堯妻舜封之於虞即今山西蒲州府虞鄉縣是唐虞皆地名

三分天下有其二以服事殷周之德其可謂至德也已矣注包曰殷紂淫亂文王爲西伯而有聖德天下歸周者三分有二而**猶以服事殷故謂之至德**正義曰周得羣才故能三分有二其時實有得天下之勢而猶以服事殷與泰伯之以天下讓無以異故夫子均歎爲至德也表記云子曰下之事上也雖有庇民之大德不敢有君民之心仁之厚也又下言舜禹文王周公之事云有君民之大德有事君之小心故此極美文王有至德也然不日文王之德而日周者明服事之誠武王與文王同故統言周也釋文參七南反本又作三皇疏本亦作參後漢書伏湛傳述此語文選典引注引此文並作參則舊本皆爲參字又周之德皇本無之字○注殷紂至至德○正義曰

紂淫亂事詳史記殷本紀文王爲西伯者書西伯戡黎鄭注文王爲雍州之伯南兼梁荆在西故曰西伯是也包必先言文王爲西伯繼言三分有二者明三分有二在爲西伯後也左襄四年傳文王帥殷之畔國以事紂周書程典解維三月既生魄文王合六州之衆奉勤於商六州者鄭詩譜謂雍梁荆豫徐揚孔疏申之以爲其餘冀青兗屬紂此依九州約略分之九州而有六州是天下三分有其二也毛詩四牡傳文王率諸侯撫叛國而朝聘乎紂姚氏配中周易學云三分有二以服事殷即欲殷有以撫之此文王之憂患所以獨深也案文之服事非畏殷也亦非曰吾姑柔之俟其惡盈而取之也惟是冀紂之悔悟俾無墜厥命已爾終文之世暨乎武王而紂淫亂日益甚是終自絕於天不至滅亡不止也是故文之終服事也至德也武之不終服事也紂爲之也亦無損於至德也

子曰禹吾無閒然矣注孔曰孔子推禹功德之盛美言己不能復閒厠其閒**菲飲食而致孝乎鬼神**注馬曰菲薄也致孝鬼神祭祀豐潔**惡衣服而致美乎黻冕**注孔曰損其常

服以盛祭服。正義曰：後漢殤帝紀引此文，李賢注：「閒，非也。」孟子離婁篇「政不足閒也」，亦訓非。王氏引之經傳釋詞：「然，猶焉也。檀弓曰：『穆公召縣子而問然。』鄭注：『然之言焉也。』論語『禹，吾無間然矣』、『若由也不得其死然』，然字並與焉同義。」鄭注云：「黻，祭服之衣；冕，其冠也。」宋氏翔鳳發微云：「說文：『市，韠也。上古衣蔽前而已，市以象之。天子朱市，諸侯赤市，大夫葱衡。从巾，象連帶之形。韍，篆文市，从韋从犮。』說文又曰：『黻，黑與青相次文。从黹，犮聲。』按蔽膝之市，當以市爲本字，蓋古文如此。篆文改爲韍，經典又假黻爲之，又假爲芾，又假爲紼。故明堂位『有虞氏服韍』，鄭注云：『韍或作黻。』論語稱黻冕，此假黻爲韍，當訓爲蔽膝。易乾鑿度注云：『古者田漁而食，因衣其皮，先知蔽前，後知蔽後。後王易之以布帛，而猶存其蔽前者，重古道，不忘本也。』是古蔽前爲衣之最先者，故祭禮重之。詩『赤芾在股』，箋云：『芾，大古蔽膝之象也。冕服謂之芾，其他服謂之韠。以韋爲之，其制上廣一尺，下廣二尺，長三尺，其頸五寸，肩革帶博二寸。』據箋意，知芾專繫冕服言之，故亦言黻冕。宣十六年左傳『以黻冕命士會』，當是希冕而赤韍葱衡。明堂位：『有虞氏服韍，夏后氏山，殷火，周龍章。』注云：『韍，祭服之韠也。舜始作之，以尊祭服。禹、湯至周，增以畫文，後王彌飾也。』按彌飾即致美之意。

舜作韍以尊祭服故祭服宜稱黻冕白虎通紼冕篇曰紼者蔽也行以蔽前者爾有事因以別尊卑彰有德也天子朱紼諸侯赤紼又云天子赤紱葱衡士韎韐赤者盛色也是以聖人法之用爲紼服爲百王不易紼以韋爲之者反古不忘本也上廣一尺下廣二尺法天一地二也長三尺法天地人也士冠禮陳服于房中爵弁韎韐皮弁素韠玄端爵韠言冠弁者必言韠是知韍與冕俱重也至十二章之黻罕與冕並舉左傳袞冕韍珽亦以冕與韍連言下又云火龍黼黻則言裳之一章至鄭注論語云黻祭服之衣冕其冠也正以黻爲衣蔽前之制又唯祭服名黻故以爲祭服之衣也按宋說是也列子楊朱篇禹卑宮室美紱冕紱與韍當是一字易困九二朱紱方來鄭注天子制用朱韍是紱即韍無疑也周官弁師掌王之五冕五冕者袞冕鷩冕毳冕希冕玄冕也諸侯及孤卿大夫之冕各以其等爲之而掌其禁令則大夫以上冠通得稱冕故說文云冕大夫以上冠也从冃免聲冃象其上覆免與俛同管子小稱篇言禾云及其成也由由乎茲免謂禾至成熟下垂茲益俛也此免爲俛之義范甯穀梁傳解云冕謂以木爲幹衣之以布上玄下纁垂旒者也白虎通紼冕篇前俛而後仰故謂之冕也大小夏侯說前垂四寸後垂三寸則前低

於後一寸也周官弁師疏以爲前低一寸餘蓋約略言之耒細核耳叔孫通漢禮器制度云冕制皆長尺六寸廣八寸天子以下皆同應劭漢官儀云廣七寸長八寸董巴輿服志云廣七寸長尺二寸言人人殊不知竟孰是也王制有虞氏皇而祭夏后氏收而祭殷人冔而祭周人冕而祭注云皇冕屬也鄭君以皇爲冕則冔收亦是冕毛詩文王傳冔殷冕也夏后氏曰收周曰冕世本云胡曹作冕注胡曹黃帝臣則自古冠通名冕至夏又別稱收此文云黻冕者從舊名之爾說文冠絭也所絭髮弁冕之總名也是冠爲首服之大名冕亦是冠故注云冕其冠也其字承上句祭服言之明黻是祭服之衣冕是祭服之冠也周官司服云王之吉服祀昊天上帝則服大裘而冕祀五帝亦如之享先王則袞冕享先公饗射則鷩冕祀四望山川則毳冕祭社稷五祀則希冕祭羣小祀則玄冕是冕皆祭服禹時雖未備有衆制要冕爲祭服所用矣弁師云掌王之五冕皆玄冕朱裏延紐五采繅十有二就皆五采玉十有二玉笄朱紘此周人之制當亦依仿古禮爲之禹之致美指此類也○注菲薄也致孝鬼神祭祀豐絜○正義曰菲訓薄相承云然史記夏本紀述此文卽作

卑宮室而盡力乎溝

薄字豐絜者言粢盛犧牲皆豐絜也

洫禹吾無閒然矣(注)包曰方里爲井井閒有溝溝廣深四尺十里爲成成閒有洫洫廣深八尺

正義曰爾雅釋宮云宮謂之室室謂之宮郭注皆所以通古今之異語明同實而兩名考工記一匠人注云明堂者明政教之堂周堂高九尺殷三尺則夏一尺矣相參之數禹卑宮室謂此一尺之堂與此鄭舉明堂以說禹卑宮室之制其他廟寢亦皆卑可知矣李氏光地論語劄記致孝鬼神與菲飲食相對致美黻冕與惡衣服相對盡力溝洫亦是與卑宮室相對當洪水未平下巢上窟民不得平土而居之禹決九川距四海乃復濬畎澮距川然後四隩既宅民得安居是則卑宮室而盡力乎溝洫者居無求安而奠萬姓之居是急也案史記夏本紀卑宮室致費于溝淢此當出古論詩築城伊淢毛傳淢城溝也釋文引韓詩作洫洫正字淢段借字夏紀溝淢亦用段字說文淢疾流也別一義○注方里至八尺○正義曰孟子滕文公上方里而井井九百畝是方里爲井也冬官匠人爲溝洫耜廣五寸二耜爲耦一耦之伐廣尺深尺謂之畎田首倍之廣二尺深二尺謂之遂九夫爲井井閒廣四尺深四尺謂之溝方十里爲成成閒廣八尺深八尺謂之洫方

百里爲同同間廣二尋深二仞謂之澮專達於川各載其名是畎遂溝洫澮皆所以行水論語舉溝洫以賅其餘耳包言溝洫廣深之制卽本匠人鄭注匠人云此畿內采地之制井者方一里九夫所治之田也三夫爲屋一井之中三屋九夫三三相具以出賦稅共治溝也方十里爲成成中容一甸甸方八里出賦稅緣邊一里治洫是言溝洫之制不知包氏說同否也又地官遂人云夫間有遂遂上有徑十夫有溝溝上有畛百夫有洫洫上有涂千夫有澮澮上有道萬夫有川川上有路以達于畿與匠人文異鄭氏以爲鄉遂公邑之制與匠人爲采地制不同也後人說此文於經注未能博通故益多轇轕近歙儒程氏瑤田著溝洫小記以遂人匠人制同文異不取鄭氏今略著其遂人匠人溝洫異同考於此遂人職云云鄭氏注以南畝圖之則遂縱溝橫洫縱澮橫九澮而川周其外焉案畝長畝也一夫之田析之百畎以爲百畝南畝者自北視之其畝橫陳於南也南畝故畎橫畎流於遂故遂縱遂在兩夫之間故謂之夫間夫間東西之間也其南北之間則溝橫連十夫故曰十夫有溝不可謂二十夫之間故變間言夫也溝經十夫流入於洫洫之長如溝縱承十溝十溝之水皆入焉故曰百夫有洫也洫之水入澮澮長十倍於洫而橫承

十洫之分布千夫中者故曰千夫有澮也澮十之橫貫萬夫之中十澮之水並入於川故曰萬夫有川澮橫川自縱也鄭氏謂九澮而川周其外恐不然矣川上有路以達於畿安得有縱路復有橫路耶其橫者則二萬夫閒之道也澮但言九亦考之不察矣匠人廣尺深尺謂之甽甽云云案甽在一夫百畝中物其土宜而爲之南畝甽橫順其畝之首尾以行水入於遂故遂在田首井田夫三爲屋三夫田首同枕一遂遂在屋閒非夫閒也謂之屋者三夫相連綿如屋然但疆之以別夫而已不若遂人夫爲一遂以受甽水此所以別夫閒而言田首也而鄭氏猶以遂者夫閒小溝釋之遂非不在夫閒而記變其文者蓋自有義不宜襲用遂人之文矣遂流井外溝橫承之井中無溝溝當兩井之閒故以井閒命之其長連十井不嫌井閒之稱澗十井之縱者其縱亦遂之在屋閒而受甽水者也溝十之含百井爲一成十溝之水咸入於洫洫縱當兩成之閒故曰成閒有洫也洫之長連十成亦不嫌成閒之稱澗十成之橫者其橫亦溝之在井閒而受遂水者也洫十之含萬井爲一同十洫之水咸入於澮澮當兩同之閒故曰同閒有澮也澮達於川川在山閒命之曰兩山之閒以例澮在同閒洫在成閒溝在井閒其事相同厥名斯稱矣又案匠人遂

人兩篇文義皆互相足者也夫間有遂見遂在兩夫之間兼辭也十夫有溝百夫有洫千夫有澮萬夫有川但就小水入大水言之偏辭也若以偏辭言遂則曰一夫有遂矣以兼辭言溝洫澮川則必曰二十夫之間二百夫之間二千夫之間二萬夫之間矣田首謂之遂偏辭也井間謂之溝成間謂之洫同間謂之澮兼辭也若以兼辭言遂則曰屋間謂之遂矣以偏辭言溝洫澮則遂在田首溝在井首洫在成首澮在同首當云井間謂之溝成首謂之洫同首謂之澮矣惟澮所專達之川則必曰兩山之間難舉偏辭故溯洄相從澮洫溝亦皆以間言此古人造言之法出於自然治古文者可求而得之也

瑞安孫詒讓校刊

論語正義卷十

寶應劉寶楠學

子罕第九　集解

凡三十一章 正義曰：釋文於下更云皇三十章，謂合不忮不求與上衣敝縕袍爲一章也。說本孔氏廣森經學卮言。

子罕言利與命與仁。注 罕者，希也。利者，義之和也。命者，天之命也。仁者，行之盛也。寡能及之，故希言也。○注罕者至言也○正義曰：爾雅釋詁云：希，罕也。毛詩太叔于田傳云：罕，希也。轉相訓。左襄元年傳穆姜曰：利，義之和也。利物足以和義。易文言傳同。此相傳古訓，故此注本之。利物者，物猶事也。若左文七年傳郤缺釋夏書三事有利用也。穆姜言作而害身，不可謂利。而易彖以元亨利貞爲四德，其見之彖辭象辭，如云利見大人，利建侯，利用侵伐，利用行師征邑國，利用爲依遷國利用賓于王孚乃利用禴利用享祀利用祭祀利用刑人利用獄利涉大川利有攸往利西南利執言利用爲大作利出否无不利皆言利也如云不利爲寇不利涉大川不利有攸往不利東北不利賓不利即戎无攸利皆言不利也利與不利古人皆質言之人未有知其不利而爲之則亦豈有知其利而避之弗爲哉利所以爲義之和者和猶言調適也義以方外若但言義不言利則方外而不能和故利爲義之和周語曰言義必及利韋昭曰能利人物然後爲義此即利物足以和義之誼此即利字最初之誼君子明於義利當趨而趨當避而避其趨者利也即義也其避者不利也即不義也然而急君父之難赴蹈水火而不顧其身雖有似於不利而亦趨之則以合乎義即爲利也視不義之富貴如浮雲祿之以天下弗顧也繫馬千駟弗視也雖有似於利而亦避之則以不合乎義即爲不利也若小人則反是故其所謂利或君子所視爲不利而其所視爲不利或君子所視爲義所視爲利也君子知利不外義故喻於義小人知利不知義故喻於利時至春秋君子道微故夫子罕言利則以其理精微人或誤習其說而惟知有利不復知有義矣至戰國而孟子且辭而闢之豈特如夫子之罕言哉此解經說文字所當知世變也利命

仁三者皆子所罕言而言仁稍多言命次之言利最少故以利承罕言之文而於命於仁則以兩與字次第之皇疏云命天命窮通夭壽之目也是命爲祿命書召誥云今天命吉凶命歷年下篇子夏曰死生有命富貴在天有命在天互文見義史記外戚世家孔子罕稱命者難言之也非通幽明之變烏足識乎性命哉正以命爲祿命也阮氏元論語論仁篇孔子言仁者詳矣曷爲曰罕言也所謂罕言者孔子每謙不敢自居於仁亦不輕以仁許人也今案夫子晚始得易易多言利而贊易又多言命中人以下不可語上故弟子於易獨無問答之辭今論語夫子言仁甚多則又羣弟子記載之力凡言仁皆詳書之故未覺其罕言爾

達巷黨人曰大哉孔子博學而無所成名注鄭曰達巷者黨名也五百家爲黨此黨之人美孔子博學道藝不成一名而已子聞之謂門弟子曰吾何執執御乎執射乎吾執御矣注鄭曰聞人美之承之以謙吾執御欲名六藝之卑也

正義曰史記孔子世家作達巷黨人童子此安國故以黨人爲童子也漢書董仲舒傳對策曰臣聞良玉不瑑資質潤美不待刻瑑此亡異於達巷黨人不學而自知者也注孟康曰人項槖也又皇甫謐高士傳達巷黨人姓項名槖並本古論國策秦策淮南子修務訓論衡實知篇皆言項槖七歲爲孔子師然則仲舒所云不學而自知者正以童子未學而卽知爲學之要也夫子本無常師聞此童子之言而商所執故後人遂儕之於師列耳焦氏循補疏孔子以民無能名贊堯之則天故門人援達巷黨人之言以明孔子與堯同大哉孔子卽大哉堯之爲君博學無所成名卽蕩蕩乎民無能名也案博學無所成名惟聖人能然若常人雖亦博學而總有所專主故執一藝以成名乃中人爲學之正法大戴禮曾子立事云君子博學而孱守之又云博學而無方好多而無定者君子弗與也又云君子博學而算焉算選也卽此所云執也禮內則言年十五學射御二十博學三十博學無方是射御久爲夫子所學此時聞黨人譽己恐門弟子惑於美譽專騖爲博學而終無所成故就己所學射御二者求之祇當執御以示爲學當施博而守約也。注達巷至而已。正義曰一統志達巷在滋陽縣西北五里相傳卽達巷黨人所居滋陽今屬兖州府此出方志附會未敢信也禮記曾子問子曰昔者吾從老聃助葬於巷黨其地當在王畿翟氏灝考異疑即此巷黨亦未必然不成一名者言非一技之可名也皇疏云孔子廣學道藝周徧不可一一而稱故云無所成名也○注聞人至卑也○正義曰夫子謙言但當執一藝以成名不敢當黨人之譽己也御爲六藝之卑故曲禮少儀皆言問大夫之子長曰能御矣幼曰未能御也子長以能御許之又不及他藝是御於六藝爲卑

子曰麻冕禮也今也純儉吾從衆注孔曰冕緇布冠也古者績麻三十升布以爲之純絲也絲易成故從儉正義曰麻者枲麻績其皮以爲布而冕用之故曰麻冕白虎通紼冕篇麻冕者何周宗廟之冠也禮曰周冕而祭又曰殷冔夏收而祭此三代宗廟之冠也冕所以用麻爲之者女工之始示不忘本也左桓二年疏論語麻冕蓋以木爲幹而用布衣之上玄下朱取天地之色又云冕以木爲幹以玄布衣其上謂之綖此冕用麻之制也鄭此注云績麻三十升以爲冕純當爲緇黑繒也三十升者鄭注喪服云八十縷爲升升字當爲登登成也今之禮皆以登爲升俗誤已行久矣然則

此云三十升亦是依俗爲文一升八十縷三十升是二千四百縷鄭依漢制推古布幅廣二尺二寸以二尺二寸布廣之度容二千四百縷是細密難成故不如用緇帛之儉也蔡邕獨斷謂用三十六升布則太密非所容矣釋文純順倫反絲也鄭作側其反側其之音爲緇其實鄭依古字作紂紂篆與純相似故致誤禮玉藻純組綬注純當爲緇古文緇字或作系旁才周官媒氏純帛注純實緇字也古緇以才爲聲此鄭破純爲緇之例玉藻孔疏云鄭讀純爲緇其例有異若經文絲帛分明而色不見者以黑色解之卽讀爲緇如論語云今也純稱古而用麻今用純則絲可知也以色不見故讀純爲緇若色見而絲不見則不破純字以義爲絲昏禮女次純衣注云純衣絲衣如此之類是也賈公彥周官媒氏儀禮士冠禮疏言鄭破讀之例與孔同而云據布爲色者則爲緇字據帛爲色者則爲紂字與孔疏異似非鄭君之旨案說文緇帛黑色也緇本謂黑帛其後布之黑色者亦得名之緇紂爲古今字鄭此注訓黑繒而破讀止云純當爲緇是緇可爲帛色而賈以緇但爲布色非矣緣鄭之意實以純字與紂相似故讀從之但紂爲古文人不經見故先讀從今字而爲緇也且言緇則爲紂已明祭統純服昏禮及士冠禮純衣注以絲衣解之雖不紂

破字亦是讀紨以與他處注文可互見也宋氏翔鳳發微
謂鄭讀緇卽緇布冠然鄭以緇爲黑繒並無緇布冠之文
且以緇布冠代麻冕而冕直廢棄不用豈可通乎不知宋
君何以如此說○注孔曰至從儉○正義曰後漢陳元傳
注引此注作何晏士冠禮記曰始冠緇布之冠也太古冠
布齊則緇之注重古始冠冠其齊冠詩都人士云臺笠緇
撮毛傳緇撮緇布冠鄭箋都人之士以臺皮爲笠緇布爲
冠古明王之時儉且節也則緇布冠是冠之儉者今易之
以純純是黑繒斷無儉於緇布冠之理且冕與緇布冠禮
經所載判然各別而提而一之可知作僞者之陋矣純爲
絲者說文純絲也從糸屯聲論語曰今也純儉此
許解論語用本字不煩破讀作緇似爲僞孔所本**拜下禮**
也今拜乎上泰也雖違衆吾從下注王曰臣之於君行禮
者下拜然後升成禮時臣驕泰故於上拜今從下禮之恭
也正義曰拜下者謂於堂下拜也凌氏廷堪禮經釋例凡
臣與君行禮皆堂下再拜稽首異國之君亦如之廷堪
案臣與君行禮如燕禮大射主人獻公主人自酢於公獻
畢二人媵爵于公皆于阼階下北面再拜稽首立司正安

賓司正升酬散亦降階再拜稽首此士大夫於諸侯也士覲禮郊勞行享侯氏皆降階再拜稽首此諸侯於天子也士相見禮始見于君士大夫則奠摯再拜稽首燕禮大射命賓賓再拜稽首許諾聘禮命使者使者再拜稽首辭使者亦反命賓介皆再拜稽首覲禮賜侯氏舍侯氏再拜稽首見皆拜于庭者是臣與君行禮皆堂下再拜稽首也士相見禮若他邦之人則使擯者還其摯賓再拜稽首受聘禮賓覿先請以臣禮見入門右北面奠幣再拜稽首介覿及士介覿亦皆入門右奠幣再拜稽首介送幣于中庭再拜稽首禮畢主國之君勞賓介賓介皆再拜稽首歸饔餼再拜稽首介則北面再拜稽首拜饔餼皆再拜稽首聘禮記若私獻賓再拜稽首公食大夫禮大夫納賓賓入門左公再拜辟賓再拜稽首侑賓後賓入門左沒霤北面再拜稽首明日賓拜賜拜食與侑幣皆再拜稽首此皆與異國之君行禮也聘禮主君使卿郊勞賓北面再拜稽首使卿致館賓再拜稽首公食大夫禮使大夫戒賓賓再拜稽首此皆與異國之使者行禮而尊其君命故亦再拜稽首也又云凡君待以客禮下拜則辭之然後升成拜廷堪案臣與君行禮皆拜于堂下不辭不升成拜此全乎爲臣者也若君以客禮待之如燕禮大射公舉媵爵爲賓舉旅行酬賓降西階下

再拜稽首公命小臣辭賓升成拜注升成拜復再拜稽首
也先時君辭之於禮若未成然又賓媵觚于公公爲士舉
旅行酬賓降洗升酌膳降拜小臣辭賓升成拜受酬者亦
然覲禮執圭行覲侯氏坐取圭升致命王受之玉侯氏降
階東北面再拜稽首擯者延之曰升升成拜覲畢請罪王
勞之再拜稽首擯者延之曰升升成拜王賜侯氏車服侯
氏降兩階之間北面再拜稽首升成拜注太史辭之降也
此皆先拜於堂下君使人辭之復拜于堂上者也又如燕
禮大射公舉媵爵爲賓舉旅行酬公立卒觶賓下拜小臣
辭賓升再拜稽首注不言成拜者爲拜故下實未拜也下
不輒拜禮殺也又賓升酌膳觶下拜小臣辭賓升再拜稽
首注下拜下亦未拜凡下未拜有二或禮殺或君親辭君
親辭則聞命卽升升乃拜是以不言成拜燕禮賓媵觚于
公酌散下拜公降一等小臣辭賓升再拜稽首大射數獲
後飲不勝者若飲公則侍射者降拜公降一等小臣正辭
賓升再拜稽首此皆降而未拜君辭之卽升堂再拜稽首
故不云升成拜也士相見禮若君賜之爵則下席再拜稽
首受爵但降席不云降階者指無算爵而言燕禮大射無
算爵命所賜所賜者興受爵降席下奠爵再拜稽首疏云
旅酬以前受公爵皆降拜升成拜至此不復降拜者禮殺

故也燕禮大射賓媵觚于公大射飲公凡卒爵皆于階上再拜稽首者蓋前酌散之時已降階拜因君辭而升堂甫拜故卒爵不復再降亦殺其禮也唯燕禮大射將終之時公有命徹冪則卿大夫皆降西階下北面東上再拜稽首公命小臣辭公答再拜大夫皆辟此則君雖辭之亦不復升拜注謂小臣辭不升成拜明雖醉正臣禮也凡此瑣節雖不同皆君以客禮待之故拜于堂上也又案以客禮待異國之臣亦然公食大夫禮賓升公當楣再拜賓降西階東北面答拜擯者辭賓栗階升不拜命之成拜階上北面再拜稽首此先降階拜異國之君使人辭之然後升成拜也聘禮主君禮賓受幣降拜公辭升再拜稽首私覿賓授幣降階東拜送君降一等辭栗階升公西鄉賓階上再拜稽首公食大夫禮賓祭正饌賓祭加饌公以東帛侑賓賓皆降拜公辭賓升再拜稽首此降階未拜異國之君親辭之卽升拜也聘禮禮賓公壹拜送凡賓不降階上答再拜稽首又賓不降壹拜受醴公食大夫禮賓卒食揖讓如初升賓再拜稽首此皆拜于堂上禮殺故也又歸饔餼大夫東面致命賓降階西再拜稽首大夫辭升成拜上介如賓禮聘賓問卿賓東面致命大夫降階西再拜稽首賓辭升成拜此使者奉其君命以客禮待異國之臣故降拜升成

拜亦如見其君也至于公食大夫禮卒食後賓降階東面再拜稽首公降再拜注答之也不辭之使升堂明禮有終則賓降拜公亦降拜唯稽首與再拜不同蓋待異國之臣其禮有加焉爾案淩說甚覈當夫子時君弱臣彊凡應於堂下拜者不復循臣禮之正而皆拜乎堂上故孔子非之鄭此注云禮臣之於君酬酢受爵當拜於堂下時臣驕泰故拜於堂上注所云禮指燕禮舉一以例其餘耳臣酌酒獻君曰酢君酌酒答臣曰酬燕禮所云公舉媵爵爲賓舉旅行酬又賓媵觚于公公爲士舉旅行酬即其禮也酬酢授爵當拜於堂下及君辭復升成拜當時則於授爵之際已拜於堂上無復一下拜及君辭復升成拜之禮故爲驕泰也周官大祝九拜一曰稽首賈疏稽首臣拜君法稽與䭬同說文手部𢷎頭至地也頭至地即䭬首拜中之一許意據周官先言稽首故舉一以該之今隸變作拜。注臣之於君行禮者下拜然後升成禮。正義曰升字從皇本補刑疏申注亦有升字下拜者臣禮之正其下拜而君待以客禮辭復升成拜或下未拜君辭乃升拜皆禮之殺非謂凡行禮下拜者必升成拜也注說未晰

子絕四毋意〔注〕以道爲度故不任意毋必〔注〕用之則行舍之

則藏故無專必毋固【注】無可無不可故無固行毋我【注】述古而不自作處羣萃而不自異唯道是從故不有其身【正義】曰：說文：「絶，斷絲也。」釋名釋言語：「絶，截也，如割截也。」言子有絶去四事與人異也。公羊昭十二年疏：「子絶四者，備於鄭注，今此注已佚。」毋者，禁止之辭。毋即絶也。說文云：「意，志也。從心音，察言而知意也。」段氏玉裁注：「意之訓爲測度，如論語毋意、不億不信、億則屢中，其字俗作億。」王氏引之經義述聞：「少儀：『毋測未至。』注曰：『測，意度也。』毋意即毋測未至也。」案段、王說同。公羊傳：「伯于陽者何？公子陽生也。子曰：我乃知之矣。在側者曰：子茍知之，何以不革？曰：如爾所不知何？」何休注：「此夫子欲爲後人法，不欲令人妄億錯。」下引此文云云，即是以意爲億度也。釋文：「意，如字，或於力反，非。」於力之音，亦是讀億，陸不當以爲非也。莊氏存與說：「智毋意，先覺也。義毋必，義之與比也。禮毋固，時中也。仁毋我，與人爲善也，善則稱親，讓善於天也。」又云：「以億逆爲意而去之，是也；以擬議爲意而去之，非也。以適莫爲必而去之，是也；以果斷爲必而去之，非也。以窮固爲固而去之，是也；以貞固爲固而去之，非也。以足已爲我而去之，是也；以修已爲我

而去之非也

子畏於匡注包曰匡人誤圍夫子以爲陽虎陽虎嘗暴於匡夫子弟子顏剋時又與虎俱行後剋爲夫子御至於匡匡人相與共識剋又夫子容貌與虎相似故匡人以兵圍之曰文王既沒文不在茲乎注孔曰茲此也言文王雖已死其文見在此此自謂其身天之將喪斯文也後死者不得與於斯文也注孔曰文王既沒故孔子自謂後死言天將喪此文者本不當使我知之今使我知之未欲喪也天之未喪斯文也匡人其如予何注馬曰其如予何者猶言柰何我也天之未喪此文則我當傳之匡人欲柰我何言其

不能違天以害己也　正義曰：說文云畏惡也廣雅釋詁畏懼也恐也夫子見圍於匡有畏懼之意猶孟子言有戒心也人若因畏而死亦稱畏禮檀弓死而不弔者三畏厭溺是也史記孔子世家或譖孔子於衞靈公孔子去衞將適陳過匡匡云云五日顏淵後子曰云云匡人拘孔子孔子謚急弟子懼孔子曰文王既沒云云是孔子此語爲解慰弟子之辭江氏永先聖圖譜載此事於魯定十三年時孔子年五十六也茲者有所指之辭下兩言斯文斯茲同義文武之道皆存方策夫子周遊以所得典籍自隨故此指而言之文在茲即道在茲孟子以孔子爲聞而知之也天將喪斯文久當湮沒必不令夫子得之後死者夫子自謂後文王死也後死者既與於斯文是天未欲喪斯文可知天未欲喪斯文匡人必不能違天害己致使斯文遭毀失也○注匡人至圍之○正義曰匡邑見左氏傳凡有數處左僖十五年諸侯盟于牡丘遂次于匡杜注匡在陳留長垣縣西南此匡爲衞邑也文元年衞孔達侵鄭取綿訾及匡杜注匡在潁川新汲縣東北此匡爲鄭邑衞取之也又十一年叔孫彭生會晉郤缺于承筐杜注宋地在陳留襄邑縣西此匡爲宋邑也子畏於匡之匡舊說不一莊子秋水篇孔子遊於匡宋人圍之釋文引司馬

彪曰宋當作衞匡衞邑也案莊子以匡爲宋邑宋人郎匡人不必改宋作衞說苑雜言篇言孔子之宋匡簡子將殺陽虎孔子似之因圍孔子亦以匡爲宋邑史記世家言匡人圍孔子孔子使從者爲甯武子臣於衞然後得去則以匡爲衞邑寰宇記謂長垣西十里有匡邑城又襄邑西三十里有古匡城皆爲子畏於匡地蓋兩說並存閻氏若璩釋地顧氏棟高春秋大事表專主長垣然以陽虎暴匡之事求之衞宋皆無可考毛氏奇齡四書賸言案春秋傳公侵鄭取匡在定公六年是時季氏雖在軍不得專制凡過衞不假道反穿城而躪其地其令皆出自陽虎是虎實帥師當侵鄭時匡本鄭鄙邑必欲爲晉伐取以釋憾而匡城適缺虎與僕顔尅就其穿垣而入之世家顔尅曰昔吾入此由彼缺也琴操孔子到匡郭外顔尅舉策指匡穿垣曰往與陽貨正從此入此即圍師入城之事案毛說甚近理此匡在文元年已爲衞所取而不能得其田故文八年晉侯使解揚歸匡戚之田于衞其後復屬鄭至定六年乃爲魯所取然恐魯終不能有則仍屬鄭耳杜謂匡在新汲東北而一統志云匡城在扶溝縣西扶溝與新汲壤正相接實一地矣莊子言宋人圍孔子數匝而絃歌不輟幾何將甲者進曰以爲陽虎也故圍之今非也請辭退韓詩外傳

簡子將殺陽虎孔子似之帶甲以圍孔子舍子路慍怒奮戟將下孔子止之曰由何仁義之寡裕也夫詩書之不習禮樂之不講是丘之罪也吾非陽虎而以我爲陽虎則非丘之罪也命也子歌我和若子路歌孔子和之三終而圍解此是當日實事蓋感之以絃歌不待自辨而匡人已知其非陽虎矣世家謂夫子使從者臣於甯武子然後得去此傳聞之誤甯氏當獻公世已滅而武子仕文成之世豈得與孔子時相値世家此文毫不足據索隱又謂夫子再阨匡人或設辭以解圍或彈琴而釋難分一事爲二尤屬臆說顏尅世家作顏刻弟子列傳無尅刻名但有顏高字子驕惠氏棟九經古義疑高即尅王氏引之春秋名字解詁高乃亭之譌亭刻同聲古字通用其說並是

太宰問於子貢曰夫子聖者與何其多能也（注）孔曰太宰太夫官名或吳或宋未可分也疑孔子多能於小藝**子貢曰固天縱之將聖又多能也**（注）孔曰言天固縱大聖之德又使多能也**子聞之曰太宰知我乎吾少也賤故多能鄙事**

君子多乎哉？不多也。注包曰：我少小貧賤，常自執事，故多能爲鄙人之事。君子固不當多也。正義曰：鄭注云：「大宰是吳大宰嚭。」僞孔兼存吳、宋。方氏觀旭《偶記》：「鄭以爲吳大宰，蓋以夫子雖兩居宋，但一則年十九娶于幵官氏之女，時子貢猶未生；一則年五十六去衛後，過曹適宋，於時有桓魋拔樹之難，宜無家卿向子貢私論夫子之聖。惟吳大宰，則《左氏傳》哀七年公會吳于鄫時與子貢語，十二年公會吳于橐皋時與子貢語，其秋公會衛侯、宋皇瑗于鄖時又與子貢語，故定爲吳大宰。《史記·孔子世家》吳客聞夫子防風氏骨節專車及僬僥氏三尺之語，於是曰『善哉聖人』，是前此固有以夫子之多能爲聖者，亦吳人也。」案：《說苑·善說篇》：「子貢見大宰嚭，大宰嚭問曰：『孔子何如？』對曰：『臣不足以知之。』大宰嚭曰：『子不知，何以事之？』對曰：『唯不知，故事之。夫子其猶大山林也，百姓足其材焉。』大宰曰：『子增夫子乎？』對曰：『夫子不可增也。夫賜其猶一累壤，以增大山，不益其高，且爲不知。』」此子貢與大宰嚭論述聖德之證，而大宰之爲吳大宰嚭益信。縱者，朱子《集注》云：「肆也，言不爲限量也。」李氏光地《論語劄記》：「說聖固是天縱，多能亦是天縱。子貢此言，可謂智足知聖。故夫子舍子貢之言而但言大宰知我明知我多能也多能是鄙事君子且不貴況聖人乎蓋避聖之名而示人以學聖之方也風俗通窮通篇引固天縱之莫盛於聖似以縱之爲句皇本大宰知我下有者字○注大宰至小藝○正義曰鄭周官目錄云冢大也宰者官也又大宰注變冢言大進退異名也先考典簿君秋槎雜記說天子六卿冢宰亦曰大宰宋備六卿同於天子魯則羽父求大宰鄭有大宰石㚟楚有大宰子商蓋散位從卿列國之僭制也謹案散位從卿即是大夫故此注以大宰爲大夫官名也列子仲尼篇商大宰見孔子曰丘聖者與孔子曰聖則丘何敢然則丘博學多識者也宋是商後故亦稱商此注兼存吳宋或即暗據列子之文今不從者商大宰是與夫子語非問子貢不若吳大宰親問子貢爲得實也疑孔子多能於小藝者正以禮樂是藝之大不得爲鄙事惟書數射御皆是小藝大宰所指稱也淮南子主術訓孔子之通智過於萇弘勇服於孟賁足躡郊菟力招城關能亦多矣此相傳夫子多能之事大宰以多能爲聖但有美辭無疑辭也注亦微誤○注言天固縱大聖之德又使多能也○正義曰注以固天縱之將聖爲句亦通大聖即將聖也錢氏大昕潛研堂文集詩有娀方將我受命溥將之將並訓爲大然則

將聖者大聖也案荀子堯問篇然則孫卿懷將聖之心
謂大聖也論衡實知篇子貢曰故天縱之將聖將者且也
不言已聖言且聖者以爲孔子聖未就也孔子從知天命
至耳順學就知明成聖之驗也未五十六十之時未能知
天命至耳順也則謂之且矣當子貢答大宰時殆三十四
十之時也案故與固通將聖當從此注訓大聖子貢初與
大宰語在哀七年夫子年六十五至哀十二年則已七
十而云在三十四十之時誤矣。注我少至多也。正義
曰居官則有府史或胥徒用給徭役不自執事也夫子少
小貧賤始習爲之故多能爲鄙人之事周官遂人五鄙爲
鄙荀子非相注鄙人郊野之人也鄙卽是賤
下篇鄙夫訓同君子者則有德堪在位者也

牢曰子云吾不試故藝注鄭曰牢弟子子牢也試用也言孔
子自云我不見用故多技藝正義曰此引弟子述孔子語與前章少賤多能語同故類
記之。注牢弟子子牢也試用也。正義曰莊子則陽篇
長梧封人問子牢子牢名僅見此左昭二十年傳琴張聞
宗魯死將往弔之仲尼曰齊豹之盜而孟縶之賊女何弔
焉杜注琴張孔子弟子字子開名牢孔疏家語云孔子弟

子琴張與宗魯友七十子篇云琴牢衛人字子開一字張則以字配姓爲琴張鄭牢曰子云是也賈逵鄭衆皆以爲子張卽顓孫師服虔云案七十子傳云子張少孔子四十餘歲孔子是時四十知未有子張鄭賈之說不知所出案趙岐注孟子盡心亦以琴張爲子張並沿舊說之誤漢書古今人表有琴牢王氏念孫讀書雜志以琴牢爲琴張之誤云人表所載皆經傳所有左傳及孟子皆作琴張莊子作子琴張無作琴牢者琴牢字張始見家語乃王肅僞撰後人據家語以改漢書其說良然白水碑琴張琴牢並列此及左傳杜注皆爲家語所惑不足憑也自家語琴牢之名出唐贈琴牢南陵伯宋贈頓丘侯改贈陽平侯則皆由家語之說誤之矣竊謂琴張非子張服氏之辨最確而子牢非琴張則鄭此注最當莊子則陽釋文引司馬彪云卽琴牢孔子弟子與杜預同誤史記仲尼弟子列傳無牢名當是偶闕云試用者

爾雅釋詁文說文同

子曰吾有知乎哉無知也〔注〕知者知意之知也知者言未必盡今我誠盡**有鄙夫問於我空空如也我叩其兩端而竭**

焉注孔曰有鄙夫來問於我其意空空然我則發事之終始兩端以語之竭盡所知不爲有愛正義曰夫子應問不窮當時之人遂謂夫子無所不知故此謙言無知也釋文空空鄭或作悾悾此與前篇悾悾而不信同鄭彼注云悾悾誠慤也大戴禮王言篇商慤女憧婦空空吕氏春秋下賢篇空空乎其不爲巧故也空空並即悾悾此鄙夫來問夫子其意甚誠慤故曰空空如皇疏以爲虛空非也叩者反問之也因鄙夫力不能問故反問而詳告之也說文云訆扣也段氏玉裁注引此文似以訆即叩字鄭注云兩端末也凡事物之始皆起微末故末有始義說文耑物初生之題也是也焦氏循補疏此兩端即中庸舜執其兩端用其中於民之兩端也鄙夫來問必有所疑惟有兩端斯有疑也故先叩發其兩端謂先還問其所疑而後即其所疑之兩端而窮盡其意使知所向焉蓋凡事皆有兩端如楊朱爲我無君也乃會子居武城寇至則去墨子兼愛無父也乃禹手足胼胝至於偏枯一城旌善也行之則詐僞之風起不行又無以使民知一勸一伸枉也行之則刁訐之俗甚不行又無以使民懲一理財也行之則頭會箕斂之流出不行則度支或不知

足一議兵也行之則生事無功之說進不行則國威將不振凡若是皆兩端也而皆有所宜得所宜則爲中孔子叩之叩此也竭之竭此也舜執之執此也用之用此也處則以此爲學用則以此爲治通變神化之妙皆自此兩端而宜之也皇本鄙夫下有來字據僞孔注亦似有來字。注知者至誠盡。正義曰皇疏云知謂有私意於其間之知也聖人體道爲度無有用意之知故先問弟子云吾有知乎哉也又云無知也明己不有知意之知也卽是無意也

子曰鳳鳥不至河不出圖吾已矣夫注孔曰聖人受命則鳳鳥至河出圖今天無此瑞吾已矣夫者傷不得見也河圖八卦是也　正義曰說文云鳳神鳥也毛詩卷阿傳雄曰鳳雌曰凰此對文若散文通稱鳳大戴記曾子天圓篇羽蟲之精者曰鳳是也鄭注尚書顧命曰河圖圖出於河帝王聖者之所受不言圖爲何物及所出之形左傳序疏引鄭說河圖洛書龜龍銜負而出此依中候握河紀爲言宋氏翔鳳以疏上文引論語則此鄭說當爲論語注也漢書董仲舒傳對策曰故爲人君者正心以正朝廷正朝廷以正百官正百官以正萬民正萬民以正四方四方

正遠近莫敢不壹於正而亡有邪氣奸其間者是以陰陽調而風雨時羣生和而萬物殖五穀熟而屮木茂天地之閒被潤澤而大豐美四海之內聞盛德而皆徠臣諸福之物可致之祥莫不畢至而王道終矣孔子曰鳳鳥不至河不出圖吾已矣夫自悲可致此物而身卑賤不得致也是董以夫子此歎爲已不得受命之故易坤鑿度仲尼偶筮其命得旅泣曰天也命也鳳鳥不至河無圖至嗚乎天命之也歎息而後息志與仲舒說同又漢書儒林傳周道既衰壞於幽厲禮樂征伐自諸侯出陵夷二百餘年而孔子興以聖德遭季世知言之不用而道不行迺歎曰鳳鳥不至云云此以吾已矣夫爲已不逢明君與董氏異當由古魯不同故論衡問孔篇解此文即備二義其實後一義勝也孔子世家載此文於西狩獲麟後○注聖人至聖王是也○正義曰受命謂受天之命躬致王也鳳鳥至爲聖王之瑞故尚書言簫韶九成鳳凰來儀左傳言少皞氏鳳鳥適至周語言周之興鸑鷟鳴于岐山賈逵解詁以爲鸑鳳鳳別名則知上古之時鳳常至也淮南子繆稱訓昔二皇鳳凰至於庭三代至乎門周室至乎澤德彌麤所至彌遠德彌精所至彌近是鳳鳥至爲聖瑞也易稽覽圖孔子曰天之將降嘉瑞應河水青三日青四日青變爲赤赤變爲黑黑變

爲黃各各三日河中水安井天乃清明圖乃見又云夜不可見水中赤煌煌如火英圖書蚍皆然也又坤靈圖聖人受命瑞應先見于河是河出圖爲聖瑞也書顧命有河圖與大玉夷玉天球並列東序當是玉石之類自然成文此元俞炎之說最近事理者也云河圖八卦者書顧命某氏傳河圖八卦伏羲王天下龍馬出河遂則其文以畫八卦謂之河圖孔疏漢書五行志劉歆以爲伏羲氏繼天而王受河圖則而畫之八卦是也易繫辭云伏羲氏仰則觀象于天俯則觀法于地觀鳥獸之文與地之宜近取諸身遠取諸物于是始作八卦都不言法河圖此言河圖者蓋易理寬宏無所不法直如繫辭之言取法已自多矣亦何妨更法河圖也且繫辭又云河出圖洛出書聖人則之若八卦不則河圖餘復何所取也王氏鳴盛尚書後案蓋八卦是伏羲所受河圖而河圖不止是八卦書傳所載古帝王如黃帝堯舜禹湯皆受河圖亦不獨一伏羲由書疏後案說推之河圖文不皆具八卦此特假伏羲事言之耳姚信易注連山氏得河圖夏人因之曰連山歸藏氏得河圖商人因之曰歸藏伏羲氏得河圖周人因之曰周易此畧本山海經足知三易多法河圖矣

子見齊衰者冕衣裳者與瞽者見之雖少必作過之必趨注

包曰冕者冠也大夫之服瞽盲也作起也趨疾行也此夫子哀有喪尊在位恤不成人

正義曰見謂目所接遇非以禮往來也前言見後復言見之者稱見之與過之文相儷也說文齋緶也從衣齊聲廣雅釋詁齋緶也齋齋同古字本作齊釋名喪制云齊齊也言緝其衣裳之邊際而整齊之也是也喪服記衰長六寸博四寸說文縗服衣長六寸博四寸直心從糸衰聲是衰即縗省論語釋文衰七雷反其字或從糸作縗與說文合賈公彥喪服記疏衰綴於衣衣統名爲衰通典引雷次宗說衰者當心六寸布也在衣則衣爲衰在裳則裳爲衰男子離其衣裳故衰獨在衣上婦人同爲一服故上下共稱也喪服記凡衰外削幅裳內削幅言凡者明五服皆有衰也外削服者言縫之邊幅向外也內削幅者言縫之邊幅向內也據禮齊衰有三年杖期不杖期三月之異所謂四齊也江氏永鄉黨圖考案五服一斬四齊第言見齊衰者舉齊以兼斬也由江說推之則此文齊衰亦當兼斬言喪服傳斬者何不緝也齊者何緝也斬衰服重齊衰服輕論

語是舉輕以該重矣釋文冕音免鄭本作弁云魯讀弁爲絻今從古陳氏鱣古訓說文㒼冕也從兒象形弁或㒼字冕大夫以上服也從曰免聲絻或從糸蓋古論作㒼魯論作冕冕字本相似也案周官司服卿大夫之服自玄冕而下如孤之服士之服自皮弁而下如大夫之服此上下通制故侯國同之冕弁各異說文以冕訓㒼者散文或通稱也鄭依古論作弁者冕弁義雖兩通但言弁可以該冕言冕不可以該弁猶之齊衰言齊可該斬若言斬則不得該齊也白虎通紼冕篇弁之爲言攀也所以攀持其髮也鄭注士冠禮云弁弁名出於槃槃大也言所以自光大也任氏大椿弁服釋例士冠禮疏冕者俯也低前一寸二分故得冕稱其爵弁則前後平故不得冕名案爵弁旣以弁名則其狀當似弁不特弁下無旒及前後延平異於冕也考釋名弁如兩手相合抃時也以爵韋爲之謂之爵弁以鹿皮爲之謂之皮弁以韎韋爲之謂之韋弁也然則此三弁皆作合手狀矣其延下當上鋭下圜案雜記大夫冕而祭於公士弁而祭於公又禮運冕弁兵革藏於私家非禮也是冕弁皆藏公所大夫士行禮時於公所取服之故孟子以夫子去魯不稅冕而行爲微罪明助祭後當稅冕仍藏公所也曾子問尸弁冕而出卿大夫士皆下之尸必式出謂出

廟門非謂出大門在道上也若然夫子得見冕衣裳者意
即在公時所見其過之謂行出其前也閻氏若璩釋地三
續汪氏中經義知新記並謂夫子見冕衣裳是見其人當
服此者不必真見其服非也錢氏大昕潛研堂文集亦疑
冕是祭服非夫子燕居所見遂據魯論作絻以冕即絻之
譌絻與免同士喪禮眾主人免于房喪服記朋友皆在他
邦袒免先儒以爲免象冠一寸用麻布爲之齊衰服之重
者絻服之輕者舉其至重與至輕者而五服統之古論作
弁疑即司服所云弔事之弁經服鄭彼注云弁經者如爵
弁而素加環經也此以冕爲絻譌絻與齊衰同爲喪服亦
是彊別爲義不必與經旨相應也裳者在下之服毛詩七
月傳上曰衣下曰裳說文常下裠也裳常或從衣於禮立
冕爵弁服皆紂衣纁裳皮弁服素衣素裳韋弁服則衣韎
韋裳或朱或素也少謂年少也史記孔子世家見齊衰瞽
者雖童子必變以童子爲少者此安國故也禮四十始仕
此童子得服冕或弁者春秋時世卿持位不嫌有年少已
貴仕也皇本少下有者字宋石經趨作趍○注冕者至行
也○正義曰說文云冕大夫以上冠也司服云公之服自
衮冕而下如王之服侯伯之服自鷩冕而下如公之服子
男之服自毳冕而下如侯伯之服孤之服自希冕而下如

子男之服卿大夫之服自玄冕而下如孤之服是大夫有玄冕玄者衣無文裳刺黻而已瞽爲盲者說文瞽目但有眹也眹目精也今謂之眼珠又盲目無牟子也牟子今謂之瞳人許意瞽盲二字同義皆是有眼珠而無牟子鄭司農周官注云無目眹謂之瞽與許異者蓋瞽有二一是有眹而無眸一是並眹無之許鄭各據一義也釋名疾病云瞽鼓也瞑瞑然目平合如鼓皮也與司農合作起見說文鄉黨必變色而作先進舍瑟而作訓並同說文趨走也釋名姿容云兩脚進曰行徐行曰步疾行曰趨爾雅釋宮門外謂之趨門外行可疾走也曲禮鄭注云行而張足曰趨

顏淵喟然歎曰〔注〕喟歎聲仰之彌高鑽之彌堅〔注〕言不可窮盡瞻之在前忽焉在後〔注〕言恍惚不可爲形象夫子循循然善誘人〔注〕循循次序貌誘進也言夫子正以此道進勸人有所序博我以文約我以禮欲罷不能既竭吾才如有所立卓爾雖欲從之末由也已〔注〕孔曰言夫子既以文章

開博我又以禮節節約我使我欲罷而不能已竭我才矣其有所立則又卓然不可及言已雖蒙夫子之善誘猶不能及夫子之所立

正義曰：仰者，說文：「仰，舉也。」廣雅釋詁：「卬，嚮也。」卬與仰同，謂舉向上也。彌，說文作镾，云：「久長也。」儀禮士冠禮注：「彌，諡也。」鑽者，說文云：「鑽，所以穿也。」漢嚴發碑「鑚堅仰高」，鑽作鑚，當由齊古文異。堅者，爾雅釋詁：「堅，固也。」論衡恢國篇解此二句云：「此言顏子學於孔子，積累歲月，見道彌深也。」瞻者，爾雅釋詁：「瞻，視也。」忽者，左傳「其亡也忽焉」，杜注：「忽，速貌。」瞻之在前，謂夫子道若可見也；忽焉在後，謂終不可見也。邢本、集注本「忽焉」作「忽然」，誤。循循或作恂恂，後漢書趙壹傳「失恂恂善誘之德」，注引論語「夫子恂恂然善誘人」。又李膺傳注、三國志步隲傳、孟子明堂章章指引文並同。又蔡邕姜伯淮碑、後漢郭泰傳論、宋書禮志載晉袁瓌疏、南史王琳傳、魏書高允傳、賈思伯傳、隋書煬帝紀用此文，亦作恂恂。其趙壹傳注先引論語，復云：「恂恂，恭順貌。」與鄭注鄉黨「恂恂，恭慎貌」同。故翟氏灝考異、馮氏登府異文攷證、臧氏庸鄭注輯本並以「恭順」之訓亦本鄭氏，則謂鄭本作恂恂矣。博文約禮，卽善誘之法先博文後約禮所謂循循也顏子之所仰所鑽者也罷者孫綽云猶罷息也才者能也卓爾者說文皋高也卓古文皋漢韓勑修孔廟禮器碑追彌之思錢氏大所養新錄謂即論語卓爾此亦齊古異文鄭注云卓爾絕望之辭絕望者言絕於瞻望也此探下文欲從末由爲義法言學行篇顏不孔雖得天下不足以爲樂然亦有苦乎曰顏苦孔之卓之至也或人瞿然曰茲苦也祇其所以爲樂也與是卓爾乃言夫子之道極精微者不敢必知不可灼見故以如有形之韓詩外傳孔子與子夏論書云丘嘗悉心盡志已入其中前有高岸後有深谷泠泠然如此既立而已矣不能見其裏蓋謂精微者也外傳所云既立與此文所言立同孟子盡心篇公孫丑曰道則高矣美矣似不可及也何不使彼爲可幾及而日孳孳也孟子曰大匠不爲拙工改廢繩墨羿不爲拙射變其彀率君子引而不發躍如也中道而立能者從之中道而立亦謂道之高者美者與此文言立義亦同也能者從之而明不能者難以從之即此所言欲從末由也春秋繁露二端云小大微著之分也夫覽求微細於無端之處誠知小之將爲大也微之將爲著也吉凶未形聖人所獨立也雖欲從之末由也與此之謂也揆董所言亦以欲從者欲從夫子之所立也聖不可及故

聖但獨立姚氏配中一經盧文弨道也者萬物之奧所以變化而凝成萬物使各終其性命者也是以仁者見之謂之仁知者見之謂之知百姓日用而不知其爲道也屢遷變動不居周流六虛上下无常剛柔相易不可爲典要唯變所適此則道之權也知變化之道者知神之所爲其唯聖人乎知進退存亡而不失其正者其唯聖人乎故孔子曰可與立未可與權神而明之存乎其人苟非其人道不虛行唯聖人則巽以行權巽入也精義入神以致用巽伏也寂然不動感而遂通天下之故所謂龍蛇之蟄以存身至精者也至變者也至神者也聖人之所以極深而研幾也案姚氏之論聖道精矣夫子七十從心所欲不踰矩從心所欲即變動不居之謂孟子言大化聖神皆是其詣意顏子于此言所以窺聖道者在此時矣道不外學學不外禮夫子十五志學三十而立志學即博文也立即立於禮也亦即約禮也如有所立卓爾謂禮之所立無非道也顏子於博約之教服習既久故舉其所已知者以自明求其所未知者以自勉莊子田子方篇顏淵曰夫子步亦步夫子趨亦趨夫子馳亦馳夫子既奔逸絕塵而回瞠若乎後矣奔逸絕塵則夫子之所立卓爾也回瞠若後則欲從末由也惟欲從末由故仰鑽既竭而彌高彌堅也在前可瞻而

忽焉在後也此顏子之未達一閒也然雖欲從末由而終是欲罷不能故夫子又言回吾見其進未見其止矣末由○史記世家作蔑繇蔑末聲轉繇由今古文異○注喟歎聲○正義曰說文喟大息也或作嘳歎吟也顏子贊美聖道自以竭力學之終不可幾及故有此歎○注言不可窮盡○正義曰皇疏引孫綽曰夫有限之高雖嵩岱可陵有形之堅雖金石可鑽若乃彌高彌堅鑽仰所不逮故知絶域之高堅未可以力至也○注言恍惚不可爲形象○正義曰說文怳狂貌引申爲無定之辭怳卽恍俗老子道經道之爲物惟怳惟忽惚亦忽俗○注循循至所序○正義曰說文循順行也順行則有次序注就本字爲訓亦得通也誘說文羑相訹呼也從厶羑或從言秀詩摽梅傳誘進道也道與導同學記云故君子之善喻也道而弗牽又云道而弗牽則和繁露基義云凡有興者稍稍上之以逐順往使人心說而安之無使人心恐卽進勸人法也

子疾病注包曰疾甚曰病**子路使門人爲臣**注鄭曰孔子嘗爲大夫故子路欲使弟子行其臣之禮**病閒曰久矣哉由**

之行詐也注孔曰少差曰間言子路久有是心非今日也

無臣而爲有臣吾誰欺欺天乎且予與其死於臣之手也

無寧死於二三子之手乎注馬曰無寧寧也二三子門人

也就使我有臣而死其手我寧死於弟子之手乎且予縱

不得大葬注君臣禮葬予死於道路乎注馬曰就使我不

得以君臣禮葬有二三子在我寧當憂棄於道路乎正義曰爾

雅釋詁詐僞也說文詐欺也無臣而爲有臣爲卽是僞謂無臣而僞有臣也考士喪禮雖有夏祝商祝御者徹者擯者奠者之屬皆暫時司其事者謂之有司本不爲臣今用大夫禮是僞有臣也僞所以爲欺故曰吾誰欺欺天乎皇疏云天下人皆知我無臣則人不可欺今日立之此政是遠欲欺天故云欺天乎鄭注云大夫退死葬以士禮致仕以大夫禮葬案年老歸政曰致仕其爵未失故從大夫禮葬若大夫退是君疏斥己或己避位弗仕旣去大夫之位

則不得以大夫禮葬故宜以士禮葬也王制云大夫廢其事終身不仕死以士禮葬之是也夫子去魯是退當以士禮葬今子路用大夫之禮故夫子責之宋氏翔鳳鄭注輯本云按此爲孔子未反魯事故有死於道路之語蓋孔子自知必反魯也今案此當是魯以幣召孔子孔子將反魯適於道路中得疾也大葬謂魯復用己以大夫禮葬也夫子言己雖未必復見用以禮大葬亦當得歸魯不致死於道路所以然者以天未喪斯文必將命以制作以教萬世故決不死於道路亦兼明子路豫凶事爲過計也○注疾甚曰病○正義曰說文病疾加也加甚義同鄭此注云病謂疾益困也○注孔子嘗爲大夫故子路欲使弟子行其臣之禮○正義曰夫子仕魯爲司寇是大夫也及去魯以微罪行宜降用士禮今子路尊榮夫子欲用大夫喪葬之禮故使門人爲臣助治之○注少差曰閒○正義曰方言差知愈也南楚病愈者謂之差或謂之閒郭注閒言有閒隙文王世子文王有疾旬有二日乃閒注閒猶瘳也○注就使我有臣而死其手我寍死於弟子之手乎○正義曰有臣死於臣手禮也夫子願死於弟子手者以弟子情誼親也故皇疏云在三事同若以親察而言則臣不及弟子也又云臣禮就養有方有方則隔弟子無方無方則親也○

注就使至路乎○正義曰大葬謂用大夫禮葬也大夫稱君者對臣言之有二三子在不憂棄於道路明二三子亦能葬其師不必迫以君臣之義也

子貢曰有美玉於斯韞匵而藏諸求善賈而沽諸注馬曰韞藏也匵匱也謂藏諸匵中沽賣也得善賈寧肯賣之耶**子曰沽之哉沽之哉我待賈者也**注包曰沽之哉不衒賣之辭我居而行賈正義曰君子於玉比德時夫子抱道不仕故子貢借美玉以觀夫子藏用之意善賈喻賢君也雖有賢君亦待聘乃仕不能枉道以事人也釋文匵本又作櫝通用字物茂卿論語徵云善賈者賈人之善者也賈音古先典簿君秋槎雜記儀禮聘禮賈人西面坐啟櫝取圭注賈人在官知物價者古人重玉凡用玉必經賈人況鬻之乎昭十六年左傳宣子有環其一在鄭商韓子買諸賈人既成賈矣此沽玉必經賈人之證謹案論語釋文善賈音嫁一音古是舊讀賈有古音即賈人也說文賈市也段氏玉裁注賈者凡買賣之稱也引伸之凡賣

者之所得買者之所出皆曰賈俗又別其字作價別其音
入禡韻古無是也竊謂下句待賈亦謂待賈人白虎通商
賈篇商之爲言商也商其遠近度其有無通四方之物故
謂之商也賈之爲言固也固其有用之物以待民來以求
其利者也行曰商止曰賈易曰先王以至日閉關商旅不
行論語曰沽之哉我待價者也白虎通引論語以證止賈
亦當作待賈今作待價明爲後人所改矣沽漢石經俱作
賈見東觀餘論段氏以買賣皆可云賈沽是段借字玉篇
引求善賈而劭諸説文云秦以市買多得爲劭則作劭亦
通此當出齊古異文○羣經音辨四論語中沽之哉鄭康成亦
音故此就鄭義爲音○注籀藏至匵中○正義曰鄭注云
籀裹也匵匵也郎本馬注裹藏同義籀既訓藏經下文又
言藏者古人自有復語若詩宷宷苿苢薄言宷之上下句
皆言宷矣説文匵匵也匵匣也今俗別作櫝○注沽之至
待賈○正義曰太平御覽珍寶部三引鄭此注云盦有自
衒賣之道乎我居而待價者與包此注同沽之哉乃反言
以決絕之辭明沽是衒賣也皇疏引王弼曰重言沽之哉
賣之不疑也此與包鄭義異似亦通也説文衒行且賣也
從行從言衒或從玄顏師古漢書東方朔傳注衒行賣也
包鄭均云居而待賈亦似音古御覽引鄭作待賈字之䁥

子欲居九夷或曰陋如之何子曰君子居之何陋之有注馬曰九夷東方之夷有九種君子所居則化正義曰子欲居九夷與乘桴浮海皆謂朝鮮夫子不見用於中夏乃欲行道於外域則以其國有仁賢之化故也說見前浮海疏後漢書東夷列傳昔箕子違衰殷之運避地朝鮮始其國俗未有聞也及施八條之約使人知禁遂乃邑無淫盜門不夜扃囘頑薄之俗就寬畧之法行數百千年故東夷通以柔謹爲風異乎三方者也苟政之所暢則道義存焉仲尼懷憤以爲九夷可居或疑其陋子曰君子居之何陋之有亦徒有以焉爾此本前漢地理志而意更顯九夷者夷有九種朝鮮特九夷之一淮南齊俗訓謂泗上十二諸侯率九夷以朝越王勾踐惟九夷在東故泗上諸侯得以率之戰國秦策楚包九夷魏策楚破南陽九夷內沛許鄢陵危史記李斯傳惠王用張儀之計南取漢中包九夷制鄢郢索隱曰九夷郎屬楚之夷也呂氏祖謙大事記據索隱說以爲孔子在陳蔡相去不遠所以有欲居九夷之言案呂氏誤也南方曰蠻其稱夷稱九夷者皆叚借稱之況楚地之夷其風俗獷悍至今猶然則正或人所譏夫子不應欲居之矣陋者言

其地僻陋人不知禮儀也何異孫十一經問對箕子受封於朝鮮能推道訓俗教民禮義田蠶至今民飲食以籩豆爲貴衣冠禮樂與中州同以箕子之化也君子居之指箕子言非孔子自稱爲君子○注九夷至則化○正義曰皇疏云東有九夷一玄菟二樂浪三高麗四滿飾五鳧更六索家七東屠八倭人九天鄙皆在海中之夷玄菟樂浪高麗皆朝鮮地後漢東夷傳夷有九種曰畎夷于夷方夷黃夷白夷赤夷玄夷風夷陽夷故孔子欲居之也此謂夷之九種凡在海中及居中國皆得名之與皇疏所指畧異蓋皇疏以地言漢傳以類言也爾雅釋地九夷八狄七戎六蠻謂之四海白虎通禮樂篇東所以九何蓋來過者九九之爲言究也德偏究故應德而來亦九也非故爲之道自然也孟子盡心篇君子所過者化所存者神故君子居之則能變其舊俗習以禮儀若泰伯君吳遂治周禮也

子曰吾自衛反魯然後樂正雅頌各得其所注鄭曰反魯哀公十一年冬是時道衰樂廢孔子來還乃正之故雅頌各得其所

正義曰皇本反下有於字雅者正也所以正天下也周室西都爲政治之所自出故以其音爲正而

稱雅焉至平王東遷政教微弱不能復雅故降而稱風風雅皆以音言頌者容也以舞容言之也蓋風雅但絃歌笙間惟三頌始有舞容故稱頌此阮氏元釋頌義孔子正樂兼有風雅頌此不及風者舉雅頌則風可知○注鄭曰至其所○正義曰皇本此注作包曰反魯在哀十一年冬見左氏傳時孔子年六十九後漢書范升傳奏曰詩書之作其來已久孔子尚周流遊觀至於知命自衛反魯迺正雅頌以正樂爲在知命時誤也鄉飲酒禮注云後世衰微幽厲尤甚禮樂之書稍稍廢棄孔子曰吾自衛反於魯云云謂當時在者而復重雜亂者也惡能存其亡者乎周官大師先鄭注亦云時禮樂自諸侯出頗有謬亂不正孔子正之則二鄭皆以雅頌得所爲整理其篇第也毛氏奇齡四書改錯不從鄭說謂正樂非正詩又云一正樂正樂章也正雅頌之入樂部者也部者所也如鹿鳴一雅詩奏於鄉飲酒禮則鄉飲酒禮其所也又用之鄉射禮燕禮則鄉射燕禮亦其所也然此三所不止鹿鳴又有四牡皇皇者華兩詩則以一雅分數所與聯數雅合一所總謂之各得其所乃從而正之則先正諸雅之在諸所者並正此雅之錯入他所與他雅之錯入此所者皆謂之正雅惟頌亦然清廟祀文王則祀文其所也然而祭統謂大嘗禘歌清廟則嘗

禘又其所又且文王世子謂天子養老登歌淸廟而仲尼燕居且謂淸廟者兩君相見之樂歌則養老與君相見禮無非其所此必夫子當時專定一書合統諸節目正其出入如漢後樂錄名色而今不傳矣茲但就雅頌二詩之首約畧大槩如此若其他雜見如肆夏爲時邁一詩饗禮天子所以享元侯而祭禮謂大祭迎尸采蘋采蘩燕禮用之而射義謂大夫以采蘋爲射節士以采蘩爲射節祭禮祀文以雍徹而仲尼燕居謂大饗賓出亦以雍徹大武舞勺又舞象勺卽酌詩象卽維淸詩而內則入學亦復十三舞勺成童舞象是樂各有所員有不如是而必不可者所謂正也毛氏之論視鄭爲覈包氏愼言敏甫文鈔以雅頌爲音與毛又異而義亦通今都錄其說云論語雅頌以音言非以詩言也樂正而律與度協聲與律諧鄭衞不得而亂之故曰得所詩有六義曰風曰賦曰比曰興曰雅曰頌而其被之於樂則雅中有頌頌中有雅風中亦有雅頌詩之風雅頌以體別樂之風雅頌以律同本之性情稽之度數協之音律其中正和平者則俱曰雅頌焉云爾揚雄法言曰或問五聲十二律也或雅或鄭何也曰中正爲雅多哇爲鄭請問本曰黃鍾以生之中正以平之確乎鄭衞不能入也由是言之樂有樂之雅頌詩有詩之雅頌二者固不

可比而同也七月豳風也而籥章吹以養老息物則曰雅吹以迎送寒暑則曰頌一詩而可雅可頌豳風然知十五國亦皆然也大戴禮投壺云凡雅二十六篇鹿鳴貍首鵲巢采蘩采蘋白駒伐檀騶虞八篇可歌鵲巢采蘩采蘋伐檀騶虞此五篇皆風也而名之爲雅者其音雅也投壺又云八篇廢不可歌七篇商齊可歌商頌也齊風也而皆曰雅由是言之雅頌者通名也漢杜夔傳雅樂四曲有鹿鳴伐檀騶虞文王墨子謂騶虞爲文王之樂與武勺並稱則風詩之在樂可名雅而又可名頌矣淮南泰族訓曰雅頌之聲皆發於辭本於情故君臣以睦父子以親故韶夏之樂也聲乎金石潤乎草木然則韶夏亦云雅頌豈第二雅三頌之謂哉又曰言不合乎先王者不可以爲道音不調乎雅頌者不可以爲樂然則雅頌自有雅頌之律性情正音律調雖風亦曰雅頌性情不正音律不調卽雅頌亦不得爲雅頌後世非無雅頌之詩而不能與雅頌並稱者情乖而律不調也太史公樂書曰凡作樂者所以節樂君子以謙退爲禮減損爲樂其如此也以爲州異國殊情習不同故博采風俗協比聲律以補短移化助流政教天子躬於明堂臨觀而萬民咸滌蕩邪穢斟酌飽滿以飾厥性故云雅頌之音理而民正夫州異國殊風也天子博采而協

比以音律則俱曰雅頌樂之雅頌其果以詩分乎不以詩分乎樂書又言天子諸侯聽鐘磬未嘗離於庭卿大夫聽琴瑟之音未嘗離於前所以養仁義防淫佚也夫淫佚生於無禮故聖人使耳聞雅頌之音目視威儀之禮由是言之樂之雅頌猶禮之威儀威儀以養身雅頌以養心聲應相保細大不踰使人聽之而志意得廣心氣和平者皆雅頌也以詩之雅頌爲樂之雅頌則經傳多格而不通矣樂記曰故人不能無樂樂不能無形形而不爲道不能無亂故制雅頌之聲以道之周南召南莫非先王所制則莫非雅頌也非先王所制而本之性情稽之度數協之聲律不悖於先王者聖人有取焉史記儒林傳言詩三百五篇孔子皆弦歌之以求合乎韶武雅頌之音三百篇之於雅頌不必盡合也其合乎雅頌者即謂之雅頌故伐檀也齊也亦曰雅大戴所言杕蘩所傳豈其謬哉漢書禮樂志云周衰王官失業雅頌相錯孔子論而定之故曰吾自衛反魯然後樂正雅頌各得其所班氏所謂雅頌相錯者謂聲律之錯非謂篇章錯亂也所謂孔子論而定之者謂定其聲律非謂整齊其篇次也子曰師摯之始關雎之亂洋洋乎盈耳哉關雎篇次非有所錯然洋洋之盛必待孔子正樂之後蓋自新聲既起音律以乖先王雅頌皆因之以亂詩樂

則是也聲則非非也故曰惡鄭聲之亂雅樂也淮南曰先王之制法也因民之所欲而爲之節文者也因其好色而制婚姻之禮故男女有别因其好音而正雅頌之聲故風不流關雎葛覃卷耳正所謂節而不使流者也然使以鄭聲弦之歌之則樂者淫哀者傷矣明乎此而雅頌之不係乎詩可知得所之非整理其篇章亦可知

子曰出則事公卿入則事父兄喪事不敢不勉不爲酒困何有於我哉注馬曰困亂也正義曰鄉飲酒禮注大國有孤四命謂之公胡氏匡衷儀禮釋官天子有三孤副三公大國無公惟有孤故孤亦號爲公白虎通爵篇卿之爲言章也章善明理也禮王制大國三卿皆命于天子次國三卿二卿命于天子一卿命于其君小國二卿命于其君夫子此言事公卿則已仕魯時也邢疏云言出仕朝廷則盡其忠順以事公卿也入居私門則盡其孝悌以事父兄也若有喪事則不敢不勉力以從禮也未嘗爲酒亂其性也案何有言不難有也說見前默識章疏○注困亂也○正義曰困訓亂者引申之義鄉飲酒義降說屨升堂脩爵無數飲酒之節朝不廢朝莫不廢夕賓出主人拜送節文終遂焉知其能安燕而不亂也下篇

說夫子事云唯
酒無量不及亂

子在川上曰逝者如斯夫不舍晝夜注包曰逝往也言凡往也者如川之流。注包曰至之流。正義曰皇本作鄭注高麗本及文選秋興賦注引此注作包與邢本同凡者非一之辭明君子進德修業孳孳不已與水相似也法言學問篇或問進曰水或曰爲其不舍晝夜與曰有是哉滿而後漸者其水乎法言所謂進與夫子言逝義同逝者往也言往進也春秋繁露山川頌篇水則源泉混混沄沄晝夜不竭既似力者盈科後行既似持平者循微赴下不遺小間既似察者循溪谷不迷或奏萬里而必至既似知者障防山而能清淨既似知命者不清而入潔清而出既似善化者赴千仞之壑入而不疑既似勇者物皆困於火而水獨勝之既似武者咸得之生失之而死既似有德者孔子在川上曰逝者如斯夫不舍晝夜此之謂也董引論語以證似力一節非以論全德也至法言所謂滿而後漸則又一意孟子離婁篇徐子曰仲尼亟稱于水曰水哉水哉何取於水也孟子曰源泉混混不舍晝夜盈科而後進放乎四海有本者如是是之取爾此即滿而後漸之義亦前意之引申故趙岐孟子章指云言有本不竭無本則涸虛聲過實君子恥諸是以仲尼在川上曰逝者如斯明夫子此語既贊其不息且知其有本也如川之流詩天保文地官序官注川流水

子曰吾未見好德如好色者也注疾時人薄於德而厚於色故發此言

正義曰史記孔子世家言孔子居衛靈公與夫人同車宦者雍渠參乘出使孔子爲次乘招搖市過之孔子曰吾未見好德如好色者也於是醜之去衛過曹是歲魯定公卒則此語在定十四年史記集解引李充曰使好德如好色則棄邪而反正矣○注疾時人薄於德而厚於色○正義曰坊記注解此文云疾時人厚於色之甚而薄於德也即此注文所本毛詩序女曰雞鳴刺不好德也陳古義以刺今不說德而好色也鄭注德謂賢士大夫有德者

子曰譬如爲山未成一簣止吾止也注包曰簣土籠也此勸人進於道德爲山者其功雖已多未成一簣而中道止者

我不以其前功多而善之見其志不遂故不與也**譬如平地雖覆一簣進吾往也**注馬曰平地者將進加功雖始覆一簣我不以其功少而薄之據其欲進而與之 正義曰爲山謂積土爲山也簣漢書禮樂志後漢班固傳注達摩多羅禪經上注引此文並作匱唐伲度寺碑資覆匱以成山亦用此文蓋叚借也荀子宥坐篇孔子曰如垤而進吾與之如丘而止吾已矣即此章異文孟子盡心篇有爲者辟若掘井掘井九軔而不及泉猶爲棄井也大戴禮勸學云積土成山風雨興焉積水成淵蛟龍生焉積善成德而神明自得聖心循焉故不積蹞步無以至千里不積小流無以成江河騏驥一躍不能十步駑馬十駕功在不舍鍥而舍之朽木不折鍥而不舍金石可鏤二文並與此章義相發。注簣土至與也。正義曰鄭此注云簣盛土器與包注互備廣雅釋器簣筋筱簝籝篝笭籠也皆異名同物顏師古王恭傳注匱織竹爲器所以盛土又禮樂志注織草爲器草疑竹之誤勸人進於道德者明人進於道德當如爲山積土不已期於成也見其志不遂故不與者明已設教當觀其

志能遂與否若晃志不遂則其功終不能就如斯之人不
能復與之也禮中庸云故天之生物必因其材而篤焉故
栽者培之傾者
覆之此之謂
子曰語之而不惰者其回也與注顏淵解故與之而不惰餘
人不解故有惰語之時　正義曰說文惰不敬也從心㜏省
聲惰惰或省自不敬則有懈倦之
意廣雅釋詁惰嬾也。注顏淵至之時。正義曰顏子於
夫子言無所不說說者解也夫子與顏子言終日是語之
不惰也學記云古之教者時觀而勿語必力不能問
然後語之語之而不知雖舍之可也舍之卽惰矣
子謂顏淵曰惜乎吾見其進也未見其止也注包曰孔子謂
顏淵進益未止痛惜之甚　注包曰至之甚。正義曰皇本
作馬注說文惜痛也楚辭惜誓
序惜者哀也皇疏云顏
淵死後孔子有此歎也
子曰苗而不秀者有矣夫秀而不實者有矣夫注孔曰言萬

物有生而不育成者喻人亦然者正義曰說文苗草生於田者艸謂穀也倉頡篇苗禾之末秀者也何休公羊莊二十八年注苗者禾也生曰苗秀曰禾秀即采也說文采禾成秀也凡禾黍先作華華瓣收即爲稃而成實實即稃中之仁也苗而不秀秀而不實謂年穀不順成也翟氏灝考異牟融理惑論云顏淵有不幸短命之記苗而不秀之喻禰衡顏子碑云亞聖德蹈高蹤秀不實振芳風李軌法言注云仲尼悼顏淵苗而不秀子雲傷童烏育而不苗文心雕龍云苗而不秀千古斯慟皆以此爲惜顏子而世說新語謂王戎之子萬有大成之風苗而不秀梁書徐勉因子悱卒爲客喻云秀而不實尼父爲之歎息是六朝以前人皆以此節謂爲顏子而發自必古論語家相傳舊義案漢沛相范君墓碣茂而不實顏氏暴顛茂秀義同唐玄宗顏子贊秀而不實得無慟焉漢唐以人說皆如此皇疏云又爲歎顏淵爲譬也邢疏云此章亦以顏淵早卒孔子痛惜之爲之作譬說並得之○注言萬物有生而不育成者喻人亦然○正義曰法言問神篇育而不苗者吾家之童烏乎後漢書章帝八王傳贊振振子孫或秀或苗皆以此章喻人早夭也人早夭故成德亦有未至

子曰後生可畏焉知來者之不如今也四十五十而無聞焉斯亦不足畏也已（注）後生謂年少正義曰後生可畏謂生賢獨美也不如今謂不如今日之可畏也人少時有聰慧爲人所畏至年壯老學力復充故人常畏服之曰焉知者論衡實知篇解此文以爲後生難處是也大戴禮曾子立事篇三十四十之閒而無埶即無埶矣五十而不以善聞則無聞矣與此文義同無聞謂無善聞於人也無聞由於無藝藝謂所學之業也禮學記云時過然後學則勤苦而難成學貴不失時故君子愛日也胡氏紹勳拾義人至五十爲老年是以養老自五十始曲禮云五十曰艾王制云五十始衰縱能加功進境有限況王制又云六十不親學五十無聞更無望於六十矣據內則二十博學不教三十博學無方學至有聞早則定於四十以前遲則定於五十以前斷不定於五十以後因直決之曰斯亦不足畏也已皇本可畏下有也字已下有矣字

子曰法語之言能無從乎改之爲貴（注）孔曰人有過以正道

告之口無不順從之能必自改之乃爲貴**巽與之言能無說乎繹之爲貴**注馬曰巽恭也謂恭孫謹敬之言聞之無不說者能尋繹行之乃爲貴**說而不繹從而不改吾末如之何也已矣**正義曰釋文語於據反謂告語之也方言悛悛改也自山而東或曰悛郭注引悛之爲貴廣雅釋詁悛改更也繹悛古多通用詩板泮水釋文並云繹本作悛悛頻弁釋文悛本作繹可證也郭注方言引此文是訓悛爲改與馬注異亦得通也法語之言巽與之言言者祇此二術故說而不繹從而不改雖聖人亦無如之何矣淮南子原道訓故聽善言便計雖愚者知說之稱至德高行雖不肖者知慕之說之者衆而用之者鮮慕之者多而行之者寡所以然者何也不能反諸性也○注人有至爲貴○正義曰法者灋之借字說文灋刑也平之如水从水廌所以觸不直者去之從去引申爲典則銓度之稱故此注法爲正道也用正道告之人畏義而服故口不能不順從○注巽恭至爲貴○正義曰易巽象傳順以巽也虞注巽外迹相卑下也是巽有恭義人有過我以恭遜謹

敬與之言人感我柔順不能不說也說文紬繹理也繹抽絲也方言繹理也絲曰繹之是尋繹謂抽引其理也既尋繹之則能行之可知注義自爲引伸也鄭注云繹陳也此本爾雅釋詁其義未詳

子曰主忠信無友不如己者過則勿憚改注愼所主友有過務改皆所以爲益正義曰皇疏云此事再出也范甯云聖人應於物作教一事時或再言弟子重師之訓故又書而存焉

子曰三軍可奪帥也匹夫不可奪志也注孔曰三軍雖衆人心不一則其將帥可奪而取之匹夫雖微苟守其志不可得而奪也正義曰帥者衛之借字說文衛將衛也匹夫者爾雅釋詁匹合也書堯典疏士大夫已上則有妾媵庶人無妾媵惟夫妻相匹其名既定雖單亦通謂之匹夫匹婦鄭注云匹夫之守志重於三軍之死將者也死將謂奪取軍將而致之死也三軍之帥以人爲衛故遇彊敵可覆而取之匹夫守志志有一定不可得而奪也禮緇

衣云子曰言有物而行有格也是以生則不可奪志死則不可奪名又儒行云儒有今人與居古人與稽今世行之後世以爲楷適弗逢世上弗援下弗推讒諂之民有比黨而危之者身可危也而志不可奪也○注三軍至取之○正義曰孫子始計篇道者令民與上同意可與之死可與之生而不畏危也又九地篇故善用兵者攜手若使一人不得已也是言行軍貴一心也若衆心不一則士卒懈散莫有鬬志故其將可奪而取之吳子論將云士輕其將而有歸志塞易開險可邀而取

子曰衣敝緼袍與衣狐貉者立而不恥者其由也與（注）孔曰緼枲著

正義曰釋文云弊本今作敝皇本及說文衣部亦作弊釋文引鄭注緼枲也藝文類聚三十五御覽四百八十二引鄭注枲並作絮盧氏文弨釋文攷證以作絮爲正蓋鄭與孔異故釋文引之若亦訓枲則與孔無甚異矣禮玉藻纊爲繭緼爲袍注云衣有著之異名也纊謂今之新綿也緼謂今之纊及舊絮也李氏惇羣經識小古無木綿著皆以絮爲之絮絲餘也玉藻注所云今者指漢末而言古以新綿爲纊舊絮爲緼漢則以精者爲綿而粗

者爲纊古今語異也案韓詩外傳士褐衣緼著未嘗完也又云曾子褐衣緼絮未嘗完也漢書東方朔傳衣緼無文師古注緼亂絮也皆以緼爲絮說文絮敝緜也袍者說文袍繭也爾雅釋言繭袍也互相訓釋名釋衣服云袍丈夫著下至跗者也袍包也包內衣也任氏大椿深衣釋例喪大記袍必有表謂之一稱注袍褻衣蓋袍爲深衣之制特燕居便服耳故云褻衣周官玉府注云燕衣服者巾絮寢衣袍襌之屬論語紅紫不以爲褻服鄭注云褻服袍襌此袍爲褻衣之明證也案袍是春秋二時之服若祫褶之類於時人已服裘子路猶衣敝袍也狐貉二獸名汗簡引古論語貉作貈說文貈似狐善睡引論語狐貈之厚以居段氏玉裁注謂凡狐貉連文者皆當作貈今字作貉皆叚借貉說文以爲北方豸種先鄭職方注北方曰貉是貉乃夷狄之名別一義也詩七月一之日于貉取彼狐貍爲公子裘貉狐貍皆公子之裘詩文參互鄭箋以于貉爲邠民自取非也春秋繁露服制篇百工商賈不敢服狐貉則狐貉並貴者所服江氏永鄉黨圖考謂狐貉之裘爲褻裘則此文狐貉與緼袍並爲燕居之服矣○注緼枲著○正義曰枲者麻之異名注與鄭異亦通說文緼紼也紼亂系也又繭下云以絮曰繭以緼曰袍別絮言緼則緼是枲可知漢

書蒯通傳束緼請火於亡肉家師古注緼亂麻也著猶言藏也士喪禮著組繫注著充之以絮也

不忮不求何用不臧注馬曰忮害也臧善也言不忮害不貪求何用爲不善疾貪惡忮害之詩**子路終身誦之子曰是道也何足以臧**注馬曰臧善也尚復有美於是者何足以爲善正義曰終身者言常誦之將終身也誦者周官大司樂注以聲節之曰誦孔氏廣森經學卮言子路終身常誦不忮不求二言猶南容一日三復白圭之玷子以其取於詩者小故語之曰不忮不求是或一道也然止于是而已則亦何足以臧哉尋省舊注絕不與上衣敝緼袍相蒙作疏者始以引詩爲美子路又以終身誦之爲聞譽自足既重誣賢者且夫子先既取詩詞何用不臧而後頓抑之謂何足以臧是自異其柄鑿不可通也又云注疏本三十章釋文則云三十一章竊疑陸所見古本多一章者正分不忮不求以下矣案仲尼弟子列傳載衣敝緼袍一節無不忮不求二句亦一證○注忮害至之詩○正義曰忮害臧善並毛傳文說文忮很也漢書甯成傳汲黯爲忮師

古曰忮意堅也義並相近何用爲不善明不忮不求即爲善也韓詩外傳夫利爲害本而福爲禍先唯不求利者爲無害不求福者爲無禍又云故非道而行之雖勞不至非其有而求之雖強不得故智者不爲非其事廉者不求非其有是以害遠而名彰也又云安命養性者不待積委而富名號傳乎世者不待勢位而顯德義暢乎中而無外求也三節皆引詩不忮不求何用不臧揆韓之意似以不害由於不求也害謂已有禍患不謂傷害人也此義與馬不同並得通也鄭詩箋云言君子之行不忮害不求備於一人解不忮與馬同不求與韓馬異或本齊魯說疾○貪惡忮害之詩者貪惡謂貪求之惡詩者衞風雄雉篇文○注臧善至爲善○正義曰臧善也見上注此當行向復有美於是者言學道無止境也譬若富者無驕貪者無諂尚未若富好禮貧樂道也克伐怨欲不行可以爲難尚未可以爲仁也是皆未足爲善也

子曰歲寒然後知松柏之後彫也注大寒之歲衆木皆死然後知松柏小彫傷平歲則衆木亦有不死者故須歲寒而

後別之喻凡人處治世亦能自修整與君子同在濁世然後知君子之正不苟容正義曰歲寒者孫炎爾雅注云四時一終曰歲取歲星行一次也說文寒作𡫳云凍也從人在宀下以茻薦覆之下有仌釋名釋天寒扞也扞格閉塞不通也翟氏灝考異云莊子讓王篇天寒既至霜雪既降吾是以知松柏之茂也陳蔡之隘于丘其幸乎乃予厄陳蔡時謂子路之言案此又見風俗通窮通篇說文云凋半傷也彫琢文也義別今多通用○注大寒至苟容○正義曰玉篇寒冬時是寒乃歷歲氣候注必言大寒者極言之耳荀子大略篇君子隘窮而不失勞倦而不苟臨患難而不忘細席之言歲不寒無以知松柏事不難無以知君子史記伯夷列傳歲寒然後知松柏之後凋舉世汙濁清士乃見淮南子俶真訓夫大寒至霜雪降然後知松柏之茂也據難履危利害陳於前然後知聖人之不失道也潛夫論交際篇昔魏其之客流於武安長平之吏移於冠軍廉頗翟公載盈載虛夫以四君之賢藉舊貴之夙恩客猶若此則又況乎生貧賤者哉惟有古烈之風忠義之士為不然爾恩有所結終身無解心有所矜賤而益篤故歲寒然後知松柏之後凋也諸說或以歲

寒喻事難喻亂世喻勢衰義均得通注就亂世言

子曰知者不惑注包曰不惑亂仁者不憂注孔曰無憂患勇者不懼正義曰申鑒雜言下君子樂天知命故不憂審物明辨故不惑定心致公故不懼若乃所憂懼則有之憂已不能成天性也懼已惑之憂不能免天命無惑焉

子曰可與共學未可與適道可與適道未可與立可與立未可與權注適之也雖學或得異端未必能之道雖能之道未必能有所立雖能有所立未必能權量其輕重之極唐棣之華偏其反而豈不爾思室是遠而子曰未之思也夫何遠之有注逸詩也唐棣移也華反而後合賦此詩者以言權道反而後至於大順思其人而不自見者其室遠也

以言思權而不得見者其道遠也夫思者當思其反反是不思所以爲遠能思其反何遠之有言權可知唯不知思耳思之有次序斯可見矣　正義曰：與者，以也。淮南子氾論訓：「孔子曰：可以共學矣，而未可以適道也；可與適道，未可以立也；可以立，未可與權。」與、以錯出，與卽以也。學者業之所同，講習切磋，彼此資益，故曰共學。至適道、立、權，各由人所自得，故不曰共也。高誘淮南子注曰：「道，仁義之善道。立，謂立德、立功、立言。」戴氏震孟子字義疏證：「蓋同一所學之事，試問何爲而學，其志有去道甚遠者矣，求利祿聲名者是也。道責於身，不使差謬，而觀其守道能不見奪者寡矣，故未可與立。守道卓然，知常而不知變，由精義未深，所以增益其心志之明，使全乎聖智者，未之盡也，故未可與權。」「唐棣之華」云云者，此引詩言，以華之反而後合，喻權之反經而合道也。春秋繁露竹林篇、文選廣絶交論注引此文作「棠棣」，唐、棠通用字。爾雅釋草云：「木謂之榮，草謂之華。」此唐棣是木，亦言華者，散文可通稱，故說文云「荂，榮也」是也。「偏其反而」者，皇疏云：「言偏者，明唯其道偏與常反也。」朱子集注引晉書「偏」作「翩」，似晉書無

此文角弓詩翩其反矣桑柔詩旟旐有偏釋文偏本亦作
翩韋昭周語注翩翩動搖不休止之意然則偏讀翩義亦
通矣而者語助之辭皇疏云豈不爾思室是遠而者言凡
思其人而不得見者其居室遼遠故也人豈不思權元遞
如其室與遠故也劉氏逢祿述何篇夫子以思爲未思者
不欲誘咎於室誠之至也馮氏登府異文攷證緜詩正義
及三國志魏武帝紀注說苑權謀北周書宇文護傳論並
作可與適道未可與權筆解作可與共學未可與立可與
適道未可與權謂今文錯簡唐文粹馮用之權論引與筆
解同此當由後人隨意引入非今文有錯簡也釋文未音
味或作未者非夫音符一讀以夫字屬上句高麗本讀正
同武氏億經讀考異謂如一讀有咏歎淫泆之趣又謂古
人釋詩之詞多以夫字屬句末歷引左傳僖二十四年宣
十二年成八年襄二十四年中庸法言爲證其說良然皇
本有下多哉字○注適之至之極○正義曰之者往也法
言問道篇或問道曰道也者通也無不通也或曰可以適
他與曰適堯舜文王者爲正道非堯舜文王者爲他道君
子正而不他塗雖曲而通諸夏則由諸川雖曲而通諸海
則由諸宋咸注他異端也與此注相發玉篇權稱也孟
子梁惠王篇權然後知輕重焦氏循說權曰權之於稱也

隨物之輕重以轉移之得其平而止物增損而稱則長平轉移之力也不轉移則隨物爲低昂而不得其平故變而不失常權而後經正皇疏引王弼曰權者道之變變無常體神而明之存乎其人不可豫設尤至難者也○注唐棣至見矣○正義曰唐棣移者爾雅釋木文又常棣棣二木皆見詩陳氏奐毛詩疏謂爾雅當作唐棣棣常棣棣移以棣之名專屬唐棣而以常棣爲棣之類若然則此注所云唐棣移移移字亦棣之誤矣陳疏又云說文移棠棣也棣白棣也棠當作常爾雅邢疏引陸機義疏云許慎曰白棣樹也如李而小如櫻桃正白今官園種之又有赤棣樹亦似白棣葉如刺榆葉而微圓子正赤如郁李而小五月始熟自關西天水隴西多有之案元恪謂白棣以實白而得名赤棣如郁李其實正赤郁李一名奧李一名雀李一名車下李爲棣之屬乃論語邢疏引義疏云唐棣與李也一名雀李亦曰車下李所在山皆有其華或白或赤六月中熟大如李子可食此與齊民要術引豳風七月篇義疏鬱樹高五六尺實大如李赤色食之甛正同則論語疏引唐棣必是常棣之誤小雅之常棣七月之鬱皆郎赤棣歟而非此唐棣也案陳說是也郭注爾雅以唐棣似白楊邢氏懿行義疏引牟願相說郎今小桃白其樹高七八尺其華初開

反背終乃合并但其樹皮色紫赤不似白楊耳牟氏此說得之目驗與許慎所稱白棣當無異矣皇疏云夫樹木之花皆先合而後開唐棣之花則先開而後合是華反而後合也高誘淮南子注云權因事制宜權量輕重無常形勢能合醜反善合于時適義是由反而至大順亦用權之道所謂無常形勢也公羊桓十一年傳權者何反乎經然後有善者也後漢周章傳北周宇文護傳引論語解之並爲反經用公羊義也焦氏循說權曰說者疑於經不可反夫經者法也法久不變則弊生故反其法以通之不變則不善故反而後有善不變則道不順故反而後至於大順故反寒爲暑反暑爲寒日月運行一寒一暑乃爲順行恒寒恒燠則爲咎徵禮減而不進則消樂盈而不反則放禮有報而樂有反此反經所以爲權春秋繁露竹林篇春秋之常辭也不予夷狄而予中國爲禮至邲之戰偏然反之何也曰春秋無通辭從變而移故盟不如不盟然而有所謂善盟戰不如不戰然而有所謂善戰不義之中有義義之中有不義辭不能及皆在於指非精心達思者其孰能知之詩云棠棣之華偏其反而豈不爾思室是遠而子曰未之思也夫何遠之有由是觀之見其指者不任其辭然後可與適道矣劉廙新論明權篇古之權者審其輕重必當

於理而後行焉易稱巽以行權語稱可以適道未可與權
權者反於經而合於道反於善而後有善若唐棣之華反
而更合孝子事親和顏卑體盡孝盡敬及其溺也則攬髮
而拯之非敢侮慢以救死也故溺而捽之父祝則名君勢
不得己權之所設也二說皆足發明此章經注之義毛氏
奇齡奇求篇毛詩不思其反反是不思陽固嫉邪詩反是
不思維塵及矣皆末之思也之注若相反之思則王符潛
夫論有云夫長短大小淸濁疾徐必相應也然攻玉以石
洗金以鹽濯錦以魚浣布以灰夫物固有以賤理貴以醜
化好者矣智者棄短而取長則才可致賢者激濁以見淸
則士可用孔子曰未之思也夫何遠之有此正以貴賤好
醜長短淸濁相反而實相成見思反之意又云嘗讀王祥
傳知祥以漢魏遺老身爲三公而卒預晉禪心嘗愧恨雖
不奉朝請不立殿陛而終不自安故於臨殁時屬後人使
不澣濯不含歛不沐棺梓不起墳塋家人不送喪祥禫不
饗祀雖不用古法而反經行權期合于道故既以孝弟信
讓通屬之而終之曰未之思也夫何遠之有此正取唐棣
是篇以反作正之一證也案如毛說未之思是思反亦郎
是思權與此注說亦正合
云次序者謂先反後順也

論語正義卷十一

寶應劉寶楠學

鄉黨第十

正義曰皇疏言古論以鄉黨爲第二篇此僞本不足據

集解

凡一章正義曰此篇雖一章而其閒事義各以類從皇邢疏別爲科段當有所受今略本之分爲二十五節

孔子於鄉黨恂恂如也似不能言者注王曰恂恂溫恭之貌

正義曰江氏永鄉黨圖考諸侯五十里內爲三鄉亦如天子之制鄉者舉其大名黨者舉其中所屬之一也孔子雖居國都亦曰鄉黨對朝廷言之也王氏塈鄉黨正義說孔子生於陬邑遷於闕黨而設教焉故新序云孔子在州里篤行孝道居於闕黨闕黨之子弟畋漁分有親者得多孝以化之也可知此文鄉黨兼彼二地矣鄭注云恂恂恭慎

貌案說文悃信心也信者實也人有信心則能恭慎史記世家載此文索隱曰悃悃有本作逡逡音七旬反漢紀睦後碑鄉黨逡逡朝廷便便與索隱合史記李廣傳贊李將軍悛悛如鄙人口不能正辭索隱曰漢書作悃悃音詢悛與逡同亦與悃同並聲近字劉脩碑其於鄉黨遜遜如也亦音義相近當由齊古魯三家文異集注云似不能言者謙卑遜順不以賢知先人也鄉黨父兄宗族之所在故孔子居之其容貌辭氣如此

其在宗廟朝廷便便言唯謹爾（注）鄭曰便便辯也雖辯而敬謹正義曰集注云在宗廟朝廷謂助祭於公與見君時也白虎通宗廟云宗者尊也廟者貌也象先祖之尊貌也所以有室何所以象生之居也爾雅釋宮室有東西箱曰廟東西箱者東堂西堂也白虎通朝覲云朝者見也周官大宗伯注朝猶早也欲其來之早此說朝卽朝夕以朝時見君謂之朝因而見君之地亦稱朝舊說諸侯三朝在庫門外者曰外朝在雉門內者曰治朝在路門內者曰燕朝又曰射朝若以治朝燕朝對外朝亦稱內朝玉藻諸侯朝服以日視朝於內朝則治朝也文王世子公族朝于內朝則燕射之朝也若以治朝對燕朝則治朝亦稱外朝文王世子其在外朝據注卽治

朝也江氏永圖考治朝外朝皆是平地無堂階故謂之朝
廷廷者平地也鄭注文王世子云外朝路寢門之外庭是
也觀司士路門左路門右之位可見聘禮使者夕幣于朝
時管人布幕于寢門外亦可見路門外是平地無堂曾子
問諸侯旅見天子甬諾服失容則廢明在廷中也又曰外
朝治朝皆平地無堂惟路寢朝有堂有階案三朝朝位皆
平地鄭注太僕云燕朝朝於路寢之庭注文王世子云內
朝路寢庭路寢即燕寢別寢而言庭明朝位在庭也左傳
韓獻子從公立于寢庭即是從公於內朝是燕朝朝位亦
平地不獨治朝外朝矣金氏鶚禮說凡言庭者皆廟寢堂
下也若治朝外朝皆無堂則亦無庭而名之曰廷所謂朝
廷也庭與廷字有別說文云庭宮中也廷朝中也庭有堂
故其文從广廷無堂而但爲平地故其文從廴案金說是
也玉篇庭堂階前也是庭雖平地必有堂階而後名之自
來解者庭廷二文多混禮說又云考工記市朝一夫夫百
步也堂下至路門百步內朝之庭也路門至應門百步治
朝之廷也應門至皋門百步外朝之廷也此爲天子之制
其諸侯則無文以明之王氏鏊正義引楊隨安說諸侯之
堂七雉三分其廣以其二爲之內庭三堂之深當爲七十
步此義或得之外朝人君不常至治朝禮略君臣不能多

言凡議政事皆於燕朝或於路寢夫子便便言當在燕朝然則此文朝廷是舉治朝以賅燕朝矣便便史記世家作辯辯書平章百姓伏傳作辯章史記作便章平秩南訛鄭作辯秩伏傳作便秩詩平平左右毛傳平平辯治也韓詩作便便是平便辯音近義同○注便便辯也○正義曰爾雅釋訓諸諸便便辯也辨辯同謂辯論之也夫子於宗廟每事問又簿正祭器於朝廷則對問政述儒行是言辯也

朝與下大夫言侃侃如也與上大夫言誾誾如也注孔曰侃侃和樂之貌誾誾中正之貌也正義曰據下文君在爲視朝則此言朝是君未視朝時先秦氏蕙田五禮通考古者視朝之禮甚簡既朝而退君適路寢聽政臣適諸曹治事諸臣治事之所鄭匠人所謂外九室是也其室在治朝之左右如今午門朝房矣康成箋詩以治事之所爲私朝蓋以卿大夫議朝政於此故亦得名朝曲禮在朝言朝論語朝與下大夫言與上大夫言皆指治事之朝案秦說亦通王制云大國三卿皆命於天子下大夫五人次國三卿二卿命於天子一卿命於其君下大夫五人小國二卿皆命於其君下大夫五人孔疏崔

氏云三卿者依周制而言謂立司徒兼冢宰之事立司馬兼宗伯之事立司空兼司寇之事故左傳云季孫爲司徒叔孫爲司馬孟孫爲司空下大夫五人者崔氏云謂司徒之下置小卿二人一是小宰一是小司徒司空之下亦置二小卿一是小司寇一是小司空也司馬之下惟置一小卿小司馬也案崔說本何休公羊傳注王氏鏊正義王制上大夫卿下大夫五人是諸侯之上大夫卽卿而無中大夫也三卿對大夫爲上於三卿中又自分上中下王制有上卿中卿下卿是也五大夫對三卿爲下於五大夫中又自分上下王制所謂當其上大夫當其下大夫是也案大射儀卿席賓東東上小卿賓西東上大夫繼而東上胡氏培翬正義五大夫爲卿之副貳故謂之小卿又云諸侯大夫不止五人惟三卿下五大夫謂之小卿其餘大夫不稱小卿故云大夫繼而東上由胡說推之是五大夫下仍有大夫當是分職治事者如周官大小卿之下有羣司矣此與小卿並下大夫也夫子仕魯爲小司空小司寇是下大夫而孔子世家及趙岐孟子注皆謂孔子爲大司寇案司寇爲司空兼官孟孫居之其小司寇則臧孫世爲此官定公時臧氏不見經傳意其時臧氏式微司寇職虛故孔子得爲之傳者虛張聖功以爲孔子實爲大司寇矣上大夫

職尊孔子所事下大夫則與孔子同列者也不及上士以下者統於下大夫也世家此文先上大夫後下大夫聘禮注引同馮氏登府異文考證以爲此古論胡氏薰鄉黨義考據魯論謂貴者未至而賤者先盈故先與下大夫相見進而與上大夫相見則是魯論據與言爲先後古論則據爵之秩次書之○注侃侃和樂之貌誾誾中正之貌○正義曰爾雅釋詁衎衎樂也說文衎喜貌侃衎古通故注訓侃爲和樂謂侃爲衎衎之段借也後漢袁安傳誾誾衎衎得禮之容又唐扶頌衎衎誾誾並本此文說文侃訓剛直於此義不相應若漢書張敞傳衎衎履忠進言後漢樊準傳毋燕食則論難衎衎並通衎爲侃但文雖互通義則各有當也說文誾和說而諍也或省作言玉藻二爵而言言斯注言言和敬貌與許義近諍者辨論其是非也言不妄諂俗故注以中正解之方氏東樹說此注本以中正詁侃侃和樂詁誾誾傳寫倒誤案侃通作衎故訓和樂誾有諍義故訓中正蓋事上不難於和樂而中正爲難接寮屬不難於中正而和樂爲難方說非是

君在踧踖如也與與如也（注）馬曰君在視朝也踧踖恭敬之貌與與威儀中適之貌○注君在至之貌○正義曰玉藻

云天子皮弁以日視朝諸侯朝服以日視朝於內朝朝辨色始入君日出而視之此時君正在朝故馬以君在爲視朝皇疏君視之則一一揖卿大夫而都一揖士當此之時則臣皆起恭敬之貌故孔子踧踖如也雖須踧踖又不得急速與與猶徐徐也所以恭而安也案羣臣當君一揖時皆須還辟故有此容說文踧行平易也踖長脛行也一日踧踖廣雅釋訓踧踖敬畏也詩節南山蹙蹙靡所騁鄭箋蹙蹙縮小之貌孟子曾西蹵然注蹵猶蹵踖也蹙蹵踧並與踧同楚茨執爨踖踖毛傳言爨竈有容也亦謂恭敬之容鄭此注云踧踖敬恭貌郎本馬注說文趨安行也與趨步與與也漢書敘傳下長倩與與注引蘇林日與行步安舒也義皆可證威儀猶容儀中適猶言得宜也

君召使擯注鄭曰君召使擯者有賓客使迎之正義曰說文召評也王逸招魂序以手日招以言日召江氏永羣經補義史記謂孔子爲魯司寇攝行相事非相國事也當時魯政專自季桓子孔子安得攝之所謂攝行相事者攝相禮之事若夾谷之會孔子相是也君召使擯亦是有賓客來重孔子知禮特使爲擯而兼相大夫當爲承擯何待於召所以特召者承擯兼攝上擯事也揖所與立擯事也趨進及賓退

復命擯相事也案釋文擯本又作儐亦作賓皆同孔子世家正作儐說文儐導也從人賓聲擯儐或從手是擯儐一字或省作賓史記廉藺列傳設九賓於廷漢書叔孫通傳大行設九賓卽九擯也周官司儀云凡諸公相爲賓主國五積三問皆三辭拜受皆旅擯主君郊勞交擯三辭及將幣交擯三辭車逆拜辱諸公之臣相爲國客及大夫郊勞旅擯三辭及將幣旅擯三辭據此是兩君相見用交擯故惟主君郊勞及將幣行之將幣亦兩君相見也若五積三問是主國遣卿大夫爲之臣與賓君行禮用旅擯其聘禮則君待使臣亦君與臣行禮用旅擯也交擯者敵體之禮旅擯者君臣相行之禮旅擯猶覲禮言傳擯也在主日擯在賓日介鄭注司儀謂賓介亦稱擯者依經立文段借之義也聘禮云卿爲上擯大夫爲承擯士爲紹擯注云紹繼也其位相承繼而出也主君公也則擯者五人侯伯也則擯者四人子男也則擯者三人此依周官大行人言之若然是天子諸侯禮賓擯數同也凌氏廷堪禮經釋例引敖繼公說諸侯禮賓擯當用三人猶以諸侯同天子之制爲疑而先鄭注司儀謂主擯九人後鄭謂七人則反踰於天子之數其不然也明矣至兩君相見交擯之數先鄭注無明文後鄭謂亦用九人其賓介則交擯旅擯同用九人案

大行人言介九人乃上公朝覲天子之禮非謂羣侯兩君相見及遣使行聘賓介用九人也聘義云聘禮上公七介侯伯五介子男三介所以明貴賤也然則聘賓至多不過七介故禮器云七介以相見也既上公賓介七人則意主擯如爲上公之國亦用七人侯伯之國五人子男之國三人擯介皆得相當而康成謂交擯各陳九介亦非也先鄭以交擯旅擯皆傳辭後鄭以交擯傳辭旅擯不傳辭故其注司儀云旅讀爲鴻臚之臚陳之也謂陳擯位也其注聘禮云賓出次直闑西北面上擯在闑東閾外西面其相去也公之使者七十步侯伯之使者五十步子男之使者三十步此旅擯耳不傳命上介在賓西北東面承擯在上擯東南西面各自次序而下末介末擯旁相去三丈六尺上擯擯出請事進南面揖賓俱前賓至末介上擯至末擯亦相去三丈六尺止揖而請事還入告于公此鄭以旅擯之禮上擯面賓請事不須承擯紹擯傳辭說與先鄭異也先從叔丹徒君駢枝曰叔孫通傳大行設九賓臚句傳賓與擯臚與旅古今字也蘇林曰上傳語告下爲臚下告上爲句莊周曰大儒臚傳然則臚擯猶傳擯也聘義曰介紹而傳命君子於其所尊弗敢質敬之至也又曰三讓而後傳命安在其不傳辭哉康成讀旅爲鴻臚之臚是矣而訓爲臚

陳故有但陳擯位不傳辭之說蓋不然也謹案駢枝說即先鄭義吳氏廷華儀禮章句謂不傳辭何必旅擯愚竊謂旅擯行於國中上擯往來傳君命於禮尚不失若五積三問及郊勞君不在行而上擯輒自詣賓請事雖以君命辭之許之然一無往還之節直情徑行似非禮所宜且論語此文有復命事明是聘賓用旅擯而左右揖既左右揖知有傳辭無疑矣司儀於諸侯將幣交擯三辭下云車逆拜辱賓車進答拜注謂既三辭主君乘車出大門而迎賓是將幣時主君尚在門內曲禮疏謂諸侯至主國大門外主人及擯出門相接行交擯三辭之禮是將幣之時主君已在門外若然是主君先乘車出大門外降車行將幣交擯三辭禮竟復升車向前迎賓也其說與鄭小異以孔疏爲長孔疏又謂聘禮賓至門外主君立大門內不出限行旅擯禮江氏永圖聘禮君立大門內從孔說也聘禮云公迎賓於大門內聘義云君親拜迎於大門之內則知旅擯之禮主君不出門限也旅擯是君與臣行禮君不出限則兩君相見行交擯禮君必出限可知又案聘禮賓至于朝謂外朝也在大門外鄭注聘禮說旅擯相去三丈六尺門容二徹參个旁加各一步此據考工記以爲應門也應門天子之中門諸侯則曰雉門其說亦誤故江氏擯介傳命圖

依鄭君朝士注外朝在大門外也此篇紀夫子行事而考之春秋夫子仕魯時無諸侯大夫來聘事江氏永圖考謂聘問之禮大聘爲聘使卿小聘爲問使大夫大夫以小聘往來不書於春秋又羣經補義謂晏子嘗聘魯而春秋不書晏子未爲卿也孔子爲司寇亦是大夫故出聘亦不書其說並是君朝用交擯臣聘用旅擯論語此文專指旅擯

色勃如也注孔曰必變色**足躩如也**注包曰足躩盤辟貌

正義曰北堂書鈔禮儀部七引鄭此注云勃矜莊貌也案呂覽重言注矜嚴也嚴者敬也玉藻色容莊注謂勃如戰色說文兩引勃如句一作孛一作艴汗簡云艴見古論語竊謂孛亦古論異文作勃者其齊魯論與說文孛㞋也人色㞋者盛也謂夫子盛氣貌也廣雅釋訓勃勃盛也勃孛義同許意與鄭似異實同蓋許言其形鄭言其義也○注足躩盤辟貌○正義曰說文躩足躩如也本此文包云盤辟者說文般辟也象舟之旋從舟從殳殳令舟旋者也爾雅釋言般還也漢書何武傳槃辟雅拜槃與般盤並同大射儀賓辟注辟逡遁不敢當盛卽此注意書鈔禮儀部七引鄭此注云躩如逡巡貌逡巡亦盤辟之義

揖所與立左右手衣前後襜如

也注鄭曰揖左人左其手揖右人右其手一俛一仰衣前後襜如也○正義曰皇本左右下有其字○注揖左至如也○正義曰夫子時爲承擯左立者是紹擯右立者是上擯每一傳辭則宜揖也司儀云凡行人之儀不朝不夕不正其主面亦不背客注謂擯相傳辭時也不正東鄉不正西鄉常視賓主之前卻得兩鄉之而已據此則擯介雖東西平列而面之所鄉不能咸正則自上擯望承擯稍在後爲東南也推之紹擯亦在承擯東南而承介在上介西北末介又在承介西北故聘禮疏謂上擯位次宜稍在承擯西得以轉身望承擯在東南也江氏永圖考擯者雁行立於東方西面北上是以南北爲左右東西爲前後其傳主命達於賓當左其手則左臂縮而右臂伸右者隨之而左其傳賓命達主當右其手右肱短而左肱長則左者亦緣之而右矣至傳辭之法在朝禮則上擯奉主君之命問賓所以來之意恐其以他事至不欲自承以人來詣己也上擯揖而傳與承擯承擯復揖而傳與末擯末擯與末介東西相直則向末介揖而傳問之也末介揖而傳與承介承介揖而傳與上介上介乃傳以告於賓賓稱己所以來之意以告於上介上介復遞傳以至於上擯上擯以告於

君君辭不敢當而命上擯復傳於承擯遞傳至賓賓對主君又辭賓終請不獲辭是爲三辭主君乃進車迎賓也其聘禮則上擯述君命請事遞傳至賓賓辭遞傳至上擯上擯述君命辭之至不獲已始命紹擯入復於君而君出迎賓也當擯者揖時必俛其首及揖畢而仍仰立故曰一俛一仰揖分左右故衣之前後亦與爲轉移也江氏永圖考衣之前面西衣之後背東手之右者既左則面西者可移之左而背之負繩乃向棖闑之間矣手之左者既右則背東者可移之右而裳有後裾乃向車衡之間矣襜襜動搖之貌故皇疏引江熙曰揖兩手衣裳襜如動也楚辭九歎裳襜襜而含風兮洪慶善補注襜襜衣動貌

趨進翼如也〔注〕**孔曰言端好**

正義曰江氏永羣經補義趨進謂廟中相禮時非迎賓入門時入門不謂之進進者行步而前左傳所謂公孫傁趨進王孫賈趨進是也聘禮云納賓賓入門左三揖至于階三讓公升二等賓升西楹西東面擯者退中庭賓致命公左還北鄉擯者進公當楣再拜所謂趨進在此時謂從中庭進至阼階而釋辭于賓以相公拜也所釋之辭云子以君命在寡君寡君拜君命之辱是也是時急遽行步必趨禮不言趨省文也又鄉黨圖考云擯者從中庭進至阼階西有數十

步不宜紓緩，故必當趨，趨則急遽，或至垂手掉臂，難其容，故特記容。趨進必有辭，辭無常者不能記，辭有常者不必記也。今案江氏據聘禮爲說，是也。淩氏曙典故覈：「公食大夫禮食聘賓也，始賓升，擯者在中庭釋辭相拜，公退于箱，擯者退負東塾而立，及公將侑幣，擯者進相幣，是趨進也。」案此亦見聘禮所謂禮賓也。竊又意士介覿授幣時，擯者自廟門外進至中庭，亦是趨進，當並數之，義爲備矣。典故覈又云：「凡趨有二法：一曰徐趨，君之徐趨接武，大夫徐趨繼武，士徐趨中武，其行皆足不離地，舉前曳踵，謂之圈豚行。一曰疾趨，其步不繼武中武，但身須小折而頭直，手足正。玉藻曰：『疾趨則欲發而手足無移。』又曰：『端行頤霤如矢，弁行剡剡起屨。』此趨進是疾趨也。」翼如，說文引作「趩如」，此出古論語。○注「言端好」。○正義曰：爾雅釋詁：「翼翼，敬也。」釋訓：「翼翼，恭也。」恭敬則端正可知。賈子容經：「趨以微磬之容，飄然翼然，肩狀若流，足如射箭。」

賓退，必復命曰：「賓不顧矣。」注鄭曰：復命，白君賓已去矣。

正義曰：司儀言聘事云：「出及中門之外，問君，客再拜對；君拜，客辟而對；君問大夫，客對；君勞客，客再拜稽首，君答拜，客趨辟。」聘禮云：「擯者出請事，賓告事畢，擯者入告公，公出送賓，及大門內，公問君，賓對公再拜公問大夫賓對公勞賓賓再拜送賓不顧注云公既拜客趨辟君命上擯送賓出反告賓不顧於此君可以反路寢矣下引此文云云案司儀言君送賓在中門之外聘禮言在大門內是二禮文同鄭注謂君命上擯送賓出者謂出大門外也司儀言諸侯相朝云及出車送三請三進再拜賓三還三辭告辟注云三進請賓就車也主君每一請車一進欲遠送之也三還三辭主君一請者賓亦一還一辭考彼文言辟是賓退告辟則上擯之事主君迎賓於大門外則送賓亦於大門外故但有告辟無命上擯送賓及上擯復命事也說文顧還視也詩匪風箋迴首曰顧賓退所以不顧者不敢當盛且以示有終也公食大夫禮言禮賓畢公送于大門內再拜賓不顧又聘禮言聘賓問卿面卿及介面卿畢賓出大夫送于外門外再拜賓不顧鄭注公食大夫云初來揖讓而退不顧退禮略也示難進易退之義又有司徹尸出侑從主人送于廟門之外拜尸不顧則凡賓客退皆不顧凌氏廷堪禮經釋例凡拜送之禮送者拜去者不答拜歷引鄉飲酒鄉射特牲饋食士冠士昏士相見有司徹及此朝聘禮爲言知賓退皆不答拜不答拜則亦不顧矣江氏永圖考鄉黨記復命若非君有命何以謂之復命乎經但言賓不顧無命上擯送賓及

擯者復命之文者文不具耳又云聘禮云賓請有事于大夫公禮辭許注謂上擯送賓出賓東面而請之擯者反命因告之是復命時有二事一告賓不顧一告賓請明日有事于大夫也當時有無未可知惟孔子是攝上擯則召是特召君命爲尤重矣案孔子本爲承擯及入廟相禮出大門送賓皆是攝上擯惟公送賓出時承擯紹擯皆在如初賓來時之禮而孔子已攝上擯則承擯當已別遣人爲之

入公門鞠躬如也如不容〔注〕孔曰斂身　正義曰此及下節言孔子爲聘賓事也公門者諸侯之外門中門即庫門雉門也戴氏震三朝三門考云天子之室有皋門有應門有路門諸侯之室有庫門有雉門有路門皋門天子外門庫門諸侯外門應門天子中門雉門諸侯中門異其名殊其制辨等威也案聘禮云賓皮弁聘至于朝朝在庫門外又云公皮弁迎賓于大門內大夫納賓賓入門左則賓由外朝至庫門內復入雉門也二者皆爲公門公者君也曲禮大夫士出入公門彼據已國此稱所聘之國辭亦同也王氏引之經義述聞以入門爲廟門云公衍字也聘禮記執圭入門鞠躬如也正與此同案聘記雖雜說孔子行事其文不必與論語悉

同彼於執圭下言入門自指廟門論語公門則以朝門爲賊廟門也且以詩言公庭萬舞觀之廟庭稱公即此公門爲廟門奚不可者而王氏以公爲衍字非也書鈔禮儀部七引鄭此注云鞠躬自歛歛之貌也案聘記注引此下文執圭鞠躬如也釋文躬作窮廣雅釋訓匑匑謹敬也王氏念孫疏證引此文說之云跼蹐鞠躬皆雙聲以形容之故皆言如史記韓長孺傳贊斯鞠躬君子也太史公自序務在鞠躬君子長者漢書馮奉世傳贊鞠躬履方顏師古注云鞠躬謹敬貌皆當讀爲鞠窮盧氏文弨鍾山札記段氏玉裁說文注說略同段又引魯世家匑匑如畏然徐廣云見三蒼謹敬貌也音穹窮則鞠躬者匑窮之段借孫氏志祖讀書脞錄蓋鞠躬與跼蹐一例若作曲身解則當云躬鞠如也方與色勃如也足躩如也句法合矣案鞠躬義爲謹敬鄭君以爲歛歛之貌者後漢書張衡傳注歛歛也二字訓同亦謹敬之義老子云歛歛爲天下渾其心釋文引顧注歛歛危懼貌義可證如不容者言謹畏之形若無所容厠足也○注歛身○正義曰注以鞠爲歛躬爲身說文云匑曲脊也鞠匑音同王氏念孫廣雅疏證謂孔義與匑匑同其說恐未必然

立不中門行不履閾（注）孔曰閾門限

正義曰立郎位也下

文復其位承此言之聘禮言賓及廟門公揖入立于中庭賓立接西塾注云接近也西塾在廟門之外所謂門側之堂謂之塾也賓與主人同至廟門而君先入以省內事故賓在門外闑西近西塾之地立少俟此立不知何面胡氏培翬正義引蔡說賓是東面案雜記弔者即位于門西東面其介在其東南西上西於門注賓立門外不當門以此例之知聘賓亦東面曲禮云爲人子者立不中門可知門爲尊者之迹人臣人子皆當辟之鄭此注云立行不當棖闑之中央經言立法鄭君兼行言之者行謂入門也玉藻云賓入不中門蓋擯者自廟門出請賓賓由所立處稍進身向東復轉身向北由闑西入門是爲入不中門玉藻云公事自闑西注謂聘享是也其聘賓私覿則與臣入君門同玉藻云私事自闑東即私覿是也曲禮云大夫士出入君門由闑右孔疏謂右在東此爲臣入君門法彼入門由闑東亦不得中門以此文例之可知矣棖者爾雅釋宮棖謂之楔鄭注玉藻云棖楔也丰詩箋云棖門梱上木近邊者皇疏云門左右兩椳各豎一木名之爲棖棖以禦車過恐觸門也闑者釋宮云橛謂之闑又云樴在地者謂之臬郭注即門橛也案闑臬字同以木爲之置於門中以爲界別皇疏云門中央有闑闑以硋門兩扇之交處也

曲禮疏亦云中央有闑是皇孔謂門止有一闑而儀禮賈疏謂有二闑誤矣玉藻云君入門介拂闑大夫中棖與闑之閒士介拂棖注云此謂兩君相見也君入必中門上介夾闑大夫介士介雁行於後示不相沿也此說入公門之法君臣同行一門亦所謂公事自闑西者也君入中門臣辟君故用雁行法上介拂闑而鄭云夾闑者謂上介行闑西與上擯行闑東相夾也以彼文例之此孔子爲聘賓入廟門當亦自闑西與上介之拂闑相似矣履者踐也曲禮云大夫士出入君門不踐閾踐閾郎履閾彼疏云所以爾者一則自高二則不淨並爲不敬是也焦氏循說於賈疏二闑之說遂謂兩闑中閒有闑兩闑外無闑以通車行至掩門則徹去兩闑與閾而別設門限又謂云履云踐是度越之非蹴其上其說雜見所箸禮記補疏羣經宮室圖雕菰樓文集中案閾郎門限不得分爲二門是一闑故由門出入嫌於中門若有兩闑則君行兩闑之中臣行棖闑之中判然異路何至人臣貿然直行而與君同中門且至履其閾耶履踐並謂蹴其上解爲度越亦無據此皆焦氏之誤所當辨正者也竊謂凡門皆有閾然門啟時或去其閾以通車行惟廟門不行車故閾常設而不去其閾或寬以庳故行者多至踐履其上夫子則以不履爲敬也○注閾

門限。正義曰：釋宮云柣謂之閾郭注閾門限邵氏晉涵正義柣說文作榍云限也閾門榍也繫傳云榍所以爲限閾閾亦名梱士冠禮注閾閫也曲禮注閫門限也案說文限下云一曰門榍也然則柣也閾也榍也梱也門限也五名實一物但說文訓闑亦爲閫闑者門中所植之木與門一限別故鄭注曲禮以闑爲門橜不用許說

過位，色勃如也，足躩如也。注包曰：過君之空位。**其言似不足者。**正義曰：從叔丹徒君駢枝曰過位者過主君之位廟門之內中庭之位也主君先入門右卽中庭之位俟賓賓後入門左及中庭乃與主君並行故以過位爲節而色勃如足躩如事彌至容彌蹙也鄭此注云過位謂入門右北面君揖之位王氏正義引胡縉曰聘禮賓入門左介皆入門左北面西上三揖至於階注君與賓也入門將曲揖既曲北面揖此卽論語注所云北面君揖之位也中庭據鄭注昏禮及賈疏所釋則中庭南北之中也三分庭一在北設碑是聘禮所云公揖入立於中庭者其位在碑南當庭之中行聘之時公入門而右賓入門而左則鄭注過位所云入門右者據君言之賓入門左北面西上既曲則賓主俱北面揖當碑又揖揖時賓在左君位在中庭之右曲是三讓升階

則過君所立之位故云入門右北面君揖之位也聘禮君行一臣行二賓主三揖時君位在右而居前賓在左而稍退居後故揖之後必過君揖之位也今案胡說即本駢枝而義加詳但引申鄭注則未然蓋統鄭注全觀之知以爲臣朝君也其曰入門右者謂入雉門之右所謂大夫士出入君門由闑右者也由是北面行至治朝之廷君視朝指羣臣畢退適路寢臣適私朝治事若有政事當議者君命臣隨至路寢之庭或升路寢之堂議之其由治朝入路門過君治朝揖羣臣之位故曰君揖之位此則鄭義在朝非在廟在己國朝君非在他國行聘也必知鄭說不然者鄉黨言禮雖不盡爲周禮所有然若此節及下執圭節皆見聘記向不足爲據耶鄭注聘記引論語此文而注論語不據聘記者鄭注論語在前所謂人閒行已久不復追改矣過位所以有言者駢枝云有揖讓之禮即有應對之辭是也○注過君之空位○正義曰君退適路寢則治朝之位虛故曰空位此鄭注所本

攝齊升堂鞠躬如也屏氣似不息者注孔曰皆重慎也衣下曰齊攝齊者摳衣也 正義曰駢枝云攝斂也整也舉足登階齊易發揚故以收斂整飭爲難士冠禮攝酒注云攝猶整也

襄十四年傳書於伐秦攝也注云能自攝整既醉朋友攸攝正義云攝者收歛之言又引戰國策攝衽抱几弟子職攝衣共盥管晏列傳晏子懼然攝衣冠皆攝訓整之證謹案賓執圭升堂此時衣之下齊整齊故日攝齊猶上之節言衣前後褚如者皆是自然合禮不假手爲更動也齊與齋同漢書朱雲傳唐貞觀中孔子廟堂碑俱引作齋用正字也升堂者升登也諸侯堂高七尺見禮器聘禮言賓至于階三讓公升二等賓升西楹西東面是賓升階後君一等曲禮云主人與客讓登主人先登客從之拾級聚足連步以上上於東階則先右足上於西階則先左足注云拾當爲涉級等也涉等聚足謂前足躡一等後足從之併連步以上重蹉跌也連步謂足相隨不相過也曲禮此文是賓主升階法此聘賓禮亦當同若急趨君命則有越等謂之栗階燕禮記云凡公所辭皆栗階又云栗階不過二等注云左右各一發而升堂則與聚足連步之禮異矣屏氣者說文屏蔽也廣雅釋詁屏藏也摒除也義皆相近說文息喘也從心從自自亦聲案自卽鼻也夫子屏攝其氣若呼吸俱泯者蓋氣容宜肅也士相見禮疏引論語鄉黨云孔子與君圖事於庭圖事於堂說者以爲約鄭注之文愚輒臆他書引此文亦以爲鄭注也圖事於庭庭卽路寢之庭

疑鄭此文釋其言似不足之義圖事於堂則此升堂是也書鈔禮儀部七引鄭注云屏氣自靜以俟君言也俟君言謂所圖事之言此則鄭義以爲常朝也陳氏壽祺左海經辨謂鄭云圖事即是謀聘似是臆測○注衣下至衣也○正義曰曲禮兩手摳衣去齊尺注云齊裳下緝也裳下即此注衣下衣裳得通稱也說文攝引持也摳繑也一曰摳衣段注疑繑爲蹻字之譌蹻者舉也即席摳衣下去地尺若此摳衣當相似矣駢枝斥此注云拾級聚足連步以上自不致有傾跌失容之患不必摳衣也摳謂之褰褰謂之揭揭謂之㩉子事父母不涉不㩉侍坐於君子暑毋褰裳避不敬也獨奈何升堂見君而反以摳衣爲敬乎此可知其不然也

出降一等逞顏色怡怡如也注孔曰先屏氣下階舒氣故怡怡如也

沒階趨進翼如也注孔曰沒盡也下盡階

復其位踧踖如也注孔曰來時所過位

正義曰出者聘禮云賓降介逆出賓出請賓出廟門仍接於西塾也駢枝云聘享每訖即出廟門以俟命出字爲下文之目等者階之級也曲禮拾級注級等也是也士冠禮降三等注云下至地疏引賈馬說天

子堂九尺階九等諸侯堂七尺階七等大夫堂五尺階五等士堂三尺階三等胡氏培翬正義引程瑤田云階三等者蓮堂廉而言若除堂廉言則九尺之堂其階止八等七尺者六等五尺者四等三尺者二等也所謂盡等不升堂者當是盡其廉下之等而不踐廉以升堂也張惠言云降三等而下至地則凡階上等即堂廉也公食大夫禮食賓受醬湆等皆自阼階降堂受注云降堂謂止階上則堂廉上也士昏禮廟見婦降堂取笲菜注降堂階上也婦人無降階之事則在堂廉上又可知蓋堂之界以廉爲限廉以前即爲階自堂而出至階廉即爲降堂階一等乃爲降階在階之上等接簷下爲盡階不升堂今案程氏張氏義同胡君以其說爲然胡又云賓降一等在二等之上則此文出降一等之義也怡怡者爾雅釋詁怡怡樂也說文怡和也樂和義同沒階者謂降西階盡等下至地也說文階陛也詩瞻卬箋階所由上下也洪氏頤煊禮經宮室答問鄉射禮賓降立于西階西當西序又云賓降立于階西當序西階在西序之東東階當在東序之西聘禮賓升西楹西東面公當楣再拜賓三退負序西楹西已當階又三退然後負序則階必當楹序之中階上北直房戶其兩階相去亦東西四筵之地釋文云沒階趨一本作沒階趨進誤臧

氏琳經義雜記史記世家作沒階趨進聘禮注引論語同曲禮士相見禮疏引並有進字趨進者趨前之謂也舊有此字非誤復其位者駢枝云復聘賓之位廟門之外接西塾之位也謹案此節自入公門至私覿皆說聘問之事而分言者一記所歷門位堂階之容一記執圭之容也聘禮記賓入門皇升堂讓將授志趨下階發氣怡焉再三舉足又趨及門正焉注云皇自莊盛也讓謂舉手平衡也志猶念也念趨謂審行步也孔子之執圭鞠躬如也云云再三舉足自安定乃復趨也孔子之升堂鞠躬如也云云又注及門正焉句云容色復故此皆心變見於威儀是此節爲聘禮明明載之記中而鄭君卽以論語文釋之惜其先注論語時未能據之也古義湮晦至駢枝而始明同時淩氏廷堪禮經釋例王氏引之經義述聞並稱其精審厥後胡氏縉亦略本之此可無疑者矣鄭君及包孔注皆以此節爲趨朝然上節言朝及君在已說趨朝之事不應中隔以爲擯而復言趨朝也陳氏壽祺左海經辨據鄭注圖事於庭於堂之言謂是孔子於己國與君謀聘則與平時議政事何異且孔子在本國圖事與聘記言賓入門升堂亦不合則知陳說非也宋氏翔鳳發微以爲擯禮不知擯者本不升堂且上節已言趨進此不必復記矣說既多歧而其中

門位堂階又人自爲義今皆刊落不欲繁溷學者耳目焉○注先屛至如也○正義曰上文言屛息息卽氣也顏色是氣之見於外者故注明之聘記云下階發氣怡焉注發氣舍息也舍與舒音同舒與逞義同方言逞解也快也說文逞通也義俱相近下階者釋言云降下也

執圭鞠躬如也如不勝注包曰爲君使聘問鄰國執持君之圭鞠躬者謹愼之至正義曰說文圭瑞玉也上圜下方古文圭作珪又云剡上爲圭白虎通文質篇珪以爲信者何珪者兌上象物始生見於上也萬物之始莫不自潔珪之爲言潔也上兌陽也下方陰也上兌卽剡上亦卽上圜凡諸圭形當略相同周官大宗伯王執鎭圭又云公執桓圭侯執信圭伯執躬圭子執穀璧男執蒲璧注云桓圭蓋亦以桓爲瑑飾長九寸信當爲身身圭躬圭蓋皆象以人形爲瑑飾圭皆長七寸穀蒲二玉蓋或以穀爲飾或以蒲爲瑑飾璧皆徑五寸案此卽瑞圭也考工玉人謂之命圭諸侯朝天子及諸侯相朝並執之若使人聘於天子及諸侯交相聘則用瑑圭典瑞云瑑圭璋璧琮以頫聘注鄭司農云瑑有圻鄂瑑起又攷工記瑑圭

圭璋八寸璧琮八寸以頫聘注云瑑文飾也疏云此謂上公之臣執以頫聘享用璧琮於天子及后也若兩諸侯自相聘亦執之侯伯之臣宜六寸子男之臣宜四寸凡諸侯之臣頫聘不得執君之桓圭信圭之等直瑑爲文飾也案說文瑑圭璧上起兆瑑也從玉篆省聲上起兆瑑卽先鄭瑑起之義兆垗一字圻如封圻之圻所以界別內外也李賢後漢明帝紀注圻岸圻堮也堮鄂字同當謂刻之凸起以爲飾也康成謂六瑞亦是瑑飾但不爲桓躬等之文此康成存疑故屢加蓋詞以箸之惠氏士奇禮說瑑者頫問之圭璧六瑞則不瑑也故曰大圭不瑑美其質也康成依漢禮而言六瑞皆瑑如其說則與頫聘之圭何以異乎說者又謂頫聘之圭璧有圻鄂瑑起無桓信躬穀蒲之文也不知桓信躬穀之乃玉之形體與其彩非瑑飾之文故曰和氏之璧不飾以五彩隨侯之珠不飾以銀黃其質至美物不足以飾之六瑞無瑑飾者以此山海經圭璧十五五彩惠之惠猶飾也祀山川造賓客皆日素功素功者設色之工畫繢之事是爲瑑書之八體大篆小篆亦以此取名焉說者謂素功無飾其不然乎案惠說是也聘禮言賓及廟門公揖入立于中庭賓立接西塾擯者出請命賈人東面坐啟櫝取圭垂繅不起而授上介上介不襲執圭

屈繅授賓賓襲執圭擯者入告出辭玉納賓賓入門左三
揖至于階三讓公升二等賓升西楹西東面賓致命公側
襲受玉於中堂與東楹之閒賓降公側受宰玉此行聘時
賓執圭以致君命也曲禮云執天子之器則上衡國君則
平衡衡者衡於心也此執圭亦當平衡故鄭解聘記升堂
讓云謂舉手平衡也是也聘記云上介執圭如重授賓賓
入門皇升堂讓將授志趨授如爭承下如送君還而後退
又云執圭入門鞠躬焉如恐失之皇且行入門主敬升堂
主愼注以爲記執圭異說此與論語文悉合作記者采孔
子事入之鄭云異說者謂記者非一人也書鈔禮儀部七
引鄭此注云如不勝也者敬之至也案曲禮云凡執主器執
輕如不克注云重愼也重愼郎敬義○注爲君使聘問鄰
國執持君之圭○正義日聘亦訓問見詩采薇傳及鄭君
禮注曲禮云諸侯使大夫問於諸侯曰聘是也大行人云
諸侯之邦交歲相問也殷相聘也世相朝也注云小聘日
問殷中也久無事又於殷朝者及而相聘也父死子立日
世凡君郎位大國朝焉小國聘焉案聘問不異圭故注兼
舉之書鈔禮儀部七引鄭此注云執圭謂以君命聘於鄰
國與包義同云執持君之圭者凡瑑圭璋璧琮皆是君物
故使者受圭於朝及聘畢返國致玉於君並見聘禮辭者

誤會此注君圭之文**上如揖下如授勃如戰色足蹜蹜如**或以命圭當之非也

有循注鄭曰上如揖授玉宜敬下如授不敢忘禮戰色敬

也足蹜蹜如有循舉前曳踵行正義曰蹜蹜玉藻作縮縮說文無蹜字縮下云一曰蹴也蹴與蹙一字詩蹙蹙靡所騁鄭箋縮小之貌縮小亦不敢自肆意○注上如至踵行○正義曰授玉謂賓升堂東面授玉也授玉爲上者後漢書河間孝王開傳上案其罪注上奏上也又禮記郊特牲尚用氣注尚謂先薦之史記絳侯周勃世家太子勝之尚之集解引韋昭曰尚奉也彼尚與上同臣授玉於君亦是奉上之聘禮記授如爭承速文之授卽此文所云上也爭承者言趨而授玉其禮宜與與此二如揖各具一義江氏永圖考曰古之揖如今人與人相拱手有高下之別孔子執圭上如揖與天揖推手小舉者相似此不過平衡也云不敢忘禮者是解下謂堂雖已授玉不敢忘禮猶如授時也聘記云下如送送當謂送物與人與此言授同也鄭注輯本不敢忘禮句下更云魯讀下爲趨趨今從古案下字古音如戶與趨音近故魯論作趨鄭以趨而授玉不煩言如故從古作下錢氏坫後

錄謂如而古通上如揖卽賓入門後三揖至于階之事趨
爾授玉卽聘記所謂志趨從魯論爲說與下兩如字別自
爲義非也書鈔禮儀七引此注云勃如戰色恐辱君命也
是注佚文當在敬也句下敬與儆同愼懼之義恐辱君命
者懼有失隊遺君羞辱也舉前曳踵行者說文循順行也
兩足不能分步則趾踵相接順遞而行故舉前足則曳後
踵隨之曲禮云執主器操圭璧則尙左手行不舉足車輪
曳踵注云行不舉足重愼也車輪謂行不絕地也疏云踵
脚後也若執器行時則不得舉足但起前拽後使踵如車
輪曳地而行故云車輪之曳踵叉玉藻執龜玉舉前曳踵縮
縮如也注云著徐趨之事叉圈豚行不舉足齊如流注云
圈轉也豚之言若有所循不舉足曳踵則衣之齊如水之
流矣孔子執圭則然此徐趨也案舉前足曳後踵則後足
不舉故云行不舉足其踵趾相接旋轉如圈故爲圈豚言
其圈而循行也聘記云將授志趨注云志猶念也謂審行
步也孔子之執圭云云鄭以志趨卽徐趨故引執圭全節
而以足蹜蹜如有循爲志趨之證與玉藻注所云徐趨義
合玉藻言徐趨之法君及尸行接武謂蹈半跡得三尺也
大夫繼武謂跡相及也士中武謂跡閒容跡是皆圈豚
行也夫子大夫當用繼武故舉前曳踵行卽是跡相及也

推鄭君玉藻及聘記注義，是足蹜蹜如有循在授玉之時，蓋授玉當徐趨也。所以用徐趨者，以君行一臣行二，故聘記言授如爭承，卻此義也。賈氏聘記疏解足縮縮爲廟門內執玉行步之容，江氏永圖考、王氏鏊正義並從其說，非鄭君之旨。士相見禮凡執幣者不趨，執玉者則惟舒武舉前曳踵。注云：「不趨者，主慎也。惟舒者，重玉器尤慎也。」此則執玉常度，與授玉時用徐趨不同，蓋舉前曳踵一爲舒武，一爲徐趨，名同而法異也。

享禮，有容色。注

鄭曰：享，獻也。聘禮既聘而享，用圭璧，有庭實。

正義曰：聘記云：「及享，發氣焉，盈容。」注云：「發氣，舍氣也。孔子之於享禮有容色。」案：舍與舒同，謂顏色舒解。江氏永圖考：「聘執圭，享執璧。嚴與和異，享禮有容色，正對勃如戰色。謂身容、手容、足容如初，惟發氣盈容，不若初之變色耳。」夫圭獻其德，璧獻其情。圭以申信，璧以交歡。聘使之將入也，主君有辭玉之禮，禮辭者，不敢當禮之盛也。至於享，則擯者請事而不辭。聘禮之入門也，使者有襲衣之儀，襲者，以其玉所藉也。至於享，則賓主皆裼而不襲。書曰：「享多儀，儀不及物。」言乎盡物者貴盡志也，於是有容色云爾。案：聘君後以璋，聘夫人享君後以琮，享夫人，其禮與聘享君略同。○注「享獻」至「庭實」。○正義曰：

享獻釋詁文說文作亯云獻也從高省曰象進孰物形周官玉府注古者致物於人尊之則曰獻何休公羊隱五年注獻者下奉上之辭聘禮言聘畢賓出公裼降立擯者出請賓裼奉束帛加璧享擯者入告出許是聘禮既聘而享也覲禮四享是諸侯見天子之禮鄭注以四享爲三享而使人於諸侯但用一享禮之殺也聘記諸侯相朝公侯伯皆以璧帛享君琮錦享夫人子男則降用琥以繡璜以黼皆不用圭此注用圭璧兼圭言之者鄭以上公及二王後享天子用圭見小行人注是圭亦享禮所用鄭君廣言之也庭實者實於庭也聘記云凡庭實隨入左先注云隨入不並行也又覲禮言庭實奉束帛匹馬卓上九馬隨之中庭西上奠幣再拜稽首是諸侯享天子亦有庭實也書鈔禮儀部七引鄭此注云皮馬相間也此句當在有庭實下聘禮云庭實皮則攝之毛在內內攝之入設也注云皮虎豹之皮攝之者右手並執前足左手並執後足毛在內不欲文之豫見也內攝之者兩手相鄉也入設亦參分庭一在南言則者或以馬記又云凡庭實皮馬相間可也注云間猶代也土物有宜君子不以所無爲禮畜獸同類可以相代疏云當國有馬而無虎豹皮則用馬或以虎豹皮並有馬則以皮爲主而用皮也此相間之義也聘禮言設庭

實云賓入門左揖讓如初升致命張皮公再拜受幣士受皮者自後右客賓出當之坐攝之公側受宰幣皮如入右首而東張者釋外足見文也自後右客者從東方來由客後西居其左受皮也坐攝之者象受於賓也如入右首而東者如入左在前皮右首也皆鄭注說也

私覿愉愉如也（注）鄭曰覿見也既享乃以私禮見愉愉顏色和

正義曰郊特牲云朝覲大夫之私覿非禮也大夫執圭而使所以申信也不敢私覿所以致敬也而庭實私覿何爲乎諸侯之庭爲人臣者無外交不敢貳君也案此周時儒者議禮之言先言朝覲後言大夫執圭而使謂聘禮則以朝聘之私覿皆爲非禮鄭注云其君親來其臣不敢私見於主國君也以君命聘則有私見是鄭據周禮以臣聘得行私覿未爲失禮也○注覿見至色和○正義曰覿見釋詁文荀子大略云私覿私見也說文無覿字而愉下引論語作私覿其訓見者作儥意許以儥卽覿矣據聘禮言聘享畢賓奉束錦以請覿擯者入告出辭請醴賓賓禮辭聽命及醴賓畢復請覿是既享後仍有醴賓一節論語無文略之也私覿爲以私禮見者聘享皆邦交之事臣爲君行禮同於爲賓此則臣於君行禮非公家之事故稱私

也玉藻云公事自關西公事謂聘享私事自關東私事謂私覿是也書鈔禮儀部七引鄭此注云用束帛乘馬者也此佚文當在乃以私禮見下聘禮云賓覿奉束錦總乘馬二人贊入門右北面奠幣再拜稽首擯者辭賓出擯者坐取幣出有司二人牽馬以從出門西面于東塾南擯者請受賓禮辭聽命牽馬右之入設賓奉幣入門左介皆入門左西上公揖讓如初升公北面再拜賓三退反還負序振幣當東楹北面士受馬者自前還牽者後適其右受牽馬自前西乃出賓降階東拜送君辭拜也君降一等辭擯者日寡君從子雖將拜起也栗階升公西鄉賓階上再拜稽首公少退賓降出公側受宰幣馬出此賓請覿之禮有束帛乘馬也束帛即束錦鄭注士冠禮云束帛十端也禮十端一束故言束也乘馬者四馬聘禮言二人贊即扣馬者也賓覿後大夫介士介亦有私覿禮畧同夏官校人云凡國之使者共其幣馬注云使者所用私覿彼謂天子使人於諸侯得行私覿私覿之馬校人供之則諸侯聘賓私覿所用之幣宜亦君爲供之聘禮云有司展羣幣以告注云羣幣私覿及大夫者有司載幣者自展自告告者告之於君明羣幣亦君供之矣愉愉顏色和者爾雅釋詁愉樂也聘記私覿愉愉焉彼注云容貌和敬與此注互證說文愉薄

也引此文許意以愉爲媮薄字其引論語乃別義説文此例甚多段注疑爲薄樂非是

盱眙吳炳祥校刊

論語正義卷十二

寶應劉寶楠學

君子不以紺緅飾〔注〕孔曰一入曰緅飾者不以爲領袖緣也紺者齊服盛色以爲飾衣似衣齊服緅者三年練以緅飾衣爲其似衣喪服故皆不以爲飾衣紅紫不以爲褻服〔注〕王曰褻服私居服非公會之服皆不正褻尚不衣正服無所施正義曰君子謂孔子變言之者見凡君子宜然也鄭注云紺緅紫玄之類也紅纁之類也玄纁所以爲祭服等其類也紺緅木染不可爲衣飾紅紫草染不可爲褻服而已飾謂純緣也褻衣袍襗也案說文紺深青而揚赤色也釋名釋采帛紺含也青而含赤色也許劉義同廣雅釋器紺青也不兼赤言略也漢書王莽傳時莽紺袀服蔡邕獨斷袀紺繒也袀者玄也紺者青赤之色但深青近黑故訓紺者又爲黑考工記鍾氏疏引淮南說山訓以

涅染紺則黑於涅涅卽今皁礬之類墨子節用篇黚黑也說文黚淺黃黑也從黑甘聲讀若染繒帛束緅黚與紺同淺黃卽近赤之色黑卽近深青之色也段氏玉裁說文注謂紺卽今之天青又名紅青以考工鍾氏疏纁入黑汁爲紺之義爲非其說良是但深青近黑故此注以紺爲玄類也說文無緅字纔下云帛爵頭色也從系毚聲一曰微黑色如紺纔淺也讀若讒許以纔微黑比於紺者色深青與黑相近故也鍾氏言染羽法以朱湛丹秫三月而熾之涫而漬之三入爲纁五入爲緅注染纁者三入而成又再染以黑則爲緅緅今禮俗文作爵注言如爵頭色也又士冠禮云爵弁者其色赤而微黑如爵頭然或謂之緅鄭以爵爲禮俗文則以緅爲正字許以纔爲正字意緅卽纔之或體矣士冠禮注云赤而微黑而巾車注又云雀黑多赤少之色辭不同者五入之黑比玄緇爲淺故爲微黑而多於赤多是爲黑多赤少矣廣雅云緅青也字林云緅帛青色深青之色近黑也說文又云紫帛青赤色也段注謂當作黑青甚是然許意或以青亦近黑矣紺緅紫皆近黑色故鄭此注以爲玄類毛詩七月傳玄黑而有赤也說文云黑而有赤色者爲玄鍾氏言五入爲緅七入爲緇不言六入注云凡玄色者在緅緇之間其六入者與是鄭義與毛

許合金氏鴞禮說玄色是黑而兼青非赤黑之色引六證
以明之其尤可據者則周髀經云天青黑地黃赤玄以象
天則必黑而兼青其說固是然非毛許鄭氏義也說文又
云紅帛赤白色也段注謂如今之粉紅桃紅案爾雅釋器
一染謂之縓再染謂之䞓三染謂之纁縓䞓纁皆赤色故
說者謂縓即紅而此注亦以紅爲纁類說文云纁淺絳也
絳大赤也是也玉藻注冕服玄上纁下詩七月我朱孔陽
爲公子裳傳云朱深纁也祭服玄衣纁裳周官方相氏玄
衣朱裳皆謂衣用玄裳用纁也鄭以玄纁是祭服之色而
紺緅紫爲玄類紅爲纁類亦是相等故云等其類也既與
祭服色類則亦不得用之矣紺緅用木染紅紫用草染者
案大司徒土會之法山林其植物宜皁物先鄭以爲柞栗
之屬今世閒以柞實爲皁斗說文栩其實皁一日樣陸機
詩疏徐州人謂櫟爲杼或謂之爲栩其子爲皁或言皁斗
其殼爲汁可以染皁案皁即黑色掌染草注所云象斗即
皁斗也此木染之可考者紺緅所用當取此又爾雅釋草
勤鼠尾欇烏階郭注並云可以染皁但爲草類當非紺緅
所用也又釋草菾虎杖郭注可以染赤茹藘茅蒐郭注今
之蒨也可以染絳絳赤皆紅類也又藐茈草郭注可以染
紫一名茈虂掌染草注作紫茢此紅紫爲草染也陳氏壽

祺左海經辨引此注解之云：染人掌染絲帛，凡染春暴練，夏纁玄，秋染夏。注云：考工記鍾氏則染纁術也。是鄭意以染絲帛如染羽法，用朱湛丹秫，不用草木。蓋草木染者可施之他物，祭服等則當以丹秫染也。今案陳說非是。蓋木染草染乃言紺緅四者所受之色，其色與祭服相似，而不可用，非謂其爲草木染而不可用也。士冠禮爵弁服有韎韐，爵弁是祭服，鄭君以爵爲緅，俗文，而韎爲祭服之韠，茅蒐所染，則鄭以祭服得有草木染矣。墨子節用篇「冬服紺緅之衣，輕且暖」，則後世俗變，且以紺緅爲衣，不獨用爲飾也。江氏永圖考曰：飾必用正色。深衣篇云：「具父母大父母，衣純以繢；具父母，衣純以青；孔子少孤，母存，宜純以青，母沒則惟純以素。」紺緅不飾，猶之紅紫不服耳。案曲禮云：「爲人子者，父母存，冠衣不純素；孤子當室，冠衣不純采。」亦說深衣之制。江意夫子不以爲飾，當指深衣，其義足裨鄭氏所未言。但以紺緅爲間色，則爵弁用爲冠服，冠重於衣，衣用正色，冠必不用間色。又爵韠亦用爵爲飾，則紺緅絕非間色可知，鄭義以爲類祭服者，信而有徵矣。圖考又曰：按孔子言惡紫之奪朱，當時尚紫，亦有漸。玄冠紫綏，自魯桓公始。戰國策曰：齊紫，敗素也，而賈十倍。蓋齊桓公有敗素染以爲紫，下令貴紫，人爭買之，賈十倍。其貴紫有由來矣哀十七年衛渾良夫紫衣狐裘太子數其三罪殺之紫衣居一杜注紫衣僭君服可見當時君服紫王氏鏊正義服紅者雖鮮聞亦必有爲褻服者此皆謂當時褻服用紅紫也皇疏以紅紫爲閒色引穎子嚴說紅是赤白爲南方閒紫是黑赤爲北方閒解者據之因謂閒色不可用案玉藻云衣正色裳閒色荀子正論言天子衣被則服五采雜閒色則謂閒色不可用者誤也飾謂純緣者爾雅釋器純謂之緣郭注衣緣飾也說文緣衣純也玉藻云緣廣寸半深衣云純袂緣純邊廣各寸半注純謂緣之也緣袂謂其口也緣緆也緣邊衣裳之側廣各寸半則表裏共三寸矣釋文引鄭注旣夕禮云飾衣領袂口曰純裳邊側曰綼下曰緆也是言衣裳飾也又冠屨帶韠矢服席亦有飾論語此文當兼有之鄭君止說衣裳舉其重者以例之耳褻衣爲袍襗者說文褻私服字林褻衷衣也又云重衣也衷大記注袍褻衣詩無衣云與子同袍與子同澤袍在外澤在內皆爲褻也毛傳澤潤澤也鄭箋澤褻衣近汙垢釋名釋衣服汗衣近身受汗垢之衣也詩謂之澤受汗澤也或曰鄙袒或曰羞袒作之用六尺布裁足覆胸背方言汗襦江淮南楚之閒謂之褶注云卽衫也說文襦短衣也袴脛衣也褻袴也皆褻服之類○注一入至飾衣○正義曰鍾氏

言五入爲緅無一入爲緅之文錢氏大昕潛研堂文集孔氏經文當是縓字爾雅云一染謂之縓郎孔所云一入也檀弓云練練衣黃裏縓緣注云小祥練冠練中衣以黃爲內縓爲飾郎孔所云三年練以飾衣者也然則孔本經注皆當作縓不作緅矣錢氏坫後錄論語此有兩本古文作紺縓今文作紺緅孔本古文鄭本今文也今集解乃後人妄改今案二錢說是也但孔本非眞古文此說稍誤喪服記公子爲其母練冠麻麻衣縓緣與檀弓同士喪禮公子爲其妻縓冠又記有縓緈則縓爲喪飾說文云縓赤黃也廣雅云縓謂之紅紅赤色相近也三年練者謂三年之喪有練祭也練郎小祥之祭喪服四制云父母之喪十三月而練是也孔謂縓郎是紅不可爲飾又不可爲褻服縓舉其名紅舉其色說與鄭異則孔所傳本異也至以紺爲齊服禮無明文玉藻云齊則爵韠爵郎緅或孔以緅紺色近得比同之也○注褻服至所施○正義曰褻訓私居者引申之義私居之服郎是深衣故曰非公會之服與下文稱褻裘同此義亦通正服謂朝祭諸服在外者也

當暑袗絺綌必表而出之注孔曰暑則單服絺綌葛也必表而出之加上衣正義曰當暑者謂當暑時也釋

名釋天暑煑也熟如煑物也袗釋文及唐石經五經文字皆作袗皇本作縝邢本作袗段氏玉裁說文注以袗爲正袗爲叚借縝爲俗御覽八百十九引鄭此注云縝單也暑月單衣葛爲其形褻也案縝單者玉藻振絺綌不入公門注云振讀爲袗袗單也單謂衣無裏對袷褶之有裏者言之也單衣葛者以葛爲絺綌用爲單衣也毛詩葛覃傳葛所以爲絺綌精曰絺麤曰綌說文葛絺綌草也絺細葛也綌麤葛也段注謂緝績之一如麻枲其粗者則如今之黃草葛也形褻者絺綌近親身之衣形或露見故言褻也喪大記注引此文說之云亦爲其褻也是也御覽引鄭注又云必表而出之若今單衣也案單衣即褐衣褐衣在絺綌外故稱表而其衣亦是單衣無裏鄭據目見故以今明之喪大記袍必有表不襌注云袍褻衣必有以表之乃成稱也襌與單同古人之服先著親身之衣次則春秋加袷褶夏加絺綌冬加裘又次各加褐衣又次上加禮服此文必表而出與下文緇衣素衣黃衣皆論褐衣褐者所以充美燕居不褐故可單衣葛也玉藻振絺綌與表裘連文注云二者形且褻皆當表之乃出是鄭以出爲出門皇疏云在家無別加衣若出行接賓皆加上衣當暑絺綌可單出則不可單必加上衣故云必表而出也即鄭義也云出之者之

是語辭皇本無之字○注必表而出之加上衣○正義曰
說文表上衣也上衣謂衣之在外加於上者卽裼衣也又
謂之中衣其外又加禮服
禮服對中衣言亦稱上衣
緇衣羔裘
正義曰鄭注云緇衣
羔裘諸侯視朝之服
亦鄭大夫士祭於君之服諸侯之朝服其服緇布衣而素
裳緇帶素韠諸侯之朝服羔裘者必緇衣爲裼卿大夫朝
服亦羔裘唯豹袪與君異耳案士冠禮玄冠朝服注云諸
侯與其臣以朝服以日視朝又司服士服凡甸冠弁服注云冠弁
委貌諸侯以爲視朝之服然則玄冠朝服卽冠弁服司裘
疏以爲冕服者弁冕得通稱也玄冠是黑色其上衣及中
衣皆用緇布爲之緇亦黑色所謂衣與冠同色也說文緇
帛黑色也釋名釋采帛緇滓也泥之黑者曰滓此色然也
是也詩羔羊傳小曰羔大曰羊說文羔羊子也經傳凡言
羔裘皆謂黑羔裘若今稱紫羔矣緇衣羔裘爲朝服又爲卿
大夫士祭於君之服者玉藻注冕服絲衣也中衣用素皆素
卽帛任氏大椿弁服釋例謂用緇帛是卿大夫助祭於君
用緇衣爲裼也司裘疏引鄭此注解之云卿大夫助祭用
冕服士用爵弁君祭服冕服羔裘卿大夫弁冕用羔裘至
於朝服亦用羔裘卽是君臣祭服同服羔裘也是也玉藻
疏解此注謂助君祭用朝服誤矣鄭又云諸侯之朝服其

服緇布衣而素裳緇帶素韠者此緇布衣謂上服也詩緇衣之宜兮卽謂朝服上衣雜記云朝服十五升去其半而緦故知上衣是布也士冠禮主人玄冠朝服緇帶素韠卽此注所本惟不言裳色而鄭云素裳者士冠禮又云素韠韠從裳色此朝服旣用素韠知裳亦是用素詩素冠篇所云素衣者謂素裳也緇帶者鄭注士冠禮云黑繒帶也韠者蔽膝以韋爲之鄭注士冠禮云素韠白韋韠也特牲饋食記言朝服緇韠注云緇韠者下大夫之臣孔氏詩緇衣疏謂士助祭則韠用緇亦由朝服之緇韠推之是謂士韠不與裳同色也鄭此注不言士朝韠有異者略也秦氏蕙田五禮通考不用鄭說謂特牲饋食之緇韠疑當爲素涉上緇帶而誤其說亦通朝服羔裘用裼者玉藻云羔裘之裼也見美也鄭注云袒而有衣日裼必覆之者裘褻也卿大夫朝服亦羔裘唯豹袪與君異者禮朝服君臣同服但君用純物臣下之故用豹袪玉藻云羔裘豹飾緇衣以裼之注云飾猶褎也詩鄭風云羔裘豹飾傳云豹飾緣以豹皮也又唐風云羔裘豹袪傳云袪袂末也箋云在位卿大夫之服也其下章云羔裘豹褎傳云褎猶袪也陳氏奐疏云袂口之緣是爲袂末深衣袂末續緣廣寸半長衣中衣袂末揜餘一尺裘制如長中袂末亦宜揜餘一尺此餘一尺乃

用豹皮與案卿大夫朝服羔裘用豹袪則祭服羔裘亦豹袪可知**素衣麑裘**正義曰鄭注云素用繒素衣麑裘諸侯視朝之服其臣則青豻褎絞衣以裼之案繒者說文云繒帛也詩素冠疏凡經傳之言素衣皆謂白絹也此素衣是皮弁服之裼衣司服注云皮弁之服十五升白布衣上服用布而裼用帛與狐青裘用玄綃衣爲裼狐白裘用錦衣爲裼同若然玉藻云以帛裏布非禮也彼謂袷褶不得用帛爲布衣之裏不謂裼衣檀弓云練練衣黃裏注云練中衣以黃爲內疏云黃裏者黃爲中衣裏也又云故小祥而爲之黃袷裏也此稱裏爲袷褶之衣也鄭注玉藻誤以裏爲中衣而以帛裏布與玄綃錦衣諸文不可通矣爾雅釋獸鹿牡麚牝麀其子麛說文麛鹿子也論語字當作麛叚麑字爲之說文云麑狻麑獸也別一義鄭君玉藻聘禮注引論語俱作麛此注出詩羔裘疏引作麑或後人據今本改之也玉藻云皮弁以聽朔於太廟皮弁以白鹿皮爲之衣與冠同色故用白布衣爲上服而裼衣用白絹亦與上服相稱矣麛裘之色當亦近白君服麛裘用純物臣下之用青豻爲褎玉藻君子麛裘青豻褎絞衣以裼之注云君子大夫士也豻胡犬也絞蒼黃之色也又聘禮注引玉藻論語文說之云皮弁時或素衣其裘同可知

也素衣專說君視朔之服其裘同則謂君臣凡視朔聘官
同服麑裘也江氏永圖考謂夫子無麑裘記者廣言諸侯
禮則與鄭義不合玉藻疏引皇氏云素衣爲正記者亂言
絞且任氏大椿弁服釋例謂絞衣經不多見記者不應亂
言絞疑絞衣或爲春秋時制不能如古故夫子仍用素衣
爲裼其說視皇爲勝若然則論語素衣麑裘實爲夫子之
服其用素衣正以矯時人絞衣之失耳皮弁服兼有視朔
聘享鄭君止言視朔是舉一端皇疏云謂國有凶荒君素
服則羣臣從之故孔子魯臣亦服之也喪服則大鹿爲裘
也檀弓云鹿裘橫長袪是也此凶荒之服既輕故裘用鹿
子鹿子文勝於大鹿也或云大蜡祭百物之神皮弁素服
也故郊特牲云皮弁素服而祭以送終也注云素服衣裳
皆素也案皇疏二說亦通但郊特牲素服是皮弁上衣不
指裼衣當補云素服爲上衣其裼衣亦得用素斯爲得之

黄衣狐裘（注）孔曰服皆中外之色相稱也　正義曰鄭注云狐裘取溫裕而
已溫燠也裕厚也詩都人士箋亦云都人之有士行者冬
則衣狐裘黄黄然取溫裕而已案鄭此注不言爲何服文
有佚也玉藻狐裘黄衣以裼之注云黄衣大蜡時臘先祖
之服也孔子曰黄衣狐裘又郊特牲言歲十二月天子大

蜡既畢黃衣黃冠而祭息田夫也野夫黃冠黃冠草服也注云祭謂既蜡臘先祖五祀也於是勞農以休息之論語云黃衣狐裘黃冠草服言祭以息民象其時物之色季秋而草木黃落是也臘祭黃衣其上更無上服據鄭禮注二文則固謂黃衣狐裘爲息民之祭矣都人士詩狐裘黃黃謂長民者之服此文狐裘配上衣裼衣則亦狐黃矣皇疏云孔子爲臣助蜡祭亦隨君著黃衣也禮運云昔者仲尼預於蜡賓是也邢疏云息民用黃衣狐裘大蜡則皮弁素服二者不同以其事相次故連言之耳二疏並暗據鄭氏邢謂皮弁素服連言者即指素衣麑裘爲蜡祭服也但玉藻言黃衣以裼之有裼衣必有上衣而郊特牲注臘祭黃衣其上更無上服未必然也金氏鶚禮說緇衣羔裘素衣麑裘其用皆最廣又多係大禮而黃衣狐裘止有息民之祭一用而其禮又甚輕何得與緇衣素衣等服並列乎竊謂黃衣狐裘韋弁服也玄端服亦用之周官司服云凡兵事韋弁服鄭注云以韎韋爲弁又以爲衣裳韎爲赤黃色于藻云一命緼韍鄭注緼赤黃之閒色所謂韎也兵事象火故其服上下皆赤上服亦黃其內之裘宜用狐黃裼之宜黃衣詩羔羊疏云兵事韎韋衣則用黃衣狐裘象衣色故也襄四年傳云臧之狐裘敗我于狐駘是也然則韋弁

以黃衣狐裘有確證矣聘禮君使卿韋弁歸饔餼鄭注韋弁兵服也而服之者皮韋同類取相近耳其服蓋韋布以爲衣而素裳是聘禮亦用黃衣狐裘也今案以黃衣狐裘爲韋弁服凌氏廷堪禮經釋例先有此說但止言兵服未言聘事則夫子郤未主兵鄉黨無爲記之然則金氏之據聘禮實較凌說爲確但鄭氏主蜡祭之服宜亦兼存蓋此言夫子雜服不必以輕重相衡又且與於蜡賓明見禮運則一謂爲息民之服非無據也雜記云子貢觀於蜡夫子告以一張一弛文武之道先王重視此禮黃衣黃冠祭於先祖五祀亦不得疑爲鄙賤矣○注服皆中外之色相稱也○正義曰外是上服中郎褻衣也中外色相稱者示表裏當如一也論語止言中衣以言中則外可知

褻裘長短右袂注孔曰私家裘長主溫短右袂便作事 正義曰說文結下引論語結衣長短右袂此當出古論段氏玉裁注謂玉篇結堅也廣韻注堅結皆本說文古本因補衣堅也三字於結篆下又謂論語自訓私服作結者同音段借江氏永圖考褻裘即狐貉裘玉藻云犬羊之裘不裼注謂庶人無文飾然則犬羊是庶人之裘非君子所服也唯宜則狐貉已禮服之狐裘欲其文與褻服之狐裘異褻裘長則禮服

之裘宜短以其行禮時有升降上下長則不便於行禮也
褻裘之外當服深衣深衣所以襲裘者犬羊之裘不裼褻
裘亦不裼也袂者說文云袂褎也褎袂也凡衣之制袂皆
二尺二寸而屬幅與身正方又加緣寸半為二尺三寸半
深衣曰袂之長短反詘之及肘玉藻曰長中繼揜尺謂長
衣中衣又繼深衣之袂揜一尺此袂之定制也胡氏紹薰
拾義說文口部右助也从又口又部亦有右字解義略同
古有右字無佑字右字之右古止作又猶左手之左古止
作ナ也言又可兼ナ說文又手也象形單言手不言右手
者明又為兩手之統詞不分ナ又郎以又部他字證之如
秉禾束也從手持禾叔拾也從又尗聲汝南名收芋為叔
取捕取也從又耳不分ナ又矣竊意右袂之右當讀為又
右本從又聲右袂之右郎又之同音借字袂獨短者或較
禮服之裘稍短或因褻裘之長而適形其短孔注泥於右
宇立說遂使後人疑夫子衣不中度夏氏炘景紫堂文集
極取胡說又申其義云右袂郎世俗所謂手褎也褻裘郎
深衣之裘短右袂對長中繼揜尺與禮服之褎而言玉藻
注云長衣中衣繼袂揜一尺若今褎矣深衣則緣而已然
後知古人之褎繼袂之末揜餘一尺另用裘與布為之若
今袍之有褎頭也惟深衣有緣無褎若今人之齊褎袍故

襲裘亦無褻其制較有褻之裘爲短故曰短右袂今案深衣本有定制春秋時或不如禮故夫子正之孔注以短右袂爲便作事夫人之作事兩手皆欲其便豈有單用右手之理或又謂卷右袂使短案弟子職凡拚之道攘袂及肘卽謂卷袂使短然無事時必仍舒之人作事皆是如此論語不應記之緣情測義胡夏爲長**必有寢衣長一身有半**㊟孔曰今之被也正義曰寢衣鄭注云今小臥被是也案説文被寢衣也長一身有半衾大被也此處寢衣之制解者多端惟許鄭義得之古人衣不連裳夫子製此寢衣較平時所服之衣稍長寢時著之以臥周官玉府掌王之燕衣服注燕衣服者巾絮寢衣袍襗之屬鄭解燕衣服爲近身之衣巾絮袍襗晝所服寢衣夜所服故此注以寢衣爲小臥被也小臥被者對衾爲大被言之凡衣可曰被如左傳被組練三千楚靈王翠被孟子被袗衣皆是鄭以衣被通稱恐人不曉故言臥被以明之王氏引之經義述聞解寢衣亦誤而解長一身有半最確其説云人自頂以下踵以上總謂之身考工記廬人凡兵無過三其人身鄭注曰人長八尺與尋齊進退之度三尋是也頸以下股以上亦謂之身艮六四艮其身在艮趾艮腓之上艮輔之下則舉中而言矣故象

傳曰艮其身止諸躬也躬亦舉中而言渙六三渙其躬荀注體中曰躬是也以今尺度之中人頸以下股以上約有一尺八寸一身之長也再加九寸爲一身之半則二尺七寸矣以古六寸爲尺計之得四尺又五寸一身又半之長也案如王說寢衣當至膝急就篇注短衣曰襦自膝以上然則寢衣略如襦與○注今被也○正義曰孔亦本鄭然不言小被則與衾混廣雅釋器寢衣衾被也與孔注同

狐貉之厚以居（注）鄭曰在家以接賓客　正義曰說文引此文作狐貈貈正字貉叚借字鳳氏部經說論語居吾語女孝經坐吾語女孟子坐吾明語子居坐互出則居字有坐義閻氏據此及小戎詩文茵謂狐貉之厚以居爲坐褥艮是案鳳說是也古人加席於地而坐其上大夫再重至冬時氣寒故夫子於所居處用狐貉之厚者爲之藉也○注在家以接賓客○正義曰鄭以居爲燕居狐貉爲燕居之裘即上所稱一褻裘也繁露服制篇百工商賈不敢服狐貉豳詩七月篇一之日于貉取彼狐狸爲公子裘知狐貉是貴服夫子燕居亦不服此裘故鄭以接賓客解之明未接賓客時亦但服犬羊之裘矣皇疏云既接賓客則其上亦應有衣也

去喪無所不佩（注）孔曰去除也

非喪則備佩所宜佩也正義曰說文云佩大帶佩也從人凡巾佩必有巾故從巾段氏玉裁注大帶佩者謂佩必系於大帶也從人者人所利用從凡者無所不佩從巾者其一端也案釋名釋衣服佩陪也言其非一物有陪貳也此以音求義亦是也玉藻云凡帶必有佩玉唯喪否注云喪主於哀去飾也凡謂天子以至士又云君子無故玉不去身君子於玉比德焉注云故謂喪與災眚則凶荒亦去飾舉其至重則止言喪矣間傳曰期而小祥又期而大祥中月而禫無所不佩禫者除喪之祭在二十七月於此月喪竟得用佩也○注去除至佩也○正義曰去除此常訓言喪既除則皆佩也凡設佩玉佩在左事佩在右玉藻言世子之禮云君在不佩玉左結佩右設佩結者結其綬不使鳴故謂之不佩玉也設者設事佩也至玉藻又言佩玉右徵角左宮羽者左右謂佩玉行列王氏鎏鄉黨正義謂爲身之左右非也云所宜佩者言爵有尊卑當視禮所宜用之也玉藻云佩玉有衡牙天子佩白玉而玄組綬公侯佩山玄玉而朱組綬大夫佩水蒼玉而純組綬世子佩瑜玉而綦組綬士佩瓀玟而縕組綬孔子佩象環五寸而綦組綬注云衡牙居中央以前後觸也玉有山玄水蒼者視之文色所似也綬者所以貫佩玉相

承受者也純當爲緇綦文雜色也緇赤黃也孔子佩象環五寸謙不比德亦不事也環取可循而無窮任氏大椿弁服釋例考大戴禮保傅篇云上有雙衡下有雙璜衡牙玭珠以納其間琚瑀以雜之蓋佩上有衡衡之中一組中貫一玉曰瑀下貫一玉曰衡牙旁二組各中貫一玉曰琚下貫一玉曰璜其間皆以組貫玭珠此其制也夫子爲士佩瓀玟仕魯爲大夫宜佩水蒼玉而復有象環者初學記二十六引三禮圖曰孔子去魯佩象環五寸孔氏玉藻疏亦有此說蓋孔子謙不比德又玉佩非道途所宜故別製象環以爲之飾環者還也不忘魯之意也至與列國君臣相見行禮則大夫去國宜從士禮當佩瓀玟反魯後從大夫之後自仍佩水蒼玉不復用象環矣象環以比玉佩其事佩則不妨設之鄭君以爲亦不事者未必然也鄭注閒傳云無所不佩紛帨之屬鄭以玉佩人所易知故舉事佩言之內則云子事父母左右佩用左佩紛帨刀礪小觿金燧右佩玦捍管遰大觿木燧注云必佩者備尊者使令也紛帨拭物之佩巾也刀礪小刀及礪礱也小觿解小結也觿貌如錐以象骨爲之金燧可以取火於日捍謂拾也言可以捍弦也管筆彄也遰刀鞞也木燧鑽火也此皆事佩爲子事父母之飾意人子當室後事佩或不復用夫子則以

事佩便於事用故與玉佩並垂爲飾卽僞孔此注所云備者得兼有之也**非帷裳必殺之**〔注〕王

曰衣必有殺縫帷帷裳無殺也正義曰鄭注云帷裳謂朝祭之服其制正幅如帷也

非帷裳者謂深衣也殺之者削其幅使縫齊倍要者也案

說文帷在旁曰帷釋名釋牀帳云帷圍也所以自障帷也

說文釋名各具一義鄭語王使婦人不幃而譟之韋昭注

裳正幅曰幃幃與帷同鄭注喪服云祭服朝服襞積無數注

凡裳前三幅後四幅襞積若今人百褶於要間收攝其一布

使狹以著身也朝祭之裳襞積無數以人要中寬狹不深

各就所宜爲之不著其節也深衣者鄭氏禮記目錄云深

衣連衣裳而純之以采者孔疏云以餘服則上衣下裳不

相連此深衣衣裳相連被體深邃故謂之深衣案朝祭服

外祇有深衣爲諸侯大夫士之所服庶人更用爲吉服鄭

以非指深衣言者亦以深衣不帷裳而朝祭服外更無餘

服也深衣云古者深衣蓋有制度以應規矩繩權衡短毋

見膚長毋被土續衽鉤邊要縫半下袼之高下可以運肘

袂之長短反詘之及肘制十有二幅以應十有二月袂圜

以應規曲袷如矩以應方負繩及踝以應直下齊如權

衡以應平故先王貴之故可以爲文可以爲武可以擯相

可以治軍旅亮且弗費善衣之次也注云續猶屬也衽在裳旁者也屬連之不殊裳前後也鉤邊若今曲裾也三分要中減一以益下下宜寛也裳六幅幅分之以爲上下之殺衽交領也古者方領如今小兒衣領繩謂之袂與後幅相當之縫也齊緝也深衣者用十五升布鍛濯灰治純之以采善衣朝祭之服也自士以上深衣爲之次庶人吉服深衣而已又玉藻云夕深衣深衣三袪縫齊倍要衽當旁袂可以回肘袂二尺二寸袪尺二寸緣廣寸半注云三袪者謂要中之數也袂尺二寸圍之二尺四寸四寸三之七尺二寸也縫紩也紩下齊倍要中齊丈四尺四寸衽謂裳幅所交裂也凡紩而衽者或殺而下或殺而上是以小要取名焉衽屬衣則垂而放之或屬裳則縫之以合前後上下相變案深衣上下同制故禮經言之獨詳鄭君謂裳幅分之爲上下之殺則是邪裁又以十二幅專屬裳近人江氏永深衣考誤陳氏澧東塾類稿皆不謂然江云深衣者聖賢之法服衣用正幅故裳之中幅亦以正裁惟衽在裳旁始用斜裁陳云深衣制十有二幅此通衣裳數之也衣中二幅袂二幅凡四幅裳中正幅二幅兩旁斜裁之幅各一爲四幅合前後凡八幅通衣裳之數則爲十有二幅也裳左前後縫合而右有鉤邊一幅以其在內不見故不數之也衣前之右別有外襟

一幅然自後觀之則不見自前觀之則又掩夫內幅故亦不數之也二君之說視鄭爲長又夏氏炘學禮管釋引董彥輝深衣考誤謂深衣對襟其書愚未之見夏君極稱之謂古服皆作對襟無拚襟者爾雅衣眥謂之襟說文眥目匡也襟取眥名者言兩襟對開亦如目匡之對開也又謂深衣以單布爲之有綿者曰繭曰袍裘曰褻衣皆與深衣同制雜記繭衣裳注云若今大襦也釋名襦屬也衣裳上下相聯屬也一曰襜褕說文直裾謂之襜褕直裾即直襟直襟即對襟其說甚悉若然則鉤邊當謂左右裳幅前後縫合而非別有一幅在右爲鉤邊鹽鐵論散不足篇言庶人之服直領無禕直領即是直襟故釋名釋衣服云直領邪直而交下亦如丈夫服袍方也明丈夫服袍是直領邪直而交下即是對襟矣此亦視鄭說爲合江氏永圖考曰深衣裳無襞積必有兩旁斜裁倒縫之衽方能上狹下廣意當時或有不用斜裁而作襞積於裳者故特記非帷裳必殺之明夫子深衣必用古制也○注衣必有殺縫○正義曰說文縫以鍼紩衣也詩羔羊傳縫言縫殺之大小得其宜則殺縫謂縫之所殺也

羔裘玄冠不以弔（注）孔曰喪主素吉主玄吉凶異服○正義曰白虎通紼冕篇所以有冠者

帷也所以帷持其髮也說文冠絭也所絭髮弁冕之總名也冠有法制從寸鄭注此云玄冠委貌諸侯視朝之服案冠稱玄者謂冠梁與武皆用黑繒爲之也後漢輿服志注引石渠論玄冠朝服戴聖曰玄冠委貌也此鄭所據士冠禮記委貌周道也鄭注或謂委貌爲玄冠委猶安也所以安正容貌任氏大椿弁服釋例玄冠一日委貌廣二寸以繒爲之綦飾與韋弁皮弁同衡縫内畢緣邊居冠屬武非燕居則冠與武別冠武異材冠纓異材天子朱組纓諸侯丹組纓大夫士綦組纓纓之有飾者曰緌有安髻之笄無固冠之笄有纚有總有髦此其制也凡朝服君臣同服其羔裘則君用純臣用豹袖是此羔裘玄冠爲朝服也鄭以玄冠是通上下故舉諸侯視朝以包卿大夫士言之又以羔裘是朝服已見上注故此不言也弔者說文作弔云問終也史記集解引賈逵曰問凶日弔檀弓云曾子襲裘而弔子游裼裘而弔主人既小斂袒括髮子游趨而出襲裘帶絰而入注云於主人變乃變也所弔者朋友疏云凡弔喪之禮主人未變之前弔者吉服而弔吉服謂羔裘玄冠緇衣素裳又袒去上服以露裼衣則此裼裘而弔是也主人既變之後雖著朝服而加武以經又掩其上服若是朋友又加帶則此襲裘帶絰而入是也又喪大記弔者襲裘

加武帶絰注始死弔者朝服裼裘如吉時也小歛則改裘而加武與帶絰矣武吉冠之卷也加武者明不改冠亦不免也此鄭說始死及小歛時之弔服也周官司服云凡弔事弁絰服注云弁絰者如爵弁而素加環絰論語曰羔裘玄冠不以弔禮記雜記凡弁絰其衰侈袂注云弁絰服者弔服也孔疏引舊說以此爲大歛後之弔服至成服以後則用衰麻司服所謂錫衰緦衰疑衰是也是弔服有四變也金氏榜禮箋云弔服錫衰緦衰疑衰皆有絰帶弔者加絰與衰咸視主人爲節未小歛吉服而往天子爵弁服諸侯卿大夫皮弁服士玄冠朝服既小歛天子爵弁加絰諸侯卿大夫皮弁加絰謂之弁絰士則易玄冠素委貌絰加絰焉雜記小歛環絰公大夫士一也謂此主人既成服則弔者亦服衰而往天子爲三公六卿錫衰爲諸侯緦衰爲大夫士疑衰諸侯卿大夫爲弔服錫衰士弔服疑衰其尊卑之差也案舊說弔服凡有四變金說則小大歛同服凡有三變求之經傳金說爲允弁絰服依禮是小歛後大夫之弔服而鄭注司服引論語說之不知羔裘玄冠乃始死之弔服不得在小歛之後禮記檀弓云夫子曰始死羔裘玄冠者易之而已羔裘玄冠夫子不以弔孔疏謂養疾者朝服羔裘玄冠即是朝服始死則易去朝服著深衣故

云易之考問喪云親始死扱上衽注上衽深衣之裳又既夕注謂始死易深衣皆孔疏所本既是主人深衣則弔者亦可服深衣故羔裘玄冠夫子不以弔正指始死時之弔服而言家語子夏問篇季桓子死魯大夫朝服而弔子游問於孔子曰禮乎夫子不答他日又問夫子曰始死羔裘玄冠者易之而已汝何疑焉家語此文與檀弓正可互證蓋當時大夫亦用朝服爲弔服不用皮弁與士同也主人於襲始死易朝服爲深衣弔者方用深衣如主人仍用朝服當時弔者亦用朝服所謂視主人爲節也夫子不答子游之問正以舊禮不是如此不能遽責弔者以無禮也始死弔服用深衣此特夫子之制亦以朝服爲弔服於心未安故也深衣之裘當用狐貉爲之其首服或緇布冠與自來解者誤依鄭司服注以羔裘玄冠不以弔爲小斂後弔服則小斂之前羔裘玄冠以往者將不謂之弔乎且小斂後亦豈有用朝服以弔者此實於理未達矣○注喪主至異服○正義曰檀弓云奠以素器以生者有哀素之心焉注哀素言哀痛無飾凡物無飾曰素是喪主素也禮祭服皆玄衣是吉主玄也白虎通喪服篇玄冠不以弔者不以吉服臨人凶示助哀也是吉凶當異服

也皇本異服下有故不相弔也五字

吉月必朝服而朝

注孔曰：吉月，月朔也。朝服，皮弁服。正義曰朝服者冠弁服也集注以爲孔子在魯

致仕時之禮其義甚允先從叔丹徒君駢枝曰鄉黨記禮之書也吉月必朝服而朝禮也孔子述之而七十子之徒記之也玉藻曰諸侯皮弁以聽朔於太廟朝服以日視朝於內朝聽朔亦謂之視朔視朝亦謂之聽朝雖有在朝在廟之異其爲君臣相見聽治國政則同既視朔則疑於不復視朝也故曰吉月必朝服而朝明不以一廢一也朝正者一年之禮也視朔者一月之禮也視朝者一日之禮也不以月廢日不以大禮廢小禮也玉藻記孔子之言曰朝服而朝卒朔然後服之是其義也曰卒朔然後朝不已晏乎曰周以夜半爲朔其時早矣卒朔而朝無妨也其曰朝服而朝何也曰告朔則朝於廟春秋書閏月不告月猶朝於廟是也但言朝則未知朝於廟與朝於內朝與故以其服別之也朝服對皮弁而言之也謹案丹徒君此說亦備一義王氏引之經義述聞從之然王謂吉月爲告月之譌引緇衣篇尹吉鄭注吉當爲告爲證又謂古無稱朔日爲吉月者天官大宰正月之吉地官黨正孟月吉日族師月吉皆日之善者日之善者不必爲朔日也其說似是而非蓋告朔乃天子之禮天子告朔於諸侯歲僅一次諸侯受

而藏之祖廟每月朔朝廟而視之然後頒而行之惟視朔
爲每月常行人所易忽故人臣或於視朔時自以已見君
遂不復朝也今改吉月爲告月於情事未能合矣月朔稱
吉月取令善之義必謂月朔不可稱吉亦失之拘月吉倒
文稱吉月猶詩言朔月辛卯爲月朔也夏氏炘學禮管釋
周禮大宰大司徒鄉大夫州長大司馬大司寇布憲皆言
正月之吉鄭君以周正朔日解之族師月吉鄭君以每月
朔日解之詩小明二月初吉毛公亦以朔日解之此相傳
之古訓也吉訓善不訓始然亦有始義爾雅元始也元又
訓善故天子之善士名元士則吉訓善亦可訓始故凡始
月始日皆以吉名之所謂吉人爲善惟日不足故履端於
始尤其爲善之初先王勗人之意蓋如此案夏氏從集注
以此節爲孔子禮義自優但謂劉以吉月爲告月輕改經
字則非改吉月爲告月乃王氏說非騈枝有此言○注朝
服皮弁服○正義曰鄭注云朝服皮弁服也此僞孔所本
曾子問諸侯相見必告于禰朝服而出視朝疏引熊氏說
亦以爲皮弁服蓋因鄭此注而誤也玉藻言諸侯皮弁以
聽朔疑鄭以論語此文指朝廟言之蓋視朔之禮君臣同
用皮弁以朝於廟也然皮弁不得言朝服秦氏蕙田五禮
通考皮弁自皮弁服朝服自朝服未有以皮弁爲朝服者

何也蓋皮弁天子視朝之服玄端卿大夫視私朝之服二者似皆可稱朝服而不然者以在朝君臣同服而皮弁綦飾有五采三采之不同玄端服則有玄裳黃裳雜裳之別獨冠弁爲諸侯君臣之朝服上下同之其不同者惟諸侯白舄大夫士白屨諸侯之羔裘純色大夫羔裘豹袖二端無大分別故謂之朝服也玉藻稱朝服而朝卒朔然後服之夫告朔之服皮弁服也必卒朔而視朝然後脫皮弁而服朝服則朝服非皮弁服甚明孔氏廣森經學卮言觀儀禮記皮弁與朝服截然異名不相叚借況皮弁爲天子之朝服稱名之際尤所宜謹然則朝服當指冠弁服用玄冠緇衣素裳矣

齊必有明衣布注孔曰以布爲沐浴衣 正義曰御覽五百卅引鄭注云明衣親身衣所以自潔清也以布爲之案親身衣卽汗襗襦袴之屬因其潔清故稱明衣衣者上下服之通稱士喪禮明衣裳用布注云所以親身爲圭潔也旣夕記明衣裳用幕布袂屬幅長下膝有前後裳不辟長及轂縓綼緆緇純此襲尸之服與生人明衣必異制但以同是潔清故均稱明衣耳士昏禮姆加景注云景之制蓋如明衣加之以爲行道禦塵令衣鮮明也鄭意以景衣加於外以禦塵猶明衣爲親身以遠汚垢其制之意同故舉爲況

也○注以布爲沐浴衣○正義曰玉藻云將適公所宿齊戒居外寢沐浴是凡齊宜沐浴也玉藻又云君衣布晞身是浴竟有布衣之也士喪禮浴用巾挋用浴衣設明衣裳彼文言明衣裳爲浴後襲尸之服鄭君以爲去浴衣而衣之是也僞孔以生人沐浴有明衣亦是暗據彼文但喪禮之明衣裳不爲浴衣此注直以明衣爲沐浴衣誤矣說文云沐濯髮也浴洒身也論衡譏日篇沐者去首垢也浴者去身垢也

歙　洪祖詒
休寧張嗣銓　校刊

清寶應劉氏本論語正義

第三册

清 劉寶楠撰

中國國家圖書館藏清同治五年寶應劉氏刻本

山東人民出版社·濟南

論語正義卷十三

寶應劉寶楠學

齊必變食注孔曰改常饌

注改常饌○正義曰周官膳夫王日一舉王齊日三舉注鄭司農云齊必變食賈疏齊謂散齊致齊齊必變食故加牲體至三太牢案古人日三食王日一舉謂朝時用一太牢並日中夕皆食之至齊時則日中及夕皆特殺與平時常饌異所謂變食者也凌氏曙典故覈云變食者謂盛饌也君子敬其事則盛其禮故不餕餘也國語曰大夫舉以特牲士食魚炙然則夫子之變食或特牲而不餕餘焉案莊子人間世顏回曰回之家貧惟不飲酒不茹葷者數月矣若此則可以爲齊乎曰是祭祀之齊非心齊也據周語言耕籍前五日王入齊宮飲醴醴味醨淡與酒不同故莊子言不飲酒也不茹葷者禮玉藻注葷者薑及辛菜也荀子哀公篇夫端衣玄裳絻而乘路者志不在於食葷端衣玄裳絻是齊服楊倞注葷葱薤之屬也不飲酒不茹葷是異常饌解者誤以葷爲肉食而凡齊皆禁用之與禮意悖矣士喪禮記言人子養疾皆齊而曲禮言父母有疾食肉不至

變味飲酒不至變貌齊時或可飲酒則謂齊禁肉食於古無徵矣高誘注呂覽孟春紀引齊必變食二句云自禮潔也禮潔亦不餕餘之意

居必遷坐〔注〕孔曰易常處

注易常處○正義曰說文亞止也坐古文亞釋名釋姿容坐挫也骨節挫屈也江氏永圖考曰古人之坐兩膝著地而坐於足與跪相似但跪者直身又謂之跽跽危而坐安此跪坐之別也案居與尻同居卽是坐言遷坐者謂所居之處耳胡氏培翬燕寢考既夕記士處適寢又云有疾疾者齊注云適寢者不齊不居其室禮記檀弓曰君子非致齊也非疾也不晝夜居於內注內正寢之中玉藻云將適公所宿齊戒居外寢外寢正寢也穀梁傳云公薨於路寢路寢正寢也寢疾居正寢正也大戴禮盛德篇云此天子之路寢也不齊不居其室古者自天子以至於士常居皆在燕寢惟齊及疾乃居於正寢鄉黨所云齊居必遷坐以此孔注云易常處蓋常處在燕寢至齊必遷居正寢今案皇疏引范甯云齊以敬潔爲主以期神明之亯故改常之食遷居齊室也齊室卽適寢既居在適寢則宿亦在適寢論語無文從可知也

食不厭精膾不厭細

正義曰張栻解厭當作平聲言不待精細者而後屬厭也案周語不可厭也韋注厭足也

晉語民志無厭韋注厭極也夫子疏食飲水樂在其中又以士恥惡食爲不足與議故於食膾皆不厭精細也精者善米也東山經精用五種之精郭注以爲五穀之美九章算術糲米率三十粺米二十七鑿米二十四侍御二十一是侍御爲米之極精矣膾者說文云膾細切肉也釋名釋飲食膾會也細切肉散分其赤白異切之乃會和之也少儀云牛與羊魚之腥聶而切之爲膾注云聶之言牒也先藿葉切之後報切之則成膾又內則云肉腥細者爲膾大者爲軒注云言大切細切異名也膾者必先軒之所謂聶而切之也李氏惇羣經識小謂其制與今之肉絲相似釋文膾本又作鱠

食饐而餲注孔曰饐餲臭味變**魚餒而肉敗不食**注魚敗曰餒

正義曰朱氏彬經傳考證解此文云而與若同猶與也釋文餒本又作餧史記世家作餧敗者說文云毀也爾雅釋器肉謂之敗郭注以爲臭腐○注饐餲臭味變○正義曰爾雅釋器饐謂之餲郭注飯饖臭說文饐飯傷溼也餲飯餲也字林饐飯傷熱溼也餲食敗也饐與餲爲淺深之異廣雅釋詁胺敗也釋器餲臭也胺餲一聲之轉段氏玉裁說文注皇侃云饐謂飲食經久而腐臭也餲謂經久而味惡也是則孔注本作饐臭餲味

變也今本誤倒○注魚敗曰餒○正義曰皇本此注作孔曰爾雅云魚謂之餒郭注肉爛說文餒下一曰魚敗曰餒論語釋文引字書作餧廣雅釋詁餧敗也釋器餧臭也義訓並同**色惡不食臭惡不食**正義曰色惡臭惡謂凡生熟物色味有變也月令春其臭羶夏其臭焦中央土其臭香秋其臭腥冬其臭朽皆謂味也皇本作臭惡此後出俗字周官內饔職辨腥臊羶香之不可食者牛夜鳴則庮羊冷毛而毳羶犬赤股而躁臊鳥皫色而沙鳴貍豕盲眡而交睫腥馬黑脊而般臂螻注云腥臊羶香可食者是別其不可食者則所謂者皆臭味也冷毛毛長總結也皫失色不澤美也沙澌也交睫腥腥當爲星聲之誤肉有如米者似星般臂臂毛有文鄭司農云庮朽木臭也螻螻蛄臭也賈疏引此文色惡臭惡說之**失飪不食**注孔曰失飪失生熟之節**不時不食**注鄭曰不時非朝夕日中時注失飪失生熟之節○正義曰方言飪熟也徐揚之間曰飪說文飪大熟也廣雅釋詁作餁同鄭注文王世子云飪生熟之節此孔所本爾雅摶者謂之糷米者謂之糪郭注糷飯相著糪飯中有腥腥與生同即生字說文生不熟也江氏永曰失飪有過熟有

不熟不熟者尤害人也爾雅惟言飯之失飪肉物亦有之肉之過熟者亦謂糜爛半腥半熟者謂之爛祭禮腥法上古爓法中古熟之爲脠進後世之食若生人之食不可不熟也案過熟無傷於人夫子不食專指未熟言○注不食非朝夕日中時○正義曰方氏觀旭偶記左傳卜楚丘云食日爲二是一日之中食有常時也閻沒女寬云或賜二人酒不夕食謂不及待夕之時而食也禮內則云孺子食無時則成人以上食必有時也詩蝃蝀傳云從旦至食時爲終朝孟子云朝不食夕不食淮南子云臨於曾泉是謂蚤食次於桑野是謂晏食並是食時之證又云鄭以朝夕日中爲三時亦大略言之其實貴賤猶有分別天子食則四時諸侯三時大夫以下惟朝夕二時四時者白虎通云王者平旦食晝食晡食暮食三時者玉藻云諸侯朝服以食特牲三俎祭肺夕深衣祭牢肉注天子言日中諸侯言夕天子言餕諸侯言祭牢肉互相挾則特牲三俎在朝時日中又餕之二食者內則云由命士以上昧爽而朝慈以旨甘日入而夕慈以旨甘又云父母在朝夕恒食子婦佐餕是也今案周官膳夫王齊日三舉齊是盛禮不過三舉則天子三食可知既夕記燕養饋羞湯沐之饌如他日注云饋朝夕食也疏云鄭注鄉黨云不時非朝夕日中時一

日之中三時食今注云朝夕不言日中者或鄭略之亦有日中也或以死後略去日中直有朝夕食也此賈據鄭注朝夕日中時爲上下通禮非有四食三食再食之異論語太師摯等爲殷人或者殷禮天子四時食也經傳多略日中者舉日中則朝夕可知惟既夕之饋當無日中賈疏後說是也疏云一日之中三時食此句未知爲鄭注抑賈釋鄭義今臧宋輯本列入注中稍失闕疑之意公羊僖三十三年傳十有二月賈霜不殺草李梅實何以書記異也何異爾不時也王制五穀不時果實未熟不粥於市又漢書召信臣傳大官園種冬生葱韭菜茹覆以屋廡晝夜蘊火待溫氣乃生信臣以爲此皆不時之物有傷於人不宜以奉供養後漢書鄧皇后紀詔曰凡供薦新味多非其節或鬱養彊孰或穿掘萌芽味無所至而夭折生長豈所以順時育物乎傳曰非其時不食自今當奉祠陵廟及給御者皆須時迺上二說並爲不時解者多據以釋此文亦通**割不正不食不得其醬不食**

〔注〕**馬曰魚膾非芥醬不食**　正義曰爾雅釋言割裂也周官內饔注割肆解也少牢饋食禮牢心舌載於肵俎心皆安下切上午割勿沒其載於肵俎末在上舌皆切本末亦午割勿沒注云牢羊豕也安平也

平割其下於載便也凡割本末食必正也彼文是言祭禮割法賈疏引此文說之則意孔子燕食其割法畧得同矣邢疏云割不正謂折解牲體脊脅臂臑之屬禮有正數若解割不得其正則不食也毛氏奇齡凌氏廷堪並主其說毛云此與周禮掌割烹之事必先辨體名少牢禮辨羊豕必分前體後體自肩臂臑膊及三脊三脅凡十一體所謂諸子正六牲之體者不特大祭祀有之凌云如鄉飲酒賓俎脊脅肩肺主人俎脊脅臂肺肩尊臂卑是正數也若賓俎用臂主人俎用肩則尊卑倒置卽爲割不正此說亦通但凌謂牲體爲割胾膾爲切少牢所云是切非割譏賈疏引鄉黨文爲誤則少牢文上言切下言午割割切通言賈未誤也江氏永圖考曰凡割切皆當有法肉體亦有不能盡割以正者聖人惟食其正者耳又羣經補義曰食肉惟取其方正者則不正之割自不來前矣配食之醬如醢醢皆不設此家人進食者之小過夫子偶一不食微示其意後自知設醬得宜矣凡此皆未嘗形於言怒於色庶幾不失聖人氣象○注魚膾非芥醬不食○正義曰說文云醬醢也酒已和醬也醢肉醬也周官膳夫注醬謂醢醢也汪氏烜四書詮義醬者醯醢鹽梅之總名古人設食皆以醢與殽相閒如內則牛炙醢牛胾醢牛膾羊炙羊胾醢豕炙

醓豕胾芥醬魚膾雉兎鶉鴽一節又如腶脩蚳醢脯羹兎醢麋膚魚醢魚膾芥醬麋腥醢醬桃諸梅諸卵鹽又周禮韭菹醓醢昌本麋臡菁菹鹿臡茆菹麇臡葵菹蠃醢脾析蠯醢蜃蚳醢豚拍魚醢芹菹兎醢深蒲醓醢箈菹鴈醢筍菹魚醢之類此皆必以氣味相宜或性相制故相配而設皆所謂得其醬也殽與醢並設食則以其物濡醢而食之蓋此節乃侍御陳設者之失非烹調之失說者多以內則濡雞醢醬濡魚卵醬條實此失之矣濡雞濡魚有失則失飪之事非陳設之不備也案汪說甚備此注但言魚膾芥醬亦是舉一以概其餘

肉雖多不使勝食氣唯酒無量不及亂正義曰氣猶性也周官瘍醫以五氣養之五氣即五穀之氣人食肉多則食氣爲肉所勝而或以傷人說文旣小食也論語云不使勝食旣段氏玉裁說魯論作氣古論作旣用假借或援許氏小食之訓解論語非也呂氏春秋孝行覽節飲食肉雖多不使勝食氣正用魯論此文鄭注中庸云旣讀爲餼注聘禮云古文旣爲餼是旣氣通用量猶度也凌氏廷堪說肉雖多不使勝食氣爲食禮言之也惟酒無量不及亂爲燕禮言之也胡氏培翬研六室文鈔亟稱凌說爲之明其義云以公食禮考之初設正饌次設加饌正饌有牛

俎羊俎豕俎魚俎腊俎腸胃俎膚俎醢醓麋臡鹿臡三者盛於豆此下大夫六豆也加餼有牛腳牛炙牛胾牛鮨羊臐羊炙羊胾豕膮豕炙豕胾魚膾肉可不謂多與然而黍稷六簋宰夫設之稻粱二簋公親設之賓初食稻粱三飯即止卒食黍稷不以醬湆是所謂以穀爲主不使肉勝食氣也又以燕禮考之尊於堂上東楹之西西者兩方壺尊於堂下門西者兩圜壺初時獻賓賓酢主人主人自酢主人酬賓二大夫媵爵于公公取媵爵酬賓禮亦盛矣而獻卿獻大夫後復作樂以樂賓立司正以安賓脫屨升席旅坐盡歡至於爵行無算眞所謂無量矣然而君曰無不醉有命徹冪則必降階下拜明雖醉正臣禮也賓醉而出鐘人爲之奏陔則以所執脯賜鐘人明雖醉不忘禮也此非所謂以醉爲節而不及亂乎然則此節或夫子嘗言其禮如此或出聘鄰國鄰國食之燕之夫子一守禮經記者因爲記之俱未可知案凌氏此說甚核然凌主禮食不兼常食於義稍隘蓋常食如賓朋燕飲亦得備物盡歡也

沽酒市脯不食正義曰沽與酤同說文云酤一宿酒也一曰買酒也說文具二義一宿之酒卽是醴酒不應夫子不食然則沽酒當謂買酒也廣雅釋詁酤買也酤爲買賣通稱說文廣雅各舉其一耳周官萍氏幾酒謹酒

注云幾酒苛察沽買過多非時者是周時有酤酒漢書食貨志王莽居攝羲和魯匡言百禮之會非酒不行故詩曰無酒酤我而論語曰酤酒不食二者非相反也夫詩據承平之世酒酤在官和旨便人可㠯相御也論語孔子當周衰亂酒酤在民薄惡不誠是㠯疑而弗食此引論語作酤御覽資產部引亦作酤酤本字沽水名叚借字梁氏玉繩瞥記酒正注作酒有功沽之巧疏云功沽謂善惡夏官司兵注功沽上下義同因思論語沽酒當是酒之惡者梁此說亦通但酒當云飲而云不食古人趁文不分別也說文市買賣所之也脯乾肉也釋名釋飲食脯搏也乾燥相搏著也周官腊人掌乾肉凡田獸之脯腊膴胖之事注云薄析曰脯內則牛脩鹿脯田豕脯麋脯麕脯注云脯所謂析乾牛羊肉也市脯不食亦恐其不精潔且恐日久味少變也

不撤薑食注孔曰撤去也齊禁葷物薑辛而不葷故不去

不多食注孔曰不過飽

正義曰撤宋九經本作徹薑辛辣多食生內熱之疾故不多食陶宏景注本草祝穆事文類聚皆如此解閻氏若璩釋地不多食承上薑說與惟酒無量不及亂一例○注齊禁葷物薑辛而不葷故不去○正義曰集解從孔說以食不厭

精至不多食皆齊禮故孔解此爲齊禁葷物但不去薑耳朱子集注以明衣變食遷坐爲齊禮食不厭精以下爲禮食常食之節於義更合說文薑禦濕之菜也本草經乾薑主逐風濕痺腸澼下痢生者尤良久服去臭氣通神明是其功用有益於人故每食餕不撤去之玉藻注謂葷有薑此言薑不葷者散文辛亦爲葷對文葷辛異也姚氏鼐經說古者有庋食之閣大夫于閣三士于坫一大夫七十而有閣則未知孔子之已有閣與其坫也與凡食畢鼎食則徹于造脯醢葷菜則不徹庋以備時食所以優尊者也禮夜侍坐于君子君子問夜膳葷請退可也故不徹葷者禮也薑亦葷也孔子以爲葱䪥之類氣皆濁不若薑之淸則所庋薑而已

祭於公不宿肉注周曰助祭於君所得牲體歸則以班賜不留神惠**祭肉不出三日出三日不食之矣**注鄭曰自其家祭肉過三日不食是褻鬼神之餘注助祭至神惠○正義曰雜記大夫冕而祭於公士弁而祭於公注助君祭也是大夫士有助祭之禮禮運仲尼與於蜡賓史記世家魯今且郊如致膰於大

夫則吾猶可以止本篇云入太廟皆夫子助祭之徵周官大宗伯於兄弟有脤膰異姓有賀慶此互文明兼有之也穀梁定十四年傳脤者何也俎實也祭肉也生曰脤熟曰膰說文𧞤宗廟火孰肉春秋傳曰天子有事𧞤焉今或作燔作膰又說文胙祭福肉也左僖九年傳王使宰孔賜齊侯胙脤膰胙皆祭肉名天子諸侯祭畢助祭之臣皆班賜之以均神惠卽此注所云牲體也少儀言致膳之法云其禮大牢則以牛左肩臂臑折九箇少牢則以羊左肩七箇犆豕則以豕左肩五箇注折斷分之也皆用左者右以祭也羊豕不言臂臑因牛序之可知由少儀此文推之凡天子諸侯所班之胙是依牢禮爲之其牲體當亦準此矣曲禮云凡祭於公者必自徹其俎疏云此謂士助君祭也若大夫以上則君使人歸之然則助祭之臣亦得各獻俎肉禮所云賓俎者也與君賜之胙同名爲脤膰故江氏永以膰肉不至爲賓俎而左昭十六年傳亦云爲嗣大夫喪祭有職受脤歸脤受脤謂受君賜歸脤則君使人歸之賓俎也祭公不宿之肉當兼君賜及己所獻之俎注言所得牲體當專指賜胙不及歸俎或是舉一以例之耳凡殺牲皆於祭日旦明行事至天子諸侯祭之明日又祭謂之繹祭祭畢乃頒所賜肉及歸賓客之俎則胙肉之來或已三日

故不可再宿○注自其至之餘○正義曰少儀爲人祭曰致福爲己祭而致膳於君子曰膳袝練曰告凡膳告於君子主人展之以授使者於阼階之南南面再拜稽首送反命主人又再拜稽首注此皆致祭祀之餘於君子也攝主言致福申其辭也自祭言膳謙也袝練言告不敢以爲福膳也展省具也此致祭肉之禮所以云不出三日者卿大夫祭後又祭曰賓尸本日無暇致胙又禮賜君子與小人不同日自諸父兄弟逮及賤者須有先後故必二日而徧合前祭日爲三日也過三日則肉不堪食必爲人所棄是褻鬼神之餘爲不敬矣出三日不食之文正申明不出三日之故

食不語寢不言　正義曰詩公劉傳直言曰言論難曰語禮雜記注言言已事爲人說爲語是言語義別此文互見之也書鈔禮儀部七引鄭此注云爲其不敬明當食寢非言語時也王氏瑬正義引任啟運曰當食時心在於食自不他及日常如此故記之若禮食相會豈無應對辭讓之文祭與養老更有合語乞言之禮但行禮時則語食時自不語也

雖疏食菜羹瓜祭，必齊如也。（注）孔曰：齊，嚴敬貌。三物雖薄，祭之必敬。

正義曰：皇本疏作蔬，誤。菜羹者，以菜爲羹也。說文云：鬻，五味盉羹也。小篆作羹。羹，釋名釋飲食：羹，汪也，汁汪郎也。爾雅釋器：肉謂之羹。言肉之有汁者也。凡肉汁和以鹽菜爲鉶羹，不和鹽菜爲大羹。其常食之羹，如雞犬兎及菜羹，皆和米屑作之。呂覽愼人云：孔子窮於陳蔡之閒，藜羹不糝。糝，卽米屑也。內則別有芼羹，菫荁葵薇之類，彼是禮食。此文菜羹與疏食相儷，則但謂藜藿之類耳。瓜，魯論作必，鄭注云：魯讀瓜爲必，今從古。李氏惇羣經識小：必字从八弋，篆文作𠂤，與瓜相近而誤。李氏此說用魯論義得之。臧氏庸拜經日記：公羊襄二十九年傳：飲食必祝。注：祝，因祭祝也。論語曰：雖疏食菜羹瓜祭，是也。何劭公止通今學，不當引古論，此葢用魯論之文以證傳中必祝，後人誤據今本改之。案：臧挍是也。鄭所以從古者，瓜字義亦可通。玉藻云：瓜祭上環，食中，棄所操。注云：上環，頭忖也。錢氏坫後錄：上環是壹間，下環是脫華處。食瓜者必祭用上環，而食其中。忖，忖卽刌字，刌之言切也。此瓜祭之說，鄭之所以必從古與？案：從古論，則祭字當爲一句。瓜有二種：一果實，一蓏實。此是果食，卽曲禮所云削瓜也。皇本作菰此形近之誤食所以有祭者禮運曰昔者先王未有火化食草木之實鳥獸之肉飲其血茹其毛後聖有作然後修火之利范金合土以炮以燔以烹以炙以爲醴酪以養生送死以事鬼神上帝皆從其朔此以祭之所以報功不忘本也春官大祝辨九祭一曰命祭二曰衍祭三曰炮祭四曰周祭五曰振祭六曰擩祭七曰絶祭八曰繚祭九曰共祭此通言祭食之禮義具彼注凡祭皆出少許置之籩豆之閒或上豆或醬湇之閒淩氏廷堪禮經釋例言之詳矣公食大夫禮魚腊醬湇不祭注云不祭者非食物之盛者疏云以其有三牲之體魚腊醬湇非盛者故不祭也玉藻云唯水漿不祭若祭爲已偞卑注云水漿非盛饌也祭之爲大有所畏迫臣於君則祭之疏云言食於敵體之人若祭水漿爲大厭降也卑微有所畏迫也臣於君則祭之者公食大夫禮祭饌漿是也據此是盛物方祭非盛物或可不祭夫子家居所食雖極之疏食菜羹亦必祭之又必致其肅敬之容所謂不敢以菲薄廢禮者也○注齊嚴敬貌三物雖薄祭之必敬○正義曰齊者整肅故訓嚴敬今人讀側皆反非也孔云三物亦從鄭作瓜

席不正不坐　正義曰說文云席藉也謂以席藉之於地也凡先設迫地者爲筵後加者爲席故春官序

官注云鋪陳曰筵藉之曰席然其言之筵席通矣謂散文筵席得通稱也禮器云諸侯三重大夫再重據司几筵天子亦三重則天子諸侯制同天子諸侯同是三重則士與大夫亦同是再重可知凡席之名司几筵有莞繅次蒲熊又有葦柏莞者蒲類繅者削蒲蒻展之編以五采次者桃枝席有次列成文柏者鄭司農謂迫地之席康成謂椁字磨滅藏中神坐之席不言席身所用又禮器有越席郊特牲有蒲越稾鞂玉藻有蒯席尚書有篾席底席豐席筍席玉府有衽席越即蒲越稾鞂者用禾稾爲之蒯者草名篾者析竹之次青爲之底席即蒲席豐者刮涑竹席筍者析竹青皮衽者臥席其字從衣疑以布爲之加於席上凡皆諸席異稱也不正者謂設席有所移動偏斜也下文云君賜食必正席先嘗之曲禮云主人跪正席客跪撫席而辭可知凡坐時皆有正席之禮夫子於席之不正者必正之而後坐也

鄉人飲酒杖者出斯出矣（注）孔曰杖者老人也鄉人飲酒之禮主於老者老者禮畢出孔子從而後出　正義曰稱鄉人者言同一鄉

鄉之人與下鄉人儺同周官酒正有爲公酒者疏云鄉射飲酒數事爲國行禮不可斂民故得公酒又族師疏云州長黨正有飲酒禮皆得官物爲之然則此文飲酒亦是公酒○注杖者至後出○正義曰說文云杖持也曲禮注云杖可以策身呂氏春秋異用云孔子以六尺之杖諭貴賤之等辨疏親之義所云六尺亦大略言之王制云五十杖於家六十杖於鄉七十杖於國八十杖於朝此行鄉飲年六十以上有杖於鄉即注所云老人也禮鄉飲酒義疏云前後凡有四事一則三年賓賢能二則鄉大夫飲國中賢者三則州長習射飲酒也四則黨正蜡祭飲酒總而言之皆謂之鄉飲酒鄉則三年一飲州則一年再飲黨則一年一飲也段氏玉裁經韵樓集說鄉飲酒禮古謂之饗說文饗鄉人飲酒也從鄉食會意其禮主於養老賓興賢能之文見於鄉飲酒義者乃用尚齒之禮以禮賢能鄉大夫之職所謂以禮禮賓之者也方氏觀旭偶記此經云杖者出斯出矣是主於敬老黨正職云國索鬼神而祭祀則以禮屬民而飲酒於序以正齒位鄉飲酒義第五節云六十者坐五十者立侍以聽政役所以明尊長也六十者三豆七十者四豆八十者五豆九十者六豆所以明養老也注以黨正正齒位之禮解之與此經有杖者同是敬老之事故

知此鄉人飲酒爲黨正蜡祭飲酒也若鄉大夫飲國中賢者與州長習射飲酒無關養老其賓賢能之鄉飲酒則以鄉學之士將升者賢者爲賓其次爲介其次爲衆賓皆是年少者爲之不得有杖者也禮言六十杖於鄉夫子與鄉人飲酒而出後杖者則時爲立侍之衆賓可知黨正飲酒亦稱鄉者黨鄉之細與州長以禮會民而射於州序之飲同得爲鄉飲酒康成云謂之鄉者州黨鄉之屬也又有別解云或則鄉之所居州黨鄉大夫親爲主人焉是也蜡祭飲酒初雖正齒位及其禮末皆以醉爲節雜記云子貢觀於蜡曰一國之人皆若狂是旣醉而出之時不復有先後之次此夫子杖者出斯出矣所以爲異於人案方說卽此注意鄉飲酒禮云明日息司正記云微惟所欲以告于先生君子可也注云先生不以筋力爲禮於是可以來君子國中有盛德者是賓賢能之禮不主養老故惟蜡飲近之又族師有春秋祭酺詩鳧鷖有祭社宗燕飲皆民閒自爲飲酒之事其禮亦非養老解者多援以釋論語蓋未是

鄉人儺朝服而立於阼階注孔曰儺驅逐疫鬼恐驚先祖故朝服而立於廟之阼階　正義曰周官占夢云季冬遂令始難歐疫注難謂執兵以有難

卻也故書難或爲儺杜子春儺讀爲難問之難其字當作難月令季春之月命國難九門磔攘以畢春氣仲秋之月天子乃難以達秋氣季冬之月命有司大難旁磔出土牛以送寒氣段氏玉裁周禮漢讀考案儺杜子春讀爲難問之難而鄭從之故占夢相氏注皆云難卻於月令季春季秋季冬注云此難難陰氣也此難難陽氣也難皆當讀乃旦反案淮南時則訓高誘注儺猶除也儺讀躁難之難譙周論語注儺卻之也並同杜鄭之義舜典而難任人亦謂屏卻之鄭此注云儺魯讀爲獻今從古十二月命方相氏索室中逐疫鬼段氏玉裁周禮漢讀考謂鄭從古論作難後人改之加偏旁耳方相氏疏引論語正作難劉昌宗依杜難音乃旦反是也臧哀音乃多反乃詩竹竿儺字之音陸氏無識於方相氏月令郊特牲鄉黨皆音乃多反淺人反以儺爲敺疫正字改易淆譌音形俱失案乃旦乃多一音之轉若以古正音則當是乃多故隰桑以阿難何爲韻而魯讀儺亦爲獻也阮氏元校勘記郊特牲汁獻涗於醆酒注獻讀當爲莎齊人語聲之誤也此讀儺爲獻亦聲近之誤案儺獻既由聲近獻字或用叚借未必爲誤字矣郊特牲鄉人禓孔子朝服立于阼注云禓强鬼也謂時儺索驅疫逐彊鬼也禓或爲獻或爲儺段氏説文注疑易

聲與獻儺音理遠隔記當本是裼字從示易聲則與獻難
差近其說似是而非任氏大椿弁服釋例說曰裼自為彊
鬼之名儺自為攘祭之名郊特牲言鄉人裼言於儺時驅
逐疫鬼又兼驅逐裼祭之名以裼名祭也說文裼道上祭也
急就篇謁裼塞禱鬼神寵顏師古注裼道上之祭也蓋驅
逐彊鬼而祭之於道上也案任說是也但彊鬼即疫鬼不
必分爲二言鬼名則曰裼言驅除此鬼則曰儺其後叚鬼
名以爲祭名則亦曰裼太平御覽五百二十九引世本云
微作裼五祀注微者殷之八世孫也裼者強死鬼也謂時
儺索室驅疫逐強死鬼也此驅疫鬼稱裼之證禮記別本
作獻與魯讀同作儺與古論同徐仙民音裼爲儺大誤裼
從易聲自讀如傷也月令季春注云陰寒至此不止害將
及人所以及人者陰氣右行此月之中日行歷昴昴有大
陵積尸之氣氣佚則厲鬼隨而出行仲秋注云陽暑至此
不衰害亦將及人所以及人者陽氣左行此月宿値昴畢
昴畢亦得大陵積尸之氣氣佚則厲鬼亦隨而出行季冬
注云陰氣右行此月之中日歷虛危虛危有墳墓四司之
氣爲厲鬼將隨彊陰出害人也孔疏於季冬云言大者以
季春唯國家之難仲秋唯天子之難此則下及庶人故云
大難據此則三之儺惟季冬之儺通於上下而皇侃論語疏

反主季春非也周官方相氏狂夫四人掌蒙熊皮黃金四目玄衣朱裳執戈揚盾帥百隸而時難以索室毆疫注云方相猶言放想可畏怖之貌蒙冒也冒熊皮者以驚毆疫癘之鬼如今魌頭也時難四時作方相氏以難郤凶惡也月令季冬命國難索廋也此以方相氏兼有三難而季冬爲大難稱四時者趁辭非季夏亦有儺也論語儺在季冬故鄭以十二月解之又引方相文爲證矣阼階者說文云阼主階也儀禮鄉射禮注阼階東階士冠禮注阼猶酢也東階所以答酬賓客也釋文於阼本或作於阼階臧氏琳經義雜記郊特牲文與論語同亦無階字○注恐驚先祖故朝服而立於廟之阼階○正義曰郊特牲鄉人裼孔子朝服立于阼存室神也注云存室神神依人也疏云於時驅逐彊鬼恐已廟室之神時有驚恐故著朝服立于廟之阼階存安廟室之神使神依己而安也大夫朝服以祭故用祭服以依神孔疏之說卽僞孔此注義

問人於他邦再拜而送之注拜送使者敬也正義曰說文問訊也已或有事問人或聞彼有事使人問之凡問人有物以表意故問亦訓遺曲禮凡以弓劍苞苴簞笥問人是也此問人於

他邦亦當有物人指朋友言皇疏以問爲聘問人爲鄰國之君非也再拜卽禮之空首鄭注大祝以空首爲拜頭至手段氏玉裁釋拜以空首爲跪而拱手首俯至手故對稽首之頭著地而以不著地者爲空首王氏鎏正義以空首爲首俯而不至手首與尻平故荀卿言平衡曰拜但以手據地故曰拜手其首空懸故曰空首三説不同以王爲允王又云經中不見有空首之文以或言拜或言拜手皆空首也據王説則此文再拜當爲空首之再拜矣大祝七曰奇拜八曰褒拜鄭大夫云奇拜謂一拜也褒讀爲報報拜再拜是也凡拜有奇有耦耦者尤爲敬也曲禮君使反則拜送於門外已使歸則下堂而受命已使卑於君受命既在堂下則拜送亦必在堂下異於君使反送之禮矣少儀凡膳告于君子主人展之以授使者於阼階之南南面再拜稽首送是拜送不出門以彼例此知亦不出門矣江氏永圖考曰其時使者不答拜鄭注儀禮云凡爲人使不當其禮是也

康子饋藥（注）包曰饋孔子藥**拜而受之曰丘未達不敢嘗**（注）孔曰未知其故故不敢嘗禮也　正義曰周官疾醫以五藥養其病注養猶治也

病由氣勝負而生攻其羸養其不足者五藥草木蟲石穀也此饋藥當爲丸散之類拜而受之謂空首奇拜也玉藻云酒肉之賜弗再拜弗再拜則祇一用一拜饋藥亦酒肉之類用一拜與前再拜異也釋文引一本無而之二字說文云嘗口味之也引申爲飲食之義若詩酌言嘗之與此文不敢嘗皆謂飲之也鄭此注云饋遺也拜受敬也曰丘未達言不服之義藥從中制外故當慎也案饋遺也者鄭注檀弓坊記並同說文饋餉也周官玉府注古者致物於人尊之則曰獻通行曰饋拜受敬也者禮大夫賜皆拜受於家故此拜曰受爲敬也據鄭云拜受亦似經文無而之二字上未達云云者達猶曉也言不曉此藥治何疾恐飲之反有害也服者言病宜以此藥服之曲禮醫不三世不服其藥是也集注引楊氏曰未達不敢嘗謹疾也必告之直也○注饋孔子藥○正義曰皇本作遺孔子藥也釋文遺唯季反本今無此字案無遺字則孔子上當有饋字即邢疏所據本○注未知其故○正義曰故猶言性也

廄焚子退朝曰傷人乎不問馬（注）鄭曰重人賤畜退朝自君之朝來歸　正義曰說文廄馬舍也𠬛古文從九汗簡引古論作𠬛即𠬛省釋名釋宮室廄勼也勼聚

也牛馬之所聚也廣雅釋言焚燒也左氏傳人火曰火天火曰災二者皆稱焚邢疏云不問馬一句記者之言也釋文傷人乎絕句一讀至不字絕句此誤讀不爲否也揚雄太僕箴廄焚問人仲尼深醜以問人爲醜則不徒問人此即釋文一讀之義○注退朝自君之朝來歸○正義曰少儀云朝廷曰退言臣自朝廷歸爲退也夫子仕魯爲大夫得有馬乘故鄭以退朝爲自朝來歸明此廄爲夫子家廄矣雜記云廄焚孔子拜鄉人爲火來者拜之士壹大夫再亦相弔之道也注云拜謝之是廄焚爲夫子家廄之證家語子貢篇孔子爲大司寇國廄焚鹽鐵論刑德篇魯廄焚孔子罷朝問人不問馬賤畜而重人也又揚雄太僕箴引此文亦似指公廄均與雜記異但是公廄則新延廄書於春秋此廄焚亦當書之今旣未書知宜爲家廄矣

君賜食必正席先嘗之（注）孔曰敬君惠也既嘗之乃以班賜**君賜腥必熟而薦之**（注）孔曰薦其先祖**君賜生必畜之**

正義曰食是熟食雖爲君賜然來自外間恐有不潔或兼有餕餘故不敢以薦腥者釋文云腥音星說文字林並作

胜云不熟也案說文腥星見食豕令肉生小息肉也此別
一義而與胜同从生故多叚腥爲胜字鄭此注云魯讀生
爲牲今從古考說文牲牛完全也引申爲凡獸畜之稱周
官庖人注始養之曰畜將用之曰牲鄭以言牲爲行禮時
所稱此賜生泛說平時不必言牲故從古論作生也畜者
詩我行其野傳云養也集注云畜之者仁君之惠無故不
敢殺也淩氏廷堪禮經釋例君賜食卽聘禮所謂飪也君
賜腥卽聘禮所謂腥也君賜生卽聘禮所謂餼也凡牲殺
曰饔生曰餼聘禮歸賓饔餼飪一牢鼎九設於西階前陪
鼎當內廉東面北上上當碑南陳牛羊豕魚腊腸胃同鼎
膚鮮魚鮮腊設扃鼏膷臐膮蓋陪牛羊豕牲之後已亨者謂
之飪腥二牢鼎二七無鮮魚鮮腊設于阼階前西面南陳
如飪鼎二列牲之未亨者謂之腥飪與腥皆饔也是牲之
殺者曰饔也又歸聘賓餼二牢陳于門西北面東上牛以
西羊豕豕西牛羊豕注餼生也是牲之生者曰餼也王氏
塗正義按淩氏以君賜當聘禮似精而未核聘禮記賜饔
惟羹飪筮一尸如饋食之禮假器於大夫注腥餼不祭則
明與此篇腥異矣蓋彼爲大禮三者一時俱致則獨薦飪
耳意者此爲尋常小賜之禮在歸饔餼後所謂燕與時賜
無數也然以君賜屬聘禮第爲鄰國君之所賜其義未賅

若本國之君有所賜予其儀亦當準此證之以孔子賜鯉事及穆公饋子思鼎肉事則聘禮外君賜亦估其中也案王氏是也天官膳夫凡肉脩之頒賜皆掌之內饔凡王之好賜肉脩則饔人共之注云好賜王所善而賜之玉藻酒肉之賜弗再拜謂平時所賜論語此文當得兼之○注敬君惠也既嘗之乃以班賜○正義曰此君惠統三句言惠卽賜也初學記人事部引何曰賜惠也所見本異己承君賜嘗先受之○若未嘗不敢頒賜於人恐褻君惠之意○注薦薦其先祖○正義曰爾雅釋詁薦進也此常訓凡祭進熟食曰薦此因君賜而薦如嘗新先薦寢廟不爲祭禮也

侍食於君君祭先飯（注）鄭曰於君祭則先飯矣若爲君嘗食然　正義曰先飯先嘗食之謂黍稷也不言徧嘗羞飲而俟者以言飯則餘可知○注於君祭則先飯矣若爲君嘗食然○正義曰士相見禮君賜之食則君祭先飯徧嘗膳飲而俟君命之食然後食若有將食者則俟君之食然後食又玉藻云若賜之食而君客之則命之祭然後祭先飯辨嘗羞飲而俟若有嘗羞者則俟君之食然後食飯飲而俟是二禮文同特士相見無君客之及命祭之文玉藻無君祭及君命食然後食之文詳畧互見正可參攷盍

命食禮之所同命祭不命祭禮之所異命臣祭則君祭後臣亦祭禮儗於君是以客禮待之不命祭則臣不得祭臣統於君於是不以客禮待之故但有命食而無命祭二者皆爲侍食於膳夫之有無無與也惟有膳夫則不命祭者於君祭之後取己前之食命祭者於己祭之後皆飯飲而俟俟者俟膳夫嘗食畢君已就食命臣食而後食也無膳夫則於□祭之後或於己承君命祭之後取君前之食先飯偏嘗膳飲而俟此則代膳夫之職若爲君嘗食然也論語君祭先飯正以無膳夫在旁君祭之時夫子先取君前之食嘗之故曰先飯且偏嘗飲而俟卽注所云若爲君嘗食者是也邢疏云若敵客則得先自祭降等之客則後祭若臣侍君而賜之食則不祭若賜食而以客禮待之則得祭雖得祭又先須君命之祭然後敢祭也此言君祭先飯則是非客禮也故不祭而先飯若爲君嘗食也案命祭不命祭論語無文不得遽指爲非客禮疏說稍泥鄭注士相見云君祭先飯於其祭食臣先飯示爲君嘗食也此謂君與之禮食膳謂進庶羞既嘗庶羞則飲俟君之偏嘗也將食猶進食謂膳宰也膳宰嘗食則臣不嘗食周禮膳夫授祭品嘗食王乃食此注未設又於玉藻賜食不至先飯云云下注云雖見賓客猶不敢備禮也侍食則正不祭君將食臣先

嘗之忠孝也又注若有嘗羞者云云下注云不祭侍食不敢備禮也不嘗羞膳宰存也飯飲利將食也據注以有膳宰臣不得祭爲用臣禮而不祭遂得專侍食之名於是斷爲兩節有客禮臣禮之分客禮則無膳夫君祭後臣即應祭猶不敢備禮故須君命之祭然後敢祭及臣祭畢乃爲君嘗食以俟也臣禮則有膳夫君祭之後不命臣祭臣取己前之食飯飲而俟名爲侍食此則鄭注之誤不祭專爲侍食又以客禮爲無膳夫也不知侍食乃通名客禮臣禮分於命祭不命祭不分於有膳宰無膳宰也蓋君禮食及乎時常食皆膳宰嘗食然或膳宰有故或設饌未畢或監視加饌未得侍列旁近之臣皆得嘗食故此侍食得爲君嘗食之也嘗食雖膳夫之職然凡臣皆可代嘗則鄭注所謂忠孝不嫌於越職矣若必以有膳宰無膳宰定禮之隆殺則有膳宰爲君嘗食已但膳飲而俟正似客禮無膳宰則己爲君嘗食同於膳夫正似臣禮今乃故反其說亦理之所未達矣若然膳宰職云凡王祭祀賓客食則徹王之胙俎不言嘗食者以上文常食已言授祭品嘗食故此不須言也王氏引之經義述聞士相見所記者侍食之常禮玉藻所記者則見客於君者也常禮則臣不祭故士相見但言君祭也客禮則臣亦得祭故玉藻言命之祭然後祭

也二者不同鄭注賈疏彊合之非也論語邢疏以爲非客禮足以正鄭賈之失又云侍食之常禮與見客於君之禮所異者祭不祭耳其餘則同王氏此說亦通至以邢疏非客禮之言爲是則未然凡客禮雖先飯後亦可命祭玉藻云侍食於先生異爵者後祭先飯疏云此饌不爲己故後祭而先飯者示爲尊者嘗食也然則先飯後不妨更取己前之食祭之論語但言先飯其後命祭不命祭俱不可知而邢疏遽斷爲非客禮王氏且是之誤矣若然淮南說山訓先祭而後饗則可先饗而後祭則不可高誘注饗猶食也爲不敬故曰不可者彼文言饗是己前之食故已食不可更祭若先爲君或長者嘗食後更取己前之食祭之亦無不可

疾君視之東首加朝服拖紳注包曰夫子疾處南牖之下東首加其朝服拖紳紳大帶不敢不衣朝服見君　正義曰喪大記君於大夫疾三問之士疾一問之荀子大略篇君於大夫三問其疾三臨其喪於士一問一臨而雜記云卿大夫疾君問之無算士一問之此通說君親視疾及遣使來問之事蓋三問之後若病未愈君亦得使人或親自問之故曰

無算賈疏以三問爲君自行無算爲遣使未然也既夕記士處適寢寢東首於北墉下注將有疾乃寢於適室疏士喪云士死於適室此記云適寢者寢室一也若不疾則在燕寢東首者鄉生氣之所墉下者墉謂之牆必在北墉下亦取十一月一陽生於北生氣之始也毛氏奇齡稽求篇玉藻君子之居恒當戶寢恒東首是平時臥寢無不東首者惟大禮易衽如昏禮御衽于奥則北趾而南首是也老者更臥如曲禮少事長上請衽何趾內則子婦事舅姑亦請衽何趾是也若君來視疾則論語與儀禮及喪大記皆云寢東首是不問遷臥與否必令東首者以室制尊西君苟入室則必在奥與屋漏之間負西而向東故當東首以示面君之意並非受生氣也疾在平時當受生氣曾面君而受生氣乎案毛說是也但禮言寢恒東首明亦有不東首者故請衽之文見於曲禮內則非必爲老者之更臥也病者惟意所適亦無定鄉惟君來視疾必爲正東首之禮且可面君故論語特著其文若既夕記喪大記所云寢東首則兼取謹終之義蓋寢臥本以東首爲正也加者加於衾上也既夕記云徹褻衣加新衣注云故衣垢汙爲來人穢惡之疏云徹褻衣謂故玄端加新衣者謂更加新朝服喪大記亦云徹褻衣加新衣鄭注云徹褻衣則所加者新朝

服矣必知褻衣是玄端新衣是朝服者據司服士之齊戒服玄端則疾者與養疾者皆齊明服玄端矣案以疏語推之人平時服深衣疾時齊服玄端人來視疾亦然君來視疾易以朝服君去仍服玄端及臨死徹去玄端服加以朝服則二禮所云新衣也拖釋文作拕云本或作拖皇邢本皆作拖阮氏元挍勘記石經拖作拕案拖拕一字本字作拕故漢書龔勝傳作拕紳說文拕曳也易訟上九鄭注三拖三加之也皇疏云孔子既病不能復著衣故加朝服覆之體上而牽引大帶於心下如健時著衣之爲案拖紳謂引紳於心下垂之玉藻云凡侍於君紳垂此其義也玉藻云紳長制士三尺有司二尺有五寸子游曰參分帶下紳居一焉孔疏謂人長八尺大帶之下四尺五寸分爲三分紳居二分是爲三尺若然則以士禮推之此拖紳之下至足餘一尺五寸其大夫紳制當比士爲長今無文以明之說文又云袉裾也引此文作袉紳段注謂許所見本作袉段借爲拕字是也錢氏坫後錄據士昏禮纁裳緇袘袘爲裳緣謂與袉同袉即是裾此則穿鑿非其理矣○注夫子至見君○正義曰云處南牖之下東首者漢書龔勝傳莽遣使者奉璽書印綬立門外勝稱病篤爲牀室戶中西南牖下東首加朝服拕紳又前篇伯牛有疾夫子自牖執其

手故解此爲南牖下也皇疏引欒肇曰南牖下欲令南面視之是也然既夕記喪大記皆言寢東首於北墉下室中以與爲尊君視臣疾儘可主與不必以南面爲尊若因君視疾之故而遷牖下則君視大夫及遣使問疾無數豈將屢爲遷動耶必不然矣然則伯牛龔勝何以居牖下也蓋伯牛有惡疾恐人來視已不便入室故遷於牖下龔勝不欲仕莽辭以不敢當尊之意故亦居於牖下皆禮之變不可以解此文也室中止一牖但言牖下其義已明注言南牖者以喪大記北墉下相傳誤爲北牖故解此爲南牖也云紳大帶也者說文訓同玉藻注云紳帶之垂者也言其屈而重也禮有二帶一大帶以絲爲之一革帶以皮爲之王氏瑬正義紳爲帶之垂者又即爲大帶之名大帶之垂者謂之紳革帶之垂者謂之厲革帶又謂之鞶上服用二帶深衣用革帶而已朝服拖紳則不必有革帶也

君命召不俟駕行矣注鄭曰急趨君命出行而車駕隨之

正義曰玉藻云凡君召以三節二節以走一節以趨在官不俟屨在外不俟車孟子公孫丑篇禮曰君命召不俟駕趙岐注俟待也又萬章篇萬章曰孔子君命召不俟駕而行然則孔子非與曰孔子當仕有官職而以其官召之也

荀子大略篇諸侯召其臣臣不俟駕顛倒衣裳而走禮也
○注出行而車駕隨之○正義曰說文駕馬在軛中也軛
加於馬頸馬在軛中則爲駕車可知大夫不可徒行而
此承君命召急迫先行其家人必亦速駕隨出及之

入太廟每事問 正義曰此弟子類記行事與前篇別出皇
本有鄭注云爲君助祭也大廟周公廟也

朋友死無所歸曰於我殯(注)重朋友之恩無所歸言無親
昵 正義曰說文云殯死在棺將遷葬柩賓遇之士喪禮注
棺在肂中斂尸焉所謂殯也檀弓賓客至無所館夫子
曰生於我乎館死於我乎殯彼謂館而殯之此則無所歸
者雖非館亦殯之檀弓論語文互相足鄭志問朋友死無
所歸於我殯若此者當迎彼還己館皆當停柩于何所答
曰朋友無所歸故呼而殯之不謂己殯迎之也館而殯之
者殯之而已不於西階也云呼而殯之者此釋經曰字其
殯資皆出自夫子就其所在殯之不迎於家也若館而殯
之不於西階則
但殯之於館也

朋友之饋雖車馬非祭肉不拜(注)孔曰不拜者有通財之

義正義曰曲禮云獻車馬者執策綏又云效馬效羊者右牽之坊記云父母在饋獻不及車馬是朋友饋禮有車馬也夫車馬饋之重者車馬不拜則他饋自非祭肉皆不拜可知

寢不尸注包曰偃臥四體布展手足似死人居不容注孔曰爲室家之敬難久正義曰釋文云居不容本或作容羊凶反唐石經亦作客臧氏琳經義雜記邢疏云不爲容儀夫君子物各有儀豈以私居廢乎是當從陸氏作客案容客二字形近易譌祭義容以遠疏或容爲客字莊子天地篇此謂德人之容釋文依注當作客皆其證○注偃臥四體布展手足似死人○正義曰書鈔禮儀部七引鄭此注云惡其死也義與包同說文云尸陳也象臥之形屍終主也從尸死義同段氏玉裁注云方死無所主以是爲主故曰終主卽此注所謂死人也偃臥者說文偃僵也左傳偃且射子鉏凡仰仆皆曰偃四體謂二手二足也皇疏言人臥法云眠當欹而小屈謂足小屈也夫子曲肱而枕則側臥可知今養生家亦如此說○注孔曰爲室家之敬難久○正義曰書鈔禮儀部七引作鄭注臧氏琳曰謂因一家之人難久以客禮敬己也

見齊衰者雖狎必變（注）孔曰狎者素親狎見冕者與瞽者雖褻必以貌（注）周曰褻謂數相見必當以貌禮之　正義曰皇本見上有子字子罕篇釋文云冕鄭本作弁云魯讀弁爲絻今從古鄉黨篇亦然鄉黨篇亦然五字疑亦鄭注今輯本全載鄭注如前則此五字爲陸氏語○注狎者素親狎○正義曰爾雅釋詁狎習也說文狎尤可習也夫子於素所親習之人亦變容待之者哀敬之異於常時也○注褻謂數相見必當以貌禮之○正義曰褻與狎同故解爲數相見或謂褻爲私居非也冕與絻同亦是喪服說見前子罕篇洪範貌曰恭恭者禮也故注以禮釋之與必變亦互文

凶服者式之式負版者（注）孔曰凶服者送死之衣物負版者持邦國之圖籍　正義曰阮氏元車制圖解輿前衡木謂之式自注考工記曰三分其隧一在前二在後以揉其式又曰以其廣之半爲之式崇是式長與輿廣等崇于軨三尺三寸其兩旁居輢板上則須揉治而詘之一在前卽式深二在後則輢深也江氏永圖考式是揉木作三曲之形在前可憑式者固是式左右曲向後接

兩輢左人可憑左手右人可憑右手者亦以是式案式又作軾說文軾車前也釋名釋車軾式也所伏以式所敬者也古人車皆立乘若有所禮以爲敬則微俯其身以手伏名軾曲禮所謂撫式是也負版者說文云版判也判木爲片之爲版段氏玉裁改判爲片非也版又名方中庸云文武之政布在方策鄭注方版也聘禮記百名以上書于策不及百名書于方策以竹爲之方以木爲之稱方者當謂其形正方也鄭此注云版謂邦國圖籍也負之者賤隸人也圖籍者惠氏士奇禮說古者邦國土地人民戶口車服禮器皆有圖丹書之以爲信謂之丹圖如民約則書於戶口圖地約則書於土地圖器約則書於禮器圖此司約所謂小約劑書於丹圖者與籍即典籍之籍孟子言諸侯去其籍晉有籍氏籍兼方策二者而言圖籍非止一物申鄭義者未能備矣氏隸謂隸於官府有職業者也周官謂之胥徒鄭以夫子式圖籍非式所負之人若其人不過賤隸人耳王氏塗正義引葉少蘊云喪服有負版翟公巽謂式負版者非版籍之版乃喪服之版則不知喪服負版即二衰之制上文見齊衰必變已言之此不應重述或又讀爲曲禮雖負販者必有尊也之販則通衢市賈將有不勝爲禮者矣翟氏及或說並誤○注凶服至圖籍○正義曰說文凶

惡也釋言釋言語凶空也就空亡也穀梁傳乘馬曰賵衣衾曰襚貝玉曰含錢財曰賻皆送死者衣物也哀敬死者故送死者衣物亦式之也負訓持者負本義置之於背而圖籍非可負之物故解爲手持亦引申之義

有盛饌必變色而作〔注〕孔曰作起也敬主人之親饋　注作起也敬主人之親饋○正義曰曲禮云食至起注云爲饌變此侍長者以食禮若食於同等者雖盛饌或不起夫子必變色而起所以敬主人也注言主人親饋者曲禮疏云饋謂進饌也有盛饌當兼親饋若不親饋雖盛饌亦不起矣曲禮云侍食於長者主人親饋則拜而食主人不親饋則不拜而食坊記云故食禮主人親饋則客祭主人不親饋則客不祭故君子苟無禮雖美不食焉據此則親饋乃爲禮盛不祇在食品之多備矣玉藻云孔子食於季氏不辭不食肉而飧注云以其待己及饌非禮也雜記孔子曰吾食於少施氏而飽少施氏食我以禮吾祭作而辭曰疏食不足祭也吾飧作而辭曰疏食不敢以傷吾子此即少施氏親饋爲禮盛

迅雷風烈必變〔注〕鄭曰敬天之怒風疾雷爲烈　注敬天之怒風疾雷爲烈○正義曰敬天之怒詩板篇文爾雅釋詁迅疾也此

常訓釋天云疾雷爲霆注云雷之急激者謂霹靂說文云雷陰陽薄動雷雨生物者也烈火猛也方言烈暴也迅烈二文本通稱故注互言之曰風疾雷爲烈也玉藻云若有疾風迅雷甚雨則必變雖夜必興衣服冠而坐

升車必正立執綏（注）周曰必正立執綏所以爲安也注必正立執綏所以爲安也○正義曰升者登也凡升車皆自車後曲禮云僕展軨效駕奮衣由右上言僕由右上則凡乘車者當由左可知正立者正身而立不必皆四正也曲禮又云君出就車僕并轡授綏疏云綏有二一是正綏擬君之升一是副綏擬僕右之升說文綏車中把也把與靶同綏系於車中人將升車援之以上所以執綏者防有攀陟傾跌故注云所以爲安也崔駰車左銘正位受綏車中內顧正位卽正立言受綏者謂自僕手受綏而執之也升車在左故於車左銘之賈子容經立乘以經立之容左持綏而左臂詘是其儀也陳祥道禮書其旣登也正立執綏引左傳范鞅逆魏舒請驂乘而持帶爲證案此言升車下文別言車中則正立執綏非在旣升後矣陳說似是而非

車中不內顧不疾言不親指（注）包曰車中不內顧者前視不

過衡軛傷視不過輢轂正義曰鄭注云魯讀車中內顧今從古案鄭從古作不內顧與下二
句一例漢成帝紀贊引此文亦用古論白虎通車旂篇車
中不內顧者何仰則觀天俯則察地前聞和鸞之聲旁見
四方之運此車教之道亦古論說皇疏內猶後也顧迴顧
也升在車上不迴頭內顧也所以然者後人從己不能常
正若轉顧見之則掩人私不備非大德之所爲故不爲也
故衛瓘曰不掩人之不備也又云疾高急也在車上言易
高故不疾言爲驚於人也故繆協云車行則言傷疾也車
上既高亦不得手有所親指點爲惑下人也案親字義
可解曲禮云車上不妄指親疑即妄字之誤鄭彼注云
惑衆蓋人在車上若無事虛以手指麾於四方是惑衆也
○注車中至輢轂○正義曰皇本作輿中云車牀名輿釋
文本亦作輿中江氏永圖考曰按車輿之制前與左右皆
有板而缺其後以升下則與今之後簷車略同按包氏是
魯論當作內顧無不字盧氏文弨鍾山札記文選張平子
東京賦云夫君人者黈纊塞耳車中內顧李善引魯論語
及崔駰車左銘車中內顧以爲注正以魯論語作內顧與
此合也乃刻本於賦及注俱增不字此但知今所讀之本
而不知魯論語之本無不字也崔駰銘有三章其車右銘

云箴闕旅賁內顧自勅車後銘云望衡顧轂允慎茲容段若膺云觀此二章益可證車左銘之爲內顧矣又案漢書成帝紀贊升車正立不內顧不顏師古注云今論語云車中內顧內顧者說者以爲前視不過衡軛旁視不過轂輢與此不同然則師古所見之論語亦無不字說者云云乃包咸注是包亦依魯論爲說也包氏愼言溫故錄風俗通過譽云升車必正立執綏內顧不掩不備不見人之短亦魯論說今本亦多不字案車後銘望衡顧轂卽此注之義東京賦以蔽纊塞耳車中內顧相比爲辭正是收視反聽之義集解用包注而後人妄增不字經注兩不相合可謂謬矣又漢書成帝紀贊注引魯論內顧今本亦妄增不字皇疏申注云衡軛轅端也注若前視不得遠故曲禮云立視五嶲五嶲九丈九尺地也式視馬尾馬尾近在車牀欄間也並是不過衡軛之類也旁謂兩邊也輢豎在車箱兩邊三分居前之一承較者也轂在箱外當人兩邊故云旁視不過輢轂也邢疏曲禮云立視五嶲式視馬尾顧不過轂注云立平視也嶲猶規也謂輪轉之度案車輪一周爲一規乘車之輪高六尺六寸徑一圍三三六十八得一丈九尺八寸五規爲九十九尺六尺爲步總爲十六步半則在車上得視前十六步半也而此注云前視不過衡軛者禮言中

人之制此言聖人之行前視不過衡軛耳案邢疏本於曲禮孔疏陸佃埤雅云乘車之輪六尺有六寸五六三十積尺爲三丈積寸爲三尺則五巂之衺三丈三尺荀子立視前六尺而大之六六三十六三丈六尺卽此是也按荀子說見大畧篇楊倞注以爲臣於君前視法殆未然五巂之度三丈三尺則此注所謂前視不過衡軛也埤雅又云國馬之衡高八尺有七寸田馬之衡高七尺有七寸駑馬之衡高六尺有七寸以中言之衡高七尺七寸人長八尺則高與人目畧平故曰前有錯衡所以養目也所謂衡視也國君綏視言俯不下于帶大夫衡視則言仰不上于面互相備也

色斯舉矣注馬曰見顏色不善則去之**翔而後集**注周曰迴翔審觀而後下止 正義曰此二句先經起義乃記者之辭泛說羣鳥不專指雌雉言王氏塗正義引眞德秀說色斯舉矣去之速也翔而後集就之遲也古人所謂三揖而進一辭而退雖相見聚會之間猶謹諸此案眞說卽君子難進易退之義○注見顏色不善則去之○正義曰色謂人色色有不善則鳥見之而飛去也

人去危就安亦如此王氏引之經傳釋詞色斯者狀鳥舉之疾也色斯猶色然驚飛貌也呂氏春秋審應篇蓋聞君子猶鳥也駭則舉哀六年公羊傳曰諸大夫見之皆色然而駭何注曰色然驚駭貌義與此相近也漢人多以色斯二字連讀論衡定賢篇大賢之涉世也翔而有集色斯而舉議郎元賓碑翻翔色斯竹邑侯相張壽碑君常懷色舉遂用高逝堂邑令費鳳碑色斯輕翔翻然高絜費鳳別碑功成事就色斯高舉案王說亦通○注迴翔審觀而後下止○正義曰說文翔回飛也釋名釋言語翔佯也言彷徉也曲禮鄭注行而張拱曰翔注以迴翔即是審觀故增成其義說文又云雧羣鳥在木上也集雧或省引申爲凡鳥所止處之稱故注訓下止

曰山梁雌雉時哉時哉子路共之三嗅而作（注）言山梁雌雉得其時而人不得其時故歎之子路以其時物故共具之非本意不苟食故三嗅而作**起也**

正義曰釋文山梁音良鄭云孔子山行見雉食粱粟也是鄭以梁爲粱淮南齊俗訓芻豢黍粱素問生氣通天論膏粱之變又通評虛實論高梁之疾王砅注並云梁粱也是梁亦通粱集解

不釋山梁之義與鄭同異不可知今解者多爲橋梁其說
亦通說文云梁水橋也橋水梁也山梁則山澗中橋以通
人行也雌雉者說文云雌鳥母也對雄爲鳥父言之雉者
野鳥爾雅說文具載其名釋文云時哉一本作時哉時哉
皇邢疏述經俱兩言時哉阮氏元挍勘記後漢書班固傳
注太平御覽九百十七並引此文時哉二字不重則今本
重者乃釋文所載一本也釋文又云共本又作供皇本作
供藝文類聚鳥部上太平御覽羽族部並引作拱案作拱
是也呂氏春秋審己篇故子路揜雉而復釋之高誘注所
得者小不欲夭物故復釋之揜卽是拱爾雅釋詁拱執也
意者雉正倦飛子路揜而執之此亦隨意之樂趣而旋卽
釋之於是雌雉駭然驚顧遂振迅而起也集注云劉聘君
曰嗅當作狊古闃反張兩翅也見爾雅考爾雅釋獸云獸
曰釁人曰撟魚曰須鳥曰狊並動走之名狊字從目從犬
說文訓犬視亦驚顧之意其字與臭相似故相沿譌爲臭
唐石經臭字左旁加口作嗅則後人所改五經文字此字
尚作臭也然玉篇已引作齅齅卽嗅正字集注引石經又
作戛錢氏大昕養新錄以爲孟蜀刻字經三寫不能無誤
其信然矣劉氏逢祿述何篇孟子曰可以仕則仕可以止
則止可以久則久可以速則速聖之時者也鄉黨篇孔子

言行皆準乎禮而歸之時中禮以時爲大也○注子路至起也○正義曰皇疏云子路不達孔子時哉之嘆而謂嘆雌雉是時月之味故馳逐驅拍遂得雌雉煮熟而進以供養孔子嗅謂鼻歆翕其氣也焦氏循補疏荀子禮論云利爵之不醮也成事之俎不嘗也三臭之不食也一也何注本此案說文齅以鼻就臭也从鼻从臭臭亦聲說文無嗅字嗅即齅別體

盱眙吳炳和校刊

論語正義卷十四

寶應劉寶楠學

先進第十一

凡二十三章　集解　正義曰：皇邢本皆二十四章，釋文從鄭氏以德行章合上從我於陳蔡爲一章，然集解本各自爲章，故不引鄭說，則此所云二十三章三字當爲陸所改也。又釋文於回也章云或別爲章，今所不用，亦是依集解故不用。或說朱子集注則德行章、回也章、論篤章皆別章，[illegible]二十六章。

子曰：先進於禮樂，野人也；後進於禮樂，君子也。注包曰：先進後進謂仕先後輩。禮樂因世損益，後進與禮樂俱得時之中，斯君子矣。先進有古風，斯野人也。如用之，則吾從先進。注將移風易俗，歸之純素，先進猶近古風，故從之。正義曰：鄭注云先進後進謂學也野人粗略也鄭此注文不備莫由知其義愚謂此篇皆說弟子言行先進後進卽指弟子大戴禮衛將軍文子篇吾聞夫子之施教也先以詩世盧辯注引此文則先進後進皆謂弟子受夫子所施之教進學於此也禮王制云樂正崇四術立四教順先王詩書禮樂以造士春秋教以禮樂冬夏教以詩書王大子王子羣后之大子卿大夫元士之適子國之俊選皆造焉凡入學以齒大樂正論造士之秀者以告于王而升諸司馬曰進士司馬辨論官材論進士之賢者以告於王而定其論論定然後官之任官然後爵之位定然後祿之尙書大傳古之帝王者必立大學小學使王大子王子羣后之子以至公卿大夫元士之適子十有三年使入小學見小節焉踐小義焉年二十入大學見大節焉踐大義焉小師取小學之賢者登之大學大師取大學之賢者登之天子天子以爲左右是古用人之法皆令先習禮樂而後出仕子產所云學而後入政者也其國之俊選不嫌有卑賤故王大子等入學皆以齒所謂天子元子視士者也夫子以先進於禮樂爲野人野人者凡民未有爵祿之稱也春秋時選舉之法廢卿大夫皆世爵祿皆未嘗學問及服官之後其賢者則思爲禮樂之事故其時後進於禮樂爲君子君子者卿大夫

之稱也。覲子路問成人，夫子答以臧武仲、孟公綽、卞莊子、冉求諸人，又云文之以禮樂，可爲成人。此四人先已出仕，若文以禮樂，則亦後進於禮樂之君子也。夫子弟子多是未學，故亟亟以禮樂教之，所云興於詩，立於禮，成於樂，卽是從先進。而冉求則以禮樂願俟君子，子路且以有民人社稷何必讀書乃爲學。讀書者，讀禮樂之書也。當時子路、冉有皆已仕，未遑禮樂，而夫子以禮樂爲重，故欲從先進，變當時世爵祿之法，從古選舉正制也。用之，謂用其人也。後進於禮樂，雖亦賢者，然朝廷用人當依正制，且慮有不肯濫入仕途也。此章之義，沈薶千載，自盧辨戴記注發之，而後人莫之能省。至刑疏但知先進、後進指弟子，而以進爲仕進，以從先進爲歸滈素，猶依注說爲之。宋氏翔鳳發微謂先進爲士民有德者登進爲卿大夫，自野升朝之人；後進謂諸侯卿大夫皆世爵祿，生而富貴，以爲民上，是謂君子。說皆得之，但以進爲仕進，先進爲殷法，先進後進俱不兼弟子，尚未爲是，故略本諸義別爲釋之。○注「先進」至「人也」。○正義曰：以先進後進爲仕先後輩者，王制言大樂正論造士之秀者以告于王，曰進士。孟子言治則進，是進有仕義。管子宙合云：「是故聖人傳之簡策，傳以告後進。」又云：「故傳之簡策，傳以告後世人。」是先進後進謂人之先後仕者也言輩者非一之辭禮樂因世損益者禮樂隨風俗爲盛衰故質勝當救之以文文勝當救之以質是於文質二者之中或損或益也後進與禮樂俱得時之中者與郎於字之誤言夫子稱後進爲君子是其禮樂俱能因世損益得時之中也邢疏申此注謂先進當襄昭之世後進當定哀之世皆謂夫子同時人案夫子論文質甚貴時中故日質勝文則野文勝質則史文質彬彬然後君子又言周監於二代郁郁乎文哉吾從周此文亦是得中之文其有爲尚質之論皆是救時之法如奢儉易戚俱爲失禮夫子則甯從儉從戚亦以二者俱不得中故甯從質勝不從文勝也若顯然舉一中道稱爲君子而不欲從之則與平時所稱爲彬彬所稱爲從周者不合下篇棘子成欲棄文從質子貢郎深斥之若如此注所云則夫子正與棘子成同見而奚其可哉

子曰從我於陳蔡者皆不及門也(注)鄭曰言弟子之從我而厄於陳蔡者皆不及仕進之門而失其所　正義曰陳蔡之厄史記孔子世家敘於吳伐陳楚救陳軍於城父後在魯哀六年朱子據論語以爲自衛如陳在魯哀二年江氏永鄉黨圖考以爲

在魯哀四年其言曰孟子云君子之厄於陳蔡之閒言閒者兩地相接之處陳即今陳州府蔡始封在今汝寧之上蔡縣其後平侯從汝寧之新蔡縣皆與陳相近新蔡在陳南夫子哀二年至陳若非適蔡則不得至陳蔡之閒哀二年十二月蔡昭侯畏楚遷於吳之州來州來之蔡城在今鳳陽府壽州北三十里與陳相距中間隔絕亦不得言陳蔡之閒也然則絕糧陳蔡之閒當在哀四年自陳適蔡時指故地上蔡言之耳蔡既遷則故蔡地皆屬於楚是時楚昭王賢葉公又賢夫子欲用楚故如蔡如葉按四年傳云楚左司馬眅申公壽餘葉公諸梁致蔡於負函十六年傳云葉公在蔡蓋故蔡邑葉公兼治之夫子自陳如蔡就葉公耳與蔡國無涉也今案江說甚覈然史記亦自可從先從叔丹徙君經傳小記爾雅淮南有州黎丘注今在壽春縣案鹽鐵論孔子能方不能圓故飢於黎丘哀公二年蔡遷於州來四年孔子自陳適蔡三歲吳伐陳楚救陳軍於城父使人聘孔子於是絕糧陳蔡之閒鹽鐵論所謂黎丘蓋即州黎之丘也此直從史記在六年而陳蔡之閒據新遷之蔡言蓋其地距陳雖遠然中間無他國相隔則亦爲陳蔡之閒矣當時從遊弟子據世家有顏淵子貢子路弟子列傳有子張呂氏春秋慎人篇有宰予此外皆無考鄭

氏以下章德行云云合此爲一章然冉有於魯哀三年爲
季康子所召不應於此年復有一冉有從夫子也尤氏侗
艮齋雜說引陳善辨曰陳蔡從者豈止十人患難之時何
必分列四科乎斯知鄭說未敢從也皆不及門也皇本門
下有者字○注言弟至其所○正義曰孔門弟子無仕陳
蔡者故注以爲不及仕進之門孟子云君子之厄於陳蔡
之閒無上下之交也無上下之交卽此所云不及門也孔
子世家言匡人拘孔子孔子使從者爲甯武子臣於衞然
後得去雖甯武子非孔子同時人然必有從者臣衞之事
謀以屬之甯武子耳及陳蔡之厄孔子亦使子貢如楚楚
昭王興師迎孔子然後免又檀弓言夫子將之荆先之以
子夏申之以冉有可知夫子周遊亦賴羣弟子仕進得以
維護之今未有弟子仕陳蔡故致此困厄也焦氏循補疏
申此注云堯典闕四門鄭氏注云卿士之職使爲己出政
教於天下言四門者亦因卿士之私朝在國門魯有東門
襄仲宋有桐門右師是後之取法於前也鄭以門爲卿士
之門則及門者謂仕於卿大夫之私朝也周禮大司馬辨
名號之用帥以門名注云帥軍將以門名者所被徽識如
其在門所樹者也軍將皆命卿古者軍將蓋爲營治於國
門魯有東門襄仲宋有桐門右師皆上卿爲軍將者也春

官小宗伯掌三族之別以辨親疏其正室皆謂之門子掌其政令注云正室適子也將代父當門者也襄九年鄭六卿及其大夫門子皆從鄭伯注云門子卿之適子卿之子稱門子是卿以門名卿當門以門名適子代父當門則稱門子其仕于卿大夫之門謂之及門矣

德行顏淵閔子騫冉伯牛仲弓言語宰我子貢政事冉有季路文學子游子夏

正義曰釋文云鄭云以合前章盧氏文弨攷證曰鄭云當作鄭氏案鄭氏非辨見前疏皇疏云此章初無子曰者是記者所書並從孔子印可而錄在論中也史記仲尼弟子列傳孔子曰受業身通者七十有七人皆異能之士也德行顏淵閔子騫冉伯牛仲弓政事冉有季路言語宰我子貢文學子游子夏是此四科爲夫子平時所論列不必在從陳蔡時弟子傳先政事於言語當出古論周官師氏注云德行內外之稱在心爲德施之爲行顏子好學於聖道未達一間閔子騫孝格其親不仕大夫不食汚君之祿仲弓可使南面荀子以與孔子並稱冉伯牛事無考觀其有疾夫子深歎惜之此四子爲德行之選也孟子公孫丑篇宰我子貢善爲說辭

冉伯牛閔子善言德行孔子兼之曰我於辭命則不能也是言語以辭命爲重毛詩定之方中傳故建邦能命龜田能施命作器能銘使能造命升高能賦師旅能誓山川能說喪紀能誄祭祀能語此九者皆是辭命亦皆是言語皇疏引范甯曰言語謂賓主相對之辭也范以當時最重邦交故言語當指此事亦是一端以例其餘弟子列傳宰予利口辨辭子貢利口巧辭是宰我子貢爲言語之選也夫子言求也藝由也果可使從政是冉有季路爲政事之選也沈氏德潛吳公祠堂記曰子游之文學以習禮自見今讀檀弓上下二篇當時公卿大夫士庶凡議禮弗決者必得子游之言以爲重輕故自論小歛戶內大歛東階以暨陶詠猶無諸節其間共一十有四而其不足於人者惟縣子汰哉叔氏一言則其畢生之合禮可知矣朱氏彝尊文水縣卜子祠堂記曰徐防之言詩書禮樂定自孔子發明章句始於子夏蓋自六經刪述之後詩易俱傳自子夏夫子又稱其可與言詩儀禮則有喪服傳一篇又嘗與魏文侯言樂鄭康成謂論語爲仲弓子夏所撰特春秋之作不贊一辭夫子則曰春秋屬商其後公羊穀梁二子皆子夏之門人蓋文章可得而聞者子夏無不傳之文章傳性與天道亦傳是則子夏之功大矣由沈朱二文觀之是

子游子夏爲文學之選也皇疏引王弼曰此四科者各舉其才長也又曰弟子才不徒十蓋舉其美者以表業分名其餘各以所長從四科之品也案王說是也徐幹中論智行篇人之行莫大於孝莫顯於清曾參之孝有虞不能易原憲之清伯夷不能閒然不得與游夏列在四行之科以其才不如也此則故爲苛論不免以辭害義矣

子曰回也非助我者也於吾言無所不說（注）孔曰助益也言回聞言卽解無可起發增益於己　注助益至於己。正義曰爾雅釋詁助勴也勴佐助也說文助左也左卽佐此訓益者引申之義教學本是相長故夫子言予夏爲起予正以質疑問難義益可明也說如說說釋之說曾子立事云問而不決承閒觀色而復之雖不說亦不彊爭也不說猶言不解學記云相說而解此注云聞言卽解亦以解訓說也徐幹中論智行篇仲尼亦奇顏淵之有盛才也故曰回也非助我者也於吾言無所不說顏淵達於聖人之情故無窮難之辭是以能獨獲亹亹之譽爲七十子之冠

子曰孝哉閔子騫人不閒於其父母昆弟之言（注）陳曰言子

騫上事父母下順兄弟動靜盡善故人不得有非間之言

正義曰閔子稱字者夫子述時人所稱也昆者毛詩葛藟傳昆兄也爾雅釋親晜兄也說文周人謂兄曰晜從弟晜是本字晜是隸省昆則音近假借也亢倉子順道篇閔子騫問孝於仲尼退而事之於家三年人無間於父母昆弟之言。注言子至之言。正義曰焦氏循補疏漢書杜鄴傳舉方正對曰昔曾子問從令之義孔子曰是何言與善閔子騫守禮不苟從親所行無非禮者故無可間也後漢范升傳升奏記王邑曰升聞子以人不間於其父母爲孝臣以下不非其君上爲忠又云知而從令則過大矣二者皆引爲從令之證蓋以從令而致親於不義則人必有非間其父母昆弟之言惟不苟於從令務使親所行均合於義人乃無非間其親之言是乃得爲孝然則閔子之孝在人無間於其父母昆弟之言人所以無間於其父母昆弟之言者以其不苟從令也陳注動靜盡善或即指此藝文類聚孝部引說苑云閔子騫兄弟二人母死其父更娶復有二子子騫爲其父御車失轡父持其手衣甚單父則歸呼其後母兒持其手衣甚厚溫即謂其婦曰吾所以娶汝乃爲吾子今汝欺我去無留子騫曰母在一子單母去四子寒其父默然故曰孝哉閔子騫一言其母還再言三子溫依此事閔子不從父令則後母不遣是其上事父母兩弟溫煖無慍心而恐母遣[illegible]兩弟寒是下順兄弟於是父感之其後母與兩弟亦感之可知則此一不從父令而諫一家孝友克全尤非尋常不苟從令可比孔子稱其孝衆言兄弟正指此事是所謂動靜盡善也閔子之孝不啻大舜之乂不格姦若蒸世子不肯傷公之心不言志而死非可言孝也不字作無字解自明人無非閒之言不是無非閒閔子之言乃無非閒其父母昆弟之言也今案論衡知實篇孔子曰孝哉閔子騫人不閒於其父母昆弟之言虞舜大聖隱藏骨肉之道宜愈子騫瞽叟與象使舜治廩浚井意欲殺舜舜當見殺己之情早諱避止既無如何宜避不行何故使父與弟得成殺己之惡使人閒非父弟萬世不滅是漢世說此文皆謂人不非其父母昆弟為孝陳君此注義正然也韓詩外傳載此事云母悔改之後至均平遂成慈母可為焦說取證

南容三復白圭（注）孔曰詩云白圭之玷尚可磨也斯言之玷不可為也南容讀詩至此三反覆之是其心慎言也

孔子

以其兄之子妻之正義曰古人言數之多自三始故此稱三復也仲尼弟子列傳三復白圭之玷
多之玷二字當出古論大戴禮衛將軍文子篇獨居思仁
公言言義其聞詩也一日三復白圭之玷是南宮縚之行
也夫子信其仁以爲異姓盧辯注謂以兄之子妻之也言
一日三復者猶子路終身誦之也張栻論語解謹言如此
則謹行可知○注詩云至言也○正義曰稱詩云者大雅
抑篇文毛傳云玷缺也說文刮缺也從刀占聲詩曰白圭
之刮義與毛同今詩一段玷爲刮玷訓玉有瑕不訓缺也不
可爲者爲治也南容一日三復此四語而注云讀詩至此
三反覆之者是據初讀時
言其後遂日誦以爲戒也

季康子問弟子孰爲好學孔子對曰有顏回者好學不幸短命死矣今也則亡正義曰釋文云康子問弟子一本作季康子鄭本同案皇邢本皆有季字又皇
本今也則亡下有未聞好學者五字皇疏此與哀公問同
而答異者舊有二通一云緣哀公有遷怒貳過之事故孔
子因答以箴之也康子無此事故不煩言也又一云哀公
是君之尊故須具答而康子是臣爲卑故略以相酬也案

疏後說是大戴禮虞戴德云子曰丘於君唯無言言必盡於他人則否是其證

顏淵死顏路請子之車以爲之椁（注）孔曰路顏淵父也家貧欲請孔子之車賣以作椁**子曰才不才亦各言其子也鯉也死有棺而無椁吾不徒行以爲之椁以吾從大夫之後不可徒行也**（注）孔曰鯉孔子之子伯魚也孔子時爲大夫言從大夫之後不可以徒行謙辭也　正義曰顏子卒年據公羊傳及史記孔子世家當在子路之死及獲麟之前故江氏永聖蹟表載於哀十三年時夫子年七十一也說詳雍也篇疏以爲之椁高麗本足利本無此四字阮氏元校勘記曰釋文至下文無椁始作音是陸氏所據本亦無此四字也說文云槨有木亭也從木亭聲今論語皇本作槨與椁一字白虎通崩薨篇所以有棺槨何所以掩藏形惡也槨之爲言廓所以開廓辟土無令迫棺也據喪大記士有雜木椁但顏子家貧不能備椁故顏路爲之請耳才謂顏子不才謂伯魚史

記世家云伯魚年五十先孔子死家語本姓解云孔子年十九娶宋之开官氏生伯魚則伯魚之生夫子年正二十二三爲昭十一十二年其死當在哀公十一年夫子年六十九江氏永聖蹟表差後一年五經異義臣子先死君父猶名之孔子曰鯉也死是已死稱名左氏說既沒稱字而不名桓二年宋督弒其君與夷及其大夫孔父先君死故稱其字穀梁同左氏說謹案論語稱鯉也死時實未死假言死從左氏穀梁說玄之聞也論語云鯉也死有棺而無椁死是實未葬前也設言死凡人於恩猶不然況賢聖乎案鄭駁是也許君必謂鯉死爲設言者意以史記言顏淵少孔子三十歲至二十九歲髮盡白蚤死又列子淮南子皆以顏子夭死而伯魚之死年已五十則鯉死應在顏子之後不知史記言顏子少孔子三十歲前人謂三十爲四十之譌而列子淮南皆傳聞之誤本不爲據鯉死既在顏子前則論語非爲設言可知棺者白虎通崩薨篇棺之爲言完所以藏尸令完全也說文棺關也所以掩尸有棺無椁亦因貧之故所謂有其禮無其財君子弗行者也徒說文徒步行也今經傳皆作徒易賁初九舍車而徒詩黍苗我徒我輦皆謂步行也吾不徒行以爲之椁言未嘗賣車以爲椁也孔子初仕魯爲大夫及去位從士禮其後魯人

以幣召孔子歸自必復其爵而不居位若大夫致仕者然故但從大夫之後孔子世家所以言魯終不能用孔子也魯語吳子使來好聘發幣於大夫及仲尼亦以孔子時從大夫後矣既從大夫之後與聞國政故畜有馬乘不得徒行王制云君子耆老不徒行是也案顏路請子之車以爲椁不嫌於自請者公羊隱元年傳喪事有賵賵者蓋以乘馬束帛車馬曰賵是賵喪之禮本有車馬故夫子於舊館人之喪說驂以贈今此顏子死夫子亦有賵而顏路復請子之車以爲椁哀痛迫切不遑計及於禮之當否且知夫子於顏淵誼厚不妨以情告也趙岐孟子公孫丑章句禮喪事不外求不可稱貸而爲悅也周官宰夫注凡喪始死弔而含襚葬而賵贈其間加恩厚則有賻焉春秋譏武氏子來求賻賈疏云隱公三年公羊文云喪事無求求賻非禮何休云禮本爲有財者制有則送之無則致哀而已不當求求則皇皇傷孝子心蓋通於下何休云爾者嫌天子財多不當求下財少可求故明皆不當求顏路請子之車孔子不與亦是不合求故抑之也由買此言顏路請以禮有未合夫子以其哀迫不欲深責而但婉言告之至以鯉死爲比則亦視顏子猶子矣○皇本吾不下有可字不可上有吾以二字徒行下無也字○皇注路顏至作椁○正義

曰鄭注云欲得賣之以爲顏淵作椁也顏路顏回之父此僞孔所襲弟子列傳顏無繇字路路者顏回父父子嘗各異時事孔子索隱曰家語顏由字路孔子始教於闕里而受學焉少孔子六歲○注鯉孔至辭也○正義曰鄭注云鯉孔子之子伯魚也此僞孔所襲家語本姓解云魚之生也魯昭公以鯉魚賜孔子榮君之貺故因以名鯉而字伯魚案顏子卒時夫子久不居位而注云時爲大夫謙言從大夫之後顯然謬誤其爲僞託無疑

顏淵死子曰噫注包曰噫痛傷之聲**天喪予天喪予**注天喪予者若喪己也再言之者痛惜之甚

正義曰漢書董仲舒傳贊劉歆以爲伊呂乃聖人之耦王者不得則不興故顏淵死孔子曰噫天喪余唯此一人爲能當之自宰我子贛子游子夏不與焉顏師古注言失其輔佐也蓋天生聖人必有賢才爲之輔佐今天生德於夫子復生顏子爲聖人之耦並不見用於世而顏子不幸短命死矣此亦天亡夫子之徵故曰天喪予○注噫痛傷之聲○正義曰何休公羊傳注噫咄嗟貌詩噫嘻傳噫歎也

顏淵死子哭之慟注馬曰慟哀過也從者曰子慟矣曰有慟乎注孔曰不自知己之悲哀過非夫人之爲慟而誰爲正義曰皇疏云孔子往顏家哭之也從者謂諸弟子隨孔子往顏淵家有見孔子哀甚故云子慟矣案皇本曰有慟乎曰上有子字又誰爲下有慟字○注慟哀過也○正義曰說文無慟字漢碑多作恫恫當即慟省鄭注云慟變動容貌亦以慟字從動得義此即是哀過鄭與馬不異也

顏淵死門人欲厚葬之子曰不可注禮貧富各有宜顏淵家貧而門人欲厚葬之故不聽門人厚葬之子曰回也視予猶父也予不得視猶子也非我也夫二三子也注馬曰言回自有父父意欲聽門人厚葬我不得割止非其厚葬故云耳正義曰厚葬者謂凡葬事求豐備也晉語欒共子云成聞之民生於三事之如一父生之師教之君食之

顏子事夫子猶父故曰子在回何敢死則同於父母在不許友以死之義也史記弟子傳夫子言自吾得回門人日親及夫子沒門人心喪三年若喪父而無服則皆同顏子事夫子猶父矣然夫子喪顏子若喪子而無服是亦視回猶子惟不能止門人之厚葬終心自歉故深責二三子也唐石經初刻猶子下也字作曰。注言回至云耳。正義曰鄭注顏路欲聽門人厚葬之同馬義吳氏嘉賓說喪具稱家之有無然而禮有賻喪者賻之亦惟其稱焉耳使顏子死無附身以斂無附棺以爲葬師與友說驂竭財以助之可也是非得已也有棺而無椁有葬而爲之厚葬則非也以其得已也君子所以受於人者義如此必不得已而後受苟可以已而已故曰周之亦可受也免死而已矣夫子之視顏子視之猶其生也彼門人者以其生之所不受者而與之是死之也故曰君子之愛人也以德小人之愛人也以姑息

季路問事鬼神子曰未能事人焉能事鬼敢問死曰未知生焉知死注陳曰鬼神及死事難明語之無益故不答正義曰事

人若子事父臣事君是也焉能事鬼言鬼則神可知或以事鬼下脫神字非也趙氏佑溫故錄禮有五經莫重於祭古之所爲事鬼神者嘗無不至則子路之問不爲不切夫先王之事鬼神莫非由事人而推之故生則盡養死則盡享惟聖人爲能饗帝惟孝子爲能享親云事鬼也莫非敎天下之事人也吾未見孝友不敦於父兄而愛敬能達乎宗廟者也則盡乎事鬼神之義矣進而問死欲知處死之道也人有所當死有所不當死死非季路所難莫難乎其知之明處之當然而死非可預期之事故爲反其所自生君子之窮理盡性以至於命歸於得正而斃其不敢以父母之身行殆不敢以匹夫之諒爲名者皆惟其知生敬吾生故重吾死也否則生無以立命死適爲大愚而已則盡乎知死之義矣子嘗言之矣務民之義即所以事人敬鬼神而遠之即所以事鬼也夫孝者善繼人之志善述人之事事死如事生事亡如事存孝之至也所謂能事人能事鬼也人之生也直罔之生也幸而免所以教知生志士仁人無求生以害仁有殺身以成仁所以教知死也孟子曰知命者不立乎巖牆之下盡其道而死者正命也桎梏死者非正命也所謂知生知死也皇邢本唐宋石經敢問上有曰字。注陳曰至不答。正義曰世說簡傲篇注引馬

融注曰死事難明語之無益故不答與此陳注同當是彼文誤引

閔子侍側誾誾如也子路行行如也冉有子貢侃侃如也子樂注鄭曰樂各盡其性行行剛彊之貌**若由也不得其死然**注孔曰不得以壽終

正義曰閔子少子路六歲而先閔序是也皇本閔子下有騫字冉有唐石經作冉子說文侃下引子路侃侃如也疑作子貢或許氏誤記宋氏翔鳳過庭錄說文解字侃剛直也從㐰㐰古文信從川取其不舍晝夜論語曰子路侃侃如也此引作侃侃是正字鄉黨篇之侃侃及此下文冉有子貢侃侃如也並當爲衎衎假借作侃侃故並訓爲和樂也鄭注論語行行剛強之貌與許君解侃爲剛直義同行行疑涉下文衎衎而誤蓋古文論語冉有子貢侃侃如也本作衎衎案宋說亦通若由也不得其死然皇本若上有曰字孫奕示兒編子樂必當作子曰聲之誤也始以聲相近而轉曰爲悅又以義相近而轉悅爲樂知由也不得其死則何樂之有阮氏元校勘記文選幽通賦及座右銘兩注並引子路行行如也子曰若由

也不得其死然與孫說合案淮南子精神訓注亦引作孔子曰有無曰字皆可通惟樂字鄭注已釋之斷非曰字之誤夫子是樂四賢才德足用不必專言子路若者逆料之辭不能遽決也。注樂各盡其性行行剛彊之貌。正義曰凡人賦性剛柔不齊惟各盡其性斯有所成立可同歸於善也朱子集注云樂得英才而教育之又一義亦通行行訓剛彊此會意釋名釋姿容兩腳進曰行行抗足而前也漢孫根碑行行義勇。注不得以壽終。正義曰皇疏云後果死衞難也袁氏曰道直時邪自然速禍也

魯人爲長府閔子騫曰仍舊貫如之何何必改作注鄭曰長府藏名也藏財貨曰府仍因也貫事也因舊事則可也何乃復更改作**子曰夫人不言言必有中**注王曰言必有中者善其不欲勞民改作正義曰閻氏若璩釋地左傳昭二十五年公居於長府杜注長府官府名九月戊戌伐季氏遂入其門長府今不知所在意其與季氏家實近公居焉出不意而攻之論語鄭注藏財貨

曰府又意公微弱將攻權臣必先據藏貨財之府庶可結士心翟氏灝考異長府蓋魯君別館稍有蓄積可備騷警之所季氏惡公恃此伐己故於己事後率魯人毀其閈閎俾後之君失所憑恃其心尚可問乎閔子能爲微辭諷之則與聖人彊公弱私之心深有契矣凌氏鳴喈解義疇昔昭公嘗居是伐季氏矣定哀之閒三家因欲改爲之將以弱所恃也稱魯人衆也是時三家皆欲之包氏愼言溫故錄案長府宮館之屬非藏名也漢書元帝紀詔曰惟德薄不足以充入舊貫之居其令諸宮館希幸御者勿繕治注應劭曰舊貫者常居也此足爲證昭公欲伐季氏而先居長府必其地爲君常所臨幸故人不以爲疑魯人爲長府蓋欲擴其舊居以壯觀瞻魯君失民數世矣隱民皆取食於季氏復爲長府以重勞之是爲淵驅魚也閔子故婉言以諷之後漢書郎顗傳顗上書曰夏禹卑室盡力致美又魯人爲長府閔子騫曰仍舊貫何必改作臣旦爲諸所繕修事可減省郎顗引經亦以長府爲宮館義與元帝詔共合符契不可易也案諸說略有異同惟閻氏得之而義亦未盡蓋府自是藏名周官玉府職云掌王之金玉玩好兵器凡王之獻金玉兵器文織良貨賄之物受而藏之內府職云掌受九貢九賦九功之貨財良兵良器以待邦之大

用凡四方之幣獻之金玉齒革兵器凡良貨財入焉又外府掌邦布及王后世子祭服是兵器藏內府不藏外府然則玉府掌兵器亦當在內魯之長府自是在內而爲兵器貨賄所藏魯君左右多爲季氏耳目公欲伐季氏而不敢發故居於長府欲藉其用以伐季氏且以使之不疑耳昭公伐季氏在廿五年孔子時正居魯則知魯人爲長府正是昭公居之因其毀壞而欲有所改作以爲不虞之備但季氏得民已久非可以力相制故子家羈力阻其謀宋樂祁知魯君必不能逞而閔子亦言仍舊貫言但仍舊事略加繕治何必改作以諷使公無妄動也論語書之曰魯人明爲公諱且非公意也當時伐季之謀路人皆知閔子所言正指其事然其辭微而婉故夫子稱其言必有中也若如翟說魯人指季平子後說魯人指三家在定哀時爲長府者欲改爲之以奪魯君之所恃夫昭公居長府以伐季氏其事已無成定哀即欲伐季氏亦斷無仍居長府蹈此覆轍而煩三家之重慮之也且既患公復居長府何不毀壞之而反從而修治也耶如包說長府是別宮非藏名則昭公居長府以伐季氏將何所取意耶諸說於情事多未能合若閻氏以長府去季氏家近亦非是長府自在公宮內也。注長府至改作。○正義曰說文府文書藏也廣雅釋宮府舍也府聚也凡財賄兵器文書皆藏之府許祗言文書者舉一以例之也鄭云藏財貨者凡居財貨曰府故周官玉府內府外府又大府泉府皆稱府也仍因貫事並爾雅釋詁文王氏念孫說貫訓行亦通見前一貫章疏鄭注又云魯讀仍爲仁今從古惠氏棟九經古義楊雄將作大匠箴云或作長府而閔子不仁用魯論也臧氏庸鄭注輯本釋云魯讀仁字爲句言仁在舊貫改作是不仁也義雖通而稍迂古作仍字義益明故鄭從之仍仁音相近也

子曰由之瑟奚爲於丘之門（注）馬曰子路鼓瑟不合雅頌**門人不敬子路子曰由也升堂矣未入於室也**（注）馬曰升我堂矣未入於室耳門人不解謂孔子言爲賤子路故復解之　正義曰白虎通禮樂篇瑟者嗇也閑也所以懲忿窒欲正人之德也郭璞注爾雅云長八尺一寸廣一尺八寸二十七弦邵氏晉涵正義引禮圖雅瑟長與郭注同惟二十三弦與郭異頌瑟長七尺二寸廣一尺八寸二十五弦而風俗通又言今瑟長五尺五寸皆是依仿古制不能盡一皇本作由之鼓瑟似因注誤衍升堂入室喻學道有

淺深聘禮疏云後楣以南曰堂堂凡四架前楣與棟之間爲南北堂之中則後楣北爲室與房矣凡入室必由堂至入室則已觀止故夫子言善人之道亦以入室爲驗也說苑修文篇子路鼓瑟有北鄙之聲孔子聞之曰信矣由之不才也冉有侍孔子曰求爾奚不謂由夫先王之制音也奏中聲爲中節流入於南不歸於北南者生育之鄉北者殺伐之域故君子執中以爲本務生以爲基故其音溫和而居中以象生育之氣憂哀悲痛之感不加乎心暴厲淫荒之動不在乎體夫然者乃治存之風安樂之爲也彼小人則不然執末以論本務剛以爲基故其音湫厲而微末以象殺伐之氣和節中正之感不加乎心溫儼莊恭之動不存乎體夫殺者乃亂亡之風奔北之爲也昔舜造南風之聲其興也勃焉至今王公述而不釋紂爲北鄙之聲其廢也忽焉至今王公以爲笑彼舜以匹夫積正合仁履中行善而卒以興紂以天子好慢淫荒剛厲暴賊而卒以滅今由也匹夫之徒布衣之醜也既無意乎先王之制而又有亡國之聲豈能保七尺之身哉冉有以告子路子路曰由之罪也小人不能耳陷而入於斯宜矣夫子之言也遂自悔不食七日而骨立焉孔子曰由之改過矣此相傳子路鼓瑟夫子責之之事。注子路鼓瑟不合雅頌。正義曰雅頌以音言史記孔子世家詩三百五篇孔子皆弦歌之以求合韶武雅頌之音又樂書云樂之雅頌猶詩之威儀威儀以養身雅頌以養心聲應相保細大不踰使人聽之而志意得廣心氣和平者皆雅頌也

子貢問師與商也孰賢子曰師也過商也不及注孔曰言俱不得中**曰然則師愈與子曰過猶不及**注愈猶勝也正義曰皇本問下有曰字賢下有乎字過猶不及下有也字。注言俱不得中。正義曰仲尼燕居云子曰師爾過而商也不及子貢越席而對曰敢問將何以爲此中者也子曰禮乎禮夫禮所以制中也鄭注過與不及言敏鈍不同俱違禮也案敏鈍以氣質言觀子張與子夏除喪而見孔子子張彈琴成聲曰不敢不及子夏彈琴不成聲曰不敢過也可見中庸云道之不明也我知之矣知者過之愚者不及也道之不行也我知之矣賢者過之不肖者不及也其下即引顏子之擇中庸舜之執其兩端用其中於民明過與不及皆有所失故惟以禮制之中也

季氏富於周公而求也爲之聚斂而附益之注孔曰周公天

子之宰卿士冉求爲季氏宰爲之急賦稅子曰非吾徒也
小子鳴鼓而攻之可也〔注〕鄭曰小子門人也鳴鼓聲其罪
以責之　正義曰季氏富於周公者周公封魯取民之制不過什一自後宣公稅畝已爲什而取二季氏四分公室已取其二量校所入踰於周公賦稅之數故曰季氏富於周公公羊定八年或曰弑千乘之主而不克舍此可乎何休注時季氏邑宰至于千乘此可知季氏之富也聚斂者說文聚會也斂收也爾雅釋詁斂聚也二字訓義並同胡氏紹勳拾義解聚字爲驟謂急於斂取亦備一解大學引孟獻子曰與其有聚斂之臣寧有盜臣其下言長國家而務財用必自小人小人即指聚斂之臣言附益者說文坿益也附與坿同漢書哀帝紀武有衡山淮南之謀設附益之法亦謂徵斂之厚鄭注此云求冉有名也季氏富矣而求聚民財以增之增即附益之義孟子離婁篇孟子曰求也爲季氏宰無能改於其德而賦粟倍他日孔子曰求非我徒也小子鳴鼓而攻之可也趙岐注季氏魯卿季康子案左哀十一年傳季氏欲以田賦使冉有訪諸仲尼曰丘不識也三發卒曰子爲國老待子而行若之何子之

不言也仲尼不對而私於冉有曰君子之行也度於禮施取其厚事舉其中斂從其薄如是則以丘亦足矣若不度於禮而貪冒無厭則雖以田賦將又不足且子季孫若欲行而法則周公之典在若欲苟而行又何訪焉弗聽十二年春王正月用田賦魯語載此事仲尼私於冉有曰汝不聞乎先王制土藉田以力而砥其遠邇賦里以入而量其有無任力以夫而議其老幼於是乎有鰥寡孤疾有軍旅之出則徵之無則已其歲收田一井出稯禾秉芻缶米不是過也先王以爲足若子季孫欲其法也則有周公之藉矣若欲犯法則苟而賦又何訪焉何休公羊注解用田賦云田謂一井之田賦者斂取其財物也言用田賦者若今漢家斂民錢以田爲率矣何解賦爲財物而孟子以爲賦粟倍他日粟即財物也倍他日者倍乎稅畝之制也倍之爲言大略之辭賈逵杜預解左傳以賦爲軍制誤矣用田賦自是季氏之謀特冉子不能救止其事故夫子深責之見凡爲人臣當以道事君不可則止亦冀季孫聞善言能改悟也鳴鼓謂擊鼓使鳴也皇本而附益之之作也鳴鼓下無而字。注周公天子之宰卿士。正義曰周公封魯元子嗣之其次子世守采地官於王朝爲卿士春秋時所稱周公召公是也此注知不然者春秋內外傳皆舉周公與藉是夫子欲以周公所制賦法正季氏之失故此文即言富於周公以譏之也若泛指天子之宰便爲回遠且與內外傳所言周公不合。注鳴鼓聲其罪以責之。正義曰左莊二十九年傳凡師有鐘鼓曰伐晉語伐備鐘鼓聲其罪也昭十七年傳日有食之天子伐鼓于社諸侯伐鼓于朝杜注謂天子責羣陰諸侯自責是凡責讓多用鼓也說文攻擊也此訓責者引申之義宋氏翔鳳發微云春秋繁露曰大旱者陽滅陰也陽滅陰者尊壓卑也固其義也雖大甚拜請之而已無敢有加也大水者陰滅陽也陰滅陽者卑勝尊也日食亦然皆下犯上以賤傷貴逆節也故鳴鼓而攻之朱絲而脅之爲其不義也此亦春秋之不畏强禦也按董生之言知魯有季氏世卿專政祿去公室攘奪克剝而有用田賦之事是亦卑勝尊賤傷貴不義之至者與季氏不能聽冉有不能救厥罪惟均故鳴鼓而攻若深疾冉有實

正季氏之惡

柴也愚注弟子高柴字子羔愚愚直之愚**參也魯**注孔曰魯鈍也曾子性遲鈍**師也辟**注馬曰子張才過人失在邪僻

正義曰此節亦

文過**由也喭**注鄭曰子路之行失於畔喭夫子所論而不署子曰與前四科同師也辟朱子集注辟便辟也謂習於容止少誠實也案便辟猶盤辟武氏億羣經義證案墨子再拜便僻是便僻與再拜連文郎漢書何武傳見所舉者槃辟雅拜服虔曰行禮容拜也儒林傳注蘇林曰張氏不知經但能盤辟爲禮容盤亦便之轉案荀子非十二子云禹行而舜趨子張氏之賤儒也大戴禮五帝德云孔子曰吾欲以容貌取人於師也改之皆可證竊謂愚魯近狷師喭近狂故夫子願與之進於禮樂也其後四子德成學立故子貢答衛將軍文子咸稱其美行矣皇本辟作僻此依馬注誤改喭書無逸疏引作諺阮氏元挍勘記說文有諺無喭喭乃諺之俗字。注弟子至之愚。正義曰弟子列傳高柴字子羔少孔子三十歲子羔長不盈五尺受業孔子孔子以爲愚集解引鄭玄曰衛人子羔亦稱季羔見左傳檀弓作子皋皋與羔同家語作子高齊人少孔子四十歲高既爲氏不當又爲字三十四十積畫相亂衛齊二說亦異當以鄭氏爲是愚直謂如古之愚者直也。注魯鈍也。正義曰說文云魯鈍詞也論語曰參也魯段氏玉裁注左傳魯人以爲敏謂鈍人也釋名曰魯魯鈍也國多山水氏性樸鈍按椎魯鹵莽皆卽此。注子張才過人失在邪僻文過。正義曰注以僻釋辟非是經文作僻但邪僻文過乃小人怙惡之行不可以儗子張。注子路之行失於畔喭。正義曰釋文云畔喭皇本釋文所見本並作⿰口反喭書無逸云乃逸乃諺僞孔傳叛諺不恭叛諺與畔喭同焦氏循論語補疏大雅皇矣無然畔援箋云畔援跋扈也韓詩云武强也漢書敘傳注作無然畔換文選魏都賦云雲撤叛換劉淵林注叛換猶恣睢也換援諺聲近相通

子曰回也其庶乎屢空賜不受命而貨殖焉億則屢中(注)言回庶幾聖道雖數空匱而樂在其中賜不受教命唯財貨是殖億度是非蓋美回所以勵賜也一曰屢猶每也空猶虛中也以聖人之善道教數子之庶幾猶不至於知道者各內有此害其於庶幾每能虛中者唯回懷道深遠不虛心不能知道子貢雖無數子之病然亦不知道者雖不

窮理而幸中雖非天命而偶富亦所以不虛心也正義曰蘇氏秉國四書求是云其庶乎未明指其所庶若何以下文不受命對觀之蓋卽指受命而言案蘇說是也命謂祿命也古者四民各習其業未有兼爲之者凡其所業以爲命所受如此也子貢學於夫子而又貨殖非不受命而何俞氏樾平議古者商賈皆官主之故呂氏春秋上農篇曰凡民自七尺以上屬諸三官農攻粟工攻器賈攻貨以周禮考之質劑掌於官廛量純制掌於官貨賄之璽節掌於官下至春秋之世晉則絳之富商韋藩木楗以過於朝鄭則商人之一環必以告君大夫蓋猶皆受命於官也若夫不受命於官而自以其財市賤鬻貴逐什一之利是謂不受命而貨殖管子乘馬篇曰賈知賈之貴賤日至於市而不爲官賈此其濫觴與蓋不屬於官卽不得列於太宰之九職故不曰商賈而曰貨殖子貢以聖門高弟亦復爲之陶朱白圭之徒由此起也太史公以貨殖立傳而首列子貢有開必先在子貢固不得而辭也案俞說亦近理若然則其庶乎仍謂庶幾聖道也廣雅釋詁殖積也周語財蓄殖韋昭解殖長也子貢貨殖謂居貨財以生殖也億度也皇本億作憶漢書貨殖傳漢陳度碑引並作意字異義同貨殖傳

云子贛既學於仲尼退而仕衛發貯鬻財曹魯之閒七十子之徒最爲饒而顏淵簞食瓢飲在于陋巷子贛結駟連騎束帛之幣聘享諸侯所至國君無不分庭與之抗禮然孔子賢顏淵而譏子贛曰回也其庶乎屢空賜不受命而貨殖焉意則屢中班傳全引此文而以賜不受命二句爲孔子所譏是意則屢中卽承上貨殖言論衡知實篇賜不受命而貨殖焉億則屢中罪子貢善居積意貴賤之期數得其時故貨殖多富比陶朱又云子貢善意以得貨利蓋論衡以意貴賤之期解億字數得其時數解屢字得其時解中字此漢人解誼之最顯然可據者皇疏引殷仲堪曰不受矯君命江熙曰賜不受濁世之榮以不受命爲辭祿與貨殖傳子貢仕衛不合非也。注言回至心也。正義曰爾雅釋言庶幾尚也又云庶幸也易繫辭傳顏氏之子其殆庶幾乎謂庶幾於道也詩節南山不宜空我師毛傳空窮也引申之凡貧窮無財者亦謂之空史記伯夷列傳然回也屢空糟糠不厭鹽鐵論地廣云夫賤不周知貧不妨行顏淵屢空不爲不賢孔子不容不爲不聖後漢賈逵傳帝謂馬防曰賈逵母病此子無人事於外屢空將從孤竹之子於首陽矣是漢人解屢空皆爲空匱注前說是也財貨者說文貨財也億度是非者謂於事理之是非能先億度之也皇疏云故左傳邾隱公朝魯執玉高其容仰魯定公受玉卑其容俯子貢曰以禮觀之二君皆有死亡君爲主其先亡乎是歲定公卒仲尼曰賜不幸言而中是使賜多言者也此億中之類也案漢書眭宏等傳贊漢興推陰陽之災異者假經設誼依託象類或不免乎億則屢中此明謂億度事理注說亦非無本

子張問善人之道子曰不踐迹亦不入於室注孔曰踐循也言善人不但循追舊迹而已亦少能創業亦不入於聖人之奧室

正義曰孔氏廣森經學卮言問善人之道則非問何如而可以爲善人乃問善人當何道以自處也故子告以善人所行之道當效前言往行以成其德譬諸入室必踐陳涂堂戶之跡而後循循然至也案孔說是也踐迹者謂學禮樂之事也善人質美未學故必進於禮樂乃可入室漢書刑法志孔子曰如有王者必世而後仁善人爲國百年可以勝殘去殺矣言聖王承衰撥亂而起被民以德教變而化之必世然後仁道成焉至於善人不入於室然猶百年勝殘去殺矣據志此言以善人指諸侯言上篇言聖人善人吾不得見之彼言善人義亦同也王者

目德教化民制禮作樂功致太平若善人爲邦百年仍不能興禮樂之事故僅可勝殘去殺若仁道猶未能成所謂不入於室也漢志所云於義亦通釋文迹本亦作跡說文迹步處也蹟或從足責速籀文迹从速並不作跡是跡乃迹俗

子曰論篤是與君子者乎色莊者乎注論篤者謂口無擇言君子者謂身無鄙行色莊者不惡而嚴以遠小人言此三者皆可以爲善人

正義曰邢疏云此亦善人之道也故同爲一章當是異時之語故別言子曰也案夫子言善人不得見之及此言及善人舉所見論篤君子色莊三者以當之蓋此三者皆可謂之善人然容有似是而非者與乎其間故但爲疑辭或言與或言乎者文法之變○注論篤至善人○正義曰口無擇言身無鄙行約孝經文擇與殬同敗也彼作擇行謂無敗行

子路問聞斯行諸注包曰賑窮救乏之事子曰有父兄在如之何其聞斯行之注孔曰當白父兄不得自專冉有問聞

斯行諸子曰聞斯行之公西華曰由也問聞斯行諸子曰有父兄在求也問聞斯行諸子曰聞斯行之赤也惑敢問注孔曰惑其問同而答異子曰求也退故進之由也兼人故退之注鄭曰言冉有性謙退子路務在勝尚人各因其人之失而正之

正義曰觀公西華之問冉有亦當有父兄在而夫子答之與答子路異此赤所以惑也夫聞義即當力行君子善則歸親苟有所爲而合於義稱父母或兄之命焉可也若必待稟命而或爲父兄所阻不得行是亦奚得爲義但子路有聞即行其中有宜稟命父兄而迫不能待不特失承順之道並其所行或因急遽而未合於義此夫子所以抑之也至冉有固自言說子之道而以力不足自諉者不患其不稟命但慮其逡巡退縮而爲之不勇耳夫子所以進之二子之問非在一時而公西華之窺聖人有以得其異同亦可謂善學者矣如之何其聞斯行之皇本行之下有也字。注賑窮救乏之事。正義曰義事多端注必指賑窮救乏者舉所重言之錢氏大昕潛研堂文集曲禮父母在不許友以死不有私財檀弓未仕者不敢稅人如稅人則以父兄之命注云不專家財也白虎通云朋友之道親存不得行者二不得許友以其身不得專通財之恩友饑則白之於父兄父兄許之乃稱父兄與之不聽卽止故論語曰有父兄在如之何其聞斯行之也包咸之說蓋出於此吳志全琮以父命齎米數千斛到吳市易琮悉以賑贍大夫空船而還裴松之引論語有父兄在之文謂琮輒散父財誠非子道亦用包說。注言冉至正之。正義曰謙退者謙與慊同不足也冉有子路各有所失夫子教之亦因其所失正之不能同也學記云學者有四失教者必知之人之學也或失則多或失則寡或失則易或失則止此四者心之莫同也知其心然後能救其失也教也者長善而救其失者也

子畏於匡顏淵後注孔曰言與孔子相失故在後也**子曰吾以女爲死矣曰子在回何敢死**注包曰言夫子在己無所敢死也正義曰曲禮云父母在不許友以死顏子事夫子猶父故云子在回何敢死呂氏春秋勸學篇曾子

曰君子行於道路其有父者可知也其有師者可知也曾點使曾參過期而不至人皆見曾點曰無乃畏耶曾點曰彼雖畏我存夫安敢畏孔子畏於匡顏淵後孔子曰吾以汝爲死矣顏淵曰子在回何敢死顏回之於孔子也猶曾參之於父也此周秦人解誼之最古者蓋顏子隨夫子行忽遇匡人之難相失在後夫子必心焉望之望之而不至則疑其爲匡人所殺雖在顏子必不輕身赴鬬如子路之慍怒奮戟然亂離之時或不幸而死於非命此亦人事所恒有及後顏子來見夫子喜出望外故直道心之所疑初不料顏子之未死也至顏子之對夫子曰子在回何敢死夫夫子遇難而曰子在何也蓋以夫子狀類陽虎匡人疑爲陽虎而誤圍之非眞欲殺夫子此直俟其細詢蹤跡審其動靜自足知之書傳言夫子弦歌不輟曲三終而匡人解甲忠信篤敬蠻貊可行此豈陽虎之所能爲者蓋不待夫子自辨而聖德光著匡人已知決非陽虎矣夫子之不輕於一死顏子蓋眞知之故曰子在而因子在不敢就死自必潛身遠害或從他道迂行此其所以相失在後也惟知子在故顏子獨後惟顏子獨後而夫子又疑爲死聖賢往迹及其心事可按文而得之他說以死爲先字之誤或以子在爲在圍中死爲赴鬬皆不合

季子然問仲由冉求可謂大臣與（注）孔曰子然季氏子弟自多得臣此二子故問之子曰吾以子爲異之問曾由與求之問（注）孔曰謂子問異事耳則此二人之問安足大乎所謂大臣者以道事君不可則止今由與求也可謂具臣矣（注）孔曰言備臣數而已曰然則從之者與子曰弑父與君亦不從也（注）孔曰問爲臣皆當從所欲言二子雖從其主亦不與爲大逆

正義曰釋文云惡古文臣字本今作臣此古文出六朝時所製大臣者謂公卿大夫爲諸侯佐者也異者謂異人也若顏淵仲弓之類曾由與求之問曾猶乃也見王氏引之經傳釋詞以道事君不可則止者謂事君當以正道若君所行有過失卽以道諫正之止謂去位不仕也曲禮云爲人臣之禮不顯諫三諫而不聽則逃之白虎通諫諍篇諸侯之臣諍不從得去何以屈尊伸卑孤惡君也竝言大臣事君之法劉敞春秋意林

具臣者其位下其責薄小從可也大從罪也大臣者其任重其責厚小從罪也大從惡也包氏愼言溫故録韓詩外傳云大夫有諍臣三人雖無道不失其家季氏爲無道僭天子舞八佾旅泰山以雍徹然而不亡者以有冉求季路爲宰臣也故曰有諤諤諍臣者其國昌依此則二子事季亦能匡正以道故季子然以大臣許之而夫子斥之者以其不能以去就爭也公羊莊二十四年曹羈下傳云三諫不從遂去之君子以爲得君臣之義也注云孔子曰所謂大臣者以道事君不可則止此之謂也不從得去者仕爲行道道不行義不可素餐所以申賢者之志孤惡君也夫二子非黨惡之臣然不能直伸己志折奸人僭竊之萌故曰具臣張栻論語解或曰弑父與君亦不從何必由求而能之曾不知順從之臣其始也惟利害之是狥而已履霜堅冰之不戒馴至蹉跌以至於從人弑君者多矣如荀彧劉穆之之徒其始從曹操劉裕之時亦豈遂欲弑父與君哉惟其漸浸順長而勢卒至此耳案夫子此言明二子尚能守正亦所以警季氏使無自陷大逆也○注子然季氏子弟○正義曰宋氏翔鳳發微云文選注四十七引論語摘輔象曰子然公順多略知季子然亦弟子之一戴氏望論語注疑子然即季寤○注謂子至大乎○正義曰注以

異爲異事曾爲則並不合。注言備臣數而已。正義曰說文云具共置也廣雅釋詁具備也大夫家臣當有具數此二子仕季亦但備數任職事不能如大臣能匡正人主也漢書翟方進傳爲具臣目全身

子路使子羔爲費宰子曰賊夫人之子注包曰子羔學未熟習而使爲政所以爲賊害**子路曰有民人焉有社稷焉何必讀書然後爲學**注孔曰言治民事神於是而習之亦學也**子曰是故惡夫佞者**注孔曰疾其以口給應遂己非而不知窮　正義曰史記弟子傳作使子羔爲費郈宰論衡藝增篇亦作郈宰戴氏望說史記費字後人所增張守節正義引括地志釋郈在鄆城宿縣未言費所在知所見本無費字漢地理志東平國無鹽縣有郈鄉今山東東平州東境也子路以墮郈後不可無良宰故欲任子羔治之案戴說頗近理然論語集解亦不釋郈則包周馬鄭諸家所據本皆作費豈當時已文誤莫之能正耶所當闕疑各就文解之也有民人者民謂庶人在官人謂羣有司皆

所以佐宰治事也有社稷者祭法云大夫以下成羣立社曰置社鄭注大夫不得特立社與民族居百家以上則共立一社今時里社是也稷者穀神白虎通社稷篇人非土不立非穀不食土地廣博不可徧敬也五穀衆多不可一一而祭也故封土立社示有土也稷五穀之長故立稷而祭之也稷者得陰陽中和之氣而用尤多故爲長也歲再祭之何春求秋報之義也夏氏炘學禮管釋社稷皆祀土神也土爰稼穡社與稷不能分而爲二言稷必兼言社言社不必言稷而稷在其中鄭氏所謂稷者社之細是也社稷共祀於一壇歷考諸經傳只有社壇並無稷壇自王莽官社之外復增官稷光武州治之社無稷而後世遂社稷分壇失古義矣案天子諸侯行禮於社甚多白虎通祇舉求報言者以社稷皆土神求報是其正祭不煩廣說他事也大夫祭社稷亦是春求秋報凡舉民事時皆同矣讀書者說文云讀誦書也書者詩書禮樂之統名於時世卿持祿不由學進故子路言仕宦亦不以讀書爲重也韓詩外傳哀公問於子夏曰必學然後可以安國保民乎子夏曰不學而能安國保民者未之有也卽夫子此言之旨左氏傳子皮欲使尹何爲邑子產曰未知可否子皮曰愿吾愛之不吾叛也使夫往而學焉夫亦愈知治矣子產曰不可

人之愛人求利之也今吾子愛人則以政猶未能操刀而使割也其傷實多子之愛人傷之而已其誰敢求愛於子僑聞學而後入政未聞以政學者也若果行此必有所害與夫子此語意同。注所以爲賊害。正義曰說文云賊敗也敗害義近。注疾其至知窮。正義曰上篇言佞事云禦人以口給給謂應之速如供給者也遂猶成也窮謂理窮也

子路曾皙冉有公西華注孔曰皙曾參父名點**侍坐子曰以吾一日長乎爾毋吾以也**注孔曰言我問女女無以我長故難對**居則曰不吾知也**注孔曰女常居云人不知己**如或知爾則何以哉**注孔曰如有用女者則何以爲治**子路率爾而對曰**注率爾先三人對**千乘之國攝乎大國之間加之以師旅因之以饑饉**注包曰攝迫也迫於大國之間

由也爲之比及三年可使有勇且知方也注方義方夫子

哂之注馬曰哂笑也正義曰侍坐者謂四子侍於夫子坐側也上篇或言侍或言侍側此獨言侍坐

明四子亦坐也子路少夫子九歲冉有少夫子二十九歲公西華少夫子四十二歲惟曾晳年無考其坐次在子路下是視子路年稍後夫子長於四子不欲多引年故謙言一日也毋吾以者毋與無同皇本作無以用也言此身既差長已衰老無人用我也釋文云吾以鄭本作已鄭謂毋以我長長之故已而不言已止也義似紆曲夫子自言身老若四子則年力未衰宜爲世用故就其平居所發論誘之盡言以觀其才志何如耳率爾皇本作卒爾注同莊子人間世注卒然附之釋文卒本又作率是率卒二字通用加之以師旅者謂已國有征討及他國來侵伐者也加者論也說文云二千五百人爲師從帀從自自四帀衆意也軍之五百人爲旅從㫃從从周官小司徒五人爲伍五伍爲兩四兩爲卒五卒爲旅五旅爲師五師爲軍以起軍旅以作田役以比追胥以令貢賦鄭注伍兩卒旅師軍皆衆之名兩二十五人卒百人旅五百人師二千五百人軍萬二千五百人此皆先王所因農事而定軍令者也因之以饑

饉者老子儉武篇云師之所處荆棘生焉大軍之後必有凶年所謂因也爾雅釋天云穀不熟爲饑蔬不熟爲饉郭注凡草菜可食者通名爲蔬邵氏晉涵正義穀梁襄十四年傳云一穀不升謂之嗛二穀不升謂之饑三穀不升謂之饉四穀不升謂之康五穀不升謂之大饑又謂之大侵此以穀入多寡分立差等兼取蔬饉爲名其實五者皆爲饑也墨子七患篇一穀不收謂之饉二穀不收謂之饑墨子以五穀不收爲饑合於雅訓矣案穀不熟蔬不熟皆可名饉爾雅及穀梁墨子各具一義釋文饑鄭本作飢說文飢餓也義稍別今經傳通用由也爲之者爲治也比及三年者比近也見廣雅釋詁周官小司徒云乃頒比法於六鄉之大夫使各登其鄉之衆寡六畜車輦辨其物以歲時入其數以施政教行徵令及三年則大比大比則受邦國之比要乃會萬民之卒伍而用之是三年乃大比之期又書言三載考績三考凡九年乃行黜陟子路言甫及三年初奏績之時已有成功蓋子路長於治軍旅故夫子亦言千乘之國可使治賦也○注晳曾參父名點○正義曰弟子列傳曾蒧字晳曾參父說文黰雖晳而黑也從黑箴聲古人名黰字晳段注弟子列傳曾蒧字晳奚容箴字子晳又狄黑字晳蒧箴皆黰之省論語曾晳名點則同音段借

字也。注言我問女女無以我長故難對。正義曰注意
吾以二字爲倒詞於文未順又難對之義非經所有並非
是。注率爾先三人對。正義曰率者輕速之意孟子梁
惠王篇卒然問曰卒率義同曲禮侍於君子不顧望而對
非禮也注云禮尚謙也不顧望若子路率爾而對案四子
以子路爲年長自當先對但亦當顧望不得急遽先三人
也又其言自負太甚故夫子以爲不讓。注攝迫也。正
義曰迫謂迫近也焦氏循補疏荀子禮論云其立哭泣哀
戚也不至於隘攝楊倞注隘窮也攝猶戚也此戚即蹙字
窮蹙與迫同楚辭哀時命衣攝葉以儲與兮王逸章句云
攝葉不舒貌迫蹙故不舒。注方義方。正義曰廣雅釋
詁方義也鄭注此云方禮法也禮法即是義漢書禮樂志
引此句解之云教以禮誼之謂也與鄭注及此注同司馬
法云古之教民必立貴賤之倫經使不相陵德義不相踰
材技不相掩勇力不相犯故力同而意和也是其義也。
注哂笑。正義曰曲禮笑不至矧鄭注齒本曰矧大笑則
見釋文矧本又作哂是哂與矧同宋氏翔鳳過庭錄說文
弞笑不壞顏曰弞從欠引省聲說文無哂字作弞爲正矧
是叚藉凡笑以至矧爲度過此則壞顏且失容故曰笑不
壞顏非微笑之謂曾晳亦以夫子有異常笑故問之爾

求爾何如對曰方六七十如五六十（注）求性謙退言欲得方六七十如五六十里小國治之而已**求也爲之比及三年可使足民如其禮樂以俟君子**（注）孔曰求自云能足民而已謂衣食足也若禮樂之化當以待君子謙也（正義曰）爾何如者謂其志何如也方六七十里者謂國之四竟以正方計之有此數也如五六十里者王氏引之經傳釋詞云如猶與也及也方六七十如五六十宗廟之事如會同如字並與與同義書堯典曰脩五禮五玉三帛二生一死贄如五器儀禮鄉飲酒禮公如大夫入史記虞卿傳趙王問樓緩曰予秦地如毋予孰吉新序善謀篇如作與是其證如與聲相近故如訓爲與與亦可訓爲如足民者謂使民財用足也亦待三年者漢書食貨志云三年耕則餘一年之畜衣食足而知榮辱廉讓興而爭訟息故三載考績然則足民亦須以三年計之也皇本民下有也字○注求性至而已○正義曰冉求能治大國而祇言小國是其性謙退也王制孟子皆言公侯方百里伯七十里子男五十里周官

大司徒云公五百里侯四百里伯三百里子二百里男百里與王制孟子不同蓋周官言封域土制孟子專就出稅之田言耳春秋時列國兼併小國見侵削不能如制故有此六十里之國**赤爾何如對曰非曰能之願學焉宗廟之事如會同端章甫願爲小相焉**注鄭曰我非自言能願學爲之宗廟之事謂祭祀也諸侯時見曰會殷頫曰同端玄端也衣玄端冠章甫諸侯日視朝之服小相謂相君之禮正義曰宗廟之事鄭注指祭祀胡氏紹勳拾義云宗廟之事祭祀在其中獨此經不得指祭祀宜主朝聘而言下言如會同者會同不在廟而在壇舉宗廟不言朝聘舉會同不言壇坫皆互文見義如不見宗廟之美百官之富言宗廟可該禮器言百官可該朝廷也案胡說是也大夫士助祭無用端服者則宗廟爲朝聘可知如會同者如猶與也金氏鶚禮說案會同之禮非必諸侯會同於天子也左襄四年傳云文王兩君相見之樂也杜注以諸侯會同解兩君相見孔疏云朝而設享是亦二君聚會故以會同言之爾雅釋詁云會

合也。又云：「會，對也。」說文云：「同，合會也。」「合，合口也。」是會同二字本義原止二人相合。曲禮云：「諸侯相見于卻地曰會。」春秋所書「公會某君于某」，皆兩君相見也。相見于卻地可謂之會，則相見於宗廟之中亦可謂之會矣。此會同之小者也。至於十餘君聚會，不于廟而于壇，則會同之大者也。左定四年經云：「公會劉子、晉侯、宋公、蔡侯、衛侯、陳子、鄭伯、許男、曹伯、莒子、邾子、頓子、胡子、滕子、薛伯、杞伯、小邾子、齊國夏于召陵。」「五月，公及諸侯盟于皋鼬。」傳云：「衛子行敬子言於靈公曰：『會同難，嘖有煩言，莫之治也。其使祝佗從。』」此十餘君聚會稱會同之證。十餘國聚會，所謂嘖有煩言者，必貴有言語之才以爲相。若兩君相見，則長於禮樂者可爲相也。公西華志於禮樂，則其所謂會同者，必指兩君相見言之。又云：「兩君相見，自在宗廟之中，爲諸侯之事，故曰宗廟會同，非諸侯而何？」自注：「宗廟之事不一，而會同其一事也，故曰宗廟之事如會同。如字乃指點詞，非更端詞。」案：金說是也。左僖八年傳云：「不赴於同。」春秋繁露竹林篇：「會同之事，大者主小。」又云：「齊頃公即位九年，未嘗肯一與會同之事。」王道篇：「諸侯會同，賢爲主，賢賢也。」據此諸文，明列國會盟稱會同也。惟如字作指點詞，與王氏訓與者義異。愚以下文言宗廟會同，明宗廟有專指之事，則如訓爲與，王義自優而宗廟之事必如胡氏以為朝聘乃合經旨端章甫者鄭君注為諸侯視朝之服然此是相者所服於諸侯無涉說文云褍衣正幅從衣耑聲段氏玉裁注凡衣及裳不邪殺之幅曰褍左傳端委杜注禮衣端正無殺故曰端今案褍是正幅之名故說文巾部㡏下曰正幅裂今經傳皆作端自是同音段借凡朝祭之服皆用正幅通得端名故樂記言魏文侯端冕而聽古樂是祭服名端也左傳言太伯端委以治周禮是朝服名端也胡氏紹勳拾義古時布廣二尺二寸端用正幅衣形正方自衮鷩至玄端服不同而其為端則同何論朝服也周禮司服士之服自皮弁而下如大夫之服其齊服有玄端素端康成注云端者取其正也士之衣袂皆二尺二寸而屬幅是廣袤等也其袪尺二寸大夫已上侈之侈之者蓋半而益一半而益一則其袂三尺三寸袪尺八寸賈氏疏云其袪尺二寸據玉藻深衣之袪尺二寸而言也陳氏禮書云謂之端則衣袂與袪廣袤等矣無大夫士之辨也果士之袪殺於袂尺非端也大夫之袂侈以半而益一亦非端也夏氏炘學禮管釋又謂男子五冕服五衰服皆端惟弔服弁經侈袂婦人無侈袂亦以鄭氏為誤案六夫以上侈袂鄭君此說必非無據侈袂謂侈於士之袂一尺一寸也蓋士之袂以布一幅

為之大夫以上之袂加半幅布故曰半而益一然袂雖侈
仍用正幅何妨得有端名陳夏二君之疑殊所未曉釋名
釋衣服云玄端其袖下正直端方與要接也此亦舉玄端
以例其餘耳朝服是緇衣素裳玄端則玄衣而裳無定色
緇玄色近緇是七入之黑玄是六入之黑故禮或稱朝服
為玄端而冠亦同用玄色謂之玄冠其不同者惟裳與韠
諸飾士冠禮玄端玄裳黃裳雜裳可也緇帶爵韠注云玄
端即朝服之衣易其裳耳上士玄裳中士黃裳下士雜裳
前玄後黃胡氏培翬正義玄裳黃裳雜裳三等裳以配玄
端乃士服特牲饋食記云玄端玄裳黃裳雜裳可也皆爵
韠與此同又云若大夫以上則有異大夫玄端用素裳天
子諸侯用朱裳也金氏榜禮箋解士冠禮云玄端三裳主
論列其服非差次所服之人可也云者謂唯其所服服之
不定之辭也上經爵弁服纁裳皮弁服素積皆上下通服
則玄端玄裳黃裳雜裳明不專為士設經記說玄端服唯
見此三裳然則服玄端者無異裳蓋可知也玉藻韠君朱
大夫素士爵韋乃言玄端之韠色不同猶冕弁服之有韞
韍亦韍與裳無涉其說雖與鄭異而於經旨實合盍韠固
從裳色然亦取其相近如朱色淺黑則近於玄淺赤則近
於黃素色淺白亦近於黃凡色之相近皆可配以為用不近

必裳韠同用一色也荀子哀公篇端衣玄裳絻而乘路者志不在於食葷云絻而乘路則爲天子冕服蓋冕服亦通名端當用纁裳而云玄裳纁玄色近玄卽纁也天子冕服有玄裳則玄裳非但爲上士所服矣朝聘會同擯相之服經無明文舊說謂君臣同服聘禮賓主旣同用皮弁則擯介亦當用皮弁而朝與會同皆爲皮弁可知此於經無徵直以意爲之說案士冠禮主人玄端爵韠擯者玄端賓如主人服贊者玄端從之賈疏云擯者不言如主人服別言玄端則與主人不同可知然則主人玄端爲士之正服擯者玄端爲朝服合之論語此文有朝聘會同則凡士之爲擯者自助祭外皆用朝服而非皮弁可知然朝服當云委貌今云章甫者以章甫與委貌同爲玄冠也郊特牲士冠記並云委貌周道也章甫殷道也毋追夏后氏之道也鄭注士冠記云委猶安也言所以安正容貌章明也殷質言以表明大夫也甫或爲父毋發聲也追猶堆也夏后氏質以其形明之三冠皆所服以行道也其制之異同未之聞白虎通紼冕云所以謂之委貌何周統十一月爲正萬物始萌小故爲冠飾最小故曰委貌委貌者言委曲有貌也殷統十二月爲正其飾微大故曰章甫章甫者尙未與極其本相當也夏統十三月爲正其飾最大故曰毋追毋追

者言其追大也案此則三代冠制稍有大小之差班言其形鄭君兼釋其義互相備耳周用六代禮樂當時本有章甫爲大夫士之冠故夫子冠章甫之冠魯人誦孔子亦云袞衣章甫及此子華又言端章甫皆當時禮冠用章甫之證若當時未有此制而夫子與子華乃舍周之委貌而服殷冠是畔民也乃解者疑其與禮不合又以子華爲謙夫子華能爲大相而謙言小相可也未有舉其禮服而亦謙不敢用且未聞以前代之制而用爲謙言此亦理之未可達矣小相者言諸侯有宗廟會同之事已爲小相佐助君也上篇夫子曰赤也束帶立於朝可使與賓客言也與賓客言是大相之事則赤言小相爲謙可知大戴禮衛將軍文子篇子貢曰志通而好禮擯相兩君之事篤雅其有禮節也是公西赤之行也孔子曰禮儀三百可勉也威儀三千則難也公西赤問曰何謂也孔子曰貌以擯禮禮以擯辭是之謂也孔子之語人也曰當賓客之事則通矣謂門人曰二三子欲學賓客之禮者於赤也觀此則子華爲相是自道其實然舊時解此節以宗廟爲天子之宗廟會同爲諸侯見天子之禮端章甫爲諸侯之服夫赤自思爲諸侯其妄已甚而會同之禮諸侯當服裨冕不聞用玄端章甫宜閻氏若璩四書釋地又續凌氏廷堪禮經釋例皆斥

其謬也。注宗廟至之禮。正義曰：注以宗廟之事爲諸侯廟祭，而解會同爲諸侯時見殷見，則皆見天子之禮。周官大宰「大朝覲會同」，注：「大會同或於春朝，或於秋覲，舉春秋則冬夏可知。」疏云：「大會雖無常期，當春來即是春朝，當秋來即是秋覲，當夏來即是夏宗，當冬來即是冬遇。若大同則有常期，春東方六服盡來，夏西方六服盡來，秋冬司農云，舉春秋即冬夏可知者，經直云大朝覲，不言宗遇，宗遇可知。在國行朝禮訖，乃皆爲壇於國外而命事焉。」又大宗伯「時見曰會，殷見曰同」，注：「時見者，言無常期，諸侯有不順服者，王將有征討之事，則既朝覲，王爲壇於國外，合諸侯而命事焉。春秋傳曰：『有事而會，不協而盟』是也。殷猶衆也，十二歲王如不巡守，則六服盡朝，朝禮既畢，王亦爲壇，合諸侯以命政焉，所命之政，如王巡守。殷見，四方四時分來，終歲則徧。」疏云：「若不當朝之歲，則不須行朝覲於國中，直壇朝而已。其當朝之歲者，則於國中春夏行朝宗於王朝，受享於廟，秋冬則一受之於廟也。大行人云：『十二歲王乃巡守殷國。』若王無故，則巡守；若王有故，六服衆皆同來，是其禮也。」凌氏曙典故覈云：「案鄭注云云，蓋宗廟一事也，會同二事也，端章甫謂視朝三事也。三者皆須相禮，或舉地，或舉事，或舉服，古人文法互見如此。」案此鄭說注今不用也小相在主國曰擯賓國曰介擯介統謂之相邢疏曰聘禮云卿爲上擯大夫爲承擯士爲紹擯玉藻云君入門介拂闑大夫中棖與闑之間士介拂棖則卿爲上介大夫爲次介士爲末介也此云願爲小相者謙不敢爲上擯上介之卿願爲承擯紹擯次介末介之大夫士耳案依鄭注衆有朝祭之相雜記云大夫冕而祭於公士弁而祭於公此廟中之相也諸侯覲朝之相無明文周官大宰贊聽治是大相小司寇擯外朝司士擯治朝太僕正服位皆小相則諸侯覲朝亦有相可知

點爾何如鼓瑟希（注）孔曰思所以對故音希鏗爾舍瑟而作對曰異乎三子者之撰（注）孔曰置瑟起對撰具也爲政之具鏗者投瑟之聲子曰何傷乎亦各言其志也（注）孔曰各言已志於義無傷曰莫春者春服既成冠者五六人童子六七人浴乎沂風乎舞雩詠而歸（注）包曰莫春者季春三月也春服既成衣單祫之時我欲得冠

者五六人童子六七人浴乎沂水之上風凉於舞雩之下歌詠先王之道而歸夫子之門**夫子喟然歎曰吾與點也**

注周曰善點獨知時正義曰朱子集注云四子侍坐以齒爲序則點當次對以方鼓瑟故夫子先問求赤而後及點也鼓瑟希者說文云鼓郭也从中又又象其手擊之也周官小師掌教鼓鼗柷敔塤簫管弦歌注出音曰鼓此字虛實兩義毛晃岳珂並分鼓舞字從鼓鐘鼓字從鼓非也方氏觀旭偶記爾雅釋樂云徒鼓瑟謂之步注謂獨作之會點但鼓瑟未有口歌又云少儀云侍坐弗使不執琴瑟則點之侍坐鼓瑟必由夫子使之其說並是鏗爾玉篇引作捎爾廣雅釋言鎗擊也捎與鎗同說文小徐本擊下云讀若論語鏗爾舍琴而作大徐本作舍瑟段氏玉裁注依小徐本改正又輯下引此文段氏亦改舍琴其說云論語釋文云鏗苦耕反投琴聲是則陸氏本作舍琴而作下文云本今作瑟者後人所增語廣韻曰捎琴聲口莖切玉篇曰捎口耕切琴聲引論語捎爾舍琴而作案由段所引是古本皆作琴字此文孔注云投瑟之聲投瑟必投琴之誤釋文所云投琴即本孔注也作起也曲

禮云侍坐於君子君子問更端則起而對鄭注離席對敬
異事也君子必令復坐此舉問異事當如前之敬蓋君子
有問於已皆當起對對畢就坐若對未畢君子詔已坐亦
得坐若夫子問六言六蔽子路起而對夫子復令之坐是
也若然此三子承夫子之問並應作而後對前不言者從
可知也撰鄭本作僎云僎讀曰詮詮之言善也案廣韻曰
詮善言也本鄭義陳氏鱣古訓曰鄉飲酒禮遵者降席注
今文遵爲僎或爲全是全僎本通故讀僎爲詮非改字也
案鄭以點爲謙言故夫子云何傷以解之若僞孔訓爲爲
政之具是正點自負有異三子視子路之率爾更有甚矣
以此知鄭義精審多若此也釋文云亦各言其志一本作
亦各言其志也今皇邢本皆有也字莫春者舉時所值言
之釋文本亦作暮春說文無暮字茻下云日且冥也從日
在茻中引申爲遲晚之訓故此春盡言莫春也皇本冠者
上有得字儀禮鄭目錄云童子任職居士位年二十而冠
故曲禮云二十曰弱冠白虎通紼冕云所以有冠者何冠
者帷也所以帷持其髮也人懷五常莫不貴德示成禮有
脩飾文章故制冠以飾首別成人也禮所以十九見正而
冠者何漸二十之人耳男子陽也成於陰故二十而冠童
子者人年十五以上爲成童此則未冠者也浴乎沂風乎

舞雩詠而歸者鄭注云沂水出沂山沂水在魯城南雩壇在其上饋饋酒食也魯讀饋爲歸今從古案水經泗水注沂水出魯城東南尼丘山西北平地發泉流經魯縣故城南沂水北對稷門亦曰雩門門南隔水有雩壇壇高三丈曾點所欲風舞處也尼丘山即鄭注所云沂山此水在魯城東南歷城南西右注泗水鄭注止云魯城南者就雩壇所在言之顧氏棟高春秋大事表曰沂水在今曲阜縣南二里西入滋陽縣境合于泗水論語所謂浴乎沂即此齊亦有沂水今沂州府沂水縣西北一百七十里雕崖山接蒙陰縣界南流至江南宿遷縣北匯爲駱馬湖又南入運河書淮沂其乂是也又出武陽之冠石山者亦謂之沂水在今兖州府費縣俗呼小沂水哀二年取沂西田是也案齊之沂水在東故齊乘以魯沂爲西沂水也雩壇者雩時爲壇設祭於此有樂舞故曰舞雩爾雅釋訓舞號雩也周官女巫疏引春秋考異郵云雩者吁嗟求雨之聲說文雩夏祭樂於赤帝以祈甘雨也從雨亏聲雩或從羽雩羽舞也周官司巫云若國大旱則帥巫而舞雩又女巫云旱暵則舞雩舞師云教皇舞帥而舞旱暵之事注云旱暵之事謂雩也鄭司農云皇舞蒙羽舞玄謂皇析五采羽爲之亦如帗是雩祭有樂舞也雩壇在沂水上鄭自舉目見言

之水經言壇高三丈其遺蹟也饋爲饋酒食者周官大宗伯以饋食享先王鄭注言饋食者著有黍稷然則雩祭或亦用黍稷與鄭君此處注雖殘佚不完然以饋訓酒食觀之當以雩祭有酒食事矣饋歸字通用魯論作歸依本字釋之少儀燕遊曰歸是也史記弟子列傳詠而歸徐廣曰一作饋史公采古文論語當本作饋徐廣所見一本是也論衡明雩篇解此文云魯設雩祭於沂水之上暮者晚也春謂四月也春服既成謂四月之服成也冠者童子雩祭樂人也浴乎沂涉沂水也象龍之從水中出也風乎舞雩風歌也詠而饋詠歌饋祭也歌詠而祭也說論之家以爲浴者浴沂水中也風乾身也周之四月正歲二月也尚寒安得浴沂而風乾身由此言之涉水不浴雩祭審矣春秋左氏傳曰啟蟄而雩又曰龍見而雩啟蟄龍見皆二月也春二月雩秋八月亦雩春祈穀雨秋祈穀實當今靈星秋之雩也春雩廢秋雩在故在靈星之祀歲雩祭也孔子曰吾與點也善點之言欲以雩祭調和陰陽故與之也案論衡說與鄭君同異不可知宋氏翔鳳發微按王仲任說論語此條最當其云說論之家當指魯論當時今文魯論最盛也其以雩在正歲二月則非蒼龍昏見東方在正歲四月始舉雩祭故左傳龍見而雩杜注以爲建巳若啟蟄則夏正

郊天而非雩論語暮春春盡爲暮已將四月故云春服既成言時已暖也然建已之月亦不可浴水中而風乾身浴沂言祓濯於沂水而後行雩祭蓋三子者之與禮節民心也點之志由鼓瑟以至風舞詠饋樂和民聲也樂由中出禮自外作故孔子獨與點相契唯樂不可以僞爲故曾哲託志於此孔子問如或知爾則何以哉何以言何以爲治若以魯論所說則點有遺世之意不特異三子並與孔子問意反矣又云公羊桓五年經秋大雩注使童男女各八人舞而呼雩故謂之雩疏云論語冠者五六人童子六七人與此異者彼言暮春者春服既成明魯人正雩故其數少復不言男女今此書見於經非正雩也凡脩雩者皆爲旱甚而作故其數多又兼男女矣是以司巫職云若大旱則帥巫而舞雩是也春秋說云冠者七八人童子八九人者蓋是天子雩也又周官司巫疏云若四月正雩非直有男巫女巫按論語曾皙云春服既成童子六七人冠者五六人兼有此等又禮記月令仲夏大雩帝用盛樂注雩吁嗟求雨之祭也雩帝爲壇南郊之地雩五精之帝配以先帝也自鞀鞞至柷敔皆作曰盛樂凡他雩用歌舞而已天子雩上帝諸侯以下雩上公疏云正雩則非惟歌舞兼有餘樂故論語云舞雩詠而歸是也以上三事皆明論語舞

雩爲雩祭今案宋説雩在正歲四月非二月甚是又以浴爲祓濯亦較論衡涉水之訓爲確月令仲夏之月令有司爲民祈祀山川百源大雩帝用盛樂乃命百縣雩祀百辟卿士有益於民者以祈穀實此以雩正祀在五月不在四月鄭注以爲禮文有失又云凡周之秋三月之中而旱亦修雩禮以求雨則謂秋時因旱得用雩禮若不旱則不雩與春秋書秋雩之義合而論衡謂周人一歲再祀春以二月秋以八月是謂秋有雩爲正祀則以漢禮誤解周制也又鄭注月令謂周冬及春夏雖旱禮有禱無雩此説四月正雩之外若冬春夏有旱但用禱不雩惟秋旱得用雩禮而董氏春秋繁露求雨篇備列春夏季夏秋冬雩祭之法或董氏言旱甚則然鄭君言春夏冬用禱者指小旱言之若旱甚亦是用雩禮也沈氏濤孔注辨僞解龍見而雩云案古以角亢爲龍以星度考之龍星昏見蓋在三月春秋左氏傳凡土功龍見而畢務注謂今九月周十一月龍星角亢晨見東方周語單子曰夫辰角見而雨畢注曰辰角大辰蒼龍之角角星名也見者朝見東方建戌之初寒露節也天根見而水涸注曰天根亢氐之間也謂寒露雨畢之後五日天根朝見本見而草本節解注曰本氐也謂寒露之後十日陽氣盡駟見而隕霜注曰駟天馬房星也謂

建戌之中霜始降火見而清風戒寒注曰謂霜降之後是蒼龍諸星皆在九月朝見每差五日其在三月昏見亦然故左氏傳梓慎曰火見於夏爲三月於商爲四月於周爲五月三月火見豈容龍見反在四月夏小正四月初昏南門正大衍議謂立夏在井四度昏角中南門右星入角距西五度左星入角距東六度是四月角星昏中非初見也詩周頌噫嘻序春夏祈穀於上帝也箋曰月令孟春祈穀於上帝夏則龍見而雩是與正義曰言是與者爲若不審之辭是鄭亦以四月雩祭經無明文疑不能定攷漢舊儀夏則龍星見而始雩蓋漢以四月爲正雩故服鄭因之據左傳龍見此經暮春則周之雩月夏正三月也今案沈說甚覈然左傳郊雩嘗烝備列四時之祭則雩之正祭自在四月沈君以龍見在三月固是然三月初見至四月祭之未爲不可經云龍見非云始見月令且云仲夏大雩而謂周無夏雩豈其然乎詩序春夏祈穀鄭以夏無祈穀故舉雩祀當之亦是暗據月令仲夏大雩之文而又未能定故云與以疑之非疑夏無雩祭也至沈君以浴乎沂爲浴土龍點言志爲欲逐季氏卽昭二十五年秋七月上辛季辛兩雩此皆附會於義違隔今並削之不欲滋後世之疑也予友劉氏興恩解此文亦從論衡云春服既成謂雩時所

服也國語楚語在男曰覡在女曰巫是使制神之處位次主而爲之牲器時服韋昭解時服四時服色所宜又春秋繁露求雨篇言春雩之制祝服蒼衣小童八人服青衣而舞之是也今案由繁露文觀之此冠者疑即祝類童子卽雩舞童子也五六人者或五人或六人也六七人者或六人或七人也太平御覽禮儀部漢舊儀曰禮后稷於東南常以八月祭舞者七十二人冠者五六三十人童子六七四十二人爲民所農報功然則冠者童子皆是舞人而五六六七則合七十二人之數又晉張協洛禊賦是童冠八九八九亦合七十二人疑漢晉時雩禊之制本用七十二人而遂以論語所云五五六六七七以巧合之也又漢唐扶頌四遠童冠樞衣受業五六六七化導若神此以童冠爲曾點弟子是魯論之說而隸釋載貝興宗答洪丞相書指七十二子失之遠矣宋氏翔鳳發微云詠是歌詩所歌蓋絲衣篇也毛詩篇義曰絲衣繹賓尸高子曰靈星之尸也論衡以靈星爲龍星龍與靈聲之轉漢書郊祀志高祖詔御史令天下立靈星祠張晏曰龍星左角曰天田則農祥也晨見而祭之論衡祭意篇曰靈星之祭祭水旱也於禮舊文曰雩雩之禮爲民所穀實也春求雨秋求實一歲再祀蓋重穀也春以二月秋以八月張晏以爲農祥晨見而祭王

充以爲二月祭並非稷正要之靈星之祭卽左傳龍見而雩雩祭有壇蔡邕獨斷壇謂築土起堂何休公羊莊三年傳注雩土基三尺土階三等曰壇故絲衣篇曰自堂徂基又云自羊徂牛鼐鼎及鼒兕觥其觩旨酒思柔皆饋酒食之事則高子之說當是詩古文家舊說也今案靈星一歲再祀乃是漢制宋君亦誤以爲周禮竊以古論解此節爲雩祀自是勤恤愛民之意其時或值天旱未行雩禮故點卽時言志以諷當時之不勤民者家語弟子解會點疾時禮教不行欲修之孔子善焉論語所謂浴乎沂風乎舞雩之下以浴沂風舞雩爲禮教正與論衡所云調和陰陽之旨合乃漢人解此文又誤會古論之義以禊當舞雩月令季春天子始乘舟蔡邕章句乘舟禊於名川也論語暮春者浴乎沂今三月上已祓禊於水濱蓋出於此張協洛禊賦顧新服之既成將祓除於水濱又云攜朋接黨童冠八九亦同蔡氏章句之說沈氏濤十經齋文集云攷祓禊之禮於古無徵晉書束皙傳言周公卜成洛邑因流水以泛酒秦昭王三月上已置酒河曲出吳均續齊諧記不足爲據宋書禮志續漢志注補引韓詩曰鄭國之俗三月上已之溱洧兩水之上招魂續魄秉蘭草祓除不祥則亦以爲溱洧之注浴非鄭俗之盛典周禮女巫掌歲時祓除釁浴注

歲時祓除，如今三月上巳如水上之類。蓋鄭舉漢法以況周制。西京雜記載戚夫人正月上辰出池邊盥濯，食蓬餌以祓祓邪，三月上巳張樂於流水。續漢禮儀志：「是月上巳，官民皆絜於東流水上，曰洗濯祓除去宿垢，爲大絜。」是西漢始於宮闈，東京則沿爲民俗。古祓禳皆除惡之祭。女巫之祓除，卽女祝之禬禳。禮月令「九門磔禳，以畢春氣」，注謂「昴有積尸大陵之氣，佚則厲隨而出行，磔牲以禳於四方之神，所以畢止其災」。周禮男巫「春招弭以除疾病」，注：「招，招福也。弭讀爲敉。敉，安也，安凶禍也。招弭皆有祀衍之禮。」杜篤祓禳賦謂巫咸之徒秉火祈福，猶存古制。魏晉以後，但以絲竹觴詠爲樂，而蔡邕、張協之徒且以論語舞雩當之，匪特義異古訓，抑更事乖前典。案：沈說是也。月令磔禳，卽春儺之禮；後世祓禊，卽其遺俗；與舞雩爲請雨祈穀，實者各別。此則蔡、張誤會古論之旨，妄以祓禊當舞雩也。○注思所以對故音希。○正義曰：說文云：「稀，疏也。」稀從希聲，希有鮮少之義。蓋點聞夫子問己，而思所以對，故鼓琴略緩，而其音稀疏也。○注置瑟至之聲。○正義曰：注以置訓舍，起訓作，故云「置瑟起對」也。說文：「僎，具也。」僎與撰同。周官大司馬「撰車徒」，謂具車徒也。具者，備也。鏗爾，投瑟之聲者，投亦置也。投瑟當作投琴。○注包曰至之門。○正義曰：箋解引此注作孔曰莫春爲季春三月者莫晚也季少也凡四時首月爲孟次月爲仲末月爲季此三月是春末月故言季春三月也周正建子以十一月爲歲首而仍用夏令則莫春謂建辰月矣單袷者夏小正云二月往耰黍禪禪與單同玉藻云禪爲絅凡衣有裏曰袷無裏曰禪說文云袷衣無絮史記匈奴傳服繡袷綺衣注引字林與說文同今人稱袷衣亦袷之轉聲凡單袷皆是春服故注舉以言之風涼於舞雩之下者言魯人時正舞雩點往其下得風涼適體也後漢書王符傳仲長統欲卜居清曠以樂其志論之曰諷於舞雩之下詠歸高堂之上與此包注意同爲魯論說也惟風字作諷或係段借李賢注以古論之義解之非也○注善點獨知時○正義曰皇疏引李充云善其能樂道之時逍遙遊詠之至也

三子者出曾皙後曾皙曰夫三子者之言何如子曰亦各言其志也已矣曰夫子何哂由也曰爲國以禮其言不讓是故哂之注包曰爲國以禮禮貴讓子路言不讓故笑之**唯求則非邦也與安見方六七十如五六**

十而非邦也者唯赤則非邦也與宗廟會同非諸侯而何
注孔曰明皆諸侯之事與子路同徒笑子路不讓**赤也爲**
之小孰能爲之大注孔曰赤謙言小相耳誰能爲大相正義
曰夫子何哂由也皇本夫子作吾子曰爲國以禮曰上有
子字唯求唯赤二語皇邢疏皆謂夫子語是也夫子以求
赤所言皆爲邦之事而求祇言能仕方六七十如五六十
之小地赤祇言能爲小相則所言皆讓與子路異故夫子
反言以明之言方六七十如五六十安見非邦宗廟會同
皆諸侯之事安見不能爲大相而二子之言皆讓故無可
譏議也安見釋文作焉見云焉於虔反本今無此字盧氏
文弨攷證曰古焉安二字通用禮記三年問焉字荀子禮
論篇皆作安校者不知因云今本無釋文又云宗廟會同
本或作宗廟之事如會同非諸侯而何一本作非諸侯如
之何皇本唐石經初刻均與釋文
一本同又皇本小大下各有相字

高郵夏宗衡校刊

寶應劉寶楠學

顏淵第十二 集解

凡二十四章 正義曰：釋文云子路無宿諾或分此爲別章

顏淵問仁。子曰：克己復禮爲仁。注 馬曰：克己，約身。孔曰：復，反也。身能反禮則爲仁矣。一日克己復禮，天下歸仁焉。注 馬曰：一日猶見歸，況終身乎。爲仁由己，而由人乎哉？注 孔曰：行善在己，不在人也。

正義曰：克，皇本作尅。克己復禮所以爲仁，爲猶事也，謂用力於仁也。下句爲仁由己義同。左昭十二年傳言楚右尹子革諷靈王以祈招之詩，王揖而入，饋不食，寢不寐，不能自克，以及于難。仲尼曰：古也有志，克己復禮，仁也。信善哉。楚靈王若能如是，豈其辱于乾谿。是克己復禮爲仁乃古成語，而夫子引之一日克己復禮天下歸仁者言己誠爲仁人必知之故能歸仁已得成名也言天下者大之也毛氏奇齡稽求篇禮記哀公問百姓歸之名謂之君子之子則歸亦祇是名謂之義先致諭云漢長安令楊興說史高將軍誠召置幕府學士歸仁後漢和帝皇太后詔稱大尉鄧彪海內歸仁爲羣賢首言甚夸大而不嫌於僭悖者祇稱名也今案漢書王莽傳贊宗族稱孝師友歸仁後漢書郎顗傳昔顏子十八天下歸仁並以歸仁爲稱仁禮記禮器云故君子有禮則外諧而內無怨故物無不懷仁鬼神饗德鄭注以懷仁即歸仁懷歸並訓稱也○注克己至仁矣○正義曰爾雅釋詁克勝也又勝克也轉相訓此訓約者引申之義顏子言夫子博我以文約我以禮約如約束之約約身猶言修身也後漢書安帝紀夙夜克己憂心京京鄧皇后紀接撫同列常克己以下之祭遵傳克己奉公何敞傳宜當克己以囏四海之心凡言克己皆如約身之訓法言謂勝己之私之謂克此又一義劉炫援以解左傳克己復禮之文意指楚靈王多嗜慾誇功伐而言乃邢疏即援以解論語朱子集注又直訓己爲私並失之矣復反者反猶歸也吾將有所視聽言動而先反乎禮謂之復禮非謂己先有私己先無禮至此乃復也顏淵曰請問其

目【注】包曰：知其必有條目，故請問之。子曰：非禮勿視，非禮勿聽，非禮勿言，非禮勿動。【注】鄭曰：此四者克己復禮之目。顏淵曰：回雖不敏，請事斯語矣。【注】王曰：敬事此語，必行之。

正義曰：勿者，禁止之辭。視聽言動皆在己不在人，故爲仁由己不由人也。動猶行也，謂所行事也。禮中庸云：齊明盛服，非禮不動，所以修身也。蓋視聽言動，古人皆有禮以制之，若曲禮、少儀、內則諸篇及賈子容經所載皆是。其禮惟能克己復禮，凡非禮之事所接於吾者，自能有以制吾之目而勿視，制吾之耳而勿聽，制吾之口而勿言，制吾之心而勿行，所謂克己復禮者如此。春秋繁露天道施篇：夫禮，體情而防亂者也。民之情不能制其欲，使之度禮，目視正色，耳聽正聲，口食正味，身行正道，非奪之情，所以安其情也。周語單子論晉侯事曰：步言視聽，必皆無謫，則可以知德矣。視遠日絕其義，足高日棄其德，言爽日反其信，聽淫日離其名。夫目以處義，足以踐德，口以庇信，耳以聽名，故不可不慎也。然則視聽言動，古人皆致慎之，所以勉成德行，而不使不仁者加乎其身也。樂記云：是故君子反情以和其志比類以成其行姦聲亂色不留聰明淫樂慝禮不接心術惰慢邪辟之氣不設於身體使耳目鼻口心知百體皆由順正以行其義即此文所嚴非禮諸事也○注知其必有條目故請問之○正義曰目者如人目有所識別也凡行事撮舉總要謂之目注言條目者非止一目當有細數若木枝條也古人爲學皆有數記所以備循習戒遺忘故此注言條目知必有之也鄭注云欲知其要顔回意以禮有三百三千卒難周備故請問其目是目爲事之要周官簭人四曰巫目注云目謂事衆簭其要所當也亦訓目爲要

仲弓問仁子曰出門如見大賓使民如承大祭注孔曰爲仁之道莫尚乎敬**己所不欲勿施於人在邦無怨在家無怨**注包曰在邦爲諸侯在家爲卿大夫**仲弓曰雍雖不敏請事斯語矣**正義曰史記弟子傳作仲弓問政馮氏登府異文考證以爲古論然前後章皆是問仁不應此爲問政史記誤也出門謂出大門與人相接晤時也如見大賓謂往迎賓也賓位尊於己故稱大也凡迎賓之禮

賓降等者於門內賓敵者或尊者皆於門外此言出門又言大賓故知是尊於己也承者說文云承奉也受也如承大賓如承大祭言仁者能敬畏人故能愛人也左傳三十三年傳晉臼季曰臣聞之出門如賓承事如祭仁之則也亦古有此語而臼季及夫子引之傳言承事此言使民文略不同施猶加也韓詩外傳己惡饑寒焉則知天下之欲衣食也己惡勞苦焉則知天下之欲安佚也己惡衰乏焉則知天下之欲富足也知此三者聖王所以不降席而匡天下故君子之道忠恕而已矣由外傳此言觀之己所不欲勿施於人則己所欲必又當施諸人故孟子言仁者得民之心有道所欲與之聚之所惡勿施爾也是也翟氏灝考異管子小問篇引語曰非其所欲勿施於人仁也是勿施二句亦古語在邦謂仕於諸侯之邦在家謂仕於卿大夫家也觀下篇子張問士夫子告以在邦在家可證包注以在邦指諸侯在家指卿大夫失之矣在邦在家無怨者言仁者愛人故人亦愛之無可復怨也

司馬牛問仁子曰仁者其言也訒注孔曰訒難也牛宋人弟子司馬犂**曰其言也訒斯謂之仁矣乎子曰爲之難言之**

得無訒乎注孔曰行仁難言仁亦不得不難正義曰釋文訒或作仞案仞是段借字汗簡引古論作𠢒鄭注云訒不忍言也此注文不備莫曉其義包氏慎言溫故錄公羊宣七年冬十月己丑葬我小君頃熊雨不克葬庚寅日中而克葬傳而者何難也乃者何難也曷爲或言而或言乃乃難乎而也注孔子曰其爲之也難言之得無訒乎皆所以起孝子之情也案依何氏意似訒者謂其辭之委曲煩重心有所不忍而不能徑遂其情故言之亦多重難鄭注云訒不忍言也說與何氏同牛之兄桓魋有寵於宋景公而爲害於公牛憂之情見乎辭兄弟怡怡不以義傷恩也而魋之不共上則禍國下致絕族爲之弟者必須涕泣而道徐遵明公羊疏申解論語云言難言之事必須訒而言之蓋訒而言正所以致其不忍之情故夫子以爲仁案包說或得鄭義若然則爲之猶言處之也斯謂之仁矣乎皇本斯下有可字矣乎上有已字○注訒難也牛宋人弟子司馬犁○正義曰說文訒頓也頓與鈍同此訓難者引伸之義荀子正名篇外是者謂之認楊倞注認難也認與訒同犁爲宋桓魋弟故曰宋人史記仲尼弟子傳司馬耕字子牛是牛名耕不名犁此注不知何本○注行仁難言仁亦不得不難○

正義曰：此以言爲言仁，則上文其言也訒，謂仁者不輕言
仁也。皇疏引江熙曰：「禮記云：仁之爲器重，其爲道遠，舉者
莫能勝也，行者莫能致也。勉於仁者，不亦難乎？夫易言仁
者，不行之者也。行仁然後知勉仁爲難，故不敢輕言也。」案
此注亦通。

司馬牛問君子。子曰：「君子不憂不懼。」注：孔曰：牛兄桓魋將爲亂，牛自宋來學，常憂懼，故孔子解之。曰：「不憂不懼，斯謂之君子已乎？」子曰：「內省不疚，夫何憂何懼？」注：包曰：疚，病也。自省無罪惡，無可憂懼。

正義曰：皇本作「斯可謂君子已乎」。○注「牛兄」至「解之」。○正義曰：不憂不懼，即仁者不憂，勇者不懼之義。注謂牛憂懼，夫子以不憂不懼解之。夫桓魋謀亂，有覆宗絕世之禍，牛爲之弟，豈得漠然無動於心？孟子謂越人關弓射我，我談笑而道之；其兄關弓而射我，則己垂涕泣而道之。如此乃爲親親，乃爲仁。今牛因兄爲亂，常致憂懼，乃人倫之變，人情之所萬不能已者，而夫子解以不憂不懼，是欲牛以待越人者待兄也。

悖義傷教違失此經之旨云自宋來學者據桓魋未作亂司馬牛來學於夫子時也○注疚病也○正義曰疚病爾雅釋詁文禮中庸云故君子內省不疚無惡於志君子之所不可及者其惟人之所不見乎鄭注疚病也君子自省身無愆病

司馬牛憂曰人皆有兄弟我獨無注鄭曰牛兄桓魋行惡亡無日我爲無兄弟子夏曰商聞之矣死生有命富貴在天君子敬而無失與人恭而有禮四海之內皆兄弟也君子何患乎無兄弟也注包曰君子疏惡而友賢九州之人皆可以禮親正義曰商聞之謂聞諸夫子也錢氏大昕潛研堂集此文自死生有命至四海之內皆兄弟也皆子夏述所聞之言蓋牛以無兄弟爲憂故引四海皆兄弟之文爲證乃以何患無兄弟足成之若但云死生有命富貴在天則與無兄弟之憂何與焉案錢說是也論衡祿命辨崇篇引此文皆作孔子語可證戴氏望注云牛以魋

故喪其世祿出奔他國故稱天言命以寬牛之憂明有命當順受其正在天非人所能爲李氏惇羣經識小案向魋既奔衛牛致邑與珪而適齊及魋復奔齊牛復致邑而適吳吳人惡之而反趙簡子召之陳成子亦召之因過魯而卒於魯郭門之外此憂想當其時故死生富貴子夏以解其意未幾而卒則或以憂而死矣有命謂祿命也有命在天互文見義敬而無失謂修己以敬無所放失也四海之內皆兄弟言四海之內皆與吾親如兄弟也大戴禮曾子制言上曾子門弟子或將之晉曰吾無知焉曾子曰何必然往矣有知焉謂之友無知焉謂之主且夫君子執仁立志先行後言千里之外皆爲兄弟苟是之不爲則雖汝親庸孰能親汝乎說苑雜言篇夫子曰敏其行修其禮千里之外親如兄弟若行不敏禮不合對門不通矣並與此文義相發皇本皆下有爲字阮氏元校勘記鹽鐵論和親章及文選蘇子卿古詩注並引此文有爲字○注牛兄桓魋行惡亾無日我爲無兄弟○正義曰邢疏云案哀十四年左傳云宋桓魋之寵害於公公將討之未及魋先謀公公知之召皇司馬子仲及左師向巢以命其徒攻桓氏向魋遂入於曹以叛民叛之而奔衛遂奔齊是其行惡死亾之事也案魋弟尚有子頎子車並黨惡魋兄向巢伐魋不克

欲質大夫以入不能亦入于曹後遂來奔故曰我爲無兄
弟明不專指魋一人言○注君子至兄弟○正義曰注以
與人雖當恭而有禮然人不皆賢又牛正以兄弟不賢爲
憂故以疏惡友賢言之九州者周仍夏制有九州見職方
氏注以經言四海嫌有四夷荒
遠故但舉中國以九州言之

子張問明子曰浸潤之譖膚受之愬不行焉可謂明也已矣注鄭曰譖人之言如水之浸潤漸以成之馬曰膚受之愬皮膚外語非其內實**浸潤之譖膚受之愬不行焉可謂遠也已矣**注馬曰無此二者非但爲明其德行高遠人莫能及

正義曰明者言任用賢人能不疑也荀子解蔽篇傳曰知賢之謂明春秋繁露五行五事篇視曰明明者知賢不肖者分明黑白也漢書五行志故堯舜舉羣賢而命之朝遠四佞而放諸壄孔子曰浸潤之譖膚受之訴不行焉可謂明矣觀班志所言是明謂知人周書謚法解譖訴不行曰明然則夫子答子張亦是舉明謚告之矣說文譖愬

也從言朁聲訴告也從言㡿聲謭訴或從言朔愬訴或從
朔心五行志引論語愬作訴當爲訴或體遠者言明之所
及者遠凡民情事無不周知也漢書劉向傳讒邪之所以
並進者由上多疑心既已用賢人而行善政如或譖之則
賢人退而善政還夫執狐疑之心者來讒賊之口持不斷
之意者開羣枉之門讒邪進則衆賢退羣枉盛則正士消
由向此言觀之凡人君信譖愬之言皆由君心多疑所致
多疑即是不明也荀子致士篇衡聽顯幽重明退姦進良
之術朋黨比周之譽君子不聽殘賊加累之譖君子不用
隱忌雍蔽之人君子不近貨財禽犢之請君子不許凡流
言流說流事流謀流譽流愬不官而衡至者君子慎之是
衡聽顯幽乃絕譖愬之萌漢書梅福傳博覽兼聽謀及疏
賤令深者不隱遠者不塞所謂辟四門明四目也如此則
讒賊奚由而至即有一二宵小妄施譖愬而人君知人之
明終不可欺掩之也。注譖人至內實。正義曰說文寖
本水名此作浸即寖之省廣雅釋詁寖漬也寖積也潤益
也漬也漢書高五王傳事浸淫聞於上顏師古注浸淫猶
言漸染也此言譖者徐徐用言來說已如水漸漬久之生
潤溼令人常不覺也皮膚外語非其內實者說文臚皮也
膚籒文臚釋名釋形體膚布也布在表也愬者本無情實

而徒爲皮膚外語故曰膚受以其在外所受非內實如此文選東京賦末學膚受注膚受謂皮傅之不經于心胸即馬義也陳氏鱣古訓曰後漢戴憑傳注論語孔子曰膚受之訴注云謂受人之訴辭皮膚之不深知其情核也按此與馬說小異似是鄭注今案皇疏亦謂馬此注與鄭不類而未引鄭注之文今戴憑傳注以受爲聽者所受後漢張法滕馮度楊傳論膚受之言互及李賢注謂得皮膚之言而受之不知其情核者也正戴憑傳注所引論語注之義此與馬注膚受爲喻言不同故皇氏陳氏皆各辨之然聽者既已受之奚有不行之明終是馬義勝也

子貢問政子曰足食足兵民信之矣子貢曰必不得已而去於斯三者何先曰去兵子貢曰必不得已而去於斯二者何先曰去食自古皆有死民無信不立注孔曰死者古今常道人皆有之治邦不可失信　正義曰足食者禮王制云冢宰制國用必於歲之杪五穀皆入然後制國用用地小大視年之豐耗以三十年之通制國用量入以爲出又云國無九年之蓄曰不足無

六年之蓄曰急無三年之蓄曰國非其國也荀子富國篇云足國之道節用裕民而善臧其餘是足食由於能制國用有餘蓄則藏穀以備凶荒周官倉人云掌粟入之藏有餘則藏之以待凶而頒之是也足兵者說文云兵械也从廾持斤并力之貌周官司右五兵注引司馬法曰弓矢圍殳矛守戈戟助兵本戰器因而執兵之人亦曰兵左隱四年諸侯之師敗鄭徒兵又襄元年敗其徒兵於洧上皆謂士卒也此文足兵去兵兼有兵器與人顧氏炎武日知錄謂以執兵之人爲兵始於秦漢非也春秋穀梁傳天子有六軍諸侯上國三軍次國二軍下國一軍金氏鶚禮說天子六軍出于六鄉大國三軍出于三鄉蓋家出一人爲兵也又三遂亦有三軍三鄉爲正卒三遂爲副卒鄉遂出兵而不出車都鄙出車而不出兵孔仲達成元年丘甲疏云古者天子用兵先用六鄉六鄉不足取六遂六遂不足取都鄙及諸侯若諸侯出兵先盡三鄉三遂鄉遂不足然後偏徵境內賈公彥小司徒疏亦云大國三軍次國二軍小國一軍皆出于鄉遂猶不止偏境出之今案兵制咸有定額所以患不足者容民貧寡不及出軍之數又平時武事多未講車甲朽頓備防不設此雖空有兵籍實則不足觀公孫輒言魯有名而無情而晉車千乘衛車甫及其半皆

由兵不足之故故騋牝三千詩人以美衛文公車千乘公徒三萬閟宮又美魯僖可見當時兵多不能足也民信之者民字當略讀信謂上予民以信也大戴禮王言云其禮可守其信可復其跡可履其於信也如四時春秋冬夏其博有萬民也如飢而食如渴而飲下土之人信之若夫暑熱凍寒遠若邇非道邇也及其明德也是以兵革不動而威用利不施而親此之謂明王之守也折衝乎千里之外此之謂也又晉語箕鄭對晉文公曰信於君心信於民信於令信於事信於君心則美惡不踰信於名則上下不干信於令則時無廢功信於事則民從事有業咸以信爲政要故夫子言道千乘之國亦云敬事而信也民信之與足食足兵爲三政故子貢言於斯三者鄭注云政有此三者則國彊也言國彊者明夫子此言爲國貧弱言之若本彊國但須民信之不煩言足食足兵矣不得已而去者言三者本不宜去若不得已如國凶札禍烖之類政不及備者乃去也去兵謂去力役之征周書糴匡解年饑則兵備不制又云男守疆戎禁不出是凶歲去兵其時雖輕徭薄賦然食政猶未去所謂凶年則寡取之者也去兵而有食與信與民固守自足立國也去食者謂去兵之後勢猶難已

凡賦稅皆彌縫周官均人所謂凶札則無力政無財賦不

收地守地職又發倉廩以振貧窮周書大匡解農廩分鄉鄉命受糧成年不償信誠匡助以輔殖財是凶荒去食也若信則終不可去故曰自古皆有死民無信不立明去兵去食極其禍難不過人君國滅身死然自古人皆有死死而君德無所可譏民心終未能忘雖死之日猶生之年況民戴其上如手足之衛身子弟之衛父兄雖值危難其猶可以濟是故信者上所以治民之準也苟無信雖足兵足食猶不能守況更値不得已而兵食皆將去之乎晉語云晉饑公問於箕鄭曰救饑何以對曰信又云於是乎民知君心貧而不懼藏出如入何匱之有可知信能立國雖箕鄭亦知此義矣鄭此注云言人所特急者食也自古皆有死必不得已食又可去也民無信不立言民所最急者信也皇疏引李充曰朝聞道夕死孔子之所貴捨生取義孟軻之所尚自古有不亡之道而無有不死之人故有殺身非喪已苟存非不亡已也皇本民信上有令字釋文於斯三者一讀而去於斯爲絕句又去兵下子貢曰皇本無子貢二字無信作不信

棘子成曰君子質而已矣何以文爲注鄭曰舊說云棘子成

衛大夫子貢曰惜乎夫子之說君子也駟不及舌〔注〕鄭曰惜乎夫子之說君子也過言一出駟馬追之不及文猶質也質猶文也虎豹之鞟猶犬羊之鞟〔注〕孔曰皮去毛曰鞟虎豹與犬羊別正以毛文異耳今使文質同者何以別虎豹與犬羊耶

正義曰棘子成皇本成作城何以文爲以用雖多亦奚以爲何以伐爲無以爲也訓義並同夫子言文質彬彬然後君子棘子成或聞其語矣以君子但當尚質不必用文故子貢惜其說君子爲易言雖追悔之無及於舌也文猶質質猶文者禮無本不立無文不行是文質皆所宜用其輕重等也虎豹犬羊皆獸名鄭注云鞟革也革者皮也詩載馳正義引說文鞟革也今本說文作鞹云皮去毛也與詩疏所引異然鞟爲革凡去毛不去毛皆得稱之不必專主去毛一訓周易象下傳大人虎變其文炳也君子豹變其文蔚也此文虎豹之鞟喻文犬羊之鞟喻質虎豹犬羊其皮各有所用如文質二者不宜偏有廢置也

皇本作鞹說文亦引作鞹又犬羊之鞟下皇本有也字。

注舊說云棘子成衛大夫。正義曰稱舊說者著所自也漢書古今人表三國志秦宓傳作革子成棘革通用如詩匪棘其欲禮器作匪革其猶列子湯問篇殷湯問於夏革莊子逍遙游湯之問棘也皆可證莊子釋文引李云湯時賢人又云是棘子鹽鐵論相制篇紂之時內有微箕二子外膠鬲棘子疑棘子本殷人衛居殷都棘子成即棘子後也知為大夫者以子夏云夫子當時稱大夫皆為夫子也。注惜乎至不及。正義曰說文云駟一乘也詩清人箋駟四馬也言出於舌過誤一成雖駕馬追之亦無及也緇衣注云駟馬不能及不可得悔也。注皮去至羊耶。正義曰注以文猶質質猶文卽說棘子故解為文質同謂棘子成同文於質無所分別故喻以虎豹犬羊咸去毛則皮亦無所別也然棘子棄文用質非有文質同之見注此義失之

哀公問於有若曰年饑用不足如之何有若對曰盍徹乎注

鄭曰盍何不也周法什一而稅謂之徹徹通也為天下之

通法曰二吾猶不足如之何其徹也注孔曰二謂什二而稅對曰百姓足君孰與不足百姓不足君孰與足注孔曰孰誰也　正義曰釋文云饑鄭本作飢舊有一說云哀公十三年皆有螽連年用兵於邾又有齊警此所以年饑而用不足也愚謂此問當在十二年用田賦之前故云二吾猶不足明據宣公稅畝爲用二也但哀公十二年以前春秋未書年饑疑當是穀收歉薄未至成災抑因用不足故爲此言若在哀十二年後則與二吾猶不足之文不合殆未然也俞氏正燮癸巳類稿哀公言年饑用不足用者布縷之征力役之征民有食而後能輸賦役有若請留民食以裕國用蓋徹者米粟之征言徹則年饑之民庶足食君孰與不足用也宣公十五年初稅畝左傳云非禮也穀出不過藉以豐財也亦言民足食則賦役之用供故爲豐財之禮荒政務在使民得食君卿從無年饑不足食之事惟必欲取二則民散賦缺不足用耳大司徒荒政十二二曰薄征故有若於饑年言徹足用此籌國老謀至計蓋用非米粟也徹非賦役也百姓者說文云姓人所生也民不一姓故稱百焉百姓足君孰與不足者言貴財

皆出於民百姓足用君亦足用也百姓不足君孰與不足者言百姓不足用君亦不足也與如取與之與漢書谷永傳與作予通用字荀子富國篇下貧則上貧下富則上富故田野縣鄙者財之本也垣窌倉廩者財之末也百姓時和事業得敘者貨之源也等賦府庫者貨之流也故明主必謹養其和節其流開其源而時斟酌焉潢然使天下必有餘而上不憂不足如是則上下俱富交無所藏之是知國計之極也故禹十年水湯七年旱而天下無菜色者十年之後年穀復孰而陳積有餘是無它故焉知本末源流之謂也淮南子主術訓夫民之為生也一人蹠耒而耕不過十畝中田之獲卒歲之收不過畝四石妻子老弱仰而食之時有涔旱災害之患無以給上之徵賦車馬兵革之費由此觀之則人之生憫矣夫天地之大計三年耕而餘一年之食率九年而有三年之畜十八年而有六年之積二十七年而有九年之儲雖涔旱災害之殃民莫困窮流亡也故國無九年之畜謂之不足無六年之積謂之憫急無三年之畜謂之窮乏故有仁君明王其取下有節自養有度則得承受於天地而不離饑寒之患矣若貪主暴君撓於其下侵漁其民以適無窮之欲則百姓無以被天和而履地德矣二文並足發明此文之旨說苑政理篇魯哀

公問政於孔子對曰政有使民富哀公曰何謂也孔子曰薄賦斂則民富矣公曰若是則寡人貧孔子曰詩云凱悌君子民之父母未見其子富而父母貧者也與此章問答正同。注周法至通法。正義曰邢疏云公羊傳曰古者什一而藉什一者天下之中正也多乎什一大桀小桀寡乎什一大貉小貉什一者天下之中正也什一行而頌聲作矣穀梁傳亦云古者什一而藉孟子云夏后氏五十而貢殷人七十而助周人百畝而徹其實皆什一也趙岐注云民耕五十畝者貢上五畝耕七十畝者以七畝助公家耕百畝者徹取十畝以爲賦雖異名義多少同故云皆什一也書傳云十一者多矣故杜預云古者公田之法十取其一謂十畝內取一舊法既已十畝取一矣春秋魯宣公十五年初稅畝又履其餘畝更復十收其一乃是十取其二故此哀公曰二吾猶不足謂十內稅二猶尚不足則從宣公之後遂以十二爲常故曰初言初稅十二自宣公始也諸書皆言十一而稅而周禮載師云凡任地近郊十一遠郊二十而三甸稍縣都皆無過十二漆林之征二十而五者彼謂王畿之內所共多故賦稅重諸書所言什一皆謂畿外之國故此鄭玄云什一而稅謂之徹徹通也爲天下之通法言天下皆什一耳不言畿內亦什一也詩甫田孔疏云：周制有貢有助，助者九夫而稅一夫之田，貢者什一而貢一夫之穀，通之二十夫而稅二夫，是爲什中稅一也。故冬官匠人注廣引經傳而論之，云：周制畿內用夏之貢法，稅夫無公田；邦國用殷之助法，制公田不稅夫。貢者自治其所受田，貢其稅穀；助者借民之力以治公田，又使收斂焉。諸侯謂之徹者，通其率以什一爲正。孟子云：野九夫而稅一，國中什一。是邦國亦異外內之法耳。是鄭解通率爲什一之事也。孟子又云：方里而井，井九百畝，其中爲公田，八家皆私百畝，同養公田，公事畢，然後敢治私事，所以別野人也。是說助法井別一夫以入公也。云別野人者，別野人之法，使與國中不同也。助法既言百畝爲公田，則使自賦者明是自治其田，貢其稅穀也。助則九而助一，貢則什一而貢一，通率爲什一也。如鄭之言，邦國亦異外內，則諸侯郊內貢，郊外助矣。而鄭正言畿內用夏法，邦國用助法，以爲諸侯皆助者，以諸侯郊內之地少，郊外助者之多，故以邦國爲助，對畿內之貢爲異外內也。史傳說助貢之法，惟孟子爲明，鄭據其言，以什一而徹爲通外內之率，理則然矣。而食貨志云：井方一里，是九夫，八家共之，各受私田百畝，公田八十畝，是爲八百八十畝，餘二十畝爲廬舍。其言取孟子爲說，而失其本旨。班固既有此言，由是羣儒遂謬何休之注公羊范甯之解穀梁趙岐之注孟子宋均之說樂緯咸以爲然皆義異於鄭理不可通何則言井九百畝其中爲公田則中央百畝共爲公田不得家取十畝也又言八家皆私百畝則百畝皆屬公矣何得復以二十畝爲廬舍也言同養公田是八家共理公事何得家分十畝自治之也若家取十畝各自治之安得謂之同養也若二十畝爲廬舍則家二畝半亦入私矣則家別私有百二畝半何得爲八家皆私百畝也此皆諸儒之謬鄭於匠人注云野九夫而稅一此箋云井稅一夫其田百畝是鄭意無家別公田十畝及二畝半爲廬舍之事俗以鄭說同於諸儒是又失鄭旨矣案詩疏引申鄭義甚詳辨然鄭氏以徹法爲諸侯郊內貢郊外助因訓徹爲通近儒亦不從之而多以趙岐孟子注爲然劉熙注孟子云家耕百畝徹取十畝以爲賦也與趙岐義同案說文則徹本訓通𡚁下云發也趙劉以徹爲取或卽𡚁之叚字然孟子云徹者徹也就本字爲訓似不煩叚藉則鄭義爲長稼人職云巡野觀稼以年之上下出歛法姚氏文田求是齋稿謂歛法卽徹法蓋徹無常額惟通豐凶及君民計之合百畝而以十畝之入爲稅此徹訓通之義鄭君但言通率什一者欲明徹制與貢助相通其取於民無不通計可知至郊內貢郊外

助不獨文見孟子卽以載師任地證之王畿內外旣斂法各異則謂諸侯郊內郊外斂法不同亦奚疑也後漢書陸康傳夫什一而稅周謂之徹徹者通也言其法度可通萬世而行也此與鄭君訓同義異且未言徹制何若其義終難明也。注孔曰二謂什二而稅。正義曰匠人疏引此注作鄭曰或鄭亦有注而僞孔襲之據鄭上注云周制什一而稅則此二爲什而取二矣此卽指宣公稅畝之事至哀公違有子之諫復用田賦比什二爲益重宜乎至孟子時亟亟以薄賦斂爲仁政也

子張問崇德辨惑注孔曰辨別也**子曰主忠信徙義崇德也**注包曰徙義見義則徙意而從之**愛之欲其生惡之欲其死既欲其生又欲其死是惑也**注包曰愛惡當有常一欲生之一欲死之是心惑也**誠不以富亦祇以異**注鄭曰此詩小雅也祇適也言此行誠不可以致富適足以爲異耳

取此詩之異義以非之正義曰吳氏嘉賓說克已復禮崇德辨惑皆古之言也古訓多協韻以便蒙誦案崇德者爾雅釋詁崇高也謂於人之有德尊崇之也主忠信者鄭於學而篇注云主親也言於忠信之人親近之也愛之欲其生惡之欲其死者言其人非有可愛可惡之實已但任情愛惡之也先從叔丹徒君駢枝曰愛之欲其生惡之欲其死猶之進人若將加諸膝退人若將隊諸淵皆形容譬況之辭既欲其生又欲其死覆舉上文而追笮其詞以起惑字非兩意也又云人情之偏愛惡爲甚而內無知人之明外有毀譽之蔽鮮有能至當而不易者謹案樂記云著則賢不肖別矣著猶明也孔疏云所好得其善所惡得其惡則賢不肖自然分別矣今此忽愛忽惡是好惡未著故賢不肖亦不能辨非惑而何釋文云惑本亦作或案說文惑亂也惑或爲古今字皇本崇德也無也字愛之欲其生三句下各有也字誠毛詩作成○注辨別也○正義曰辨別亦常訓說文辨判也判別義同○注愛惡至惑也○正義曰愛惡當有常者言愛惡不失其理則能有常不至變異也一欲生之一欲死之謂一念欲生之一念欲死之此總釋經文愛之欲其生四句之意漢書王尊傳公乘興等訟王尊曰尊以京師廢亂羣盜並興選

賢徵用起家爲輔戡亂既除豪猾伏辜即以佞巧廢黜一

尊之身三期之間乍賢乍佞豈不甚哉孔子曰愛之欲其生惡之欲其死是惑也觀此文所引其義益明。注此詩至非之。○正義曰詩關雎疏引此注首句云此詩小雅我行其野之句也文較備祇適毛傳文鄭彼箋云女不以禮爲室家成事不足以得富也女亦適以此自異於人道言可惡也不足以得富即此注不可以致富惟成誠二字各就文爲訓其實毛詩作成亦誠之叚借自異人道即是惑故取其義以非此之惑也

齊景公問政於孔子孔子對曰君君臣臣父父子子注孔曰當此之時陳恒制齊君不君臣不臣父不父子不子故以對**公曰善哉信如君不君臣不臣父不父子不子雖有粟吾得而食諸**注孔曰言將危也陳氏果滅齊正義曰景公名杵臼莊公異母弟見史記齊太公世家周書謚法解布義行剛曰景君君臣臣父父子子言君當思所以爲君臣當思所以爲

臣父當思所以爲父子當思所以爲子乃深察名號之大者白虎通三綱六紀篇君臣者何謂也君羣也下之所歸心臣者纒堅也屬志自堅固父子者何謂也父者矩也以法度教子子者孳孳無已也故孝經曰父有爭子則身不陷於不義此君臣父子稱名之實也呂氏春秋處方篇凡爲治必先定分君臣父子夫婦六者當位則下不踰節而上不苟爲矣少不悍辟而長不簡慢矣又云同異之分貴賤之別長幼之義此先王之所慎而治亂之紀也左昭二十六年傳齊侯與晏子坐於路寢公歎曰美哉室其誰有此乎對曰其陳氏乎陳氏雖無大德而有施於民後世若少惰陳氏而不亡則國其國也已公曰善哉是可若何對曰唯禮可以已之在禮家施不及國又曰君令臣共父慈子孝兄愛弟敬夫和妻柔姑慈婦聽禮也君令而不違臣共而不貳父慈而敬子孝而箴兄愛而友弟敬而順夫和而義妻柔而正姑慈而從婦聽而婉禮之善物也晏子所言正與夫子答齊侯意同阮氏元校勘記云皇本高麗本吾下有豈字釋文出吾焉得而食諸云本亦作焉得而食諸焉於虔反本今作吾得而食諸案史記仲尼世家及漢書武五子傳並作豈與皇本合太平御覽二十二引吾惡得而食諸豈焉惡三字義皆相近疑今本吾下有脫字。

注當此之時陳恒制齊。正義曰黃氏式三後案引狄惺菴曰孔子至齊在景公三十一年當魯昭公二十五年踰年卽反魯是時陳氏爲武子開字子彊見昭二十六年左傳無宇之子乞之兄也乞卒子代之乃爲陳恒案狄說本孔子世家觀此益知僞孔之謬。注言將危也陳氏果滅齊。正義曰顏師古漢書武五子傳言父子君臣之道不立則國必危亾倉廩雖多吾不得食也卽此注將危之意陳氏至太公和遷齊康公海上自立爲齊侯是陳氏滅齊也景公時其兆已見故注云然

子曰片言可以折獄者其由也與 注 孔曰片猶偏也聽訟必須兩辭以定是非偏信一言以折獄者惟子路可 正義曰釋文引鄭注云片半也魯讀折爲制今從古御覽六百三十九引鄭注云片讀爲半半言爲單辭折斷也惟子路能取信所言必直故可令斷獄也案說文片判木也从半木片半一音之轉故鄭注卽讀片爲半漢書李陵傳令軍士人持一半冰注引如淳曰半讀曰片此其證也片既讀半義亦從之故釋文所載片半之訓卽是隱括鄭義非鄭別有注也

半言爲單辭者書呂刑云明清于單辭民之亂罔不中聽獄之兩辭是獄辭有單有兩兩者兩造具備也單則一人具辭後漢光武紀永平三年詔曰明察單辭朱浮傳有人單辭告浮事者單辭皆謂片言也折斷者說文新从斤斷艸譚長說折篆文新从手魯讀折爲制今從古者呂刑制以刑墨子尙同中篇引作折則刑是折制字通說文刺裁也从刀未未古文制如此此與折斷音訓相近廣雅釋詁制折也大戴禮保傳篇不中于制獄卽折獄也鄭以作折作制義同而古論出自壁中無煩改讀故定從古也惟子路能取信者言子路忠信能取信於人也所言必直故可令斷獄者言人旣信子路自不敢欺故雖片言必是直理卽可令依此斷獄也說文獄确也从㹜从言二犬所以守也鄭異義駁云獄者埆也囚證於角核之處周禮謂之圜土此云斷獄謂決斷獄中所訟事也毛氏奇齡四書改錯古折民獄訟必用兩辭故周官司寇以兩劑禁民獄先取兩劵而合之使兩造獄詞各書其半卽今告牒與訴牒也及聽獄後復具一書契而兩分之使各錄其辯答之辭于其中卽今兩造兩口供也是折獄之法前劵後契必得兩具劵不兩具卽謂之單詞單詞不治如司寇禁凡不齎劵卽自坐不直不俟上于朝而遽斥之是也契不兩具

則謂之不能舉契亦不治如春秋晉聽王叔氏不能舉其契王叔奔晉是也是半券半契總無折理惟子路明決單辭可斷在他人豈能之案毛說與鄭義略同然鄭言子路能取信故所言必直本非誣控故無須對質如此乃可令斷獄明子路以忠信感人不止如毛氏所云明決已也原鄭之意亦以片言折獄不可爲法故若所言必直方可令斷獄否則仍須兩辭矣僞孔注亦與鄭同孔穎達書呂刑疏引此文說之云子路行直聞於天下不敢自道其長妄稱彼短得其單辭卽可斷獄者惟子路爾凡人少能然也此與論語皇疏所載孫綽說同焦氏循補疏卽依爲說義涉迂曲所不敢從

子路無宿諾（注）宿猶豫也子路篤信恐臨時多故故不豫諾

正義曰說文宿止也引申之有久義漢書韓安國傳孝文寤於兵之不可宿注宿久留也諾者應也子路有聞卽行故無留諾其於折獄亦然蓋折獄一定卽予開釋不使訟者受羈累之苦此子路忠信之事故記者類記於此大戴禮子張問入官篇行事勿留注凡行政事勿稽留之卽此義釋文云子路無宿諾或分此爲別章文選江淹雜體詩注引上有子曰字與釋文所載或本合然夫子口中不應稱子路或本非○注宿猶

至豫諾。正義曰：管子地圖篇宿定所征伐之國注宿猶先也公羊桓元年傳注宿者先誡之辭並與豫義相近毛氏奇齡四書改錯集解作不豫諾謂不先許也正所謂然諾不苟者急則輕諾矣據左傳小邾射要子路盟而子路辭之是不許諾也及季康子使冉有謂曰千乘之國不信其盟而信子之言子何辱焉對曰魯有事於小邾不敢問故死城下可也彼不臣而濟其言是義之也由弗能此正不許諾也此正不豫諾之證案此注亦通但與折獄事無涉故不用以釋經

子曰聽訟吾猶人也(注)包曰與人等必也使無訟乎(注)王曰化之在前

正義曰聽訟者言聽其所訟之辭以判曲直也周官小司寇云以五聲聽獄訟求民情一曰辭聽二曰色聽三曰氣聽四曰耳聽五曰目聽此皆聽訟之法吾猶人者言已與人同但能聽訟不能使無訟也禮記大學云子曰聽訟吾猶人也必也使無訟乎無情者不得盡其辭大畏民志鄭注情猶實也無實者多虛誕之辭聖人之聽訟與人同耳必使民無實者不敢盡其辭大畏其心志使誠其意不敢訟大戴禮禮察篇凡人之知能見已

然不能見將然禮者禁將然之前而法者禁於已然之後是故法之用易見而禮之所爲生難知也若夫慶賞以勸善刑罰以懲惡先王執此之正堅如金石行此之信順如四時處此之功無私如天地爾豈顧不用哉然如曰禮云禮云貴絕惡於未萌而起敬於微眇使人日徙善遠罪而不自知也孔子曰聽訟吾猶人也必也使無訟乎此之謂也潛夫論德化篇是故上聖故不務治民事而務治民心故曰聽訟吾猶人也必也使無訟乎導之以德齊之以禮務厚其情而明則務義民親愛則無相害傷之意動思義則無姦邪之心夫若此者非律之所使也非威刑之所彊也此乃教化之所致二文並言無訟由於德教此最是難能正如勝殘去殺必俟百年王者必世而後仁皆須以歲年非可一朝能者故祇言必也以期之顏師古漢書賈誼傳注言使吾聽訟與衆人等然能先以德義化之使其無訟又酷吏傳注言使我獄訟猶凡人耳然而立政施德則能使其絕於爭訟並以無訟爲夫子自許失聖意矣○注與人等○正義曰言聽訟吾與人同無異能異法也史記孔子世家云孔子在位聽訟文辭有可與人共者弗獨有也是與與人等可知

子張問政。子曰：居之無倦，行之以忠。注王曰：言爲政之道，居之於身無得懈倦，行之於民必以忠信。正義曰：北堂書鈔三十六引鄭此注云：身居正位，不可懈卷。是鄭以居爲居位。卷卽倦之省。釋文云：倦亦作劵。鄭君攷工記注：劵，今倦字也。疑書鈔所引鄭注本是懈劵，轉寫作懈卷也。詩假樂云：不懈于位，民之攸塈。管子形勢解：解惰簡慢，以之事主則不忠，以之起事則不成。○注行之於民必以忠信。○正義曰：大戴禮子張問入官云：故不先以身，雖行必鄰也；不以道御之，雖服必強矣。故非忠信，則無可以取親於百姓矣；外內不相應，則無可取信者矣。

子曰：博學於文，約之以禮，亦可以弗畔矣夫。注鄭曰：弗畔，不違道。正義曰：釋文云：博學於文，一本作君子博學於文。案皇本有君子，皆因前篇致誤。

子曰：君子成人之美，不成人之惡，小人反是。正義曰：穀梁隱元年傳：春秋成人之美，不成人之惡。大戴禮曾子立事篇：君子已善，亦樂人之善也；已能，亦樂人之能也。君子不說人之過，成人之美存往者在來者朝有過夕改則與夕有過朝改則與之孔氏廣森補注彼有過者方畏人非議我從而爲之辭說則彼將無意於改是成人之惡矣故君子不爲也

季康子問政於孔子孔子對曰政者正也子帥以正孰敢不正〔注〕鄭曰康子魯上卿諸臣之帥也 正義曰子帥以正趙岐孟子章指史記平津侯主父列傳贊引此文並作子率而正皇本亦作而正說文辵先道也經傳省作率叚借作帥帥佩巾也別一義大戴禮哀公問篇公曰敢問何謂爲政孔子對曰政者正也君爲正則百姓從政矣君之所爲百姓之所從也君所不爲百姓何從又王言篇上者民之表也表正則何物不正故君先立於仁則大夫忠而士信民敦工樸商慤女憧婦悾悾並與此章義相發○注康子魯上卿故爲諸臣之帥也○正義曰魯有三卿季孫爲司徒是上卿故爲諸臣之帥言此者明帥諸臣同歸於正百姓孰敢不正也史記平津侯主父列傳贊夫三公者百寮之率萬民之表也未有樹直表而得曲影者也即此注義

季康子患盜問於孔子孔子對曰苟子之不欲雖賞之不竊

注孔曰欲多情慾言民化於上不從其令從其所好　正義曰說文云盜私利物也左文十八年傳竊賄爲盜當康子時魯國多盜故康子患之雖賞之不竊者說文賞賜有功也盜自中出曰竊上言盜此言竊者互相訓說苑貴德篇周天子使家父毛伯求金於諸侯春秋譏之故天子好利則諸侯貪諸侯貪則大夫鄙大夫鄙則庶人盜上之變下猶風之靡草也然則民之竊盜正由上之多欲故夫子以不欲勗康子也荀子君子篇聖王在上分義行乎下則士大夫無流淫之行百吏庶人無怠慢之事衆庶百姓無姦怪之俗無盜賊之罪莫敢犯大上之禁天下曉然知夫盜竊之人不可以爲富也皆知夫賊害之人不可以爲壽也皆知夫犯上之禁不可以爲安也由其道則人得其所好焉不出其道則必遇其所惡焉是故刑罰綦省而威行如流與此章義相發張栻論語解引張横渠曰假設以子不欲之物賞子使竊子必不竊故爲政者先乎足民使民無所不足則不見可欲而盜心息矣蓋盜生於欲之不足使之足乎此則不欲乎彼此古人弭盜之原也案此說即孟子民

有赦衆如水火焉有不仁之意於義亦通皇本不欲上無之字○注欲多至所好○正義曰欲生於情故說文云情人之陰氣有欲者也慾字說文不載此云情慾者從俗作之刑疏云大學曰堯舜率天下以仁而民從之桀紂率天下以暴而民從之其所令反其所好而民不從注云言民化君行也君若好貨而禁民淫於財利不能正也案緇衣篇亦云下之事上也不從其所令從其所行上好是物下必有甚者矣

季康子問政於孔子曰如殺無道以就有道何如注孔曰就成也欲多殺以止姦孔子對曰子爲政焉用殺子欲善而民善矣君子之德風小人之德草草上之風必偃注孔曰亦欲令康子先自正偃仆也加草以風無不仆者猶民之化於上正義曰說文殺戮也釋名喪制云罪人曰殺殺竄也埋竄之使不復見也子爲政焉用殺者言子爲政當以德化民不當先用殺也說苑政理篇引此經說之云王者向其德而布其刑霸者刑德並湊彊國先刑而後

德鹽鐵論疾貪篇百姓不治有司之罪也春秋刺譏不及庶人責其率也又云政教闇而不著百姓顛蹶而不扶猶赤子臨井焉聽其入也若此則何以爲民父母故君子急於教緩於刑又申韓篇所貴良吏者貴其絕惡於未萌使之不爲非非貴其拘之囹圄而刑殺之也皆言爲民上不貴用殺也子欲善而民善者言子苟欲善雖無道之民亦化而爲善復申言不必用殺之效也賈誼新書大政下云王者有易政而無易國有易吏而無易民故因是國也而爲安因是民也而爲治又云故君能爲善則吏必能爲善矣吏能爲善則民必能爲善矣是其義也君子之德風小人之德草者邢疏此爲康子設譬也在上君子爲政之德若風在下小人從化之德如草韓詩外傳傳曰魯有父子訟者康子欲殺之孔子曰未可殺也夫民爲不善則是上失其道上陳之教而先服之則百姓從風矣疑父子訟即此康子所指無道之事然荀子宥坐則在夫子爲司寇時傳聞異辭要亦爲此文合證也皇本德風德草下並有也字釋文云尚本或作上案孟子滕文公篇亦作尚◯注偃仆至於上◯正義曰趙注孟子云偃伏也仆伏義同趙云尚加也以風加草莫不偃伏也此注云加草以風亦訓上爲加也說苑君道篇夫上之化下猶風靡草東風則草靡

而西西風則草靡而東

子張問士何如斯可謂之達矣子曰何哉爾所謂達者子張對曰在邦必聞在家必聞注鄭曰言士之所在皆能有名譽子曰是聞也非達也夫達也者質直而好義察言而觀色慮以下人注馬曰常有謙退之志察言語見顏色知其所欲其知慮常欲以下人在邦必達在家必達注馬曰謙尊而光卑而不可踰夫聞也者色取仁而行違居之不疑注馬曰此言佞人假仁者之色行之則違安居其僞而不自疑在邦必聞在家必聞注馬曰佞人黨多正義曰達者人處己之道故行之無所違阻所謂忠信篤敬蠻貊可行也通也通於處郎達義也在邦在家謂士之仕於邦家者也質直而好義

者謂達者之爲人樸質正直而行事知好義也察言而觀色慮以下人者言心存敬畏不敢忤慢人也如此則攸往咸宜雖不非名譽名必歸之大戴禮曾子制言上弟子問於曾子曰夫士何如則可以爲達矣曾子曰不能則學疑則問欲行則比賢雖有險道循行達矣今之弟子病下人不知事賢恥不知而又不問欲作則其知不足是以惑闇終其世而已矣是謂窮民也曾子之論達與夫子略同皆謂謹身篤行不非聲聞者也若夫聞者多是虛僞故以仁之美德而色取之不顧其行違也身居於仁而若無所疑也如此以得名譽是之謂聞荀子宥坐篇孔子爲魯攝相朝七日而誅少正卯門人進問曰夫少正卯魯之聞人也夫子爲政而始誅之得無失乎孔子曰人有惡者五而盜竊不與焉一曰心達而險二曰行辟而堅三曰言僞而辯四曰記醜而博五曰順非而澤此五者有一於人則不得免於君子之誅而少正卯兼有之故居處足以聚徒成羣言談足以飾邪營衆强足以反是獨立此小人之桀雄也不可不誅也觀此則聞乃聖人所深惡漢書王莽傳贊王莽始起外戚折節力行以要名譽宗族稱孝師友歸仁及其居位輔政成哀之際勤勞國家直道而行動見稱述豈所謂在家必聞在國必聞色取仁而行違者耶以莽之姦

邪亦是好爲聞人故譏詭殄行不免震驚服師也子張堂
堂難與爲仁夫子恐其於仁亦是色取故於聞者亟斥之
且恐其以聞即爲達也皇本夫達夫聞下無也字。注常
有至下人。正義曰謙退者言達者常有謙退之志故能
察言觀色更下人也知其所欲者言於人既察觀而知之
當順情以施也志慮者志之所慮也察言觀色不敢有加
於人是常欲以下人所謂君子無眾寡無小大無敢慢者
也俞氏樾平議云按廣雅釋訓曰無慮都凡也漢書食貨
志曰天下大氏無慮皆鑄金錢矣無慮與大氏同古人自
有複語耳亦或止言慮賈誼傳慮無不帝制而天子自爲
者慮即無慮亦猶大氏也慮以下人之慮乃無慮之慮言
察言觀色大氏以下人也馬以志慮說之非是大元元瑩
篇故君子內正而外馴每以下人其句法即本之此案俞
說甚是然馬注亦未誤此當並存。注謙尊而光卑而不
可踰。正義曰此易謙卦象辭尊者卑約也曲禮云故君
子恭敬撙節退讓以明禮荀子仲尼篇恭敬而傳楊倞注
僔與撙同卑退也尊撙傳音義並同。注佞人黨多。正
義曰此解邦家必聞之故言所稱譽之者皆是佞黨若君
子則眾好必察不致爲所惑也顏師古王莽傳注
朋黨比周故能在家在國皆有名譽即本馬義

樊遲從遊於舞雩之下注包曰舞雩之處有壇墠樹木故下可遊焉**曰敢問崇德脩慝辨惑**注孔曰慝惡也脩治也治惡爲善**子曰善哉問先事後得非崇德與**注孔曰先勞於事然後得報**攻其惡無攻人之惡非脩慝與一朝之忿忘其身以及其親非惑與**

正義曰言舞雩之下者明時魯雩祭樊遲從夫子往遊其下也崇德脩慝辨惑者此當是雩禱之辭以德慝惑爲韻如湯禱桑林以六事自責也攻其惡無攻人之惡者攻猶責也春秋繁露仁義法篇解此文謂君子以仁造人義造我所謂躬自厚而薄責於外也忿者廣雅釋詁云怒也以及其親者春秋桓二年宋督弒其君與夷及其大夫孔父公羊傳云及者何累也論衡明雩篇樊遲從遊感雩而問刺魯不能崇德而徒雩也戴氏望論語注云春秋昭廿五年秋七月上辛大雩季辛又雩傳曰又雩者非雩也聚眾以逐季氏也樊遲從遊有感昭公孫齊之事因以發問事勤也先勤求賢者任之以政乃能得民昭公不用子家羈失民失政

以致出奔是不能崇德也子家駒曰諸侯僭於天子大夫
僭於諸侯公曰吾何僭乎哉是攻人之惡不知攻其惡也
昭公不從其言終弑之而敗焉走之齊是不忍一朝之忿
忘身以及宗廟惑之甚也時哀公亦欲去三家故微其辭
以危其事案戴氏此說本之宋氏翔鳳發微與論衡刺魯
之義極合皇本無攻人之惡無作毋○注舞雩之處有壇
墠樹木○正義曰禮祭法注云封土曰壇除地曰墠又雩
宗注云水旱壇月令雩帝注云爲壇於南郊之旁水經泗
水注言魯雩壇高三丈在魯縣故城南雩門之外此注兼
言墠者壇外平地時亦除治之即爲墠也知有樹木者周
官大司徒言設社稷之壝樹之田主各以其野之所宜木
社稷是壇有所宜之木此雩壇亦當有樹木可知○注慝
惡也脩治也○正義曰左僖十五年傳於是展氏有隱慝
馬杜注隱惡非法所得周官環人察軍慝注慝陰姦也脩
與修同廣雅釋詁修治也此常訓○注先勞於事然後
得報○正義曰注說非解後字爲自然之辭尤不合

樊遲問仁子曰愛人問知子曰知人樊遲未達子曰舉直錯
諸枉能使枉者直注包曰舉正直之人用之廢置邪枉之

人則皆化爲直樊遲退見子夏曰鄉也吾見於夫子而問知子曰舉直錯諸枉能使枉者直何謂也子夏曰富哉言乎注孔曰富盛也舜有天下選於衆舉皋陶不仁者遠矣湯有天下選於衆舉伊尹不仁者遠矣注孔曰言舜湯有天下選擇於衆舉皋陶伊尹則不仁者遠矣仁者至矣正義曰大戴禮王言篇孔子曰仁者莫大於愛人知者莫大於知賢荀子君道篇子貢對夫子問曰知者知人仁者愛人是愛人知人爲仁知之大用樊遲未達者宋氏翔鳳發微云書曰知人則哲能官人自世卿專國其君雖知人而不能官人遲之未達職此之由案遲未達當更有問辭今無文者略也舉直錯諸枉能使枉者直者言舉爾所知之直者錯諸枉者之上卽是知人也錯釋文引或本作措樊遲又未達夫子所言之理不敢復問故退見子夏告之也鄉皇本作嚮釋文鄉又作曏同說文云曏不久也不久者言日近也阮氏元校勘記曏正字嚮俗字鄉叚借字富哉言

予身本言上有是字鄭注云皋陶爲士師號曰庭堅案書

舜典命皋陶曰汝作士孟子萬章篇亦云皋陶爲士不名
士師也疑師字誤衍周官有士師屬大司寇以下大夫爲
之左文五年傳皋陶庭堅又十八年傳高陽氏才子八人
有庭堅杜注庭堅即皋陶字是皋陶號庭堅也伊尹湯臣
說文伊字注殷聖人阿衡尹治天下者從人從尹疑伊是
氏尹是名說文所云尹治者就文說之若白虎通說顓頊
帝譽堯舜皆有聖德之義是也鄭注向者書謂伊尹名摯與
孫子用間篇合摯爲名則尹爲字可信也宋氏翔鳳發微
云子貢知孔子之意必堯舜禹湯之爲君而後能盡用人
之道以垂百世之法故言選舉之事曰云云公羊隱元年
何休說當春秋時廢選舉之務置不肖於位輒退絶之以
生過失至於君臣忿爭出弃國家之所以昏亂社稷之所
以危亾故皆錄之隱三年何休說禮公卿大夫士皆選賢
而用之卿大夫任重職大不當世爲其秉政久恩德廣大
小人居之必奪君子威權故尹氏世立王子朝齊崔氏世
弑其君光君子疾其末則正其本見譏於卒者亦不可造
次無故驅逐必因其過卒絶之明君案見勞授賞則衆譽
不能進無功案見惡行誅則衆讒不能退無罪此春秋議
世卿之義蓋卿大夫世則舉直錯枉之法不行有國者宜

以不知人爲患故子夏述舜舉皋陶湯舉伊尹皆不以世而以賢以明大法漢書王吉言堯舜不用三公九卿之世而舉皋陶伊尹不仁者遠今俗吏得任子弟率多驕驁不通古今至於積功治人無益於民此伐檀所爲作也宜明選求賢除任子之令即論語之義富哉言乎富者備也必如舜舉皋陶湯舉伊尹而後用人之法備○注舉正至爲直○正義曰左襄七年傳正直爲正正曲爲直小明詩傳能正人之曲曰直曲者枉也枉爲直者所正其必皆化爲直可知○注言舜至至矣○正義曰選擇常訓不仁者遠言不仁之人自知枉曲皆遠去也左宣十六年傳晉侯請于王以黻冕命士會將中軍且爲大傅於是晉國之盜逃奔于秦羊舌職曰吾聞之禹稱善人不善人遠此之謂也夫杜注稱舉也漢書劉向傳向上封事曰故賢人在上位則引其類而聚之於朝在下位則思與其類俱進故湯用伊尹不仁者遠而衆賢至類相致也即此注不仁者遠仁者至之義其不仁既知遠去必亦化而爲善故能使枉者直也

子貢問友子曰忠告而善道之不可則止毋自辱焉注包曰

忠告以是非告之以善道導之不見從則止必言之或見辱正義曰責善朋友之道也然不可則宜止不復言所以全交亦所以養其羞惡之心使之自悟也皇本而下有以字道作導不可作否

曾子曰君子以文會友注孔曰友以文德合以友輔仁注孔曰友相切磋之道所以輔成己之仁正義曰文謂詩書禮樂也以文會友謂共處一學者也爾雅釋詁輔俌也引伸之有佐訓禮學記云大學之教也時教必有正業退息必有居學故君子之於學也藏焉修焉息焉遊焉夫然故安其學而親其師樂其友而信其道是以雖離師輔而不反也說苑說叢篇賢師良友在其側詩書禮樂陳于前棄而爲不善者鮮矣○注友以文德合○正義曰文德者言所學文皆在德也爾雅釋詁會合也亦常訓

高郵夏崇雅校刊

寶應劉寶楠學

子路第十三　集解

凡三十章

子路問政。子曰：「先之勞之。」注孔曰：先導之以德，使民信之，然後勞之。易曰：說以使民，民忘其勞。請益。曰：「無倦。」注孔曰：子路嫌其少，故請益。曰無倦者，行此上事無倦則可。正義曰：禮月令云「以道敎民，必躬親之」。大戴禮子張問入官篇：「故躬行者，政之始也。」又云：「君子欲政之速行也者，莫若以身先之也；欲民之速服也者，莫若以道御之也。」皆言政貴身先行之，所謂「其身正，不令而行」是也。釋文：「勞，孔如字，鄭力報反。」陳氏鱣古訓曰：「鄭讀若郊勞之勞者，卽孟子『放勳曰：勞之來之』之意也。」案：勞之者，勸勉民使率敎，不用刑趨勢迫也。無倦釋文作毋倦胡炳文四書通曰子張堂堂子路行行皆易銳於始而怠於終故答其問政皆以無倦告之。注先導至其勞。○正義曰下篇子夏曰君子信而後勞其民子張問政夫子告以擇可勞而勞之即此注所云勞之也魯語敬姜曰昔聖王之處民也擇瘠土而處之勞其民而用之故長王天下夫民勞則思思則善心生逸則淫淫則忘善忘善則惡心生沃土之民不材淫也瘠土之民莫不嚮義勞也又曰君子勞心小人勞力先王之訓也自上以下誰敢淫心舍力並言政尚勞民之誼孔注此文雖與鄭異亦得通也導之以德爲政篇文引易者兌彖傳文。○注子路嫌其少故請益。○正義曰曲禮請益則起注益謂受說不了欲師更明說之不了謂說有未盡故此注以爲嫌少也

仲弓爲季氏宰問政子曰先有司注王曰言爲政當先任有司而後責其事**赦小過舉賢才曰焉知賢才而舉之曰舉爾所知爾所不知人其舍諸**注孔曰女所不知者人將自舉其所知則賢才無遺正義曰宰者大夫家臣及大夫邑長之通稱皇疏獨謂仲弓將往費

爲季氏邑宰則以夫子所言得專刑賞任人當爲邑宰事
也有司者宰之羣屬言先有司信任之使得舉其職也呂
氏春秋審分覽凡爲善難任善易奚以知之人與驥俱走
則人不勝驥矣居於車上而任驥則驥不勝人矣人主好
治人官之事則是與驥俱走也必多所不及矣又云人主
之車所以乘物也察乘物之理則四極可有不知乘物而
自怙恃奪其智能多其教詔而好自以若此則百官恫擾
少長相越萬邪並起權威分移不可以卒不可以教此亡
國之風也觀此是凡爲政者宜先任有司治之不獨邑宰
然矣赦小過者爾雅釋詁赦舍也說文赦置也有司或有
小過所犯罪至輕當宥赦之以勸功褒化也言小過赦明
大過亦不赦可知賢才謂才之賢者有賢才可自辟舉爲
已輔佐若有盛德之士更升進之不敢私蔽之也宋氏翔
鳳發微云自世卿世大夫而舉賢之政不行故仲弓獨質
其疑以求其信臯陶曰在知人禹曰惟帝其難之此焉知
賢才之慮也如舜舉臯陶湯舉伊尹皆舉爾所知也不仁
者遠則仁者咸進易曰拔茅茹以其彙征此爾所不知人
其舍諸之說也是先有司者必以舉賢才爲本舉賢才者
必以知其人爲要。注言爲政當先任有司而後責其
事。正義曰此謂先任以官而後予之以事非經恉

子路曰：衛君待子而爲政，子將奚先？注包曰：問往將何所先行。子曰：必也正名乎！注馬曰：正百事之名。正義曰：衛君者，出公輒也。待者，下篇「齊景公待孔子」，史記孔子世家作「止」，孔子魯語其誰云待之，說苑正諫作「止之」，是待、止同義。時孔子在衛，爲公養之仕，知衛君將畱用孔子，故子路舉以問也。史記孔子世家：「是時衛公輒父不得立，在外，諸侯數以爲讓。而孔子弟子多仕于衛，衛君欲得孔子爲政。子路曰：衛君待子而爲政」云云，是正名指蒯聵之事，此必古論家說，受之安國者也。正名者何？正世子之名也。春秋哀二年：「夏，晉趙鞅帥師納衛世子蒯聵于戚。」孔疏：「世子者，父在之名。蒯聵父旣死矣，而稱世子者，晉人納之，世子告之，是正世子以示宜爲君也。春秋以其本是世子，未得衛國，無可褒貶，故因而書世子耳。」據此，是世子之稱，春秋不以爲非而存之，則此正名卽世子之名可知。全氏祖望鮚埼亭集正名論曰：「孔子以世子稱蒯聵，則其嘗爲靈公所立無疑矣。觀左傳累稱爲太子，固有明文矣。不特此也，其出亡之後，靈公雖怒，而未嘗廢之也。靈公欲立公子郢，而郢辭，則靈公有廢之意而不果，又有明文矣。惟蒯聵未嘗爲靈公所廢，特以得罪而出亡則聞喪而奔赴衛人所不可拒也蒯聵之歸有名而衛人之拒無名也況諸侯之子得罪於父而仍歸者亦不一矣晉之亂也夷吾奔屈重耳奔蒲及奚齊卓子之死夷吾兄弟相繼而歸不聞以得罪而晉人拒之也然則於蒯聵何尤焉故孔子之正名也但正其世子之名而已既爲世子則衛人所不可拒也全氏此論實先得我心所欲言愚謂春秋之義世子繼體以爲君爲輒計者內迫於南子不能迎立蒯聵則惟如叔齊及公子郢之所爲遜避弗居斯已耳乃輒儼然自立當時必援無適子立適孫之義以王父命爲辭是輒不以世子予蒯聵觀於公子郢之言有亾人之子輒在忠貞如子郢在輒未立時已不敢以世子稱蒯聵則輒既立後假以王父之命其誰敢有稱蒯聵爲世子者所以蒯聵入戚衛命石曼姑同齊國夏帥師圍戚明是待蒯聵以寇仇其不以世子稱蒯聵審矣太史公自序云南子惡蒯聵子父易名謂不以蒯聵爲世子而輒繼立也名之顚倒未有甚於此者夫子亟欲正之而輒之不當立不當與蒯聵爭國顧名思義自可得之言外矣穀梁哀二年經注鄭君曰蒯聵欲殺母靈公廢之是也若君薨有反國之道當稱子某如齊子糾也今稱世子如君存是春秋不與蒯聵得反立明矣江熙曰鄭世子忽反正

有明文子糾但於公子爲貴非世子也又傳曰納者內弗受也帥師而後納者有伐也何用弗受也以輒不受也以輒不受父之命受之王父也信父而辭王父則是不尊王父也其弗受以尊王父也注甯不達此義江熙曰齊景公廢世子世子還國書簒若靈公廢蒯聵立輒則蒯聵不得稱曩日世子也稱蒯聵爲世子則靈公不命輒審矣此矛楯之喻也然則從王父之言傳似失矣經云納衛世子鄭世子忽復歸于鄭稱世子明正也明正則拒之者非也案范甯經傳兩注皆引江熙說是也鄭忽許其反正而於莊公卒後亦稱世子則謂君薨稱世子無反國之道非矣竊謂以王父命辭父命乃衛輒所據之義其意以父得罪王父雖其子得申王父之命以辭父也不知王父之命固行之於父而辭父之命豈爲子者所忍言哀三年經齊國夏衛石曼姑帥師圍戚此明是衛爲兵主而先國夏者當是夫子特筆蓋蒯聵得罪於父暨父死而又爭國不可以莫之討也故託於齊國夏以爲伯討以正蒯聵之罪而又存蒯聵世子之名於春秋以正輒之罪所以兩治之也春秋繁露玉英篇謂一元者太始也知元年志者大人之所重小人之所輕是故治國之端在正名名之正興五世五傳之外美惡乃形可謂得其眞矣非子路之所能見非其位

而卽之雖受之先君春秋危之宋繆公是也非其位不受之先君而自卽之春秋危之吳王僚是也案仲舒以正名當先正始而引宋繆公吳王僚說之夫宋繆受之先君而非其位爲春秋所危則衛輒雖如公羊說亦是受之靈公而非其位非其位則危故夫子正名之旨必非子路所能見董生此論未爲謬也惲氏敬先賢仲子廟立石文曰衛出公未嘗拒父也衛靈公生于魯昭公二年其卒年四十七而蒯聵爲其子出公爲其子之子蒯聵先有姊衛姬度出公之卽位也內外十歲耳二年蒯聵入戚三年春圍戚衛之臣石曼姑等爲之非出公也夏氏炘衛出公輒論亦云靈公薨時輒至長亦年十餘歲耳以十餘歲之童子卽位則拒蒯聵者非輒也蒯聵有殺母之罪斯時南子在堂其不使之入明矣輒不得自專也及輒漸長而君位之定已久勢不可爲矣考蒯聵於靈公四十二年入居於戚及至出公十四年始與渾良夫謀入凡在戚者十五年此十五年中絕無動靜則輒之以國養可知孔子於輒之六年自楚至衛輒年可十七八歲有欲用孔子之意故子路曰衛君待子而爲政孔子以父居於外子居於內名之不正莫甚於此故有正名之論而子路意輒定位已久且以國養父未爲不可故以子言爲迂其後孔子去衛而果有孔

悝之難甚矣聖人之大居正爲萬世人倫之至也孟子曰孔子於衛孝公公養之仕先儒謂孝公卽出公輒孔子在衛凡六七年輒能盡其公養則此六七年中必有不忍其父之心孔子以爲尚可與爲善而欲進之以正名惜乎優柔不斷終不能用孔子耳設也輒果稱兵拒父而孔子猶至衛且處之六七年何以爲孔子案惲氏夏氏此言亦屬持平故附著之○注問往將何所先行○正義曰此往謂往居位也○注正百事之名○正義曰禮祭法云黄帝正名百物百物卽百事左氏傳曰唯器與名不可以假人此指稱謂與爵位之名穀梁僖十九年傳梁亾鄭棄其師我無加損焉正名而已言因事之實無所加損但正其名而書之爾韓詩外傳孔子侍坐於季孫季孫之宰通曰君使人假馬其與之乎孔子曰吾聞君取於臣謂之取不曰假季孫悟告宰通曰今以往君有取謂之取無曰假孔子正假馬之言而君臣之義定矣論語曰必也正名乎春秋繁露深察名號篇孔子曰名不正則言不順春秋辨物之理以正其名名物如其眞不失秋毫之末故名霣石則後其五言退鷁則先其六聖人之謹於正名如此毛氏奇齡稽求篇漢藝文志謂名家者流蓋出於禮官古者名位不同禮亦異數孔子曰必也正名乎凡辨名所在不可苟爲鈲析

且從來有名家書如鄧析尹文子公孫龍毛公諸篇俱以堅白同異辨名義爲辭此則名家之說之所由著也若漢後儒者猶尚名曰名物曰名義曰名象而浸尋失眞至晉時魯勝注墨辨一書深論名理謂名者所以列同異明是非道義之門政化之準繩也孔子曰必也正名云云墨子著辨經以立名本而荀卿莊周輩皆非之然終不能易其論也其序尚存晉史約四五百言極言隱顯虛實同異眞似之辨毫釐纖悉皆有分部其文甚著則是稱名之名祇是一節而百凡事爲莫非是名鄭此注云正名謂正書字也古者曰名今世曰字禮記曰百名已上則書之於策孔子見時教不行故欲正其文字之誤陳氏鱣古訓曰周禮外史掌達書名於四方注古曰名今曰字使四方知書之文字得能讀之賈疏古者文字少直曰名後代文字多則曰字字者滋也滋益而生故更稱曰字正其名字使四方知而讀之也大行人九歲屬瞽史諭書名注書名書之字也古曰名聘禮曰百名以上此注引禮記者聘禮記文彼云百名以上書於策不及百名書於方注名書文也今謂之字賈疏引此注以證是文字通謂之名臧氏庸鄭注輯本釋云孔子書字必從保氏所掌古文爲正病時不行故衛君待子爲政而子以是爲先也君子於其所不知蓋闕

如也即史闕文之意說文解字敘引此二句是許君同以爲文字又云正名乃爲政之本與刪詩書定禮樂同一垂教萬世不可以空言視之也隋經籍志小學類正名一卷敘云孔子曰必也正名乎名謂書字云云釋文敘同是隋以前俱鄭學梁氏玉繩庭立紀聞引魏書世祖造新字詔江式文字表北齊書儒林傳李鉉字辨俱引孔子語今案風俗通正失篇樂正后夔有一足之論晉師己亥渡河有三豕之文非夫大聖至明孰能原析之乎論語名不正則言不順易稱失之毫釐差以千里故糾其謬曰正失也亦與鄭同蓋正文字是正名之一端鄭君此義亦馬注百事所得包也然馬注古論而但渾言百事不用世家依衛事言之則與安國旨趣稍異抑別有注爲集解所刪佚耶若鄭氏固篤信公穀以王父命辭父命之說宜其解正名不及衛父子爭國事也

子路曰有是哉子之迂也奚其正 注 包曰迂猶遠也言孔子之言遠於事

子曰野哉由也 注 孔曰野猶不達

君子於其所不知蓋闕如也 注 包曰君子於其所不知當闕而勿據今由不知正名

之義而謂之迂遠**名不正則言不順言不順則事不成事**
不成則禮樂不興禮樂不興則刑罰不中刑罰不中則民
無所措手足（注）孔曰禮以安上樂以移風二者不行則有
淫刑濫罰**故君子名之必可言也言之必可行也**（注）王曰
所名之事必可得而明言所言之事必可得而遵行**君子**
於其言無所苟而已矣正義曰釋文云迂鄭本作于云于
其君乎鄭注于讀爲迂又檀弓于則于孔疏于音近迂迂
是廣大之義莊子應帝王其臥徐徐其覺于于司馬彪注
于于無所知貌是于迂義近字亦通用鄭以正名爲正文
字而訓于爲狂狂者疎濶之意或鄭亦讀此于爲迂也校
釋文者或以狂爲枉之誤或以狂爲往之誤均須改字殆
未然矣蓋闕如者段氏玉裁說文敘注云論語言如或單
字孛如躩如是或重字申申如夭夭如是或疊韻雙聲字
踧踖如鞠躬如蓋闕如是蓋舊音如割漢書儒林傳曰疑

者丘蓋不言蘇林曰不言者不言所不知之意也如淳曰齊俗以不言所不知為丘蓋丘蓋荀卿書作區蓋丘區闕三字雙聲宋氏翔鳳過庭錄荀子大略篇言之信者在乎區蓋之閒疑則不言未問則不立漢書儒林傳疑者丘蓋不言丘古音同區丘蓋即區蓋區闕聲之轉論語之蓋闕即荀子之區蓋為未見闕疑之意故曰蓋闕如也與踧踖如也同辭讀論語以闕如連文者非也刑罰不中者周官職金掌受士之金罰貨罰注罰罰贖也說文刑罰皐也罰皐之小者罰是小皐則刑為皐大可知釋文云中丁仲反孫氏志祖讀書脞錄中當如字讀刑罰之所重者中呂刑一篇言中者十周禮鄉士獄訟成士師受中鄭司農云中者刑罰之中也今案後漢書梁統傳上言曰經曰爰制百姓于刑之衷孔子曰刑罰不衷則民無所厝手足衷之為言不輕不重之謂也衷與中古字通無所錯手足者錯皇本作措釋文錯本又作措說文措置也措本字錯假借字皇疏云刑罰既濫故下民畏懼刑罰之濫所以跼天蹐地不敢自安是無所自措立手足也案事不成禮樂不興刑罰不中皆推言名不正則言不順之失言者所以出令布治也呂氏春秋審分覽夫名多不當其實而事多不當其用者故人主不可以不審名分也今有人於此求牛則名

馬求馬則名牛所求必不得矣而因用威怒有司必誹怨
矣牛馬必擾亂矣百官衆有司也萬物羣牛馬也不正其
名不分其職而數用刑罰亂莫大焉故名不正則人主憂
勞勤苦而官職煩亂悖逆矣國之亾也名之傷也從此生
矣呂覽此言名不正則刑罰失亂與此文意同黃氏式三
後案云王道不外彝倫而家人莫重於父子孟子曰人人
親其親長其長而天下平又曰瞽瞍厎豫而天下之爲父
子者定王者本孝出治父子之倫爲重也治國者不正一
家父子之名而欲正一國之父子無諸己而求諸人則一
已多忌諱之私而事亦阻窒而不成矣禮樂刑罰事之大
也禮莫大於父子之序樂莫大於父子之和刑罰莫大於
不孝三者失而事之不成甚矣故治世之要務在彝倫攸
敘○注迂猶遠也○正義曰說文迂避也此云猶遠者引
申之義呂覽先已篇寡人以爲迂言也高誘注迂遠也○
注孔曰至濫罰○正義曰皇本作包注孝經云安上治民
莫善於禮移風易俗莫善於樂樂記樂也者聖人之所樂
也而可以善民心其感人深其
移風易俗故先王著其敎焉

樊遲請學稼子曰吾不如老農請學爲圃曰吾不如老圃〔注〕

馬曰：樹五穀曰稼，樹菜蔬曰圃。樊遲出，子曰：小人哉樊須也！上好禮，則民莫敢不敬；上好義，則民莫敢不服；上好信，則民莫敢不用情。注孔曰：情，情實也。言民化於上，各以實應。夫如是，則四方之民襁負其子而至矣，焉用稼？注包曰：禮義與信足以成德，何用學稼以教民乎？負者以器曰襁。

正義曰：說文云：「農，耕人也。」今字作農，隸變。漢書食貨志：「闢土植穀曰農。」當春秋時，世卿持祿，廢選舉之務，賢者多不在位，無所得祿，故樊遲請夫子學稼學圃，蓋諷子以隱也。書無逸云：「知稼穡艱難，則知小人之依。」又云：「舊爲小人，爰暨小人。」是小人卽老農老圃之稱。孟子滕文公篇：「有大人之事，有小人之事。」與此同也。古者四民各有恒業，非可見異而遷。若士之爲學，則由成已以及成物，已欲立而立人，已欲達而達人，但當志於大人之事，而行義達道，以禮義信自治其身，而民亦觀化而至，安用此學稼圃之事，徒潔身而廢義哉？孝經曰：「君子言思可道，行思可樂，德義可尊，

作事可法容止可觀進退可度以臨其民是以其民畏而
愛之則而象之故能成其德教而行其政令是上好禮則
民咸知敬也荀子王霸篇之所與爲之者之人則舉義士
也之所以爲布陳於國家刑法者則舉義法也主之所極
然帥羣臣而首鄉之者則舉義志也如是則下仰上以義
矣是綦定也是上好義則民服也晉語箕鄭曰信於君心
則美惡不踰信於名則上下不干信於令則時無廢功信
於事則民從事有業禮運曰故天不愛其道地不愛其寶
人不愛其情則是無故先王能修禮以達義體信以達順
故此順之實也愛者隱也人不隱其情由於上能修禮體
信是上好信則民莫敢不用情也皇本請學爲圃下有子
字襁負釋文云繈居丈反又作襁同張參五經文字曰作
繈非段氏王裁說文注云五經文字非也古繈緥字從糸
不從衣說文襁字乃淺人妄增○注樹五穀曰稼樹菜蔬
曰圃○正義曰樹與埶同謂種植也五穀禾黍稷稻麥也
詩伐檀傳種之曰稼周官司稼注種穀曰稼是凡樹穀曰
稼也說文圃所以種菜曰圃周官大宰九職二曰園圃毓
草木注樹果蓏曰圃蓏兼有菜蔬禮記射義注云樹菜蔬
曰圃與此訓同○注情情實也○正義曰情者好惡之誠
無所欺隱故曰情實下篇如得其情亦謂所犯罪之實也

○注禮義至曰襁○正義曰注以學稼學圃爲因教民是逆探下文爲此語殆未然也負者以器曰襁弟子傳集解引作負子之器曰襁皇疏引注亦作負子又引李充曰負子以器則負者乃負子之謟說文繈觕類也段注呂覽明理篇道多繈緥高注繈褸上繩也又直諫篇注繈褸格繩褸卽褸格卽絡織褸爲絡以負之於背其繩謂之繈高說最分明博物志云織褸爲之廣八寸長二尺乃謂其絡未及其繩也案顏師古漢書宣紀注襁卽今之小兒繃也李奇曰以繒布爲之李賢後漢書淸河孝王慶傳注以繒帛爲之皇疏云以竹爲之或云以布爲之今蠻夷猶以布帊裹兒負之背也皆各據所見言之小兒繃兼有絡繩蓋統名繈後世之義也史記魯周公世家成王少在強葆之中索隱曰強葆卽襁褓假借用之

子曰誦詩三百授之以政不達使於四方不能專對雖多亦奚以爲注專猶獨也　正義曰誦詩者周官大司樂以樂語教國子興道諷誦言語注倍文曰諷以聲節之曰誦謂但以樂聲節之不用樂也墨子公孟篇誦詩三百弦詩三百歌詩三百舞詩三百是學詩有誦弦

歌舞之法此但及誦詩者主於口讀尋繹其義恉也毛詩序云先王以是經夫婦成孝敬厚人倫美教化移風俗是詩之理可通政事故宜達也使於四方能專對者謂得詩溫柔敦厚之教則能應對賓客也閻氏若璩釋地又續專擅也即公羊傳聘禮大夫受命不受辭出竟有可以安社稷利國家者則專之可也案漢書王莽傳選儒生能顓對者注曰顓與專同專對謂應對無方能專其事聘記云辭無常孫而說注云孫順也大夫使受命不受辭辭必順且說疏云謂受君命聘于鄰國不受賓主對答之辭必不受辭者以其口及則言辭無定準故不受之也此即專對之義孫而說亦所習於詩教然也韓詩外傳齊景公使人於楚楚王與之上九重之臺顧使者曰齊有臺若此乎使者曰吾君有治位之坐土階三等茅茨不翦樸椽不斲者猶以謂為之者勞居之者泰吾君惡有臺若此者使者可謂不辱君命其能專對矣此事正可舉證鄭注云誦習此道不能為用雖多亦奚以為也案多謂詩三百也黃氏式三後案以多指未刪之詩誤○注專猶獨也○正義曰左襄十九年傳服注專獨也此常訓胡炳文四書通古者遣使有正有介正使不能達則介使助之如正使自能致辭不假眾介之助是謂能專對即此助訓獨之義閻氏若璩釋

地又續非之云果爾先王遣聘只使者一人足矣胡爲而從以上介及衆介耶蓋應對之事使者固多而上介次介末介亦一非嘿無語者聘禮一篇可見

子曰其身正不令而行其身不正雖令不從注令教令也

正義曰漢書公孫弘傳上古堯舜之時不貴爵賞而民勸善不重刑罰而民不犯躬率以正而遇民信也末世貴爵厚賞而民不勸深刑重罰而姦不止其上不正遇民不信也准南子主術訓是故有諸已不非諸人無諸已不求諸人所立於下者不廢於上所禁於民者不行於身所謂亾國非無君也無法也變法者非無法也有法者而不用與無法等是故人主之立法先自爲檢式儀表故令行於天下孔子曰云云故禁勝於身則令行於民矣繆稱訓無諸已求諸人古今未之聞也同言而民信信在言前也同令而民化誠在令外也聖人在上民遷而化情以先之也動於上不應於下者情與令殊也新序雜事四唱而不和動而不隨中必有不全者矣夫不降席而匡天下者求之已也孔子曰云云先王之所以拱揖指揮而四海賓者誠德之治己形於外故詩曰王猶允塞徐方既來此之謂也諸文並

尼發明此章之旨○注令教令也○正義曰說文云令發號也鹽鐵論詔聖篇令者教也所以導民人

子曰魯衛之政兄弟也〔注〕包曰魯周公之封衛康叔之封周公康叔旣爲兄弟康叔睦於周公其國之政亦如兄弟〔正義〕曰皇本無也字○注魯周至兄弟○正義曰史記世家周公旦者周武王弟也衛康叔名封周武王同母少弟也左定五年傳公叔文子曰大姒之子惟周公康叔爲相睦也是周公康叔爲兄弟最睦也方氏觀旭偶記包注不就衰亂言案左氏定四年傳皆啟以商政注皆魯衛也又夫子嘗言魯一變至於道而五至衛國則有三年有成之語又論子賤而以魯爲多君子與季札稱衛多君子辭若一轍齊大陸子方曰何以見魯衛之士並見二國之政俗末世猶賢於他國更證之漢書馮奉世傳人歌立與野王曰大馮君小馮君兄弟繼踵相因循聰明賢知惠吏民政如魯衛德比均周公康叔猶二君政如魯衛二句正用魯論語漢世之解如此今案方說深得經注之意朱子集注就衰世言則語涉訴諸非其理矣

子謂衛公子荆善居室注王曰荆與蘧瑗史鰌並爲君子始有曰苟合矣少有曰苟完矣富有曰苟美矣正義曰云衛公子荆者金氏文弨蟲衛篇謂魯亦有公子荆哀公庶子見左哀二十五年傳故論語特加衛以別白之是也善居室者皇疏云居其家能治不爲奢侈故曰善也有者有財也列子說符篇美施氏之有張湛注有猶富也公子荆仕衛得祿終致富有苟者誠也信也合者言已合禮不以儉爲嫌也完者器用完備也美者畫飾也公子荆處衛富庶之時知國奢當示之以儉又深習驕盈之戒故言苟合苟完苟美言其意已足無所復歉也○注荆與蘧瑗史鰌並爲君子○正義曰左氏傳吳公子札適衛說蘧瑗史狗史鰌公子荆公叔發公子朝曰衛多君子未有患也此注所本

子適衛冉有僕注孔曰孔子之衛冉有御子曰庶矣哉注孔曰庶衆也言衛人衆多冉有曰既庶矣又何加焉曰富之曰既富矣又何加焉曰教之正義曰冉有皇本作冉子阮氏元校勘記春秋繁露仁義

法篇論衡問孔篇風俗通義十反卷並作冉子說苑建本
篇子貢問爲政孔子曰富之既富乃教之也與此問答略
同或傳聞之異孫氏奇逢四書近指漢荀悅云人不畏死
不可懼以罪人不樂生不可勸以善故在上者先豐民財
以定其志是謂養生禮教榮辱以加君子化其情也桎梏
鞭朴以加小人化其形也若教化之廢推中人而墜於小
人之域教化之行引中人而納於君子之塗是謂章化按
悅此語與孔子富教之說相發明今案管子治國云凡治
國之道必先富民民富則易治也民貧則難治也奚以知
其然也民富則安鄉重家安鄉重家則敬上畏罪敬上畏
罪則易治也民貧則危鄉輕家危鄉輕家則敢陵上犯禁
陵上犯禁則難治也亦言爲政宜先富民也孟子梁惠王
篇是故明君制民之產必使仰足以事父母俯足以畜妻
子樂歲終身飽凶年免於死亡然後趨而之善故民之從
之也輕明富民當制民之產民得恒產乃易教也荀子大
略篇不富無以養民情不教無以理民性故家五畝宅百
畝田務其業而勿奪其時所以富之也立大學設庠序修
六禮明十教所以道之也詩曰飲之食之教之誨之王事
具矣○注孔子之衛冉有御○正義曰說文云僕給事者
御車亦以給事故通稱僕周官有大僕戎僕○注僕庶衆也

○正義曰：庶衆，爾雅釋詁文。說文：庶，屋下衆也。

子曰：苟有用我者，期月而已可也，三年有成。注 孔曰：言誠有用我於政事者，期月而可以行其政教，必三年乃有成功。

正義曰：史記孔子世家云：靈公老，怠於政，不用孔子。孔子喟然歎曰：苟有用我者，朞月而已，三年有成。是此語爲在居衞時，故次於適衞章之後。當春秋時，魯衞之政尚爲兄弟，故夫子去魯後，獨久居衞，願治之也。說文：稘，復其時也。從禾其聲。期，會也。從月其聲。訓義略同。會者，合也。復其時仍合於此月也。積月成年，故周年謂之期年，又謂之期月，言十二月至此一合也。漢書食貨志：民三年耕，則餘一年之畜，衣食足而知榮辱，廉讓生而爭訟息，故三載考績。孔子曰：苟有用我者，期月而已可也，三年有成。成此功也。然則三年有成，兼有富教之術，故上章載夫子與冉有語，備文見之。凡善人王者，不外此術也。

子曰：善人爲邦百年，亦可以勝殘去殺矣。注 王曰：勝殘，勝殘暴之人使不爲惡也去殺不用刑殺也**誠哉是言也**注孔曰古有此言孔子信之正義曰鄭注云善人居中不踐迹不入室也此人爲政不能早有成功百年乃能無殘暴之人案居中者對下王者言之上不及王者下不同時君故言中也上篇言善人之道不踐迹亦不入於室此注本之而以入室喻王者漢書刑法志孔子曰如有王者必世而後仁善人爲國百年可以勝殘去殺矣言聖王承衰撥亂而起被民以德教變而化之必世然後仁道成焉至於善人不入於室然猶百年勝殘去殺矣此爲國者之程式也並謂善人既未入室不能早有成功故必期之百年也○注勝殘至殺也○正義曰說文殘賊也孟子梁惠王篇賊義者謂之殘言善人爲邦百年殘暴之人不能盡絶但其政治足以勝之使不爲惡故亦不至用刑殺也殺是重刑言去殺明諸輕刑未能免矣

子曰如有王者必世而後仁注孔曰三十年曰世如有受命王者必三十年仁政乃成正義曰臧宋輯本鄭注云周自太王王季文王武王賢聖相承

四世又云周道至美武王伐紂至成王乃致太平由承殷
紂敝化之後故也案御覽四百十九引鄭此注又云聖人
受命而王必父子相承而後天下之民能仁也鄭以周之
王業肇基大王王歷三世至武王受命而有天下武王承大
亂之後勝殷未久而崩至成王六年乃制禮作樂功致大
平由成王上湖大王多有歷年則以周承殷紂之後俗敝
已久難可卒化與尋常受命而王其事勢有不同也云必
父子相承者以三十年未必適當一君故兼父子計之荀
子大略篇文王誅四武王誅二周公卒業至成康則案無
誅已亦謂成王時民已能仁故無誅也包氏愼言溫故錄
漢書食貨志云三年耕則餘一年之畜衣食足而知榮辱
廉讓興而爭訟息故三載考績三考黜陟餘三年食進業
曰登再登曰平餘六年食三登曰太平二十七歲餘九年
食然後㠯德化流洽禮樂成焉故曰如有王者必世而後
仁繇此道也案依志言必世後仁蓋謂養而後教食者民
之本飢寒並至雖堯舜在上不能使民無寇盜貧富兼并
雖皋陶制法不至使彊不凌弱故王者初起必先制田里
教樹畜使民家給人足然後以禮義化導之言必世者量
民力之所能不迫切之也刑法志亦引此經解之云言王
者乘衰撥亂而起被民㠯德教變而化之必世然後仁道

成焉義亦略同案包說乃探原之論可補鄭義○注三十
至乃成○正義曰漢書平當傳引此文解之云三十年之
間道德和洽制禮興樂災害不生禍亂不作是世爲三十
年也受命者受天命也仁政乃成者言民化於仁是上之
仁政有
成功也

子曰苟正其身矣於從政乎何有不能正其身如正人何正義曰政者正也言爲政當先正其身也皇疏云其身不正雖令不從故云如正人何也

冉子退朝注周曰謂罷朝於魯君**子曰何晏也對曰有政子曰其事也如有政雖不吾以吾其與聞之**注馬曰政者有所改更匡正事者凡行常事如有政非常之事我爲大夫雖不見任用必當與聞之○正義曰冉子卽冉有稱子者箸其爲師也晏者說文云晏天清也此文訓日暮當是引申之義解者謂晏爲旰之叚借亦通毛氏奇齡稽求篇凡朝無晏退之禮晏則必問國語范

文子暮退於朝武子曰何暮也與子問正同方氏觀旭偶記禮玉藻云揖私朝煇如也登車則有光矣注揖其臣乃行玉藻又云朝辨色始入案先視私朝然後朝君猶當辨色之時則家臣之退自然宜蚤此子所以問冉有退朝之晏之。注周曰謂罷朝於魯君。正義曰釋文云周生烈曰君之朝是此周爲周生也鄭注云朝於季氏之私朝與周生異方氏觀旭偶記案左氏哀十一年傳季孫使冉子從於朝侯於黨氏之溝可見家臣從大夫之公朝僅得侯於朝中之地無朝魯君之事其朝於大夫之私朝者左氏襄三十年傳鄭伯有嗜酒朝至未已朝者曰公焉在魯語公父文伯之母如季氏康子在其朝與之言弗應康子辭於朝而入注云辭其家臣是其證也從鄭說是陳氏鱣古訓謂其事其字即指季氏自餘若閻氏若璩毛氏奇齡宋氏翔鳳皆以鄭注爲然魯語云自卿以下合官職於外朝合家事於內朝韋注外朝君之公朝也內朝家朝也此冉子退朝即是大夫內朝在正寢門外。注政者至聞之。正義曰馬以政大事小而政亦是事故云非常之事政旣非常之事故或有改更匡正當集衆卿大夫並議之夫子反魯雖不見用然猶從大夫之後故云我爲大夫當與聞之左哀十一年傳季氏欲以田賦使冉有訪諸仲尼曰子爲國老待子而行是其諮也鄭注云君之敎令爲政臣之敎令爲事也故云其事也與馬注異左昭二十五年傳爲政事庸力行務以從四時杜注在君爲政在臣爲事是政事各別魯語所云官職謂政也所云家事謂事也但政事對文異散文亦通故仲弓爲季氏宰問政而詩亦言王事是政事不分別也揆鄭之意當以政事有公私之別故夫子辨之亦正名定分之意若以政大事小則無與於名分非其義矣魏書高閭傳解此文云政者君上之所施行合於法度經國治民之屬皆謂之政臣下奉敎承旨作而行之謂之事此與鄭義又異然承奉君敎仍是君事於義非也

定公問一言而可以興邦有諸孔子對曰言不可以若是其幾也注王曰以其大要一言不能正興國幾近也有近一言可以興國**人之言曰爲君難爲臣不易如知爲君之難也不幾乎一言而興邦乎**注孔曰事不可以一言而成如知此則可近也　正義曰皇本如知爲君下無之字韓詩外傳傳曰言爲王之不易也大命之至其太

宗太史太祝斯素服執策北面而弔乎天子曰大命既至矣如之何憂之長也授天子策一矣曰敬享以祭永主天命畏之無疆厥躬無敢寧授天子策二矣曰敬之夙夜伊祝厥躬無怠萬民望之授天子策三矣曰天子南面受於帝位以治爲憂未以位爲樂也詩曰天難諶斯不易惟王

○注以其至興國。○正義曰一言祇是大要不能正興國此釋言不可以若是之文也幾近爾雅釋詁文易月幾望詩維其幾矣幾並訓近此謂有一言近於興國也王氏若虛論語辨惑其幾也三字自爲一句一言得失何遽至於興喪然有近之者孟氏夢恂四書辨疑經文兩其幾也皆三字爲句舊注文亦是作兩句說

曰一言而喪邦有諸孔子對曰言不可以若是其幾也人之言曰予無樂乎爲君唯其言而莫予違也（注）孔曰言無樂於爲君所樂者唯樂其言而不見違

如其善而莫之違也不亦善乎如不善而莫之違也不幾乎一言而喪邦乎（注）孔曰人君所言善無違之者則善也

所言不善而無敢違之者則近一言而喪國正義曰違者背也言臣下
不從君言有所違背也周語云故天子聽政使公卿至於
列士獻詩瞽獻典史獻書師箴瞍賦矇誦百工諫庶人傳
語近臣盡規親戚補察瞽史教誨耆艾脩之而後王斟酌
焉是以事行而不悖是爲君冀有人諫諍不嫌有予違也
吳語云申胥曰今王播棄黎老而近孩童焉比謀曰余令
而不違夫不違乃違也夫不違亾之階也韓非子外儲說
晉平公與羣臣飲飲酣乃喟然歎曰莫樂爲人君惟其言
而莫之違師曠侍坐於前援琴撞之曰啞是非君人者之
言也皆以言莫予違爲非也黄氏式三後案言莫予違則
讒諂所蔽禍患所伏而人莫之告自古喪國之禍多由於
此陛敬輿所謂天下大慮在於下情不通所謂忽於戒備
逸於居安憚忠鯁之怫心甘諛詐之從欲不聞其失以致
大失
也

葉公問政子曰近者說遠者來正義曰釋文葉舒涉反本今作葉盧氏攷證以葉爲唐人
避諱所改本今作葉則宋人按語是也韓非子難篇葉公
子高問政於仲尼仲尼曰政在悅近而來遠又曰葉都大

而國小民有背心故曰政在悅近而來遠言使近民歡說則遠人來至也墨子耕柱篇葉公子高問政於仲尼曰善爲政者若之何仲尼對曰善爲政者遠者近之而舊者新之語異義同管子版法解凡衆者愛之則親利之則至又云愛施俱行則說君臣說朋友說兄弟說父子說愛施所設四固不能守又云愛施之德雖行而無私内行不修則不能朝遠方之君是故正君臣上下之義飾父子兄弟夫婦之義飾男女之別別疏數之差使君德臣忠父慈子孝兄愛弟敬禮義章明如此則近者親之遠者歸之

子夏爲莒父宰問政注鄭曰舊說云莒父魯下邑**子曰無欲速無見小利欲速則不達見小利則大事不成**注孔曰事不可以速成而欲其速則不達矣小利妨大則大事不成

正義曰爾雅釋詁速急也此常訓大戴禮子張問入官篇故君子莅民不道以遠又云道以數年之業則民疾疾則辟矣注云使成數年之業則民困矣荀子致士篇臨事接民而以義變應寬裕而多容恭敬以先之政之始也然後

中和察斷以輔之政之隆也然後進退誅賞之政之終也故一年與之始三年與之終並言爲政不可欲速也利謂小便國謚民也爲政者見有大利必宜興行但不可見於小耳大戴禮四代篇好見小利妨於政呂覽勸勳篇利不可兩也忠不可兼不去小利則大利不得不去小忠則大忠不至故小利大利之殘也小忠大忠之賊也並與此文義相發釋文毋欲音無本今作無皇本上字作毋下字作無○注舊說云莒父魯下邑○正義曰稱舊說者箸所自也春秋定公十四年城莒父及霄杜注莒父魯邑公叛晉助范氏故懼而城二邑閻氏若璩釋地是時荀寅士吉射據朝歌晉人圍之魯與齊衛謀救之朝歌在魯正西將八百里則莒父屬魯之西鄙此亦據杜注約略言之其實杜氏備晉之說本屬臆測難爲據也顧氏棟高春秋大事表莒係以父魯人語音如梁父亢父單父是也今爲沂州府莒州地山東通志云莒始封在萊州府高密縣東南乃莒子之都而子夏所宰之莒父也春秋時莒子遷於城陽漢始封劉章爲城陽王置莒縣卽今青州府之莒州莒父之邑蓋以莒子始封得名耳案通志與大事表異通志較可據

葉公語孔子曰吾黨有直躬者注孔曰直躬直身而行**其父**

攘羊而子證之注周曰：有因而盜曰攘。**孔子曰：吾黨之直者異於是，父爲子隱，子爲父隱，直在其中矣。**正義曰：說文云：「證，告也。」韓非子五蠹篇：「楚之有直躬，其父竊羊而謁之吏，令尹曰：『殺之。』以爲直于君而屈于父，執而罪之。」呂氏春秋當務篇：「楚有直躬者，其父竊羊而謁之上，上執而將誅之。直躬者請代之。將誅矣，告吏曰：『父竊羊而謁之，不亦信乎？父誅而代之，不亦孝乎？信且孝而誅之，國將有不誅者乎？』荆王聞之，乃不誅也。孔子聞之曰：『異哉直躬之爲信也，一父而載取名焉。』故直躬之信，不若無信。」高誘注：「謁，告也。」宋氏翔鳳過庭錄：「兩書所記，一誅一不誅異者，蓋其始楚王不誅，而躬以直聞於楚。葉公聞孔子語，故當其爲令尹而誅之。」案宋說是也。鄭此注云：「攘，盜也。我鄉黨有直人名弓，父盜羊，則證其罪。」據注，是鄭本作「直弓」，必出古魯齊異文。隸續陳寔殘碑：「寔字仲躬。」史傳雜書、蔡中郎集並作「仲弓」，是躬、弓古多通用。鄭以弓爲人名，高誘淮南氾論訓注亦云：「直躬，楚葉縣人也。」躬蓋名，其人必素以直稱者，故稱直躬。直擧其行，躬擧其名，直躬猶狂接輿、盜跖之比。僞孔以爲直身而行，非也。隱者，說文云：「㥯，蔽也。」檀弓云：「事親有隱而無犯。」鄭注隱，謂不稱揚其過失也。蓋子之事親，當時微諫，諭父母於道，不致有過誤。若不幸而親陷不義，亦當爲諱匿。公羊文十五年「齊人來歸子叔姬，閔之也。父母之于子，雖有罪，猶若其不欲服罪然」，何休注引此文說之，云「所以崇父子之親」是也。鹽鐵論周秦篇：「父母之於子，雖有罪，猶匿之，豈不欲服罪？子爲父隱，父爲子隱，未聞父子之相坐也。」漢宣詔曰：「自今子首匿父母，妻匿夫，孫匿大父母，皆勿坐。其父母匿子，夫匿妻，大父母匿孫，殊死皆上請。」足知漢法凡子匿父母等，雖殊死皆勿坐；父母匿子等，殊死以下皆不上請，蓋皆許其匿可知。皇疏云：「今王法則許期親以上得相爲隱，不問其罪。」是也。白虎通諫諍篇：「君不爲臣隱，父獨爲子隱何？以爲父子一體，榮恥相及。明父子天屬，得相隱，與君臣異也。」程氏瑤田論學小記：「有恒言輒曰一公無私，此非過公之言，不及公之言也。此一視同仁、愛無差等之教也。其端生於意必固我，而其弊必極於父攘子證，其心則陷於欲博大公之名，天下之人皆枉己以行其私矣。而此一人也，獨能一公而無私，果且無私乎？聖人之所難，若人之所易，果且易人之所難乎？果且得謂之公乎？公也者，親親而仁民，仁民而愛物，有自然之施爲，自然之等級，自然之界限，行乎不得不行，止乎不得不止，時而子私其父，時而弟私其兄自人視之若無不行其私者事事生分別也人人生分別也無他愛之必不能無差等而仁之不能一視也此之謂公也非一公無私之謂也儀禮喪服傳之言昆弟也曰昆弟之道無分然而有分者則辟子之私也子不私其父則不成其子孔子之言直躬也曰父爲子隱子爲父隱直在其中皆言以私行其公是天理人情之至自然之施爲等級界限無意必固我於其中者也如其不私則所謂公者必不出於其心之誠然不誠則私焉而已矣○注有因而盜曰攘○正義曰高誘淮南注云凡六畜自來而取之曰攘也即此注有因而盜之義爾雅釋詁儴仍因也郭注皆謂因緣案儴與攘同樊孫引此文釋之云因來而盜曰攘

樊遲問仁子曰居處恭執事敬與人忠雖之夷狄不可棄也

注包曰雖之夷狄無禮義之處猶不可棄去而不行　正義曰居處謂所居之處執猶行也此章所言亦克己復禮爲仁之意恭敬說文俱訓肅爾雅釋詁恭敬也二字訓同此對文稍異漢書五行志內曰恭外曰敬

子貢問曰何如斯可謂之士矣子曰行己有恥（注）孔曰有恥者有所不爲使於四方不辱君命可謂士矣曰敢問其次曰宗族稱孝焉鄉黨稱弟焉曰敢問其次曰言必信行必果硜硜然小人哉抑亦可以爲次矣（注）鄭曰行必果所欲行必果敢爲之硜硜者小人之貌也抑亦其次言可以爲次

正義曰士謂已仕者也聘使之事士爲擯相故言使於四方又子貢問今之從政從政者士之從仕於大夫而爲政也行己有恥者皇疏云言自行己身恒有可恥之事故不爲也曾子制言上夫行也者行禮之謂也又曰故君子不貴興道之士而貴有恥之士也夫有恥之士富而不以道則恥之貧而不以道則恥之皆言士所恥事也不辱君命者君命已出使當守禮達辭不使君命見凌辱也毛詩序云皇皇者華言臣出使能揚君之美延其譽于四方則爲不辱命也聘義云使者聘而誤主君弗親饗食也所以愧厲之也誤者謂失禮儀應對之節當春秋時最重邦

交故能不辱命乃爲士之上矣宗族者白虎通宗族篇宗者何謂也宗者尊也爲先祖主者宗人之所尊也大宗能率小宗小宗能率羣弟通其有無所以紀理族人者也族者何也族者湊也聚也謂恩愛相流湊也上湊高祖下至玄孫一家有吉百家聚之合而爲親生相親愛死相哀痛有會聚之道故謂之族稱與偁同說文偁揚也廣雅釋訓偁譽也今經典通用稱字稱銓也別一義趙氏佑溫故錄此以鄉舉里選之法言周禮自比閭族黨六鄉六遂皆立學鄉師鄉大夫各受教法於司徒以教其所治考其德行道藝黨正各掌其黨以屬民正齒佐族師掌書其孝友睦婣有學者以次而升于大學之法造就必由此爲正案春秋之時卿大夫皆世官選舉之已廢此文所言猶是舊法故子貢復問今之從政明前所舉皆是昔時有然也稱孝稱弟即孟子所謂一鄉之善士此雖德行之美然孝弟爲人所宜盡不必待學而能故夫質性之善者亦能行之而非爲士職分之所盡也故以爲次苟子子道篇以入孝出弟爲人之小行志以禮安言以類從爲儒道之極與此章義相發志以禮安則知所恥言以類從則能出使不辱君命矣言必信行必果謂不度於義而但守小忠小信之節也孟子離婁篇孟子曰大人者言不必信行不必果唯

義所在明大人言行皆視乎義義所在則言必信行必果義所不在則言不必信行不必果反是者爲小人趙岐孟子注云大人仗義義有不得必信其言子爲父隱也有不能得果行其所欲行者義若親在不得以其身許友也經孟子公孫丑下悻悻然見於其面趙注引此文作悻悻孫奭音義悻字或作悻悻案悻悻經同論語作悻當出齊古異文。注行必至爲次。正義曰果與倮同蒼頡篇倮憨也憨即敢字皇本作必敢爲之必下脫果字硜硜堅確之意小人賦性愚固故有此貌下篇鄙哉硜硜乎義異訓同史記樂書石聲硜樂記作石聲磬說文磬古文從巠是硜即磬字釋名釋樂器磬罄也其聲罄罄然堅緻也莊子至樂篇硜硜乎如將不得已釋文引李云趣死貌本又作脛脛漢書楊敞傳脛脛者未必全也師古曰脛脛直貌也爾雅釋詁擧固也郝氏懿行義疏擧轉爲硻玉篇硻口耕切別作硜是硜脛擧硻並與硜同也抑亦其次注是檃括經文孔氏廣森經學卮言疑鄭所據本如此非也

曰今之從政者何如子曰噫斗筲之人何足算也注鄭曰噫心不平之聲筲竹器容斗二升算數也 正義曰斗筲之人言今之從政但事人

聚歛也釋文云算本或作筭案說文筭長六寸計歷數者从竹从弄算數也从竹从具讀若筭二字義略同漢書公孫賀傳贊斗筲之徒何足選也鹽鐵論雜論作何足選哉選算一聲之轉此當出齊古異文詩柏舟不可選也朱穆絶交論作不可算也周官大司馬撰車徒鄭注撰讀曰算算車徒謂數擇也是選算音近通用○注噫心至數也正義曰噫是歎聲心有所不足故不能平也斗筲皆器名○說文斗十升也象形有柄鄭以斗是量名人所共知故不具釋或鄭亦有注集解刪佚之耳筲字从竹故云竹器儀禮既夕云筲三黍稷麥下文又有管筲以從管草爲之亦得名筲者草竹同類也鄭彼注云筲畚種類也其容蓋與簋同一觳賈疏云豆實三而成觳昭三年晏子云四升曰豆則觳受斗二升此筲與觳同盛黍稷約同之案說文籍下云飯筥也受五升从竹稍聲秦謂筥曰籍籍下云一曰飯器容五升筥箱也从竹呂聲方言簇南楚謂之筲趙魏之郊謂之笲簇郭曰簇盛餅筥也今建平人呼筲音鞭鞘簇郎筥字筲郎籍字說文筥籍據段說籍當作籍士昬禮鄭注云笲形蓋如今之筥籧籚籧籚郎笲簇也說文凵盧飯器以柳爲之象形笲凵或从竹去聲又廣雅釋器嵠峡筲簇也太平御覽引纂文云嵠峡大筥也據此則筥簇籧

蘆𦈢𦈲皆卽筲之異名用以盛飯故與斗連稱而籍本爲飯帚又爲箸桶皆是別義與論語無涉惟許鄭言筲容數各異宋氏翔鳳過庭錄以爲論語先言斗後言筲筲量宜更小於斗則作五升爲是旣夕用筲禮亦殺不必定容斗二升今案後漢書禮儀志更云筲八盛容二升或後世大小異制若顏師古漢書公孫賀等傳贊注及文選王命論注引漢書音義並以筲受一斗則謂筲斗同量非矣算數爾雅釋詁文說文云數計也

子曰不得中行而與之必也狂狷乎（注）包曰中行行能得其中者言不得中行則欲得狂狷者**狂者進取狷者有所不爲也**（注）包曰狂者進取於善道狷者守節無爲欲得此二人者以時多進退取其恒一（正）義曰凌氏鳴喈論語解義云中行者依中庸而行者在易復四益三四稱中行謂孚中以行可與之自治治人也孚化萬邦中庸鮮能故不得隱怪鄉原又不可與故必也狂狷乎案說文無狷字獧下云疾跳也一曰急也段氏玉裁注云獧狷古今字今論語作狷孟子作獧大徐別增狷

篆非又心部懁悉也从心睘聲讀若絹段注論語狷孟子作獧其實當作懁今案悉與急同獧者性褊急則有所謹畏不爲也孟子盡心下萬章問曰孔子在陳何思魯之狂士孟子曰孔子不得中道而與之必也狂獧乎狂者進取獧者有所不爲也孔子豈不欲中道哉不可必得故思其次也敢問何如斯可謂狂矣曰如琴張曾皙牧皮者孔子之所謂狂矣何以謂之狂也曰其志嘐嘐然曰古之人古之人夷考其行而不掩焉者也狂者又不可得欲得不屑不潔之士而與之是獧也是又其次也趙岐注中道中正之大道也狂者能進取獧者能不爲不善時無中道之人以狂獧次善者故思之也嘐嘐志大言大者也重言古之人欲慕之也考察其行不能掩覆其言是其狂也旣不能得狂者欲得有介之人能恥賤污行不絜者則可與言矣是獧人次於狂者也後漢書獨行傳序孔子曰與其不得中庸必也狂狷乎此蓋失於周全之道而取諸偏至之端者也然則有所不爲亦將有所必爲者矣旣云進取亦將有所不取者矣○注狂者至恒一○正義曰左氏傳曹子臧曰前志有之曰聖達節次守節下失節狷者慎守一節雖不能進取亦自不爲不善故云無爲時多進退謂無恒之人或進或退也狂狷雖未得中道然其性情恒

一使人知其所失易反之於中道故顧與之也禮中庸云道之不行也我知之矣知者過之愚者不及也狂近知狷近愚彼言道不行即謂中庸之道知愚雖未得中然皆可與之此夫子所以思有恒也詩載馳正義引鄭此注云狂者仰法古制不顧時俗仰法古制則孟子所稱狂者之言古之人古之人也不顧時俗言不顧時俗之所宜而合之也若鄉原則閹然媚世所謂非之無舉刺之無刺同乎流俗合乎汚世與狂狷者異矣

子曰南人有言曰人而無恒不可以作巫醫（注）孔曰南人南國之人也鄭曰言巫醫不能治無恒之人**善夫**（注）包曰善南人之言也

正義曰說文巫祝也女能事無形以舞降神者也公羊隱四年傳注巫者事鬼神禱解以治病請福者也男曰覡女曰巫案巫覡對文異散文通周官司巫中士二人男巫無數女巫無數其師中士四人是男女皆稱巫也說文醫治病工也周官醫師上士二人下士二人食醫中士二人疾醫中士八人瘍醫下士八人是巫醫皆以士爲之世有傳授故精其術非無恒之人所能爲也楚語古者民神不雜民之精爽不攜貳者而又能齊

肅衷正其智能上下比義其聖能光遠宣朗其明能光照
之其聰能聽徹之如是則明神降之在男曰覡在女曰巫
是使制神之處位次主而爲之牲器時服楊泉物理論夫
醫者非仁愛不可託非聰明達理不可任非廉潔淳良不
可信古之用醫必選名姓之後又云其德能仁恕博愛其
智能宣暢曲解知天地神祇之次明性命吉凶之數處虛
實之分定順逆之理原疾量藥貫微達幽觀此則巫醫皆
抱道懷德學徹天人故必以有恒之人爲之解者或以巫
醫爲賤役非也禮記緇衣云子曰南人有言曰人而無恒
不可以爲卜筮古之遺言與龜筮猶不能知也而況於人
乎詩云我龜既厭不我告猶兌命曰爵無及惡德名立而
正事純而祭祀是爲不敬事煩則亂事神則難易曰不恒
其德或承之羞恒其德偵婦人吉夫子凶鄭注云猶道也
言褻而用之龜厭之不告以吉凶之道也惡德無恒之德
純猶皆也言君祭祀賜諸臣爵毋與惡德之人也民將立
以爲正言倣效之疾是事皆如是而以祭祀是不敬鬼神
也惡德之人使事煩事煩則亂使事鬼神又難以得福也
純或爲煩案緇衣與論語文異意同當由記者各據所聞
逝之龜曰卜蓍曰筮二者皆有守職宜以有恒之人爲之
無恒之人不常厥性故雖以龜筮之先知猶不能知其爲

人而況於凡人乎夫龜筮既厭其人不告以卦兆吉凶此其所以不可爲卜人筮人也下文引詩言正以無恒之人雖欲褻用之而不可得是不可爲卜筮明矣又下文引說命言惡德之人不可事神故云事神則難此正不可爲卜筮之證以其文略與論語同故具釋之可互明也金樓子立言篇引論語作不可卜筮此誤以緇衣文合論語支允堅異林又疑巫即筮字古通用尤侫說。注南人至之人〇正義曰南人爲南國之人猶詩言東人西人之比禮記疏以爲殷掌卜之人未知所本巫醫不能治無恒之人言巫醫之事皆能治疾獨不能治無恒之人故無恒者不可以作巫醫言不能以巫醫自治必不能爲人治疾也緇衣注云不可爲卜筮言卦兆不能見其情定其吉凶也不能見其情定其吉凶正言龜筮不能知無恒之人也與此注可互證

不恒其德或承之羞（注）孔曰此易恒卦之辭言德無常則羞辱承之

子曰不占而已矣（注）鄭曰易所以占吉凶無恒之人易所不占

正義曰皇疏云羞辱必承而云或者或常也言羞辱常承之也詩無不爾或承鄭曰或常也老子湛兮似或存河上公注或常也案

易象傳云：不恒其德，无所容也。言無恒之人无所容身，將承羞辱也。後漢書馬援傳注：恒卦巽下震上，鄭玄注云：巽爲進退，不恒其德之象。又互體爲兑，兑爲毀折，後或有羞辱也。張氏惠言周易虞氏義：恒九三不恒其德，或承之羞，貞吝。卦變成益，三上失位，三宜立不易方，則上亦不變而旣濟定，所謂聖人久於其道而天下化成也。乾爲德，坤爲恥，三不守乾，則二四與爲坤，故或承之羞。至承羞而後貞，雖正猶吝。此鄭、虞易義以互體解之也。惟張氏以或指二四，與皇疏訓常不同，似皇疏說勝。○注「易所」至「不占」。○正義曰：說文云：占，視兆問也。周官占人注：占蓍龜之卦兆吉凶。無恒之人，有凶無吉，故云或承之羞，貞吝。吝者，羞也。惟無恒雖貞而終吝，故易亦不占之也。六五云：恒其德，貞，婦人吉，夫子凶。此則有恒之人吉凶皆占之。象傳云：婦人貞吉，從一而終也。夫子制義，從婦凶也。婦人貞壹之行，以恒爲吉。義者，宜也。言不必信，行不必果，惟義所在。夫子制義而從婦人之貞壹，雖恒德亦爲凶也。此別是一義，所謂易無達占也。鄭注緇衣以夫子凶爲無恒之人，誤。

子曰：君子和而不同，小人同而不和。注：君子心和，然其所見

各異故曰不同小人所嗜好者則同然各爭利故曰不和
正義曰和因義起同由利生義者宜也各適其宜未有方
體故不同然不同因乎義而非執己之見無傷於和利者
人之所同欲也民務於是則有爭心故同而不和此君子
小人之異也鄭語史伯曰今王去和而取同夫和實生物
同則不繼以他平他謂之和故能豐長而物生之若以同
裨同盡乃棄矣故先王以土與金木水火雜以成百物是
以和五味以調口剛四支以衛體和六律以聽耳正七體
以役心平八索以成人建九紀以立純德合十數以訓百
體出千品具萬方計億事材兆物收經入行姟極故王者
居九畡之田收經入以食兆民周訓而能用之和樂如一
夫如是和之至也於是乎先王聘后於異姓求財於有方
擇臣取諫工而講以多物務和同也聲一無聽物一無文
味一無果物一不講王將棄是類也而與剸同天奪之明
欲無弊得乎左昭二十年傳齊侯論子猶云惟據與我和
夫晏子對曰據亦同也焉得爲和公曰和與同異乎對曰
異和如羹焉水火醯醢鹽梅以烹魚肉燀之以薪宰夫和
之齊之以味濟其不及以洩其過君子食之以平其心君
臣亦然君所謂可而有否焉臣獻其否以成其可君所謂

否而有可焉臣獻其可以去其否是以政成而不干民無爭心先王之濟五味和五聲也以平其心成其政也聲亦如味一氣二體三類四物五聲六律七音八風九歌以相成也淸濁小大短長疾徐哀樂剛柔遲速高下出入周疏以相濟也君子聽之以平其心心平德和今據不然君所謂可據亦曰可君所謂否據亦曰否若以水濟水誰能食之若琴瑟之專壹誰能聽之同之不可也如是

子貢問曰鄉人皆好之何如子曰未可也鄉人皆惡之何如子曰未可也不如鄉人之善者好之其不善者惡之（注）孔曰善人善已惡人惡已是善善明惡惡著　正義曰公羊莊十七年傳注引此文徐彥疏一鄉之人皆好此人此人何如子曰未可即以爲善何者此人或者行與衆同或朋黨矣子貢又曰若一鄉之人皆惡此人此人何如子曰未可即以爲惡也何者此人或者行與衆異或孤特矣不若鄉人之善行者善之惡行者惡之與善人同復與惡人異道理勝於前故知是實善云云之說備於鄭注案疏依鄭爲說則朋黨孤特

亦皆鄭注之義宋氏輯本止取與善人同以下四句非也人○注善人至惡著○正義曰善人善己惡人惡己是此人眞善而我之善善明也反是而善人惡己惡人善己是此人眞惡而我之惡惡著也

子曰君子易事而難說也【注】孔曰不責備於一人故易事說之不以道不說也及其使人也器之【注】孔曰度才而官之小人難事而易說也說之雖不以道說也及其使人也求備焉正義曰君子小人皆謂居位者釋文云說音悅謂投以所好也說之不以道四句卽申釋易事難說之故蓋不可說以非道所以難說使人器之所以易事也禮記曲禮云禮不妄說人鄭注爲近佞媚也君子說之不以其道則不說也不以其道卽是佞媚卽是妄說孔疏以言說解之非矣荀子大略篇知者明於事達於數不可以不誠事也故曰君子難說說之不以道不說也○注不責備於一人故易事○正義曰微子篇云周公謂魯公曰無求備於一人求卽責也說苑雜言篇曾子曰夫子見人之一善而忘其百非是夫子之易事也○注度才而官之○正義

曰大戴記子張問入官篇短長人得其量故治而不亂

子曰君子泰而不驕小人驕而不泰注君子自縱泰似驕而不驕小人拘忌而實自驕矜注君子至驕矜。正義曰焦氏循補疏案泰者通也君子所知所能放而達之於世故云縱泰似驕然實非驕也小人所知所能匿而不露似乎不驕不知其拘忌正其驕矜也君子不自矜而通之於世小人自以爲是而不據通之於人此驕泰之分也今案泰訓通見易序卦傳漢書劉向傳泰者通而治也子張篇云君子無衆寡無小大無敢慢斯不亦泰而不驕乎衆寡小大則君子達之於世也皆無敢慢則無驕可知

子曰剛毅木訥近仁注王曰剛無欲毅果敢木質樸訥遲鈍有斯四者近於仁注剛無至於仁。正義曰上篇言申棖欲不得爲剛是剛爲無欲也果敢謂作事見義必爲故曾子言士當弘毅也中庸言力行近乎仁力行即謂剛毅也漢書周勃傳勃爲人木強敦厚張周傳

贊周昌木強人也酷吏傳尹齊木強少文顏師古以爲強
直如木石是謂木爲樸質無文也訥即訥於言之訥故曰
仁者其言也訒注云遲鈍謂其言遲鈍不致妄說也後漢
書吳漢傳論引此文李賢注云訥忍於言也是也李又云
四者皆仁之質若加文則成仁矣故
曰近仁案加文者謂文以禮樂也

子路問曰何如斯可謂之士矣子曰切切偲偲怡怡如也可謂士矣注馬曰切切偲偲相切責之貌怡怡和順之貌**朋友切切偲偲兄弟怡怡**

正義曰朋友以義合兄弟以恩合處之各有所宜此盡倫之事非凡民不學者所能故如此乃可稱士也斯可謂之士矣皇本無之字釋文偲音絲本又作愢集韵云偲或作愢則偲愢一字切切偲偲怡怡如也可謂士矣夫子語止此當時皆習見語故夫子總言之記者恐人不明故釋之曰朋友切切偲偲兄弟怡怡所謂七十子之大義也皇本兄弟怡怡句末有如也二字高麗本同阮氏元校勘記文選求通親親表注初學記十七藝文類聚二十一太平御覽四百十六引此文並有如也二字大戴禮曾子立事篇宮中雍雍

外馬肅肅兄弟愓愓朋友切切遠者以貌近者以情友以立其所能而違其所不能苟無失其所守亦可與終身矣愓與怡音義略同案孟子言父子不責善責善朋友之道也父子責善賊恩之大者合夫子此語觀之是兄弟亦不可責善當時諷諭之于道乃得宜也。注切切至之貌。正義曰說文云切刌也引申之凡以物相摩按謂之切故切有責訓後漢書陳忠傳注切責也竇憲傳注切切猶勤勤也勤勤亦責勉之義爾雅釋訓丁丁嚶嚶相切直也郭注以爲喻朋友切磋相正廣雅釋訓切切敬也敬與儆同謂儆戒也鄭注云切切勸競貌勸競卽切責之意鄭與馬同也又云怡怡謙順貌謙順卽和順說文云怡和也台樂也爾雅釋詁怡怡樂也和樂義同毛詩常棣傳兄弟尚恩熙熙然朋友以義切切節節然孔疏云兄弟之多則尚恩其聚集則熙熙然朋友之交則以義其聚集切切節節然切切節節者皆切磋勉勵之貌論語云朋友切切偲偲兄弟怡怡此熙熙當彼怡怡節節當彼偲偲也定本熙熙作怡怡節節作偲偲依論語則俗本誤此疏所載傳言甚明斷但熙怡義同節偲聲轉俗本亦不誤也解者因疑節節熙熙是古論語切切怡怡是魯論語說亦近之節者限制也荀子彊國篇內節於人注云節卽謂限禁也朋友相勉不

使爲非其告語節節然有所限制也詩卷阿疏引白虎通說鳳雄鳴曰節節亦狀其聲之相似

子曰善人教民七年亦可以即戎矣注包曰即就也戎兵也言以攻戰。正義曰朱子集注云教民者教之以孝弟忠信之行務農講武之法吳氏嘉賓說七年謂其久也凡以數爲約者皆取諸奇若一若三若五若七若九九者數之究也古人三載考績三考而後黜陟皆中間一年而考五年則再考七年則三考故三年爲初七年爲終記日中年考校。注即就也戎兵也言以攻戰。正義曰即就此常訓說文戎兵也从戈从甲今作戎隸省御覽二百九十六引鄭此注云可就兵攻戰也與包義同

子曰以不教民戰是謂棄之注馬曰言用不習之民使之攻戰必破敗是謂棄之。正義曰棄謂絕去之也穀梁僖二十三年傳宋公茲父卒茲父之不葬何也失民也其失民何也以其不教民戰則是棄其師也爲人君而棄其師其民孰以爲君哉據彼文則此言棄之亦謂棄其師也孟子告子下魯欲使慎子爲將軍孟子曰不教民而用之謂之殃民與此同意。注言用至棄之。正

義曰習謂肄習之也范甯穀梁集解何休曰所謂教民戰者習之也公羊桓六年傳秋八月壬午大閱大閱者何簡車徒也何以書蓋以罕書也何休注孔子曰以不教民戰是謂棄之故比年簡徒謂之蒐三年簡車謂之大閱五年大簡車徒謂之大蒐存不忘亡安不忘危徐彦疏云何氏之意與鄭別宋氏翔鳳輯本鄭論語注謂何以教民爲習戰而疏謂何與鄭別則鄭謂教民以禮義不謂教民習戰也愚謂鄭注今已亡無由知其說然古人教戰未始不教以禮義觀子犯對晉文語雖霸國急用其民亦必示之義信與禮而後用之故白虎通三教篇云教者效也上爲之下效之故孝經曰先王見教之可以化民論語曰不教民戰是謂棄之則言教而二者已賅之矣周官大司馬中春教振旅司馬以旗致民平削陳如戰之陳鄭注兵者守國之備孔子曰以不教民戰是謂棄之兵者凶事不可空設因蒐狩而習之凡師出曰治兵入曰振旅皆習戰也四時各教民以其一焉觀此則鄭與何同公羊疏所云何與鄭別或鄭別有一說非如宋君所測也

同邑王儒卿校刊

論語正義卷十七

寶應劉寶楠學

憲問第十四　集解

凡四十四章

憲問恥子曰邦有道穀注孔曰穀祿也邦有道當食祿邦無道穀恥也注孔曰君無道而在其朝食其祿是恥辱 正義曰憲不稱氏疑此篇卽憲所記吳氏嘉賓說憲之狷介雖邦有道且不願祿觀其辭子之與粟可見也故曰邦有道穀廣之也○注邦有道當食祿○正義曰泰伯篇子曰天下有道則見又曰邦有道貧且賤焉恥也

克伐怨欲不行焉可以爲仁矣注馬曰克好勝人伐自伐其功怨忌小怨欲貪欲也子曰可以爲難矣仁則吾不知也注包曰

四者行之難未足以爲仁正義曰史記弟子列傳克伐上有子思曰三字可以爲仁矣與乎同義管子法法云行有難而非善者又云行必思善不苟爲難荀子不苟篇君子行不貴苟難唯其當之爲貴○注克好至小怨○正義曰說文克肩也謂以肩任事也引申之有勝義爾雅釋詁剋勝也剋與克同說文忌憎惡也詩瞻卬傳忌怨也展轉相訓故怨亦爲忌但怨有恚怒之意忌則祇心有所諱惡故爲小怨也注文怨忌當讀斷○注包曰至爲仁○正義曰史記集解引此注作鄭曰阮氏元論仁篇此但能無損於人不能有益於人未能立人達人所以孔子不許爲仁案四者不行已近忠恕但可以求仁不可遽謂仁也

子曰士而懷居不足以爲士矣注士當志道不求安而懷其居非士也注士當至士也○正義曰士志仁義大人之事備不得但懷居惟耽樂之是從也左僖三十三年傳懷與安實敗名吳氏英經句說士初生時設弧於門左爲將有事於四方也膂力方剛經營四方士之志也若繫戀所居乃偷安而無意人世者故孔子警之

子曰邦有道危言危行注包曰危厲也邦有道可以厲言行也邦無道危行言孫注孫順也厲行不隨俗順言以遠害

正義曰行貴有恒不以有道無道異也戴氏望注曰正行以善經言孫以行權。注危厲也邦有道可以厲言行也○正義曰詩民勞傳厲危也展轉相訓故危亦爲厲廣雅釋詁厲高也上也邦有道得行其志申其說故可厲言行也鄭注云危猶高也據時高言高行者皆見危故以爲諭也案說文危在高而懼也莊子盜跖篇去其危冠李注危高也凡高多致險故又有險難之義鄭所云高言高行皆見危者此危謂危難也高言高行皆見危難注兼二義爲引申矣論猶言也鄭與包意亦當同錢氏坫後錄云孫星衍曰廣雅危正也釋此爲長。注順言以遠害。正義曰順言者無所違犯也荀子臣道篇迫脅於亂時窮居於暴國而無所避之則崇其美揚其善違其惡隱其敗言其所長不稱其所短以爲成俗繁露楚莊王篇義不訕上智不危身故遠者以義諱近者以智畏畏與義兼則世逾近而言逾謹矣此定哀之所以微其辭以故用則天下平不用則安其身春秋之道也二文與此注義相發漢明之末學

者知彙氣節而持之過激釀爲黨禍毋亦昧於遠害之旨哉

子曰：有德者必有言，有言者不必有德。注德不可以億中，故必有言。仁者必有勇，勇者不必有仁。正義曰：德不以言見，仁不以勇見，而此云必有者，就人才性所發見推之也。荀子非相篇：法先王，順禮義，黨學者，然而不好言，不樂言，則必非誠士也。故君子之於言也，志好之，心安之，樂言之，故君子必辯。又曰：故仁言大矣。起於上所以道於下，正令是也；起於下所以忠於上，謀救是也。故君子之行仁也無厭。又性惡篇：仁之所在无貧窮，仁之所亡无富貴。天下知之，則欲與天下同苦之；天下不知之，則傀然獨立天地之間而不畏，是上勇也。二文並足發明德必有言、仁必有勇之旨。若夫有言者或但口給以禦人，勇者或但逞血氣之彊，故知有言者不必有德，勇者不必有仁也。○注德不可以億中故必有言○正義曰：邢疏云：德不可以無言億中，故必有言也。案注義甚晦，邢疏解之亦不憭。

南宮适問於孔子曰：羿善射，奡盪舟，俱不得其死然。注孔曰适南宮敬叔魯大夫羿有窮國之君篡夏后相之位其臣寒浞殺之因其室而生奡奡多力能陸地行舟爲夏后少康所殺此二子者皆不得以壽終**禹稷躬稼而有天下夫子不答**（注）馬曰禹盡力於溝洫稷播百穀故曰躬稼禹及其身稷及後世皆王适意欲以禹稷比孔子孔子謙故不答也**南宮适出子曰君子哉若人尚德哉若人**（注）孔曰賤不義而貴有德故曰君子 正義曰南宮者氏也閻氏若璩釋地續古者命士以上父子皆異宮故儀禮言有東宮有西宮有南宮有北宮世之氏某宮者應各以所居之宮應劭或氏於宮正謂此釋文适本又作括說文羽部羿羽之羿風亦古諸侯也一曰射師從羽幵聲弓部𢎦帝嚳䠶官夏少康滅之從弓幵聲論語曰𢎦善䠶案𢎦羿一字今作羿隸體省變許所據論語當出安國古文其以𢎦爲帝嚳時䠶官之名則意羿之後世襲

其職凡在堯時在夏少康時所稱之羿皆是舉其官矣奡舊音工到反王逸楚辭天問注引奡作澆此聲近通用字盪說文穴部引作湯漢書天文志注引晉灼曰湯猶盪滌也古盪滌字祇作湯盪字說文所無也顧氏炎武日知錄竹書紀年帝相二十七年澆伐斟鄩大戰於濰覆其舟滅之楚辭天問覆舟斟鄩何道取之正謂此也又云古人以左右衝殺爲盪陣其銳卒謂之跳盪別帥謂之盪主晉書載紀隴上健兒歌曰丈八蛇矛左右盪十盪十決無當前盪舟蓋兼此義與蔡姬之乘舟蕩公者不同淩氏鳴喈解義适疾時君好力戰不修民事而問夫子爲尊者諱故不答夫子善其不斥言時事得古人援古諷今之義知有天下以德服不以力服也○注适南至壽終○正義曰注以适爲南宮敬叔誤辨見公冶長疏左襄四年傳魏絳曰昔有夏之方衰也后羿自鉏遷于窮石因夏民以代夏政恃其射也不修民事而淫於原獸棄武羅伯因熊髠尨圉而用寒浞寒浞伯明氏之讒子弟也伯明后寒棄之夷羿收之信而使之以爲己相浞行媚于內而施賂于外愚弄其民而虞羿于田樹之詐慝以取其國家外內咸服羿猶不悛將歸自田家衆殺而亨之以食其子其子不忍食諸死于窮門靡奔有鬲氏浞因羿室生澆及豷恃其讒慝詐僞

而不德于民使澆用師滅斟灌及斟鄩氏處澆于過處豷于戈靡自有鬲氏收二國之燼以滅浞而立少康少康滅澆于過后杼滅豷于戈有窮由是遂亡又哀元年傳伍員曰昔有過澆殺斟灌以伐斟鄩滅夏后相后緡方娠逃出自竇歸于有仍生少康焉爲仍牧正惎澆能戒之澆使椒求之逃奔有虞爲之庖正以除其害虞思於是妻之以二姚而邑諸綸有田一成有衆一旅能布其德而兆其謀以收夏衆撫其官職使女艾諜澆使季杼誘豷遂滅過戈復禹之績祀夏配天不失舊物此其事也注以奡爲澆甚是而云陸地行舟似假書詞稷所云罔水行舟語附合之此則誤解書及論語之義矣吳仁傑兩漢刊誤補遺陶唐夏后氏各有一羿孟氏書逢蒙學射於羿思天下惟羿爲愈已乃殺羿此堯時羿也寒浞虞羿于田殺而亨之此有窮后羿也二人俱嘗爲射官又皆不得其死故世或以爲一人正自不然而奡亦非所謂澆者奡在禹稷之前與堯時羿並世書稱毋若丹朱傲惟慢遊是好傲虐是作罔水行舟朋淫于家按此文上云丹朱傲下又云傲虐傲雖凶德一言足以盡之何至申言之乎陸德明于丹朱傲云字又作奡乃知丹朱奡爲兩人名朋淫云者指此兩人言之又宮适言奡盪舟則罔水行舟之事奡在禹前故禹舉之以南

戒舜南宮适舉之亦先羿奡而後禹稷也案如吳說是以
論語之羿卽堯時羿也王應麟困學紀聞說文奡嫚也引
虞書若丹朱奡論語奡盪舟按書有罔水行舟之語則奡
盪舟者恐卽謂丹朱二說並與僞孔異孫氏志祖讀書脞
錄李氏惇羣經識小趙氏翼陔餘叢考並從吳說梁氏玉
繩漢書古今人表攷不從吳氏王氏之說謂澆奡傲三字
古多通借則以論語之羿奡卽人表所載第九列之羿浞
奡也周氏柄中典故辨正亦云逢蒙殺羿之羿乃是有窮
之君春秋傳所謂家衆殺之者堯時之羿淮南子稱其有
功於天下死爲宗布人皆祀之無不得其死之說傲之爲
奡古字通用說文奡嫚也引書若丹朱奡並不是人名至
南宮适之問意本在禹稷故語分賓主非以時代先後爲
序也斗南既以丹朱奡爲兩人指爲羿奡之奡王伯厚又
疑論語奡盪舟卽指丹朱總以罔水行舟之語而傳會之
不知盪舟與罔水行舟本是兩事鄭康成曰丹朱見洪水
時人乘舟今水已治猶居舟中使人頟頟推行之此丹朱
罔水行舟之事卽孟子從流忘反之義也竹書帝相二十
七年澆伐斟鄩大戰於濰覆其舟滅之此奡盪舟之事卽
古人以左右衝殺爲盪陣之義也孔氏於尚書論語俱以
陸地行舟解之遂啟後誤夫丹朱非不得其死者而謂奡

即丹朱豈可通乎今案梁周二說皆是而周說尤辨孔氏廣森經學卮言丹朱與敖是二人敖即象也帝繫曰瞽叟產重華及產象敖象爲人傲很因以爲號若共工稱康回鮌稱檮杌之比漆書古文作奡論語奡盪舟即所謂罔水行舟者也自注管子曰若敖之在堯劉景昇與袁譚書曰昆弟相嫌未若重華之于象敖今案象罔稱敖然堯典言象傲克諧則象後亦感化爲善故封之有庳富貴終身何爲有不得其死之事則知孔說亦誤也說文奡嫚是本訓其引書丹朱奡正爲奡嫚之證故下云讀若傲明奡傲一也又下引論語奡湯舟此兼存異義謂古論叚奡爲澆與奡嫚之義無涉故著其文於讀若傲之下則論語與書義異許氏固不誤也○注禹曰盡至答也○正義曰盡力溝洫秦伯篇文書皋陶謨云禹曰予濬畎澮距川暨稷播奏庶鄭食鮮食烝民乃粒禹貢亦言辨土作貢是禹治水兼及農事故曰躬稼也舜典帝曰棄黎民阻飢汝后稷播時百穀鄭注時讀曰蒔此注云播殖即播蒔也稷者五穀之長故以名官稱后稷焉案适之言乃降祥降殃之理其稱禹稷正以諷時君當盡心民事也○注謂以禹稷比孔子誤○注賤不義而貴有德故曰君子○正義曰不義者不得其死有德者皆有天下此天道福善禍淫适兩舉之是賤不

義而貴有德也若夫不義者不得禍或反得福有德者不得福或反得禍變數也君子不以變數疑常數故荀子榮辱篇云仁義德行常安之術也然而未必不危也汙僈突盜常危之術也然而未必不安也故君子道其常而小人道其怪

子曰君子而不仁者有矣夫未有小人而仁者也（注）孔曰雖曰君子猶未能備（正義）曰仁道難成故以令尹子文之忠陳文子之清猶不得爲仁即克伐怨欲不行亦言不知其仁故雖君子有不仁也易繫辭傳小人以小善爲无益而弗爲也以小惡爲无傷而弗去也故惡積而不可掩罪大而不可解是小人必無有仁也

子曰愛之能勿勞乎忠焉能勿誨乎（注）孔曰言人有所愛必欲勞來之有所忠必欲教誨之（正義）曰此爲勞者誨者表也不欲愛即勿勞不能忠即勿誨故夫言者旣竭懷以達誠聞者亦宜原心以容直也○注言人至誨之○正義曰說文云勑勞勑也今通用

行來字王氏引之經義述聞解此文云呂氏春秋高注勞勉也勉與誨義相近故勞誨並稱鹽鐵論授時篇縣官之於百姓若慈父之於子也忠焉能勿誨乎愛之而勿勞乎而與能古字通白虎通義臣所以有諫君之義何盡忠納誠也論語曰愛之能勿勞乎忠焉能勿誨乎自注小雅隰桑篇心乎愛矣遐不謂矣箋曰謂勤也孔子曰愛之能勿勞乎忠焉能勿誨乎襄二十七年左傳子產賦隰桑趙孟曰武請受其卒章杜注曰趙武欲子產之見規誨案王說足以發明此注之義然勞來與規誨意似重竊疑勞當訓憂淮南精神訓竭力而勞萬民氾論訓以勞天下之民高誘注並云勞憂也又里仁篇勞而不怨即憂而不怨憂者勤思之也正此處確詁

子曰為命裨諶草創之注孔曰裨諶鄭大夫氏名也謀於野則獲謀於國則否鄭國將有諸侯之事則使乘車以適野而謀作盟會之辭**世叔討論之行人子羽修飾之東里子產潤色之**注馬曰世叔鄭大夫游吉也討治也裨諶既造

謀世叔復治而論之詳而審之行人掌使之官子羽公孫揮子產居東里因以爲號更此四賢而成故鮮有敗事正義曰裨鄭本作卑見羣經音辨夕部鄭司農周官大祝注後漢書皇后紀下注引風俗通並作卑諶漢書古今人表作卑湛凡作卑與鄭本合湛諶通用字江氏聲論語竢質裨諶裨竈當卽一人諶當從火作煁毛詩傳煁烓竈也則名竈字煁矣左傳於襄三十一年再見裨諶以後但有裨竈與子產相終始而裨諶更不見考其論議正是一人也草創者釋文云創依說文此是創瘡字創制之字當作㓞案說文㓞造法㓞業也從井丯聲讀若創是創㓞音同故論語段創爲㓞也草者言始制之若草蕪雜也史記屈原列傳屬草稾未定修飾者朱子集注云謂增損之蓋以增訓飾以損訓修也潤色者廣雅釋詁潤飾也謂增美其辭使有文采可觀也鄭之爲命皆子產主之其裨諶世叔子羽皆子產所使稱東里者美之故詳之書呂刑云表厥宅里○注謀於至之辭○正義曰左襄二十一年傳子產之從政也擇能而使之馮簡子能斷大事子大叔美秀而文公孫揮能知四國之爲而辨於其大夫之族姓班位貴賤能

否而又善爲辭令裨諶能謀謀於野則獲謀於邑則否鄭國將有諸侯之事子產乃問四國之爲於子羽且使多爲辭令與裨諶謀以適野使謀可否而告馮簡子使斷之事成乃授子大叔使行之以應對賓客是以鮮有敗事北宮文子所謂有禮也並此注所本惟傳言子羽裨諶同是草創子大叔則受而應對與論語敘述稍異耳謀於野謀於邑謂謀於野之人邑之人也子大叔卽世叔世大通用如世子亦稱大子之比謀作盟會之辭此釋爲命文也周官大祝二曰命注鄭司農云命論語所謂爲命公羊莊十九年傳聘禮大夫受命不受辭命者凡聘問會盟所受於主國之命其語皆有一定故聘記云辭無常明命有常也左傳言子產使子羽多爲辭令則於禮命之外更多爲辭以爲之備卽論語所言爲命者得兼有之也○注世叔至爲號○正義曰游吉游眅之子見左襄二十二年傳討治本說文鄭注云討論整理理亦治也謂整比其辭而治之也邢疏云周禮秋官有大行人小行人皆大夫也掌諸侯朝覲宗廟會同之禮儀及時聘會同之事則諸侯之行人亦然故云掌使之官謂掌其爲使之官也公孫揮揮與翬同故字子羽若魯大宰翬字羽父也東里里名列子仲尼篇鄭之圃澤多賢東里多才多才卽謂子產之屬因以爲號

者謂人以是號之也

或問子產子曰惠人也注孔曰惠愛也子產古之遺愛問子西曰彼哉彼哉注馬曰子西鄭大夫彼哉彼哉言無足稱或曰楚令尹子西問管仲曰人也注猶詩言所謂伊人奪伯氏駢邑三百飯疏食沒齒無怨言注孔曰伯氏齊大夫駢邑地名齒年也伯氏食邑三百家管仲奪之使至疏食而沒齒無怨言以其當理也

正義曰荀子大畧篇子謂子產惠人也不如管仲管仲之爲人力功不力義力知不力仁野人也不可以爲天子大夫與此文褒貶不同蓋傳聞之異詩匪風疏引鄭注論語云人偶同位人偶之辭莫知所屬近輯本皆列入人也之下宋氏翔鳳過庭錄云以非常之人偶然得之謂之人偶言同是在位而管仲爲非常人故曰同位人偶之辭鄭注聘禮曰每門輒揖者以相人偶爲敬又注中庸曰人也讀

如相人偶之人言相尊敬故曰相人偶也此蓋漢時常言
賈誼新書匈奴篇曰胡貴人更進得佐酒前上時人偶之
亦謂尊異也阮氏元論仁篇人偶猶言爾我親愛之辭孟
子曰仁也者人也謂仁之意即人之也論語問管仲曰人
也鄭氏注曰人也人偶同位之辭此乃直以人也為仁也案鄭
注大射儀公食大夫禮及箋詩匪風皆有人偶之語宋阮
二家釋之各異以阮說為近禮表記云仁者人也注人也
謂施以仁恩也釋名釋形體人仁也仁生物也是人有仁也
訓鄭以管仲與同位皆相親愛而伯氏以罪見奪非管仲
有私怨故不失為仁朱氏彬經傳攷證孔子於子產稱其
惠於管仲稱其仁觀伯氏之沒齒無怨則仲之仁可知故鄭
子路子貢疑其非仁而孔子特信之案朱說與阮同並鄭
義也釋文蔬本今作疏皇本同○注惠愛也子產古之遺
愛○正義曰左昭二十年傳及子產卒仲尼聞之出涕曰
古之遺愛也○注子西至子西○正義曰鄭子西即公子
駟之子公孫夏楚子西即公子申二人俱字子西故注兼
存其義實則鄭子西無行事可稱楚子西有遜國之美德
昭王復國改紀其政亦有人功故稱或人問之也彼者爾汝
之稱子西雖功足錄然以襄九之貪庸不能啟悟昭王使
早黜退之知孔子大聖又沮昭王之封其後召白公至喪

身禍國斯其智仁皆無可紀故注以爲無足稱也鹽鐵論雜論云車丞相卽周魯之列當軸處中括囊不言容身去彼哉彼哉亦是以彼哉爲無足稱也宋氏翔鳳過庭錄公羊傳陽虎曰夫孺子得國而已如丈夫何睋而曰彼哉彼哉趣駕既駕公斂處父帥師而至何休注曰望見公斂處父師而曰彼哉再言之曰切遽意彼哉言彼地不可久處禍將及也楚令尹子西之治國足以招亂故孔子思速去之與公羊言趣駕語意同蓋魯齊兩論也廣韻五寘彼哀也論語云子西彼哉言子西不若子產治政之有遺愛管仲治齊之無怨言終於掩面而死固可哀也廣韻所載蓋古文論語之遺案宋君前說依公羊解之可備一義後說則謬甚埤蒼曰彼邪也廣雅釋詁曰彼衺也邪衺一字衺與哀形最相近故廣韻傳寫之本遂誤作哀而宋君卽就而通之者也王氏念孫廣雅疏證謂論語作彼於義爲長然猶彼衺之訓以論子西不免太過廣韻所引未可據也〇注猶詩言所謂伊人〇正義曰皇本作鄭注誤所謂伊人詩蒹葭白駒皆有其文鄭箋伊當作緊緊猶是也詩云伊人皆說賢人注以管仲爲夫子所賢故以詩言譬之〇注伯氏至理也〇正義曰鄭注云伯氏齊大夫駢邑三百家齊下大夫之制此僞孔所本皇疏云伯氏名偃未詳所

出荀子仲尼篇言齊桓公立管仲爲仲父與之書社三百
而富人莫之敢距也書社三百卽駢邑三百富人卽伯氏
古以祿多爲富也易訟九二云其邑人三百戶鄭注小國
之下大夫采地方一成其定稅三百家故三百戶也鄭以
大國下大夫與小國下大夫同制故此注以三百戶家爲齊
下大夫也雜記注云諸侯之大夫邑有三百戶之制是不
大國小國彼疏引熊氏云下大夫三百家一成之地也
分成所以三百家者一成九百夫宮室涂巷山澤三分去
一餘有六百夫地又不易再易通於一家而受二夫之地
是定稅三百家也孔氏廣森經學卮言左傳襄二十七年
唯卿備百邑百邑者四百井也井十爲通通十爲成四百
井者四成也成出革車一乘四成者四乘之地也蓋侯國
上卿采地如是今案大夫一成卿四成近於卿祿四大夫
之文諸家皆從鄭說若然則書社三百謂書駢邑社中之
人三百家也孔云駢邑地名者說文郱地名段氏玉裁注
前志齊郡臨朐應劭云有伯氏駢邑後志齊郡臨朐有古
郱邑按春秋莊元年齊師遷紀郱鄑郚杜云郱在東莞臨
朐縣東南齊取其地然則伯氏駢邑卽此地駢卽郱字今
山東青州府臨朐縣東南有郱城是也齒年廣雅釋詁同
焦氏循補疏天官大宰八柄六曰奪以馭其貧注云奪謂

臣有大罪沒人家財者蓋伯氏時有罪管仲沒其家財故注云當理廣雅理治也治獄之官名理當理謂治獄得當也此管氏所以爲法家之冠矣經學卮言亦云此奪義如八柎之奪蓋伯氏有罪管仲削其邑非奪以自益之謂也今案論語言奪伯氏以自奪爲文蓋管仲執政桓公奪邑以與管仲無異於仲之自奪也特其奪當理故能使伯氏不怨管子正篇制斷五刑各當其名罪人不怨善人不驚曰刑

子曰貧而無怨難富而無驕易正義曰習鑿齒漢晉春秋昔管仲奪伯氏駢邑三百沒齒而無怨言聖人以爲難焦氏循補疏謂習氏所引連下貧而無怨爲一章若然則無怨無驕謂使之無怨無驕也孟子謂制民之產仰足事父母俯足畜妻子然後驅而之善故民之從之也輕驅而之善則無驕也輕者易也言此者明在位者當知小人之依先其難者後其易者富之而後教之也

子曰孟公綽爲趙魏老則優不可以爲滕薛大夫注孔曰公綽魯大夫趙魏皆晉卿家臣稱老公綽性寡欲趙魏貪賢

家老無職故優滕薛小國大夫職煩故不可爲正義曰釋文綽本又作𦂳汗簡引古論同說文𦂳緩也綽𦂳或省優者饒也亦見說文皇本夫下有也字漢書薛宣傳頻陽縣北當上郡西河爲數郡湊多盜賊其令平陵薛恭本縣孝者功次稍遷未嘗治民職不辦而粟邑小辟在山中民謹樸易治令鉅鹿尹賞久郡用事吏宣即以令奏賞與恭換縣二人視事數月而兩縣皆治宣因移書勞勉之曰昔孟公綽優於趙魏而不宜滕薛故或以德顯或以功舉是言爲趙魏老當以德爲滕薛大夫當以才故能有功也集注引楊氏曰知之弗豫枉其才而用之則爲棄人矣此君子所以患不知人也○注公綽至可爲○正義曰史記仲尼弟子列傳孔子之所嚴事於魯孟公綽是孟公綽爲魯人云大夫者以意言之趙之先與秦同姓嬴至造父始封於趙今直隸趙州地其後入晉仕爲卿魏國名括地志魏故國在芮城縣北五里今解州芮城縣河北故城是也晉滅魏以其地賜大夫畢魏因以爲氏子孫亦仕晉執政故曰趙魏皆晉卿也士昏禮授老鴈注云老羣吏之尊者賈疏云大夫家臣稱老是以喪服公食大夫以貴臣爲室老春秋傳云執臧氏老禮記云大夫室老皆是是家臣稱老也下章言公

綽之不欲是性寡欲也貪賢者言務多賢也皇疏云趙魏賢人多職不煩雜故家臣無事所以優也滕薛二國名滕周文王子錯叔繡之後薛任姓奚仲之後彙纂云今兗州府滕縣西南十五里有古滕城即滕國也又云薛城在滕縣南四十里

子路問成人子曰若臧武仲之知注馬曰魯大夫臧孫紇公綽之不欲注馬曰孟公綽卞莊子之勇注周曰卞邑大夫冉求之藝文之以禮樂亦可以爲成人矣注孔曰加之以禮樂文成

正義曰說苑辨物篇顏淵問於仲尼曰成人之行何若子曰成人之行達乎情性之理通乎物類之辨知幽明之故睹遊氣之源若此而可謂成人既知天道行躬以仁義飭躬以禮樂夫仁義禮樂成人之行也窮神知化德之盛也是成人爲成德之人最所難能此告子路但舉魯四人是降等論之故言亦可也禮禮器云禮也者猶體也體不備君子謂之不成人設之不當猶不備也左氏傳子大叔曰人之能自曲直以赴禮者謂之成人

是備禮樂乃可爲成人於時四子已出仕未嘗學問若能文以禮樂是亦後進於禮樂者也○注魯大夫臧孫紇○正義曰武仲文仲之子紇其名○注卞邑大夫○正義曰左僖十七年會于卞杜注魯國卞縣王氏塗地理考卞在今兗州府泗水縣東五十里是卞爲魯邑也荀子大畧篇齊人欲伐魯忌卞莊子不敢過卞是莊子仕卞爲大夫也周氏柄中典故辨正云路史國名紀氏族大全並以卞爲莊子之姓蓋曹叔振鐸之後支庶食采於卞因以爲氏然卞非曹國之地鄭樵通志嘗辨之則知卞姓之說誤也韓詩外傳卞莊子善事母母無恙時三戰而三北交游非之國君辱之及母死三年魯興師伐齊卞莊子請從遂赴敵獲一甲首而獻之曰此塞一北又入獲一甲首而獻之曰此塞再北又入獲一甲首而獻之曰此塞三北將軍止之莊子曰三北以養母也是子道也今士節小具而塞責焉吾聞之節士不以辱生遂反敵殺數十人而死新序義勇畧同史記陳軫傳言卞莊子有刺虎事國策秦策作管莊子管卞古字通用皆言莊子勇事也孔氏廣森經學卮言卞莊子始末不見於左傳疑即孟莊子也襄公十六年齊侯圍成孟孺子速徼之齊侯曰是好勇去之以爲之名速遂塞海陘而還是孟莊子有勇名或嘗食采於卞因以爲號

若合左師苦成叔之比卞本魯邑檀弓弁人有其母死而孺子泣者卽此卞也左傳齊歸孟穆伯之喪卞人以告則卞爲孟氏之私邑非無稽言自注楚語魯有弁費謂孟孫季孫也冤弁之弁篆體作卝隸變作弁因變成卞故漢書杜欽傳小弁作小卞東方朔傳以卞莊子爲弁嚴其實弁卞一字周氏柄中典故辨正引江永說畧同案孟莊子以孝稱而外傳言莊子善事母亦一證也惟外傳言莊子赴敵而死又荀子言齊侯不敢過卞與左傳齊侯圍成去之之文不同遍傳聞之異鄭注此云秦大夫不用周說原鄭之意當以陳軫對秦惠王言管莊子則卞莊子爲秦人王氏塗四書地理考陳軫說君不必定引本國之人從魯爲長○注加之以禮樂文成○正義曰言加以禮樂乃得成文故曰文之以禮樂

曰今之成人者何必然見利思義注馬曰義然後取不苟得**見危授命久要不忘平生之言亦可以爲成人矣**注孔曰久要舊約也平生猶少時　正義曰皇邢疏以曰爲夫子語文選曹植責躬詩注沈約別范安成詩注引此文曰上有子字蓋夫子移時復語也集注引胡說獨以爲子路言於義似

較長授命猶言致命曲禮云臨財毋苟得臨難毋苟免案
此皆謂忠信之人也雖未文以禮樂亦可次於成人○注
久要舊約也平生猶少時○正義曰廣雅釋言要約也周
官小宰八曰聽出入以要會鄭司農注要會謂計最之簿
書月計曰要歲計曰會宰夫掌官灋以治要注古者凡有
約則書其文於簿書故謂要爲約十生猶言平時注言
少時者以久要或由少及老也皇疏云言成
人平生期約雖久至今不得忘少時之言

子問公叔文子於公明賈曰信乎夫子不言不笑不取乎注
孔曰公叔文子衞大夫公孫拔文諡**公明賈對曰以告者
過也夫子時然後言人不厭其言樂然後笑人不厭其笑
義然後取人不厭其取子曰其然豈其然乎**注馬曰美其
得道嫌不能悉然 正義曰公明賈疑亦衞人公明氏賈名
年傳中豐對季武子曰其然杜注其然猶必爾義與此同
皇疏云其然者然如此也言今汝所說者當如此此也云豈

其然乎者，謂人所傳不言不笑不取，豈容如此乎。皇本「其言」「其笑」「其取」下俱有「也」字。○注「公叔」至「文謚」。○正義曰：檀弓注：「公叔文子，衛獻公之孫，名拔，或作發。」孔疏：「按世本：衛獻公生成子當，當生文子拔，拔是獻公孫也。或作發者，以左傳作發，故云。」案：據檀弓，公叔文子謚貞惠文子，而止稱文者，鄭彼注云：「不言貞惠者，文足以兼之。」○注「美其得道嫌不能悉然」。○正義曰：皇疏以此注爲第二說，是疏不從此注。

子曰：「臧武仲以防求爲後於魯，雖曰不要君，吾不信也。」注孔曰：「防，武仲故邑。爲後，立後也。魯襄公二十三年，武仲爲孟氏所譖，出奔邾。自邾如防，使爲以大蔡納請，曰：『紇非能害也，知不足也。非敢私請，苟守先祀，無廢二勳，敢不辟邑。』乃立臧爲。紇致防而奔齊。此所謂要君。」正義曰：汪氏烜詮義以者不當以也，於魯者，絕武仲於魯也。案：要，約也，言約君如己所求也。表記：「子曰：事君三違而不出竟，則利祿也，人雖曰不要，吾弗信

也與此言要君義同孝經五刑章要君者無上○注防武
至要君○正義曰顧氏棟高春秋大事表隱九年公會齊
侯于防杜注在瑯琊華縣東南按魯有兩防此所謂東防
也在今費縣東北六十里世爲臧氏食邑臧紇以防求後
即此隱十年取防此所謂西防也杜注高平昌邑縣西南
有西防城宋防既爲魯有欲別於臧氏之防故謂之西防
在今兖州府金鄉縣西北又昭五年莒牟夷以防來奔杜
注莒邑城陽平昌縣西南有防亭今青州府安邱縣西南
六十里有故平昌防亭按如顧說是魯有三防定五年傳
季孫還未至卒于房顧氏炎武左傳杜解補正謂此即近
費之防史漢防房二字多通用也立後者謂立爲已後禮
云爲人後者爲之子是也左氏傳載此事云孟孫惡臧孫
季孫愛之孟孫卒臧孫入哭甚哀多涕孟氏閉門告于季
孫曰臧氏將爲亂不使我葬季孫不信臧孫聞之戒冬十
月孟氏將辟藉除于臧氏臧孫使正夫助之除於東門甲
從已而視之孟氏又告季孫季孫怒命攻臧氏乙亥臧紇
斬鹿門之關以出奔邾是武仲爲孟孫所譖也自邾如防
以下皆傳文臧爲武仲之異母兄宣叔娶于鑄所生者也
大蔡○龜名二動
謂文仲宣叔

子曰晉文公譎而不正【注】鄭曰譎者詐也謂召天子而使諸
侯朝之仲尼曰以臣召君不可以訓故書曰天王狩于河
陽是譎而不正也齊桓公正而不譎【注】馬曰伐楚以公義
責包茅之貢不入問昭王南征不還是正而不譎也　正義曰晉
者國名周成王弟叔虞所封也文公名重耳齊桓公名小
白王氏引之經義述聞說文譎權詐也訓詐則爲惡德訓
權則亦可爲美德毛詩序曰主文而譎諫言之者無罪聞
之者足以戒鄭注曰譎諫詠歌依違不直諫鹽鐵論力畊
篇昔管仲以權譎伯而范氏以强大亡安平相孫根碑仲
伯撥亂蔡足譎權春秋繁露玉英篇諸侯在不可以然之
域者謂之大德大德無踰閑者謂正經諸侯在可以然之
域者謂之小德小德出入可也權譎也尚歸之以奉鉅經
耳是也論語晉文公譎而不正齊桓公正而不譎譎權也
正經也言晉文能行權而不能守經齊桓能守經而不能
行權各有所長亦各有所短也鹽鐵論論語儒篇今硜硜然
守一道引尾生之意卽晉文之譎諸侯以尊周室不足道

而管仲蒙恥辱以存亡不足稱也邇道篇晉文公譎而不正齊桓公正而不譎所由不同俱歸於霸漢書鄒陽傳魯哀姜薨于夷孔子曰齊桓公法而不譎目爲過也顔注曰法而不譎者言守法而行不能用權以免其親也法與正同義法而不譎古人以爲齊桓之過則守正爲齊桓之所長權譎爲齊桓之所短較然甚明然則晉文公譎而不正亦是嘉其譎而惜其不正可知矣淮南繆稱篇至德小節備大節舉齊桓舉而不密晉文密而不舉高注云齊桓有大節小節疏也晉文有小節大節廢也語義與此相似皆謂各得其一偏也不然則經但云晉文公譎齊桓公正其義已明何須又言不正不譎乎宋氏翔鳳發微云鄒陽傳作齊桓公法而不譎法古文作㑒是班書所引法而不譎爲魯論語今作正者蓋古論語本作㑒後人罕見㑒字就法有正義遂改㑒爲正按兩正字皆當作㑒同法法者聖人之經法也譎者聖人之權衡也善用譎則爲權不善用譎則爲詐故許君以權詐兩義解譎此譎字當以權爲義案王宋說同惟宋以正當作㑒作正爲後人所改此近臆測應劭風俗通春秋說齊桓晉文秦繆宋襄楚莊是五霸也齊桓九合一匡率成王室責彊楚之罪復菁茅之貢晉文爲踐土之會修朝聘之禮納襄冠帶翼戴天子孔子稱

民到於今受其賜又曰齊桓正而不譎晉文譎而不正至於三國既無歎譽一言而繆公襄公莊王皆無興微繼絶尊親王室之功是以譎正爲歎譽漢人久見及此先晉文後齊桓者明行事終歸正也楊愼丹鉛錄曰文公之功多於桓公罪亦多於文公事速於桓公義則害於桓公名盛於桓公實則衰於文公也春秋不以功蓋罪不以事掩義不以名誣實桓公得江黃而不用以伐楚文公則謂非致秦不足與楚爭楚抑而秦興矣此桓公之所不肯爲者也桓公會則不邇三川盟則不加王人文會畿內則伉矣盟于虎則悖矣此桓公之所不敢爲者也桓公甯不得鄭不納子華懼其奬臣抑君不可以訓文公爲元咺執衛侯則三綱五常於是廢矣此又桓公之所不忍爲者也觀此則吾夫子正譎之論孟子獨表桓公五禁而不及晉文余謂文非桓匹豈一人之私言乎楊氏此論尤能持平蓋譎雖爲權然君子行事以正爲先必以正不行乃始用權故如城濮之戰不厭其用譎若衛雍召王及執衛侯之類此亦安用譎爲耶大約文公求霸過亟殊爲可疑左氏內外傳謂文公生十七年而亡又十九年反國實止三十六歲又八年而薨而史記晉世家言文公奔狄時年已四十三又十九歲反國年六十二何休公羊注亦云時晉文公年老

恐霸功不成云云則暮年行事或不能不欲速而行權耳○注譎者至正也○正義曰鄭以譎爲詐蓋不予之也春秋僖二十八年夏五月盟于踐土後書公朝于王所冬會于溫天王狩于河陽左傳云晉師還至于衡雍作王宮于踐土會于溫討不服也是會也晉侯朝王以諸侯見且使王狩是晉文用譎詐之事也仲尼云云見左傳范甯於穀梁會踐土注云所謂譎而不正亦同鄭說○注伐楚至譎也○正義曰桓行事類此者多馬據一端言之左僖四年傳楚貢苞茅而不入王祭不供無以縮酒寡人是徵昭王南征而不復寡人是問此齊責楚之辭以王事爲言故近正也穀梁僖四年傳侵蔡而蔡潰以桓公爲知所侵也不土其地不分其民明正也楊疏論語稱齊桓公正而不譎指謂伐楚此侵蔡亦言正者伐楚是責正事大故馬鄭指之其實侵蔡不土其地不分其民亦是正事故傳言正也據此疏則鄭亦有注與馬同

子路曰桓公殺公子糾召忽死之管仲不死曰未仁乎（注）孔曰齊襄公立無常鮑叔牙曰君使民慢亂將作矣奉公子

小白出奔莒。襄公從弟公孫無知殺襄公，管夷吾、召忽奉公子糾出奔魯。齊人殺無知，魯伐齊，納子糾。小白自莒先入，是爲桓公。乃殺子糾，召忽死之。**子曰：「桓公九合諸侯，不以兵車，管仲之力也。如其仁！如其仁！」**（注）孔曰：「誰如管仲之仁。」

正義曰：管子小匡篇：「齊僖公生公子諸兒、公子糾、公子小白。僖公卒，以諸兒長得爲君，是爲襄公。」史記齊世家：「襄公弟次糾，其母魯女也。次弟小白，其母衛女也。」左昭十三年傳：「齊桓，衛姬之子，有寵于僖。」則公子糾與桓公爲異母昆弟也。周秦漢人言糾兄桓弟，自管子、史記外，若莊子、荀子、韓非子、越絕書、說苑皆是如此。卽公羊以桓公爲篡，穀梁以桓公爲不讓，亦以糾是桓兄，序當立也。惟漢薄昭上淮南王長書言「齊桓殺其弟以反國」，則以漢文是兄，淮南王是弟，不敢斥言殺兄，故改兄作弟。顏師古注引韋昭曰：「子糾，兄也。言弟者，諱也。」是也。曰「未仁乎」，此起子路問詞，故加「曰」字。皇疏以爲時議，非也。九合者，合，會也，謂合諸侯也。左氏傳言晉悼公八年之中九合諸侯，又初年謂趙文子再合諸侯五合大夫皆計實數與此文同管子小匡云兵車之會六乘車之會三史記齊世家封禪書並云兵車之會三乘車之會六與管子互異均以大概言之穀梁莊二十七年傳衣裳之會十有一未嘗有歃血之盟也信厚也兵車之會四未嘗有大戰也愛民也論語言九合不以兵車則爲衣裳之會解者莫知所指鄭氏此處亦無注惟釋穀梁廢疾畧存其義而又爲後人增亂莫可究詰今案鄭云自柯之明年葵丘以前去貫與陽穀固已九合矣考柯會在莊十三年冬鄭不數柯而以明年爲始則以十四年鄄會始也十五年又會鄄十六年盟幽二十七年又盟幽僖元年會檉五年會首止七年盟甯毋九年會葵丘是葵丘以前止有七合並葵丘數之亦止有八耳其二年會貫三年會陽穀鄭不據之者穀梁疏引劉炫以爲貫與陽穀非管仲之功劉意以穀梁傳言貫之盟有江黃管仲謂爲近楚遠齊齊不能救則無以宗諸侯桓公不聽遂與之盟其後楚伐江滅黃桓公不能救故君子閔之又陽穀之會亦有江黃二會非管仲意故鄭數九合去貫與陽穀此劉申釋鄭氏以意知之也愚案鄭注論語一匡天下以陽穀指一匡一匡是管仲功可有陽穀豈九合不可有陽穀耶九合去陽穀則鄭以一匡爲陽穀先自矛盾竊謂江黃

遠來就盟正是管仲之力其後齊不能救雖爲桓失不得因此而謂貫與陽穀非爲衣裳之會也反覆思之疑穀梁疏所引釋廢疾去貫與陽穀五字當是誤衍疏家不能辨正而一匡指陽穀亦並載其義而不知正與九合去陽穀之言相背也疏家之失非鄭指也若然鄭數兩鄄兩幽聖貫陽穀首戴甯毋正符九合之數鄄會在柯後一年甯毋在葵丘前二年故云自柯之明年葵丘以前己有九合也今就穀梁爲鄭疏之傳云莊公十三年春齊人宋人陳人蔡人邾人會于北杏是齊侯宋公也其曰人何也始疑之何疑焉桓非受命之伯也將以事授之者也曰可矣乎未乎舉人衆之辭也是北杏之會諸侯尚未許桓爲伯也傳又云冬公會齊侯盟于柯曹劌之盟也信齊侯也桓盟雖內與不日信也范甯集解桓公之信著於天下自柯之盟始其明年會鄄又明年會鄄皆謀推齊爲伯又明年同盟于幽經書同則成爲伯矣二十七年又同盟于幽傳云于是而後授之諸侯也齊侯得衆也桓會不致安之也桓盟不日信之也信其信仁其仁觀此則桓伯始於柯而成於鄄故鄭亦不數柯而云柯之明年則明指九合爲始鄄矣呂氏春秋貴信篇言柯之盟莊公與曹劌皆懷劍劫盟云云下云夫九合之而合壹匡之而匡皆從此生矣新序雜

事篇亦云柯之盟齊不倍盟天下諸侯翕然而歸之爲鄄之會幽之盟諸侯莫不至焉爲陽穀之會貫澤之盟遠國皆來又云九合諸侯一匡天下功次三王爲五伯長本信起乎柯之盟也皆以九合在柯後知鄭說非無據矣至貫之盟左傳云服江黃也公羊傳謂江人黃人不召而至雖穀梁傳有楚伐江滅黃齊不能救君子閔之之言然閔其不能救非不肯救也且以哀江黃之服德而無援也此固無損於齊伯至陽穀之會左傳曰謀伐楚也公羊曰無障谷無貯粟無易樹子無以妾爲妻穀梁曰桓公委端搢笏而朝諸侯諸侯皆諭乎桓公之志此桓盛會亞於葵丘九合當數之無疑矣至檉謀救鄭首戴謀甯周甯毋謀伐鄭皆無異辭至葵丘爲桓極盛亦於是始衰故鄭不數葵丘已有九也自鄭釋廢疾傳寫有去貫與陽穀五字而中有者遂不得其解今綜各說以附於後穀梁疏引劉炫謂有洮與葵丘以當貫陽穀之數且以穀梁傳洮會兵車爲誤李賢後漢書延篤傳注同用劉說也凌氏曙典故覈亦從其說謂洮會在僖八年明年會葵丘葵丘以前皆衣裳用管仲也葵丘以後用兵車管仲死也案穀梁言洮會爲兵車合於鹹牡丘淮爲四會左傳云會于洮謀王室也襄王定位而後發喪其時叔帶作難襄王懼不立不發喪而告

難于齊桓公奉王命以兵車會諸侯謀之此正理之所宜何乃以爲傳誤且究是傳誤亦爲劉義非康成有傳誤之言此一説也范甯解十三年會北杏十四年會鄄十五年又會鄄十六年會幽二十七年又會幽僖元年會檉二年會貫三年會陽穀五年會首戴七年會甯毋九年會葵丘凡十一會論語皇疏引范注謂鄭不取北杏及陽穀爲九會則有貫與葵丘又一説也陸氏論語釋文云范甯注云十三年會北杏又會柯十四年會鄄十五年又會鄄十六年會幽二十七年又會幽僖元年會檉二年會貫三年會陽穀五年會首戴七年會甯毋凡十一會鄭不取北杏及陽穀爲九則有柯貫二會又一説也盧氏文弨釋文攷證從陸氏而小變其説云穀梁疏引鄭釋廢疾云去貫與陽穀或云與猶數也言數陽穀故得爲九也僖九年盟于葵丘疏云論語一匡天下鄭不據之而指陽穀者鄭據公羊之文故指陽穀然則鄭注不數貫而數陽穀陸言鄭有貫無陽穀互誤陳氏鱣古訓畧同則有柯陽穀二會又一説也案北杏在柯會前柯會不數北杏安得數之其數柯與葵丘顯與鄭義不合又鄭論語此文無注盧誤記有注凡諸述鄭未符厥指至穀梁疏又列二説或云葵丘會盟異時故分爲二或取公子結與齊桓宋公盟爲九先師劉炫

難之云若以葵丘之盟盟會異時而數爲二則首戴之會亦可爲二也離會不數鄄盟去公子結則惟有齊宋二國之會安得數之是前二說皆劉難楊疏所不從矣若劉倣意林以始幽終淮爲九萬斯大學春秋隨筆以莊二十七年會幽並檉貫陽穀首止甯毋洮葵丘鹹爲九羅泌路史以第九次合諸侯專指葵丘朱子集注以九與糾通與左僖九年傳桓公糾合諸侯文同異義錯出難可通曉後之學者當無爲所惑矣不以兵車以者用也桓公假仁義以服諸侯諸侯皆來就桓會盟不用兵車驅迫之也呂氏春秋勿躬篇桓公令五子皆任其事以受令於管子十年九合諸侯一匡天下皆夷吾與五子之能也新序雜事篇夫管仲能知人桓公能任賢所以九合諸侯一匡天下不用兵車管仲之功也然則管仲能知人用人成此伯功所以論語歸美管仲也如其仁者王氏引之經傳釋詞如猶乃也此訓最當蓋不直言爲仁而言如其仁明專據功業言之穀梁傳所云仁其仁者也胡氏紹勳拾義據廣雅釋言訓如爲均亦通俞氏樾諸子平議謂法言是擬論語其中所云如其富如其富如其智如其智如其寢如其寢皆不予之辭則如其仁如其仁蓋不許其仁也言管仲但論其事功可也不必論其仁也俞君此說深得楊子之意其與

論語本旨不必合也鄭注云重言如其仁者九合諸侯功齊天下此仁爲大死節仁小者也○注齊襄至死之○正義曰襄公立無常至出奔魯見左莊八年傳襄公僖公之子公孫無知則僖公母弟夷仲年所生之子故此注以無知爲襄公從弟也無知弑襄公遂自立左傳云九年春齊人雍廩殺無知公及齊大夫盟于蔇齊無君也夏公伐齊納子糾桓公自莒先入秋師及齊師戰于乾時我師敗績鮑叔帥師來言曰子糾親也請君討之管召讎也請受而甘心焉乃殺子糾于生竇召忽死之管仲請囚鮑叔受之及堂阜而稅之史記齊世家小白少好善大夫殺無知高國先陰召小白自莒魯亦發兵送子糾而使管仲別將兵遮莒道射中小白帶鉤小白佯死管仲使報魯魯送糾者行遲六日至齊小白已入立爲桓公桓公載溫車中馳行又有高國應故得先入立管子大匡篇齊請管仲召忽於魯魯君乃遂束縛管仲與召忽管仲謂召忽曰子懼乎召忽曰何懼乎吾不蚤死將胥有所定也今既定矣令子相齊之左必令忽相齊之右雖然殺君而用吾身是再辱我也子爲生臣忽爲死臣子其勉之乃行入齊境自刎而死管仲遂入君子聞之曰召忽之死也賢其生也管仲之生也賢其死也

子貢曰管仲非仁者與桓公殺公子糾不能死又相之子曰管仲相桓公霸諸侯一匡天下〔注〕馬曰匡正也天子微弱桓公帥諸侯以尊周室一正天下民到于今受其賜〔注〕受其賜者爲不被髮左衽之惠微管仲吾其被髮左衽矣〔注〕馬曰微無也無管仲則君不君臣不臣皆爲夷狄

正義曰左莊九年傳管仲請囚鮑叔受之及堂阜而稅之歸而以告曰管夷吾治於高傒使相可也公從之列子力命篇桓公遂召管仲魯歸之齊鮑叔牙郊迎釋其囚桓公禮之而位於高國之上鮑叔牙以身下之任以國政號曰仲父是管仲相齊事也鄭注云天子衰諸侯興故曰霸霸者把也言把持王者之政教故其字作伯或作霸也案說文伯長也諸侯受命爲一州諸侯之長謂之州伯又謂之方伯伯轉聲爲霸故其字亦作霸白虎通號篇霸者伯也行方伯之職會諸侯朝天子不失人臣之義故聖人與之非明王之法不張霸猶迫也把也迫脅諸侯把持其政然則霸者諸侯之

長所以爲政之名也把持者固守之意固守王者之政教以令於諸侯此文王爲西伯不嫌稱聖也春秋時如齊桓晉文先未受命恃其國彊迫脅諸侯雖後亦序之爲伯然伯道未純故聖門羞稱之鄭此注謂天子衰諸侯興故曰霸者即據周五霸皆當衰世言之也吾者吾中國也被髮者皇疏云被髮不結也禮男女及時則結髮於首加冠笄爲飾戎狄無此禮但編髮被之體後也左傳僖二十二年傳初平王之東遷也辛有適伊川見被髮而祭於野者曰不及百年此其戎乎其禮先亡矣是被髮爲戎狄俗也左衽者說文衽衣裣也裣交衽也蒼頡解詁衽衣襟也裣襟一字聲類襟交領也交領即交衽蓋衣領下屬於衣前右幅通稱爲衽爲裣爲襟必言交者謂領兩頭相交周人頸也領右則衣前幅掩向右領左則衣前幅掩向左中夏禮服皆右衽深衣則用對襟對襟用直領故鹽鐵論散不足篇及釋名釋衣服所云直領即指深衣而言戎狄無禮服亦無深衣止隨俗所好服之而多是左衽故夫子舉爲言也毛氏奇齡四書改錯江氏永鄉黨圖考皆據玉藻衽當旁釋此文彼衽是掩縫之用長二尺五寸綴之右腋之裳端以垂於下此深衣之制然江考朝服祭服喪服左右皆有衽即深衣之裳左旁亦有衽玉藻所云續衽鉤邊者江謂

在左旁縫之以合前後則凡裳無不左衽而何夷夏之别乎是知玉藻之衽當旁與論語左衽名同實異論語當用說文蒼頡聲類諸訓解之矣漢書韋賢傳引劉歆說謂周自幽王後南夷與北夷交侵中國不絕如綫春秋紀齊桓南伐楚北伐山戎孔子曰微管仲吾其被髮左衽矣是故弃桓之過而錄其功吕爲伯首案被髮左衽乃戎狄之俗楚雖南夷未有此制歆之言亦趁辭耳毛本衽作袵係俗體○注匡正至天下○正義曰爾雅釋言匡正也詩六月以匡王國謂正王國也周自東遷王室微弱天子之尊與諸侯無異齊桓率諸侯令天下知尊周室故曰一正天下馬氏統論桓功當訓一爲皆也鄭注以一匡指陽穀梁疏謂鄭據公羊案公羊僖三年秋齊侯宋公江人黄人會于陽穀傳云此大會也曷爲末言爾桓公曰無障谷無貯粟無易樹子無以妾爲妻穀梁傳亦云桓公委端搢笏而朝諸侯諸侯皆諭乎桓公之志志者志在尊周室也此桓大會故鄭指之後葵丘之會壹明天子之禁穀梁傳及孟子並言其盛而鄭解一匡不據之者公羊傳言葵丘之盟桓公震而矜之叛者九國桓伯之衰自此始鄭依公羊爲言故不指葵丘也以義言之馬鄭說皆通然一匡九合一字九字皆是計數則鄭義爲長漢書郊祀志注一匡天

下謂定襄王爲天子之位也一說謂陽穀之會令諸侯云
云天下皆從故云一匡者也一說指鄭注前說則六朝人
解義○注微無至夷狄○正義曰微無常訓見詩式微傳
漢書匈奴傳苟利所在不知禮義傳贊云夷狄之人貪而
好利被髮左衽人面獸心其與中國殊章服異習俗飲食
不同言語不通故知其人君不君臣不臣也注言此者見
夷狄人中國必用夷變夏中國之人旣習於被
髮左衽之俗必亦滅棄禮義馴至不君不臣也**豈若匹夫**
匹婦之爲諒也自經於溝瀆而莫之知也注王曰經經死
於溝瀆中也管仲召忽之於公子糾君臣之義未正成故
死之未足深嘉不死未足多非死事旣難亦在於過厚故
仲尼但美管仲之功亦不言召忽不當死正義曰顏師古漢書敘傳注凡
言匹夫匹婦謂凡庶之人一夫一婦當相配匹宋氏翔鳳
發微云中論知行篇云召忽伏節死難人臣之美義也仲
尼比爲匹夫匹婦之爲諒矣後漢書應劭傳劭議曰召忽
親死子糾之難而孔子曰經於溝瀆人莫之知則漢儒皆

以經於溝瀆爲召忽事子罕篇云匹夫不可奪志則匹夫
者所謂獨行之士借一己之節不顧天下者也非以匹夫
爲賤而非之諒者說文諒信也爾雅釋詁亮信也亮與諒
同匹夫匹婦以言許人必踐其言是之謂諒發微又云左
傳乃殺子糾于生竇杜注生竇魯地史記作笙瀆集解賈
逵曰魯地句瀆也索隱按鄒誕生本作莘瀆莘笙聲相近
笙如字瀆音豆論語作溝瀆蓋後代聲轉而字異故諸文
不同桓十二年公會宋人燕人盟于穀丘杜注穀丘宋地
左傳作盟于句瀆之丘杜注句瀆之丘即穀丘也水經濟
水注濮水又東與句瀆合句瀆首受濮水枝渠于句陽縣
東南逕句陽縣故城南春秋之穀丘左傳以爲句瀆之丘
矣縣處其陽故縣氏焉按句陽故城在今曹州府治北三
十里即穀丘也則在春秋爲曹地其境與魯相錯亦得有
魯地又左傳哀六年齊囚王豹于句瀆之丘或其時曹將
亡齊亦侵其地而有之要之生竇笙瀆句瀆與溝瀆是一
地而齊魯曹宋壤地相接各得有其一偶復以聲轉而異
其字也按論語言召忽經死溝瀆而管子大匡言入齊境
自刎而死傳聞各異莫之知者言無功績爲人所知也。
注經經至當死○正義曰晉語申生雉經史記田單傳遂
經其頸於樹枝索隱經猶縶也荀子彊國篇救經而引其

足也楊倞注經緯也經死於溝瀆中此以溝瀆爲田間水道爾雅釋地水注谷曰溝注澮曰瀆是也說苑善說篇管子者天子之佐諸侯之相也死之則不免爲溝中之瘠與此注合皆不以溝瀆爲地名也管仲召忽舊爲子糾之傅雖糾於次當立而未卽位而死君臣之義尚未正成故仲雖不死未足多非也管子大匡云召忽曰百歲之後犯吾君命而廢吾所立奪吾糾也雖得天下吾不生也兄與我齊國之政也受君令而不改奉所立而不濟是吾義也管仲曰夷吾之爲君臣也將承君命奉社稷以持宗廟豈死一糾哉夷吾之所死者社稷破宗廟滅祭祀絶則死之非此三者則夷吾生夷吾生則齊國利夷吾死則齊國不利觀此則二子之死與不死各自有見仲志在利齊國而其後功遂濟天下使先王衣冠禮樂之盛未淪於夷狄故聖人以仁許之且以其功爲賢於召忽之死矣然有管仲之功則可不死若無管仲之功而背君事讎貪生失義又遠不若召忽之爲諒也

公叔文子之臣大夫僎與文子同升諸公〔注〕孔曰大夫僎本文子家臣薦之使與己並爲大夫同升在公朝**子聞之曰**

可以爲文矣注孔曰言行如是可謚爲文 正義曰毛氏奇齡四書賸言臣大夫即家大夫也其曰同升諸公則家臣升大夫之書法耳左傳子伯季子初爲孔氏臣新登于公又經問引先仲氏說謂臣大夫三字不分檀弓陳子車死於衛其妻與其家大夫謀以殉葬蓋仕於家曰家大夫仕於邑曰邑大夫而統爲臣大夫閻氏若璩四書釋地睪同今案家臣之中爵秩不同尊者爲大夫次亦爲士故此別之云大夫僎明僎爲家臣中之爲大夫者也毛氏謂臣大夫三字不得分殊泥漢書古今人表作大夫選則漢人讀不以大夫連臣字也僎作選通用字釋文云僎本又作撰先進篇異乎三子者之撰鄭作僎是僎撰亦通用也錢氏坫論語後錄案周書謚法文有六等稱經天緯地道德博厚學勤好問慈惠愛民愍民惠禮錫民爵位並無修制交鄰不辱社稷等例檀弓公叔文子卒其子戍請謚於君君曰夫子聽衛國之政修其班制以與四鄰交衛國之社稷不辱不亦文乎靈公之論不本典制故夫子舉同升佚事以合之意深矣

○注薦之至公朝○正義曰注意以僎因文子薦之同升於公爲大夫經言大夫僎者從後書之李賢後漢吳良傳注文子家臣名僎操行與文子同文子乃升進之於公與

之同爲大夫郎本注義

子言衛靈公之無道也康子曰夫如是奚而不喪孔子曰仲叔圉治賓客祝鮀治宗廟王孫賈治軍旅夫如是奚其喪

注孔曰言雖無道所任者各當其才何爲當亾 正義曰記子言者謂子與康子言及之也周書謚法解亂而不損好祭鬼神皆曰靈衛靈之謚當取亂而不損矣朱子集注云喪失位也釋文云子曰衛靈公之無道一本作子言鄭本同案皇本作子曰李賢後漢書明帝紀注亦是曰字邢本從鄭作子言言字是也又無道下皇本有久字然攷疏文無久字此後人所增

子曰其言之不怍則爲之也難 注馬曰怍慙也內有其實則言之不慙積其實者爲之難 正義曰皇本作則其爲之難大戴禮曾子立事篇盧注引其言之不作其後爲之難嚴氏杰校云所引論語當讀如史記作作有芒之作包氏愼言溫故錄案作起也勇於有

爲者其言必有振厲奮起之色言不奮起則行必覲望故曰爲之也難案盧引論語未知何本或作卽是怍之誤嚴包二君但就文說之○注怍慙至之難○正義曰說文怍慙也詐慙語也段注謂論語此文當作詐今通用怍字已所能爲卽是內有其實皇疏引王弼曰情動於中而外形於言情正實而後言之不怍此卽馬義後漢書皇甫規傳論孔子稱其言之不怍則其爲之也難察皇甫規之言其心不怍哉夫其審已則干祿見賢則委位故干祿不爲貪而委位不求讓稱已不疑伐而讓人無懼情故能功成於戎狄身全於邦家也此引文以不怍爲美詞與馬義合曾子立事云是故君子出言以鄂鄂行身以戰戰亦殆免於戾矣盧注鄂鄂辨厲也竊謂辨厲卽不怍之意戰戰卽爲之也難之意

陳成子弒簡公孔子沐浴而朝告於哀公曰陳恒弒其君請討之(注)馬曰成子齊大夫陳恒也將告君故先齊齊必沐浴**公曰告夫三子**(注)孔曰謂三卿也**孔子曰以吾從大夫**

之後不敢不告也君曰告夫三子者（注）馬曰我禮當告君不當告三子君使我往故復往**之三子告不可孔子曰以吾從大夫之後不敢不告也**（注）馬曰孔子由君命之三子告不可故復以此辭語之而止

正義曰左哀十四年傳齊陳恒弒其君壬於舒州孔丘三日齊而請伐齊三公曰魯爲齊弱久矣子之伐之將若之何對曰陳恒弒其君民之不與者半以魯之衆加齊之半可克也公曰子告季孫孔子辭退而告人曰吾以從大夫之後也故不敢不言與此文畧同壬卽簡公名周書謚法解一德不懈平易不訾皆曰簡此當取平易不訾爲謚也公羊僖元年傳上無天子下無方伯天下諸侯有爲無道者臣弒君子弒父力能討之則討之可也白虎通征伐云論語曰陳恒弒其君孔子請討之王者諸侯之子篡弒其君而立臣下得誅之者廣討賊之義也春秋傳曰臣弒君臣不討賊非臣也顧氏棟高春秋大事表魯之兵權在三子三子之兵權在家臣觀陽貨弗擾且能以其衆畔而冉求季路獨不可出其兵以仗義討賊乎孔子能使由

求墮費郈而三子靡然聽從豈孔子當日奉魯君之命命家臣出其卒而三子敢或梗令乎誠得哀公一言聽許委夫子以兵權空魯國之甲使家臣將之此時子路雖仕衛而冉有自在加以樊遲有若皆勇銳之士移檄遠近聲罪致討四鄰諸侯必有聞風響應縱不能梟陳恒之首亦當誅當日之推刃於齊君者而更定其嗣如此則國威可振周道可興矣豈空言而不可見諸實事者哉案魯自四分公室兵衆皆在三家誠使哀公奮發有爲許夫子之請討則奉辭伐罪夫子必能得之三子而大服齊人則一舉而兩國之權奸皆有所顧忌斯亦亂世之一治也而惜乎哀公之終不能用孔子也吳氏嘉賓說謂春秋絶筆於獲麟卽以是年夏有陳恒執君弑君之事當時無一人敢正其罪故弗忍更書之其說未爲無理矣魯三家與齊陳氏情事相同故不可夫子之請然魯君臣釁隙雖深終不敢一加刃於其君未始非夫子之淸議有以維持之也此春秋之作所爲不能以已也釋文弑本又作殺同音試案皇本作殺告夫三子唐石經皇本高麗本三上有二字考文引足利本同下告夫三子者之三子告並同釋文云之三子告本或作二三子告非也第二節不敢不告也皇本無也字○注成子至沐浴○正義曰史記齊世家田常卒常謚

爲成子是成子卽陳恒謚也其世家上文云齊人歌之曰嫗乎采芑歸乎田成子此史家從後記之或成字誤衍爾禮於常朝不齊此㫁其事故先齊也注據左傳三日齊爲言明此文沐浴亦因齊而設故玉藻云將適公所宿齊戒居外寢沐浴是見君齊必沐浴也說文云沐濯髮也浴洒身也○注我禮至復往○正義曰注意謂夫子此語是退而語人也不當告三子者言臣當統於君也君使往復往者示君命己不敢逆也

子路問事君子曰勿欺也而犯之注孔曰事君之道義不可欺當能犯顏諫爭○正義曰皇本也作之○注事君至諫爭也孟子言齊人謂其君何足語仁義是爲不敬又言謂其君不能者是賊其君與此言欺同也子路仕季氏夫子恐其爲具臣又季氏伐顓臾子路力未能諫止故此告子路以勿欺而又嫌其意不明故更云而犯之禮檀弓云事君有犯而無隱若隱卽爲欺矣

子曰君子上達小人下達注本爲上末爲下正義曰達通也論語比考讖君

子上達與天合符言君子德能與天合也○注本爲上末爲下○正義曰皇疏上達者達於仁義也下達謂達於財利所以與君子反也案禮大學云德者本也財者末也

子曰古之學者爲己今之學者爲人注孔曰爲己履而行之爲人徒能言之注爲己至言之○正義曰徒能言之謂己但能稱說以求知於人也荀子勸學篇君子之學也入乎耳箸乎心布乎四體形乎動靜端而言蝡而動一可以爲法則小人之學入乎耳出乎口口耳之間則四寸耳曷足以美七尺之軀哉又云古之學者爲己今之學者爲人君子之學也以美其身小人之學也以爲禽犢楊倞注禽犢饋獻之物也北堂書鈔引新序云齊王問墨子曰古之學者爲己今之學者爲人何如對曰古之學者得一善言以附其身今之學者得一善言務以悅人又後漢桓榮傳論孔子曰古之學者爲己今之學者爲人爲人者憑譽以顯揚爲己者因心以會道顯揚邢疏引作顯物謂顯之於物也諸文並與此注義合

蘧伯玉使人於孔子注孔曰伯玉衛大夫蘧瑗**孔子與之坐**

而問焉曰夫子何爲對曰夫子欲寡其過而未能也注言夫子欲寡其過而未能無過使者出子曰使乎使乎注陳曰再言使乎者善之也言使得其人正義曰孔子於衛主蘧伯玉此時孔子去衛伯玉使人來使雖微者必與之坐爲賓主禮也與猶授也夫子者大夫之稱。注伯玉衛大夫蘧瑗。正義曰陳留風俗傳長垣縣有蘧伯鄉有蘧伯玉家一曰新鄉有蘧亭疑蘧本以邑氏也呂覽召類注伯玉衛大夫蘧莊子無咎之子瑗諡曰成子。注言夫子欲寡其過而未能無過正義曰莊子則陽篇蘧伯玉行年六十而六十化未嘗不始於是之而卒詘之以非也未知今之所謂是之非五十九非也淮南子原道訓蘧伯玉年五十而知四十九年非觀此是伯玉欲寡過而常若未能無過亦是實語其平居修省不自滿假之意可見使者直對以實能尊其主非祇爲謙辭。注再言使乎者善之也言使得其人。正義曰段氏玉裁經韵樓集使乎使三字逗下一乎字爲永歎之辭與此注違亦未必合經旨漢書藝文志子曰誦詩三百使於四方不能專對孔子曰使乎使乎言其當權事制宜受命而不受辭亦以此言寡過未能非爲所受之辭故爲使得其人也論衡問孔篇孔子曰使乎使乎非之也說論語者曰非之者非其代人謙也此當時駮義不足信

子曰不在其位不謀其政曾子曰君子思不出其位注孔曰不越其職 正義曰毛氏奇齡稽求篇夫子既言位分之嚴故曾子引夫子贊易之詞以爲證此與牢曰子云吾不試故藝正同又曰思不出位係艮卦象辭世疑象傳多以字或古原有此語而夫子引以作象辭曾子又引以證不在其位之語故不署象曰子曰二字亦未可知案禮中庸云君子素其位而行不願乎其外素富貴行乎富貴素貧賤行乎貧賤素夷狄行乎夷狄素患難行乎患難君子無入而不自得焉在上位不陵下在下位不援上正己而不求於人則無怨上不怨天下不尤人鄭注不願乎其外謂思不出其位也與此章義相發

子曰君子恥其言而過其行 正義曰此與里仁篇古者言之不出恥躬之不逮語意正同禮雜記云有其言而無其行君子恥之表記云君子恥有其辭而無其德有其德而無其行亦此意皇本而作之行下

有也字

子曰君子道者三我無能焉仁者不憂知者不惑勇者不懼子貢曰夫子自道也正義曰自道者言夫子身能備道也孟子引子貢語以夫子仁且知爲旣聖皆所謂知足知聖也

子貢方人注孔曰比方人也子曰賜也賢乎哉夫我則不暇注孔曰不暇比方人也正義曰釋文云方人鄭本作謗謂言人之過惡盧氏文弨攷證古論謗字作方蓋以聲近通借子貢言人過惡故子曰賜也賢乎哉言汝己身果皆賢乎而謗人也夫我則不暇謗人而自治孫氏志祖讀書脞錄說此文云左傳庶人謗正義云謗謂言其過失使在上聞之而自改亦是諫之類也昭四年傳鄭人謗子產國語厲王虐國人謗王皆是言其實事謂之爲謗但傳聞之事有實有虛或有妄謗人者今世遂以謗爲誣類是俗易而意異也案三國志王昶傳昶戒子書曰夫毁譽愛惡之原而禍福之機也是以聖人愼之孔子

子曰吾之於人誰毀誰譽如有所譽必有所試又曰子貢方人賜也賢乎哉我則不暇以聖人之德猶嘗如此況庸庸之德而輕毀譽哉以方人爲毀是亦讀方爲謗用鄭義也暇者說文云閑也皇本作賜也賢乎我夫哉我則不暇文有誤○注比方人也○正義曰莊子田子方篇魯多儒者少爲先生方者是方訓比也學以相倣而成故朋友切磋最爲學道之益夫子嘗問子貢與回孰愈又子貢問子張子夏孰愈夫子亦未斥言不當問是正取其能比方人也此文何反譏之注說誤

子曰不患人之不己知患其不能也注王曰徒患己之無能正義曰皇本作患己無能也

子曰不逆詐不億不信抑亦先覺者是賢乎注孔曰先覺人情者是寧能爲賢乎或時反怨人正義曰漢書翟方進傳得用逆詐廢正法顏師古注逆詐者謂以詐意逆猜人也不逆迎也大戴禮曾子立事篇君子不先人以惡不疑人以

不信與此文意同先覺者詐與不信未容施行已覺之也荀子非相篇聖人何以不欺曰聖人者以己度者也故以人度人以情度情以類度類以說度功古今一度也類不悖雖久同理故鄉乎邪曲而不迷觀于雜物而不惑以此度之○注先覺至怨人○正義曰注以先覺即逆億故云是安能爲賢乎反怨人皇疏謂反受怨責非也釋文云怨本或作寃盧氏文弨攷證古怨與寃通

微生畝謂孔子曰丘何爲是栖栖者與無乃爲佞乎注包曰微生姓畝名**孔子曰非敢爲佞也疾固也**注包曰病世固陋欲行道以化之正義曰微生稱夫子名當以齒長故也釋文云丘何或作丘何爲鄭作丘何是本或作丘何爲是栖栖者邪疏云猶皇皇也案說文西鳥在巢上也象形日在西方而鳥西故因以爲東西之西棲西或作木妻棲與栖一字則栖亦西或體也詩可以棲遲漢嚴發碑作西遲毛傳棲遲遊息也凡人行緩急皆得言棲文選班固答賓戲曰棲棲遑遑孔席不煖李善注棲遑不安居之意也詩六月云六月棲棲毛傳棲棲簡閱貌義

亦同夫子周流無已不安其居所至皆以禮義之道陳說人主微生疑夫子但爲口才以說時君故曰佞也孔子曰皇本曰上有對字○注微生姓畝名○正義曰漢書古今人表作尾生晦師古曰即微生畝也晦古畝字翟氏灝考異引鄭曉說以畝高爲一人畝名高字愚未敢以爲然○注病世固陋欲行道以化之○正義曰固陋者昧於仁義之道將以習非勝是也夫子欲行道以化之不得不干人主此自明栖栖之意呂氏春秋愛類篇賢人之不遠海內之路而時往來乎王公之朝非以要利也以民爲務者也

子曰驥不稱其力稱其德也注鄭曰德者調良之謂 正義曰太平御覽四百三引鄭注云驥古之善馬德者謂有五御之威儀與此注異當云驥古之善馬德者調良之謂謂有五御之威儀集解節引此注文不備耳說文云驥千里馬也莊子馬蹏篇釋文驥千里善馬也謂驥一日行千里此其力也周官保氏職五馭鄭司農云五馭鳴和鸞逐水曲過君表舞交衢逐禽左此謂御者之容驥馬調良能有其德故爲善馬人之稱之當以此

或曰：「以德報怨，何如？」子曰：「何以報德？ 注 德，恩惠之德。**以直報怨，以德報德。」**

正義曰：報者，《廣雅·釋言》：「報，復也。」《玉篇》：「報，酬也，荅也。」朱子集注云：「或人所稱，今見老子書。」案道德經恩始章：「大小多少，報怨以德。」此朱子所指。禮表記：「子曰：以德報怨，則寬身之仁也；以怨報德，則刑戮之民也。」又曰：「以德報德，則民有所勸；以怨報怨，則民有所懲。」與此章義相發。寬身之仁，所謂厚於仁者也。雖是寬仁，而不可爲法，故此告或人以報怨之道宜以直也。以直不必不怨，故表記又云「以怨報怨」矣。吳氏嘉賓說：「以直者，不匿怨而已。人之性情未有不樂其直者，至於有怨，則欲使之含忍而不報。夫含忍而不報，則其怨之本固未嘗去，將待其時之可報而報之耳。至於蓄之久而一發，將一至於不可禦，或終于不報，是其人之於世，必以浮道相與，一無所用其情者，亦何所取哉？以直報怨，凡直之道非一，視吾心何如耳。吾心不能忘怨，報之，直也；既報則可以忘矣。苟能忘怨而不報之，亦直也；雖不報，固非有所匿矣。怨期於忘，德期於不忘，故報怨者曰以直，欲其心之無餘怨也；報德者曰以德，欲其心之有餘德也。其心不能忘怨，而以理勝之者，亦直，以其心之能自勝也。直之反爲僞，必若教人以德報

怨是教人使爲僞也烏乎可

子曰：莫我知也夫！子貢曰：何爲其莫知子也？【注】子貢怪夫子言何爲莫知己，故問。子曰：不怨天，不尤人，【注】馬曰：孔子不用於世，而不怨天；人不知己，亦不尤人。下學而上達。【注】孔曰：下學人事，上知天命。知我者，其天乎！【注】聖人與天地合其德，故曰唯天知己。

【正義】曰：「莫我知」者，夫子歎己不見用，由世人莫我知故也。鄭注云：「尤，非也。」尤卽訧省。夫子當衰周之世，天未欲平治天下，而但生德於己，正使夫子立文垂制，以教萬世，故儀封人言「天將以夫子爲木鐸」也。包氏慎言溫故錄：「史記孔子世家：『哀公十四年春，狩于大野，叔孫氏車子鉏商獲獸，以爲不祥。仲尼視之曰：麟也。取之。曰：河不出圖，洛不出書，吾已矣夫！顏淵死，孔子曰：天喪予！及西狩獲麟，曰：吾道窮矣！喟然曰：莫我知也夫！子貢曰：何爲莫知子？子曰：不怨天，不尤人，下學上達，知我者其天乎！』據史記此文，莫知之歎，蓋發於獲麟之後然則不怨天者知天之以己制作爲後王法也不尤人者人事之厄天所命也孔子在庶而褒貶進退王者所取則故曰下學而上達達通也張衡應閒曰蓋聞前哲首務務丁下學上達佐國理民有云爲也是上達者謂達於佐國理民之道史公自敍曰董生云周衰道廢孔子知言之不用道之不行也是非二百四十二年之中以爲天下儀表貶天子退諸侯討大夫以達王事而己矣又云仲尼悼禮樂廢崩追修經術以達王道此上達之義也蠍春秋本天以治人知我者其惟春秋罪我者其惟春秋故曰知我者其天乎案說苑至公篇夫子行說七十諸侯無定處意欲使天下之民各得其所而道不行退而修春秋采毫毛之善貶纖介之惡人事浹王道備精和聖制上通於天而麟至此天之知夫子也於是喟然而歎曰天以至明爲不可蔽乎日何爲而食地以至安爲不可危乎地何爲而動天地而尚有動蔽是故賢聖說於世而不得行其道故災異並作也夫子曰不怨天不九人下學而上達知我者其天乎亦以此節爲獲麟而發下學上達爲作春秋之旨學通於天故惟天知之論語撰考讖云下學上達知我者其天乎通精曜也與說苑意同蓋春秋本天治人包說夫子上達於佐國理民之道卽是上通於天也漢書五行志劉

向以爲如人君下學而上達災消而福興矣顏師古注上達謂通於天道而畏威此雖譬引之辭然亦謂人君精誠格天則自降之福是上達爲上通於天也○注聖人與天地合其德○正義曰易文言傳文

公伯寮愬子路於季孫注馬曰愬譖也伯寮魯人弟子也子服景伯以告注孔曰魯大夫子服何忌也告告孔子曰夫子固有惑志注孔曰季孫信讒恚子路於公伯寮吾力猶能肆諸市朝注鄭曰吾勢力猶能辨子路之無罪於季孫使之誅寮而肆之有罪既刑陳其尸曰肆子曰道之將行也與命也道之將廢也與命也公伯寮其如命何正義曰說文寮從穴尞論語有公伯寮今作寮九經字樣謂爲隸省史記仲尼弟子列傳作僚索隱引別本又作繚作遼並通用字夫子謂季孫弟子列傳夫子固有惑志僚也是於公伯寮四字當連上爲句言夫子疑於寮之言也疑寮卽是疑子

路皇本於公伯寮下有也字案子路以忠信見知於人不知寮何所得愬而季孫且信之朱子謂子路或問以爲在墮三都出藏甲之時說頗近理當時必謂子路此舉是彊公室弱私家將不利於季氏故季孫有惑志夫子言道將行將廢者子路墮都是夫子使之今子路被愬是道之將廢而已亦不能安於魯矣然行廢皆天所命若天不廢道雖寮有愬季孫且不聽之若天未欲行道此自命所受宜然非關寮愬言此者所以慰子路而止景伯之憤也張氏爾岐蒿庵閒話云人道之當然而不可違者義也天道之本然而不可爭者命也貧富貴賤得失死生之有所制而不可彊也君子與小人一也命不可知君子當以義知命矣凡義所不可即以爲命所不有也故進而不得於命者退而猶不失吾義也小人嘗以智力知命矣力不能爭則智邀之智力無可施而後謂之命也君子以義安命故其心常泰小人以智力爭命故其心多怨衆人之於命亦有安之矣大約皆知其無可奈何而後安之者也聖人之於命安之矣實不以命爲準也而以義爲準故雖力有可爭勢有可圖而退然處之曰義之所不可也義所不可斯曰命矣故孔子之於公伯寮未嘗無景伯之可恃也於衞卿未嘗無彌子瑕之可緣也孟子之於臧倉未嘗無樂正子之可力

爲辨而重爲請也亦曰義所不在耳義所不在斯命所不有矣故聖賢之於命一於義者也安義斯安命矣衆人之於命不必一於義也而命皆有以制之制之至無可柰何而後安之故聖賢之與衆人安命同也而安之者不同也。注伯寮魯人弟子也。正義曰公伯複姓見廣韵稱伯寮者猶冶長馬遷之比弟子傳公伯僚字子周不云魯人或馬別有據也家語弟子解無公伯寮有申繚字周蓋以申繚一人當申黨公伯寮二人臧氏庸拜經日記譏其僞造是也明程敏政以寮爲聖門蟊螣請罷其從祀。注魯大夫子服何忌也。正義曰世本獻子蔑生孝伯孝伯生惠伯惠伯生昭伯昭伯生景伯則景是謚也邢疏左傳哀十二年吳人將囚景伯景伯曰何也立後於魯矣杜注云何景伯名然則景伯單名何而此註云何忌誤也漢魯峻石壁畫七十二子象有子服景伯。注吾勢至曰肆。正義曰勢力者言景伯是孟孫之族當有勢力能與季孫言也辨子路之無罪欲令季孫知寮之愬然後使季孫誅寮以國之常刑殺之也陳其尸曰肆者說文肆極陳也周官鄉士云協日刑殺肆之三日又遂士云協日就郊而刑殺各於其遂肆之三日縣士云協日刑殺各就其縣肆之三日又掌戮云凡殺人者踣于市肆之三日惟殺于甸師氏者不肆是周制殺人有陳尸三日之法故左傳載楚殺令尹子南于朝三日子南之子棄疾請尸亦以陳尸三日故也鄉士疏引論語注云大夫於朝士於市公伯寮是士止應云肆諸市連言朝耳此鄭注文爲集解刪佚檀弓杞梁之妻曰君之臣不免於罪則將肆諸市朝而妻妾執注肆陳尸也大夫以上於朝士於市與論語注同魯語云大刑用甲兵其次用斧鉞中刑用刀鋸其次用鑽笮薄刑用鞭朴以威民也故大者陳之原野小者致之市朝五刑之次是無隱也韋昭注其死刑大夫以上尸諸朝士以下尸諸市三處野朝市韋與鄭同據左傳楚殺令尹子南于朝又晉尸三郤于朝明以職尊故肆朝也若晉尸雍子與叔魚于市孔疏即云以其賤故也其後董安于縊而死趙孟尸諸市亦以安于職卑是鄭以大夫肆朝士肆市有明徵矣王制云刑人于市與衆棄之無殺人于朝及肆朝之文說者以王制爲殷禮然周官鄉遂縣士及掌戮亦止言肆市不言肆朝且掌戮又云唯王之同族與有爵者則殺之于甸師氏有爵當謂大夫以上職尊者與魯語及論語左傳之文不同說者多以爲疑毛氏奇齡經問謂刑士於市刑大夫于甸師氏而苟有重罪宜肆者則士肆市大夫肆朝而士以下各于其地刑之肆之未爲不可此說深爲得理

若然則周官不言肆朝或以事不經見故不載之抑後周所增制非元公舊典也又案古人言市朝有二解考工記面朝後市市朝一夫周官鄉師以木鐸徇于市朝檀弓遇諸市朝不反兵而鬬奔喪哭辟市朝孟子若撻之于市朝史記孟嘗君列傳日暮之後過市朝者皆謂市中官治之所司市云掌市之治教政刑量度禁令以次敍分地而經市市注云次謂吏所治舍思次介次也若今市亭然此即是市朝與論語此文市朝爲二各別也公伯寮是士而廣韵稱爲魯大夫未知所本

子曰賢者辟世〔注〕孔曰世主莫得而臣其次辟地〔注〕馬曰去亂國適治邦其次辟色〔注〕孔曰色斯舉矣其次辟言〔注〕孔曰有惡言乃去

正義曰辟皇本作避說文避回也蒼頡篇避去也賢者所辟有此四者當由所遇不同孟子告子下言古之君子所去三亦云其次其下與此文義同呂氏春秋先識覽凡國之亡也有道者必先去古今一也高注引此文辟色作避人子華子神氣篇亦言違世違地違人後篇桀溺謂子路曰且而與其從辟人之士

也豈若從辟世之士哉辟人即辟色當時兩稱之高誘或
亦隨文引之耳子華子以違世爲大上違地違人皆其次
似以優劣論之與論語意不同矣管子宙合篇賢人之處
亂世也知道之不可行則沈抑以辟罰靜默以俟免辟之
也猶夏之就清冬之就溫焉可以無及於寒暑之菑矣非
爲畏死而不忠也夫强言以爲僇而功澤不加進傷爲人
君嚴之義退害爲人臣者之生其爲不利彌甚故退身不
舍端修業不息版以待清明。注世主莫得而臣。正義
曰世主謂當世之主明非一主也儒行云儒有上不臣天
子下不事諸侯雖分國如錙銖不臣不仕。注有惡言乃
去。正義曰惡言謂不善之言或言有失禮也**子曰作者七人矣**注包曰作爲也
爲之者凡七人謂長沮桀溺丈人石門荷蕢儀封人楚狂
接輿正義曰復稱子曰者移時乃言也作如見幾而作之
作。注作爲至接輿。正義曰作爲常訓爲之者謂
爲辟世辟地辟色辟言者也七人所爲不同此注無所分
別當以義難定故也鄭注云伯夷叔齊虞仲辟世者荷蓧
長沮桀溺辟地者柳下惠少連辟色者荷蕢楚狂接輿辟
言者也七當爲十字之誤也皇疏引王弼曰七人伯夷叔

齊虞仲夷逸朱張柳下惠少連也後漢書黃瓊傳注引注云云卽王弼說蓋鄭王據孔子以前人包據孔子同時人應劭風俗通十反篇孔子嘉虞仲夷逸作者七人卽王弼所本陶潛羣輔錄數七人前說本包後說本王鄭又改七人爲十人世遠義失難得而折衷焉

子路宿於石門晨門曰奚自（注）晨門者閽人也**子路曰自孔氏曰是知其不可而爲之者與**（注）包曰言孔子知世不可爲而彊爲之【正義曰】子路宿於石門者子路時自魯外出晚宿石門也鄭注云石門魯城外門也晨門主晨夜開閉者此引見後漢書蔡邕傳注又張晧王龔傳論注引論語注晨主守門晨夜開閉也文小異外門當謂郭門也水經洙水注洙水北流逕孔里又西南枝津出焉又西南逕瑕丘城東而南入石門門右結石爲水門跨於水上閻氏若璩釋地云此卽子路宿處是也太平寰宇記古魯城凡有七門次南第二門名石門此似指城門恐未然周官司門是下大夫又每門下士二人賈疏謂下士是在門開閉者故其職云掌授管鍵以啟閉國門授者下大

夫授之下士然則此晨門卽謂下士在門開閉者矣說文晨早昧爽也從臼辰辰時也爾雅釋詁晨早也晨門職司晨夜之啟閉故稱晨門高士傳石門守者魯人也亦避居不仕自隱姓名爲魯守石門皇本晨門上重石門二字孔氏猶言孔家以居相近人所習知故不舉名字也知其不可而爲之者謂知世衰亂不可與共事而猶冀己見用爲治之也下篇夫子云吾非斯人之徒與而誰與天下有道上不與易也易者治也言丘之與易正以天下無道之故卽此意。注晨門者閽人也。正義曰周官閽人王宮每門四人注云閽人司昏晨以啟閉者賈疏昏時閉門則此名閽人也晨時啟門則論語謂之晨門也皆以時事爲名耳案閽人爲王宮門之稱若司城郭諸門則名司門注以閽人例晨門非謂晨門卽閽人也

子擊磬於衛有荷蕢而過孔氏之門者曰有心哉擊磬乎注蕢草器也有心謂契契然既而曰鄙哉硜硜乎莫己知也斯己而已矣注此硜硜者徒信己而已言亦無益深則厲

淺則揭（注）包曰：以衣涉水爲厲，揭，揭衣也。言隨世以行己，若過水必以濟，知其不可則當不爲。子曰：果哉！末之難矣。（注）末知己志而便譏己，所以爲果。末，無也。無難者，以其不能解己之道。

正義曰：釋文：「荷蕢，本又作何。」漢書古今人表作何蕢。說文：「何，儋也。」何本字，荷夫蕖葉，別一義。說文臾古文蕢，論語有荷臾，則許所見壁中文也。孔氏皇本作孔子。御覽五百七十六引論語注云：「子擊磬者，樂也。蕢，草器也。荷此器，賢人辟世也。有心哉，善其音有所病於世，不言。」注爲何人，諸家皆以爲鄭注。說文：「擊，攴也。」攴郎扑字。又「磬，樂石也。象縣虡之形，殳擊之。籀文省爲殸。」孟子告子云：「我知其不爲蕢也。」趙注：「蕢，草器。」漢書何武等傳贊「以一蕢障江河」，李賢注：「蕢，織草爲器，所以盛土也。」上篇言「爲山未成一簣」，蕢、簣同。注云「荷此器，賢人辟世」者，鄭注上章以荷蕢爲辟地，不爲辟世，或隨文變稱與。「有所病於世」者，病猶患也，憂也。禮樂記云：「樂者，音之所由生也，其本在人心之感於物也。」夫子感時衰亂，其心一寓於音，荷蕢聞知其聲，故善之也。既，終也，卒也。言荷蕢又有言也。鄙哉硜硜者謂音也釋名釋州國鄙否也小邑不能遠通也趙岐孟子盡心注鄙狹也樂記云其哀心感者其聲噍以殺注云噍踧也踧猶踧踖不安舒之貌殺減也凡感於哀心其聲哀減抑而不揚故荷蕢以爲鄙也說文硜古文磬史記樂書石聲硜今樂記作磬然則磬是以聲名之矣釋名釋樂器磬磬也其聲磬磬然堅緻也磬與硜並通莫己知者言人莫知夫子而用之也翟氏灝考異云世家繫此事於三至衛時蓋靈公老怠於政不用孔子故荷蕢有莫己知之語釋文莫己音紀下斯已同唐石經尚不誤斯已者言但當爲己不必爲人卽孟子所云獨善其身者也朱子集注讀斯己爲以非是深則厲淺則揭衛詩匏有苦葉文荷蕢之言亦天下有道則見無道則隱之意朱氏彬經傳考證果哉六字爲句自成韻語末無也蔑也言其所見小也檀弓末之卜也曾子曰微與詞意皆相類戴氏望論語注云果信也之往也信如其言無所復往行道難矣案朱戴說皆通○注有心謂契契然○正義曰詩大東云契契寤歎哀我憚人毛傳契契憂苦也擊鼓傳契闊勤苦也廣雅釋訓契契憂也契契同○注此硜硜者徒信已而已言亦無益○正義曰此硜硜者亦謂磬聲也徒信已卽釋斯已二字言夫子此可自信諸己人不能知而用之故不能

有益於人。注以衣至不爲。○正義曰爾雅釋水云濟有深涉深則厲淺則揭揭者揭衣也以衣涉水爲厲繇膝以下爲揭繇膝以上爲涉繇帶以上爲厲爾雅釋厲字具二義包用第一義也鄭注云由膝以上爲厲由膝以上與涉同孫炎注爾雅云以衣涉水濡褌也一水但濡褌卽是由膝以上卽是以衣涉水則鄭同包用第一義矣說文砅履石渡水也引詩深則砅此當本三家別一義亦得通也詩毛傳云遭時制宜如遇水深則厲淺則揭矣後漢書張衡傳深厲淺揭隨時爲義厲揭皆覩時所宜無一定也注云必以濟者謂必以此法濟也言夫子知世不可而猶爲之不能適淺深之宜。○注未知至之道。○正義曰果與慄同孫炎爾雅注果決之勝也夫子以荷蕢所言不知已志而輒譏己是爲果也末無常訓夫子言天下有道丘不與易是其不能忘天下正以世亂不可以已耳出處之際夫子以道爲衡若但如涉水之厲揭則亦無所難矣此正荷蕢不能解夫子之道也

子張曰書云高宗諒陰三年不言何謂也（注）孔曰高宗殷之中興王武丁也諒信也陰猶默也　正義曰書云者伏生大傳說命篇書曰高宗梁

闇三年不言何爲梁闇也傳曰高宗居凶廬三年不言此之謂梁闇是此書文在說命篇禮記喪服四制所引亦其文也坊記篇高宗云三年其惟不言言乃讙鄭注高宗殷王武丁也名篇在尚書謂在尚書說命篇也稱高宗者說命高宗所作也江氏聲尚書集注音疏未撿伏傳遂以此文立高宗之訓一篇誤矣楚語白公曰昔殷武丁能聳其德至于神明於是乎三年默以思道卿士患之曰王言以出令也若不言是無所稟令也武丁於是作書曰以余王四方余恐德之不類茲故不言如是而又使以象夢求四方之賢聖得傳說賈唐云書說命也呂氏春秋重言篇人主之言不可不懼高宗天子也卽位諒闇三年不言卿大夫恐懼患之高宗乃言曰以余一人正四方余恐言之不類也茲故不言皆說命佚文書無逸云其在高宗時舊勞於外爰暨小人作其卽位乃或亮陰三年不言言乃雍此本說命篇言高宗之事鄭注此云諒闇謂凶廬也其無逸注云諒闇轉作梁闇楣謂之梁闇謂廬也又云三年之禮居倚廬柱楣注喪服四制云諒古作梁楣謂之梁闇讀如鶉鵪之鵪闇謂廬也廬有梁者所謂柱楣也如鄭此說是伏傳作梁用正字作亮作諒皆段借又漢書五行志何休公羊注作諒亦段借也闇從音與陰聲最近惠氏士奇禮

說葛洪曰橫一木長梁于東墉下著地以草被之既葬則翦去草以短柱柱起長梁謂之柱楣楣亦名梁既葬泥之障以蔽風懸謂古之闇今之庵也釋名曰草圓屋曰蒲又謂之庵庵掩也所以自覆掩也誅茅爲屋謂之翦屏非庵而何庵讀爲陰猶南讀爲任古今異音廣雅庵與廬皆舍也倚廬不塗既葬塗廬塗近乎堊釋名曰堊亞也次也先泥之次乃飾以白灰康成謂堊室者壘墼爲之蓋柱楣倚壁爲一偏壘墼成屋爲兩下然則既葬除之既練壘之加堊既祥又加黝總謂之廬故尚書大傳曰高宗有親喪居廬三年此之謂也唐禮小祥毀廬爲堊室堊猶廬也焉用毀哉然則大夫居廬士居堊室何也曰非親且貴者不廬廬嚴者也不言不笑謂之嚴百官備百物具不言而事行非親且貴者乎言而後事行及身自執事而後行者故不廬也案白虎通喪服篇所以必居倚廬何孝子哀不欲聞人之聲又不欲居故處居中門之外倚木爲廬質反古也不在門內何戒不虞故也故禮間傳曰父母之喪居倚廬於中門外東墻下戶北面練居堊室無飾之室又曰天子七日公諸侯五日卿大夫三日而服成居外門內東壁下爲廬然則廬是倚木爲之別以一木橫臥於地以上承所倚之木卽葛洪所謂下著地者也孝子於所倚木兩旁出

入或以苫蔽其一旁耳既葬則以短柱將所橫臥於地之長梁柱起若爲半屋然則所謂柱楣者謂有柱有楣也梁闇以喪廬稱之文選閒居賦注以爲寒凉幽闇之處此望文爲義非古訓也三年者喪期也不言者不言政事也喪服四制謂百官備百物具不言而事行者扶而起則謂天子諸侯居喪皆不言矣四制又云斬衰之喪唯而不對齊衰之喪對而不言此自卿大夫以下與賓客之禮若雜記云三年之喪言而不語對而不問此所言謂喪事喪大記喪服四制既夕記並謂之父母之喪非喪事不言是也孟子滕文公篇文公居定公之喪五月居廬未有命戒五月者定公葬時也五月未有命戒則既葬後有命戒此時勢之異非得已矣若然三年不言政事乃天子居喪之禮而高宗謂恐德不類故不言者自辟孝名而承之以諒也大傳云高宗有親喪居廬三年然未嘗言國事而天下無背叛之心者何也及其爲大子之時盡以知天下人民之所好惡是以雖不言國事也知天下無背叛之心由大傳言觀之高宗深悉民情當時冢宰必亦能不失民好惡故能守禮不亟言也子張問何謂者鄭注檀弓云時人君無行三年喪之禮問有此與怪之也則此言何謂亦是怪而問之以起夫子之敎也○注高宗至默也○正義曰喪服四制

高宗諒闇三年不言善之也王者莫不行此禮何以獨善之也曰高宗者武丁武丁者殷之賢王也繼世卽位而慈良於喪當此之時殷衰而復興禮廢而復起故善之善之故載之書中而高之故謂之高宗殷本紀帝小乙崩子帝武丁立武丁修政行德天下咸驩殷道復興又漢書五行志云劉向以爲殷道旣衰高宗承敝而起盡涼陰之哀天下應之也是高宗爲殷之中興王故孟子言武丁朝諸侯有天下矣馬融書注云亮信也陰默也爲聽於冢宰信默而不言此僞孔所本楚語言高宗云於是乎三年默以思道此但釋不言之義其不言在居喪時故鄭從伏傳作梁闇解爲喪廬不用其師說也

子曰何必高宗古之人皆然君薨百官總己注馬曰己百官**以聽於冢宰三年**注孔曰冢宰天官卿佐王治者三年喪畢然後王自聽政 正義曰古之人皆然謂皆諒闇三年不言也高宗之先殷道稍衰或不能守不言之禮至高宗慈良於喪故書載高宗深美之君薨者曲禮云天子死曰崩諸侯曰薨鄭注自上顚壞曰崩薨顚壞之聲說文薨公侯卒也上得衆下故此文稱君薨也百官者衆辭總己猶言率

己說文云總聚束也李賢後漢和帝紀注百官總己之職事以聽於冢宰是也白虎通爵篇所以聽於冢宰三年者何以爲冢宰職在制國之用是以由之也故王制曰冢宰制國用案周官云乃立天官冢宰使帥其屬而掌邦治以佐王均邦國是時邦治掌於冢宰而因喪攝政則凡事皆當聽之白虎通止以財用爲言於義偪矣書大傳孔子曰古者君薨王世子聽于冢宰三年不敢服先王之服履先王之位而聽焉以民臣之義則不可一日無君矣不可一日無君猶不可一日無天也以孝子之隱乎則孝子三年弗居矣故曰義者彼也隱者此也遠彼而近此則孝子之道備矣○注冢宰至聽政○正義曰周官天官目錄云象天所立之官冢大也宰者官也天者統理萬物天子立冢宰使掌邦治亦所以總御衆官使不失職又大宰卿一人注云變冢言大進退異名也百官總焉則謂之冢列職於王則稱大冢大之上也山項曰冢又曲禮云天子建天官先六大曰大宰注此蓋殷時制也則天官之制殷周皆同故此注但云冢宰天官卿卽據周官釋之矣三年喪畢然後聽政者明喪未畢君不聽政也孟子萬章篇舜相堯二十有八載堯崩三年之喪畢舜避堯之子於南河之南舜薦禹於天十有七年舜崩三年之喪畢禹避舜之子於

陽城禹薦益於天七年禹崩三年之喪畢益避禹之子於箕山之陰夫不於堯舜禹始崩之時避政而去而必俟三年之後明三年之喪王世子不言而皆爲冢宰攝政也其後如武王崩周公攝政亦是此禮據閔予小子詩序則嗣王除喪初朝於廟而成王此時尚未能親政故周公復攝行之管蔡所以疑周公者正因成王除喪猶聽政於周公故也於禮天子諸侯在喪皆自稱子明子道未終也白虎通爵篇春秋傳曰天子三年然後稱王者謂稱王統事發號令也論語曰云云緣孝子之心則三年不忍當也三年除喪乃即位統事踐阼爲主南面朝臣下稱王以發號令也是言喪畢然後王自聽政也

子曰上好禮則民易使也注民莫敢不敬故易使正義曰易天下澤履君子以辨上下定民志春秋繁露立元神云夫爲國其化莫大於崇本崇本則君化若神不崇本則君無以兼人無以兼人雖峻刑重誅而民不從是所謂驅國而棄之者也患孰甚焉又曰是故郊祀致敬共事祖禰舉顯孝弟表異孝行所以奉天本也秉耒躬耕採桑親蠶墾草殖穀開闢以足衣食所以奉地本也立辟廱庠序修孝悌

敬讓明以教化感以禮樂所以奉人本也三者皆奉則民如子弟不敢自專邦如父母不待恩而愛不須嚴而使

子路問君子子曰修己以敬注孔曰敬其身曰如斯而已乎曰修己以安人注孔曰人謂朋友九族曰如斯而已乎曰修己以安百姓修己以安百姓堯舜其猶病諸注孔曰病猶難也正義曰君子謂在位者也修己者修身也以敬者禮無不敬也安人者齊家也安百姓則治國平天下也易家人彖傳云家人女正位乎內男正位乎外此安人之義也凡安人安百姓皆本於修己以敬故曰君子篤恭而天下平

原壤夷俟注馬曰原壤魯人孔子故舊夷踞俟待也踞待孔子子曰幼而不孫弟長而無述焉老而不死是謂賊注賊謂賊害以杖叩其脛注孔曰叩擊也脛腳脛正義曰說文幼小也釋名

釋長幼幼少也言生日少也不孫弟者言事長上不恭順
也無述者言無德爲人所稱述也案原壤母死登木而歌
夫子若爲弗聞而過之及此夷俟乃嚴責之者母死登木
而歌乃罪惡之大者當在誅殛之法非祇以言相責故云不
若弗聞而過之可全親故也至此夷俟不嫌不重責所云寬
孫弟者當卽指登木而歌之事所以隱責其不孝也一篇
之一嚴之聖人之仁至而義盡也大戴禮曾子立事篇少
稱不弟焉恥也壯稱無德焉辱也老稱無禮焉罪也與此
文略同○注原壤至孔子○正義曰檀弓云孔子之故人
曰原壤其母死夫子助之沐椁足原壤爲孔子故舊也云
魯人者以意言之夷踞者夷與踞同廣雅釋詁文也王
延壽魯靈光殿賦卻負戴而蹲跠蹲跠連文同義說文居
蹲也蹲居也段氏玉裁注謂今人居處字古祇作尻今人
蹲居字古祇作居又謂古人跪與坐皆厀著於席而跪聳
其體坐下其臀若蹲則足底著地而下其臀聳其厀曰蹲
其字亦作竢原壤夷俟謂蹲踞而待不出迎也段氏此說
卽馬義也爾雅釋詁竢待也竢與俟同穀梁莊八年傳
待也此常訓焦氏循補疏案法言五百篇如夷俟倨肆宋
咸注云皆驕倨之謂廣雅云蹲跠啓肆踞也夷俟卽是
踞肆俟肆音相近夷俟猶跠肆與鞠躬爲匑匑同鞠躬雙

三七

聲也夷俟疊韵也案焦說亦通○注賊謂賊害○正義曰左文十八年傳毀則爲賊荀子修身篇保利非義謂之至賊原壤放恣無禮時人或競倣之將爲世道害也○注叩擊也脛腳脛○正義曰說文無叩字攴部敂下云擊也卽此義說文脛胻也胻脛耑也釋名釋形體脛莖也直而長似物莖也脛是人股之名此云腳脛者謂脛之下近腳者也

闕黨童子將命注馬曰闕黨之童子將命者傳賓主之語出入**或問之曰益者與子曰吾見其居於位也**注童子隅坐無位成人乃有位**見其與先生竝行也非求益者也欲速成者也**注包曰先生成人也竝行不差在後違禮欲速成人者則非求益也○正義曰荀子儒效篇仲尼居於闕黨闕黨之子弟罔不分有親者取多孝悌以化之也闕黨是孔子所居漢書梅福傳今仲尼之廟不出闕里師古曰闕里孔子舊里也闕里卽闕黨寰宇記云孔子家在魯故城中歸德門內闕里之中背洙面泗矍相圃之東北所謂洙泗之閒也是也漢書古今人表作厥黨童

子厥闕聲形相近未知誰是其命名之義不能深究漢史晨饗孔廟後碑望見闕觀此指孔廟之闕觀漢高帝以大牢祠孔子當時廟貌用王侯制也水經泗水注孔廟東南五百步有雙石闕卽靈光之南闕北餘步卽靈光殿基二者與闕里無涉閻氏若璩混三者爲一非也說本宋氏翔鳳四書釋地辨證兖州府志滋陽縣東北一里有闕黨此出後世傳會將命者此童子自爲黨人將命也或疑爲詣者疑爲求益也居於位者居於成人位也鄭注云玉藻無事則立主人之南北面謂童子侍長者皆立而不坐今此童子儼居成人之位不復面立與禮異也皇本命下有矣字○注闕黨至出入○正義曰據士相見禮請見用贄賓主致辭皆將命者達之又云主人曰鄉者吾子辱使某見請還贄於將命者注將猶傳也傳命者謂擯相也又賓對曰某也非敢求見請還贄於將命者主人對曰敢固辭賓對曰某不敢以聞固以請於將命者是賓主紹介皆稱將命故鄭以擯相釋之此注傳賓主之語亦兼二者而言○注童子隅坐無位成人乃有位○正義曰隅坐謂當隅處坐也檀弓云曾子寢疾病童子隅坐而執燭注隅坐不與成人並疑童子凡坐皆不當位中與成人異也注此義亦通○注先生至益也○正義曰爾雅釋親男子先生爲兄

後生爲弟兄既先己而生故稱先生注以成人解之者正以先生先此童子而生當爲成人也年十六以上爲成人曲禮記云五年以長則肩隨之注云肩隨者與之並行差退王制云父之齒隨行兄之齒鴈行並言成人之禮肩隨即鴈行也若童子則即五年之長及兄齒皆宜隨行注所云差在後也今此童子與先生並行不差在後用成人之禮故爲欲速成也

蘄水郭　階
同邑王豫卿　校刊

清寶應劉氏本論語正義

第一册

清 劉寶楠撰

中國國家圖書館藏清同治五年寶應劉氏刻本

山東人民出版社·濟南

圖書在版編目（CIP）數據

清寶應劉氏本論語正義 /（清）劉寶楠撰 .— 濟南：山東人民出版社，2024.3

（儒典）

ISBN 978-7-209-14273-1

Ⅰ.①清… Ⅱ.①劉… Ⅲ.①《論語》- 注釋 Ⅳ.① B222.22

中國國家版本館 CIP 數據核字（2024）第 039054 號

項目統籌：胡長青

責任編輯：劉一星

裝幀設計：武　斌

項目完成：文化藝術編輯室

清寶應劉氏本論語正義

〔清〕劉寶楠撰

主管單位　山東出版傳媒股份有限公司
出版發行　山東人民出版社
出 版 人　胡長青
社　　址　濟南市市中區舜耕路517號
郵　　編　250003
電　　話　總編室（0531）82098914
　　　　　市場部（0531）82098027
網　　址　http://www.sd-book.com.cn
印　　裝　山東華立印務有限公司
經　　銷　新華書店

規　　格　16開（160mm×240mm）
印　　張　73.5
字　　數　588千字
版　　次　2024年3月第1版
印　　次　2024年3月第1次
ISBN　978-7-209-14273-1
定　　價　176.00圓（全四册）

《儒典》選刊工作團隊

學術顧問　杜澤遜　李振聚　徐　泳
項目統籌　胡長青
責任編輯　劉　晨　劉嬌嬌　張艷艷
　　　　　吕士遠　趙　菲　劉一星

前言

中國是一個文明古國、文化大國，中華文化源遠流長，博大精深。在中國歷史上影響較大的是孔子創立的儒家思想，因此整理儒家經典、注解儒家經典，爲儒家經典的現代化闡釋提供权威、典范、精粹的典籍文本，是推進中華優秀傳統文化創造性轉化、創新性發展的奠基性工作和重要任務。

中國經學史是中國學術史的核心，歷史上創造的文本方面和經解方面的輝煌成果，大量失傳了。西漢是經學的第一個興盛期，除了當時非主流的《詩經》毛傳以外，其他經師的注釋後來全部失傳了。東漢的經解祇有鄭玄、何休等少數人的著作留存下來，其餘也大都失傳了。南北朝至隋朝興盛的義疏之學，其成果僅有皇侃《論語疏》幸存於日本。五代時期精心校刻的《九經》、北宋時期國子監重刻的《九經》以及校刻的單疏本，也全部失傳。南宋國子監刻的單疏本，我國僅存《周易正義》、《爾雅疏》、《春秋公羊疏》（三十卷殘存七卷）、《春秋穀梁疏》（十二卷殘存七卷），日本保存了《尚書正義》、《毛詩正義》、《禮記正義》（七十卷殘存八卷）、《周禮疏》（日本傳抄本）、《春秋公羊疏》（日本傳抄本）、《春秋正義》（日本傳抄本）。南宋兩浙東路茶鹽司刻八行本，我國保存下來的有《周禮疏》、《禮記正義》、《春秋左傳正義》（紹興府刻）、《論語注疏解經》（二十卷殘存十卷）、《孟子注疏解經》（存臺北「故宫」），日本保存有《周易注疏》《尚書正義》（凡兩部，其中一部被清楊守敬購歸）。南宋福建刻十行本，我國僅存《春秋穀梁注疏》、《春秋左傳注疏》（六十卷，一半在大陸，一半在臺灣），日本保存有《毛詩注疏》《春秋左傳注疏》。從這些情況可以看出，經書代表性的早期注釋和早期版本國内失傳嚴重，有的僅保存在東鄰日本。

鑒於這樣的現實，一百多年來我國學術界、出版界努力搜集影印了多種珍貴版本，但是在系統性、全面性和準確性方面都還存在一定的差距。例如唐代開成石經共十二部經典，石碑在明代嘉靖年間地震中受到損害，明代萬曆初年西安府學等學校師生曾把損失的文字補刻在另外的小石上，立於唐碑之旁。近年影印出版唐石經拓本多次，都是以唐代石刻與明代補刻割裂配補的裱本爲底本。由於明代補刻采用的是唐碑的字形，這種配補本難以區分唐刻與明代補刻，不便使用，亟需單獨影印唐碑拓本。

爲把幸存於世的、具有代表性的早期經解成果以及早期經典文本收集起來，系統地影印出版，我們規劃了《儒典》編纂出版項目。

《儒典》出版後受到文化學術界廣泛關注和好評，爲了滿足廣大讀者的需求，現陸續出版平裝單行本。共收録一百十一種元典，共計三百九十七册，收録底本大體可分爲八個系列：經注本（以開成石經、宋刊本爲主。開成石經僅有經文，無注，但它是用經注本删去注文形成的）、經注附釋文本、纂圖互注本、單疏本、八行本、十行本、宋元人經注系列、明清人經注系列。

《儒典》是王志民、杜澤遜先生主編的。本次出版單行本，特請杜澤遜、李振聚、徐泳先生幫助酌定選目。

特此説明。

二〇二四年二月二十八日

目録

第三册

第四册

論語正義

二十四卷

同治丙寅冬代

州馮志沂署檢

敘

道光戊子秋立隨劉孟瞻梅蘊生兩師劉楚楨包孟開兩先生赴鄉闈孟瞻師楚楨先生病十三經舊疏多蹐駮欲仿江氏孫氏尚書邵氏郝氏爾雅焦氏孟子別作疏義孟瞻師任左氏傳楚楨先生任論語而以公羊屬立嗣楚楨先生成進士宰畿輔草未就授哲嗣叔俛明經續成之爲若干卷而楚楨先生旋下世旣從明經假讀竟乃敘而論之曰漢世論語有齊論魯論篇次小殊說亦略異孝武時魯共王壞孔子宅得古文論語蓋與古尚書逸禮皆有文無說張禹兼通齊魯爲張矦論而齊魯師法淆鄭康成就魯論篇第考齊古爲之

注而三家師說亦不可究矣何平叔等作集解名爲集諸家之善其不安者頗爲改易而去取多乖義蘊猶略然師授淵源雖汩沒無考其漢時經師單詞隻義猶賴焉存惜皇邢二疏未能發明末學膚淺於微言大義既無窺竊於典章訓詁名物象數復多蓋闕厥用慨焉楚楨先生先德本東林耆彥躬行力踐世守勿替從父端臨公著論語駢枝精深諦確雅爲通人所重先生少從端臨公受學長益旁搜博覽又得通敏若明經者爲之拾遺補闕繼承先業故其疏論語也章比句櫛疏通知遠萃秦漢以來迄　國朝儒先舊說衷以己意實事求是其最有功經訓者如謂有子言禮之用章是發明

中庸之說夫子五十知天命是知天生德於予之義告子游
子夏問孝是言士之孝乘桴浮海居九夷是指今高麗地興
於詩立於禮成於樂民可使由不可使知是夫子教門弟子
之法文王既沒文不在茲乎是指所得之簡策言樊遲從遊
於舞雩之下問崇德脩慝辨惑是魯行雩祭樊遲舉雩禱之
辭以問朋友切切偲偲兄弟怡怡是言朋友責善兄弟不可
責善謂伯魚爲周南召南是伯魚受室後示以閨門之戒四
海困窮是指洪水之災堯舉舜敷治之凡此皆先聖賢之旨
沈霾二千餘載一旦始發其蘊至八佾鄉黨二篇所說禮制
皆至詳確以視江孫邵郝焦氏諸疏義蓋有過之無不及巳

立於公羊疏勿勿四十年近甫輯成稾本七十餘卷復稾筆
遊楚越疏漏淺謬卒未覈正歲月如逝寫定無期追維先哲
悔悳何已屠維大荒落余月句容後學陳立識於浙江節署
之受祜堂

凡例　　蔡冕述

一經文注文從邢疏本惟泰伯篇予有亂臣十人以子臣母有干名義因據唐石經删臣字其他文字異同如漢唐宋石經及皇侃疏陸德明釋文所載各本咸列於疏至山井鼎考文所引古本與皇本多同高麗足利本與古本亦相出入語涉譌加殊爲非類既詳見於考文及阮氏元論語校勘記馮氏登府論語異文疏證故此疏所引甚少古本高麗足利本有與皇本釋文本唐石經證合者始備引之否則不引至注文訛錯處多從皇本及後人校改其皇本所載注文視邢本甚繁非關典要悉從略焉

古人引書多有增減蓋未檢及原文故也翟氏灝四書考
小異均難備列閱者詳諸
而舍是則無可依據今悉詳載而原引某書某卷及字句
不於集解外徵引頗多雖拾殘補闕聯綴之迹非其本真
鄭注久佚近時惠氏棟陳氏鱣臧氏鏞宋氏翔鳳咸有輯
以正向來注疏家墨守之失
則先疏經文次及注義若說義一二於義得合悉爲錄之
則據注以釋經異者則依經以補疏其有違失不可從者
疏內至引申經文實事求是不專一家故於注義之備者
注用集解者所以存魏晉人著錄之舊而鄭君遺注悉載

異馮氏登府論語異文疏證於諸史及漢唐宋人傳注各經說文集凡引論語有不同者悉爲列入博稽同異辨證得失旣有專書此宜從略

一漢唐以來引孔子說多爲諸賢語諸賢說或爲孔子語者皆由以意徵引未檢原文翟氏考異旣詳載之故此疏不之及

一漢人解義存者無幾必當詳載至皇氏疏陸氏音義所載魏晉人以後各說精駁互見不敢備引唐宋後著述益多尤宜擇取

一諸儒經說有一義之中是非錯見但采其善而不著其名

則嫌於掠美若備引其說而竝加駁難又嫌於葛藤故今所輯舍短從長悉於節取或祇撮大要爲某某說

一引諸儒說皆舉所箸書之名若習聞其語未知所出何書則但記其姓名而已又先祖考國子監典簿諱履恂箸秋槎雜記先叔祖丹徒縣學訓導諱台拱箸論語駢枝經傳小記先伯父五河縣學訓導諱寶樹箸經義說略疏中皆稱爵

論語正義卷一

寶應劉寶楠學

學而第一

正義曰：釋文及皇、邢疏本皆有此題。邢疏云自此至堯曰是魯論語二十篇之名及第次也當弟子論撰之時以論語爲此書之大名學而以下爲當篇之小目第順次也一數之始也言此篇於次當一也案古人以漆書竹簡約當一篇即爲編列以韋束之故孔子讀易韋編三絕當孔子時諸弟子撰記言行各自成篇不出一人之手故有一語而前後篇再出也毛詩序疏引說文第次也从竹弟今本說文脫弟字下云韋束之次弟也從古字之象疑弟指韋束之次言第則指竹簡言釋名釋書契云稱題亦有第因其第次也後漢安帝紀李賢注第謂有甲乙之次第

集解 正義曰陸德明經典釋文載論語舊題此集解二字在學而第一之下自注一本作何晏集解一本必六朝時人改題誤以集解爲何晏一人作也然釋文雖

仍舊題而云何晏集孔安國云云其文兩見則亦爲後世之誤說所惑也

凡十六章 正義曰釋文舊有此題其所據卽集解本今皇邢疏無凡幾章之題者當由所見本已删之也漢石經則每卷後有此題蓋昔章句家所記之數統計釋文各篇四百九十二章趙岐孟子篇敘曰論四百八十六章較釋文少六章然釋文先進篇二十三章依集解宜爲二十四章衞靈篇四十九章依集解實爲四十三章又陽貨篇二十四章漢石經作廿六章凡皆所據本異故多寡迴殊今但依釋文以存集解之舊其有離合錯誤各記當篇之下至後世分析移并之故言人人殊旣由臆造則皆略焉又趙岐言章次大小各當其事無所法也明謂論語章次依事類敘無所取法與孟子篇章迴殊而皇疏妄有聯貫翟氏灝考異已言其誤後之學者亦有茲失旣非理所可取則皆删佚不敢更箸其說焉

子曰學而時習之不亦說乎 注 馬曰子者男子之通稱謂孔子也王曰時者學者以時誦習之誦習以時學無廢業所

以爲說懌正義曰曰者皇疏引說文云開口吐舌謂之爲曰邢疏引說文云曰詞也從口乙聲亦象口气出也所引說文各異段氏玉裁校定作從口乙象口气出也又引孝經釋文云從乙在口上乙象氣人將發語口上有氣故曰字缺上也學者說文云斆覺悟也从教从冂冂尚矇也臼聲學篆文斆省白虎通辟雍篇學之爲言覺也以覺悟所未知也與說文訓同荀子勸學篇君子博學而日參省乎己則知明而行無過矣故不登高山不知天之高也不臨深谿不知地之厚也不聞先王之遺言不知學問之大也又云學惡乎始惡乎終曰其數則始乎誦經終乎讀禮其義則始乎爲士終乎爲聖人眞積力久則入學至乎沒而後止也案王制言樂正崇四術立四教順先王詩書禮樂以造士春秋教以禮樂冬夏教以詩書王大子王子羣后之大子卿大夫元士之適子國之俊選皆造焉是詩書禮樂乃貴賤通習之學學已大成始得出仕所謂先進於禮樂者也春秋時廢選舉之務故學校多廢禮樂崩壞職此之由夫子十五志學及後不仕乃更刪定諸經史記孔子世家言孔子當定公五年已修詩書禮樂即謂此也刪定之後學業復存凡篇中所言爲學之事皆指夫子所刪定言之矣時習者說文時四時也此謂春夏秋冬

而日中晷刻亦得名時引申之義也皇疏云凡學有三時一是就人身中爲時內則云六年教之數目十年學書計十三年學樂誦詩舞勺十五年成童舞象並是就身中爲時也二就年中爲時王制云春夏學詩樂秋冬學書禮三就日中爲時前身中年中二時而所學並日日修習不暫廢也今云學而時習之者時是日中之時之者詩蓼莪鄭箋云之猶是也此常訓不亦說乎者孟子滕文公上不亦善乎趙岐注不亦者亦也爾雅釋詁說樂也皇本凡說皆作悅說文有說無悅悅是俗體夫子自言發憤忘食樂以忘憂又稱顏回好學雖貧不改其樂皆是說學有然也乎者說文云乎語之餘也廣雅釋詁乎詞也此用爲語助○注子者至說懌○正義曰白虎通號篇子者丈夫之通稱也與此注義同言尊卑皆得稱子故此孔子門人稱師亦曰子也邢疏云書傳直言子曰者皆指孔子以其聖德著聞師範來世不須言其氏人盡知之故也誦習者說文誦諷也諷誦也周官大司樂注倍文曰諷以聲節之曰誦諷誦皆是口習故此注言誦習也但古人爲學有操縵博依雜服興藝諸事此注專以誦習言者亦舉一端以見之也說文習鳥數飛也引申爲凡重習學習之義呂覽審己注習學也下章傳不習乎訓義亦同學不廢業者廢者棄也

說文業大版也所以飾縣鐘鼓捷業如鋸齒簡冊亦用竹爲版故亦名業曲禮云請業則起注業謂篇卷也是也說懌者說文新附懌說也注重言以曉人

有朋自遠方來不亦樂乎（注）包曰同門曰朋

正義曰宋氏翔鳳樸學齋札記史記世家定公五年魯自大夫以下皆僭離於正道故孔子不仕退而修詩書禮樂弟子彌眾至自遠方莫不受業焉弟子至自遠方即有朋自遠方來也朋即指弟子故白虎通辟雝篇云師弟子之道有三論語曰朋友自遠方來朋友之道也又孟子子濯孺子曰其取友必端矣亦指友爲弟子按宋說是也釋文云有或作友非考白虎通引有朋作朋友疑白虎通本作友朋即釋文所載或本後人乃改作朋友耳隸釋載漢婁壽碑有朋自遠亦作有朋盧氏文弨釋文考證云呂氏春秋貴直篇有人自南方來句法極相似陸氏謂作友非是也自遠方來者廣雅釋詁自從也爾雅釋詁遠遐也淮南兵略訓方者地也禮表記注方四方也爾雅釋詁來至也並常訓學記言學至大成足以化民易俗近者說服而遠者懷之此大學之道然則朋來正是學成之驗不亦樂乎者蒼頡篇樂喜也與說義同易象傳麗澤兌君子以朋友講習兌者說也禮中庸云誠者非自誠已

而已也所以成物也此文時習是成己朋來是成物但成物亦由成己既以驗己之功修又以得教學相長之益人才造就之多所以樂也孟子以得天下英才而教育之爲樂亦此意○注同門曰朋○正義曰文選古詩十九首注引鄭注此文與包同同門者謂同處一師門也禮學記云古之教者家有塾注古者仕焉而已者歸教於閭里朝夕坐於門門側之堂謂之塾孔疏周禮百里之內二十五家爲閭同共一巷巷首有門門邊有塾當夫子時學校已廢仕焉而已者多不任爲師夫子乃始設教於魯以師道自任開門授業洙泗之間必別有講肄之所而非爲舊時家塾矣

人不知而不慍不亦君子乎 注慍怒也凡人有所不知君子不怒 正義曰人不知者謂當時君卿大夫不知己學有成舉用之也不慍者鄭注云慍怨也詩緜正義引說文同君子者白虎通號篇或稱君子者道德之稱也君之爲言羣也子者丈夫之通稱也禮哀公問君子也者人之成名也禮中庸記子曰正己而不求於人則無怨上不怨天下不尤人又論語下篇子曰莫我知也夫不怨天不尤人下學而上達知我者其天乎正謂己之爲學上達於天爲天所知則非人所能知故無所怨尤也夫子一

生進德脩業之大咸括於此章是故學而不厭時習也知也誨人不倦朋來也仁也遯世不見知而不悔不知不慍也惟聖者能之也夫子生衰周之世知天未欲平治天下故惟守先王之道以待後之學者記者因以其言列諸篇首○注慍怒至不怒○正義曰詩緜傳慍恚也恚怒義同皇疏後一解云君子易事不求備於一人故爲教誨之道若人有鈍根不能知解者君子恕之而不慍怒之也此即注義焦氏循論語補疏注言人有所不知則是人自不知非不知已也我所知而人不知因而慍之矜也後漢儒林傳注引魏畧云樂詳字文載黄初中徵拜博士十餘人學多褊又不熟悉惟詳五業並授其或難質不解詳無慍色以杖畫地牽譬引類至忘寢食此亦焦氏就注説證之實則教學之法語之而不知雖舍之亦可無容以不慍即稱君子此注所云不與經旨應也

有子曰注孔子弟子有若**其爲人也孝弟而好犯上者鮮矣**注鮮少也上謂凡在已上者言孝弟之人必恭順好欲犯其上者少也**不好犯上而好作亂者未之有也**正義曰阮氏元論語

解弟子以有子之言似夫子而欲師之惟曾子不可彊其餘皆服之矣故論語次章即列有子之語在曾子之前案曾子不可彊非不服有子也特以尊異孔子不敢以事師之禮用之他人觀曾子但言孔子德不可尚而於有子無微辭則非不服有子可知當時弟子惟有子曾子稱子此必孔子弟子於孔子沒後尊事二子如師故通稱子也至閔子騫冉有各一稱子此亦二子之門人所記而孔子弟子之於二子仍稱字故篇中於閔冉稱字稱子錯出也其爲人者尚書大傳注其發聲也周官典同注爲作也並常訓禮運曰人者其天地之德陰陽之交鬼神之會五行之秀氣也又曰人者天地之心也五行之端也食味別聲被色而生者也孝弟者爾雅釋訓善父母爲孝善兄弟爲友此文不言友言弟者友是兄弟相愛此則專指爲人弟者不兼兄言也賈子道術云子愛利親謂之孝反孝爲孼弟敬愛兄謂之悌反悌爲敖悌即弟俗體論語釋文云弟本作悌皇本高麗本亦作悌並從俗作也好犯上者皇疏云好謂心欲也爾雅釋詁犯勝也說文犯侵也鮮者鄭注云鮮寡也此本爾雅釋詁說文尟是少也尟正字鮮魚名出貉國叚借字時世教衰民知德者鮮故孝弟之人容有犯上故云鮮也作亂者爾雅釋言作爲也左宣十二年傳

人反物爲亂十五年傳民反德爲亂作亂之人由於好犯上好犯上由於不孝不弟故古者教弟子就外舍學小藝焉履小節焉束髮就大學學大藝焉履大節焉皆令知有孝弟之道而父之齒隨行兄之齒鴈行朋友不相踰又令知有事長上處朋友之禮故孝弟之人鮮有犯上若不好犯上而好作亂知爲必無之事故曰未之有也曾子立孝云是故未有君而忠臣可知者孝子之謂也未有長而順下可知者弟弟之謂也未有治而能仕可知者先脩之謂也故曰孝子善事君弟弟善事長君子一孝一弟可謂知終矣是言孝弟之人必爲忠臣順下而不好犯上不好作亂可無疑矣春秋之時學校已廢卿大夫多世官不復知有孝弟之道故事君事長鮮克由禮而亂臣賊子遂至接踵以起也○注孔子弟子有若○正義曰皇本作孔安國注史記仲尼弟子列傳有若少孔子三十三歲論語邢疏及禮檀弓疏引作四十三歲裴駰史記集解引鄭玄云魯人此出鄭氏孔子弟子目錄今佚不傳○注鮮少至少也○正義曰鮮少者說文少不多也上者謂凡在己上者蔡邕獨斷上者尊位所存也亦謂位在己上凡者總舉之辭恭順者說文恭肅也釋名釋言語順循也循其理也注以犯上則非恭順故人能孝弟必恭順於上也邢光庭兼明

書以犯上爲干犯君上之法令亦此注義所括君子務本本立而道生孝弟也者其爲仁之本與注本基也基立而後可大成先能事父兄然後仁道可大成正義曰務本者說文務趣也高誘呂氏春秋孝行覽注務猶求也本立而道生者李賢後漢郎顗傳注立猶定也道者人所由行之路事物之理皆人所由行故亦曰道漢書董仲舒傳道者所繇通於治之路也是也廣雅釋詁生出也大戴禮保傳云易曰正其本萬事理說苑建本篇孔子曰君子務本本立而道生夫本不正者末必倚始不盛者終必衰詩云原隰旣平泉流旣淸本立而道生阮氏元論仁篇以本立而道生爲古逸詩愚謂務本二句是古成語而有子引之說苑及後漢延篤傳皆作孔子語者七十子所述皆祖聖論又當時引述各經未檢原文或有錯誤故也中庸言達道五君臣父子夫婦昆弟朋友而父子昆弟尤爲本根之所在若人能孝弟則於君臣夫婦朋友之倫處之必得其宜而可名之爲道故本立而道生也爲仁猶言行仁所謂利仁彊仁者也下篇其爲仁矣不使不仁者加乎其身克己復禮爲仁爲仁由己子貢問爲仁堂堂乎張也難與並爲仁矣

皆是言爲仁又志於仁非仁欲仁用力於仁亦是言爲仁也仁者何下篇樊遲問仁子曰愛人此仁字本訓說文仁字從二人會意言己與人相親愛也善於父母善於兄弟亦由愛敬之心故禮言孝子有深愛又言立愛自親始立敬自長始敬亦本乎愛也孝弟所以爲爲仁之本者孝經云夫孝德之本也教之所由生也德兼仁義禮智此不言德言仁者仁統四德故爲仁尤亟也孟子離婁篇仁之實事親是也義之實從兄是也又云親親而仁民仁民而愛物是爲仁必先自孝弟始也孝經云故不愛其親而愛他人者謂之悖德不敬其親而敬他人者謂之悖禮以順則逆民無則焉不在於善而皆在於凶德雖得之君子不貴也觀此則不孝不弟雖有他善終是不仁何者爲其大本已失其末自不足貴也宋氏翔鳳鄭注輯本爲仁作爲人云言人有其本性則成功立行也案仁人當出齊古魯異文鄭就所見本人字解之爲人之本與上文其爲人也句相應義亦通也鄭注又云孝爲百行之本言孝則弟可知百行者不一行也呂氏春秋孝行云凡爲天下治國家必務本而後末又云務本莫貴于孝夫孝三皇五帝之本務而萬事之紀也夫執一術而百善至百邪去天下從者其惟孝也夫論人必先以所親而後及所疏必先所重而後

及所輕是知孝弟爲爲人之本故君子先務此也孝弟也者云云是釋務本二句之義與者語助辭○注本基至大成○正義曰說文本木下曰本从木一在下一在下象其根注訓基者說文基牆始也始亦本也大成者大猶廣也訓生爲成此引申之義表記云仁之難成久矣人人失其所好故仁者之過易辭也又云仁之爲器重其爲道遠舉者莫能勝也行者莫能致也取數多者仁也夫勉於仁者不亦難乎是仁道大成最爲難能故惟能先事父兄復擴充其本性之善兼有衆德然後仁道可冀大成也皇本以先能事父兄二句爲包注

子曰巧言令色鮮矣仁 注 包曰巧言好其言語令色善其顏色皆欲令人說之少能有仁也 正義曰禮表記子曰情欲信辭欲巧詩雨無正巧言如流俾躬處休左傳載師曠善諫叔向引巧言如流以美之又烝民詩令儀令色彼文言巧令皆是美辭此云鮮矣仁者以巧令多由僞作故下篇言巧言令色足恭左丘明恥之丘亦恥之又書皋陶謨云何畏乎巧言令色孔壬孔甚也壬佞也以巧言令色爲甚佞則不仁可知然夫子猶云鮮仁者不忍重斥之猶若有未絕於仁也曾子立事云

巧言令色能小行而篤難於仁矣與此文義同皇本仁上有有字○注巧言至仁也○正義曰巧好音義相近詩雨無正箋巧猶善也禮表記注巧謂順而說也皆謂好其言語即詩云好言自口也爾雅釋詁令善也書皋陶謨令色史記夏本紀作善色是令有善義說文色顏气也齊語韋昭解顏眉目之間引申之凡氣之達於面者皆謂之顏故注以顏色連文云少能有仁似注所見本亦作有仁

曾子曰（注）馬曰弟子曾參**吾日三省吾身爲人謀而不忠乎與朋友交而不信乎傳不習乎**（注）言凡所傳之事得無素不講習而傳之也正義曰吾日三省吾身者爾雅釋詁吾我也說文吾我自稱也日行一周天爲一晝夜故一晝夜即名日周髀算經注從旦至旦爲一日也是也說文三數名阮氏元數說古人簡策繁重以口耳相傳者多以目相傳者少且以數記言使百官萬民易誦易記洪範周官尤其最著者也論語以數記文者如一言三省三友三樂三戒三畏三愆三疾三變四教絕四四惡五美六言六蔽九思之類則亦皆口授耳受心記之古法也鄭

注云：思察己之所行也。此以省訓察，本爾雅釋詁。說文：省，視也。義亦近。爾雅釋詁：身，我也。說文：身，躳也，象人之身。釋名釋身體云：身，伸也，可屈伸也。爲人謀而不忠者，國策魏策注：爲，助也。左襄四年傳：咨難爲謀。魯語：咨事爲謀。毛詩四牡傳：咨事之難易爲謀。用內外傳義也。周語：忠者，文之實也。楊倞荀子禮論注：忠，誠也。誠、實義同。誠心以爲人謀謂之忠，故臣之於君，有誠心事之，亦謂之忠。與朋友交而不信乎者，禮檀弓注：與，及也。此常訓。鄭注云：同門曰朋，同志曰友。同門義見前疏。同志者，謂兩人不共學而所志同也。鄭箋詩關雎、注禮坊記並有此訓。說文：友，同志爲友，从二又相交友也。義與鄭同。說文：交，脛也，从大，象交形。朋友與己兩人相會合，亦得稱交，引申之義也。皇本交下有言字。說文：信，誠也，從人從言，會意。釋名釋言語：信，申也，言以相申束，使不相違也。五倫之義，朋友主信，故曾子以不信自省也。傳不習乎者，傳謂師有所傳於己也。夫子言十室之邑，必有忠信而不如丘之好學，可見好學最難，其於及門中，惟稱顏子好學。今曾子三省，既以忠信自勗，又以師之所傳恐有不習，則其好學可知。曾子立事篇曰：旦就業，夕而自省思，以沒其身，亦可謂守業矣。又云：君子既學之，患其不博也；既博之，患其不習也；既習之，患其不知也；既知之患其不行也此正曾子以傳不習自省之證習兼知行故論語祇言習也鄭注云魯讀傳爲專今從古臧氏庸輯鄭注釋云此傳字從專得聲魯論故省用作專鄭以古論作傳于義益明故從之如臧此言是專與傳同謂師之所傳而字作專者所謂叚借爲之也宋氏翔鳳論語發微孔子爲曾子傳孝道而有孝經孝經說曰春秋屬商孝經屬參則曾子以孝經專門名其家故魯論讀傳爲專所業既專而習之又久師資之法無絶先王之道不湮曾氏之言即孔子傳習之旨也包氏慎言論語溫故錄專謂所專之業也呂氏春秋曰古之學者說義必稱師說義不稱師命之曰叛所專之業不習則隳棄師說與叛同科故曾子以此自省後漢書儒林傳其耆名高義開門受徒者編牒不下萬人皆專相傳祖莫或訛雜揚雄所謂譊譊之學各習其師此即魯論義也案宋包二君義同廣雅釋詁專業也亦謂所專之業此魯論文既不箸義亦難曉故既取臧說兼資宋包非敢定於一是也○注弟子曾參○正義曰元和姓纂夏少康封少子曲烈于鄫春秋時爲莒所滅鄫太子巫仕魯去邑爲曾氏見世本巫生阜阜生皙皙即曾點曾子父也史記弟子傳曾子名參字子輿南武城人少孔子四十六歲○注言凡所傳之事得無素不講習而傳

之。正義曰得無者疑辭郭氏翼雪履齋筆記曾子三省皆指施於人者言傳亦我傳乎人傳而不習則是以未嘗躬試之事而誤後學其害尤甚於不忠不信焦氏循論語補疏己所素習用以傳人方不妄傳致誤學者所謂溫故而知新可以爲師也二說皆從集解亦通

子曰道千乘之國注馬曰道謂爲之政教司馬法六尺爲步步百爲畝畝百爲夫夫三爲屋屋三爲井井十爲通通十爲成成出革車一乘然則千乘之賦其地千成居地方三百一十六里有畸唯公侯之封乃能容之雖大國之賦亦不是過焉包曰道治也千乘之國者百里之國也古者井田方里爲井十井爲乘百里之國適千乘也融依周禮包依王制孟子義疑故兩存焉正義曰道皇本作導千者數名說文千十百也乘本作椉

說文云乘覆也從入桀覆者加乎其上之名故人所登車亦謂之乘三蒼云乘載也左隱元年傳杜注車曰乘車駕馬多用四故儀禮聘禮注云乘四馬也趙岐孟子梁惠王篇注千乘兵車千乘謂諸矦也國者說文云國邦也周官太宰鄭注大曰邦小曰國此對文有異若散文亦通稱○注馬曰至存焉○正義曰說文云政正也从攴从正正亦聲敎上所施下所效也政敎卽敬信諸端注言此者明敬事云云卽所以道國也道本道路之名人所循行此政敎亦是示人以必行故得曰道包云治者謂治之以政敎義與馬不異也鄭此注云司馬法云步百爲畝畝百爲夫夫三爲屋屋三爲井井十爲通通十爲成成方十里出革車一乘甲士三人步卒七十二人公矦之封乃能容之雖大國之賦亦不是過馬鄭此注與馬同又公羊哀十年傳疏引云公矦方百里井十則賦出革車一乘亦此注文井十當作井百邢疏云史記齊景公時有司馬田穰苴善用兵周禮司馬掌征伐六國時齊威王使大夫追論古者兵法附穰苴於其中凡一百五十篇號曰司馬法此六尺曰步至成出革車一乘皆彼文也引之者以證千乘之國爲公矦之大國也皇疏云凡人一舉足爲跬跬三尺也兩舉足曰步步六尺也廣一步長百步爲一畝畝百爲夫是方百

步也謂爲夫者古者賦田以百畝地給一農夫也夫三爲屋則是方一里者三也並而言之則廣一里一里三百步也而猶長百步也謂爲屋者一家有夫婦子三者具則屋道乃成故合三夫目爲屋也屋三爲井三屋並方之則方一里也名爲井者因夫間有遂水縱横相通成井字也井十爲通十井之地並之則廣十里長一里也謂爲通者其地有三十屋相通共出甲士一人徒卒二人也通十爲成則方十里也謂爲成者共賦法一乘成也其地有三百屋出革車一乘甲士十人徒卒二十人也方十里者千郎是千成則容千乘也方百里者有方十里者百若方三百里三三爲九則有方百里者九合成方千里者九百也是方三百里唯有九百乘也若作千乘猶少百乘是方百里者一也今取方百里者一而六分破之每分得廣十六里長百里引而接之則長六百里其廣十六里也今半斷各長三百里設法特埤前三百里南西二邊是方三百十六里也然西南角猶缺方十六里者一方十六里者一有方十里者二又方一里者五十六是少方一里者二百五十六也然則向割方百里者爲六分埤方三百里兩邊猶餘方一里者四百今以方一里者二百五十六埤西南角猶餘方一里者一百四十四又設法破而埤三百十六里兩邊

則每邊不復得半里故云方三百十六里有奇也邢疏申馬說云案周禮大司徒云諸公之地封疆方五百里諸侯之地封疆方四百里諸伯之地封疆方三百里諸子之地封疆方二百里諸男之地封疆方百里此千乘之國居地方三百十六里有畸伯子男自方三百而下則莫能容之故云唯公侯之封乃能容之坊記云制國不過千乘然則地雖廣大以千乘爲限故云雖大國之賦亦不是過焉又申包說云云千乘之國百里之國也者謂夏之公侯殷周上公之國也云古者井田方里爲井者孟子云方里而井井九百畝是也云十井爲乘百里之國適千乘也者此包以古之大國不過百里以百里賦千乘故計之每十井爲一乘是方一里者十爲一乘則方一里者百爲十乘開方之法方百里者一爲方十里者百每方十里者一爲方一里者百其賦十乘方十里者百則其賦千乘也與乘數適相當故云適千乘也云融依周禮包依王制孟子者馬融依周禮大司徒文以爲諸公之地方五百里侯四百里以下也包氏依王制云凡四海之內九州州方千里州建百里之國三十七十里之國六十五十里之國百有二十凡二百一十國也又孟子云天子之制地方千里公侯之制皆方百里伯七十里子男五十里包氏據此以爲大國不

過百里不信周禮有方五百里四百里之封也案注包馬異說皇邢疏如文璆之無所折衷後人解此乃多轇轕從馬氏則以千乘非百里所容從包氏則以周禮爲不可信紛紛詰難未定一是近人金氏鶚求古錄說此最明最詳故備錄之其說云孟子言天子千里大國百里次國七十里小國五十里又言萬乘之國千乘之家千乘之國百乘之家萬取千焉千取百焉是千里出車萬乘百里出車千乘十里出車百乘也子產言天子一圻列國一同圻方千里同方百里亦如孟子之說以開方之法計之方里而井百里之國計有萬井萬井而出車千乘則十井出一乘矣若馬氏說百井出一乘則百里之國止有百乘必三百一十六里有奇乃有千乘與孟子不合包氏合於孟子是包氏爲可據矣哀十二年公羊傳注言軍賦十井不過一乘此一證也馬氏之說則據司馬法鄭注小司徒亦引司馬法云井十爲通通三十家爲匹馬士一人徒二人通十爲成成百井三百家出革車一乘士十人徒二十人十成爲終終千井三千家革車十乘士百人徒二百人十終爲同同方百里萬井三萬家革車百乘士千人徒二千人賈疏通九十夫之地宮室涂巷三分去一又不易一易再易通率三夫受六夫之地是三十家也案司馬法一書未必眞

周公之制所言與孟子子產皆不合信司馬法何如信孟子耶坊記云制國不過千乘家富不過百乘今謂大夫百乘地方百里等于大國諸侯必不然矣或謂司馬法車乘有兩法一云兵車一乘士十人徒二十人一云兵車一乘甲士三人步卒七十二人賈公彥以士十人徒二十人爲天子畿內采地法以甲士三人步卒七十二人爲畿外邦國法此言千乘之國是畿外邦國也一乘車士卒共七十五人又有炊家子十人固守衣裝五人廄養五人樵汲五人共一百人馬牛芻茭具備此豈八十家所能給哉不知天子六軍出于六鄉大國三軍出于三鄉蓋家出一人爲兵也又三遂亦有三軍三鄉爲正卒三遂爲副卒鄉遂出軍而不出車都鄙出車而不出兵孔仲達成元年丘甲疏云古者天子用兵先用六鄉六鄉不足取六遂六遂不足取都鄙及諸侯若諸侯出兵先盡三鄉三遂鄉遂不足然後徧徵境內賈公彥小司徒疏亦云大國三軍次國二軍小國一軍皆出于鄉遂猶不止徧境出之是爲千乘之賦然則都鄙固不出兵也江愼修云七十五人者丘乘之本法三十人者調發之通制魯頌公車千乘公徒三萬正與司馬法合此說得之然則都鄙卽至出兵而調發之數惟用三十人豈八十家所不能給哉至於丘乘之法八十家

而具七十五人無過家一人耳此但備而不用惟蒐田講武乃行又何不給之有農隙講武正當人人訓練家出一人不爲厲民也若夫車馬之費亦自不多古者材木取之公家山林而無禁則造車不難馬牛畜之民間可給民用不過暫出以供蒐田之用耳芻茭則九野人所易得者也且以八十家而出一車四馬又何患其不給乎或又謂百里之國山川林麓城郭宮室涂巷園囿三分去一三鄉三遂又不出車又不易一易再易通率三夫受六夫之地則三百乘且不足安得有千乘乎不知百里之國以出稅之田言非以封域言也孟子言頒祿正是言田其曰地方百里者地與田通稱故井地即井田也百里以田言則山川林麓以及涂巷園囿等固已除去矣頒祿必均若不去山川山川天下不同則祿不均矣苟境內山川甚多而封域止百里田稅所出安足以給用乎故知大國百里其封疆必不止此周禮所以有五百里四百里之說蓋兼山川附庸而言也孟子則專言穀土耳城郭宮室涂巷等雖有定數然亦非穀土則亦不在百里之內也先儒三分去一之說亦未必然孟子言方里而井百里七十里五十里皆以井計數方里不必其形正方以方田之法算之有九百畝則曰方里地方百里等方字皆如是也然則百里之國不

謂封疆其里亦非廣長之里矣孟子言一夫百畝而周禮有不易百畝一易二百畝再易三百畝之說蓋孟子言其略周禮則詳言之也分田必均周禮以三等均之其說至當左傳井衍沃牧隰皋鄭氏謂隰皋九夫爲牧二牧而當一井是也是則一井不必九百畝百里之國亦不必九百萬畝以通率三井當一井當有一千八百萬畝矣孟子但舉不易之田故曰一夫百畝大國百里也鄉遂之民皆受田則亦有車乘但其作之之財受于官府故曰不出車非無車也夫如是百里之國豈不足於千乘哉包氏之說可無疑矣

敬事而信（注）包曰爲國者舉事必敬慎與民必誠信

節用而愛人（注）包曰節用不奢侈國以民爲本故愛養之

使民以時（注）包曰作使民必以其時不妨奪農務

正義曰事謂政事用謂財用也愛說文作㤅行貌別一義本字作㤅惠也從心旡聲今經典皆叚愛爲㤅使者令也教也民者說文民衆氓也從古文之象書多士序鄭注民無知之稱呂刑注及詩靈臺序注並云民者冥也冥亦無知之義宋石經避諱敬作欽後放此○注爲國者舉事必敬慎與民必誠

信。正義曰說文敬肅也從攴苟釋名釋言語敬警也恒自肅警也此注言敬愼者愼亦肅警意也下篇執事敬事思敬訓並同荀子議兵篇慮必先事而申之以敬愼終如始終始如一夫是之謂大吉凡百事之成也必在敬之其敗也必在慢之與民必誠信者誠者實也言舉事必誠信也事是政令政令所以致民故注以與民言之晉語箕鄭曰信於君心則美惡不踰信於民則上下不干信於令則時無廢功信於事則民從事有業。注節用至養之。正義曰說文云節竹約也引申爲節儉之義賈子道術云費弗過適謂之節易彖傳節以制度不傷財不害民是人君不知節用必致傷財且害民也奢侈者奢張也侈汰也大戴禮子張問入官云奢侈者財之所以不足也管子八觀篇國侈則用費用費則民貧民貧則姦智生姦智生則邪巧作故姦邪之所生生於匱不足匱不足之所生生於侈侈之所以生生於無度故曰審度量節衣服儉財用禁侈泰爲國之急也國以民爲本者注以愛人人指民言避下句民字故言人耳穀梁桓四年傳民者君之本也君主乎國故國以民爲本愛養者養謂制民之產有以養民乃爲愛也說苑政理篇武王問於太公曰治國之道若何太公對曰治國之道愛民而已曰愛民若何曰利之而勿害成之勿敗生之勿殺與之勿奪樂之勿苦喜之勿怒此治國之道使民之誼也民失其所務則害之也農失其時則敗之也有罪者重其罰則殺之也重賦斂者則奪之也多徭役以罷民力則苦之也勞而擾之則怒之也是皆言治國者當愛民也劉氏逢祿論語述何篇解此文云人謂大臣羣臣易訟二爻邑人三百戶舉大數謂天子上大夫受地視侯也此以下文言民則人非民故解爲大臣羣臣於義亦通。注作使至農務。正義曰作如動作之作邢疏云作使民必以其時者謂築都邑城郭也春秋莊二十九年左氏傳曰凡土功龍見而畢務戒事也注云謂今九月周十一月龍星角亢晨見東方三務始畢戒民以土功事火見而致用注云大火心星次角亢見者致築作之物水昏正而栽注云謂今十月定星昏而中於是樹板幹而興作日至而畢注云日南至微陽始動故土功息若其門戶道橋城郭牆塹有所損壞則特隨壞時修之故僖二十年左傳曰凡啟塞從時是也案邢疏謂損壞隨時修之是動小工不必須農隙也左隱五年傳言治兵振旅蒐苗獮狩皆于農隙以講事也講武事此使民之大者春秋時兵爭之禍亟日事徵調多違農時尤治國所宜戒也

子曰弟子入則孝出則弟謹而信汎愛衆而親仁行有餘力則以學文

注 馬曰文者古之遺文

正義曰弟子者對兄父之稱謂人幼少爲弟爲子時也儀禮特牲饋食禮注弟子後生也大射儀注弟子其少者也入則孝出則弟者禮內則云異爲孺子室於宮中是父子異宮則入謂由所居宮至父母所也內則又云十年出就外傅居宿於外大戴禮保傅傳云古者年八歲而出就外舍學小藝焉履小節焉束髮而就大學學大藝焉履大節焉是出謂就傅居小學大學時也弟者言事諸兄師長皆弟順也教弟子先以孝弟者孟子言孩提之童無不知愛其親及其長也無不知敬其兄是孝弟本人所自具因弟子天性未漓而教導之曲禮內則少儀弟子職所述皆其法也諸言則者急辭也謹而信者詩民勞箋謹猶慎也謹於事見信於言見也汎愛衆而親仁者說文汎浮貌引申爲普遍之義廣雅釋言汎博也左襄二十八年傳引此文作氾愛說文氾濫也義亦通爾雅釋詁衆多也周語人三爲衆引申之人在衆中無以表異於人亦得稱衆仁則衆中之賢者也廣雅釋詁親近也君子尊賢而容衆故於衆人使弟子汎愛之所以養治其血氣而導以善厚

之教又使之親近仁者令有所觀感也大戴禮保傅云故孩提三公三少固明孝仁禮義以導習之也逐去邪人不使見惡行於是比選天下端士閑博有道術者以輔翼之使之與太子居處出入故太子乃目見正事聞正言行正道左視右視前後皆正人夫習與正人居不能不正也猶生長於楚不能不楚言也亦言教太子當孩提時宜近正人卽此教弟子親仁之意也行有餘力則以學文者皇疏云行者所以行事已畢之迹也說文餘饒也凌氏鳴喈論語解義有餘力謂僮子精力有餘也曲禮云人生十年曰幼學內則云十年學書計朝夕學幼儀請肄簡諒十有三年學樂誦詩舞勺成童舞象是古教幼學之法此言行有餘力則以學文亦是學幼儀既畢仍令學文也言有餘力學文則無餘力不得學文可知先之以孝弟諸行而學文後之者文有理誼非童子所知若教成人則百行皆所當謹非教術所能徧及故惟冀其博文以求自得之而已此夫子四教先文後行與此言教弟子法異也○注文者古之遺文○正義曰凡文皆古人所遺故言遺文馬以弟子所學別有一書如弟子職之類後或失傳故祇言古之遺文而已鄭注云文道藝也周官保氏養國子以道乃教之六藝一曰五禮二曰六樂三曰五射四曰五馭五曰六書

六曰九數是藝爲六藝也藝所以載道故注道藝連文其義與馬氏並通也

子夏曰賢賢易色（注）孔曰子夏弟子卜商也言以好色之心好賢則善**事父母能竭其力事君能致其身**（注）孔曰盡忠節不愛其身**與朋友交言而有信雖曰未學吾必謂之學矣**（正義）曰周官太宰鄭注云賢有善行也賢賢者謂於人之賢者賢之猶言親親長長也宋氏翔鳳樸學齋札記三代之學皆明人倫賢賢易色明夫婦之倫也毛詩序云周南召南正始之道王化之基是以關雎樂得淑女以配君子憂在進賢不淫其色哀窈窕思賢才而無傷善之心焉是關雎之義也此賢賢易色指夫婦之切證陳氏祖范經說管氏同四書紀聞略同今案夫婦爲人倫之始故此文敘於事父母事君之前漢書李尋傳引此文顏師古注易色輕略於色不貴之也公羊文十二年傳俾君子易怠何休注易怠猶輕惰也是易有輕略之義又廣雅釋言易如也王氏念孫疏證引之云論語賢賢易色易者如也猶言好德如好色也此訓亦通事父母能竭其力者曲禮記

生曰父曰母說文父矩也家長率教者从又舉杖母牧也
从女象裹子形一曰象乳子也說文又云竭負舉也負舉
者必盡力故竭又訓盡此文義得兼之曾子本孝云庶人
之孝也以力惡食盧辯注分地任力致甘美又曾子大孝
云小孝用力慈愛忘勞可謂用力矣孔氏廣森補注庶人
之孝孟子萬章篇言舜事云我竭力耕田供爲子職而已
矣是竭力爲庶人孝養之事也事君能致其身者儀禮喪
服傳君至尊也鄭注天子諸侯及卿大夫有地者皆曰君
說文致送詣也詩四牡云四牡騑騑周道倭遲豈不懷歸
王事靡盬我心傷悲毛傳云思歸者私恩也靡盬者公義
也傷悲者情思也無私恩非孝子也無公義非忠臣也君
子不以私害公不以家事辭王事是言事君不得私愛其
身稽留君事也雖曰未學者廣雅釋詁雖詞也當時多世
卿廢選舉之務雖不學亦得出仕故有未學已事君也吾
必謂之學者廣雅釋詁謂說也子夏以此人所行於人倫
大端無所違失與己學無異故云必謂之學必謂者深信
之辭春秋繁露玉杯篇禮之所重者在其志志敬而節具
則君子予之知禮志和而音雅則君子予之知樂志哀而
居約則君子予之知喪董子所言正與此文義同○注子
夏至則善○正義曰史記弟子列傳卜商字子夏少孔子

四十四歲集解引鄭說溫國卜商溫是衛邑稱國者或本爲國從其初名之也家語弟子解以爲衛人與鄭目錄合孔穎達檀弓疏則云魏人又唐贈魏侯宋封魏公據史記及呂氏春秋舉難察賢篇並言子夏爲魏文侯師是子夏固嘗居魏魏衛同音故誤以爲魏人耳言此好色之心好賢者此以易爲更易義涉迂曲今所不從

子曰君子不重則不威學則不固注孔曰固蔽也一曰言人不能敦重既無威嚴又不能堅固識其義理正義曰稱君子者言凡已仕未仕有君師之責者也不重者法言修身篇或問何如斯謂之人曰取四重去四輕曰何謂四重曰重言重行重貌重好言重則有法行重則有德貌重則有威好重則有觀是言君子貴重也禮玉藻云足容重手容恭目容端口容止聲容靜頭容直氣容肅立容德色容莊並言人當重慎之事則不威者言無威儀也左傳劉康公曰民受天地之中以生所謂命也是以有動作禮義威儀之則以定命也是故君子勤禮勤禮莫如致敬衛北宮文子曰有威而可畏謂之威有儀而可象謂之儀君有君之威儀其臣畏而愛之則而象之故能有其國家令聞長世臣有臣之威

儀其下畏而愛之故能守其官職保族宜家順是以下皆如是是以上下能相固也又云故君子在位可畏施舍可愛進退可度周旋可則容止可觀作事可法德行可象聲氣可樂動作有文言語有章以臨其下謂之有威儀也又下篇夫子語子張曰君子正其衣冠尊其瞻視儼然人望而畏之斯不亦威而不猛乎並言君子有威儀之事不威由於不重故言行輕薄之士必不能遠暴慢鄙倍雖厲聲色綦刑罰人莫畏之矣。注孔曰至義理。正義曰鄭注曲禮云固謂不達於理也注祭義云固猶質陋也皆蔽塞之義下篇夫子告子路曰好仁不好學其蔽也愚好知不好學其蔽也蕩好信不好學其蔽也賊好直不好學其蔽也絞好勇不好學其蔽也亂好剛不好學其蔽也狂是言不學之蔽而可知人之成德達材必皆由學矣中論治學篇民之初載其矇未知譬如寶在於玄室有所求而不見白日照焉則羣物斯辨矣學者心之白日也是其義也一曰以下此集解別存一義非仍前所注之人下皆放此說文重厚也敦亦訓厚故注以敦重連文詩天保傳固堅也亦常訓此以不重不威之人雖知所學不能堅固無由深造之以道而講求義理也所以然者以此人學若堅固必能篤行其容貌顔色辭氣必不至輕惰若此矣今不能敦重無威嚴故知其學不能堅固也義與前異亦略通**主忠信無友不如己者過則勿憚改**注鄭曰主親也憚難也正義曰釋文云毋音無本亦作無宋刊九經本亦作毋說文毋止之詈也𣞤止也無即𣞤隸省儀禮士昏禮公食大夫禮注並云古文毋爲無然則毋無亦今古文異廣雅釋言如均也己即我之別稱說文己承戊象人腹是己本象人形故人得自稱己曾子制言中吾不仁其人雖獨也吾弗親也故周公曰不如我者吾不與處損我者也與吾等者吾不與處無益我者也吾所與處者必賢于我由曾子及周公言觀之則不如己者即不仁之人夫子不欲深斥故祗言不如己而已呂氏春秋驕恣篇引仲虺曰能自爲取師者王能自取友者存其所擇而莫如己者亡羣書治要引中論曰君子不友不如己者非羞彼而大我也不如己者須己慎者也然則扶人不暇將誰相我哉吾之憤也亦無日矣又韓詩外傳南假子曰夫高比所以廣德也下比所以狹行也比於善者自進之階比於惡者自退之原也諸文並足發明此言之旨過則勿憚改者周官調人注過無本意也詩東山箋勿無也說文改更也並常訓言人行事有非意之過即當改之不可畏難復依前行之也曾

子立事篇太上不生惡其次而能夙絶之其下復而能改又下篇子曰過而不改是謂過矣皆言人有過當速改也皇疏載一說云若結友過誤不得善人則改易之莫難之也故李充云若友失其人改之爲貴也案高誘注呂氏春秋驕恣篇引無友不如己者過則勿憚改以證所擇而莫如己者亡之義亦以過爲結友過誤或漢人有此義故李充云然然既知誤交何難即改似不足爲君子慮也。注主親也憚難也。正義曰主訓親者引申之義注意謂人當親近有德所謂勝己者也然下文復言無友不如己於意似重或未必然皇疏云以忠信爲百行所主是言忠信在己不在人其義較長周語云是以不主寬惠亦不主猛毅韋昭注主猶名也義可互證說文憚忌難也從心單聲一曰難也難就事言忌難謂人忌畏之詩雲漢箋憚猶畏也是也此注同許後義亦通

曾子曰慎終追遠民德歸厚矣 注 孔曰慎終者喪盡其哀追遠者祭盡其敬君能行此二者民化其德皆歸於厚也 正義曰爾雅釋詁慎誠也說文慎謹也誠謹義同周官疾醫死終則各書其所以鄭注老死曰終禮記檀弓云君子曰終

小人曰死此對文異稱檀弓又云曾子曰喪三日而殯凡附於身者必誠必信勿之有悔焉耳矣三月而葬凡附於棺者必誠必信勿之有悔焉耳矣皆是言慎終之事追遠者說文追逐也詩鴛鴦箋遠猶久也並常訓言凡父祖已殁雖久遠當時追祭之也荀子禮論云故有天下者事十世有一國者事五世有五乘之地者事三世有三乘之地者事二世又周官司尊彝言四時閒祀有追享鄭康成注以爲祭遷廟之主則此文追遠不止以父母言矣民德歸厚者樂記云德者性之端也淮南子齊俗訓得其天性謂之德穀梁僖二十八年傳歸者歸其所也墨子經上厚有所大也當春秋時禮教衰微民多薄於其親故曾子諷在位者但能慎終追遠民自知感厲亦歸於厚也禮坊記云修宗廟敬祭祀教民追孝也又祭統云夫祭之爲物大矣其興物備矣順以備者也其教之本與是故君子之教也外則教之以尊其君長內則教之以孝於其親是故明君在上則諸臣服從崇事宗廟社稷則子孫順孝盡其道端其義而教生焉是故君子之教也必由其本順之至也祭其是與故曰祭者教之本也已。注慎終至厚也。正義曰祭統云是故孝子之事親也有三道焉生則養沒則喪喪畢則祭養則觀其順也喪則觀其哀也祭則觀其敬而時也盡此三道者孝子之行也是喪當盡哀祭當盡敬然此文慎終不止以盡哀言禮雜記云子貢問喪子曰敬爲上哀次之瘠爲下敬與謹同卽此文所云慎也言君者以曾子言民德民是對君之稱蓋化民成俗必由在上者有以導之也

子禽問於子貢曰夫子至於是邦也必聞其政求之與抑與之與注鄭曰子禽弟子陳亢也子貢弟子姓端木名賜亢怪孔子所至之邦必與聞其國政求而得之耶抑人君自願與之爲治**子貢曰夫子溫良恭儉讓以得之夫子之求之也其諸異乎人之求之與**注鄭曰言夫子行此五德而得之與人求之異明人君自與之 正義曰問於子貢者說作贛音同隸釋載漢石經論語殘碑凡子貢皆作子贛說文貢獻功也贛賜也子貢名賜字當作贛凡作貢皆是省

借作贛則謂體也夫子至於是邦者夫子即孔子夫者人所指名也子者孳也人之別稱也皇疏云禮身經爲大夫者得稱爲夫子孔子魯大夫故弟子呼爲夫子也必聞其政者字林至到也廣雅釋言是此也說文邦國也從邑丰聲周官大宰注大曰邦小曰國此對文若散言亦通稱也必聞其政者說文聞知聞也下篇云政者正也時人君有大政事皆就夫子諮度之故言必聞其政也求之與抑與之與者穀梁定元年傳求者請也抑者更端之辭漢石經抑與作意予案周語抑人故也賈子禮容語下作意人又詩十月之交抑此皇父鄭箋抑之言噫釋文引韓詩云抑意也則抑意音近義同故二文互用與猶言告也石經作予亦通用字下篇君孰與足漢書谷永傳作予足可證也溫良恭儉讓以得之者說文𥁕仁也溫水名義別經典悉叚溫爲𥁕爾雅釋訓溫溫柔也詩燕燕箋溫謂顏色和也下篇子溫而厲是溫指貌言說文云㠯善也今隸變爲良賈子道術篇安柔不苛謂之良良謂心之善也爾雅釋詁恭敬也說文恭肅也又儉約也易象傳君子以儉德辟難左襄十三年傳讓者禮之主也說文攘推也讓相責讓也凡謙讓揖讓字當作攘今經典亦假讓爲攘又說文亻部得行有所得也論衡知實篇引此文解之云溫良恭儉讓

尊行也有尊行於人人親附之則人告語之矣但其迹有
似於求而得之故子貢就其求之之言以明其得聞之故
明夫子得聞政是人君與之非夫子求之矣吳氏嘉賓論
語說君所自擅者謂之政常不欲使人與聞之況違臣乎
溫良恭儉讓是誠於不干人之政也誠於不干人之政則
人人之國無有疑且忌焉者其視聖人如己之素所師保
安忍不以告焉今之人求以聞人之政不知其身且將不
之保韓非說難是已夫子之求之也其諸異乎人之求之
與者公羊桓六年傳其諸以病桓與何休注其諸辭也說
文異分也夫子原不是求此假言卽以夫子得之爲求亦
與人異也宋石經避諱凡讓字作遜皇本作其諸異乎人
之求之與也○注子禽至名賜○正義曰臧氏庸拜經日
記史記弟子列傳有原亢籍無陳亢蓋原亢卽陳亢也鄭
注論語檀弓俱以陳亢爲孔子弟子當是名亢字籍一字
子禽籍禽也故諱籍字禽否則亢言三見論語弟子書必
無不載太史公亦斷無不錄家語既有原抗字禽籍不當
復有陳亢子禽矣明係王肅竄入原陳之所以不同何也
蓋原氏出於陳原陳同氏也詩陳風東方之原毛傳原大
夫氏春秋莊二十七年公子友如陳葬原仲則原亢之爲
陳亢信矣漢書古今人表中中分陳亢陳子禽二人與魯

太師公明賈子服景伯林放陳司敗陽膚尾生高申棖師冕同列又以陳子亢隸下上與陳弃疾工尹商陽齊侴敖餓者同列分爲三人與申棖皆不以爲弟子此不足據案臧說是也檀弓陳子車死於衛其妻與其家大夫謀以殉葬定而后陳子亢至鄭注子亢子車弟則亢亦齊人也弟子傳原亢籍少孔子四十歲又云端木賜衛人少孔子三十一歲皇疏本陳亢也句下有字子禽也四字名賜句下有字子貢也四字於文爲複當是皇所增

子曰父在觀其志父沒觀其行注孔曰父在子不得自專故觀其志而已父沒乃觀其行三年無改於父之道可謂孝矣注孔曰孝子在喪哀慕猶若父存無所改於父之道正義曰爾雅釋詁在存也說文同又觀諦視也穀梁隱五年傳常視曰視非常曰觀毛詩序在心爲志廣雅釋詁志意也說文歾終也殁歾或從𠬪今字作歿隸體小變沒沈也別一義蓋假借也禮坊記注行猶事也爾雅釋天夏曰歲商曰祀周曰年唐虞曰載郭注解周曰年云取禾一熟義本說文汪氏中釋三九曰三年者言其久也何以不改也爲

其爲道也若其非道雖朝死而夕改可也何以知其然也昔者鯀湮洪水汨陳其五行彝倫攸斁天乃不畀洪範九疇鯀則殛死禹乃嗣興彝倫攸敘天乃畀禹洪範九疇蔡叔啟商惎間王室其子蔡仲改行帥德周公以爲卿士見諸王而命之以蔡此改乎其父者也不審惟是虞舜側微父頑母嚚象傲克諧以孝烝烝乂不格姦祗載見瞽瞍夔夔齊栗瞽瞍亦允若曾子曰君子之所謂孝者先意承志諭父母於道此父在而改於其子者也是非以不改爲孝也然則何以不改也爲其爲道也三年云者雖終其身可也自斯義不明而後章惰高拱之邪說出矣案汪說是也漢書五行志京房易傳曰幹父之蠱有子考亾咎子三年不改父道思慕不皇亦重見先人之非南史蔡廓子興宗傳先是大明世奢侈無度多所造立賦調繁嚴徵役過苦至是發詔悉皆削除自孝建以來至大明末凡諸制度無或存者興宗慨然曰先帝雖非盛德要以道始終三年無改古典所貴二史所言皆以無改爲孝不復計及非道則自漢以來多不知此義矣禮坊記子云君子弛其親之過而敬其美論語曰三年無改於其父之道可謂孝矣弛過敬美正是擇善而從卽夫子論孟莊子之孝不改父臣與政爲難能亦是因獻子之臣與政本不須改而莊子能繼

父業所以爲孝若父之道有所未善而相承不變世濟其惡又安足貴乎可者深許之辭說文可肎也○注父在至其行○正義曰鄭注云孝子父在無所自專庶幾於其善道而已此僞孔所襲韓詩外傳孔子曰昔者周公事文王行無專制事無由己可謂子矣是父在子不得自專也庶幾於其善道謂但觀其志有善道無行事可見也朱子或問引范祖禹說以人子於父在時觀父之志而承順之父沒則觀父之行而繼述之與鄭孔注義異錢氏大昕潛研堂文集極取范說曰孔子之言論孝乎論觀人乎以經文可謂孝矣證之其爲論孝不論觀人夫人而知之也旣曰論孝則以爲觀父之志行是也不論觀人則以爲觀人子之志行非也子之不孝者好貨財私妻子父母之養且不顧安能觀其志朝死而夕忘之安能觀其行禮曰視於無形聽於無聲觀其志之謂也又曰善繼人之志善述人之事觀其行之謂也孟子論事親爲大以曾元之賢僅得謂之養口體則孔子之所謂養其志者惟曾子之養志足以當之如是而以孝許之奚不可乎案范說亦通但論孝郎是觀人旣觀其行而知三年無改於父之道故以孝許之鄭孔義本不誤故仍主鄭孔而以范說附之○注孝子至之道○正義曰注以三年是居喪之期故云在喪也宋氏

翔鳳發微說按七略春秋經十一卷出今文家繫閔公篇於莊公下博士傳其說曰子未三年無改於父之道傳曰則曷爲於其封內三年稱子緣孝子之心則三年不忍當也又漢書師丹傳丹上書言古者諒闇不言聽於冢宰三年無改於父之道皆以三年就居喪言與此注同哀慕猶若父存無所改於父之道者謂人子居喪猶若父存時已仍爲子若曲禮言居喪之禮升降不由阼階出入不當門隧皆若父存不敢遽當室也此說於義似通然居喪不敢改父之道喪終自仍宜改改與不改皆是恒禮奚足以見人子之孝故知此注尙未然也

有子曰禮之用和爲貴先王之道斯爲美小大由之有所不行知和而和不以禮節之亦不可行也（注）馬曰人知禮貴和而每事從和不以禮爲節亦不可行　正義曰禮祭義云禮者履此者也管子心術篇登降揖讓貴賤有等親疏有體謂之禮方言用行也說文用可施行也禮主於讓故以和爲用燕義云和寧禮之用也是也說文龢調也讀與咊同盉味也和相應也三義略近今經傳通作和賈子道術篇剛柔得道謂之

和反和爲乖韋昭晉語注貴重也高誘呂氏春秋尊師注貴尚也和是禮中所有故行禮以和爲貴皇邢疏以和爲樂非也樂記云禮勝則離鄭注離謂析居不和也又易繫辭傳履以和行虞翻注禮之用和爲貴故以和行和是言禮非謂樂審矣論衡四諱篇死亾謂之先爾雅釋詁王君也戴氏望論語注云先王謂聖人爲天子制禮者也詩殷其靁傳斯此也周官大司徒注美善也並常訓禮有威儀文物故以美言之小大指人言下篇君子無小大詩泮水無小無大從公于邁皆以小大指人之證爾雅釋詁由自也自與從同史記禮書云君臣朝廷尊卑貴賤之序下及黎庶車輿衣服宫室飲食嫁娶喪祭之分事有宜適物有節文是言人小大皆有禮也有所不行者謂人但循禮不知用和故不可行所謂禮勝則離者也檀弓云品節斯之謂禮皇疏云人若知禮用和而每事從和不復用禮爲節者則於事亦不得行也所以言亦者沈居士云上純用禮不行今皆用和亦不可行也案有子此章之旨所以發明夫子中庸之義也說文庸用也凡事所可常用故庸又訓常鄭君中庸目錄云名曰中庸者以其記中和之爲用也注君子中庸云庸常也用中爲常道也兩義自爲引申堯咨舜舜咨禹云允執其中孟子言湯執中執中即用中也

舜執兩端用其中於民用中即中庸之倒文周官大司樂言六德中和祗庸孝友言中和又言庸夫子本之故言中庸之德子思本之乃作中庸而有子於此章已明言之其謂以禮節之者禮貴得中知所節則知所中中庸云和而不流强哉矯中立而不倚强哉矯和而不流則禮以節之也則禮之中也中庸皆所以行禮故禮篇載之逸周書度訓云和非中不立中非禮不愼禮非樂不履樂謂和樂即此義也漢石經亦不行也不下無可字

有子曰信近於義言可復也注復猶覆也義不必信信非義也以其言可反覆故曰近義**恭近於禮遠恥辱也**注恭不合禮非禮也以其能遠恥辱故曰近禮也**因不失其親亦可宗也**注孔曰因親也言所親不失其親亦可宗敬

正義曰信近於義言可復者說文近附也誼人所宜也義己之威儀也二字義別今經傳通作義禮中庸記云義者宜也表記云義者天下之制也言制之以合宜也孟子離婁篇云大人者言不必信唯義所在是信須視義而行之故此言近

於義也鄭注云復覆也言語之信可反覆案復覆古今語爾雅釋言復返也返與反同說文復往來也往來即反覆之義人初言之其信能近於義故其後可反覆言之也曾子立事篇云久而復之可以知其信矣又云言之必思復之思復之必思無悔言亦可謂慎矣思無悔言亦謂以義裁之否則但守硜硜之信而未合於義人將不直吾言吾雖欲復之不得也恭近於禮遠恥辱者廣雅釋詁遠離也說文恥辱也辱恥也表記云恭以遠恥亦謂恭近於禮以行之也否則雖恭敬於人不能中禮或為人所輕侮而不免恥辱下篇云恭而無禮則勞亦此意也皇本宗下有敬字。注義不至近義。正義曰邢疏云義不必信者若春秋晉士匄帥師侵齊聞齊侯卒乃還春秋善之是合宜不必守信也云信非義也者史記尾生與女子期於梁下女子不來水至不去抱柱而死是雖守信而非義也案注以近義是由復言後觀之蓋知其人言可反覆曉其近於義也下注以其能遠恥辱故曰近禮義同。注因親至宗敬。正義曰詩皇矣因心則友傳因親也此文上言因下言親變文成義說文宗尊祖廟也宗有尊訓此言宗敬者引申之義曾子立事云觀其所愛親可以知其人矣謂觀其所親愛之是非則知其人之賢不肖若所親不失其親則

此人之賢可知故亦可宗敬也桂氏馥羣經義證解此注
云詩皇矣正義曰周禮六行其四曰婣注婣親於外親是
姻得爲親據此則因卽姻省文野客叢書引南史王元規
曰姻不失親古人所重豈得輒昏非類張說之碑亦云姻
不失親官復其舊又徐鍇說文通論禮曰姻不失其親故
古文㚷女爲妻邢皇二疏俱失孔恉今案孔注因親是逕
說人交接之事其作姻者自由後世所見本不同然婚
姻之義於注本得兼之皇邢疏依注爲訓未爲失恉

子曰君子食無求飽居無求安（注）鄭曰學者之志有所不暇
敏於事而愼於言就有道而正焉可謂好學也已（注）孔曰
敏疾也有道有道德者正謂問其是非　正義曰此章言君子當安貧力學也
食無求飽者禮記曲禮注食飯屬也說文飽猒也猒者足
也禮記禮器云有以少爲貴者天子一食諸侯再大夫士
三庶人食力無數注一食再食三食謂告飽也食力謂工
商農也又公食大夫禮賓三飯以湆醬注三飯而止君子
食不求飽彼言禮食之事君子不當求飽故此言家貧者
食無求飽爲君子也居無求安者說文凥處也從尸几尸

得凡而安也居蹲也二字義訓今經傳皆叚居爲凥爾雅釋詁安定止也無求飽無求安若顏子一簞食一瓢飲在陋巷不改其樂者也就有道而正焉者學記就賢體遠注就謂躬下之荀子性惡篇夫人雖有性質美而心辯知必將求賢師而事之擇良友而友之得賢師而事之則所聞者堯舜禹湯之道也得良友而友之則所見者忠信敬讓之行也身日進於仁義而不自知也者靡使然也焉也已助語之辭漢石經也已作已矣皇本作也已矣○注敏疾至是非○正義曰說文敏疾也敏於事謂疾勤於事不懈倦也下篇訥於言而敏於行訓同焦氏循論語補疏敏審也謂審當於事也聖人教人固不專以疾速爲重案焦說與孔注義相輔聞斯行之夫子以教冉有是亦貴疾速可知說文正是也周官家司馬各使其臣以正於公司馬注正猶聽也邢疏言學業有所未覺當就有道德之人正定其是之與非易文言曰問以辨之也

子貢曰貧而無諂富而無驕何如子曰可也〔注〕孔曰未足多未若貧而樂富而好禮者也〔注〕鄭曰樂謂志於道不以貧

爲憂苦　正義曰皇本子貢下有問字說文貧財分少也又謂諛也諂諂或從臽皇疏引范甯曰不以正道求人爲諂也說文富備也一曰厚也人財多當無不備也驕者馬高六尺之名人自高大故亦稱驕皇疏富厚者旣得人所求好生陵慢是爲驕也何如者何似也未若猶言未如儀禮有司徹注今文若爲如是二字義同皇本高麗本足利本並作樂道唐石經道字旁注陳氏鱣論語古訓云鄭注本無道字集解兼采古論下引孔曰能貧而樂道是孔注古論本有道字史記所載語亦是古論仲尼弟子傳引不如貧而樂道正與孔合文選幽憤詩樂道閒居注引論語子曰貧而樂道是集解本有道字今各本脫去鄭據本蓋魯論故無道字今案作樂道自是古論漢書王莽傳後漢書東平王蒼傳注引並無道字與鄭本同下篇回也不改其樂樂亦在其中矣皆不言樂道而義自可通故鄭不從古以校魯也至孔注是後人僞撰陳君援孔注以證史記稍誤坊記子云貧而好樂富而好禮衆而以甯者天下其幾矣是樂道好禮爲人所難能故無諂無驕者不能及之也○注樂謂志於道不以貧爲憂苦○正義曰鄭以樂即樂道與古論同呂氏春秋愼大覽古之得道者窮亦樂達亦樂所樂非窮達也道得於此則窮達一也如寒暑

風雨之節矣　子貢曰詩云如切如磋如琢如磨其斯之謂與(注)孔曰能貧而樂道富而好禮者能自切磋琢磨　子曰賜也始可與言詩已矣告諸往而知來者(注)孔曰諸之也子貢知引詩以成孔子義善取類故然之往告之以貧而樂道來答以切磋琢磨　正義曰詩云者毛詩序云詩者志之所之也在心爲志發言爲詩書微子馬注云言也如切如磋如琢如磨者衞詩淇澳篇文說文切刌也琢治玉也磋謂治象差次之使其平滑也磨釋文作摩云一本作磨說文䃺礱也礪也意摩磨卽䃺之異體鄭此注云切磋琢磨以成寶器寶者貴也爾雅釋器骨謂之切象謂之磋玉謂之琢石謂之磨郭注皆治器之名謂治骨象玉石以成器也又釋訓云如切如磋道學也如琢如磨自修也此本禮記大學篇文先從叔丹徒君論語駢枝據爾雅釋此文云蓋無諂無驕者生質之美樂道好禮者學問之功夫子言十室之邑必有忠信不如丘之好學而七十子之徒獨稱顏淵爲好學顏淵而下穎悟莫若子貢故

夫子進之以此然語意渾融引而不發子貢能識此意而引詩以證明之所以爲告往知來謹案毛詩傳云道其學而成也聽其規諫以自修如玉石之見琢磨也又荀子大略云人之於文學也猶玉之於琢磨也詩曰如切如磋如琢如磨謂學問也並同爾雅之義告者廣雅釋詁告教也往來猶言前後也子貢聞一知二故能告往知來皇本謂下來者下均有也字。注往告之以貧而樂道。正義曰此句下當有富而好禮句

子曰不患人之不己知患不知人也　正義曰說文患憂也人不己知己無所失無可患也己不知人則於人之賢者不能親之用之人之不賢者不能遠之退之所失甚巨故當患呂氏春秋論人篇人同類而智殊賢不肖異皆巧言辯亂以自防禦此不肖主之所以亂也是言不知人之當患也皇本作不患人之不己知也患己不知人也高麗足利本亦作患己不知人也釋文云患不知也本或作患己不知人也俗本妄加字今本患不知人也臧氏琳經義雜記古本作患不知也與里仁不患莫己知求爲可知也語意同人字淺人所加案皇本有王注云但患己之無能知也己無能知即來有知之義則皇本人字爲俗妄加無疑

餘姚朱衍緒校刊

論語正義卷二

寶應劉寶楠學

爲政第二　集解

凡二十四章

子曰：爲政以德，譬如北辰，居其所而衆星共之。注包曰：德者無爲，猶北辰之不移而衆星共之。

正義曰：說文：譬，諭也。墨子小取篇：辟也者，舉他物而以明之也。辟與譬同。鄭注云：北極謂之北辰。此本爾雅釋天文。李巡曰：北極，天心，居北方，正四時，謂之北辰。郭璞曰：北極，天之中，以正四時。天中即天心。天體圜，此爲最高處，名赤道極，稱北極者，對南極言之。成周洛陽之地，北極出地三十六度，南極入地亦三十六度。中國在赤道北，祇見北極，故舉爲言也。楚辭天問：斡維焉繫，天極焉加？稱天極。周髀算經稱北極樞，呂氏春秋有始覽稱天樞，與北極、北辰俱一體而異名也。周官考工記匠人：夜考諸極星。

以正朝夕呂氏春秋亦言極星極卽北極北極非星名而考工呂覽稱極星者此就人所視近北極之星舉以爲識別也周髀經立八尺表以繩繫表顛希望北極中大星明大星在北極中非北極卽爲星也史記天官書中宮天極星其一明者太一常居也此卽考工等所言極星陳氏懋齡經書算學天文考引許慶宗說爲句陳大星案說苑辨物篇璿璣謂北辰句陳樞星也則以句陳爲極星漢人已有此說繁露奉本篇星莫大於北辰何休公羊傳注迷惑不知東西者須視北辰以別心伐皆以北辰爲星名故漢書天文志云北極五星第五紐星爲天之樞以紐星爲天樞卽謂北辰也陳氏懋齡云古人指星所在處爲天所在處其實北辰是無星處又云凡天之無星處日辰天有十二辰自子畢亥爲日月所聚會之次舍如十一月冬至日月畢會於丑必有所當之星宿漢初不知歲差以牽牛爲冬至常星若以歲差之理言之今時在箕一度冬至子中未嘗板定星度北辰如何認定極星但以之爲標準耳案陳說甚是然北辰是無星處朱子語類已言之夏氏炘學禮管釋據考工呂覽諸言極星之文遂以北辰爲天樞北極爲星名且疑爾雅爲漢人附益過矣北極爲赤道極左旋西行其日月五星各居一極日日黃道極與月五星同

爲右旋東行而二十八宿亦東行二十八宿統名恒星以句陳等星與恒星同度恒星歲差五十一秒故梁祖暅之以儀準候不動處在紐星之末猶一度有餘宋沈括測天中不動處遠極星三度有餘元郭守敬測極星離不動處三度則星度常差不能執定一星以求北辰之所在矣居其所者三蒼云所處也廣雅釋詁所凥也北辰居其所即陳氏所圖距等圈之削成一點也衆星共之者說文云壘萬物之精上爲列星或省作星釋名釋天云星散也列位布散也漢書天文志經星常宿中外官凡百一十八名積數七百八十三星自後諸史志及推測家言數各異今亦未能詳之也陳氏懋齡云赤道宗北極恒星宗黃極赤道西行恒星東行右旋之度因左旋而成只爲動天左旋西行帶定七政恒星晝夜運轉故七政恒星得以差次自行是東行之度以西行而生黃極以赤極爲樞衆星所以共北辰也鄭注云拱拱手也共是拱省鄭與包所見本異說文拱歛手也何休公羊僖三十二年注拱可以手對抱衆星列峙錯居還繞北辰若拱向之也蔡邕明堂月令論以北辰居其所爲人君居明堂之象謂明堂爲政教所由生變化所由來是明一統其說是也宋氏翔鳳發微云明堂之治王中無爲以守至正上法璇機以齊七政故曰政者正

也王者上承天之所爲下以正其所爲未有不以德爲本德者不言之化自然之治以無爲爲之者也雖有四時天地人之政而皆本於一德雖有五官二十八星之名而皆筦於北辰爲政不出於明堂而禮樂刑政四達不悖德之符也北辰不離於紫宮而衆星循環終古不忒樞之筦也

○注德者無爲猶北辰之不移而衆星共之○正義曰李氏允升四書證疑既曰爲政非無爲也政皆本於德有爲如無爲也又曰爲政以德則本仁以育萬物本義以正萬民本中和以制禮樂亦實有宰制非漠然無爲也案李說足以發明此注之意禮中庸云詩云不顯惟德百辟其刑之是故君子篤恭而天下平篤恭者德也所謂共己正南面也共己以作之則則百工盡職庶務孔修若上無所爲者然故稱舜無爲而治也北辰之不移者呂覽云極星與天俱游而天樞不移此注所本周髀云欲知北極樞旋周四極常以夏至夜半時北極南游所極冬至夜半時北極北游所極冬至日加酉之時西游所極日加卯之時東游所極北極樞即北辰周髀言有四游則非不移可知後漢天文志注引星經曰琁機謂北極此舜作璇機以象北極伏生書傳曰琁者還也機者幾也微也其變幾微而所動者大謂之琁機是故琁機謂之北極據大傳言其變幾微

故天文家咸以爲不動辭雖異意實同也皇本此注作鄭曰

子曰詩三百(注)孔曰篇之大數**一言以蔽之**(注)包曰蔽猶當也**曰思無邪**(注)包曰歸於正

正義曰史記孔子世家古者詩三千餘篇及至孔子去其重取可施於禮義上采契后稷中述殷周之盛至幽厲之缺又云三百五篇孔子皆弦歌之以求合韶武雅頌之音禮樂自此可得而述以備王道成六藝據此則三百五篇夫子所刪定也禮義即禮儀亦即謂禮樂也詩皆入樂故可弦歌夫子屢言詩三百一見禮運兩見論語皆綜大數以爲教也漢書藝文志云古有采詩之官王者所以觀風俗知得失自考正也孔子純取周詩上采殷下取魯凡三百五篇遭秦而全者以其諷誦不獨在竹帛故也班志此文以三百五篇爲孔子所取與世家合其三百五篇之外單章零句有可述者儒者肄業雖不妨及之要無與於弦歌之用故不數之也一言者詩關雎疏云句則古者謂之爲言引此文謂以思無邪一句爲一言也又引左傳臣之業在揚之水卒章之四言趙簡子稱子大叔遺我以九言皆以一句爲一言也案春秋繁露楚莊王篇介以一言曰

王者必改制亦一證思無邪者魯頌駉篇文說文恖容也言心有所念能容之也顧氏鎮虞東學詩云詩者思也發慮在心而形之於言以攄其懷抱繫於作詩之人不繫於讀詩之人又曰論語之言詩獨詳曰誦曰學曰爲皆主於誦詩者也今直曰詩三百是論詩非論讀詩也蓋當巡狩采詩兼陳美刺而時俗之貞淫見焉及其比音入樂誦自瞽矇而後王之法戒昭焉故俗有渲漓詞有正變而原夫作者之初則發於感發懲創之苦心故曰思無邪也○注篇之大數○正義曰今詩存三百五篇合笙詩六爲三百十一篇此言三百是舉大數○注蔽猶當也○正義曰鄭注云蔽塞也塞當義同廣雅釋詁蔽障也○注歸於正○正義曰賈子道術方直不曲謂之正反正爲邪毛詩序云詩者志之所之也在心爲志發言爲詩又云故正得失動天地感鬼神莫近於詩又云故變風發乎情止乎禮義發乎情民之性也止乎禮義先王之澤也禮樂記師乙曰寬而靜柔而正者宜歌頌廣大而靜疏達而信者宜歌大雅恭儉而好禮者宜歌小雅正直清廉而讓者宜歌風肆直而慈愛者宜歌商溫良而能斷者宜歌齊荀子大略篇國風之好色也傳曰盈其欲而不愆其止其誠可比於金石其聲可内於宗廟小雅不以於汙上自引而居下疾今之

政以思往者其言有文焉其聲有哀焉史記屈賈列傳國風好色而不淫小雅怨誹而不亂皆言詩歸於正也

子曰道之以政注孔曰政謂法教齊之以刑注馬曰齊整之以刑罰民免而無恥注孔曰免苟免道之以德注包曰德謂道德齊之以禮有恥且格注格正也

正義曰道如道國之道謂教之也禮緇衣云教之以德教之以政文與此同漢祝睦碑導濟以禮皇本兩道字並作導釋文道音導下同說文導導引也此義亦通祝睦碑作導作濟又云有恥且恪諸異文當出齊古爾雅釋言濟益也釋詁恪敬也於義並合漢書貨殖傳於是在民上者道之以德齊之以禮故民有恥而且敬卽本此文言民知所尊敬而莫敢不從令也鄭注此云格來也本爾雅釋言又釋詁格至也來至義同謂來歸於善也漢費汎碑有恥且佫方言佫至也說文假至也佫假一字爾雅釋文格字或作佫書格於上下說文引作假假與假同則格假字通說文格木長貌於訓敬訓來之義皆不相應蓋叚借也緇衣云夫民教之以德齊之以禮則民有格心教之以政齊之以刑則民有遯心注云格來也遯逃

也彼言遯此言免義同廣雅釋詁免脫也謂民思脫避於罪也大戴禮禮察篇爲人主計者莫如安審取舍取舍之極定於內安危之萌應於外也以禮義治之者積禮義以刑罰治之者積刑罰刑罰積而民怨倍禮義積而民和親故世主欲民之善同而所以使民之善者異也或導之以德教或敺之以法令導之以德教者德教行而民康樂敺之以法令者法令極而民哀戚哀樂之感禍福之應也家語刑政篇仲弓問於孔子曰雍聞至刑無所用政桀紂之世是也至政無所用刑成康之世是也信乎孔子曰聖人治化必刑政相參焉大上以德教民而以禮齊之其次以政導民而以刑禁之化之弗變導之弗從傷義以敗俗於是乎用刑矣孔叢子刑論篇仲弓問古之刑教與今之刑教孔子曰古之刑省今之刑繁其爲教古有禮然後有刑是以刑省今無禮以教而齊之以刑刑是以繁書曰伯夷降典折民惟刑謂先禮以教之然後繼以刑折之也夫無禮則民無恥而正之以刑故苟免又孔子答衛將軍文子曰齊之以禮則民恥矣刑以止刑則民懼矣文子曰今齊之以刑刑猶弗勝何禮之有孔子曰以禮齊民譬之于御則轡也以刑齊民譬之于御則鞭也執轡于此而動於彼御之良也無轡而用策則馬失道矣文子曰以御言之左

手執轡右手運策不亦速乎若徒轡無策馬何懼哉孔子曰吾聞古之善御者執轡如組兩驂如舞非策之助也是以先王盛于禮而薄于刑故民從命今也廢禮而尙刑故民彌暴諸文並足發明此章之義○注齊整之以刑罰○正義曰廣雅釋言齊整也此常訓說文刑剄也刑罰皋也二字義別今經典多捏用罰者說文云皋之小也罰本小皋制之以法故亦曰罰周官司救云凡民之有衺惡者三讓而罰注罰謂撻擊之也是也白虎通五刑篇聖人治天下必有刑罰何所以佐德助治順天之度也故懸爵賞者示有所勸也設刑罰者明有所懼也○注德謂道德○正義曰注意德屬人君卽上章爲政以德之意鄭注云德謂智仁聖義中和此本周官大司徒所謂以鄉三物教萬民而賓興之者也鄭彼注云知明于事仁愛人以及物聖通而先識義能斷時宜忠言以中心和不剛不柔此六德也鄭義與此注均通○注格正也○正義曰漢書刑法志顏師古注同孟子離婁云惟大人爲能格君心之非

子曰吾十有五而志于學三十而立㊟有所成也四十而不惑㊟孔曰不疑惑五十而知天命㊟孔曰知天命之始終

六十而耳順（注）鄭曰：耳聞其言而知其微旨。七十而從心所欲不踰矩（注）馬曰：矩，法也。從心所欲無非法。

正義曰：十五、二十云云者，夫子七十時追敘所歷年數也。有之言又也。志于學，漢石經及高麗本于作乎。翟氏灝考異：以論語自引詩書外，例作於，此變體爲于，必乎之誤。尚書大傳：古之帝王者必立大學、小學，使王大子、王子、羣后之子以至公卿大夫元士之適子，十有三年始入小學，見小節焉，踐小義焉；年二十入大學，見大節焉，踐大義焉。大戴禮保傳傳云：古者年八歲而出就外傳，束髮而就大學。盧注：束髮謂成童。古以年十六爲成人，則成童是十五。戴禮與大傳傳聞各異。白虎通辟雍篇：古者所以年十五入大學何？以爲八歲毀齒，始有識知，入學學書計；七八十五，陰陽備，故十五成童志明，入大學，學經術。故曲禮曰：十年曰幼學。論語曰：吾十有五而志于學，三十而立。則十五者入大學之年。尙書大傳言入大學，知君臣之儀、上下之位。禮小戴有大學篇，始致知格物，終治國平天下，皆所謂大節大義也。夫子生知之聖，而以學知自居，故云志于學。志如志於道之志。毛詩序云：志者，心之所之也。先兄五河君經義說略謂志、識同，卽默而識之也亦通三十漢石經作卅白虎通引三十而立連上句則立謂學也漢書藝文志古之學者且耕且養三年而通一經用日少而畜德多三十而五經立又吳志吳主與孫皎書孔子言三十而立非但謂五經也足知立謂學立乃漢人舊義故皇疏同之周時成均之教春秋禮樂冬夏詩書無五經之目班氏假五經以說所學之業其謂三年通一經亦是大略言之不得過拘年數也諸解立爲立于道立于禮皆統於學學不外道與禮也至三十後則學立而德成之事張栻論語解聖人之所以爲聖人者以其有始有卒常久日新必積十年而一進者成章而後達也四十不惑者子曰知者不惑禮中庸云子曰素隱行怪後世有述焉吾弗爲之矣此卽不惑之事若孟子言四十不動心則勇者之事能養氣也天命者說文云命使也言天使己如此也書召誥云今天其命哲命吉凶命歷年哲與愚對是生質之異而皆可以爲善則德命也吉凶歷年則祿命也君子脩其德命自能安處祿命韓詩外傳子曰不知命無以爲君子言天之所生皆有仁義禮智順善之心不知天之所以命生則無仁義禮智順善之心謂之小人漢書董仲舒傳對策曰天令之謂命人受命於天固超然異於羣生貴於物也故曰天地之性人爲貴明於天性

知自貴於物然後知仁義禮智安處善樂循理謂之君子故孔子曰不知命無以爲君子此之謂也二文皆主德命意以知德命必能知祿命矣是故君子知命之原於天必亦則天而行故盛德之至期於同天中庸云仲尼上律天時下襲水土辟如天地之無不持載無不覆幬辟如四時之錯行如日月之代明言聖人之德能合天也能合天斯爲不負天命不負天命斯可以云知天命知天命者知己爲天所命非虛生也蓋夫子當衰周之時賢聖不作久矣及年至五十得易學之知其有得而自謙言無大過則知天之所以生已所以命已與已之不負乎天故以知天命自任命者立之於已而受之於天聖人所不敢辭也他日桓魋之難夫子言天生德於予天之所生是爲天命也惟知天命故又言知我者其天明天心與己心得相通也孟子言天欲平治天下舍我其誰亦孟子知天命生德當在我也是故知有仁義禮智之道奉而行之此君子之知天命也知己有得於仁義禮智之道而因推而行之此聖人之知天命也從心所欲不踰矩者說文云从相聽也從與从同禮樂記注云從順也中庸云誠者天之道也誠之者人之道也誠者不勉而中不思而得從容中道聖人也誠之者擇善而固執之者也夫子至誠合乎天道而言不踰

矩若爲思誠者之事皇疏引李充曰自志學迄於從心善始合終貴不踰法示之易行而約之以禮爲教之例其在茲矣○注不疑惑○正義曰說文疑作疑惑也惑亂也○注知天命之始終○正義曰注意難曉皇疏引王弼云天命廢興有期知道終不行也孫綽云大易之數五十天地萬物之理究矣以知命之年通致命之道窮學盡數可以得之不必皆生而知之也此勉學之至言也案疏列二說不知與注意合否○注耳聞其言而知其微旨○正義曰說文恉意也旨恉同聞人之言而知其微意則知言之學可知人也皇疏引李充云耳順者聽先王之法言則知先王之德行從帝之則莫逆於心心與耳相從故曰耳順也李以耳順爲聞先王之言亦鄭義所包也焦氏循補疏耳順即舜之察邇言所謂善與人同樂取於人以爲善也順者不違也舍己從人故言入於耳隱其惡揚其善無所違也學者自是其學聞他人之言多違於耳聖人之道一以貫之故耳順也案焦此義與鄭異亦通○注矩法也○正義曰荀子不苟篇五寸之矩盡天下之方也楊倞注矩正方之器也說文作巨云規巨也從工象手持之矩或從木矢爾雅釋詁矩常也法也皆引申之義

孟懿子問孝子曰無違注孔曰魯大夫仲孫何忌懿謚也樊遲御子告之曰孟孫問孝於我我對曰無違注鄭曰恐孟孫不曉無違之意將問於樊遲故告之樊遲弟子樊須樊遲曰何謂也子曰生事之以禮死葬之以禮祭之以禮正義曰漢石經作毋違論衡問孔篇亦作毋違士昏禮注古文毋作無意此亦古魯之異說文違離也引申爲背棄之義又敢戾也義亦近毛詩車攻傳御御馬也說文御使馬也御者居車中惟兵車居左樊遲弟子當爲御者武氏億羣經義證呂氏春秋尊師篇視輿馬愼駕馭弟子事師古禮如是孟孫者白虎通姓名篇諸侯之子稱公子公子之子稱公孫公孫之子各以其王父字爲氏此孟孫本出公子慶父之後當稱孟公孫不言公者省詞說文云我施身自謂也對譍無方也對對或從士夫子述所告孟孫之言故言我對也說文死澌也人所離也葬臧也從死在茻中一其中所以藉之今隸變作死作葬夫子告樊遲言事親當以禮則告懿子以無違者是據禮言故論衡引此文說之

云毋違者禮也考懿子爲僖子之子嘗學禮於孔子故孔
子卽以禮訓之無違者無違乎禮以事親也凌氏鳴喈論
語解義大夫以上能備禮生事葬祭不違乎禮卽順乎親
矣案禮記禮運云大順者所以養生送死事鬼神之常也
孔疏順卽順禮左文二年傳禮無不順祀國之大事也而
逆之可謂禮乎逆與順相反逆者逆禮也卽違禮也祭統
云是故賢者之祭也致其誠信與其忠敬參之以時明薦
之而已矣不求其爲此孝子之心也孝者畜也順於道不
逆於倫是之謂畜順道卽順禮順禮故無違禮也荀子禮
論云禮者謹於治生死者也生人之始也死人之終也終
始俱善人道畢矣故君子敬始而愼終終始如一是君子
之道禮義之文也臣之所以致重其君子之所以致重其
親於是盡矣皇疏引衛瓘曰三家僭侈皆不以禮也故以
禮答之也方氏觀旭論語偶記檀弓云三家視桓楹葬僭
禮也八佾篇三家者以雍徹祭僭禮也惟是懿子之父仲
孫玃春秋書其卒在昭二十四年樊遲少孔子三十六歲
是玃卒時樊遲尚未生今懿子問孝時有樊遲御而夫子
備告以生事葬祭者懿子或尚有母在與○注魯大夫仲
孫何忌懿謚也○正義曰禮檀弓云幼名冠字五十乃稱
伯仲白虎通姓名篇稱號所以有四何法四時用事先後

長幼兄弟之象也故以時長幼號曰伯仲叔季也適長稱伯伯禽是也庶長稱孟魯大夫孟氏是也案說文孟長也魯孟氏爲桓公子公子慶父之後又稱仲孫者慶父本居孟其仲無人得兼之也懿子受學聖門及夫子仕魯墮三都懿子梗命致聖人之政化不行是實魯之賊臣弟子傳不列其名及此注但云魯大夫亦不云弟子當爲此也周書謚法解柔克爲懿溫和聖善曰懿是懿爲謚也說文云謚行之迹也謚法解終葬乃制謚敘法大行受大名細行受細名若人有惡行則亦爲之惡謚幽厲之屬是也天子崩稱天以謚諸侯謚於天子大夫謚於諸侯春秋時謚不如法咸用美謚故此孟孫得謚懿○注恐孟至樊須○正義曰樊遲與懿子同門故恐懿子復問樊遲也史記仲尼弟子列傳樊須字子遲少孔子三十六歲須與頚同頚待也與遲義合自水碑謂須字子達遲字子緩析一人爲二不足據鄭目錄云齊人家語弟子解及左傳杜注並云魯人

孟武伯問孝子曰父母唯其疾之憂〔注〕馬曰武伯懿子之子仲孫彘武謚也言孝子不妄爲非唯疾病然後使父母憂

正義曰：爾雅釋詁伯長也武伯於兄弟次爲長故稱伯也呂覽義賞篇注惟獨也唯與惟同說文𢝊愁也憂和之行也二字義別經典多段憂爲𢝊又隸變作憂臧氏琳經義雜記論衡問孔云武伯善憂父母故曰惟其疾之憂又淮南子說林憂父之疾者子治之者醫高注云論語曰父母唯其疾之憂故曰憂之者子則王充高誘皆以人子憂父母之疾爲孝父母字當略讀案孝經孝行章子曰孝子之事親也病則致其憂禮記曲禮云父母有疾冠者不櫛行不翔言不惰琴瑟不御食肉不至變味飲酒不至變貌笑不至矧怒不至詈疾止復故皆以人子憂父母疾爲孝○注武伯至母憂○正義曰左哀十一年傳孟孺子洩杜注孺子孟懿子之子武伯彘疑彘是名洩是字也周書謚法解剛彊直理威彊睿德克定禍亂刑民克服大志多窮皆曰武是武爲謚也注謂父母憂子之疾此馬用古論義也孟子云守孰爲大守身爲大守身所以事親故人子當知父母之所憂自能謹疾不妄爲非而不失其身矣不失其身斯爲孝也

子游問孝注孔曰子游弟子姓言名偃**子曰今之孝者是謂**

能養至於犬馬皆能有養不敬何以別乎注包曰犬以守禦馬以代勞皆養人者一日人之所養乃至於犬馬不敬則無以別孟子曰食而不愛豕畜之愛而不敬獸畜之

正義曰王氏引之經傳釋詞是謂能養是與祇同義故薛綜注東京賦曰祇是也說文養供養也孝經云用天之道分地之利謹身節用以養父母此庶人之孝也大戴禮曾子本孝云庶人之孝也以力惡食盧辯注分地任力致甘美蓋庶人能養不能敬若語於士則養未足為孝故坊記言小人皆能養其親君子不敬何以辨小人卽庶人君子則士以上通稱又曾子立孝云君子之孝也忠愛以敬又云盡力無禮則小人也盡力卽以力致養之事無禮卽不敬也孝經又云故母取其愛而君取其敬兼之者父也蓋士之孝也與曾子立孝所言君子之孝同明能敬為士之孝夫子告子游正以為士之道責之矣孝經又云孝子之事親也居則致其敬養則致其樂禮內則曾子云孝子之養老也樂其心不違其志樂其耳目安其寢處以其飲食忠養之此二文所言養皆養志之道其不廢敬可知祭義云衆之

本教日孝其行日養養可能也敬爲難敬可能也安爲難安可能也卒爲難是敬猶非至孝特覩祗能養者爲難耳乎犬馬皆獸名別者分也見廣雅釋詁此常訓漢石經無言字○注子游弟子姓言名偃○正義日仲尼弟子列傳偃吳人字子游少孔子四十五歲家語弟子解作魯人少孔子三十五歲與史遷異非也下篇子夏稱言游又子游答夫子稱偃之室是姓言名偃也說文游旌旗之流从汓聲漢石經於子張篇作子斿斿卽游省游从㫃說文旌旗之游㫃蹇之皃从屮曲而垂下㫃相出入也讀若是㫃偃聲同古人名㫃字游若晉籍偃荀偃鄭駟偃及此偃言偃皆字游本皆作㫃段偃字爲之○注犬以至畜之正義日注前後兩說前說以犬馬皆能養人養則服事之義若人子事親但能養而不敬則無以異於犬馬之服養人也毛氏奇齡論語稽求篇引唐李嶠表云犬馬含識烏鳥有情寍懷反哺豈日能養馬周疏云臣少失父母犬馬之養已無所施宋王豐甫表云犬馬之養未伸風木之悲累至皆用包義以犬馬喻人子養爲服養也後說以犬馬喻父母於義難通自昔儒者多譏之引孟子者盡心篇文注二說外又有三說包氏慎言論語溫故錄犬馬二句蓋極言養之事雖父母之犬馬今亦能養之也內則父母之

所愛亦愛之，父母之所敬亦敬之，至於犬馬盡然，而况於人乎此敬養兼至故爲貴也若今之孝者不過能養雖至於父母所愛敬之犬馬亦能養之然祇能養父母不能敬也何以别謂何以别乎今也鹽鐵論孝養篇善養者不必芻豢也以己之所有盡事其親孝之至也故匹夫勤勞猶足以順禮歠菽飲水足以致敬孔子曰今之孝者是謂能養不敬何以别乎故上孝養志其次養色其次養體貴其體不貪其養體順心和養雖不備可也此引論語以不敬句與能養句聯文則别謂别乎今之孝者此一說也翟氏灝考異引坊記之文謂坊記唯變犬馬爲小人餘悉合此章義荀子云乳彘觸虎乳狗不遠游雖獸畜知愛讓其所生也束晳補亾詩養隆敬薄惟禽之似爲人子者毋但似禽鳥知反哺已也皆與坊記言通此又一說也先兄五河君經義說略謂坊記小人卽此章犬馬公羊何休注言大夫有疾稱犬馬士稱負薪犬馬負薪皆賤者之稱而大夫士謙言之孟子子思曰今而知君之以犬馬畜伋也然則犬馬謂卑賤之人若臧獲之類此又一說也諸說當與注前義並存

子夏問孝子曰色難（注）包曰色難者謂承順父母色乃爲難

有事弟子服其勞有酒食先生饌【注】馬曰先生謂父兄饌飲食也曾是以爲孝乎【注】馬曰孔子喻子夏服勞先食汝謂此爲孝乎未孝也承順父母顏色乃爲孝也 正義曰爾雅釋詁服事也說文作般云用也釋詁又云勞勤也說文勞劇也從力熒省劇者甚也言甚勤也先從叔丹徒君駢枝曰年幼者爲弟子年長者爲先生皆謂人子也饌具也有事幼者服其勞有酒食長者共具之是皆子職之常何足爲孝內則曰男女未冠笄者味爽而朝問何食飲矣若已食則退若未食則佐長者視具長者卽先生也具卽饌也論語中言弟子者七其二皆年幼者其五謂門人言先生者二皆謂年長者憲問篇見其與先生並行也包氏曰先生成人也皇疏云先生者謂先己之生也謹案駢枝說是也說文籑具食也從食算聲饌籑或從巽禮經凡言饌注皆曰陳也陳卽具食之義竊謂服勞視饌並言庶人之孝視饌卽能養服勞者向書大傳言入小學知有父子之道長幼之敘又言歲事既畢餘子入學所謂小學之教則輕任并重任分班白不提挈皆是服勞之道曾子大孝云小孝用力

慈愛忘勞可謂用力矣孔氏廣森補注庶人之孝夫子以
士之孝告子夏故示以色難明非士之達於學術者未能
幾此也釋文餼鄭作餕初學記孝部引鄭此注云食餘日
餕與馬注本作餼不同陳氏鱣論語古訓段氏玉裁說文
注並以馬作餼爲古論鄭作餕爲魯論是也特牲饋食禮
及有司徹注並云古文籑皆作餕段氏玉裁謂禮經餼籑
當是各字餼皆訓陳不言作餕食餘之字皆作籑未有作
餼者又謂禮記之字於禮經皆從今文而皆作餕疑儀禮
注當云今文籑作餕其說並是陳氏古訓解論語云內則
日父母在朝夕恒食子婦佐餕既食恒餕注每食餕而盡
之末有原也正義每食無所有餘而再設也是餕有食餘
勿復進之意故或者亦以爲孝段氏說文注與陳略同又
云論語魯餕古餼此則古文段餼爲餕孔氏廣森經學卮
言讀當以食先生餼爲句言有燕飲酒則食長者之餘也
有酒有事文相偶有事弟子服其勞勤也有酒食先生餼
恭也勤且恭可以爲弟矣孝則未備也二義皆從鄭爲說
於義甚曲說文曾詈之舒也段氏注云曾之言乃也詩曾
是不意曾是在位曾是在服曾是莫聽論語曾是以爲孝
乎曾謂泰山孟子爾何曾比予於管仲皆訓爲乃趙注孟
子曰何曾猶何乃也是也○注色難者謂承順父母顏色

乃爲難○正義曰司馬光家範說此文云色難者觀父母之志趣不待發言而後順之者也即此注意曲禮云視於無形聽於無聲此惟承順顏色者能之故鹽鐵論以養色爲孝也鄭注此云言和顏說色爲難也以色爲人子之色與包異義亦通內則云柔色以溫之祭法云孝子之有深愛者必有和氣有和氣者必有愉色有愉色者必有婉容又云嚴恭儼恪非事親之道呂氏春秋孝行覽餘顏色養志之道也是以色事親爲人子所難皇疏引顏延之曰夫氣色和則情志通善養親之志者必先和其色故曰難也即鄭義也○注饌飲食也○正義曰廣雅釋詁饗食也饌與饗同此又一義○注孔子至孝也○正義曰先食謂先生食不言生者省文釋文引注云會則也蓋集解所刪脫

子曰吾與回言終日不違如愚退而省其私亦足以發回也不愚注孔曰回弟子姓顏名回字子淵魯人也不違者無所怪問於孔子之言默而識之如愚察其退還與二三子

說繹道義發明大體知其不愚
正義曰終日者竟日也終日屬上爲句違者有所違
難也不違則似不解夫子之言故曰如愚說文愚戇也顏子於夫子之言鑽仰旣久欲罷不能而自竭其才以學之又且聞一知十故能亦足以發也皇疏引熊埋云旣以美顏又曉衆人未達者也皇本不愚下有也字○注回弟至不愚○正義曰仲尼弟子列傳顏回者魯人也字子淵說文[illegible]下云回古文回回淵水也淵下云回水也從水象形左右岸也中象水貌此顏子名字所取義退還者禮檀弓注退去也說文作徥卻也義皆略同注謂退與二三子說繹道義則私謂燕私與羣弟子同居學中時也禮學記言大學之教退息必有居學居學非受業之所故言私也朱子集注以私爲燕居獨處亦通周書官人解省其居處觀其義方則省私亦觀人之法說繹猶說釋下篇云回也非助我者也於吾言無所不說孔彼注云言回聞言卽解解說義同荀子大略所云善學者盡其理是也釋名釋言語發撥也撥使開也開有明義故此注發明連文大體猶言大義凡所發明於所言所行見之荀子勸學篇君子之學也入乎耳箸乎心布乎四體形乎動靜端而言蝡而動一可以爲法則

子曰：視其所以，觀其所由，察其所安。注：以，用也。言視其所行用，由，經也。言觀其所經從。人焉廋哉？人焉廋哉？注：孔曰：廋，匿也。言觀人終始，安所匿其情。

正義曰：說文：「視，瞻也。」穀梁隱五年傳：「常視曰視，非常曰觀。」爾雅釋詁：「察，審也。」說文：「察，覆審也。」視、觀、察以淺深次第爲義。安者，意之所止也。高誘呂氏春秋樂成注：「安，習也。」大戴禮文王官人云：「一、內觀民務，察度情僞，變官民能，歷其才藝。」又曰：「用有六徵，一曰觀誠，二曰考志，三曰視中，四曰觀色，五曰觀隱，六曰揆德。」又云：「考其所爲，觀其所由，察其所安，此之謂視中也。視中者，誠在其中，此見於外。以其前占其後，以其見占其隱，以其小占其大。」則此所以、所由、所安，皆是視中。夫子取爲知人之法，蓋此三語實該六徵之用，故人無所匿情也。漢石經「人焉廋哉」下句無「哉」字，當是連上爲句，與「禮乎禮」、「微乎微」同一句法。○注「以用」至「經從」。○正義曰：以用、由經，並常訓。皇疏申注謂即日所行用之事，故大戴此文以「作爲」也。經從，據皇疏以爲從來所經歷之事，則大戴所云「以其前占其後」者也。○注「廋匿」至「其情」。○正義曰：云「廋，匿」者，趙岐孟子離婁注同。方言：「廋，隱也。」隱郎匿爾雅釋詁匿微也微亦有隱義終始者所以是即日所行事終也所由是前日所行事所安是意之所處亦在平時皆爲始也云安所匿其情者孔以焉爲安也焉安一聲之轉安猶何也

子曰溫故而知新可以爲師矣注溫尋也尋繹故者又知新者可以爲人師矣　正義曰禮中庸云溫故而知新鄭注溫讀如燖溫之溫謂故學之孰矣後時習之謂之溫燖或省作尋案尋正字當作燅說文燅於湯中瀹肉也儀禮有司徹乃尋燅尸俎鄭注燅溫也古文燅皆作尋記或作燖春秋傳日若可尋也亦可寒也賈疏云論語及左傳與此古文皆作尋論語不破至此疊古文不從彼尋者論語古文通用至此見有人作燅有火義故從今文也郊特牲云血腥爓祭注云閻或爲燖今此義指彼記或讀之故云記或作燖也哀十二年左傳若可尋也服注云尋之言重也溫也鄭引之者證燅尸俎是重溫之義案據賈疏是古論溫故作尋故鄭不破從燅則亦依尋釋之其義當與服虔解誼同臧氏庸拜經日記以論語作溫故古文作尋乃鄭注文與賈疏不合非也廣雅釋詁溫煗也山海經大荒東經有谷日溫源谷郭注郎湯谷也鄭注中庸

讀溫如燖溫者燖有重義言重用火爓之卽爲溫也人於所學能時習之故曰溫故鄭君此章注文已佚故就中庸注爲引申之故之爲言古也謂舊所學也廣雅釋言新初也穀梁莊廿九年傳其言新有故也皇疏所學已得者則溫燖之不使忘失是月無忘其所能也知新則日知其所亡也皇疏此言亦同鄭義禮王制云師者亦使人法效之者也文王世子云師也者教之以事而喻諸德者也古者家塾黨庠師無定立伏生書傳謂大夫士年七十致事大夫爲父師士爲少師以其爵爲之差郎是以其德爲之差也孔子時大夫士不必有德故致事後有不爲師或有不學而後居師位者今此言溫故者謂舊時所學致事時猶能溫尋不使忘失且能日知所亡足見其進德修業髦而好學故可以爲人師也劉氏逢祿論語述何篇故古也六經皆述古昔稱先王者也知新謂通其大義以斟酌後世之制作漢初經師皆是也案劉說亦是黃氏式三論語後案引漢書成帝紀詔云儒林之官宜皆明於古今溫故知新通達國體百官表以通古今備溫故知新之義論衡謝短篇知古不知今謂之陸沈知今不知古謂之盲瞽溫故知新可以爲師古今不知稱師如何孔穎達禮記敍博物通人知今溫古攷前代之憲章參當時之得失是漢唐人

解知新多如劉說○注溫尋至師矣○正義曰說文𢽀繹理也謂紬繹理治之也此尋讀本字故注以尋繹連文然溫無繹理之訓溫爲尋者尋與燖同即與𤍠同不謂繹理也此注葢誤

子曰君子不器注包曰器者各周其用至於君子無所不施

注器者至不施○正義曰說文器皿也周書寶典物周爲器孔晁注周用之爲器言器能周人之用也施猶行也君子道無所不行故禮學記言大道不器鄭注謂聖人之道不如器施於一物如者似也孔疏以孔子博學而無所成名解之卽包此注義也學記又云察於此者可以有志於本矣注云言[illegible]學爲本則其德於民無不化於俗無不成案此則學爲修德之本君子德成而上藝成而下行成而先事成而後故知所本則由明明德以及親民由誠意正心脩身以及治國平天下措則正施則行復奚役役於一才一藝爲哉

子貢問君子子曰先行其言而後從之注孔曰疾小人多言而行之不周

正義曰漢石經貢作贛下篇云古者言之不出恥躬之不逮也君子欲訥於言禮緇衣子

日言從而行之則言不可飾也行從而言之則行不可飾也故君子寡言而行以成其信大戴禮曾子制言篇君子先行後言又立事篇君子微言而篤行之行必先人言必後人均與此章義相發○注疾小人多言而行之不周○正義曰疾惡也周合也備也小人言不顧行行不顧言故易致多言韓詩外傳學而慢其身雖學不尊矣不以誠立雖立不久矣誠未著而好言雖言不信矣然則小人雖多言奚貴乎

子曰君子周而不比小人比而不周注孔曰忠信爲周阿黨爲比

正義曰經傳言小人有二義一謂微賤之人一謂無德之人此文小人則無德者也夫子惡似是而非故於周比和同泰驕及巧言令色足恭鄉原皆必辨之所以正人心而凡知人之術官人之方皆必辨乎此矣○注忠信爲周阿黨爲比○正義曰鄭亦有此注孔所襲也案魯語忠信爲周毛詩皇華都人士傳用之忠信則能親愛人故周又訓爲親爲密爲合左哀十六年傳周仁之謂信杜注周親也文十八年是與比周杜注周密也離騷雖不周於今之人兮王逸章句周合也是也阿黨爲比者爾雅釋詁比備也齊語謂之下比韋注比阿黨也呂覽達鬱注阿

曲媚也阿黨與忠信相反正君子小人性情之異晉語叔向曰吾聞事君者比而不黨夫周以舉義比也舉以其私黨也籍偃曰君子有比乎叔向曰君子比而不別比德以贊事也比也引黨以封己利己而忘君別也彼文之比卽此所謂周彼文之黨卽此所謂比文各相因耳君子敬而無失與人恭而有禮四海之內皆如兄弟故能周也周則忠信之謂若非忠信而但引黨以封己是卽阿黨爲比矣王氏引之經義述聞謂周比皆訓爲親爲密爲合是也而譏此注爲失案王氏云以義合者周也以利合者比也旣以義合得非忠信耶此注未失無所可譏也

子曰學而不思則罔㊟包曰學不尋思其義則罔然無所得思而不學則殆㊟不學而思終卒不得徒使人精神疲殆

正義曰子夏言博學近思中庸言博學愼思是學思不可偏廢故此章兩言其失釋文罔本又作冈○注學不尋思其義則罔然無所得○正義曰賈子道德說義者德之理也爲學之道明於古人所言之義而因以驗之身心故思足貴也孟子曰心之官則思思則得之不思則不得也不得卽此注無所得之義荀子勸學篇小人之學也入乎耳

出乎口口耳之間則四寸耳曷足以美七尺之軀哉入耳出口卽謂學而不思也注言罔然者凡稱然皆形容之辭少儀云衣服在躬而不知其名爲罔鄭注罔猶罔罔無知貌列子周穆王篇秦人逢氏有子壯而有迷罔之疾文選東京賦罔然若酲注云罔然猶惘惘然也義皆可證○注不學而思終卒不得徒使人精神疲殆○正義曰夫子言吾嘗終日不食終夜不寢以思無益不如學也又韓詩外傳引子曰不學而好思雖知不廣矣是言徒思無益也趙注孟子心之官云官精神所在是思屬心心之能思卽精神也然思過則損脾故精神易致疲殆殆與怠同釋文云依義當作怠卽本此注王氏引之經義述聞謂此經殆字及多見闕殆殆皆訓疑引何休公羊襄四年注殆疑也爲據思而不學則事無徵驗疑而不能定也其說亦通

子曰攻乎異端斯害也已(注)攻治也善道有統故殊塗而同歸異端不同歸也 正義曰說文云耑物初生之題也端直也二字義別今經傳多段端爲耑禮記禮器注端本也孟子公孫丑注端者首也說文害傷也皇本已下有矣字○注攻治至歸也○正義曰考工記凡攻

木之工七攻金之工六攻皮之工五注攻猶治也善道謂
正道統者統於一也說文統紀也太宰注統猶合也易繫
辭傳同歸而殊塗此注本之而倒其辭曰殊塗同歸也謂
道雖殊塗而皆歸於善是爲有統孟子言君子之行不同
或遠或近或去或不去歸潔其身而已潔身即是善道歸
即謂同歸也後漢范升傳天下之事所以異者以不一本
也易曰天下之動貞夫一也又曰正其本萬事理一本則
善道之有統者也異端者其始既異其終又異不能同歸
於善道也下篇子夏曰雖小道必有可觀者焉致遠恐泥
是以君子不爲也集解以小道爲異端泥者不通也不通
則非善道故言君子不爲則不攻治之也皇疏申此注云
善道即五經正典也殊塗謂詩書禮樂爲教之途不一也
又云異端謂雜書也言人若不學六籍正典而雜學於諸
子百家此則爲害之深邢疏云異端之書則或粃糠堯舜
戕毀仁義是不同歸也案范升傳時尚書令韓歆上疏欲
爲費氏易左氏春秋立博士升曰今費左二學無有本師
而多反異孔子曰攻乎異端斯害也已是以異端爲雜書
乃漢人舊義故鄭注子夏之言小道亦以爲如今諸子書
也中庸記云子曰素隱行怪後世有述焉吾弗爲之矣素
隱行怪正是小道異端者之所爲至後世有述而爲其害何

可勝言夫子故弗爲以絶之也此注善道云云言其理皇邢疏則以諸子百家實之蓋異端非僅空言也宋氏翔鳳發微云公羊文十二年傳惟一介斷斷焉無他技何休注斷斷猶專一也他技奇巧異端也孔子曰攻乎異端斯害也已疏云鄭注大學云斷斷誠一之貌也他技異端之技也是與此合按斷斷專一即中庸之用中大學之誠意誠意而能天下平用中而能經綸天下之大經立天下之大本知天地之化育夫焉有所倚無所倚則平也此釋兩端而用中之謂也中庸記云執其兩端用其中於民鄭注云兩端過與不及用其中於民賢與不肖皆能行之按所謂執者度之也執其兩端而度之斯無過不及而能用中中則一兩則異異端即兩端民受天地之中以生所謂命也是以有動作禮義威儀之則以定命也有所治而或過或不及即謂之異端攻乎異端即不能用中於民而有害於定命如後世楊墨之言治其國皆有過與不及有害於用中之道然其爲過不及之說其奇足以動人之聽聞其巧則有一時之近效自聖人之道不明不行則一世君臣上下易惑其說是以異端之技至戰國而益熾又云孟子言子莫執中執中無權猶執一也權者能用之之謂也過與不及則有輕重必有兩端而後立其中權兩端之輕重而後

中可用不知有兩端而權之則執中者無可用而異端之說轉勝故異端之熾由執中無權者致之是以可與立者尤貴乎可與權也案宋說權兩端當用其中用中是專一與此注善道有統殊塗同歸之旨略合殊塗猶言兩端也專一猶言有統也自此注及宋氏外又有二說孫奕示兒編攻如攻人惡之攻己止也謂攻其異端使吾道明則異端之害人者自止孟子距楊墨則欲楊墨之害止韓子闢佛老則欲佛老之害止此解異端與集解不殊惟攻字已字訓釋有異焦氏循補疏韓詩外傳云別殊類使不相害序異端使不相悖蓋異端者各為一端彼此互異惟執持不能通則悖悖則害矣有以攻治之即所謂序異端也斯害也已所謂使不相悖也攻之訓治見攻工記注小雅可以攻玉傳云攻錯也繫辭傳愛惡相攻虞翻云攻摩也彼此切磋攻錯使紊亂而害於道者悉歸於義故為序韓詩序字足以發明攻字之意已止也不相悖故害止也楊氏為我墨氏兼愛端之異者也楊氏若不執於為我墨子若不執於兼愛互相切磋自不至無父無君是為攻而害止也大學斷斷兮無他技鄭注云他技異端之技也經文自發明之云其心休休焉其如有容焉人之有技若已有之人之彥聖其心好之不啻若自其口出有容而若已有則

善與人同，故能保我子孫黎民而爲利媢疾不通則執己之一端不能容人故不能保我子孫黎民而至於殆殆卽害也害止則利也有兩端則異執其兩端用其中於民則有以摩之而不異剛柔兩端之異者也剛一柔相摩則相觀而善孟子言楊子爲我墨子兼愛又特舉一子莫執中然則凡執一皆爲賊道不必楊墨也又曰道衰於時而已故日我則異於是無可無不可各執一見此以異己者爲非彼亦以異己者爲非而害成矣焦氏此說謂攻治異端而不爲舉一廢百之道則善與人同而害自止二說與集解不同而焦說尤有至理故並著之

子曰由誨女知之乎知之爲知之不知爲不知是知也注孔曰弟子姓仲名由字子路

正義曰說文云誨曉教也女者平等之稱皇本女皆作汝誨女知之者言我誨女之言女知之否耶俞氏樾平議據荀子子道篇及韓詩外傳所述此文並言志之謂知與志通亦是也案荀子云子路盛服見孔子孔子曰云云子路趨而出改服而入蓋猶若也孔子曰志之吾語汝云云奮於言者華奮於行者伐色知而有能者小人也故君子知之曰知之不知曰不知言之要也能之曰能之不能曰不能行之至

也言要則知行至則仁既知且仁夫惡有不足矣哉據荀
子是此章所言在子路初見夫子時其云言要則知知卽
智字此文是知也釋文云知也如字又音智音智當卽本
荀子又非十二子篇言而當知也默而當亦知也以上文
言信言仁例之知當讀智楊倞注引論語此文可見楊讀
是知之知亦爲智矣又儒效篇知之曰知之不知曰不知
內不自以誣外不自以欺以是尊賢畏法而不敢怠傲是
雅儒者也此卽夫子誨子路之義皇本不知之爲不知多
一之字○注弟子姓仲名由字子路○正義曰
仲尼弟子列傳仲由字路卞人也少孔子九歲

子張學干祿（注）鄭曰弟子姓顓孫名師字子張干求也祿祿
位也**子曰多聞闕疑愼言其餘則寡尤多見闕殆愼行其
餘則寡悔**（注）包曰尤過也疑則闕之其餘不疑猶愼言之
則少過殆危也所見危者闕而不行則少悔**言寡尤行寡
悔祿在其中矣**（注）鄭曰言行如此雖不得祿亦同得祿之

道正義曰仲尼弟子列傳作問干祿此出古論大戴記有子張問入官卽問干祿之意魯論作學謂學效其法也於義並通倪氏思寬讀書記詩曰干祿豈弟又曰干祿百福自古有干祿之語子張是以請學之猶樊遲請學爲稼爲圃之事也多聞多見謂所學有聞有見也易象傳君子多識前言往行以畜其德畜者積也厚也以所識言行爲己言行之則故凡學者所以爲己也言屬聞行屬見者錯綜之辭闕疑者左昭二十年傳注闕空也其義有未明未安於心者闕空之也餘者足也心足乎是也愼言其餘愼行其餘者謂於無所疑者猶愼言之無所殆者猶愼行之中庸記所云有餘不敢盡也寡尤寡悔亦互文皇疏云悔恨也此常訓荀子王霸篇故孔子曰知者之知固以多有以守少能無察乎卽此愼言愼行之義劉氏逢祿論語述何篇多聞如春秋采百二十國之寶書闕疑史闕文也信以傳信疑以傳疑愼之至也多見闕殆謂所見世也春秋定哀多微辭上以諱尊隆恩下以避害容身愼之至也劉君以春秋釋此文其義亦善祿在其中謂在寡尤寡悔之中明祿不待外求也○注弟子至位也○正義曰仲尼弟子列傳顓孫師陳人字子張少孔子四十八歲梁氏玉繩古今人表考鄭目錄謂陽城人縣固屬陳也而呂氏春

秋尊師云子張魯之鄙家考通志氏族略顓孫氏出陳公子顓孫左昭二十五年顓孫來奔張蓋其後故又爲魯人干求爾雅釋言文說文迁進也讀若干段氏玉裁說此干求正字干犯也義別爾雅釋詁祿福也說文同福之爲言備也周官大宰注祿若今月俸也位爵次也位定然後受祿故注以祿位連文○注尤過至少悔○正義曰說文訧辠也引周書報以庶訧今呂刑作尤詩載馳許人尤之傳尤過也訧尤義同闕而不行句下當有其餘不危猶愼行之二句疑爲集解誤刪○注言行如此雖不得祿亦同得祿之道○正義曰王制云司馬辨論官材論進士之賢者以告於王而定其論論定然後官之任官然後爵之位定然後祿之蓋古者鄉舉里選之法皆擇士之有賢行學業而以舉而用之故寡尤寡悔即是得祿之道當春秋時廢選舉之務世卿持祿賢者隱處多不在位故鄭以寡尤寡悔有不得祿而與古者得祿之道相同明學者干祿當不失其道其得之不得則有命矣孟子云古之人脩其天爵而人爵從之亦言古人選舉正法

哀公問曰何爲則民服孔子對曰舉直錯諸枉則民服舉枉

錯諸直則民不服〔注〕包曰哀公魯君諡錯置也舉正直之人用之廢置邪枉之人則民服其上正義曰夫子魯人故哀公不稱魯公者五等之爵魯爵是侯得稱公者白虎通號篇謂侯伯子男臣子於其國中褒其君爲公心俱欲尊其君父是也何爲者言何所爲之也呂覽先己注服從也淮南說林注服畏也荀子王制注服謂爲之任使三訓皆相近稱孔子者凡卑者與尊者言當備書也釋文錯鄭本作措漢費鳳碑舉直措枉與鄭本合說文云措置也措正字錯叚借字廣雅釋器鋁謂之錯義別鄭注云措猶投也諸之也言投於下位也案春秋時世卿持祿多不稱職賢者隱處雖有仕者亦在下位故此告哀公以舉措之道直者居於上而枉者置之下位使賢者得盡其才而不肖者有所受治亦且畀之以位未甚決絕俾知所感奮而猶可以大用故下篇告樊遲以舉直錯諸枉能使枉者直即此義也○注哀公至其上○正義曰哀公名將見魯世家公出孫越故諡哀說文舉對舉也今省作舉禮記儒行注舉舉用也謂舉而用之故此注亦言用也說文直正見也易繫辭韓康伯注直剛正也左哀七年傳正曲爲直是直爲正也說文枉邪曲也

枉卽桂省投壺某有枉矢哨壺注枉哨不正貌是枉爲邪也包以邪枉之人不當復用故以錯爲廢置與上句言舉言用之相反見義此亦用人之一術自非人君剛明有才不克爲此荀子王制篇賢能不待次而舉罷不能不待須而廢卽包義也與夫子尊賢容衆之德似不甚合且哀公與三桓釁隙已深夫子必不爲此激論也

季康子問使民敬忠以勸如之何（注）孔曰魯卿季孫肥康謚

子曰臨之以莊則敬孝慈則忠舉善而教不能則勸（注）包曰莊嚴也君臨民以嚴則民敬其上君能上孝於親下慈於民則民忠矣舉用善人而教不能者則民勸勉　正義曰閻氏若璩四書釋地說以勸者以與也王氏引之經傳釋詞云以勸者而勸也二訓並通爾雅釋詁云臨視也此常訓孝慈者荀子大略篇禮也者老者孝焉幼者慈焉祭義云先王之所以治天下者五貴老爲其近於親也慈幼爲其近於子也貴老是孝故又云至孝近乎王雖天子必有父又表記曰威莊而安孝慈而敬使民有父之尊有母之親孝慈

與此同義魏書甄琛傳慈惠愛民曰孝彼是泛言愛民王氏引之經義述聞引以說此文義未盡也說文教上所施下所效也顏師古漢書高紀注能謂材也舉善而教不能爲一句漢魏人引舉善而教皆是趁辭皇本臨下多民字敬上勸上亦有民字○注魯卿季孫肥康謚○正義曰魯季氏莊公母弟公子季友之後世爲司徒故曰魯卿肥者康子名謚法解豐年好樂安樂撫民令民安樂皆曰康是康爲謚也○注莊嚴至勸勉○正義曰莊嚴見聲類君臨民以嚴則民敬其上者包以君臨民亦如此故廣言之左傳衛北宮文子曰君有君之威儀其臣畏而愛之則而象之臣有臣之威儀其下畏而愛之又曰故君子在位可畏施舍可愛進退可度周旋可則容止可觀作事可法德行可象聲氣可樂動作有文言語有章以臨其下是言臨民當以嚴也說文慈愛也釋名釋言語慈字也字愛物也晉語甚寬惠而慈於民是言下慈於民也勸勉義見說文案此欲康子復選舉之舊也春秋時大夫多世爵其所辟之僚佐又皆奔走使令之私善者不見任用故夫子令其舉之下篇言子游爲武城宰夫子詢以得人仲弓爲季氏宰問政夫子告以舉賢才皆此舉善之意也又案漢魏人解此文稱字又爲稱舉包氏愼言溫故錄據後書卓茂傳魏志

徐邈傳皆有此義亦通尚書大傳古之帝王必有命民民能敬長憐孤取舍好讓舉事力者命於其君然後得乘飾車駢馬衣文駢錦此即是稱舉旌異之也

或謂孔子曰子奚不爲政（注）包曰或人以爲居位乃是爲政

子曰書云孝乎惟孝友于兄弟施於有政是亦爲政奚其爲爲政（注）包曰孝乎惟孝美大孝之辭友于兄弟善於兄弟施行也所行有政道與爲政同

正義曰鄭注云或之言有人不顯其名而略稱爲或案詩天保箋或之言有也廣雅釋詁或有也人無所稱顯名則從略稱之言有此人也奚者蒼頡篇云何也孝于惟孝友于兄弟皆逸書文東晉古文采入君陳篇漢石經及白虎通五經篇所引皆作孝于皇本亦作于釋文云孝于一本作孝乎唐宋石經及他傳注所引皆作孝乎惠氏棟九經古義謂後儒據君陳篇改于爲乎其說良然案孝于與下句友于相次字宜作于呂氏春秋審應覽然則先生聖于高誘注于乎也莊子人間世不爲社且幾有翦乎

釋文乎崔本作于列子黃帝篇今女之鄙至此乎釋文于乎本又作于莊列二文以于爲乎與呂覽同竊謂此文孝于友于字雖是于義則乎也孝于惟孝與記云禮乎禮公羊賤乎賤爾雅微乎微素問形乎形神乎神漢語肆乎其肆韓文醋乎其醋相同法言尤多有此句法施於有政以下乃夫子語宋氏翔鳳四書釋地辨證以上文引書作于下施於有政作於是夫子語顯有于於字爲區別包氏慎言論語溫故錄後漢書郅惲傳鄭敬曰雖不從政施之有政是亦爲政玩鄭敬所言則施於有政是亦爲政皆夫子語其說並是東晉古文誤連施於有政爲書語而云克施有政非也包氏又云白虎通云孔子所以定五經何孔子居周末世王道陵遲禮義廢壞彊淩弱衆暴寡天子不敢誅方伯不敢問閔道德之不行故周流冀行其道自衛反魯知道之不行故定五經以行其道故孔子曰書云孝于惟孝友于兄弟施於有政是亦爲政也依白虎通說則孔子之對或人蓋在哀公十一年後也五經有五常之道教人使成其德行故曰施於有政是亦爲政案包說是也夫子以司寇去魯故反魯猶從大夫之後且亦與聞國政但不出仕居位而爲之故或人有不爲政之問弟子記此章在哀公季康子問孔子兩章之後當亦以時相次夫子定五

經以張治本而首重孝友孝友者齊家之要政之所莫先焉者也有子言孝弟爲爲仁之本其爲人也孝弟不好犯上必不好作亂故孝弟之道明而天下後世之亂臣賊子胥受治矣夫子表章五經又述其義爲孝經孝經者夫子所已施之教也故曰行在孝經奚其爲爲政者言何其居位乃爲政也皇本是亦爲政下有也字釋文云奚其爲爲政也一本無一爲字○注友于至政同○正義曰爾雅釋訓善事兄弟爲友詩六月張仲孝友毛傳本爾雅此注亦本之説文施旗兒岐敷也讀與施同敷者布也行也經傳皆段施爲岐淮南脩務訓注施行也與此注同文選閒居賦注引包注政所施行也此逸文當在施行也句下爲政之道不外明倫故但能明孝弟之義即有政道與居位爲政無異故曰天下之無道也

久矣天將以夫子爲木鐸

子曰人而無信不知其可也注孔曰言人而無信其餘終無可大車無輗小車無軏其何以行之哉注包曰大車牛車輗者轅端横木以縛軛小車駟馬車軏者轅端上曲鉤衡

正義曰：臣軏下引鄭注云：「不知其可者，言不可行也。大車，柏車。小車，羊車。」案：下篇子張問行，夫子告以忠信篤敬，蠻貊可行。忠信屬言。呂氏春秋貴信篇：「故周書曰：允哉允哉。以言非信則百事不滿也。」又云：「君臣不信，則百姓誹謗，社稷不寧。處官不信，則少不畏長，貴賤相輕。賞罰不信，則民易犯法，不可使令。交友不信，則離散鬱怨，不能相親。百工不信，則器械苦僞，丹漆染色不貞。」皆言不信則不可行之失也。大車小車者，言人所乘車有大小也。釋名釋車云：「車，古者曰車，聲如居，言行所以居人也。」攷工記車人云：「柏車轂長一柯，其圍二柯，其輻一柯，其渠二柯者三，五分其輪崇，以其一爲之牙圍。羊車二柯有參分柯之一。柏車二柯。」是言柏車、羊車之制。柯者，斧柄，長三尺，工人用以爲度。鄭注：「柏車，山車，輪高六尺，牙圍尺二寸。」鄭司農云：「羊車，謂車羊門也。」玄謂：「羊，善也。善車，若今定張車。較長七尺。柏車二柯，較六尺也。」賈疏：「羊車較長七尺，下柏車較長六尺，則羊車大矣。而論語謂大車爲柏車，小車爲羊車者，以柏車皆說轂輻牙，惟羊車不言，惟言較而已。是知柏車較雖短，轂輻牙則長；羊車較雖長，轂輻牙則小，故得小車之名也。」案：釋名云：「柏車，柏，伯也，大也，丁夫服任之車也。」是柏有大義。又云：「羊車，羊，祥也；祥，善也，善飾之車，今犢車是也。」用犢者

以其爲小車也此訓羊爲善與後鄭義當同釋名又云立
人象人立也或曰陽門在前曰陽門兩旁似人也此與前
鄭車羊門之說合羊陽古通用毛氏奇齡四書改錯以鹿
車輢較外向而鉤以駕馬有似鹿角故稱鹿車意車羊門
亦是其制其說得之釋名又云羸車羊車各以所駕名之
也此謂以羊駕車惟晉武泩昬之君一用之不謂釋名已
先有此謬說也又案車人職別有大車鄭注以爲平地載
任之車又小車有兵車故詩稱小戎此注皆不及之者亦
是舉柏車羊車以該衆車矣○注言人而無信其餘終無
可○正義曰人有五常仁義禮智皆須信以成之若人而
無信其餘四德終無可行○注大車至鉤衡○正義曰攷
工輈人云是故大車登陡不伏其轅必緇其牛及其下陡
也不援其邸必緇其牛是大車駕牛也釋名云小車駕馬
輕小之車也駕馬宜輕使之局小也驅者四所謂兩服
兩驂也則小車駕馬矣轅端者轅之前端也釋名云轅援
也車之大援也又謂之軵軵人注軵車轅也今謂之車杠
軶說文作楄云大車抳釋名楄梔也所以抳牛頸也轅端
横木謂之衡衡者横也大車謂之鬲轅端横木以縛軶用
以解輗之制則包以輗郎鬲也說文輗轅前也鉤衡皇本
作拘衡周禮金路鉤故書鉤爲拘杜子春讀爲鉤是鉤拘

同也說文軥軛下曲軥鉤同此注上曲當是下曲之誤包
以軏即說文之軶亦即謂車轅也皇疏云古時作牛車先
取一橫木縛著兩轅頭又別取一曲木爲枙縛著橫木以駕
牛脰四馬之車中央一轅先橫一木於轅頭而縛枙著此
橫木疏申此注至爲明憭鄭注云輗穿轅端著之軏因轅
端著之車待輗軏而行猶人之行不可無信也鄭解輗軏
與包異義鄭氏是也說文輗大車轅端持衡者或體作輨
作棿軏車轅端持衡者今論語作軏張參五經文字以爲
隸省是也許與鄭合與包異近世儒者若戴氏震阮氏元
皆能言包之非而莫詳於淩氏煥所箸古今車制圖考其
略云據許鄭說則輗非轅端橫木軏非轅端上曲木自明
顯戴侗六書故曰轅端橫木即衡也輗乃持衡者不爲包
咸說所誤亦是卓見戴氏震曰韓非子外儲說墨子曰吾
不如爲車輗者巧也用咫尺之木不爲一朝之事而引三
十石之任案大車鬲以駕牛小車衡以駕馬其關鍵則名
輗軏轅所以引車必施輗軏而後行信之在人亦交接相
持之關鍵故以輗軏喻信包氏以踰丈之輈六尺之鬲而
當咫尺之輗軏疏矣阮氏又引太玄經云閑次三關無鍵
盜入門也拔我輗軏貴以伸也此即子雲用論語之義其
曰拔則爲衡上之鍵可知且與上關鍵同一義煥案衡鬲

橫縛輗端則非兩材相合釘殺可知若釘殺則加槷馬卽
可無事輗軏之持又不必加縛矣且輗端圍僅九寸餘衡
鬲圍亦必如之若兩材牝牡相穿以鑿損當三四寸加輗軏
之橫穿鑿損又二三寸輗端之持以能引重者所存幾何
兩服馬稍有左右則輗頸與衡鬲必振折矣然則其制柰
何曰今之舁而槓用獨龍杠杠端鑿孔橫木爲小杠鑿孔相
對以長釘貫而縛之其橫木可隨舁夫左右轉折竊意衡
鬲亦當如此說文轙衡三束也徐鍇曰乘車曲輗木爲衡
別鑽孔縛之說文又云鞙大車縛軛靼靼柔革也釋名鞙
懸也所以懸縛軛也徐氏此說實合古制今定輗端與橫
木之中俱鑿圜孔相對以軏直貫而縛之是爲一束橫木
下左右縛軛是爲衡三束是說文之轙統指衡之一束輗束
軛言之衡軛既活服馬卽有轉折無傷輗端車亦弗左右
搖輈人所謂和則安也又云軏之用與轄同轄爲鍵軏亦
爲鍵鍵從金則輗軏當以金爲事在金工故車人不著矣
案凌君博通說文及戴阮之說甚確其謂輗軏用金與韓
非子用木之說異而於情事卻合竊疑當是木質用金爲
裹如車輪之制宋氏翔鳳過庭錄云尸子云文軒六駃是
無四寸之鍵則車不行小者亾則大者不成也此四寸謂
小車之軏鄭論語注軏因轅端著之因就也謂就輈衡之

大小以著軏衡圍一尺二寸入分其直徑三分之一則中穿以受軏者不過四寸知軏之脩亦四寸也韓子言咫尺為大車之輗鄭注輗穿轅端著之云穿當是兩頭穿出考工不詳鬲圍之數意大車任重其鬲圍當倍於衡圍輗又穿出著之故得有咫尺之度戴東原謂輗軏同是咫尺者誤鄭氏珍輪輿私箋亦據鄭義解之云因者蓋軏植定在轅上駕時但以衡中孔就而著之若牛車兩轅兩輗駕時乃旋以輗穿鬲貫轅太玄經抜我輗軏足明著時是自上而下也宋鄭二說畧同其分別輗軏之制亦得鄭意

子張問十世可知也〔注〕孔曰文質禮變**子曰殷因於夏禮所損益可知也周因於殷禮所損益可知也**〔注〕馬曰所因謂三綱五常所損益謂文質三統**其或繼周者雖百世可知也**〔注〕物類相召世數相生其變有常故可預知〔正義曰太平御覽五百廿二引鄭注云世謂易姓之世也問其制度變易如何案說文世作卋云三十年為一世此云易姓稱世者引申

之義制度者制猶作也度法也卽禮也注言此者明子張
是問後世禮也釋文云可知也一本作可知乎鄭本作可
知無也字夏殷周者三代有天下之號論衡正說篇唐虞
夏殷周猶秦之爲秦漢之爲漢則以夏殷周皆地名呂氏
春秋本味篇和之美者大夏之鹽水經涑水注涑水西南
過安邑縣西安邑禹所都也又引地理志鹽池在安邑西
南許愼謂之鹽此卽大夏之鹽則夏是地名殷本稱商在
今商州及盤庚遷殷遂亦稱殷或殷商並稱如詩言殷商
之旅是也書序以盤庚治亳殷是殷亦地名詩江漢于周
受命鄭箋周岐周也釋名釋州國周地在岐山之陽其山
四周也三代皆以所都地爲國號如唐虞之比白虎通號
篇謂夏爲大殷爲中周爲至皆望文爲義非也宋石經避
諱殷作商下放此漢書杜周傳欽對策日殷因於夏尚質
周因於殷尚文此讀以夏殷絶句漢書董仲舒傳有夏因
於虞之文史記集解引樂記鄭注殷因於夏周因於殷與
杜讀同則知今人以禮字斷句者誤也說文損減也益饒
也並常訓漢石經損作損隸體小變其或繼周者或之言
有也說文繼續也從系𢇍一日反𢇍爲繼𢇍卽斷字御覽
引鄭注曰所損益可知也者據時篇目可拔數自周以後
以爲變易損益之極極於三王亦不是過也案夫子言夏

禮殷禮皆能言之又中庸言君子考諸三王而不繆是夏殷禮時尚存當有篇目可按數也以爲變易句有訛字禮所以有損益者如夏尚忠而其敝則憃而愚喬而野朴而不文殷承夏而其敝則蕩而不靜勝而無恥周承殷而其敝則利而巧文而不慚賊而敝則承周者又當救之以質故凡有所損益皆是變易之道三王爲損益之極極則思反白虎通三教篇三者如順連環周則復始窮則反本此則天地之理陰陽往來之義也春秋繁露楚莊王篇謂新王必改制欲以順天志而明自顯此據天道以言人事明所變易亦天爲之矣不及夏以前者漢書董仲舒傳對策說此文云夏因於虞而獨不言所損益者其道如一而所尚同也又云是㠯禹繼舜舜繼堯三聖相受而守一道亾救敝之政也故不言其所損益也是也荀子天論篇百王之無變足以爲道貫一廢一起應之以貫楊倞注無變不易也百王不易者謂禮也言禮可以爲道之條貫也雖文質廢起時有不同然其要歸以禮爲條貫下引此文云云是言百世其禮可知之義也法言五百篇或問其有繼周者雖百世可知也秦已繼周矣不待夏禮而治者其不驗乎曰聖人之言天也天妄乎繼周者未欲泰平也如欲泰平也捨之而用他道亦無由至矣據法言此文則百世可

知爲欲知後世有明徵矣陳氏澧東塾類稿邢疏曰國家文質禮變設若相承至於十世世數既遠可得知其禮乎此以爲子張問後十世世欲知前世之禮最爲得解蓋十世者言其極遠也後世欲知前世則易知遠則難知故十極之十世之遠觀孔子言夏殷禮杞宋不足徵一二世已如此至十世則恐不可知故問之又曰雖百世可知謂此後百世尚可知夏殷以來之禮也至今周禮尚存夏殷禮亦有可考者百世可知信矣案如陳說百世可知卽損益可知兩可知緊相承注史記孔子世家言孔子追迹三代之禮編次其事觀殷夏所損益曰後雖百世可知也則可知卽謂編次之事此當是安國舊義與法言所解不同而陳君之說適與世家闇合者也故並著之皇本以雖百世下有亦字○注文質禮變○正義曰禮器云禮有以文爲貴者有以素爲貴者素卽質也白虎通三正篇尚書大傳曰王者一質一文據天地之道禮三正記曰質法天文法地也文質並是禮所以有變易者時異勢殊非有變易則無所救其敝也禮樂記云五帝殊時不相沿樂三王異世不相襲禮○注所因至三統○正義曰所因謂禮之無所損益者卽荀子所謂百王之無變也所因所損益是三事故董仲舒對策引此文說之云此言百王之用以此三者矣

是也白虎通三綱六紀云三綱者何謂也謂君臣父子夫婦也故含文嘉曰君爲臣綱父爲子綱夫爲妻綱綱者張也又云君臣父子夫婦六人也所以稱三綱何一陰一陽謂之道陽得陰而成陰得陽而序剛柔相配故六人爲三綱又情性云五性者何謂仁義禮智信也仁者不忍也施生愛人也義者宜也斷決得中也禮者履也履道成文也智者知也獨見前聞不惑於事見微知著也信者誠也專一不移也故人生得五氣以爲常仁義禮智信是也此三綱五常之義也董仲舒對策解此文以所因爲道道之大原出於天天不變道亦不變董所云道即三綱五常之道禮大傳謂親親尊尊長長男女有別此其不可得與民變革者也並此馬注義也皇疏云所損益謂文質三統者案大傳云王者始起改正朔易服色夫正朔有三本亦有三統明王者受命各統一正也又禮三正記云正朔三而改文質再而復尚書大傳云夏以孟春爲正殷以季冬爲正周以仲冬爲正又日夏以十三月爲正色尚黑以平旦爲朔殷以十二月爲正色尚白以雞鳴爲朔周以十一月爲正色尚赤以夜半爲朔也三統之義如此案禮大傳云聖人南面而治天下必自人道始矣立權度量考文章改正朔易服色殊徽號異器械別衣服此其所得與民變革者

也變革即是損益非祇一事此注但言三統者以服色等皆隨三統而改舉三統則餘可知○注物類至預知○正義曰皇疏本此注作馬曰又召作招云物類相招者謂三綱五常各以類相招因而不變者也又世數作勢數云勢數相生者謂文質三統及五行相次各有勢數也如太昊木德神農火德黃帝土德少昊金德顓頊水德周而復始其勢運相變生也

子曰非其鬼而祭之諂也 注 鄭曰人神曰鬼非其祖考而祭之者是諂求福 **見義不爲無勇也** 注 孔曰義所宜爲而不能爲是無勇

正義曰墨子經上勇志之所以敢也禮樂記云臨事而屢斷勇也此章所斥似皆有所指邢疏言魯哀不能討陳恆以爲無勇亦舉似之言或謂季氏旅泰山是祭非其鬼凡鬼神得通稱也冉有仕季氏弗能救是見義不爲也說亦近理○注人神至求福○正義曰祭法云人死曰鬼又祭義云衆生必死死必歸土此之謂鬼爾雅釋訓鬼之爲言歸也說文訓同鬼本謂人死故鄭以祖考當之周官大宗伯之職掌建邦之天神人鬼地

示之禮是鬼神義別此注云人神者散文得通稱也釋名釋親屬祖祚也祚物先也又謂之王父父死曰考考成也亦言槁也此祖考本訓其曾祖高祖遠祖王考皇考顯考俱得通稱祖考此注所言亦其義也祖考爲其鬼則非其鬼爲非祖考淩氏曙四書典故覈祖考之祭命于天子如任宿須句顓臾司少皞之祀蓼六守皋陶之祀若鄭伯以璧叚許田請祀周公衞成夢康叔曰相奪予享乃命祀相皆非其鬼也又尊卑有等如王制祭法所云廟數有定若魯之不毀桓僖季氏之以禱而立煬宮皆非其鬼也案公羊成六年立武宮傳曰立者何不宜立也何休注時衰廢人事而求福於鬼神故重而言之是祭非其鬼皆因求福然既非禮亦必不能獲福故左傳云神不歆非類曲禮云非其所祭而祭之名曰淫祀淫祀無福

湘鄉曾廣鈞校刊

論語正義卷三

寶應劉寶楠學

八佾第三　集解

凡二十六章正義曰漢石經同惟二十作廿

孔子謂季氏八佾舞於庭是可忍也孰不可忍也（注）馬曰孰誰也佾列也天子八佾諸侯六卿大夫四士二八人爲列八八六十四人魯以周公故受王者禮樂有八佾之舞季桓子僭於其家廟舞之故孔子譏之正義曰廣雅釋詁謂說也言說季氏此事也下篇子謂公冶長子謂南容並同氏者五經異義云所以別子孫之所出凡氏或以官或以邑或以王父字魯季孫得氏自文子始以文子爲季友孫也此文季氏及下篇季氏旅於泰山季氏富於周公季氏將伐顓臾俱不名者

內大夫且尊者宜諱之也說文𦏁樂也兩足相背今隸變作舞兩足相背則舞舞者所立象舊說舞有文武文舞用羽籥謂之羽舞亦名籥舞武舞用干戚謂之干舞又名萬舞宗廟之祭樂成告備然後興舞周以武功得天下故武先於文春秋書有事于太廟萬入去籥言武萬入在先籥未入故去之左昭二十五年傳載此事云禘于襄公萬者二人其衆萬于季氏二人吳仁傑兩漢刊誤補遺謂當作二八舉萬以該羽籥正以武先文也白虎通禮樂篇歌者在堂上舞在堂下何歌者象德舞者象功君子上德而下功案堂下即庭王逸楚辭思古注堂下謂之庭是也淮南繆稱訓禹執干戚舞於兩階之間言兩階之間則舊說謂武舞在西階文舞在東階非矣云是可忍者是此也說文忍能也廣雅釋言忍耐也能與耐同當時君臣不能以禮禁止而遂安然忍之所謂魯以相忍爲國者也管氏同四書紀聞當其萬也臧孫曰是之謂不能庸先君之廟大夫遂怨平子君臣謀之而乾侯之難作矣夫昭公欲逐意如誠可謂輕舉而得禍而其臣臧郈等之勸以逐者皆爲私也然而季氏之惡豈復可忍乎謂昭公制之不得其道則可謂季氏之惡可忍而不誅則亂臣賊子無一而非可忍之人矣而觀左氏及公羊則當時之人率以意如爲可忍故孔

子特發此言寬弱主罪逆臣而深警當時之瞶瞶者案管
說是也後漢荀爽對策及魏高貴鄉公文欽晉元帝盧諶
庾亮等凡聲罪致討皆用此文說之其意皆與紀聞合○
注孰誰至譏之○正義曰孰誰釋詁文佾列者佾從人從
𦙍𦙍當是排列之象春秋繁露三代改制篇主天法商制
儛溢員主天法夏儛溢方主天法質儛溢橢主天法文儛
溢衡漢書禮樂志郊祀歌亦作溢則溢佾通也左隱五年
傳考仲子之宮將萬焉公問羽數於衆仲衆仲對曰天子
用八諸侯用六大夫四士二夫舞所以節八音而行八風
也故自八以下公從之公羊穀梁傳並謂天子八佾諸公
六佾諸侯四佾魯侯國用六佾爲僭穀梁又引尸子說天
子諸侯皆八佾魯用六羽爲厲樂厲者減也此禮家異說
服虔左傳解誼云天子八八諸侯六八大夫四八士二八
與馬此注同八八爲六十四人六八爲四十八人四八爲
三十二人二八爲十六人白虎通禮樂高誘淮南齊俗訓
注並云六六爲行列杜預注左傳又謂六六佾三十六人四
佾十六人二佾四人宋書樂志載傳隆議譏杜氏謂舞所
以節八音八音克諧然後成樂故必以八人爲列自天子
至士降殺以兩兩者減其二列預以爲一列又減二人至
士止有四人豈復成樂而深以服義爲允又引左氏傳鄭

伯納晉悼公女樂二八晉以一八賜魏絳是樂以八人爲
列服氏之義實爲當矣魯本六佾季氏大夫得有四佾至
平子時取公四佾以往合爲八則八佾而公止有二佾故左氏
言禘于襄公萬者二八二八二佾也祭統云昔者周公以
旦有勳勞於天下成王康王故賜之以重祭朱干玉戚以
舞大武八佾以舞大夏此天子之樂也康周公故以賜魯
也又明堂位曰成王以周公爲有勳勞於天下命魯公世
世祀周公以天子之禮樂朱干玉戚冕而舞大武皮弁素
積裼而舞大夏是魯之祭周公得有八佾其羣公之廟自是
六佾而公羊昭二十五年傳子家駒謂魯僭八佾此或昭
公時所僭用於羣廟矣大夫家廟據王制是三廟一昭一
穆與太祖爲三祭法則考廟王考廟皇考廟爲三說稍不
同鄭君以王制爲夏殷禮則祭法爲周禮矣郊特牲云諸
侯不敢祖天子大夫不敢祖諸侯而公廟之設於私家非
禮也由三桓始也公廟謂桓公廟三家皆桓出故因立其
廟而以周公廟得用天子禮樂遂亦於桓公廟用之此注
所云家廟當即指桓廟以公廟設於私家故亦稱家廟也
漢書劉向傳季氏八佾舞于庭云云卒逐昭公是季氏指
平子吳仁傑管同說並合此注以爲桓子意以平子既僭
桓子當亦用之然此言於孔子未仕時可也若孔子既仕

行乎季孫此等僭制必且革之韓詩外傳季氏爲無道僭天子舞八佾旅泰山以雍徹孔子曰是可忍也孰不可忍也然不亾者以冉有季路爲宰臣也此以季氏爲康子與此馬注以爲桓子皆是大略言之不爲據也

三家者以雍徹注三家謂仲孫叔孫季孫雍周頌臣工篇名天子祭於宗廟歌之以徹祭今三家亦作此樂子曰相維辟公天子穆穆奚取於三家之堂注包曰辟公謂諸侯及二王之後穆穆天子之容貌雍篇歌此者有諸侯及二王之後來助祭故也今三家但家臣而已何取此義而作之於堂耶正義曰說文家居也易師開國承家荀注承家立大夫也左桓二年傳諸侯立家杜注卿大夫稱家三家皆桓族季氏假別子爲宗之義立桓廟於家而令孟孫叔孫宗之故以氏族言則稱三家以三家分三氏而統爲桓族故也上章稱季氏此章稱三家文互見釋文云撤本或作徹案撤是俗體說文徹去字作徹云發也與徹訓

通異今經典皆叚徹爲勶維者語助辭天子者白虎通爵篇云爵所以稱天子者何王者父天母地爲天之子也皇本穆穆下衍矣字堂者檀弓注堂形四方而高玉篇堂與土爲屋基也聘禮疏云後楣以南曰堂堂凡四架前楣與棟之間爲南北堂之中蓋古者廟寢同制皆五架梁以後一架爲室前四架爲堂凡祭在室中惟樂歌在堂舞在堂下也雍徹是樂歌故以堂言之郊特牲曰歌者在上貴人聲也白虎通曰歌者在堂上歌者象德○注三家至此樂○正義曰仲孫卽孟孫慶父之後叔孫叔牙之後稱孫者公子之子爲公孫也臣工是周頌第二卷之首篇雍詩在臣工故爲臣工篇名毛詩序雝禘太祖也鄭注太祖謂文王此成王祭文王徹饌時所歌詩周官樂師及徹率學士而歌徹注云徹者歌雍是天子祭宗廟歌之以徹祭也又小師言王饗諸侯徹歌此詩荀子正論淮南主術又言天子食徹歌此詩則凡徹饌皆得歌之矣若仲尼燕居言諸侯饗禮歌雍以送賓振鷺以徹俎是諸侯相見亦得歌此詩也凌氏曙典故覈云有司徹注云徹室中之饌及祝佐食之俎徹兼俎與豆籩俎有司徹之豆籩婦人徹之天子之禮則周禮大祝旣祭令徹小祝贊徹內宗外宗佐王后徹豆籩其徹俎則薦俎之有司也○注辟公至堂邪○正義

曰爾雅釋詁后辟公侯君也邵氏晉涵正義下文云辟法
也言爲人所取法也穀梁傳云士造辟而言是也皇疏申
包義云辟訓君君故是諸侯也二王後稱公公故是二王
後也二王後謂夏後杞殷後宋天子大祭同姓異姓諸侯
皆來助祭故統言辟公也烈文詩烈文辟公鄭箋以辟爲
百辟卿士公爲天下諸侯雖詩無箋則與烈文訓同百辟
卿士指仕王朝者與天下諸侯爲內外兼舉說與包異均
得通矣爾雅釋詁穆穆美也釋訓穆穆肅肅敬也曲禮云
天子穆穆是穆穆爲天子容貌也助祭者訓相爲助也義
見毛傳家臣者大夫稱家故大夫之臣曰家臣又曰僕禮
運仕於家
曰僕是也

子曰人而不仁如禮何人而不仁如樂何（注）包曰言人而不
仁必不能行禮樂○正義曰皇疏云此章亦爲季氏出也季
氏僭濫王者禮樂其既不仁則奈此禮
樂何乎○注言人而不仁必不能行禮樂○正義曰儒行
云禮節者仁之貌也歌樂者仁之和也禮樂所以飾仁故
惟仁者能行禮樂仲尼燕居云子曰制度在禮文爲在禮
行之其在人乎又對子張問曰師爾以爲必鋪几筵升降

酌獻酬酢然後謂之禮乎爾以爲必行綴兆興羽籥作鍾鼓然後謂之樂乎言而履之禮也行而樂之樂也君子力此二者以南面而立夫是以天下太平也案言而履之行而樂之此仁者所爲孟子論禮樂而推本於事親從兄爲仁義之實仁統四德故此言不仁之人不能行禮樂也漢書翟方進傳引此文說之云言不仁之人亾所施用不仁而多材國之患也亾所施用則不能行禮樂雖多材祇爲不善而已當夫子時禮樂征伐自大夫出而僭竊相仍習非勝是欲不崩壞不可得矣

林放問禮之本（注）鄭曰林放魯人子曰大哉問禮與其奢也寧儉喪與其易也寧戚（注）包曰易和易也言禮之本意失於奢不如儉喪失於和易不如哀戚

正義曰本者萬物之始先王制禮緣人情世事而爲之節文以範圍之荀子天論言文質一廢一起應之以貫貫者言以禮爲條貫也禮運云故禮之不同也不豐也不殺也所以持情而合危也禮器云孔子曰禮不同不豐不殺蓋言稱也又曰先王之制禮也不可多也不

可寡也惟其稱也不同者禮之差等禮貴得中凡豐殺即爲過中不及中也過中不及中俱是失禮然過中失大不及中失小是故文家多失在過中質家多失在不及中表記言周之敝利而巧文而不慚賊而蔽殷之敝蕩而不靜勝而無恥夏之敝惷而愚喬而野朴而不文則以周尚文殷質不能勝文夏尚忠忠者質之至也文質均有所敝然二者相較則寧從其失小者取之所謂權時爲進退也質有其禮儉戚不足以當之而要皆與禮之本相近蓋禮先由質起故質爲禮之本也禮三正記曰帝王始起先質後文者順天地之道本末之義先後之序也事莫不先有質性乃後有文章也大戴記禮三本云凡禮始於脫成於文終於隆故至備情文俱盡其次情文迭興其下復情以歸太一太一者至質無文然爲禮之本當夫子時奢僭失禮大非文周制作之舊故夫子屢言從周從周者從乎文周之所制以修明之而已然世變已亟或猶慮從周不足以勝之則惟欲以質救文春秋今文家以夫子作春秋欲變周從殷即此義也林放意亦欲以質救文故夫子聞其所問深美大之大之者大其有維世之意撥亂反正不失仁術也云與其又云寧者與猶許也說文寧所願也先爲與之後復有所願抑揚之詞不得已之思也禮對喪言之則

禮謂凡賓嘉諸禮也奢者爾雅釋詁奢勝也說文奢張也勝張皆夸大之意喪者白虎通崩薨篇喪者亾也人死謂之喪何言其喪亾不可復見也天子下至庶人俱言喪何欲言身體髮膚俱受之父母其痛一也易者先兄五河君經義說略爾雅弛易也展轉相訓則易亦訓弛言喪禮徒守儀文之節而哀戚之心淩以怠弛則禮之本失矣雜記孔子曰少連大連善居喪三日不怠三月不懈不怠不懈卽不弛之義故下文云期悲哀三年憂言其戚也蓋易者哀不足而戚者哀有餘檀弓子路曰吾聞諸夫子喪禮與其哀不足而禮有餘也不若禮不足而哀有餘也義與此同謹案淮南本經訓處喪有禮矣而哀爲主高誘注引此文隋書高祖紀下喪與其易也甯在於戚則禮之本也禮有其餘未若於哀則實之實也並以易爲禮有餘鄭此注但云易簡未明其義陳氏鱣古訓曰檀弓子思曰喪三日而殯凡附於身者必誠必信勿之有悔焉耳矣時人治喪以薄爲其道失之簡略故夫子以爲甯戚言必盡哀盡禮也陳氏之言或得鄭義然少迂曲未爲當也俞炎書齋夜話此易字疑是具字檀弓喪具君子恥具具與易蓋相似也此亦可備一說○注林放魯人○正義曰蜀禮殿圖以林放爲孔子弟子鄭以弟子傳無林放故不云弟子其以爲魯

人亦當別有據元和姓纂謂比干之後逃難長林之下遂
姓林氏鄭樵通志謂周平王世子林開之後皆出附會不
足據也○注易和易也○正義曰詩何人斯傳易說也郊
特牲注易和說也陳氏鱣曰包以爲和易意與戚相反然
世情當
不至此

子曰夷狄之有君不如諸夏之亡也注包曰諸夏中國亡無
也正義曰爾雅釋地九夷八狄七戎六蠻謂之四海郭注
九夷在東八狄在北七戎在西六蠻在南白虎通禮樂
篇何以名爲夷蠻曰聖人本不治外國非爲制名也因其
國名而言之耳一說曰名其短而爲之制名也夷者傳夷
無禮義東方者少陽易化故取名也北方太陰鄙郄故少
難化狄者易也辟易無別也白虎所稱二說以後說爲是
後漢東夷傳王制云東方曰夷夷者柢也言仁而爲生萬
物柢地而出故天性柔順易以道御此言夷爲善性而白
虎通謂傳夷無禮義者傳與蹲同夷與跠同廣雅訓蹲跠
爲踞即踞肆之義禮義即禮儀言其俗但無禮儀故名之
包氏愼言溫故錄夷狄謂楚與吳春秋內諸夏外夷狄成
襄以後楚與晉爭衡東方小國皆役屬焉宋魯亦奔走其

庭定哀時楚衰而吳橫黃池之會諸侯畢至故言此以抑之襄八年鄬之會陳侯逃歸何氏云加逃者抑陳侯也孔子曰夷狄之有君不如諸夏之亾言不當背也又哀十年公會晉侯及吳子于黃池傳吳何以稱子主會也吳主會曷爲先言晉侯不與夷狄之主中國也何氏云明其寔以夷狄之彊會諸侯爾不行禮義故序晉於上主書者惡諸侯之君夷狄案包說是也此篇專言禮樂之事楚吳雖迭主盟中夏然㬥彊踰制未能一秉周禮故不如諸夏之亾君其政俗猶爲近古也○注諸夏中國亾無也○正義曰諸者非一之辭說文夏中國之人也從夊從頁從臼臼兩手夊兩足也此象形之字公羊成十五年傳注諸夏外土諸侯也謂之夏者大總下上言之辭也稱中國者自我言之王者政教之所及也夷狄在四遠爲外國故謂諸夏爲中國矣說文亾逃也從人從亾𣞤亾也從亾無聲亾本謂人逃匿引申爲亾有之義

季氏旅於泰山子謂冉有曰女弗能救與（注）馬曰旅祭名也禮諸侯祭山川在其封內者今陪臣祭泰山非禮也冉有

弟子冉求時仕於季氏救猶止也對曰不能子曰嗚呼曾謂泰山不如林放乎(注)包曰神不享非禮林放尚知問禮泰山之神反不如林放耶欲誣而祭之正義曰玉篇示部祓力煮切祭名論語作旅廣韻同此後人所增字漢書班固敘傳大夫臚岱侯伯僭時鄭氏曰臚岱季氏旅於太山是也師古曰旅陳也臚亦陳也臚旅聲相近其義一耳案旅作臚當出古論史記六國表位在藩臣而臚於郊祀亦作臚儀禮士冠禮注古文旅作臚周官司儀旅擯後鄭云旅讀爲鴻臚之臚是臚旅音近得通用也說文岱大山也大山即泰山泰者大之極也俗或爲太字弗皇本作不說文弗撟也撟之爲言意有所不順也公羊桓十年傳何注弗者不之深也釋文嗚呼本或作烏乎音同說文烏部孔子曰烏盱呼也取其助气故以爲嗚呼古文作於嗚字口部所無當由俗作吁息也嗚呼者歎辭○注旅祭至止也○正義曰周官掌次王大旅上帝大宗伯國有大故則旅上帝及四望是旅爲祭名鄭注大宗伯云旅陳也陳其祭祀以祈焉禮不如祀之備也爾雅釋天祭山曰庪縣李巡云祭山以黃玉以

璧以庪置几上遙遙而眂之若縣故曰庪縣孫炎云埋於
山足曰庪埋於山上曰縣辭不同者周官大宗伯以貍沈
祭山林川澤鄭注祭山林曰貍似孫說所本儀禮覲禮祭
山川陵升似李說所本故賈疏以升卽庪縣也胡氏培翬
研六室雜箸答馬水部云承詢謂庪縣不當訓爲埋庪當
與禮經閣庪食義同按玉篇云庋閣也庪同庋引祭山曰
庪縣可證但爾雅儀禮周禮三經文各有當而義無妨爾
雅云祭地曰瘞埋祭山曰庪縣瘞埋是以牲玉埋藏於地
中庪縣則有陳列之義李巡云祭山以黃玉以璧庪置几
上邢疏云縣謂縣其牲幣於山林中其說良近蓋古者祭
山之法先庪縣而後埋之故祭山又名旅旅臚陳之也山
海經凡祠山多言肆瘞郭注云肆陳之也陳牲玉而後埋
藏之此先陳後埋之證後埋故亦得名埋今案胡說是也
大宗伯言旅四望彼謂國有大故天子陳其祭祀而祈之
則旅爲天子祭山之名惟旅祭是因大故先陳後埋其他
禮則皆從略故鄭君以爲不如祀之備也季氏旅泰山或
亦値大故而用天子禮行之故書曰旅與八佾歌雍同是
僭天子非僭魯侯也夫子謂冉求之言其迫切當亦因此
王制云天子祭天下名山大川諸侯祭名山大川之在其
地者注魯人祭泰山晉人祭河是也祭法云諸侯在其地

則祭之以其地則不祭公羊傳諸侯山川有不在其封內
者則不祭也是言諸侯之祭山川皆在封內也禮器云齊
人將有事於泰山泰山在齊魯界兩國通得祭之禮言大
夫祭五祀不及山川故祭山爲非禮季氏稱陪臣者說文
陪重土也引申之凡重皆曰陪諸侯是天子之臣諸侯之
大夫亦是天子之臣故爲重也曲禮列國之大夫入天子
之國自稱曰陪臣某是也下篇陪臣執國命彼是大夫之
臣對諸侯言之與此異也云冉有弟子冉求者史記弟子
列傳冉求字子有少孔子二十九歲鄭目錄云魯人云時
仕季氏者以夫子責之知爲季氏家臣也云救猶止者說
文救止也此常訓○注神不享非禮○正義曰神者祭法
云山林川谷丘陵能出雲爲風雨見怪物皆曰神是也享
者說文作亯云獻也從高省曰象進孰物形凡受人之獻
亦曰享孝經云祭則鬼享之是也曲禮云非其所祭而祭
之名曰淫祀淫祀無福明
神不降福知不享之也

子曰君子無所爭必也射乎注孔曰言於射而後有爭揖讓而升下而飲注王曰射於堂升及下皆揖讓而相飲其爭

也。君子。〔注〕馬曰：多算飲少算，君子之所爭。〔正義曰〕爭者，競勝之意。民有血氣，皆有爭心；君子者，將以禮治人，而恭敬撙節，退讓以明之，故無所爭也。說文：「躲，弓弩發於身而中於遠也。从矢从身。篆文躲從寸，寸，法度也，亦手也。」禮經言射有四：一曰大射，天子、諸侯、卿大夫將祭而擇士，天子於射宮，諸侯於大學，卿大夫於郊。士無臣，無所擇，故無大射禮。二曰賓射，天子在治朝，諸侯則或在朝，或會盟在竟，卿大夫士皆有之，亦射於郊。三曰燕射，天子諸侯在路寢，卿大夫士亦在郊。四曰鄉射，州長春秋屬民射於州序，天子諸侯皆無此禮。論語此文指大射。鄭氏射義目錄云：「名曰大射者，諸侯將有祭祀之事，與其羣臣射，以觀其禮數，中者得與於祭，不得數中者不得與於祭。」鄭說大射止稱諸侯，不及天子及卿大夫者，文不備耳。釋文「爭」絕句，鄭讀以「必也」絕句。然射義注引此文「必也射乎」四字連讀，論語中如「必也聖乎」、「必也使無訟乎」、「必也正名乎」、「必也狂狷乎」、「必也親喪乎」，皆不以「必也」絕句，則釋文所稱鄭讀恐誤記也。揖讓者，說文云：「揖，讓也。从手咠聲。一曰手著胸曰揖。」「攘，推也。从手襄聲。」許君解揖存二義，前義則揖讓禮同，攘古讓字。見曲禮鄭注，讓卽攘，謂推手也。後義則揖是手著匈，與攘是推手異。段氏玉裁說文注以手箸匈爲卽禮經之厭厭者引手是也鄭注鄉飲酒禮云推手曰揖鄭以凡揖皆是推手故解周官司儀以土揖天揖時揖並爲推手則鄭與許前義同也聘記注云讓謂舉手平衡也舉手與引手相似但不箸匈耳此鄭說揖讓禮之異也白虎通禮樂篇禮所以有揖讓者所以尊入自損也凡賓主行禮至門至階皆有讓者門則讓入階則讓升也此揖讓在升階時凌氏廷堪禮經釋例歷引聘禮士冠士昏鄉飲酒鄉射公食大夫諸文皆有三讓之儀知凡升階皆是三讓春秋繁露官制象天篇謂禮三讓而成一節也是也升者登之借字說文登上車也引申爲凡進上之義升是由階至堂下是降堂飲者說文作歃云歠也釋名釋飲食云飲奄也以口奄而引咽之也射義孔子曰君子無所爭云云文與此同鄭注必也射乎言君子至於射則有爭也下降也飲射爵者亦揖讓而升降勝者袒決遂執張弓不勝者襲說決拾郤左手右加弛弓於其上而升飲君子恥之是以射則爭中鄭氏此注全據大射儀之文在三耦第二番射後所以決勝負也其文云司射命設豐司宮士奉豐坐設于西楹西勝者之弟子洗觶升酌散南面坐奠于豐上司射命三耦及眾射者勝者皆袒決遂執張弓不勝者皆襲說決拾郤左手右加弛弓

于其上遂以執弨一耦出揖如升射及階勝者先升升堂少右不勝者進北面坐取豐上之觶興少退立卒觶進坐奠于豐下興揖不勝者先降與升飲者相左交於階前相揖適次釋弓襲反位僕人師繼酌射爵取觶實之反奠于豐上升飲者如初三耦卒飲此三耦二番射後揖讓之事禮又云司射猶挾一个以作射如初一耦揖升如初司射請以樂于公公許司射命日不鼓不釋三耦卒射如初司射命設豐實觶如初遂命勝者執張弓不勝者執弛弓升飲如初此三耦第三番射揖讓之事並所謂君子之爭也惟飲君則用致爵之禮若飲賓諸公卿大夫耦不升立飲西階上無揖讓事所以尊尊也若以士爲公卿大夫之耦不勝則亦執弛弓特升飲亦無揖讓事以士賤不敢匹尊者也釋文云鄭讀揖讓而升下絕句然箋詩賓筵又云下而飲此鄭兩讀義皆通○注言於射而後有爭○正義日射義云故射者進退周還必中禮內志正外體直然後持弓矢審固持弓矢審固然後可以言中此可以觀德行矣又云孔子曰射者何以射何以聽循聲而發發而不失正鵠者其惟賢者乎若夫不肖之人則彼將安能以中案此則射中乃君子所尙必於乎時講肄至射時不爭勝爲恥蓋不勝嫌於不肖故君子必求中焉求中卽是爭卽是爭

爲賢者故曰其爭也君子惟爭爲君子故言於射而後有爭也皇疏引李充欒肇說謂於射尤必君子之無爭非經旨○注多算飲少算○正義曰鄉射記箭籌八十長尺有握注籌算也籌八十者略以十耦爲正凡人四算一耦八算皇疏射者各有算數每中則以算表之若中多則算多中少則算少案算多爲勝算少爲不勝於每耦射畢各就算之多少計之

子夏問曰巧笑倩兮美目盼兮素以爲絢兮何謂也（注）馬曰倩笑貌盼動目貌絢文貌此上二句在衛風碩人之二章其下一句逸也正義曰倩盼絢皆韻兮者語助說文兮語所稽也從丂八象氣越亏也素者說文𥿄白致繒也引申爲凡物白飾之稱釋名釋采帛云又物不加飾皆目謂之素此色然也是也素以爲絢當是白采用爲膏沐之飾如後世所用素粉矣絢有衆飾而素則後加故曰素以爲絢戴氏震孟子字義疏證素以喻其人之嫻於儀容上云巧笑倩美目盼者其美乃益彰是之謂絢喻意深遠故子夏疑之○注倩笑至逸也○正義曰詩毛傳

倩好口輔輔者頰也人笑則口頰必張動也倩以言巧巧即好也此注謂笑貌者倩是形容之辭意亦與毛同矣詩傳又云盼白黑分也說文同字林盼美目也與毛不異若韓詩章句但云黑色及此注以爲動目皆屬異義聘禮絢組注采成文曰絢是絢爲文貌鄭注此文亦云文成章謂之絢蓋婦人容貌先加他飾後加以素至加素則已成章故得稱絢鄭君此注亦馬義也碩人者衞詩篇名所以美莊姜也注以碩人詩有脫句故謂下一句逸朱子說此皆逸詩非碩人文其義爲長**子曰繪事後素**注鄭曰繪畫文也凡繪畫先布衆色然後以素分布其閒以成其文喻美女雖有倩盼美質亦須禮以成之**曰禮後乎**注孔曰孔子言繪事後素子夏聞而解知以素喻禮故曰禮後乎**子曰起予者商也始可與言詩已矣**注包曰予我也孔子言子夏能發明我意可與共言詩

正義曰釋文繪胡對反本又作繢同考工記注文選夏侯常侍誄注並引作繢案今

鄭注字作繪義作績說見下惠氏士奇禮說子夏疑素以爲絢夫子以後素惟繪事爲然故舉以示之子夏遂因素而悟禮蓋五色之黑黄蒼赤必以素爲之介猶五德之仁義智信必以禮爲之閑且禮者五德之一德猶素者五色之一色以禮制心復禮爲仁禮失而采禮云禮云太素者質之始也則素爲質後素者繪之功也則素爲文故曰素以爲絢素也者萬物之所終而所成始也故履初素貢上白素者履之始白者貢之終然則忠信之人可以學禮何謂也忠而無禮則愿也信而無禮則諒也愿則愚諒則賊不學禮而忠信喪其美也是故畫繢以素成忠信以禮成素者無色之文禮者無名之樸老子不知以爲忠信之薄宫立而五音清甘立而五味平白立而五色明禮立而五德純故曰大文彌樸乎似不足非不足也質有餘也起予者晉語世相起韋注起扶持也漢石經起予下無者字○注繪畫至成之○正義曰說文繢織餘也一曰畫也此郎畫繢之義考工記設色之工畫繢鍾筐㡛又曰畫繢之事雜五色是繢爲畫文說文繪訓五采繡與畫繢爲設色不同然許君繪下引論語作繪而繢下無文洪氏頤煊讀書叢錄謂許從古論鄭從魯論若然則許解論語爲五采繡與鄭異矣書咎繇謨日月星辰山龍華蟲作繪鄭注

繪讀曰繢鄭以裳用繡則衣用繢故破讀從繢此注訓畫文亦當有繪讀曰繢四字作集解時刪之耳惠氏士奇禮說畫繢之事代有師傳秦廢之而漢明復古所謂班閒賦白疏密有章康成蓋目覩之必非臆說按考工記言畫繢雜五色五色者五采卽青赤黃白黑此注所云衆采也考工云青與白相次也赤與黑相次也玄與黃相次也是言布衆色之次又云凡畫繢之事後素功鄭注素白采也後布之爲其易漬汙也惟不爲衆采漬汙乃可成文禮注與此注義相足矣素加而衆采以明采者禮之文也鄭以美女雖有美質須加禮以成之詩所云素猶之繪事亦後加素也美質須禮以成則子夏言禮後重禮而非輕禮矣○注予我至言詩○正義曰予我爾雅釋詁文言發明者訓起爲發也顏子亦足以發亦發明之意

子曰夏禮吾能言之杞不足徵也殷禮吾能言之宋不足徵也注包曰徵成也杞宋二國名夏殷之後夏殷之禮吾能說之杞宋之君不足以成也文獻不足故也足則吾能徵

之矣注鄭曰獻猶賢也我不以禮成之者以此二國之君文章賢才不足故也正義曰文謂典策獻謂秉禮之賢士大夫子貢所謂賢者識大不賢者識小皆謂獻也禮中庸云子曰吾學夏禮杞不足徵也吾學殷禮有宋存焉言祇有宋存而文獻皆不足徵也又禮運云孔子曰我欲觀夏道是故之杞而不足徵也吾得夏時焉我欲觀殷道是故之宋而不足徵也吾得坤乾焉夏時坤乾皆文之僅存者夫子學二代禮樂欲斟酌損益以爲世制而文獻不足雖能言之究無徵驗故不得以其說箸之於篇而祇就周禮之用於今者爲之考定而存之中庸云考諸三王而不繆以周監二代周禮存則夏殷之禮可推而知故通言考也又云上焉者雖善無徵無徵不信不信民弗從注云徵或爲證所謂徵驗也此鄭存異本視徵成之義爲長民之所徵皆在文獻故文獻不足則不能徵之漢書藝文志古之王者世有史官左史記言右史記事事爲春秋言爲尚書帝王靡不同之周室既微載籍殘缺仲尼思存前聖之業乃稱曰夏禮吾能言之云云以魯周公之國禮文備物史官有法故與左丘明觀其史記據行事仍人道因興以立功就敗以成罰假日月以定厤數藉

朝聘以定禮樂據漢志是夫子此言因修春秋而發春秋亦本周禮也戴氏望論語注云王者存二王之後杞宋於周皆得郊天以天子禮樂祭其始祖受命之王自行其正朔服色備其典章文物周衰杞爲徐莒所脅而變於夷宋三世內娶皆非其國之故孔子傷其不用賢以致去禮故言俱不足徵以歎之○注徵成至之後○正義曰鄭注中庸云徵猶明也吾能說夏禮顧杞之君不足與明之也注禮運云徵成也無賢君不足與成也成明同義亦包此注意也史記陳杞世家杞東樓公者夏后禹之苗裔也周武王封之於杞以奉夏后氏祀宋世家微子開者殷帝乙之首子而紂之庶兄也代殷後奉其先祀國于宋宋爲二國名夏殷之後也杞初封卽今開封府杞縣後遷東國與齊魯地近宋都商丘卽今歸德府治商丘縣○注獻猶至故也○正義曰爾雅釋言獻聖也郭注諡法曰聰明睿智曰獻書皋陶謨萬邦黎獻某氏傳獻賢也此注云猶賢者據說文獻本宗廟犬名羮獻與賢義絶遠注以獻爲儀之段借故曰猶賢爾雅釋詁儀善也詩文王宣昭義問毛傳義善也義儀字同書大誥民獻有十夫伏生傳作民儀周官司尊彝注獻讀爲犧又讀爲儀皆獻儀通用之證此段氏玉裁說見尚書撰異鄭以獻指杞宋之君禮運注云

謂無賢君也又中庸注云君雖善善無明徵則其善不信也言君雖善無明徵卽是文獻不足禮注與此注相發

子曰禘自既灌而往者吾不欲觀之矣【注】孔曰禘祫之禮爲序昭穆故毀廟之主及羣廟之主皆合食於太祖廟灌者酌鬱鬯灌於太祖以降神也既灌之後列尊卑序昭穆而魯逆祀躋僖公亂昭穆故不欲觀之矣　正義曰禘禮之說千古聚訟今求之禮經參以諸儒之論爲之說曰爾雅釋天云禘大祭也言大祭者殷人夏祭曰禘至周以夏祭爲禴而以禘爲殷祭之名故言大也禘行於夏與祫行於秋在四時之閒故司尊彝謂之閒祀儀禮喪服傳大宗者尊之統也諸侯及其大祖天子及其始祖之所自出禮記喪服小記王者禘其祖之所自出以其祖配之而立四廟注高祖以下與始祖而五大傳禮不王不禘王者禘其祖之所自出以其祖配之始祖者始封之祖周始后稷則以稷爲始祖也稷之所自出者嚳也故祭法言周人禘嚳也孝經曰孝莫大於嚴父嚴父莫大於配天則周公其人也昔者周公郊祀后稷

以配天宗祀文王於明堂以配上帝郊是祭天而以稷配宗是祭上帝而以文王配此周公嚴父之義禮三本所謂王者天太祖也此與宗廟之祀后稷文王異禮宗廟不得配天配上帝也中庸言武周之達孝云郊社之禮所以事上帝也宗廟之禮所以祀乎其先也又言明乎郊社之禮禘嘗之義宗廟禘嘗互文見義此與郊社無與而解者多混爲一誤矣周官大宗伯以肆獻祼享先王以饋食享先王以祠春享先王以禴夏享先王以嘗秋享先王以烝冬享先王鄭注以肆獻祼爲祫饋食爲禘其祭大於時祭故列於上郎司尊彝所謂追享朝享也天子三年喪畢新主將入廟有禘祭謂之吉禘春秋所書吉禘是也有吉禘則亦有吉祫何休公羊解詁謂禮禘祫從先君數遭祫則祫遭禘則禘是也其常祭則三歲一祫五歲一禘所謂五年再殷祭也禘大祫小故春秋所紀爾雅所載俱有禘無祫劉歆遂以禘祫爲一祭二名禮無差降誤也大傳曰大夫士有大事省於其君干祫及其高祖祫下及大夫士而禘則不王不禘祫是合已遷未遷廟之主祭於大廟然止及始祖不及始祖之所自出又何休公羊解詁謂禘功臣皆祭是禘大於祫惟漢宗廟之祭有祫無禘故漢儒多以祫大於禘也禘是天子宗廟之祭魯得用之者祭統曰昔者

周公旦有勳勞於天下周公既沒成王康王追念周公之
所以勳勞者而欲尊魯故賜之重祭外祭則郊社是也內
祭則大嘗禘是也夫大嘗禘升歌清廟下而管象朱干玉
戚以舞大武八佾以舞大夏此天子之樂也康周公故以
賜魯也明堂位曰季夏六月以禘禮祀周公於太廟牲用
白牡尊用犧象山罍鬱尊用黃目灌用玉瓚大圭薦用玉
豆雕篹爵用玉琖仍雕加以璧散璧角俎用梡嶡升歌清
廟下管象朱干玉戚冕而舞大武皮弁素積裼而舞大夏
味東夷之樂也任南蠻之樂也納四夷之樂於大廟言廣
魯於天下也此周公廟得有禘禮出自成康所賜也詩閟
宮云秋而載嘗夏而楅衡載嘗即嘗即祭楅衡即禘祭統
所云大嘗禘也毛彼傳云諸侯夏禘則不礿秋祫則不嘗
惟天子兼之此謂魯當禘祫之年則廢一時祭言諸侯者
據魯稱之他國諸侯雖有特祀不得名禘且用其禮也若
然魯大祭皆成康所賜而禮運載孔子言以魯郊禘非禮
又歎周公其衰者此夫子譏伯禽之失不當受賜亦以郊
禘禮大故也春秋閔公二年二月吉禘于莊公時閔公年
幼政在大夫始僭用禘禮於羣廟故春秋書而譏之僖公
賢君復魯舊制終僖公世祇八年書禘于太廟若羣廟末
有書其僭者則意文宣以後禮樂征伐出自大夫始踵前

失而復僭之春秋左氏昭十五年禘于武宮廿五年禘于襄公是羣廟有禘矣襄十六年傳晉人曰寡君之未禘祀是晉亦有禘矣魯禘本在六月而僖八年以七月昭十五年以三月定八年以十月又雜記言七月而禘孟獻子爲之則僭竊之失不能有定制矣史記禮書是以君臣朝廷尊卑貴賤之序下及黎庶車輿衣服宮室飲食嫁娶喪祭之分事有宜適物有節文仲尼曰禘自既灌而往者吾不欲觀之矣周衰禮廢樂壞大小相踰管仲之家兼備三歸如史公說則不欲觀爲魯僭禘此明在羣廟矣莊氏述祖別記宗廟有灌天子諸侯之禮同也明堂位季夏六月以禘禮祀周公於太廟鬱尊用黃目灌用玉瓚大圭郊特牲曰黃目鬱氣之上尊也鄭注黃目黃彝也周所造於諸侯爲上也正義云明堂位灌尊夏后氏以雞彝殷以斝周以黃目天子則黃彝之上有雞彝斝彝備前代之器以諸但有黃彝故曰於諸侯爲上也又周禮司尊彝職曰春祠夏禴祼用雞彝鳥彝秋嘗冬烝祼用斝彝黃彝追享朝享祼用虎彝蜼彝今魯禘灌用黃彝不備前代之器從諸侯禮也至迎牲以後朝踐再獻之時則白牡山罍兼用四代之禮其餘可以類推故夫子曰吾不欲觀之矣案淩氏曙典故叢天子宗廟禮有九獻魯亦如之君灌爲一獻夫人

灌爲再獻既灌之後君出迎牲視殺而薦血腥于堂爲朝
獻是三獻四獻薦孰于室爲饋食是五獻六獻獻尸食畢
而君與夫人咸酳尸是七獻八獻賓長酳尸是九獻九獻
之後又有加爵其閒有獻祝宗獻賓獻卿大夫士及餕而
禮畢然則灌者祭禮之始故祭統言獻之屬莫重於祼也
鄭此注云禘祭之禮自血腥始鄭以灌後卽迎牲視殺而
薦血薦腥爲三獻四獻之禮言此者明既灌而往往爲此
禮也禘禮自血腥始則血腥前尚非禘禮鄭注本非全文
其義或如莊氏所云矣郊特牲疏引崔氏云周禮之法宗
廟以祼地爲始又引熊氏云凡大祭並有三始祭宗廟以
樂爲致神始以灌爲歆神始以腥爲陳饌始是血腥前當
有二始鄭以致神歆神與他祭同未用禘禮故不數之也
易觀盥而不薦馬融注盥者進爵灌地以降神也此是祭
祀盛時及神降薦牲其禮簡略不足觀也祭祀之盛莫過
初盥降神故孔子曰禘自既灌而往者吾不欲觀之矣虞
翻王弼略同案灌後禮文甚繁不知何故以爲簡略且聖
人致敬盡禮亦斷不因簡略而遂云不欲觀也此義非是
○注禘祫至之矣○正義曰序者順也昭穆者父子之次
也周官小宗伯掌建國之神位辨廟祧之昭穆昭之言明
穆之言敬周自后稷之子爲昭孫爲穆傳至文王爲穆武

王爲昭成王又爲穆也注言此者欲見禘祫之禮毀廟及羣廟主皆合食於太祖廟故有昭穆當序之也說文祫大合祭先祖親疏遠近也禘諦祭也以序昭穆當審諦之也故崔靈恩說禘以審諦昭穆序列尊卑禘者諦也第也是其義也公羊文二年傳大祫者何合祭也其合祭柰何毀廟之主陳于太祖未毀廟之主皆升合食于太祖此僞孔所本祫既合食知禘亦合食故祫禘並當審諦昭穆也郊特牲周人尚臭灌用鬯臭鬱合鬯臭陰達於淵泉灌以圭璋用玉氣也注云灌謂以圭瓚酌鬯始獻神也又祭統君執圭瓚灌尸大宗執璋瓚亞灌灌尸卽是灌神故皇疏引鄭氏尚書傳注云灌是獻尸尸乃得獻乃祭酒以灌地也是也言鬱鬯者郊特牲云鬱合鬯與下蕭合黍稷皆謂二物詩江漢秬鬯一卣毛傳秬黑黍也鬯香草也築煑合而鬱之曰鬯春官鬯人注鄭司農云鬯香草王度記天子以鬯諸侯以薰大夫以蘭芝士以蕭庶人以艾是鬯爲香草也毛傳合而鬱之此鬱爲鬱積不以鬱爲草也春官鬱人凡祭祀賓客之祼事和鬱鬯以實彝而陳之注築鬱金煑之以和鬯酒鄭司農云鬱草名十葉爲貫百二十貫爲築以煑之鐎中停于祭前鬱爲草若蘭二鄭並以鬱爲草與毛異義說文鬯以秬釀鬱艸芬芳攸服以降神也鬱芳艸

也十葉爲貫百廿貫築以煮之爲鬱一日鬱鬯百草之華
遠方鬱人所貢芳草合釀之以降神鬱今鬱林郡也許以
鬯爲芬芳卽毛鄭以鬯爲香草之義鬱與鬱同當卽鬱金
其解鬱二說前說與先鄭合後說則兼備異聞惟鬱爲百
草之華故春秋繁露執贄篇以暢爲百香之心暢與鬯同
又白虎通攷黜篇鬯者以百艸之香鬱金合而釀之成爲
鬯均與許後說畧同也魯逆祀在文二年兄弟異昭穆今
躋僖在閔上故曰亂昭穆注義不從故亦略之不具釋焉

或問禘之說子曰不知也〔注〕孔曰答以不知者爲魯諱**知其說者之於天下也其如示諸斯乎指其掌**〔注〕包曰孔子謂或人言知禘禮之說者於天下之事如指示掌中之物言其易了

正義曰夫子諱魯僭禘故答以不知而復廣其說於天下明爲王者之事非魯所得知也仲尼燕居子曰郊社之義所以仁鬼神也嘗禘之禮所以仁昭穆也又曰明乎郊社之義嘗禘之禮治國其如指諸掌而已乎又祭統言四時之祭云禘者陽之盛也嘗者陰之盛也故曰莫重於禘嘗古者於禘也發爵賜服順陽義也於嘗也

出田邑發秋政順陰義也故曰禘嘗之義大矣治國之本也不可不知也明其義者君也能其事者臣也不明其義君人不全不能其事爲臣不全中庸云宗廟之禮所以序爵所以辨貴賤也序事所以辨賢也旅酬下爲上所以逮賤也燕毛所以序齒也又曰郊社之禮所以事上帝也宗廟之禮所以祀乎其先也明乎郊社之禮禘嘗之義治國其如示諸掌乎諸文皆禘說之可知者鄭注中庸云示讀如寘諸河干之寘寘置也物而在掌中易爲知力者也此文無注意亦當同宋書周朗傳昔仲尼有言治天下若寘諸掌此或出鄭本古寘多作示易坎上六寘于叢棘劉表注作示詩鹿鳴示我周行鄭箋示當作寘是也邢疏云指其掌者弟子等恐人不知示諸斯謂指示何物故著此一句言是時夫子指其掌也爾雅釋詁指示也謂人指有所向以告人也說文掌掌中也釋名釋形體掌言可以排掌也○注答以不知者爲魯諱○正義曰孔以諱卽逆祀之事

祭如在【注】孔安國曰言事死如事生**祭神如神在**【注】孔曰謂祭百神**子曰吾不與祭如不祭**【注】包曰孔子或出或病而

不自親祭，使攝者爲之，不致肅敬其心，與不祭同。正義曰：祭如在二句，朱子以爲此門人記孔子祭祀之誠意，是也。祭法云：大夫立三廟，曰考廟，曰王考廟，曰皇考廟；適士二廟，曰考廟，曰王考廟；官師一廟，曰考廟；庶士庶人無廟，此周制也。王制：大夫三廟，一昭一穆，與太祖之廟而三；士一廟；庶人祭於寢。大夫廟制與祭法異者，鄭志答趙商以王制爲夏殷雜不合周制是也。鄭注王制士一廟云：謂諸侯之中士下士，名曰官師者。上士二廟。如鄭所言，上士郎適士，是謂士之廟數殷周同矣。祭法又云：大夫立三祀，曰族厲，曰門，曰行；適士立二祀，曰門，曰行；庶士庶人立一祀，或立戶，或立竈。又王制：大夫祭五祀。鄭注：五祀謂司命也，中霤也，門也，行也，厲也。此祭謂大夫有地者，其無地祭三耳。孔疏：中鄭意以此及祭法俱是周禮，若曲禮大夫祭五祀歲徧，注以爲殷制，不言有地無地之分。又曲禮云：士祭其先。亦與周制士立二祀或立一祀異也。五祀中司命屬天神，中霤、門、行屬地示，厲屬人鬼。此文祭神統言五祀，夫子是無地大夫，亦止有三祀也。春秋繁露祭義篇：祭之爲言際也與察也。祭然後能見不見，見不見之見者，然後知天命鬼神。知天命鬼神，然後明祭之意；明祭之意，乃能重祭事。孔子曰吾不與祭祭神如神在重祭事如事生故聖人於鬼神也畏之而不敢欺也信之而不獨任事之而不專恃其公報有德也幸其不私與人福也董釋祭神之義而引文有脫誤○注言事死如事生○正義曰中庸云事死如事生事亡如事存祭法云文王之祭也事死者如事生稱諱如見親如見親之所愛又云祭之日入室僾然必有見乎其位周還出戶肅然必有聞乎其容聲出戶而聽愾然必有聞乎其嘆息之聲又云進退必敬如親聽命則或使之也注云如居父母前將受命而使之○注孔子至祭同○正義曰孔子或出者孔子仕時如夾谷之會隨君在外是或出也公羊桓八年傳春曰祠夏曰礿秋曰嘗冬曰烝士不及茲四者則冬不裘夏不葛何注士有公事不得及此四時祭者則不敢美其衣服蓋思念親之至也故孔子曰吾不與祭如不祭案公羊以士職卑有公事不能使人攝祭則廢祭也注引論語者謂孔子仕爲大夫有事故使人攝祭已未致其思念如不祭然則與士廢祭同也特牲饋食禮云特牲饋食之禮不諏日注士賤職褻時至事暇可以祭則筮其日矣不如少牢大夫先與有司於廟門諏丁巳之日賈疏鄭云時至事暇可以祭者若祭時至有事不得暇則不可以私廢公故也若大夫已上時至唯有喪故不得

祭自餘吉事皆不廢祭若有公事及病使人攝祭故論語注云云又祭統云是故君子之祭也必身親涖之有故則使人可也雖使人也君不失其義者君明其義故也是君大夫有病故皆得使人攝祭則賈以孔子爲大夫得使人攝祭與士異也不致肅敬其心者言已未與祭肅敬之心無由而致故已有所歉也賈引論語注無姓名今鄭注輯本皆據疏列入但與包此注文同或賈即引包氏也

王孫賈問曰與其媚於奧寧媚於竈何謂也注孔曰王孫賈衛大夫奧內也以喻近臣竈以喻執政賈執政者欲使孔子求昵之故微以世俗之言感動之也**子曰不然獲罪於天無所禱也**注孔曰天以喻君孔子拒之曰如獲罪於天無所禱於衆神 正義曰御覽五百卄九引鄭此注云王孫賈自周出仕於衛也案白虎通姓名篇王者之子稱王子王者之孫稱王孫故春秋有王子瑕論語有王孫賈是賈爲周王者孫也皇疏以賈爲靈王孫廣韵

引世本通志氏族略並以爲頃王之後梁氏玉繩古今人表考引春秋分記又以爲康叔子王孫年之後則以王孫爲氏本爲衛人非自周出仕與鄭氏異義非也下篇言衛靈之臣王孫賈治軍旅是賈仕衛也媚者說文媚說也周語若是乃能媚於神韋注同曲禮釋文意向日媚御覽引鄭此注又云宗廟及五祀之神皆祭於奧室西南隅謂之奧也又云明當媚其尊者夫竈老婦之祭所見鄭注非全文釋文奧鄭云西南隅亦節引也爾雅釋宮云西南隅謂之奧說文奧宛也室之西南隅釋名釋宮室室中西南隅日奧不見戶明所在秘奧也凡室制以奧爲尊故曲禮云爲人子者居不主奧明奧爲尊者所居故凡祭亦於奧矣少牢饋食禮司宮筵于奧祝設几于筵上右之注云布陳神位也席東面近南爲右是宗廟之祭在於奧也其五祀若祭戶祭中霤亦於此若祭竈祭門祭行皆在廟門外室之奧故鄭注以爲宗廟及五祀皆祭於奧也五祀者戶中霤竈門行也月令注亦云凡祭五祀於廟用特牲有主有尸皆先設席于奧孔疏以爲逸中霤禮文則此注所云亦逸中霤禮說也周官亨人職外內饔之爨亨煮辨膳羞之物注爨今之竈主於其竈煮物周官儀禮皆言爨論語或言竈爨竈古今語釋名釋宮室竈造也造創物食也日用

飲食之竈其地經無明文若此言祭竈則在廟門外也少牢禮云雍爨在門東南北上廩爨在雍爨之北又特牲云牲爨在廟門外東南魚腊爨在其南皆西面饎爨在西壁注西壁堂之西牆下按牲爨魚腊爨即雍爨特牲記注舊說云宗婦祭饎爨烹者祭饔爨用黍肉而已無籩豆俎此謂宗廟之祭尸卒食則設此祭以報功也饎爨祭於西堂下饔爨之祭在廟門外不言廩爨之祭疑廩爨即饎爨之別設者也禮器孔子曰臧文仲安知禮燔柴于奧夫奧者老婦之祭也盛于盆尊于瓶注云奧當爲爨字之誤也或作竈禮尸卒食而祭饎爨饔爨也時人以爲祭火神乃燔柴老婦先炊者也盆瓶炊器也明此祭先炊非祭火神燔柴似失之如鄭所說是因祀廟而祭爨其祭即在爨室不於奧也其於奧者乃夏祭之禮即此所云媚奧媚竈也月令孟夏之月其祭竈注祀竈之禮先席於門之奧東面設主於竈陘乃制肺及心肝爲俎奠於主西又設盛於俎南亦祭黍三祭肺心肝各一祭醴三亦旣祭徹之更陳鼎俎設饌於筵前迎尸如祀戶之禮孔疏祀竈之禮以下皆逸中霤禮文云先席于門之奧謂廟門外西室之奧云東面設主于竈陘者謂設主於東面也竈陘謂竈邊承祭之物以土爲之云又設盛於俎南者盛謂黍稷盛之於簋皇氏

以爲此祭老婦盛於盆非其義也云旣祭徹之更陳鼎俎
設饌於筵前者筵前謂初設廟門室奧之筵惟特牲少牢
鼎當陳於廟門室之前稍東西向執俎者以俎就鼎或肉
入設於筵前在菹醢之東其黍稷等設於俎南此惟三祭
黍或無稷也案疏所云西室即門外西堂之室竈在廟門
東南故設主向西論語祭奧祭竈連文指夏祭言與盆瓶
之祭不同鄭注禮器破奧爲竈駁五經異義云臧文仲燔
柴於竈此注亦云夫竈老婦之祭皆自用所定之本鄭駁
異義以竈神是老婦老婦即先炊者雖夏祭與盆瓶之祭
不同而竈神無異故此注亦引禮器之文其下必有辨別
之語今已脫佚無由詳其說矣奧竈本一神時人以竈設
主主者神之所棲親媚之易爲福也奧則迎尸祭之尸者
人所象似非神所憑媚之或無益也賈仕衞有媚於衞君
故引人言以自解說且疑夫子盡禮亦是媚故問夫子當
明媚道也云不然者禮記大傳注然如是也其言不是則
深斥之故曰不然也廣雅釋詁獲得也此常訓墨子經上
辠犯禁也說文辠犯法也從辛從自言罪人蹙鼻苦辛之
憂秦以辠似皇字改爲罪賈自周出仕衞必有獲罪周王
者臣以君爲天故假天言之禱者說文云告事求福也周
官大祝五曰禱是禱亦祭名繁露郊祭篇引此文說之云

天者百神之大君也事天不備雖百神猶無益也是其義
也○注奧內至執政○正義曰文選赭白馬賦注引鄭注
尚書云奧內也與此注合奧在室西南隅故爲內也內喻
近臣當謂彌子瑕之類妄謂孔子主我衞卿可得故意孔
子或媚之也奧居內則竈居外指外臣故云竈喻執政○
注天以喻君○正義曰爾雅釋詁天君也左宣四年傳君
天也孔以天喻君言人
有妄求於君卽是得罪

子曰周監於二代郁郁乎文哉吾從周 注 孔曰監視也言周
文章備於二代當從之也
正義曰說文代更也言世相更變
也二代謂夏殷郁郁文章貌說文
彧有文章也汗簡謂古論語郁作彧郁卽彧省漢書禮樂志
王者必因前王之禮順時施宜有所損益卽民之心稍稍
制作至太平而大備周監於二代禮文尤具事爲之制曲
爲之防故稱禮經三百威儀三千孔子美之曰郁郁乎文
哉吾從周案禮三本云凡禮成於文終於隆故至備情文
俱盡其次情文迭興周承二代有至備之文故夫子美其
文盛也魯周公之後周公成文武之德制禮作樂祝鮀言
伯禽封魯其分器有備物典冊典冊卽周禮是爲周所賜

也故韓宣子謂周禮盡在魯又孔子對哀公言文武之道布在方策方策者魯所藏也中庸云吾學周禮今用之吾從周今亦指魯夫子此言吾從周是據魯所存之周禮言禮運孔子曰吾觀周道幽厲傷之吾舍魯何適矣是言魯能存周禮也○注監視也○正義曰監視爾雅釋詁文說文監臨下也臨視也義微別今通用監

子入大廟注包曰大廟周公廟孔子仕魯魯祭周公而助祭也

注大廟至祭也○正義曰考工記左祖右社注祖宗廟小宗伯掌建國之神位右社稷左宗廟注云庫門內雉門外之左右劉向別錄謂社稷宗廟在路寢西與周官異陳氏奐毛詩疏謂為殷禮是也王制天子七廟三昭三穆與大祖之廟而七諸侯五廟二昭二穆與大祖之廟而五鄭注以為周制漢書韋元成傳禮王者始受命諸侯始封之君皆為太祖以下五廟而迭毀周公是魯始封為魯大祖故廟曰太廟也公羊文十三年傳周公稱大廟魯公稱世室羣公稱宮周公何以稱大廟于魯封魯公以為周公也穀梁傳略同明堂位大廟天子明堂山節藻棁復廟重檐刮楹達鄉崇坫康圭疏屏天子之廟飾也阮氏元明堂論魯之大廟猶周明堂中之清廟也故左氏傳取郜大鼎

于宋納于大廟臧哀伯即以淸廟茅屋爲說明堂以茅蓋屋也魯侯國不得別立明堂其一切非常典禮皆於大廟行之言孔子仕魯者明孔子得入大廟也雜記云大夫冕而祭於公士弁而祭於公是大夫士皆助君祭也朱子集注以此助祭在始仕時閻氏若璩釋地謂鄹人之子乃孔子少賤時之稱孔子年二十爲委吏二十一爲乘田吏委吏若周官委人共祭祀之薪蒸木材乘田吏若牛人凡祭祀共其牛牲之互與其盆簝以待事羊人凡祭祀飾羔割羊牲登其首皆其有藏於大廟也**每事問或曰孰謂鄹人之子知禮乎入大廟每事問**注孔曰鄹孔子父叔梁紇所治邑時人多言孔子知禮或人以爲知禮者不當復問**子聞之曰是禮也**注孔曰雖知之當復問愼之至也　正義曰三蒼云每非一定之辭也事謂犧牲服器及禮儀諸事也魯祭太廟用四代禮樂多不經見故夫子每事問之以示審愼論衡知實篇解此文云不知故問爲人法也是也莊氏述祖別記謂魯祭非禮夫子此問即薄正祭器之事不知魯僭禮在羣公廟不在太廟莊氏誤也閻

氏若璩釋地引顧瑞屏說每事問當在宿齊時若正祭雍雍肅肅無容得每事問也○注鄹孔子父叔梁紇所治邑○正義曰說文云郰魯下邑孔子之鄉史記世家孔子生魯昌平鄉陬邑陬與郰偏旁互易論語作鄹當是或體杜注左傳云郰邑在魯縣東南莝城莝城在今曲阜與鄒縣界水經泗水注漷水又逕魯國鄒山西南流春秋傳所謂嶧山也邾文公之所遷叔梁紇之邑也孔子生於此左昭九年疏引論語作鄒人此由鄒郰聲近地又相接故以鄒爲郰叔梁紇邑實則說文郰是孔子鄉而鄒下但言魯縣古邾國不爲孔子鄉則鄒郰地異文亦異矣左襄十年傳偪陽人啟門諸侯之士門焉郰人紇抉之以出門者杜注紇郰邑大夫仲尼父叔梁紇也與孔此注同潛夫論志氏姓云伯夏生叔梁紇爲鄹大夫故曰鄹叔紇是鄹人爲鄹大夫漢人相傳有此說也左傳孔疏云古稱邑大夫多以邑冠人郰疏引左傳新築人仲叔于奚證之是也段氏玉裁說文注謂郰人是舉所居之地非爲所治邑鄹大夫之文始見王肅私定家語孔氏論語注乃肅輩僞託者似不足信段氏此辨甚是然其誤自潛夫已然亦非始王肅也○注雖知之當復問愼之至也○正義曰注以夫子不知故問然云每事容亦有所已知者今猶復問於人故爲愼

也繁露郊事對義正如此

子曰射不主皮【注】馬曰射有五善焉一曰和志體和二曰和容有容儀三曰主皮能中質四曰和頌合雅頌五曰興武與舞同天子三侯以熊虎豹皮爲之言射者不但以中皮爲善亦兼取和容也

正義曰說文皮剝取獸革者謂之皮舊說禮惟大射有皮所謂皮侯棲皮爲鵠者也賓射則用采侯畫布爲五采以爲正燕射鄉射則畫布爲獸形以爲正皆不用皮也金氏榜禮箋辨之云梓人爲侯廣與崇方三分其廣而鵠居一焉凡侯未有不設鵠者大射之侯棲皮爲鵠鵠外以采畫之謂之正天子五重諸侯三重大夫士再重燕射之侯天子諸侯亦棲皮爲鵠大夫士則畫布爲鵠大射燕射異同如是司裘王大射則共虎侯熊侯豹侯設其鵠諸侯則共熊侯豹侯卿大夫則共麋侯皆設其鵠射人王以六耦射三侯五正諸侯以四耦射二侯三正卿大夫以三耦射一侯二正士以三耦射豻侯二正大射儀公射大侯大夫射參士射干三經

皆謂大射之侯也司裘職主設鵠故不言正士卑又不掌設其鵠故鄭仲師射人注釋三侯爲虎熊豹二侯爲熊豹與司裘職所設鵠之侯爲一明設正鵠於一侯矣賈景伯周禮注云四尺曰正正五重鵠居其內而方二尺蓋假侯中六尺明之與梓人三分其廣而鵠居一數合此禮家相傳古義也據鵠言之爲皮侯據正言之爲采侯又云燕射之侯尊卑皆張一侯鄉射記凡侯天子熊侯白質諸侯麋侯赤質大夫布侯畫以虎豹士布侯畫以鹿豕凡畫者丹質熊麋虎豹鹿豕之侯咸取名於鵠記言大夫士布侯用畫則熊侯麋侯棲皮爲鵠對文見異矣鄉射之禮所以習射上功當張麋侯二正與大射同賓射之禮以親故舊朋友張歎侯與燕射同歟案金說甚核齊猗嗟詩終日射侯不出正兮則正侯同爲一侯審矣詩賓筵疏引周禮鄭衆馬融注皆謂正在鵠內惟正在鵠內故詩以射不出正誇爲技藝則金氏引賈景伯以正在鵠外非也天子諸侯無鄉射禮鄉射記所言熊侯麋侯云云皆指燕禮故金氏引以證燕射也凡禮射主皮但主於中不尚貫革故鄉射禮不貫不釋鄭注貫猶中也明中即是貫非如賈疏以爲貫穿也不貫不釋爲主皮若不主皮者則以人力或弱不能及侯則不中皮而比於禮樂亦必取之也樂記言武王克

殷貫革之射息此軍射貫穿不可以説禮射○注射有至容也○正義曰馬此注據鄉射言鄉射者行射於鄉所以賓興賢能至射之明日鄉大夫復以鄉射之禮五物詢衆庶詢其稍能習者以備後次之賓興此見周官鄉大夫之職五物者五事也馬云五善謂五物爲善也淩氏廷堪鄉射五物攷一曰和二曰容三曰主皮四曰和容五曰興舞此五物之序也前既云和容後復曰和容人多不得其解昔之説一曰和二曰容者鄭司農曰和謂閨門之内行容謂容貌鄭康成曰和載六德容包六行説四曰和容者杜子春讀和容爲和頌謂能爲樂也又馬融論語注一曰和志體和二曰容有容儀四曰和容合雅頌此皆因經文和容前後再見故彊生異義至主皮之射説者尤爲聚訟考周官明云退而以鄉射之禮五物詢衆庶則五者固在鄉射禮之中不在鄉射禮之外也蓋一曰和二曰容者卽鄉射禮之三耦射也獲而未釋獲但取其容體比於禮也是爲第一次射三曰主皮者卽鄉射禮之三耦及賓主人大夫衆耦皆射也司射命曰不中不釋蓋取其中也故謂之主皮馬氏論語注以主皮爲能中質是也是爲第二次射四曰和容五曰興舞者卽鄉射禮之以樂節射也司射命曰不鼓不釋既取其容體比禮又取其節比於樂也比於

禮故謂之和容蓋如前三耦射也比於樂故謂之興舞取
其應鼓節也故前已言和容此復言和容也是爲第二次
射鄉射記禮射不主皮鄭注不主皮者貴其容體比於禮
其節比於樂不待中爲雋也蓋古經師相傳之解指第三
次射而言深得經意不主皮爲第三次射不鼓不釋則主
皮爲第二次射不貫不釋可知矣時至春秋之末鄉射但
以不貫不釋爲重而容體比於禮節比於樂不復措意故
孔子歎之以爲古禮仍有不主皮之射也或者謂鄉射記
云主皮之射者勝者又射不勝者降則似鄉射之外更有
此射者此殊不然鄉射記所云卽指第二次射也凡經所
未言見於記者甚多不獨主皮之射一節也又禮經釋例
云案鄉射記始射獲而未釋獲謂初射也又云復釋獲謂
再射也又云復用樂行之謂三射也射皆三次不獨鄉射
卽大射亦然但節文小異耳射必三次者大射儀注云君
子之於事始取苟能中課有功終用成法教化之漸也射
用應節爲難孔子曰射者何以聽循聲而發發而不失正
鵠者其唯賢者乎以樂節射者卽禮射也所謂其容體比
於禮也其節比於樂也然則射以應節爲上中侯次之故
論語曰射不主皮古之道也案凌說是也竊以射皆三次
則賓射燕射亦當同惜無文以明之鄭注鄉射記以禮射

爲大射賓射燕射不數鄉射此其疏也若然論語射不主皮當兼凡禮射而淩氏專指鄉射者正據馬氏此注五物之詢爲鄉大夫且舉鄉射明諸禮射得通之也云一曰和志體和二曰和容有容儀者和容和字當衍志體言其體容儀言其容所謂容體比於禮也云三曰主皮能中質也者質謂侯中受矢之處卽鄉射記所云白質赤質丹質也賓筵詩發彼有的毛傳的質也荀子勸學篇質的張而弓矢至焉質的二名一物鄭衆馬融注周禮並以質四寸居於正之内是也云四日和頌合雅頌者此與杜子春讀同以和爲合容爲頌也此馬自用其所據周禮之義亦可通也云五日興武與舞同也者左氏春秋以蔡侯獻舞歸穀梁作獻武又禮器詔侑武方注云武當爲舞聲之誤也鄭彼注以武爲聲誤馬此注以武與舞同則以二字通用與鄭異也云天子有三侯以熊虎豹皮爲之者天子無鄉射此假天子大射之侯言之明此主皮亦棲皮爲侯也不及諸侯以下者文見司裘可推而知也以熊虎豹皮爲侯則鄭彼注謂以虎熊豹麋之皮飾其側者蓋未然也若鄭注鄉大夫五物以主皮爲張皮射之無侯益非是也云亦兼取和容者卽一日和二日容不及和頌與武於義未備當用淩說補之也**爲力不同科古之道**

也注馬曰爲力力役之事亦有上中下設三科焉故曰不同科注爲力至同科○正義曰云爲力力役之事者爲猶科效也言效此力役之事卽孟子所云力役之征也云亦有上中下設三科焉者說文科程也廣雅釋言科條也科品也周官小司徒上地家七人可任也者家三人中地家六人可任也者二家五人下地家五人可任也者家二人注云可任謂丁彊任力役之事也是上地中地下地有三科又均人云凡均力役以歲上下豐年則公旬用三日焉中年則公旬用二日焉無年則公旬用一日焉亦以年分三科皆此注義所具也春秋時徵發頻仍興築無已不復循三科之制故孔子思古之道也劉敞七經小傳不從此注謂不主皮者以力不同之故則主皮之射爲尚力其說亦通

定遠方燕昭校刊

論語正義卷四

寶應劉寶楠學

子貢欲去告朔之餼羊（注）鄭曰：牲生曰餼。禮，人君每月告朔於廟，有祭，謂之朝享。魯自文公始不視朔，子貢見其禮廢，故欲去其羊。子曰：賜也，爾愛其羊，我愛其禮。（注）包曰：羊存猶以識其禮，羊亡禮遂廢也。正義曰：白虎通三正篇：朔者，蘇也，革也，言萬物革更於是，故統焉。四時篇：朔之言蘇也，明消更生，故言朔。說文：朔，月一日始蘇也。書大傳：夏以平旦爲朔，殷以雞鳴爲朔，周以夜半爲朔。謂夏用寅時，殷用丑時，周用子時也。史記歷書：三王之正若循環，窮則反本。天下有道則不失紀序，無道則正朔不行於諸侯。幽厲之後，周室微，陪臣執政，史不記時，君不告朔。君謂天子，正朔不行則天子不復告也。漢書五行志：周衰，天子不班朔。律歷志：劉歆曰：周道既衰，天子不能班朔。班朔即告朔。史記言幽厲之後，是統東遷言之。先叔丹徒君駢枝曰告讀如字周禮太史正歲年以序事頒之于官府及都鄙頒告朔于邦國先鄭司農云頒讀爲班班布也以十二月朔告布天下諸侯孔子三朝記曰天子告朔於諸侯率天道而敬行之以示威於天下也又數夏桀商紂之惡曰不告朔於諸侯穀梁文六年傳曰天子不以告朔又十六年傳曰天子告朔于諸侯然則告朔云者以上告下爲文不以下告上爲義天子所以爲政於天下而非諸侯所以禮於先君也餼之爲言乞也謂乞與也凡供給賓客或以牲牢或以禾米生致之皆曰餼說文氣饋客芻米也從米乞聲或作餼其見於經傳者曰饔餼曰稍餼曰餼牢曰餼獻曰餼牽天子之於諸侯有行禮有告事行禮於諸侯若頫問賀慶脤膰賵禬之屬大使卿小使大夫告事於諸侯若冢宰布治司徒布教司馬布政司寇布刑之屬皆常事也以其爲歲終之常事又所至非一國故不使卿大夫而使微者行之傳之遽達之以旌節然後能周且速焉諸侯以其命數禮之或以少牢或以特羊而已幽王以後不告朔於諸侯而魯之有司循例供羊至於定哀之閒猶秩之謹案此說最確書堯典曰敬授民時授時卽頒官府都鄙之制其下分命中命則所謂頒告朔於邦國也宋氏翔鳳說月令季秋合諸侯制百縣爲來歲受朔日

鄭注謂百縣與諸侯互文四方諸侯極於天下必三月而後畢達故以季秋行之非如鄭說秦以建亥為歲首於是歲終也其說良是周官太史不言頒告朔在何時先鄭謂以十二月朔布告天下諸侯不知天下諸侯斷非一月所能畢達於義非也許氏五經異義諸侯歲遣大臣之京師受十二月之正此臆測於經傳無徵天子頒告諸侯謂之告朔又謂之告月春秋文公六年閏月不告月猶朝于廟不告月者王朝之禮失也猶朝于廟魯之未失禮也公羊傳不告月者何不告朔也曷為不告朔天無是月也閏月矣何以謂之天無是月非常月也穀梁傳不告月者何也不告朔也不告朔則何為不言朔也閏月者附月之餘日也積分而成於月者也天子不以告朔而喪事不數也二傳意以天子閏月本不告朔左氏則以閏月不告朔為非禮左氏義長蓋不告則諸侯或不知有閏也至以告朔為天子告於諸侯三傳皆然無異義也諸侯視天子所頒者而行之謂之視朔左僖五年傳春王正月辛亥朔日南至公既視朔遂登觀臺以望文十六年傳夏五月公四不視朔是也又謂之聽朔玉藻天子玄端而朝日東門之外聽朔於南門之外諸侯皮弁聽朔於大廟鄭注以南門為明堂天子稱天而治亦有聽朔之禮與諸侯同特天子聽朔於

明堂諸侯則於廟耳於廟故又謂之朝廟春秋所云猶朝
於廟是也其歲首行之謂之朝正左襄二十九年傳釋不
朝正于廟是也襄公以在楚不得朝正則是公在國之必
朝正矣朝正卽視朔當時天子猶須告朔故魯視朔時禮
尚未廢至定哀之時天子益微弱告朔不行而魯之有司
猶供餼羊故子貢欲去之騂枝謂幽王以後天子不告朔
此稍未審若然則春秋所書視朔者將安所視耶春秋言
文公六年聞月不告月未言常月不告月也十六年始書
四不視朔則明謂天子告月而文公不視之也何休公羊
注禮諸侯受十二月朔政于天子藏于太祖廟每月朔朝
廟使大夫南面奉天子命君北面而受之比時使有司先
告朔謹之至也按何君先引禮至比時云云似何君引中
之義所引禮當是逸禮未嘗言告朔何君直以己意補入
宋氏翔鳳發微本之反以騂枝所言爲非然君北面受朔
是受之天子餼羊之禮將安所施宋君因謂以羊祭是朝
廟論語統朝廟於告朔以大告朔之禮則春秋言文公猶
朝於廟其後朝廟未廢當卽殺牲以祭何以仍名爲餼而
子貢且欲去之耶其亦未達於理矣金氏鶪禮說亦引騂
枝辨之謂左傳天子無須朔事舍大戴記穀梁傳之明文
而欲求之左傳所未言過矣須告朔于邦國載在太史而

以頒告朔，非即告朔義，更不憭。又謂諸侯皆自爲歷，故晉用夏正，宋用殷正，左氏言魯歷失閏，又言司歷過，是天子無頒朔事。案諸侯受所頒每月之朔，簡冊繫重，容有錯亂，魯歷之過正緣於此。舜典所以言天子巡守，有協時月正日之事。今以司歷過爲魯別爲歷，非也。至晉用周正，見蟋蟀之詩；宋爲殷後，當用殷正，以此致難，均未當矣。唐石經爾作女，皇本作汝。○注「禮人」至「其羊」。○正義曰：鄭此注非全文，臧宋輯本云：「牲生曰餼，禮人君每月告朔於廟，有祭，謂之朝享也。諸侯用羊，天子用牛與？以其告朔禮略，故用特牛。魯自文公始不視朔，視朔之禮已後遂廢，子貢見其禮廢，故欲去其羊也。」考鄭此注，其誤有四。云「牲生曰餼」者，聘禮主國使卿歸饔餼五牢，鄭注：「餼，生也。」春秋傳「餼臧石牛」，服虔亦云：「牲生。」是牲生曰餼也。然餼是供給賓客，若已國宗廟一牲生稱餼，於經無徵；且諸侯受朔政，行禮於天子，何得以一生羊爲敬？其誤一也。云「禮人君每月告朔於廟，有祭，謂之朝享也」者，此鄭君以意說禮，非禮本文有如此也。廟者，太廟。玉藻「諸侯聽朔於太廟」，鄭注周禮、何休注公羊皆云祖廟，即謂太祖廟。穀梁傳注以爲禰廟，非也。鄭氏以視朔爲告朔，即如其說，告朔亦是行禮於天子，無爲用祭。若告朔後有祭廟之禮，此直是祭廟，魯廢告朔，不必廢祭至朝享見周禮司尊彝職鄭駁五經異義謂天子諸侯告朔禮訖然後祭於宗廟則祭法所言天子月祭從祖廟下至考廟諸侯月祭自皇考以下是也此則月祭宗廟之禮與朝廟不同秦氏蕙田五禮通考祠禴烝嘗追享朝享所謂六享也宗廟六享乃去禘祫不數而以請禱告朔足之已自不倫況月祭乃薦新之祭與告朔朝廟何與與朝享祫祭又何與乎聽朔在明堂月祭則在五廟朝廟行於每月朝享閒於四時各有攸當何可混三者而一之耶金氏鶚禮說補遺亦謂朝廟禮之小者而朝享祼用虎彝蜼彝朝踐用兩大尊再獻用兩山尊其禮甚大非朝廟可知且朝享每月行之又不得謂四時之閒祀是秦氏金氏皆不以鄭此注為然也愚謂朝廟即視朔歲首行之則為朝正于廟若常月行之亦可云朝朔于廟今言朝廟不言朔者省文此專行之太祖廟與朝享截然不同不知鄭君何以牽合為一其誤二也云諸侯用羊天子用牛與以其告朔禮略故用特牛者此無文亦以意說之玉藻注凡聽朔必以特牲告其帝及神配以文王武王此言天子明堂之禮然其所云天子用牛者止以論語餼羊是諸侯禮故疑天子當用牛非有他證究之論語餼羊是供待賓客之用非視朔所需其誤三也云魯自文公始不視朔視朔之禮

已後遂廢者萬氏斯大學春秋隨筆文公十六年夏五月公四不視朔不視者二月至五月耳六月以後復如初矣公羊云自是公無疾不視朔也果爾則經不應有四字經有四字必非遂不視朔也論語駢枝云夫謂文公始不視朔者據十六年夏五月公四不視朔之文言之也夫四不視朔而謂之始不視朔可乎四不視朔曠也始不視朔廢也曠之與廢則必有分矣曠四月不視朔猶必詳其月數而具書之而況其廢乎變古易常春秋之所謹也初稅畝作丘甲用田賦皆謹而書之始不視朔豈得不書鄭君此言出於公羊彼欲遷就其大惡諱小惡書之例因虛造此言爾如其說自十六年二月公有疾至十八年公薨並閏月數之其爲不視朔者二十有六而春秋横以己意爲之限斷書於前而諱於後存其少而没其多何以爲信史乎謹案二說皆足正公羊及鄭注之誤以左襄二十九年不朝正于廟觀之可知襄公時天子告朔諸侯視朔其禮尚未廢鄭氏誤依公羊不知辨正其誤四也又案鄭注始本作四見公羊文十六年疏所引然云視朔之禮已後遂廢則鄭固謂文公始不視朔也

子曰事君盡禮人以爲諂也〔注〕孔曰時事君者多無禮故以

有禮者爲諂（注）時事至爲諂。○正義曰：當時君弱臣彊，事君者多簡傲無禮，或更僭用禮樂，皆是以臣干君。盡禮者，盡事君之禮，不敢有所違闕也。時人以爲諂，疑將有所求媚於君，故王孫賈有媚奧媚竈之喻，亦以夫子是諂君也。

定公問：「君使臣，臣事君，如之何？」（注）孔曰：定公，魯君謚。時臣失禮，定公患之，故問之。**孔子對曰：「君使臣以禮，臣事君以忠。」**

注定公至問之。○正義曰：定公名宋，襄公之子，昭公弟也。周書謚法解：「大慮慈民曰定，安民大慮曰定，安民法古曰定，純行不爽曰定。」是定爲謚也。定公承昭公之後，公室益微弱，時臣多失禮於君，故公患之，言如何君使臣、臣事君，將欲求其說以救正之。爲此言者，其在孔子將仕時乎？焦竑筆乘：「晏子曰：『惟禮可以爲國。』是先王維名分、絶亂萌之具也。定公爲太阿倒持之君，故欲坊之以禮；三家爲尾大不掉之臣，故欲教之以忠。」俞氏正燮癸巳類稿：「君使臣以禮，禮非儀也。晉女叔齊曰：『禮所以守其國，行其政令，無失其民幾魯君公室四分，民食於他，不圖其終，爲遠於禮。』齊晏嬰爲其君言陳氏之事亦曰惟禮可以已之家施不及國大夫不收公利禮者君令臣共父慈子孝兄愛弟敬夫和妻順姑慈婦聽君令而不違臣共而不貳父慈而教子孝而箴兄愛而友弟敬而順夫和而義妻柔而正姑慈而從婦聽而婉禮之善物也晉女叔論昭公齊晏嬰告景公皆痛心疾首之言孔子事定公墮三都欲定其禮禮非恭敬退讓之謂孔子告景公欲其君君臣臣若使定公承昭出之後慕謙退之儀是君不君矣天地間容有迂議然非孔子之言也

子曰關雎樂而不淫哀而不傷注孔曰樂不至淫哀不至傷言其和也 正義曰鄭注云關雎國風之首篇樂得淑女以爲君子之好仇不爲淫其色也寤寐思之哀世夫婦之道不得此人不爲滅傷其愛也按關雎爲周南首篇周南亦國風也毛傳云關關和聲也雎鳩王雎也義本爾雅鄭君先學魯詩魯義今不傳據毛說淑女淑者善也后妃求此淑女以事君子謂三夫人以下也君子謂文王仇與逑同仇者匹也好逑言思與之匹也后妃樂得淑女有德有容以共事君子佐助宗廟之祭祀非爲淫于色也

寤寐思之謂詩言寤寐求之求之不得寤寐思服也毛詩序云關雎樂得淑女以配君子憂在進賢不淫其色哀窈窕思賢才而無傷善之心焉是關雎之義也鄭彼注云哀蓋字之誤也當爲衷衷謂中心念之彼注破哀爲衷則鄭以關雎無哀義也此注云哀世夫婦之道不得此人者此人即淑女求之不得故爲可哀也不爲減傷其愛者減者損也愛者心之所好也言雖不得此淑女而已愛好之心未嘗有所減傷則仍是哀思與詩注義異鄭志答劉琰問曰論語注人閒行久義或宜然故不復定以遺後說是鄭注論語在前其後注詩已不用其舊義矣先從叔丹徒君駢枝以鄭注及毛詩篇義皆囘穴難通別爲之說曰詩有關雎樂亦有關雎此章特據樂言之也古之樂章皆三篇爲一傳曰肆夏之三文王之三鹿鳴之三記曰宵雅肆三鄉飲酒禮工入升歌三終笙入三終閒歌三終合樂三終蓋樂章之通例如此國語曰文王大明緜兩君相見之樂也左傳但曰文王兩君相見之樂不言大明緜儀禮合樂周南關雎葛覃卷耳召南鵲巢采蘩采蘋而孔子但言關雎之亂亦不及葛覃以下此其例也樂亾而詩存說者遂徒執關雎一詩以求之豈可通哉樂而不淫者關雎葛覃也哀而不傷者卷耳也關雎樂妃匹也葛覃樂得婦職也

卷耳哀遠人也哀樂者性情之極致王道之權輿也能哀能樂不失其節詩之教無以加於是矣葛覃之賦女工與七月之陳耕織一也季札聞歌豳而曰美哉樂而不淫郎葛覃可知矣謹案騶枝以卷耳維以不永傷證哀而不傷其義甚精燕禮記升歌鹿鳴亦以鹿鳴統四牡皇皇者華也八佾此篇皆言禮樂之事而關雎諸詩列於鄉樂夫子屢得聞之於此贊美其義他日又歎其聲之美盛洋洋盈耳也

哀公問社於宰我

正義曰此有兩本魯論作問主古論作問社莊氏述祖輯本白虎通云祭所以有主者何言神無所依據孝子以繼心焉論語云魯哀公問主於宰我云云宗廟之主所以用木爲之者木有終始又與人相似也蓋題之以爲記欲令後有知者公羊文二年傳主者曷用虞主用桑練主用栗用栗者藏主也何休注爲僖公廟作主也用桑者取其名與其麤觕所以副孝子之心埋虞主於兩階之閒易用栗也夏后氏以松云云左文二年經作僖公主杜注主者殷人以柏周人以栗孔疏引此文作問主又引張包周等並爲廟主凡皆魯論義也說文宔宗廟宔祏也從宀主聲宀者交覆深屋廟之象也今皆省寫作主其他祭祀所以依神者皆得名主叚借之

義也公羊注言宗廟之主狀正方穿中央達四方天子長尺二寸諸侯長一尺白虎通則云方尺或曰長尺二寸此其制也鄭此注云主田主謂社主皇疏鄭論本云問主以釋文社如字鄭本作主左文二年疏案古論語及孔鄭皆以爲社主禮器祭法疏引五經異義云論語哀公問社於宰我云云今春秋公羊說祭有主者孝子之主繫心夏后氏無以松殷人以柏周人以栗周禮說虞主用桑練主用栗無夏后氏以松爲主之事許君謹案從周禮說論語所云謂社主也鄭氏無駁從許義也是古論作問社鄭君據魯論作問主而義則從古論爲社主亦是依周禮說定之矣白虎通社稷篇王者所以有社稷何爲天下求福報功人非土不立故封土立社示有土也又言社壇之制天子廣五丈諸侯半之祭法王爲羣姓立社曰大社王自爲立社曰王社諸侯爲百姓立社曰國社諸侯自爲立社曰侯社舊說大社國社在庫門雉門內之右王社侯社在籍田據周官小宗伯掌建國之神位右社稷左宗廟右在西劉向別錄謂在路寢之西則大社也周頌載芟序云春籍田而祈社稷也則王社也天子諸侯別有勝國之社爲廟屏戒與廟相近故左氏言閒于兩社亦以勝國社在東對在西之國社言也周受殷社曰亳社亳者殷所都也春秋哀公四

年六月亳社災李氏惇羣經識小以爲哀公問宰我即在此時蓋因復立其主故問之其說頗近理鄭云田主者周官大司徒之職邦國都鄙設其社稷之壝而樹之田主注田主田神后土田正之所依也詩人謂之田祖案后土社神田正稷神主以依神故樹田神之主而后土田正憑焉說文社地主也從示土春秋傳曰共工之子句龍爲社神據左傳則句龍爲后土配食於社故亦以爲社神矣史記仲尼弟子列傳宰予字子我與齊闞止字同故史公誤以宰予死陳氏難也鄭目錄云宰予魯人

宰我對曰夏后氏以松殷人以柏周人以栗曰使民戰栗

注孔曰凡建邦立社各以其土所宜之木宰我不本其意妄爲之說因周用栗便云使民戰栗

正義曰白虎通云夏稱后者以揖讓受于君故稱后殷稱人者以行仁義人所歸往案爾雅釋詁后君也夏稱后復言氏者當以世遠別異之也松柏栗皆木名所在有之此謂社主所用之木也五經異義曰夏后氏都河東宜松也殷人都亳宜柏也周人都灃鎬宜栗也大司徒設其社稷之壝而樹之田主各以其野之所宜木遂以名其社與其

野注所宜木謂若松柏栗也若以松爲社者則名松社之野以別方面如彼注所言是夏后氏社樹社主皆用松殷人社樹社主皆用柏周人社樹社主皆用栗也俞氏正變癸巳類稿侯國社主用木依京師凡主皆然也大司徒云設其社稷之壝而樹之田主各以其野之所宜木明周社樹非栗又云遂以名其社與其野若皆樹栗則天下皆栗社栗野何勞名之俞氏之意以松柏栗爲社主所用之木其社樹則各以其土之所宜不與社主同用一木其義視鄭爲長白虎通云社稷所以有樹何也尊而識之使民望即見敬之又所以表功也又引尚書逸篇曰大社唯松東社唯柏南社唯梓西社唯栗北社唯槐此皆社樹之制不定是一木亦當以其土所宜爾鄭以社主用木而小宗伯注又云社之主蓋用石爲之蓋者疑辭惠氏士奇禮說案宋史志云社以石爲主長五尺方二尺剡其上培其半先是州縣社主不以石禮部以爲社稷不屋而壇當受霜露風雨以達天地之氣故用石主取其堅久請令州縣社主用石尺寸廣長半大社之制從之崔靈恩曰地產最實故社主用石鄭注及孔疏亦云然故宋人據以爲說淮南齊俗訓云有虞氏社用土夏后氏社用松殷人社用石周人社用栗然則石主始於殷周改以栗與韓非子云夫社主而

塗之鼠因自託也燻之則木焚灌之則塗陁故患社鼠是古樹木爲社主而加塗焉所謂社用土者以此小宗伯大師立軍社肆師師田祭社宗社宗者社主與遷主皆載於齊車者也秦漢以後載主未聞春秋鄭入陳陳侯擁社擁社者抱主以示服若後世五尺之石主埋其半於地卽不便於載亦不可抱而持然則社主春秋以前皆用木秦漢以後或用石與案惠氏謂秦漢後社主用石其說甚是若淮南子殷人以石與論語文異此自傳聞之誤惠氏謂石主始於殷不免爲淮南所惑社是有壇無屋其木主平時藏於壇旁石室癸巳類稿云社藏主石室左傳莊十四年正義謂慮有非常火災而郊特牲言大社必受霜露風雨以達天地之氣故藏主於壇中石匱後世埋石不爲匱號之爲主又云軍出取社主以行小宗伯所謂大師立軍社奉主車大祝所謂太師宜於社立社主定四年左傳云君以軍行祓社釁鼓祝奉以從定知社主非樹矣鄭注小宗伯云社主蓋用石案鄭以軍社立主不宜室社而行當如守圭有瑑許愼云今山陽俗祠有石主社故以土爲壇石是土類或鄭以所見兒之又或鄭以禮行軍取遷廟主則社取殷石主非謂大社王社國社侯社主用石賈疏不曾明鄭意也案俞氏謂軍社用石主是就鄭意揣之與惠氏

石主不便於載之說異當以惠說爲然其謂取殷石主則謂勝國之社主軍不用命則戮於社罰之所施豈能操於亾國之神於義非也惠氏又云聖王建國營都必擇木之修茂者立以爲菆位菆位者社稷也戰國策恒思有神叢蓋木之茂者神所憑故古之社稷恒依樹木漢高祖禱豐枌榆社在枌榆鄉枌榆者白榆也社與鄉皆以樹名焉慕容皝遷于龍城植松爲社主蔡邕所謂尊而表之使人望見則加畏敬也俞氏亦謂王侯以木爲社主民閒自以樹爲田主引檀弓云古之侵伐者不斬祀注云祀神位有屋樹者左傳云陳侵鄭伐井堙木是近神皆有樹不獨社然也說苑奉使篇楚使問齊大樹以立國久朝社樹大故孟子譏時人徒以喬木爲故國莊子人間世云櫟無用則爲社淮南說林訓云侮人之鬼者過社而搖其枝韓非外儲說說苑政理篇並云君亦見夫爲社者乎樹木而塗之並謂社樹爲神不別立主也錢氏大昕潛研堂文集答或問曰神樹如戰國策神叢莊子櫟社見夢之類皆虛誕不足信漢高祖禱枌榆社注家以枌榆爲鄉名非郎立枌榆以爲社神也社樹歲久或能爲崇愚民無知祠之閩粵閒此風尤甚三代以前無此等淫祀也據錢此言則惠氏兼存社樹爲社主之說於義難通俞氏謂民閒以樹爲田主

與王侯以木爲社主不同說亦岐誤今所不從栗爲戰栗者爾雅釋詁戰慄懼也戰本爭鬬之名人所懼也慄與栗同黃鳥詩惴惴其栗說文卤部云𣡌木也从木其實下垂故从卤徐巡說木至西方戰栗案徐義本此文白虎通更云夏后氏以松松者所以自悚動殷人以柏柏者所以自迫促周人以栗栗者所以自戰栗何休公羊注又云松猶容也想見其容貌而事之主人正之意也柏猶迫也親而不遠主地正之意也栗猶戰栗謹敬貌主天正之意也皆本此文而附會之復稱日者箸其爲引申詞也皇本戰栗下有也字方氏觀旭偶記宰我戰栗之對胡安國作春秋傳引之用韓非書之說日哀公問於仲尼日春秋記隕霜不殺草李梅實何爲記之也日此言可殺也夫宜殺而不殺則李梅冬實天失其道草木猶干犯之而況君乎是故以天道言四時失其序則其施必悖無以統萬象矣以君道言五刑失其用則其權必喪無以服萬民矣哀公欲去三桓張公室問社於宰我宰我對以使民戰栗蓋勸之斷也仲尼則日成事不說遂事不諫既往不咎其自與哀公言乃以爲可殺何也在聖人則能處變而不失其常在賢者必有小貞吉大貞凶之戒矣愚案此時哀公與三桓有惡觀左傳記公出孫之前遊於陵阪遇武伯呼余及死

乎至于三問是其杌棿不安欲去三桓之心已非一日則此社主之問與宰我之對君臣密語隱衷可想又社陰氣主殺甘誓云不用命戮于社大司寇云大軍旅涖戮于社是宰我因社主之義而起哀公威民之心本非臆見附會○注凡建邦立社社各以其土所宜之木○正義曰公羊疏謂古論語及孔鄭皆以爲社主今觀孔注無社主義蓋集解刪節失之矣

子聞之曰成事不說注包曰事已成不可復解說**遂事不諫**注包曰事已遂不可復諫止**既往不咎**注包曰事已往不可復追咎孔子非宰我故歷言此三者欲使慎其後○正義曰夫子時未反魯聞宰我言因論之也方氏觀旭偶記成事遂事必指一事而言左氏襄十年傳知伯曰女成二事而後告予注二事伐偪陽封向戌可爲不論語成事之證緣哀公與宰我俱作隱語謀未發洩故亦不顯言耳其對立社之旨本有依據是以夫子置社主不論但指其事以責之蓋已知公將不沒於魯也今案成事遂事當指見所行事既往當指從前所行事竊疑既往指平子言平子不臣致使昭公出亾哀公當時必援平子往事

以爲禍本而欲聲罪致討所謂既往咎之者也然而祿去
公室政在大夫已非一朝一夕之故哀公未知使臣當以
禮又未能用孔子遽欲逞威洩忿冀以收已去之權勢必
不能故夫子言此以止之蓋知哀公之無能爲而不可輕
於舉事此雖責宰我亦使無禮於君者知所懲戒而改事
君矣爾雅釋詁咎病也詩伐木傳咎過也引申之凡有所
過責於人亦曰咎○注事已成不可復解說○正義曰言
說以解之也焦氏循補疏說讀若脫解脫脫與諫止互明案
解說說字即成事不說之說經注似宜讀本字○注事已
遂不可復諫止○正義曰廣雅釋詁遂竟也言其事雖將
成勢將遂竟不可復諫止之也說文諫証也証者正其失
也白虎通諫諍篇諫者間也更也是非相間革更其行也

子曰管仲之器小哉注言其器量小也 正義曰史記管晏列傳管仲夷吾者潁上
人也左閔元年疏管氏仲字諡敬名夷吾史記太史公曰
管仲世所謂賢臣然孔子小之豈以爲周道衰微桓公既
賢而不勉之至王乃稱霸哉新序雜事篇桓公用管仲則
小也故至于霸而不能以王故孔子曰小哉管仲之器蓋
善其遇桓公惜其不能以王也案霸與伯同王伯之分天
子諸侯之異稱也王季文王當殷世爲西伯伯豈不美之

名哉特桓公伯道未純故當世多羞稱之今謂管仲器小由於桓公稱霸非矣春秋繁露精華篇齊桓仗賢臣之能用大國之資於柯之盟見其大信一年而近國之君畢至至於救邢衛之事見存亡繼絕之義而明年遠國之君畢至其後矜功振而自足而不脩德故楚人滅弦而志弗憂江黃伐陳而不往救損人之國而執其大夫不救陳之患而責陳不納不復安鄭而必欲迫之以兵功未良成而志已滿矣故曰管仲之器小哉自是日衰九國叛矣法言先知篇或曰齊得夷吾而伯仲尼曰小器請問大器曰大器猶規矩準繩乎先自治而後治人謂之大器此皆以管仲驕矜失禮爲器小無與於桓公稱霸之是非也程氏瑤田論學小記事功大者必有容事功之量堯則天而民無能名蓋堯德如天而即以天爲其器夫器小者未有不有功而伐者也其功大者其伐益驕塞門反坫越禮犯分以驕其功蓋不能容其事功矣吾於管仲之不知禮而得器小之說矣享富貴者必有容富貴之量舜禹之有天下而不與蓋舜禹之德亦如天亦即以天爲其器夫器小者未有不富貴而淫者也其富貴愈顯者其淫益張三歸具官窮奢極侈以張其富蓋不能容其富貴矣吾於管仲之不儉而得器小之說矣惠氏棟九經古義管子小匡篇施伯謂

魯侯曰管仲者天下之賢人也大器也蓋當時有以管仲爲大器者故夫子辨之或曰管仲儉乎

注包曰或人見孔子小之以爲謂之大儉曰管氏有三歸

官事不攝焉得儉注包曰三歸娶三姓女婦人謂嫁曰歸

攝猶兼也禮國君事大官各有人大夫兼并今管仲家臣

備職非爲儉正義曰皇本焉得儉下有乎字○注三歸至爲儉○正義曰東周策齊桓公宮中七市女

閭七百國人非之管仲故爲三歸之家以掩桓公非自傷

於民也列子楊朱篇管仲之相齊也君淫亦淫君奢亦奢

並謂管仲取女之事包所本也先考典簿君秋槎雜記天

子諸侯娶妻班次有三適也姪也娣也天子娶后三國媵

之國三人並后本國爲十二女諸侯娶夫人二國媵之並

夫人本國爲九女本國之媵從夫人歸於夫家者也二國

之媵或與夫人同行春秋成八年冬衞人來媵九年春二

月伯姬歸於宋是也或後夫人行九年夏晉人來媵十年

夏齊人來媵是也其本國歸女爲一次二國各一次故曰

三歸左傳云同姓媵之異姓則否包云三姓女非也謹案

白虎通謂卿大夫一妻二妾不備姪娣言不兼備也二妾同妻以嫁曰偕行無三歸禮俞氏正爕癸巳類稿諸侯三宮祭義卜三宮之夫人公羊傳以有西宮亦知諸侯之有三宮也卿大夫士一宮禮云命士以上父子異宮是也左傳云衛太叔疾使人誘其初妻之娣寘于犂而爲之一宮如二妻管子則三人者皆爲妻列女傳衛君死弟立謂夫人曰衛小國也不容二庖今管子則有三庖古者夫家餘子受田縣殊立一妻則多一室家禮節之費管子家有三宮之費故曰焉得儉俞氏此言與先考說相輔而雜引鄭文公娶于芊姜江蘇及魯文二妃齊桓三夫人諸文說之則皆列國驕淫之事多娶異姓與諸侯不再娶之禮相違故左氏備文譏之不得援以說昏制也解三歸者言人人殊自包注外有可紀者俞氏樾羣經平議韓非子外儲說管仲父出朱蓋青衣置鼓而歸庭有陳鼎家有三歸先云置鼓而歸後云家有三歸是所謂歸者卽以管仲言謂自朝而歸其家有三處也家有三處則鐘鼓帷帳不移而具故足見其奢且美文之充下陳者亦必三處如一故足爲女閭七百分謗而娶三姓女之說或從此出也晏子春秋雜篇昔吾先君桓公有管仲恤勞齊國身老賞之以三歸是又以三歸爲桓公所賜蓋猶漢世賜甲第一區之比故

因晏子辭邑而景公舉此事以止之也其賞之在身老之後則娶三姓女之說可知其非矣下云官事不攝亦卽承此而言管仲家有三處一處有一處之官不相兼攝是謂不攝包氏愼言溫故錄韓非子管仲相齊曰臣貴矣然而臣貧桓公曰使子有三歸之家孔子聞之曰泰侈逼上漢書公孫宏傳管仲相桓公有三歸侈擬於君禮樂志陪臣管仲季氏三歸雍徹八佾舞庭由此數文推之三歸當爲僭侈之事古歸與饋通公羊注引逸禮云天子四祭四薦諸侯三祭三薦大夫士再祭再薦又云天子諸侯卿大夫牛羊豕凡三牲曰大牢天子元士諸侯之卿大夫羊豕凡二牲曰少牢諸侯之士特豕然則三歸云者其以三牲獻與故班氏與季氏之舞佾歌雍同稱晏子春秋內篇公曰昔先君桓公以管子爲有功邑狐與穀以其宗廟之鮮賜其忠臣今子忠臣也寡人請賜子州辭曰管子有一美嬰不如也有一惡嬰弗忍爲也其宗廟養鮮終辭而不受外篇又云晏子老辭邑公曰桓公與管仲狐與穀以爲賞邑昔吾先君桓公有管仲恤勞齊國身老賞之以三歸澤及子孫今夫子亦相寡人欲爲夫子三歸澤及子孫合觀內外篇所云則三歸亦出於桓公所賜內篇言以其宗廟之鮮而外篇言賞以三歸則三歸爲以三牲獻無疑晏子以

三歸爲管仲之一惡亦謂其侈擬於君案許氏議溫故錄二說雖與此注異亦頗近理當並箸之若翟氏灝考異梁氏玉繩瞥記據管子輕重丁篇以三歸爲地名則管子明言五衢之民樹下談語專務淫游終日不歸歸是民歸其居豈得爲管仲所有而遂附會爲地名耶說苑善說篇桓公謂管仲政卒歸子矣政之所不及唯子是匡仲故築三歸之臺以自傷於民此劉向誤解東周策之文毛氏奇齡稽求篇謂國策有宋子罕齊管仲掩蓋君非二事宋君之非在築臺故子罕以扑築掩之齊桓之非在女市女閭之多故管仲以三娶掩之若齊桓非在多女而仲以築臺掩之是遮甲而障乙其說極辨解者不察而舉魯莊公娶孟任築臺臨黨氏衛宣公納伋之妻作新臺河上以昏禮有築臺迎女事雜舉亂制入之古典殊爲不倫若秦穆姬登臺而哭則天子諸侯本有觀臺在雉門上故曰臺門左傳所載崔杼季平子孔悝宮內之臺皆是僭禮故郊特牲言大夫僭臺門不及管仲而雜記言管仲旅樹反坫又不及臺門則管仲未僭臺門而三歸之非臺明矣癸巳類稿云管子權脩云地闢而國貧者舟輿飾臺榭廣賦斂厚也八觀云臺榭相望上下相怨也臣乘馬篇諫立扶臺則管仲實不築臺以傷於民此辨致確足以正說苑之誤云婦人謂

嫁曰歸者說文歸女嫁也婦人以夫爲家故謂其嫁曰歸桃夭詩之子于歸是也云攝猶兼也者左氏傳羊舌鮒攝司馬杜注攝兼官也禮天子六卿諸侯三卿三卿下有小卿五人所謂下大夫五人也孟子告子下言齊桓葵上之令曰官事無攝是諸侯之臣不得兼攝故此注言國君事大官各有人也若大夫事少家臣必當兼攝禮運云大夫具官非禮也是謂亂國鄭注臣之奢富儗於國君敗亂之國也孔疏大夫若有地者則置官一人用兼攝羣職不得官官各須具足如君也如疏所言有地卿大夫之家尚是兼官則無地卿大夫之家亦兼官可知但置官多寡宜量事之煩簡未必有定額疏但謂置官一人於情事似不合包氏愼言溫故錄官事者事謂祭祀官謂助祭之官大夫不能備官故祭祀之時每以一官兼司數事少牢禮云司宮概豆籩勺爵注云大夫攝官司宮兼掌祭器也疏云下文司宮筵神席于奧此又掌籩豆之等故鄭云攝官彼經又云司馬刲羊司士擊豕疏云案周禮鄭注司空奉豕司士乃司馬之屬官今不使司空者諸侯猶兼官況士無官僕隸爲司馬司士兼其職可知故司士擊豕也彼經又云雍人陳鼎五疏云按公食大夫云甸人陳鼎鄭注云甸人家宰之屬兼亨人者此大夫雍人陳鼎者周禮甸人掌供

薪蒸與烹爨聯職相通是以諸侯無亨人故甸人陳鼎此大夫無甸人故使雍人與亨人聯職此大夫祭祀攝官見於經傳可考者管氏不攝蓋自同於諸侯與三歸同爲宗廟僭侈之事案溫故錄說亦通**然則管仲知禮乎**注包曰或人以儉問故答以安得儉或人聞不儉便謂爲得禮便謂爲得禮。正義曰皇本然則上有曰字。注或人聞不儉是美德而或人以不儉爲得禮者山樞之詩刺儉不中禮而晏子一狐裘三十年遣車一乘及墓而反有子譏其不知禮又晏子豚肩不掩豆澣衣濯冠而朝君子以爲隘是過於儉者不中禮也過儉爲不中禮故不儉疑爲得禮

曰邦君樹塞門管氏亦樹塞門邦君爲兩君之好有反坫管氏亦有反坫注鄭曰人君別內外於門樹屏以蔽之反坫在兩楹之間若與鄰國爲好會其獻酢之禮更酌酌畢則各反爵於坫上今管仲皆僭爲之如是是不知禮也**管**

氏而知禮孰不知禮正義曰漢石經邦作國皇本孰不知禮下有也字○注人君至禮也○正義曰皇邢疏本人君別內外十二字誤在兩楹之閒句下今正宋輯本有樹屏也句在注首爾雅釋宮屏謂之樹舍人注云以垣當門蔽爲樹郭璞注云小牆當門中說文屏蔽也蒼頡篇屏牆也明堂位注屏謂之樹今桴思也刻之爲雲氣蟲獸如今闕上爲之矣廣雅釋宮罦罳謂之屏顏師古漢文紀注罘罳謂連闕曲閣也以覆重刻垣墉之處其形罘罳然一曰屏也古今注罘罳屏之遺象也漢西京罘罳合版爲之亦築土爲之每門闕殿舍前皆有焉於今郡國廳前亦樹之案周人屏制當是用土故亦稱蕭牆其廟屏用木故明堂位謂之疏屏疏者刻也今人家照壁是其遺象荀子大略篇天子外屏諸侯內屏禮也外屏不欲見外也內屏不欲見內也淮南主術訓天子外屏所以自障是屏所以別內外也注言人君兼有天子諸侯郊特牲云臺門而旅樹反坫大夫之僭禮也注言此皆諸侯之禮也旅道也屏謂之樹樹所以蔽行道管氏樹塞門塞猶蔽也禮天子外屏諸侯內屏大夫以簾士以帷雜記管仲旅樹而反坫賢大夫也而難爲上也曲禮疏謂諸侯內屏在路門內天子外屏在路門外而近應門江氏永鄉黨圖考

屏設於正門天子以應門爲正門屏在應門外諸侯以雉
門爲正門屏在雉門內以孔疏之說爲非然吳語謂越王
入命夫人王背屏此當在路門內或春秋時不如制矣云
反坫反爵之坫在兩楹之閒者說文坫屏也爾雅垝謂之
坫廣雅釋宮反坫謂之垿屏者短垣垝者毀垣垿與序同
東西牆爲序皆以同類相稱也皇疏云坫築土爲之形如
土堆其說甚合禮圖謂以木爲之高八寸足高二寸漆赤
中制殊庳小且云以木與古制乖非也大射儀疏以承尊
之豐與坫爲一物亦非禮經言坫甚多明堂位崇坫康圭
此在堂下全氏祖望經史問答謂覲禮侯氏奠圭以在堂
下故稍崇之是也士冠禮爵弁皮弁緇布冠各一匴執以
待於西坫南注坫在堂角士喪禮牀笫夷衾饌於西坫南
士虞禮苴茅之制饌於西坫上此堂隅之坫在西者也大
射儀將射上遷於下東坫之東南旣夕記設棜於東堂下
南順一齊于坫此堂隅之坫在東者也內則說閣之制云士
於坫一此庋食之坫在房中也周書作雒解乃位五宮太
廟宗宮考宮路寢明堂咸有四阿反坫是反爵其坫一處
反者還也致也凡可以庋物皆爲反坫反坫不止一事也孔
晁注周書以反坫爲外向室不知所本而黃氏日抄全氏
經史問答據之以釋論語郊特牲諸文可謂疏矣爵者飲

器韓詩說一升曰爵是也郊特牲反坫出尊天子之廟飾也注反坫反爵之坫也坫在尊南言天子坫在尊南則諸侯坫或在尊北與尊以盛酒爵以酌酒此注云在兩楹之間者說文楹柱也謂堂上東西兩柱當前楣下也坫在兩楹間此無文鄭以意言之金氏鶚禮說以兩楹間賓主行禮處不得設坫於此歷引士昏禮聘禮說之鄉飲酒尊于房戶間燕禮尊于東楹之西房戶間正當東楹東楹之西去楹不遠蓋尊酒者主人所以敬客主人位在東階上故設尊必在東方然則兩君燕飲設尊亦必在東矣兩君敵體與鄉飲一類是亦宜尊于房戶之間與東楹相當由是言之反坫不在兩楹之間明矣或者以燕禮爲諸侯與臣下行禮事兩君好會與燕禮同尊于東楹之西是又君臣無別禮經或言兩楹之間或言東楹之西正所以別其同異豈可混而一之其說甚有依據視鄭爲優矣禮諸侯來朝禮畢主君享賓於廟燕賓於朝故云爲好會也會者合也遇也主人酌酒進賓謂之獻賓飲畢酌酒以進主人謂之酢主人飲畢復自飲而後酌以勸賓謂之酬邢疏熊氏云主君獻賓賓筵前受爵飲畢反此虛爵於坫上於西階上拜主人於阼階上答拜賓於坫取爵洗爵酌以酢主人主人受爵飲畢反此虛爵於坫上主人阼階上拜賓答拜

是賓主飲畢反爵於坫上也而云酌畢各反爵於坫上者文不具耳其實當飲畢案熊說見郊特牲疏疏引此注作獻酬此釋文引一本亦作酬疑以酬字爲是大夫無坫以鄉飲酒禮考之凡奠爵皆于篚卽君與臣燕亦但設二篚以承爵且皆在堂下不在堂上是大夫不得有反坫今管仲僭爲之

子語魯太師樂曰樂其可知也始作翕如也注太師樂官名五音始奏翕如盛**從之純如也**注從讀曰縱言五音旣發放縱盡其音聲純純和諧也**皦如也**注言其音節明也**繹如也以成**注縱之以純如皦如繹如言樂始作翕如而成於三

正義曰皇本知也下有已字成下有矣字孔子世家述此文在哀十一年反魯後卽樂正雅頌得所之事故云樂其可知言樂正而後可知也云始作者爾雅釋詁作爲也言始爲此樂也鄭注云始作謂金奏時聞金作人皆翕如變動之貌從讀曰縱縱之謂八音皆作純如咸和之矣皦如使淸濁別之貌繹如志意條達案云始作謂金

奏時者周官鍾師掌金奏注云金奏擊金以爲奏樂之節
金謂鍾及鎛是也云間金作人皆翕如變動之貌者莊氏
述祖別記申此注云國語云鍾不過以動聲韋注動聲謂
合樂以金奏而八音從之毛詩鼓鍾欽欽傳云欽欽言使
人樂進也欽翕聲相近言變動者亦使人樂進之意云從
讀曰縱縱之謂八音皆作者莊氏云從縱通大司樂凡六
樂者文之以五聲播之以八音注云六者言其均皆待五
聲八音乃成也大師注云文之者以調五聲使之相次如
錦繡之有文章播猶揚也揚之以八音乃可得而觀之矣
上始作既單言金奏此云從之則言八音可知金奏始作
律呂相應使人皆變動樂進由是從之以均五聲八音而
堂上堂下之樂皆作也云純如咸和之矣者高誘淮南原
道注純不雜糅也咸者皆也謂人聲樂聲相應而不雜故
爲和也樂記審一以定和注云審一審其人聲也審一卽
純如之義謂人聲既一而後與樂和也莊氏改此注咸爲
咸矣爲美非是云皦如使清濁別之貌也者莊氏云鄭注
大司樂云凡五聲宫之所生濁者爲角清者爲徵羽樂記
倡和清濁注清謂蕤賓至應鍾濁謂黄鍾至大呂是十二
律五聲八音皆有清濁又樂記比物以飾節注云比物謂
雜金革土匏之屬也言雜八音之器而有以別其清濁唯

明者能之云繹如志意條達者莊氏云周頌驛驛其達箋
達出地也釋訓繹繹生也繹驛通言美心之感發如草木
之有生意暢茂條達也樂記云志意得廣焉孟子云樂則
生矣生則惡可已也惡可已則不知足之蹈之手之舞之
言樂至此而每變足以致物矣宋氏翔鳳發微云始作是
金奏頌也儀禮大射儀納賓後乃奏肆夏樂闋後有獻酢
旅酬諸節而後升歌故曰從之從同縱謂縱緩之也入門
而金作其象翕如變動緩之而後升歌重人聲其聲純一
故曰純如卽樂記所謂審一以定和也繼以笙入笙者有
聲無辭然其聲清別可辨其聲而知其義故曰皦如繼以
間歌謂人聲笙奏間代而作相尋續而不斷絶故曰繹如
此三節皆用雅所謂雅頌各得其所也有此四節而後合
樂則樂以成合樂卽鄉樂周南關雎葛覃卷耳召南鵲巢
采蘩采蘋燕禮大師告于樂正曰正歌備鄭注正歌者升
歌及笙各三終間歌三終合樂三終爲一備備亦成也鄭
鄉射禮注云不歌不笙不間志在射畧於樂也不畧合樂
者周南召南之風鄉樂也不可畧其正也據此知孔子所
謂樂其可知及謂然後樂正者並指鄉樂儀禮謂之正歌
如鄉射不歌不笙不閒而合鄉樂則告正歌備大射有歌
有笙而不閒不合鄉射則不告正歌備知正歌專指鄉樂

也必合鄉樂而後備一成故知以成是合樂也論語於金
奏至閒歌以翕如諸言形容其象而於合樂但言以成者始
以合樂之象已於樂其可知一語先出之後言師摯之始
關雎之亂洋洋乎盈耳哉亦暢言合樂之象子謂伯魚曰
人而不爲周南召南其猶正牆面而立也與則子之重鄉
樂也至矣案宋氏依禮爲說覩鄭氏爲確李氏惇羣經識
小不數金奏以始作爲升歌純如爲笙奏皦如爲閒歌繹
如爲合樂不及宋說之備故置彼錄此詩樛木傳成就也
說文同周官樂師凡樂成則告備注成謂所奏一竟燕禮
記三終三成也是樂之終爲成也○注太師至如盛○正
義曰云太師樂官名者周官太師下大夫二人小師上士
四人注云凡樂之歌必使瞽矇爲焉命其賢知者爲太師
小師疏云以其無目無所睹見則心不移於音聲故不使
有目者爲之也案諸侯樂官太師當止一人此所語太師
樂應指師摯是太師爲樂官名也云五音始奏者管子地
員篇凡聽宮如牛鳴窌中凡聽商如離羣羊凡聽角如雉
登木以鳴音疾以清凡聽徵如負豬豕覺而駭凡聽羽如
鳴馬在野是五音之别也云翕如盛者說文翕起也方言
翕熾也文選甘泉賦注翕赩盛貌義皆相近故此注以翕
訓盛○注言其音節明也○正義曰音謂樂聲節謂樂之

節目也樂記云文采節奏聲之飾也又云比物以飾
節節奏合以成文言明者訓皦爲明也義見埤蒼

儀封人請見注鄭曰儀蓋衛邑封人官名**曰君子之至於斯也吾未嘗不得見也從者見之**注包曰從者弟子隨孔子行者通使得見**出曰二三子何患於喪乎天下之無道也久矣天將以夫子爲木鐸**注孔曰語諸弟子言何患於夫子聖德之將喪亡耶天下之無道已久矣極衰必盛木鐸施政教時所振也言天將命孔子制作法度以號令於天下

正義曰皇本斯下也字作者無道下無也字爾雅釋詁下請謁告也言告夫子求見也木鐸者周官小宰小司徒小司寇士師宮正司烜氏鄉師皆有木鐸之徇鄭注小宰云古者將有新令必奮木鐸以警衆使明聽也木鐸木舌也文事奮木鐸武事奮金鐸疏云以木爲舌則曰木鐸以金爲舌則曰金鐸案鼓人以金鐸通鼓注鐸大鈴也振之

以通鼓司馬職曰司馬振鐸是武用金鐸也說文鐸大鈴
也與鄭同法言學行篇以木鐸爲金口木舌其字從金則
木鐸亦是金口惟舌用木與金鐸全用金不同李氏惇羣
經識小鐸如今之鈴中有舌以繩繫之搖之而出聲○注
儀蓋衞邑封人官名○正義曰邢疏云鄭以左傳入于夷
儀疑與此爲一故云衞邑案今直隸順德府邢臺縣山東
東昌府聊城縣並有夷儀故城司馬彪郡國志浚儀注引
晉地道記曰儀封人此邑也水經注引西征記同浚儀今
河南開封府祥符縣焦氏循論語補疏謂浚儀在開封漢
屬陳留陳留郡之長垣封丘皆在其北以漢縣計之衞境
止得長垣多得封丘南燕自此而南皆鄭宋地而使儀封人
在浚儀當今祥符蘭陽間雖爲由陳至衞之道而邑非衞
邑矣案明一統志儀城在蘭陽西北二十里卽封人請見
處蘭陽祥符地本相接通以浚儀之名附會爲封人所官
邑又浚儀始見郡國志不若夷儀爲尤古矣又一統志以
儀爲開封府儀封縣其地在蘭陽之東去浚儀更遠考儀
封漢名東昏後易東明宋元始改今名則謂儀邑卽儀封者
尤非也夫子五至衞第一去魯司寇就適衞第二將適陳
過匡過蒲皆不出衞境而反乎衞第三過曹而宋而鄭而
陳仍適衞第四將西見趙簡子未渡河而反衞第五如陳

而蔡而葉復如蔡而楚仍反乎衞夫子之至儀邑不知在何時焦氏以爲由陳至衞之道是指第三次至衞此假設言之閻氏若璩釋地以喪爲失位去國是第一次適衞並恐未然云封人官名者周官封人職云掌設王之社壝爲畿封而樹之凡封國封其四疆造都邑之封域者亦如之注云畿上有封若今時界矣又序官注云聚土曰封其職則中士四人下士八人若侯國封人當祇以下士爲之左傳潁谷封人蔡封人蕭封人鄍陽封人呂封人皆此官○注通使得見○正義曰言弟子爲紹介通之於夫子使得見之也左傳伍員見鱄設諸於公子光齊豹見宗魯於公孟○注何患於夫子聖德之將喪亾耶○正義曰錢氏坫後錄喪讀將喪斯文之喪即孔此義劉敞七經小傳以喪爲失位閻氏若璩說同亦通○注木鐸至天下○正義曰明堂位振木鐸於朝天子之政也注天子將發號令必以木鐸警衆是木鐸爲施政教時所設也夫子不得位行政退而刪詩書正禮樂脩春秋是亦制作法度也中庸言天子方議禮制度考文孟子亦以春秋爲天子之事則知夫子所定之六藝皆天子之政也封人蓋知夫子之終無所遇而將以言垂教故以木鐸爲喻法言云天之道不在仲尼乎仲尼駕說者也不在茲儒乎如將復駕其所說則莫仲

若使諸儒金口而木舌李軌注莫如使諸儒宣揚之春秋緯聖人不空生必有所制以顯天心丘爲木鐸制天下法皆以木鐸爲制作法度也

子謂韶盡美矣又盡善也謂武盡美矣未盡善也注孔曰韶舜樂名謂以聖德受禪故盡善武武王樂也以征伐取天下故未盡善

正義曰樂記韶繼也注韶之言紹也言舜能繼紹堯之德又作磬見周官大司樂又作招見墨子三辯伏生書傳史記舜紀漢書禮樂志鄭此注云韶舜樂也美舜自以德禪於堯又盡善謂太平也武周武王樂美武王以此定功天下未盡善謂未致太平也案漢書董仲舒傳對策曰堯在位七十載迺遜于位以禪虞舜舜因堯之輔佐繼其統業是已垂拱無爲而天下治孔子曰韶盡美矣又盡善矣此之謂也仲舒此言即鄭君義左襄二十九年傳季札見舞象箾南籥者曰美哉猶有憾見舞大武者曰美哉周之盛也其若此乎見舞韶箾者曰德至矣哉大矣如天之無不幬也如地之無不載也雖甚盛德其蔑以加於此矣觀止矣若有他樂吾弗敢請已此正

武樂不及韶之證蓋舜德既盛又躬致太平非武所及故韶樂獨盡美盡善若文王未洽於天下則猶有憾亦與武樂未盡善同也樂記干戚之舞非備德也注云樂以文德爲備若咸池者下引此文云云疏云舞以文德爲備故云韶盡美矣謂樂音美也又盡善也謂文德具也虞舜之時雜舞干羽於兩階而文多於武也謂武盡美矣者大武之樂其體美矣未盡善者文德猶少未致太平此疏申鄭義得之史記封禪書言武王天下未寧而崩其時殷之頑民迪屢不靜餘風未殄則是未致太平也焦氏循補疏武王末受命未及制禮作樂以致太平不能不有待於後人故云未盡善善德之建也周公成文武之德即成此未盡善之德也孔說較疊於受禪征伐非是案春秋繁露楚莊王篇文王之時民樂其興師征伐也故武武者伐也是故舜作韶而禹作夏湯作護而文王作武四樂殊名則各順其民始樂於己也又云紂爲無道諸侯大亂民樂文王之怒而詠歌之也周人德已洽天下反本以爲樂謂之大武言民所始樂者武也云爾白虎通禮樂篇周樂曰大武象周公之樂曰酌合曰大武天下始樂用之征伐行武故詩人歌之王赫斯怒爰整其旅天下樂文王之怒以定天下故樂其武也然則武兼文武左傳言見象箾南籥則文樂不

名武也文樂名武當出周公所稱其實亦因武王樂得名故左傳以大武爲武王樂○注以征伐取天下故未盡善○正義曰顏師古董仲舒傳注以其用兵伐紂故有慙德未盡善也卽此注義

子曰居上不寛爲禮不敬臨喪不哀吾何以觀之哉

正義曰邢疏云此章總言禮意案居上者言有位者居民上禮樂所自出也爲禮臨喪並指居上者言之寛者書臯陶謨寛而栗鄭注謂度量寛宏夫子言寛則得衆其答子張問仁告之以寛是寛爲仁德詩昊天有成命箋寛仁所以止苛刻也春秋繁露仁義篇君子攻其惡不攻人之惡非仁之寛與自攻其惡非義之全與此之謂仁造人義造我是故以自治之節治人是居上不寛也以治人之度自治是爲禮不敬也爲禮不敬則傷行而民弗尊居上不寛則傷厚而民弗親此先漢遺義以寛爲仁德敬爲義德也禮謂凡賓祭鄉射諸禮也臨喪謂臨視他人之喪曲禮云臨喪不笑又云臨喪則必有哀色或謂臨者哭臨臨讀去聲周官鬯人凡王弔臨左傳云臨於周廟亦通觀者觀禮也禮無足觀斯懈於位而民不可得而治也

定遠方燕照校刊

論語正義卷五

寶應劉寶楠學

里仁第四　集解

凡二十六章

子曰里仁爲美擇不處仁焉得知（注）鄭曰里者仁之所居居於仁者之里是爲美求居而不處仁者之里不得爲有知

正義曰說文擇柬選也後漢張衡傳衡作思元賦曰匪仁里其焉宅兮李賢注論語里仁爲美宅不處仁里宅皆居也困學紀聞謂論語古文本作宅惠氏棟九經古義釋名曰宅擇也擇吉處而營之是宅有擇義或古文作宅訓爲擇亦通馮氏登府異文攷證引劉璠梁典署宅歸仁里亦作宅字。注里者至有知。正義曰爾雅釋詁里邑也說文里居也仁之所居仁當依皇本作民文選潘岳閒居賦注民作人此唐人避諱居於仁者之里是爲美者大戴禮王言云昔者明王之治民有法必別地以州之分屬而治之然後賢民無所隱暴民無所伏使有司日省如時考之歲誘賢焉則賢者親不肖者懼是古有別地居民之法故居於仁里卽己亦有榮名是爲美也非居而不處仁者之里不得爲有知者此訓擇爲非也荀子勸學篇故君子居必擇鄉遊必就士所以防邪僻而近中正也今非居不處仁者之里是無知人之明不得爲有知矣鄭氏此訓與論語古文義合皇疏引沈居士云言所居之里尚以仁地爲美況擇身所處而不處仁道安得智乎案孟子公孫丑上孟子曰矢人豈不仁於函人哉矢人惟恐不傷人函人惟恐傷人巫匠亦然故術不可不愼也孔子曰里仁爲美擇不處仁焉得智夫仁天之尊爵也人之安宅也莫之禦而不仁是不智也觀孟子所言是擇指行事沈說蓋本此於義亦通

子曰不仁者不可以久處約注孔曰久困則爲非**不可以長處樂**注孔曰必驕佚**仁者安仁知者利仁**注包曰惟性仁者自然體之故謂安仁王曰知仁爲美故利而行之正義曰墨

子經上久彌異時也說文𠑹久遠也隸變作長禮記坊記注約猶窮也不仁之人貧富皆不可久處故先王制民使有恒產旣富必教之也安仁者心安於仁也利仁者知仁爲利而行之也二者中有所守則可久處約長處樂表記子曰仁有三與仁同功而異情與仁同功其仁未可知也與仁同過然後其仁可知也仁者安仁知者利仁畏罪者強仁安仁是自然體合功過皆所不計此其仁可知故直許之曰仁者若利仁強仁是與仁同功也其仁未可知故但稱爲知也又表記子曰中心安仁者天下一人而已矣又曰無欲而好仁者無畏而惡不仁者天下一人而已矣言無欲而好仁則與利仁者異無畏而惡不仁則與畏罪強仁者異此惟安仁者能之中庸云或安而行之或利而行之或勉強而行之及其成功一也彼文以安行仁利行爲知勉強行爲勇之聖人均要於成功不以誠僞非之也大戴禮曾子立事云仁者樂道智者利道義同。苟注惟性仁者自然體之。正義曰易文言傳君子體仁足以長人

子曰：惟仁者能好人，能惡人。注孔曰惟仁者能審人之所好

惡　正義曰：惟皇本宋石經宋刻九經俱作唯凡人用情多由己愛憎之私於人之善不善有所不計故不能好人
惡人也若夫仁者情得其正於人之善者好之人之不善
者惡之好惡咸當於理斯惟仁者能之也禮記大學云秦
誓曰人之有技媢嫉以惡之人之彥聖而違之俾不通實
不能容以不能保我子孫黎民亦曰殆哉惟仁人放流之
迸諸四夷不與同中國此謂惟仁人爲能愛人能惡人與
此文相發荀子非十二子云貴賢仁也賤不肖亦仁也。
注惟仁者能審人之所好惡。正義曰焦氏循補疏仁者
好人之所好惡人之所惡故爲能好能惡必先審人之所
好所惡而後人之所好好之人之所惡惡之斯
爲能好能惡也案注說頗曲姑依焦說通之

子曰苟志於仁矣無惡也　注　孔曰苟誠也言誠能志於仁則
其餘終無惡　正義曰釋文惡如字又烏路反案前後章皆言好惡此亦當讀烏路春秋繁露玉英篇難
者曰爲賢者諱皆言之爲宜繆諱獨弗言何也曰不成於
賢也其爲善不法不可取亦不可棄棄之則棄善志也取
之則害王法故不棄亦不載以意見之而已苟志於仁無
惡此之謂也又鹽鐵論刑德篇故春秋之治獄論心定罪

志善而違於法者免志惡而合於法者誅亦是此義漢石經無也字與繁露同。注苟誠至無惡。正義曰毛詩采苓傳苟誠也皇疏云言人若誠能志於仁則是爲行之勝者故其餘所行皆善無惡行也

子曰富與貴是人之所欲也不以其道得之不處也注孔曰不以其道得富貴則仁者不處**貧與賤是人之所惡也不以其道得之不去也**注時有否泰故君子履道而反貧賤此則不以其道得之雖是人之所惡不可違而去之正義曰說文貴不賤也賤賈少也古稱有爵祿者爲貴無爵祿者爲賤引申之義也富貴人所欲貧賤人所惡亦是言好惡也若於不以其道之富貴則不處不以其道之貧賤則不去斯惟仁者能之蓋仁者好惡有節於內故於富貴則審處之於貧賤則安守之坊記所謂君子辭貴不辭賤辭富不辭貧者也孟子告子上孟子曰欲貴者人之同心也人人有貴於己者弗思耳詩曰既醉以酒既飽以德言飽乎仁義也所以不願人之膏粱之味也令聞廣譽施於身所以

不顧人之文繡也荀子性惡篇仁之所在無貧窮仁之所亡無富貴謝氏墉校注此言仁之所在雖貧窮甘之仁之所亡雖富貴去之並是此義呂覽有度篇注不以其道得之不居畢氏沅校云案古讀皆以不以其道爲句此注亦當爾論語不處此作不居論衡問孔刺孟兩篇並同案後漢隱蕃傳鹽鐵論褒賢篇亦作不居自是齊古魯文異呂覽注居下無也字高麗本不去下亦無也字當以有也字爲是且古讀皆至得之爲句畢校非是。注不以其道得富貴則仁者不處。正義曰夫子謂不義而富且貴於我如浮雲孟子謂非其道則一簞食不可受於人皆此意。注時有至去之。正義曰否者塞也泰者通也君子履道當得富貴而反貧賤是不以其道得之於此當以義命自安不可違而去之輒妄冀得富貴也大戴禮曾子制言中故君子無悒悒於貧無勿勿於賤無憚憚於不聞布衣不完蔬食不飽蓬戶穴牖日孜孜上仁**君子去仁惡乎成名**注孔曰惡乎成名者不得成名爲君子**君子無終食之閒違仁造次必於是顛沛必於是**注馬曰造次急遽顛沛偃仆雖急遽偃仆不

違仁此文言仁皆舉君子也仁旣難成故鮮能成名君子
知仁是美名故終不去仁所以能審處富貴安守貧賤也言
此君子是知者利仁也君子無終食之間違仁者邪疏
仁不可斯須去身故君子無食頃違去仁道也案終食之
間常境也造次顚沛變境也君子處常境無須臾之間違
仁故雖値變境亦能依於仁也行之所以能審處富貴安守
貧賤也此君子是仁者安仁也曾子制言云昔者舜匹夫
也土地之厚則得而有之人徒之衆則得而使之舜唯以
得之也是故君子將說富貴必勉於仁也昔者伯夷叔齊
仁者也死於溝澮之間其仁成名於天下夫二子者居河
濟之間非有土地之厚貨粟之富也言爲文章行爲表綴
於天下是故君子思仁晝則忘食夜則忘寐日旦就業夕
而自省以歿其身亦可謂守業矣案舜是以道得富貴安
夷叔齊則不以道得貧賤而其仁成名於天下皆所謂思伯
仁者也若君子將說富貴必勉於仁又晝夜日夕皆是思
仁此則爲利仁也曾子所言最足發明此章之旨○注造
次急遽顚沛偃仆○正義曰鄭注云造次倉卒也倉促與
急遽義同廣雅釋詁趚㞞造猝也王氏念孫疏證趚㞞造次一
字也說文趚倉卒也卒與猝同趚之言造次也倉卒造

語之轉次趚古同聲故廣雅趚造二字並訓爲猝案易夬九四其行次且釋文次本亦作趑說文及鄭作趚同七私反馬云卻行不前也卻行與急遽相反文各有因也漢書景十三王傳河間獻王德被服儒術造次必於儒者言造次與此文義同說文蹎跋也跋蹎跋也詩蕩篇顚沛之揭毛傳顚仆沛拔拔與跋同考之說文顚本訓頂沛爲水名皆叚借也偃仆者說文偃僵也仆頓也皇本及釋文本偃作僵說文僵僨也義亦同

子曰我未見好仁者惡不仁者好仁者無以尚之（注）孔曰難復加也**惡不仁者其爲仁矣不使不仁者加乎其身**（注）孔曰言惡不仁者能使不仁者不加非義於己不如好仁者無以尚之爲優**有能一日用其力於仁矣乎我未見力不足者**（注）孔曰言人無能一日用其力脩仁者耳我未見欲爲仁而力不足者**蓋有之矣我未之見也**（注）孔曰謙不欲

盡誣時人言不能爲仁故云爲能有爾我未之見也正義曰其
爲仁矣爲仁即用力於仁也矣者起下之辭王氏引之經
傳釋詞矣也一聲之轉三國志顧歡傳引之其爲仁也加者
呂覽孝行自知篇注加施也有能一日用其力於仁者申
言爲仁之事也夫子言力不足也者中道而廢又表記子曰
鄉道而行中道而廢總身之老也不知年數之不足也僞
馬曰有孳孳幾而後已並言爲仁實用其力惟力已盡身
已幾而學道或未至方是中道而廢其廢也由於年數不
足有不得不廢者也如是而後謂之力不足是誠不足也
若此身未廢而遽以力不足而自誘是即夫子之所謂畫矣
夫仁人心也人即體質素弱而自存其心志之所至氣亦
至焉豈患力之不足故曰我欲仁斯仁至矣一日克已復
禮天下歸仁焉一日者期之至近而速者也蓋有之者言
此用力於仁人必有耳但我未之得見蓋是語辭不是疑
辭漢石經我未見好仁下無者字皇本用其力於仁下有
者字○又力不足者下有也字蓋有之矣矣作乎○注難復
加也○正義曰說文尚曾[illegible]增同故注訓加皇疏引
李充曰所好惟仁無物以尚之也○注言惡至爲優○正
義曰注以經言好仁者惡不仁者是就兩人說之惡不仁

者不如好仁者爲優意以惡不仁者或是利仁強仁若好仁者則是安仁也

子曰人之過也各於其黨觀過斯知仁矣 注孔曰黨黨類小人不能爲君子之行非小人之過當恕而勿責之觀過使賢愚各當其所則爲仁矣

正義曰皇本人作民各於其黨者皇疏引殷仲堪曰言人之過失各由於性類之不同直者以改邪爲義失在於寡恕仁者以惻隱爲誠過在於容非是也表記子曰仁之難成久矣人人失其所好故仁者之過易辭也注辭猶解說也仁者恭儉雖有過不甚矣明言仁道難成仁者雖有過不失其爲仁也又子曰仁有三與仁同功而異情與仁同功其仁未可知也與仁同過然後其仁可知也仁者安仁知者利仁畏罪者強仁注云三謂安仁也利仁也強仁也利仁強仁功雖與安仁者同本情則異功者人所貪也過者人所辟也在過之中非其本情者或有悔者焉案表記此文最足發明此章之義漢書外戚傳燕王上書言子路喪姊期而不除後漢書吳祐傳言嗇夫孫性私賦民錢市衣進父南史張裕傳言張岱母年八十籍注未滿便去官還養

三傳皆引此文美之惟吳祐傳作知人人與仁通用字。
注黨黨至仁矣。正義曰禮記仲尼燕居注黨類也亦當
訓焦氏循補疏申此注云各於其黨卽是觀過之法此爲
莅民者示也皇侃云猶如耕夫不能耕乃是其失若不能
書則非耕夫之失也此說黨字義最明案注說甚曲焦氏
不免曲徇且知仁因觀而知則仁卽過者之仁而孔以爲
觀者知仁
術亦誤

子曰朝聞道夕死可矣注言將至死不聞世之有道正義曰爾雅釋詁朝早也說文朝旦也夕莫也从月半見朝夕言時至近不踰一日也聞道者古先聖王君子之道已得知之也聞道而不遽死則循習諷誦將爲德性之助若不幸而朝聞夕死是雖中道而廢其賢於無聞也遠甚故曰可矣新序雜事篇載楚共王事晉書皇甫謐傳載謐語皆謂聞道爲已聞道非如注云聞世之有道也漢石經矣作也

子曰士志於道而恥惡衣惡食者未足與議也正義曰白虎通爵篇士者事也任事之稱也故傳曰通古今辨然不謂之士案士居四民之首其習於學有德行道藝者始出仕亦謂之士故

士爲學人進身之階荀子儒效篇匹夫問學不及爲士則不教也聖門弟子來學時多未仕故夫子屢言士而子張子貢亦問士皆循名責實之意記言士先志孟子言士尚志又言士志仁義大人之事備仁義卽此文所云道也士志於道故當議道說文議語也廣雅釋詁議言也與是也夫子與之夫子以道設教故云與也士旣志道而以口體之養不若人爲恥忮害貪求之心必不能免故言未足與議以絕之也

子曰君子之於天下也無適也無莫也義之與比正義曰言天下者謂於天下之人與事也無適無莫者釋文云適鄭作敵莫鄭音慕無所貪慕也惠氏棟九經古義禮記雜記計於適者鄭注云適讀爲匹敵之敵史記范睢傳攻適伐國田單傳之適人開戶李斯傳羣臣百官皆畔不適徐廣皆因征敵之敵荀卿子君道篇云天子四海之內無客禮告無適也注讀爲敵由惠氏所引證觀之是適敵通用鄭所見本作敵不知其義云何至釋文於莫字引鄭音慕一其下無所貪慕必亦鄭注之義馮氏登府異文攷證莫慕聲之轉一切經音義維摩詰經上適莫注安適主適也亦敵也莫猶慕也敵慕二訓當亦本鄭注竊謂敵當卽仇敵之義無敵無

慕義之與比是言好惡得其正也鄭氏專就事言後漢書劉梁傳梁著和同論云夫事有違而得道有順而失義有愛而爲害者惡而爲美其故何乎蓋明智之所得闇僞之所失也是以君子之于事也無適無莫必考之以義焉此義當與鄭合又李固傳子變所交皆舍短取長成人之美時潁川荀爽賈彪雖俱知名而不相能變並交二子情無適莫白虎通諫諍篇君所以不爲臣隱何以爲君之於臣無適無莫義之與比賞一善而衆臣勸罰一惡而衆臣懼風俗通十反篇蓋人君者闢門開窗號咷博求得賢而賞聞善若驚無適也無莫也諸文解適莫皆就人言皇疏引范甯曰適莫猶厚薄也比親也君子與人無有偏頗厚薄唯仁義是親也范氏意似以適爲厚莫爲薄故邢疏即云適厚也莫薄也此與鄭氏義異疑李固傳及白虎通風俗通皆如此解則亦論語家舊說於義並得通也至邢疏又云言君子於天下之人無問富厚窮薄但有義者則與之爲親其義淺陋不足以知聖言矣皇本有注云言君子之於天下無適無莫無所貪慕也唯義之所在也案無所貪慕乃鄭君解無莫之義與無適句無涉此注必妄人所增

子曰君子懷德注孔曰懷安也**小人懷土**注孔曰重遷**君子**

懷刑。注：孔曰：安於法。小人懷惠。注：包曰：惠，恩惠。正義曰：爾雅釋詁：懷，思也。說文：懷，思念也。君子已立立人，已達達人，思成己將以成物，所思念在德也。管子心術篇：化育萬物謂之德。又正篇云：愛之生之，養之成之，利民不德，天下親之，曰德。此德爲君子所懷也。小人惟身家之是圖，飢寒之是恤，故無恒產，因無恒心，所思念在土也。爾雅釋言：土，田也。說文：土，地之吐生萬物者也。先王制民之產，八家同井，死徙無出鄉，必使仰足事父母，俯足畜妻子，然後驅而之善，所謂能知小人之依矣。懷刑則日儆於禮法，而不致有匪僻之行，此君子所以爲君子也。小人愍不畏法，故以刑齊民，民不能使民恥也。書皋陶謨云：安民則惠，黎民懷之。是小人所懷在恩惠也。夫君子自治以治人者也，小人待治於人者也。知所以自治以治人，則好善惡不善，勿能已矣；知所以待治於人，則先富後教，處之必有道矣。○注「懷，安也」。○正義曰：詩終風、雄雉、揚之水箋並云：懷，安也。文選登樓賦注引此注作「褱，思也」，以下句安於法例之，思字誤。○注「重遷」。○正義曰：爾雅釋詁：遷，徙也。言小人以遷徙爲重難也，亦懷居之意。漢書元帝紀詔曰：安土重遷，黎民之性。○注「惠，恩惠」。○正義曰：荀子王制注同。說文：惠，仁也。

子曰放於利而行多怨〔注〕孔曰放依也每事依利而行取怨之道〇正義曰此爲在位好利者箴也利者財貨也怨者說文云恚也荀子大略篇故義勝利者爲治世利克義者爲亂世上重義則義克利上重利則利克義故天子不言多少諸侯不言利害大夫不言得喪士不通貨財有國之君不息牛羊錯質之臣不息雞豚冢卿不脩幣大夫不爲場圃從士以上皆羞利而不與民爭業樂分施而恥積臧然故民不困財貧窶者有所竄其手皆言在上位者宜知重義不與民爭利也若在上者放利而行利壅於上民困於下所謂長國家而務財用必使菑害並至故民多怨之也周語芮良夫曰夫利百物之所生也天地之所載也而或專之其害多矣天地百物皆將取焉胡可專也所怨甚多而不備大難〇注放依也〇正義曰鄭注天官食醫儀禮少牢饋食有此訓漢書公孫賀等傳贊引桓寬鹽鐵論曰桑大夫不師古始放於末利師古注放縱也謂縱心於利也一說放依也案放縱義亦通

子曰能以禮讓爲國乎何有〔注〕何有者言不難不能以禮讓

爲國如禮何【注】包曰：如禮何者，言不能用禮。【正義曰】讓者禮之實，禮者讓之文。先王慮民之有爭也，故制爲禮以治之。禮者，所以整壹人之心志，而抑制其血氣，使之咸就於中和也。爲國者，爲猶治也。管子五輔篇：「夫人必知禮，然後恭敬；恭敬然後尊讓；尊讓然後少長貴賤不相踰越；少長貴賤不相踰越，故亂不生而患不作。故曰：禮不可不謹也。」禮記禮運曰：「何謂人情？喜怒哀懼愛惡欲，七者弗學而能。何謂人義？父慈子孝，兄良弟弟，夫義婦聽，長惠幼順，君仁臣忠，十者謂之人義。講信修睦，謂之人利；爭奪相殺，謂之人患。故聖人之所以治人七情，修十義，講信修睦，尚辭讓，去爭奪，舍禮何以治之？」左襄十三年傳：「君子曰：讓，禮之主也。世之治也，君子尚能而讓其下，小人農力以事其上，是以上下有禮，而讒慝黜遠，由不爭也，謂之懿德。及其亂也，君子稱其功以加小人，小人伐其技以憑君子，是以上下無禮，亂虐並生，由爭善也，謂之昏德。國家之敝，恒必由之。」諸文並足發明此章之義。後漢劉愷傳賈逵上書引此文作「能以禮讓爲國，於從政乎何有」。列女傳曹世叔妻上疏引亦同，此疑出齊古文異。○注「何有」，言不難。○正義曰：後漢列女傳注：「何有，言若無有」，是其不難也。

子曰不患無位患所以立不患莫己知求為可知也(注)包曰求善道而學行之則人知己正義曰周官大宰八則四曰祿位以馭其士注爵次也立者立乎其位也患所以立猶言患無所以立下篇其未得之也患得之亦謂患不得之皆語之急爾潛夫論貴忠篇引此文作患己不立當是以義增成或謂立與位同上二句兩位字與下二句兩知字文法一例漢石經春秋公即位作即立周官小宗伯掌建國之神位故書位作立鄭司農云古立位同字患所以位謂患己所以稱其位者此說亦通案不患無位患所以立就蒞官時言之不患莫己知求為可知就為學時言之荀子非十二子篇君子能為可貴不能使人必貴己能為可信不能使人必信己能為可用不能使人必用己故君子恥不脩不恥見汙恥不信不恥不見信恥不能不恥不見用是以不誘於譽不恐於誹率道而行端然正己不為物傾側夫是之謂誠君子皇本己字下有也字

子曰參乎吾道一以貫之曾子曰唯(注)孔曰直曉不問故答

正義曰參者曾子名說文森字讀若曾參之參則參

曰唯森音同其字子輿則取三人同輿義也曾子時與門人同侍夫子深知聖道故夫子呼告之也一以貫之者焦氏循雕菰樓集曰孔子言吾道一以貫之曾子曰忠恕而已矣然則一貫者忠恕也忠恕者何成己以及物也孔子曰舜其大知也與舜好問而好察邇言隱惡而揚善執其兩端用其中於民孟子曰大舜有大焉善與人同舍己從人樂取於人以爲善舜於天下之善無不從之是眞一以貫之以一心而容萬善此所以大也又云孟子曰物之不齊物之情也性其不齊則不得以己之性情例諸天下之性情即不得執己之所習所學所知所能例諸天下之所習所學所知所能故有聖人所不知而人知之聖人所不能而人能之知己有所欲人亦各有所欲己有所能人亦各有所能聖人盡其性以盡人物之性因材而教育之因能而器使之而天下之人共包函於化育之中致中和天地位焉萬物育焉是故人之有技若己有之保邦之本也己所不知人其舍諸舉賢之要也知之爲知之不知爲不知力學之基也克己則無我無我則有容天下之量有容天下之量以善濟善而天下之善揚以善化惡而天下之惡亦隱貫者通也所謂通神明之德類萬物之情也惟事

事欲出乎己則嫉忌之心生嫉忌之心生則不與人同而與人異不與人同而與人異執一也非一以貫之也孔子又謂子貢曰女以予爲多學而識之者與曰然非與曰非也予一以貫之聖人惡夫不知而作者曰多聞擇其善者而從之多見而識之知之次也次者次乎一以貫之者也多學而後多聞多見多聞多見則不至守一先生之言執一而不博然多仍在己未嘗通於人未通於人僅爲知之次而不可爲大知必如舜之舍己從人而知乃大不多學則蔽於一曲雖兼陳萬物而縣衡無其具乃博學則不能皆精吾學焉而人精焉舍己以從人於是集千萬人之知以成吾一人之知此一以貫之所以視多學而識者爲大也孔子非不多學而識多學而識不足以盡若曰我非多學而識者也是一以貫之者也多學而識成己也一以貫之成己以及物也僅多學而未一貫得其半未得其全故非之又廣雅釋詁貫行也王氏念孫疏證衛靈公篇子貢問曰有一言而可以終身行之者乎子曰其恕乎里仁篇子曰吾道一以貫之一以貫之卽一以行之也荀子王制篇云爲之貫之貫亦爲也漢書谷永傳云以次貫行固執無遷後漢書光武十王傳云奉承貫行貫亦行也爾雅貫事也事與行義相近故事謂之貫亦謂之服行謂之服亦

謂之貫矣阮氏元揅經室集曰吾道一以貫之此言孔子之道皆於行事見之非徒以文學爲教也一與壹同後漢馮緄傳淮南說山訓管子心術篇皆訓一爲專大戴衛將軍荀子勸學臣道後漢書順帝紀皆訓一爲皆荀子大略左昭二十六年穀梁僖九年禮記表記大學皆訓壹爲專一以貫之猶言壹是皆以行事爲教也弟子不知所行爲何道故曾子曰夫子之道忠恕而已矣又云子貢之一貫亦當訓爲行事此夫子恐子貢但以多學而識學聖人而不於行事學聖人也夫子於曾子則直告之於子貢則略加問難而出之卒之告子貢曰予一以貫之亦謂壹是皆以行事爲教也亦即忠恕之道也案一貫之義自漢以來不得其解若焦與王阮二家之說非之經旨皆甚合故並錄存之皇本貫之下有哉字○注直曉不問故答曰唯○正義曰唯即是答故以答明之說文唯諾也曲禮記唯而不諾注應辭唯恭於諾

子出門人問曰何謂也曾子曰夫子之道忠恕而已矣正義曰門人者謂受學於夫子之門之人也下篇子路使門人爲臣門人欲厚葬之門人不敬子路又孟子言門人治任將歸皆是夫子弟子惟曾子謂門弟子則曾子門人子夏之門人問交於子張則子夏弟

子也忠恕者周語云中能應外忠也曾子大孝云忠者中
此者也周官大司徒注忠言以中心賈子道術以己量人
謂之恕大戴記小辨云知忠必知中知中必知恕知恕必
知外知外必知德又曰內思畢心曰知中中以應實曰知
恕曾子立孝篇曾子曰君子立孝其忠之用也禮之貴也
故爲人子而不能孝其父者不敢言人父不能畜其子者
爲人弟而不能承其兄者不敢言人兄不能順其弟者爲
人臣而不能事其君者不敢言人君不能使其臣者禮中
庸曰子曰忠恕違道不遠施諸己而不願亦勿施於人君
子之道四丘未能一焉所求乎子以事父未能也所求乎
臣以事君未能也所求乎弟以事兄未能也所求乎朋友
先施之未能也庸德之行庸言之謹有所不足不敢不勉
有餘不敢盡言顧行行顧言君子胡不慥慥爾二文言忠
恕之義最顯蓋忠恕理本相通忠之爲言中也中之所存
皆是誠實大學所謂誠意毋自欺也即是忠也中庸云誠
者非自成己而已也所以成物也中庸之誠即大學之誠
意誠者實也忠者亦實也君子忠恕故能盡己之性盡己
之性故能盡人之性非忠則無由恕非恕亦奚稱爲忠也
說文訓恕爲仁此因恕可求仁故恕即爲仁引申之義也
是故仁者己欲立而立人己欲達而達人己立己達忠也

立人達人恕也二者相因無偏用之勢而已矣者無餘之辭自古聖賢至德要道皆不外忠恕能行忠恕便是仁聖故夫子言忠恕違道不遠也忠恕之道即一以貫之之道故門人聞曾子此言不復更問矣宋相臺本岳本此節下有集解云忠以事上恕以接下本一而已惟其人也其注諸本並無蓋後人所增

子曰君子喻於義小人喻於利（注）孔曰喻猶曉也　正義曰包氏慎言溫故錄大雅瞻卬如賈三倍君子是識箋云賈物而有三倍之利者小人所宜知也君子知之非其宜也孔子曰君子喻於義小人喻於利案如鄭氏說則論語此章蓋爲卿大夫之專利者而發君子小人以位言范甯曰棄貨利而曉仁義則爲君子曉貨利而棄仁義則爲小人見皇侃義疏與鄭箋意同董子對策曰古之所予祿者不食於力不動於末故利可均布而民可家足公儀子相魯見其家織帛怒而出其妻食於舍而茹葵慍而拔其葵曰吾已食祿又奪園夫女紅利乎古之賢人君子在列位者皆如是及周之衰其卿大夫緩于誼而急于利故詩人刺之曰節彼南山維石巖巖赫赫師尹民具爾瞻爾好義則民向仁而俗善爾好利則民向邪而俗敗由是觀之天子大夫下民之

所視傚豈可居賢人之位而爲庶人行哉夫皇皇求利惟恐匱乏者庶人之意也皇皇求仁義常恐不能化民者卿大夫之意也觀董子此言可知鄭說之約而該矣焦氏循雕菰樓文集荀子王制篇古者雖王公卿士大夫之子孫不能屬於禮義則歸之庶人雖庶人之子孫積文學正身行能屬於禮義則歸之卿士大夫案卿士大夫君子也庶人小人也貴賤以禮義分故君子小人以貴賤言卽以能禮義不能禮義言能禮義故喻於義不能禮義故喻於利無恒產而有恒心者惟士爲能君子喻於義也若民則無恒產因無恒心小人喻於利也惟小人喻於利則治小人者必因民之所利而利之故易以君子孚于小人爲利君子能孚於小人而後小人乃化於君子此教必本於富驅而之善必使仰足事父母俯足畜妻子儒者知義利之辨而舍利不言可以守己而不可以治天下之小人小人利而後可義君子以利天下爲義孔子此言正欲君子之治小人者知小人喻於利。注喻猶曉也。正義曰禮記文王世子注同淮南主術篇
移訓注喻明也明曉義同

子曰見賢思齊焉見不賢而內自省也(注)包曰思與賢者等

正義曰鄭注云省察也察己得無然也案省察常訓荀子脩身篇見善脩然必以自存也見不善愀然必以自省也即此章之義。注思與賢者等。

正義曰鄭注云齊等也與與包同

子曰事父母幾諫見志不從又敬不違勞而不怨注包曰幾者微也當微諫納善言於父母見志見父母志有不從己諫之色則又當恭敬不敢違父母意而遂己之諫

正義曰說文云諫証也謂以言正之也白虎通諫諍云諫者間也更也是非相間革更其行也孝經云父有爭子則身不陷於不義是父母有過人子當諫止之也勞而不怨者王氏引之經義述聞勞憂也高誘注淮南精神篇曰勞憂也凡詩言實勞我心勞心忉忉勞心慱慱勞人草草之類皆謂憂也論語勞而不怨承上見志不從而言亦謂憂而不怨也曲禮曰三諫而不聽則號泣而隨之可謂憂矣皇侃疏引內則撻之流血不敢疾怨以爲證案撻之流血非勞之謂也邢昺疏曰父母使己以勞辱之事己當盡力服其勤不得怨父母則又與上文幾諫之事無涉胥失之矣孟子萬章篇

曰父母愛之喜而不忘父母惡之勞而不怨勞與喜相類亦謂憂而不怨也案王說是也祭義父母愛之嘉而不忘父母惡之懼而無怨懼憂義同勞而不怨謂憂父母之不正從更思進諫也皇本敬下有而字○注幾者至之諫○正義曰易繫辭傳幾者動之微說文幾微也坊記子云從命不忿微諫不倦勞而不怨可謂孝矣微諫卽幾諫此注言微諫當卽本坊記鄭彼注云微諫不倦者子於父母尚和順不用鄂鄂又檀弓云事親有隱而無犯鄭注云無犯不犯顏而諫論語曰事父母幾諫合鄭兩注觀之是微諫爲和順之義內則所云父母有過下氣怡色柔聲以諫是也納善言於父母者謂所諫之辭皆是善言所謂諭父母於道也見志見父母志有不從已諫之色者言父母志不可見但見父母色知其志也則又當恭敬云云者內則云諫若不入起敬起孝說則復諫不說與其得罪於鄉黨州閭甯孰諫是子諫父母不從當益加孝敬思復進諫不可遽違父母意徑情直行但欲遂己之諫不計父母之恥怒也祭法云父母有過諫而不逆鄭注順一而諫之不逆與不違義同蓋不違亦是幾諫非不敢違父母意遂不諫也白虎通諫諍云子諫父父不從不得去者父子一體而分無相離之法猶火去木而滅也論語事父母幾諫又敬不違

白虎通引此文以不違爲不去郎內則所云不說則孰諫必待親從諫而後已己不得違而去之也此與包注義別亦通

子曰父母在不遠遊遊必有方〔注〕鄭曰方猶常也○正義曰皇本不遠上有子字詩板傳遊行也此常訓吳氏嘉賓說必有方者亦非遠遊也雖近且必有其所常至使家人知之曲禮曰所遊必有常是也案玉藻云親老出不易方義與此同邢疏云遊必有常所使父母呼已得卽知其處也設若告云詣甲則不得更詣乙恐父母呼已於甲處不見則使父母憂也○注方猶常也○正義曰鄭注檀弓禮器並同

子曰三年無改於父之道可謂孝矣〔注〕鄭曰孝子在喪哀戚思慕無所改於父之道非心所忍爲○正義曰釋文曰此章與學而篇同當是重出陳氏鱣古訓曰漢石經亦有此章當是弟子各記所聞故鄭注之案論語中重出者數章自緣聖人屢言及此故記者隨文記之春秋繁露祭義篇孔子曰書之重辭之復嗚呼不可不察也其中必有美者焉○注鄭曰至忍爲○

正義曰釋文云學而是孔注今此是
鄭注本或二處皆有集解或有無者

子曰父母之年不可不知也一則以喜一則以懼注孔曰見其壽考則喜見其衰老則懼○正義曰喜懼者說文云喜樂也懼恐也皇疏引李充曰孝子之事親也養則致其樂病則致其憂憂樂之情深則喜懼之心篤然則獻樂以排憂進歡而去戚者其惟知父母之年乎豈徒知年數而已哉貴其能稱年而致養也是以惟孝子爲能達就養之方盡將從之節喜於康豫懼於失和孝子之道備也○注孔曰至則懼○正義曰釋文云此章注或云孔注或云包氏又作鄭玄語辭未知孰是

子曰古者言之不出恥躬之不逮也注包曰古人之言不妄出口爲身行之將不及也○正義曰爾雅釋詁躬身也逮及與也釋言逮及也並常訓禮緇衣云子曰言從而行之則言不可飾也行從而言之則行不可飾也故君子寡言而行以成其信則民不得大其美而小其惡義與此章相發皇本作古之者言之不妄出也

子曰以約失之者鮮矣注孔曰俱不得中奢則驕佚招禍儉約無憂患 正義曰約卽曾子守約之約趙氏佑溫故錄貴盡飾受以剝節當位受以孚君子損益盈謙與時消息於謙得六爻之吉於豐歷日中之憂天道人事未有不始於約終於約者約而爲泰則無恒泰而能約故可久曲禮曰敖不可長欲不可從志不可滿樂不可極皆言約之道也武氏億經讀考異此凡兩讀以約爲句失之者鮮矣爲句又以約失之者爲句鮮矣爲句並通○注俱不至憂患○正義曰注謂約卽儉也奢則不孫儉則固二者俱不得中而約可免憂患故其失鮮易象傳天地不交否君子以儉德辟難表記子曰夫恭近禮儉近仁信近情敬讓以行此雖有過其不甚矣夫恭寡過情可信儉易容也以此失之者不亦鮮乎義與此文相證

子曰君子欲訥於言而敏於行注包曰訥遲鈍也言欲遲而行欲疾 注訥遲鈍也○正義曰說文云訥言難也廣雅釋詁訥遲也玉篇引論語作吶以吶爲訥之或體說文㕯言之訥也㕯在口部訥在言部字異義同檀弓其言吶吶然如不出諸其口注吶吶舒小貌亦遲鈍之義釋文

引鄭注云言欲難意與包同

子曰：德不孤，必有鄰。注方以類聚，同志相求，故必有鄰，是以不孤。正義曰：張栻解云：「德立於己，則天下之善斯歸之。蓋不孤不孤也，如善言之集，良朋之來，皆所謂有鄰也。至於天下歸仁，是亦不孤而已矣。」案：張解深合經旨。易坤文言曰：「君子敬以直內，義以方外，敬義立而德不孤。」言內外皆有所立，故德不孤。不孤者，言非一德也。韓詩外傳：「齊桓公遇麥丘之封人，謂其善祝，曰：『至德不孤，善言必再。』又曰：『至德不孤，善言必三。』」義九明顯。必有鄰者，言己有德，則有德之人亦來歸也。鹽鐵論論誹篇引此文說之云：「故湯興而伊尹至，不仁者遠矣。未有明君在上而亂臣在下也。」漢書董仲舒傳：「臣聞天之所大奉使之王者，必有非人力所能致而自至者，此受命之符也。天下之人同心歸之，若歸父母，故天瑞應誠而至。書曰『白魚入於王舟』云云，此蓋受命之符也。孔子曰：『德不孤，必有鄰。』皆積善絫德之效也。」此引論語為人同心歸之之證，積善絫德，卽釋不孤義也。皇疏又一云：「鄰，報也。言德行不孤矣，必為人所報也。」故殷仲堪曰：「推誠相與，則殊類可親；以善接物，物亦不皆忘，以善應之是以德不孤焉必有鄰也案說苑復恩篇孔子曰德不孤必有鄰夫施德者貴不德受恩者尙必報是以鄰爲報亦漢人舊詁故並箸之。注方以至不孤。正義曰邢疏云方以類聚者周易上繫辭文也方謂法術性行各以類相聚也云同志相求者周易乾卦文言也言志同者相求爲朋友也

子游曰事君數斯辱矣朋友數斯疏矣注數謂速數之數正義曰疏遠也見呂覽愼行注邢疏云此章明爲臣結交當以禮漸進也吳氏嘉賓說數與疏對記曰祭不欲數是也君子之交淡如水小人之交甘如醴君子淡以成小人甘以壞事君與交友皆若是矣數者昵之至於密焉者也惟恐其辱乃所以召辱不欲其疏乃所以取疏故曰上交不諂下交不瀆案吳氏此說與邢疏合宋書蕭思話劉延孫傳論夫侮因事狎敬由近疏疏必相思狎必相厭厭思一殊榮禮自隔子曰事君數斯疏矣雖引文有誤而其義亦與邢疏同釋文云數鄭世主反謂數己之功勞隨書李諤傳時當官者好自矜伐諤上疏云舜戒禹云女惟不矜天下莫與汝爭能女惟不伐天下莫與女爭功言偃又云事君數斯辱矣朋友數斯疏矣此皆先哲之格言正本鄭說以

數爲數己之功勞也先兄五河君經義說略辨之云如鄭
此說則下朋友數不可通當訓爲數君友之過漢書項籍
傳陳餘傳司馬相如傳下主父偃傳注並云數責也國策
秦策注數讓責讓皆數其過之義儒行其過失可微辨而
不可面數也謂不可面相責讓也俞氏樾羣經平議說同
又云曲禮云爲人臣之禮不顯諫故諫有五而孔子從其
諷其於朋友則曰忠告而善道之事君而數則失不顯諫
之義朋友而數則非所以善道之矣此說於義亦順不因並
著之。朋注數謂速數之數。正義曰爾雅釋詁數疾也樂
記衛音趨數煩志注趨數讀如促速祭義其行也趨趨以
數注數之言速也是數速音義皆相近此注義不顯備胡
氏紹勳拾義申此注謂數者疾諫也又謂數有驟義如廣
雅釋詁三小爾雅廣言皆訓驟爲數左傳宣二年驟諫
注楚辭悲回風驟諫君而不聽兮注並云驟數也驟諫未服
有不致辱者此說當得注意陳氏鱣古訓引錢廣
伯說速數乃疏數之訛非是皇本此注爲孔安國

香山何耀章校刊

論語正義卷六

寶應劉寶楠學

公冶長第五　集解

凡二十九章

子謂公冶長可妻也雖在縲紲之中非其罪也以其子妻之

注孔曰冶長弟子魯人也姓公冶名長縲黑索紲攣也所以拘罪人

正義曰以者主婚之辭子者儀禮喪服經女子子在室爲父注子女也妻者以女適人與之爲妻也說文妻婦與夫齊者也大戴禮保傅云謹爲子孫娶妻嫁女必擇孝悌世世有行仁義者故此辨其非罪及論南容亦稱其德行示當謹擇士也非其罪傳無所聞皇疏引范甯曰公冶行正獲罪罪非其罪孔子以女妻之將以大明衰世用刑之枉濫勸將來實守正之人也又引別書名論釋稱公冶長解禽語食死人肉致疑爲殺人繫獄邢

疏斥其不經愚以周官夷隸掌與鳥言貉隸掌與獸言則
以公冶解鳥語容或有之而謂因此獲罪則傳會之過矣
紲唐石經作絏張參五經文字以爲避諱偏旁○注冶長
至罪人○正義曰史記弟子傳公冶長齊人家語弟子解
則云魯人與此孔注合史記長可妻也不連公冶爲文故
此注以公冶爲姓長爲名而又稱冶長者猶馬遷葛亮之
比凡兩字姓得單舉一字也家語云名萇邢疏引家語作
字子長釋文引家語作字子張據史傳亦字子長皇疏及
釋文引范甯曰名芝字子長白水碑作子之似又以子之
爲字諸說各異當以史傳爲正縲爲黑索者說文無縲字
纍下云綴得理也一曰大索也縲與纍同凡索皆綴屬而
成故兩訓可互取史記此文作累淮南子汜論訓累紲兩
見孟子梁惠王下係累其子弟趙岐注係累猶縛結也荀
子成相箕子累楊倞注累讀爲縲案累卽纍之省春秋左
氏傳不以纍臣釁鼓兩釋纍因使其衆男女別而纍皆以
纍爲索也說文紲系也從系世聲緤紲或從枼廣雅釋詁
紲系也釋器紲纍索也少儀犬則執紲左氏傳臣負羈紲
是紲亦繩索之稱凡繫人繫物皆謂之紲孔以紲爲攣者
說文攣係也易中孚有孚攣如馬
注攣連也虞注攣引也義皆可證

子謂南容邦有道不廢邦無道免於刑戮以其兄之子妻之

注王曰南容弟子南宮縚魯人也字子容不廢言見用 正義曰爾雅釋詁廢舍也此常訓說文戮殺也廣雅釋詁戮殺也辱也皋也義皆相近大戴禮衛將軍文子篇獨居思仁公言言義其聞詩也一日三復白圭之玷是南宮縚之行也夫子信其仁以爲異姓盧辯注謂以兄之子妻之也案思仁言義則有臨民之德當國有道時必見錄用也其心謹言則當無道時危行言遜故可免刑戮也皇疏云昔時講說好評公冶南容德有優劣故妻有己女兄女之異侃謂二人無勝負也卷舒隨世乃爲有智而枉濫獲罪聖人猶然亦不得以公冶爲劣也以已女妻公冶以兄女妻南容非謂權其輕重政是當其年相稱而嫁事非一時在次耳則可無意其間也兄之子者史記索隱引家語云梁紇娶魯之施氏生九女其妾生孟皮孟皮病足乃求婚於顏氏徵在則孔子兄即孟皮也孟皮此時已卒故孔子爲兄子主婚○注南容至子容○正義曰南宮者兩字氏亦單舉一字故曰南史記仲尼弟子列傳南宮括字子容括又作适史以南宮括南容爲一人此注又以南容南宮縚爲一人

檀弓南宮縚之妻之姑之喪夫子誨之髽而家語又以三復白圭爲南宮縚之行縚與縚同論語釋文亦云縚本又作韜則陸所見此注亦作韜縚與容括義皆相貫作縚作适皆通用字鄭氏檀弓注云南宮縚孟僖子之子南宮閱也字子容其妻孔子兄女疏云案左氏傳孟僖子將卒召其大夫云屬說與何忌於夫子以事仲尼以南宮爲氏故世本云仲孫貜生南宮縚是也案仲孫貜即孟僖子世本誤以南宮縚南宮閱爲一人而鄭君遂承其誤閱與說通用字左傳所云屬說即南宮閱也又名仲孫閱又名南宮說而其謚爲敬其字爲叔與南宮縚無涉自鄭君誤依世本而陸德明釋文司馬貞史記索隱皆沿用之然漢書古今人表分列南宮敬叔南容爲二人則世本不可信明錢可選箸補闕疑會列四疑以辨之謂孔子在魯族姓頗微而敬叔爲公族元士定已娶於彊家豈孔子得以兄子妻之又檀弓載南宮敬叔反必載寶而朝孔子謂不如速貧之愈若而人豈能抑權力而伸有德謹言行而不廢於有道之邦者耶毛氏奇齡四書賸言亦謂敬叔即曾受僖子命與其兄懿子學禮孔子然並不在弟子之列史記家語所載弟子止容一人向使容即敬叔則未有載敬叔不載懿子者至縚妻姑喪孔子誨其女髽法若是敬叔則此姑

者孟僖子妻也世族喪服自有儀法不容誨也至若史記家語各載敬叔從孔子適周見金人緘口孔子戒以謹言事與容無涉二家之論致確梁氏玉繩古今人表攷史記志疑說畧同惟毛氏賸言以南宮适別爲一人非是南容與史記不合其誤顯然此故不載其說也又顏師古漢書注南容即南宮縚也敬叔即南宮括也以南宮括爲敬叔亦誤

子謂子賤（注）孔曰子賤魯人弟子宓不齊**君子哉若人魯無君子者斯焉取斯**（注）包曰若人者若此人也如魯無君子子賤安得此行而學行之

正義曰呂氏春秋察賢篇宓子賤治單父彈鳴琴身不下堂而單父治巫馬期以星出以星入日夜不居以身親之而單父亦治巫馬期問其故於宓子曰我之謂任人子之謂任力任力者故勞任人者故逸宓子則君子矣韓詩外傳同又云子賤治單父其民附孔子曰告丘之所以治之者對曰所父事者三人所兄事者五人所友者十有二人所師者一人孔子曰所父事者三人足以教孝矣所兄事者五

一人足以教弟矣所友者十有二人足以祛壅蔽矣所師者一人足以慮無失策舉無敗功矣惜也不齊爲之小不齊爲之大功乃與堯舜參矣說苑政理篇略同然則夫子所云魯之君子卽指所父事兄事所友所師者言子賤爲政在能得人故說苑又載子賤告夫子以三得終之以朋友益親夫子贊美子賤能取人而又以見魯多君子故云若魯無君子子賤安所取法以成其治乎新序雜事二魯君使宓子賤爲單父宰子賤辭去因請借善書者二人使書憲書教品魯君子之至單父使書子賤從旁引其肘則怒之欲好書則又引之書者患之請辭而去歸以告魯君魯君曰子賤苦吾擾之使不得施其善政也乃命有司無得擅徵發單父單父之化大治故孔子曰君子哉子賤魯無君子者斯安取斯美其德也新序與說苑同出劉向蓋魯君信用子賤而子賤又能取人以輔其治故孔子美之

○注子賤魯人弟子宓不齊○正義曰史記弟子列傳宓不齊字子賤魯少孔子四十九歲不言何國人家語弟子解始云魯人與此同又注合漢書藝文志有宓子十六篇顏師古注宓讀與伏同又或作虙見五經文字所引論語釋文然釋文以作宓爲誤則不知虙宓俱從必得聲未爲誤也又或作密見淮南子泰族訓

子貢問曰賜也何如子曰女器也(注)孔曰言女器用之人曰何器也曰瑚璉也(注)包曰瑚璉黍稷之器夏曰瑚殷曰璉周曰簠簋宗廟之器貴者

正義曰夫子論諸弟子非在一時記者以次書之皇疏謂子貢聞孔子評諸弟子而不及己故有此問非也惠氏棟九經古義瑚璉當爲胡連春秋傳曰胡簋之事明堂位曰夏后氏之四連皆不從玉旁孔廟禮器碑又作胡輦古連輦字通段氏玉裁說文注引禮器碑又引司馬法夏后氏輦曰余車殷曰胡奴車周曰輜輦疑胡輦皆取車爲名案說文槤瑚槤也其字從木當是以木爲之潛夫論讚學云胡簋之器其始也乃山野之木是其證陳祥道禮書瑚以玉簠以竹爲之祇以瑚字從玉簋字從竹妄爲說之無他證也馮氏登府異文攷證攷胡連本瓦器而飾以玉孟郁修堯廟碑瑚字又作瑚可知胡連本瓦器故後人又加玉旁案攷工記旊人爲簋馮見簋是瓦器而明堂位以四連六瑚八簋爲文則胡連亦瓦器然旊人疏云祭宗廟皆用木簋今此用瓦簋祭天地及外神尚質器用陶匏之類也則簋有以木以瓦之異堯廟碑是祭外神當用瓦故字作瑚若

論語言祭宗廟之器本不用瓦不得同彼文作瑚也○注與瑚璉至貴者○正義曰鄭注云黍稷器夏曰瑚殷曰璉包咸同說文云黍不屬而黏者也稷齋也程氏瑤田九穀考說黍穗似禾而舒散今北人稱黃小米稷今之高粱宗廟之祭食用黍稷此瑚璉爲盛黍稷器也其制之異同鄭注明堂位已云未聞凌氏曙典故覈引三禮圖瑚受一升如簠而平下璉受一升漆赤中蓋亦龜形飾口以白金制度如簠而銳下則以瑚圓璉方未知何本明堂位稱夏之四璉殷之六瑚今包鄭注俱云夏瑚殷璉賈服杜注左傳亦言夏曰瑚疑今本明堂位文有誤也周曰簠簋者鄭注周官舍人云方曰簠圓曰簋盛黍稷稻粱器賈疏案孝經云陳其簠簋註云內圓外方受斗二升者直據簠而言若簋則內方外圓此其制也夫子言賜也達可使從政故以宗廟貴器比之言女器若瑚璉者則可薦鬼神羞王公矣

或曰雍也仁而不佞注馬曰雍弟子仲弓名姓冉**子曰焉用佞禦人以口給屢憎於人不知其仁焉用佞**注孔曰屢數也佞人口辭捷給數爲人所憎惡正義曰說文云佞巧讇高材也曲禮釋文口才

曰佞下篇惡夫佞者無乃爲佞乎訓同仲弓德行中人行
必先人言必後人或者以爲仁而不佞者當時尚佞見雍
不佞故深惜之禦者爾雅釋言云禁也不知其仁言以口
給禦人不知其人於仁何如也唐石經初刻作其仁後磨
改作其人皇本末二句並有也字○注雍弟子仲弓名
姓冉○正義曰史記弟子列傳冉雍字仲弓鄭目錄云魯
人論衡自紀篇以仲弓爲冉伯牛子○史記索隱引家語又
云伯牛之宗族二說各異當從論衡○注屢數至憎惡○
正義曰毛詩賓筵傳屢數也此常訓捷給者捷速也給足
也荀子性惡篇齊給便敏而無類注給謂應之速如供給
者也非十二子篇齊給便利而不順禮義注給急也速急
皆引申之義大戴禮保傳篇接給而善對曾子立事篇進
給而不讓說苑尊賢篇孔子對哀公以取人之術曰毋取
拑者毋取口銳者拑者大給利不可盡用口銳者多誕而
寡信後恐不驗也皆謂口辭捷給也韓詩外傳人之利口
贍辭者人畏之畏之斯惡之子曰惡利口之覆邦家者

子使漆雕開仕對曰吾斯之未能信(注)孔曰開弟子也漆雕
姓開名仕進之道未能信者未能究習**子說**(注)鄭曰善其

志道深正義曰釋文雕本或作凋皇本唐宋石經皆作彫邢本作雕與釋文合阮氏元挍勘記依說文當作琱凡琱琢之成文則曰彫雕凋皆叚借字案依阮說漆雕氏必其職掌漆飾琱刻以官爲氏者也夫子使開仕當在爲魯司寇時皇疏云答師稱吾者古人皆然也考答師稱吾僅見此文宋氏翔鳳過庭錄疑吾爲启字之詁启即啟字亦通○注開弟至究習○正義曰史記弟子列傳漆雕開字子開閻氏若璩四書釋地謂上開本啟字漢人避諱所改引漢藝文志孔子弟子漆雕啟證之其說是也古今人表亦作啟啟者開也故字子開此注以開爲名作僞者之疏可知楊簡先聖大訓又名憑家語弟子解又字子若白水碑字子脩皆矣人所造鄭目錄云魯人家語則云蔡人亦誤也仕進之道恐未能究習故云未能信信者有諸己之謂也由開之言觀之其平時好學不自矜伐與其居官臨民謹畏之心胥見於斯其後仕與不仕史傳並無明文家語謂開習尚書不樂仕夫不樂仕非聖人之教中庸云誠者非自成己而已也所以成物也夫子謂仁者己欲立而立人己欲達而達人子路亦謂不仕無義欲潔其身而亂大倫是開之言未能信實以仕進之道未能究習而非不樂仕矣此注雖僞作猶能不失其義王肅注家語云

言未能明信斯書義是肅自爲附會○注善其志道深

○正義曰子曰三年學不至於穀不易得也卽此義

子曰道不行乘桴浮于海從我者其由與(注)馬曰桴編竹木

大者曰栰小者曰桴**子路聞之喜**(注)喜與己俱行正義曰乘說文

作椉云覆也覆者加乎其上也詩七月傳乘升也浮者說

文云汜也漢書地理志注浮以舟渡也于皇本作於爾雅

釋詁于於也二字義同故經傳通用王氏鎏四書地理考

浮海指勃海說文海天池也以納百川者又云澥勃澥海

之別也潛丘劄記太史公多言勃海河渠書謂永平之勃

海封禪書謂登萊之勃海蘇秦列傳指天津衞之海朝鮮

列傳指海之在遼東者勃海之水大矣非專爲近勃海郡

者也案漢書地理志玄菟樂浪武帝時皆朝鮮濊貉句驪

蠻夷殷道衰箕子去之朝鮮教其民以禮義田蠶織作樂

浪朝鮮民犯禁八條相殺以當時償殺相傷以穀償相盜

者男沒入爲其家奴女子爲婢欲自贖者人五十萬雖免

爲民俗猶羞之嫁娶無所讎是以其民終不相盜無門戶

之閉婦人貞信不淫辟可貴哉仁賢之化也然東夷天性

柔順異於三方之外故孔子悼道不行設浮於海欲居九

夷有己也顔注言欲乘桴筏而適東夷以其國有仁賢之化可以行道也據志言則浮海指東夷卽勃海也夫子當日必實有所指之地漢世師説未失故尚能知其義非泛言四海也夫子本欲行道於魯魯不能竟其用乃去而之他國最後乃如楚楚則以楚雖蠻夷而與中國通已久其時昭王又賢又葉公好士故遂如楚以冀其用則是望道之行也至楚又不見用始不得已而欲浮海居九夷史記世家雖未載浮海及居九夷二語爲在周遊之後然以意測之當是也其欲浮海居九夷仍爲行道由漢志注繹之則非遯世幽隱但爲世外之想可知卽其後浮海居九夷皆不果行然亦見夫子憂道之切未嘗一日忘諸懷矣其必言乘桴者錢氏坫論語後錄謂爾雅釋水庶人乘泭夫子言道不行以庶人自處是也説文憙説也從心從喜喜亦聲今經傳通作喜人皇本由下有也字○注桴編竹木大者曰栰小者曰桴○正義曰詩周南疏引論語注與此注同臧宋以爲鄭注佚文或鄭用其師説也説文桴棟名別一義泭編木以渡也爾雅釋言舫泭也孫炎注方木置水中爲泭筏也釋文泭字或作淓樊本作柎釋水李巡注併木以渡也詩周南不可方思鄭風方之舟之毛傳並云方泭也方與舫同周南釋文泭本亦作淓又作桴或作柎諸字惟

桴是叚字，餘皆同音異體也。韋昭國語注：「編木曰泭，小泭曰桴。」分泭、桴爲二，失其義矣。王逸楚辭惜往日注：「編竹木曰泭。」與此注同。方言：「泭謂之䉵，䉵謂之筏。筏，秦晉之通語也。江淮家居䉵中謂之薦。」廣雅釋水：「䉵、箱、潢、筏也。」衆經音義卷三：「筏，通俗文作𦪇，韻集作橃，編竹木浮於河以運物也。南土名䉵，北人名筏。」楚辭王逸注：「楚人曰泭，秦人曰橃。」筏、𦪇、橃並同。周南釋文引郭璞音義云：「木曰䉵，竹曰筏，小筏曰泭。泭爲小，則筏爲大。此據人當時所稱別之。然泭、筏對文有大小之殊，散文亦通稱，故方言、廣雅、廣列異名，不爲分別也。」○正義曰：子路親師，雖相從患難，勿恤也。今見夫子使從浮海，若喜與己俱行，○若喜與己俱行。夫子獨許己與之俱行，故聞而喜也。**子曰：由也好勇過我，無所取材。**注鄭曰：子路信夫子欲行，故言好勇過我，無所取材者，無所取於桴材，以子路不解微言，故戲之耳。一曰：子路聞孔子欲浮海，不復顧望，故孔子歎其勇曰過我，無所取哉，言唯取於己。古字材、哉同。○正義曰：注子路至哉同。○正義曰：注用鄭義，後則集解兼存他說也釋文過我絕句此本鄭氏又云一讀過字絕句此集解後說說文材木梃也周官太宰五曰材貢史記貨殖傳山居千章之材並謂木也夫子浮海是不得已之思其勢亦不能行子路信爲實然則以不解夫子微言故也微者爾雅釋詁云匿微也微者隱也其義深隱則曰微言猶所謂隱語也子路伉直不解微言故夫子但言無所取材爲桴以戲之所以深悟之也爾雅釋詁戲謔也三國吳志薛綜傳權欲浮海親征公孫淵綜諫曰昔孔子疾時託乘桴之語季由是喜拒以無所取才繹其辭義亦謂桴材作才者叚借字一曰云云以過爲好勇太過我無所取材爲但以由從不復取他人哉言必不能也云古字材哉同者馮氏登府異文攷證哉字從才才與哉通崔瑗張平子碑往才汝諧邪昺爾雅疏哉古文才

孟武伯問子路仁乎子曰不知也注孔曰仁道至大不可全名也**又問子曰由也千乘之國可使治其賦也不知其仁也**注孔曰賦兵賦　正義曰史記弟子傳作季康子問當出古論釋文賦梁武帝云魯論作傳陳氏

鑑古訓曰賦傳同音故魯論借用大戴禮衛將軍文子篇子貢歷言仲由冉有公西赤之行文子以爲一諸侯之相與此章所論相合程氏瑶田論學小記夫仁至重而至難者也故曰仁以爲己任任之重也死而後已道之遠也如自以爲及是未死而先己聖人之所不許也故曰同也其心三月不違仁吾見其進也未見其止也言夫行恕以終其身死而後已不自以爲及者也故有問人之仁於夫子者則皆曰未知蓋曰吾未知其及焉否也○注賦兵賦○正義曰鄭注賦軍賦此孔所襲説文賦斂也顔師古漢書地理志注賦者發斂土地所生之物以供天子也胡氏渭禹貢錐指周時軍旅之征謂之賦周禮大司馬注賦給軍用者也小司馬注曰賦謂出車徒給繇役也左傳曰天子之老請帥王賦又曰悉索敝賦又曰韓賦七邑又曰魯賦八百乘邾賦六百乘又曰鄫無賦於司馬其所謂賦皆軍賦也

求也何如子曰求也千室之邑百乘之家可使爲之宰也不知其仁也(注)孔曰千室之邑卿大夫之邑卿大夫稱家諸侯千乘大夫百乘宰家臣

正義曰武伯更問求赤於仁何如夫子直告以二子

之才不俟再問也千室之邑者說文室實也從宀從至至
所止也邑國也從口先王之制尊卑有大小從卪宰者公
羊隱元年傳宰者何官也古凡大小官多稱宰如家宰大
宰膳宰宰夫宰胥宰旅及邑長家臣皆名宰也左隱元年
疏引鄭注論語云公大都之城方三里臧宋輯本列之此
文之下攷左傳云凡邑有宗廟先君之主曰都又云先王
之制大都不過參國之一鄭以國爲上公之國周官典命
公九命其國家宮室車旗衣服禮儀皆以九爲節鄭注云
公城蓋方九里是大都三國之一則爲三里矣就鄭君箋
注繹之千室之邑謂公邑凌氏曙四書典故覈云周官之
制天子自六鄉以外分六遂及家稍小都大都其食之地
制爲公邑使大夫治之在二百里三百里以上大夫如州
長在四百里五百里以下大夫如縣正皆屬於遂人載師
以公邑之田任甸地舉甸以該稍縣疆也鄉遂之民以七
萬五千家爲定其餘夫皆受田於公邑故遂人授民夫以
廛田百畮萊五十畮餘夫亦如之餘夫所受公邑之萊也
太宰九賦邦甸家稍都鄙之賦皆公邑所出諸侯之國亦
然以魯言之三鄉三遂之外除大夫之采邑皆公邑孔子
爲中都宰子夏爲莒父宰子賤爲單父宰子游爲武城宰
皆公邑也雖費宰爲季氏邑郕宰爲孟氏邑郈宰爲叔孫

氏邑非公邑耳王畿之地鄉遂以家計公邑蓋以里計諸侯之地皆以家計故春秋之世動云書社幾百蓋二十五家爲社可知邑之大小皆論室之多少也周禮四井爲邑四邑爲丘四丘爲甸四甸爲縣四縣爲都鄭注甸方八里旁加一里治洫則方十里爲一成四甸爲縣方二十里縣二百五十六井二千三百四十夫之地以鄭意推司馬法算之宮室涂巷三分去一通不易一易再易計之爲一室受二夫之田實一縣受田出稅人爲七百六十九夫又旁加一里內受田治洫人四百三十一夫共千二百夫云千室之邑舉成數也或容有餘夫分授杜氏注左傳築郿曰四縣爲都四井爲邑然宗廟所在則雖邑曰都尊之也孔疏引釋例曰邑有先君宗廟雖小曰都都而無廟固宜稱城案此則自井以上至縣凡有城皆稱邑至四縣爲都乃稱都故云千室之邑其宰則如周禮之縣正也鄭注又云大夫之家邑有百乘采地一同之廣輪也案大學云百乘之家鄭注有采地者也坊記云家富不過百乘兩疏以爲皆卿采邑凡卿亦稱大夫故鄭君此注及雜記注並言大夫有百乘也坊記疏以爲百里正一同之制司馬法六尺爲步步百爲畮畮百爲夫夫三爲屋屋三爲井井十爲通通爲匹馬三十家士一人徒二人通十爲成成百井三

百家革車一乘士十人徒二十人十成爲終終千井三千
家革車十乘士百人徒二百人十終爲同同方百里萬井
三萬家革車百乘士千人徒二千人此司馬法鄭君引以
注小司徒知此采地一同亦其制也賈公彥小司徒疏云
謂之爲同者取象雷震百里所聞同是同方百里之義也
廣輪猶言廣長凡輪皆直行此據開方法言之○注千室
之邑卿大夫之邑○正義曰注以千室之邑爲卿大夫采
邑不爲公邑與鄭氏異則似冉有祇能仕於私家於義未
能備也皇疏云舊說五等之臣其采地亦爲三等各依其
君國十分爲之上公地方五百里其臣大采方五十里中
采方二十五里小采方十二里半侯方四百里其臣大采
方四十里中采方二十里小采方十里伯方三百里其臣
大采方三十里中采方十五里小采方七里半子方二百
里其臣大采方二十里中采方十里小采方五里男方百
里其臣大采方十里中方五里小方二里半凡制地方一
里爲井井有三家若方二里半有方一里者六又方半里
者一則合十八家有餘故論語云十室之邑也其中大小
各隨其君故或有三百戶是方十里者一或有千室是方
十里者三有餘地

赤也何如子曰赤也束帶立於朝可使與賓客

言也不知其仁也注馬曰赤弟子公西華有容儀可使爲行人正義曰說文束縛也釋名釋言語束促也相促近也帶繫繚於要所以整束其衣故曰束帶釋名釋衣服帶帶也著于衣如物之繫帶也漢孫根碑束鞶立朝本此文當爲齊古之異鞶者革帶段氏玉裁說文注云古有大帶有革帶革帶以繫佩韍而後加之大帶則革帶統於大帶故許於鞶曰大帶也戴氏淸四書典故考辨凡冕服皆素帶而爵弁皮弁朝服玄端皆緇帶爲擯相者當服皮弁所謂束帶與賓客言者乃緇帶也立於朝者立與位同爾雅釋宮中庭之左右謂之位左氏傳有位於朝郎立於朝也禮行聘於廟朝會燕饗則於廟或於朝或於寢此祇言朝者亦舉一以賅耳凌氏曙四書典故覈其立位則接賓時陳擯於大門外上擯近君門東西面既入廟門擯者負東塾東上立則在中庭至授玉時上擯進阼階之西釋辭于賓遂相君拜既受玉退負東塾而立此但依聘禮言之亦舉聘則他禮可推知也說文賓所敬也客寄也謂他國諸侯及卿大夫也凌氏廷堪禮經釋例案聘禮及廟門几筵既設擯者出請命注上擯待而出請受賓所以來之命重停賓也又云擯者入告辭玉注擯者上擯也覲禮侯氏

入門右坐奠圭再拜稽首擯者謁注謁猶告也上擯告以天子前辭欲親受之如賓客也又聘禮擯者出請事敖繼公曰擯者上擯也是相大禮皆上擯之事也據凌氏言此與賓客言亦是上擯下篇言宗廟之事如會同願爲小相小相於聘禮則承擯紹擯此亦自謙之辭故夫子曰亦也爲之小孰能爲之大明亦能爲上擯也又案與言當兼禮辭及無常之辭若成三年齊侯朝晉將授玉郤克趨進曰云云及襄七年衛孫文子來聘公登亦登叔孫穆子趨進曰云云皆是無常之辭大戴禮衛將軍文子篇子貢曰志通而好禮擯相兩君之事篤雅其有禮節也是公西赤之行也孔子曰禮儀三百可勉能也威儀三千則難也公西赤問曰何謂也孔子曰貌以擯禮禮以擯辭是之謂也孔子之語人也曰當賓客之事則通矣謂門人曰二三子欲學賓客之禮者於赤也皆雜記公西赤事與此章及下篇互證○注赤弟至行人○正義曰史記弟子傳公西赤字子華少孔子四十二歲公西兩字氏鄭目錄云魯人容儀謂禮容禮儀容主貌儀主事也周官序官大行人中大夫二人小行人下大夫四人注云行人主國使之禮此指主國出聘其使臣稱行人也與擯相各是一職而皆主賓客若子華使齊鄭是行人之比故馬以此可使爲行人也

子謂子貢曰：女與回也孰愈？注孔曰：愈猶勝也。對曰：賜也何敢望回！回也聞一以知十，賜也聞一以知二。子曰：弗如也，吾與女弗如也。注包曰：既然子貢不如，復云吾與女俱不如者，蓋欲以慰子貢也。

正義曰：望者，釋名釋姿容：望，茫也，遠視茫茫也。子貢言顏子有大智之德，已不敢視比之也。釋文：聞本或作問，字非。知十知二，皆設數多寡以明優劣也。說文云：十，數之具也。數始於一，終於十。君子之爲學也，原始要終，一以貫之。其在聖門，惟顏子好學，能有此詣。夫子與回言終日，不違，及退省其私，亦足以發。發者，夫子所未言之義，即顏子所聞而知之者也。子貢未能一貫，故聞一但能知二，二者一之比，言已未能盡其義也。釋文云：吾與爾，本或作女，音汝。○注：愈猶勝也。○正義曰：鄭有此注，孔所襲也。廣雅釋言：愈，賢也。賢、勝義近。○注：既然至貢也。○正義曰：論衡問孔篇：吾與汝俱弗如也。鄭玄別傳：馬季長謂盧子幹曰：吾與女皆不如也。後漢橋玄傳魏武祭文：仲尼稱不如顏淵。三國志夏侯淵傳：下令稱之曰：淵虎步關右，所向無前，仲尼有言，吾與爾不如也俱與此注義合皇疏引顧歡曰回爲德行之儁賜爲言語之冠淺深雖殊而品裁未辨欲使名實無濫故假問孰愈子貢既審回賜之際又得發問之旨故舉十與二以明懸殊愚智之異夫子嘉其有自見之明而無矜尅之貌故判之以弗如同之以吾與女此言我與爾雖異而同言弗如能與聖師齊見所以爲慰也

宰予晝寢注孔曰宰予弟子宰我子曰朽木不可雕也糞土之牆不可杇也注包曰杇腐也雕雕琢刻畫王曰杇鏝也此二者以喻雖施工猶不成於予與何誅注孔曰誅責也今我當何責於汝乎深責之　正義曰江氏聲論語竢質說日出後爲晝凡人雞鳴而起宰我日出後尚寢寐未起故責之鄭注云寢臥息也案說文寑臥也其字從宀故所臥室亦名之釋名釋宮室寢寢也所寢息也是也晝非寢時故禮言君子不晝居內若晝居內雖問疾焉可也夫晝居內且不可别晝寢耶韓李筆解謂晝舊文作畫字所云舊校或有所本李匡乂資暇錄寢梁武帝讀爲寢室之寢晝

作胡卦反且云當爲畫字言其繪畫寢室周密齊東野語嘗見侯白所注論語謂畫當作畫字侯白隋人二讀與舊文合李氏聯琇好雲樓集漢書揚雄傳非木摩而不彫牆塗而不畫此正雄所作甘泉賦諫宮觀奢泰之事暗用論語可證畫寢之說漢儒已有之案禮言天子廟飾山節藻梲穀梁莊廿四年傳禮天子之桷斲之礱之加密石焉諸侯之桷斲之大夫斲之士斲本又廿三年傳禮天子之諸侯黝堊大夫倉士黈周官守祧云其祧則守祧黝堊之皆說宗廟之飾其宮室當亦有飾鄭注禮器云宮室之飾士首本大夫達棱諸侯斲而礱之天子加密石焉此本晉語又爾雅釋宮牆謂之堊統廟寢言之周官掌蜃云共白盛之蜃注云謂飾牆使白之蜃也此與黝堊異飾當是宮室中所用左襄卅一年傳圬人以時塓館宮室亦當謂加飾春秋時大夫士多美其居故士木勝而知氏以輪奐頌而文子懼意宰予晝寢亦是其比夫子以不可雕不可杇譏之正指其事此則舊文於義亦得通也雕皇本唐宋石經並作彫釋文糞或作糞說文此篆作龔云棄除也从艸推華糞釆也胡氏紹勳四書拾義左傳云小人糞除先人之敝廬是除穢謂糞所除之穢亦謂糞此經糞土猶言穢土古人牆本築土而成歷久不免生穢故曰不可杇牆者

說文作牆云垣蔽也釋名釋宮室牆障也所以自障蔽也杇皇本釋文本並作圬說文有杇無圬圬乃杇之俗玉篇作杅隸體小變宋石經作杇此形近之訛於予與何誅釋文云與疑辭王氏引之經傳釋辭與猶也也於予與改是同○注宰予弟子宰我○正義曰宰我已見八佾篇此稱宰予予爲其名爾雅釋詁予我也皇本此注爲包氏○注朽腐至鏝也○正義曰說文歺腐也朽歺或從木腐爛也剮剝也琱治玉也義並相近雕彫皆叚借字刻畫猶刻劃說文刻鏤也劃錐刀畫曰劃是也朽鏝者爾雅釋宮鏝謂之杇李巡曰鏝一名杇塗工作具也郭璞云泥鏝言用泥以鏝也說文木部杇所㠯塗也秦謂之杇關東謂之槾從木亏聲槾杇也從木曼聲金部鏝鐵杇也從金曼聲段氏玉裁木部注此器今江浙以鐵爲之或以木戰國策豫讓變姓名入宮塗廁欲以刺襄子襄子如廁心動執問塗者則豫讓也刃其杅曰欲爲智伯報讎杅謂涂廁之杅今本皆作扞矦旰切繆甚刃其杅謂皆用木而獨刃之案杇槾同物異名用以塗牆故亦謂塗牆之人爲杇人左傳稱圬人以時是也孟子滕文公下毀瓦畫墁謂所墁之牆雜畫之也○注誅責也○正義曰周官太宰八曰誅以馭其過注誅責讓也司救掌萬民之衺惡過失而誅讓之注誅誅

責也

子曰始吾於人也聽其言而信其行今吾於人也聽其言而觀其行於予與改是〔注〕孔曰改是聽言信行更察言觀行發於宰我之晝寢

正義曰逸周書芮良夫解云以言取人人飾其言以行取人人竭其行飾言無庸竭行有成說苑尊賢篇夫言者所以抒其匈而發其情者也是故先觀其言而揆其行夫以言觀其行雖有姦軌之人無以逃其情矣是取人之術當以言察其行也大戴禮五帝德篇子曰吾欲以言語取人於予邪改之即此章義集注引胡氏曰聽言觀行聖人不待是而後能亦非緣此而盡疑學者特因此立教以警羣弟子使謹於言而敏於行耳皇邢疏連上爲一章與總章數不合○注發於宰我之晝寢○正義曰論衡問孔篇說亦與此同愚謂前篇人而不仁如禮樂何在季氏舞八佾三家雍徹章後則人指季氏三家言下篇子所雅言在學易章後則所字指易言民可使由不可使知在詩禮樂章後則可使由不可使知指詩禮樂言吾友張也爲難能也在堂堂乎張章前則

難能指堂堂言此皆前後章相發
明之例姑舉數則爲此注證之

子曰吾未見剛者或對曰申棖(注)包曰申棖魯人子曰棖也慾焉得剛(注)孔曰慾多情慾

正義曰鄭注云剛謂彊志不屈撓案說文剛彊斷也臯陶謨剛而塞彊而毅是剛彊義近撓者曲也折也志不屈撓則富貴不能淫貧賤不能移威武不能屈所以能無慾也凌氏鳴喈解義剛爲天德故近仁慾坤象陰也損之窒慾也損初益上艮以止之慾者勝人爲彊有似乎剛故或以爲疑○注申棖魯人○正義曰棖或作棠或作堂或作黨或作儻漢王政碑纛申棠之欲此作棠也史記索隱申堂字周本史記弟子列傳此作堂也今本史記云申黨字周此作黨也朱氏彝尊弟子考引漢文翁禮殿圖有申儻此作儻也諸家文雖有異而音則相通詩丰云俟我乎堂兮鄭箋棠當爲棖可證也唐宋以來因稱名參錯分申棖申黨爲二人玄宗開元二十七年封申黨召陵伯申棖魯伯眞宗祥符二年封棖文登侯黨淄川侯俱列從祀至明嘉靖九年因大學士張璁奏存棖去黨而祀典始正困學紀聞云史記索隱謂文翁圖有申棖申棠今所傳禮殿圖有

申黨無申棖文獻通考亦云今考文翁石室圖無所謂棖與棠也是圖本止申黨一人伯厚所見圖作黨與朱氏彝尊所見圖作儻不同當以朱爲是諸字皆由音近通用莫知其何者爲正困學紀聞獨以黨爲傳寫之訛梁氏玉繩漢書古今人表攷亦以儻爲訛皆未必然也史記索隱引鄭此注云申棖魯人弟子也論語釋文及邢疏並引鄭曰申棖蓋孔子弟子申續又引家語申續字周似續又棖之別名史記索隱引家語作申繚困學紀聞引家語作申續今本家語作申續字子周錢氏大昕養新錄謂古文賡續同聲家語申續蓋讀如庚庚與棠音亦不遠今本家語作續則傳寫誤也盧氏文弨釋文攷證略同梁氏人表攷云鄭作申續必有所據續與續通繚續兩字乃傳寫之譌諸說皆依鄭注作續臧氏庸拜經日記徐鯤曰史記索隱引家語作繚據字周義疑繚爲得之庸案徐說是也索隱於公伯繚字周下云家語無公伯繚而有申子周又於申棠字周下云家語有申繚字周又史記正義於公伯僚字周下云家語有申繚字周然則司馬貞張守節所見家語並作申繚蓋家語無公伯繚及申堂王肅僞造申繚一人以當申堂公伯繚二人因二人名姓雖異而字周則同爲足以相混也論語音義及家語作申續乃繚字形近之譌王伯

厚所見本作續今本作續此又續字之轉誤論語音義引鄭云蓋孔子弟子申續此續字乃後人據誤本家語所改當本作申堂鄭正據仲尼弟子列傳也索隱曰申堂字周論語有申棖鄭玄云申棖魯人弟子也蓋申堂是棖不疑以棖堂聲相近案小司馬此言正據鄭注論語以申棖爲申堂故云然也案臧說甚辨當可依據蒼頡碑作字子續此又因名續而妄爲之王肅以申繚申堂公伯繚爲一人而非孔子弟子此包注亦不云弟子或包不據弟子傳以申棖申堂爲非一人也至包以棖爲魯人與鄭同漢魯峻石壁殘畫象有魯棖○注慾多情慾○正義曰古無慾有欲欲根於性而發於情故樂記言性之欲說文言情人之含氣有欲者也聖凡智愚同此性情卽同此欲其有異者聖智皆能節欲能節故寡欲也若不知節欲則必縱欲而爲性情之賊故孟子曰存心莫善於寡欲其爲人也寡欲雖有不存焉者寡矣其爲人也多欲雖有存焉者寡矣

子貢曰我不欲人之加諸我也吾亦欲無加諸人注馬曰加陵也**子曰賜也非爾所及也**注孔曰言不能止人使不加

非義於己

正義曰大學言絜矩之道云所惡於上毋以使下所惡於下毋以事上所惡於前毋以先後所惡於後毋以從前所惡於右毋以交於左所惡於左毋以交於右即子貢此言之旨戴氏震孟子字義疏證夫物之以感人無窮而人之好惡無節則是物至而人化物也人化物也者滅天理而窮人欲者也於是有悖逆詐僞之心有淫泆作亂之事是故彊者脅弱衆者暴寡知者詐愚勇者苦怯疾病不養老幼孤獨不得其所此大亂之道也誠以弱寡愚怯與夫疾病老幼孤獨反躬而思其情人豈異於我一人之欲天下人之同欲也故曰性之欲好惡既形遂己之好惡忘人之好惡往往賊人以逞欲反躬者以人之逞其欲思身受之情也情得其平是以爲好惡之節是爲依乎天理程氏瑤田論學小記進德篇曰仁者人之德也恕者行仁之方也堯舜之仁終身恕焉而已矣勉然之恕學者之行仁也自然之聖人之行仁也能恕則不仁矣不以勉然者爲恕自然者爲仁生分別也子貢曰我不欲人之加諸我也吾亦欲無加諸人此恕之說也自以爲及將止而不進焉故夫子以非爾所及警之○注加陵也○正義曰左襄十三年傳君子稱其功以加小人杜注加陵也陵者大皐有臨下之象下篇云己所不欲勿施於人施加同

義說文加語相增加也段氏玉裁改增爲譖云譖下曰加也誣下曰加也此言語相譖加也知譖誣加三字同義誣人曰譖亦曰加論語曰云云馬融曰加陵也袁宏曰加不得理之謂也劉知幾史通曰承其誣妄重以加諸韓愈爭臣論曰吾聞君子不欲加諸人而惡訐以爲直者皆得加字本義沈氏濤論語孔注辨僞曰舊唐書僕固懷恩傳共生意見妄作加諸加諸蓋飾辭毀人之謂今案段沈說又一義非經注旨所有○注言不能止人使不加非義於己○正義曰義與不義以不欲無欲觀之其意自見不必更言非義也夫子之道不過忠恕故以爲非爾所及若夫橫逆之來聲色之誘其由外至者雖聖賢不能禁止之而使其必無況在中材以下君子知其然也故但修其在己而不必遽非諸人也僞孔此注全失本旨

子貢曰夫子之文章可得而聞也夫子之言性與天道不可得而聞也注章明也文彩形質著見可以耳目循性者人之所受以生也天道者元亨日新之道深微故不可得而

閒也正義曰：史記孔子世家言定公時魯自大夫以下皆僭離於正道故孔子不仕退而修詩書禮樂弟子彌衆至自遠方莫不受業焉又云孔子之時周室微而禮樂廢詩書缺追迹三代之禮序書傳觀殷夏所損益曰後雖百世可知也以一文一質周監二代郁郁乎文哉吾從周故書傳禮記自孔氏語魯太師樂云云自衛反魯然後樂正雅頌各得其所古者詩三千餘篇及至孔子去其重取可施於禮義三百五篇孔子皆弦歌之以求合韶武雅頌之音禮樂自此可得而述以備王道成六藝又云孔子以詩書禮樂教弟子蓋三千焉據世家諸文則夫子文章謂詩書禮樂也古樂正崇四術以造士春秋教以禮樂冬夏教以詩書至春秋時其學寖廢夫子特修明之而以之爲教故記夫子四教首在於文顏子亦言夫子博我以文此羣弟子所以得聞也世家又云孔子晚而喜易序彖繫象說卦文言讀易韋編三絕曰假我數年若是我於易則彬彬矣蓋易藏太史氏學者不可得見故韓宣子適魯觀書太史氏始見周易孔子五十學易惟子夏商瞿晚年弟子得傳是學然則子貢言性與天道不可得聞易是也此說本之汪氏喜荀略見所著且住菴文稿宋氏翔鳳發微云易明天道以通人事故本隱以之顯春秋紀人事以成天

道故推見至隱天官書曰孔子論六經紀異而說不書至天道命不傳傳其人不待告告非其人雖言不著漢書李尋傳贊曰幽贊神明通合天人之道者莫著乎易春秋然子貢猶云夫子之文章可得而聞夫子之言性與天道不可得而聞已矣班氏以易春秋爲性與天道之書故引子貢之言以實之顔師古注以易春秋爲夫子之文章者誤文章自謂詩書禮樂也案宋說亦是然言性與天道則莫詳於易今卽易義略徵之繫辭上傳一陰一陽之謂道繼之者善也成之者性也又曰成性存存道義之門文言傳乾道變化各正性命又曰利貞者性情也說卦傳窮理盡性以至於命又曰昔者聖人之作易也將以順性命之理此言性也臨象傳大亨以正天之道也謙象傳天道下濟而光明地道卑而上行又云天道虧盈而益謙地道變盈而流謙恒象傳天地之道恒久而不已也繫辭傳言天道尤多凡陰陽剛柔法象變化健順易簡皆天道之說又无妄象傳大亨以正天之命也與臨象同則天命卽天道也又乾象傳蠱象傳剝象傳復象傳所言天行亦卽天道是亟言天道也鄭注此云性謂人受血氣以生有賢愚案受血氣則有形質此性字最初之誼包氏汝翼中庸說天道陰陽地道柔剛陰陽合而剛柔濟則日中中者天地之交

也天地交而人生焉故曰人者天地之心也天以動闢地以靜翕一闢一翕氤氳相成交氣流行於是有寒暑風雨晦明人秉其氣以生而喜怒哀樂具焉赤子無知而有笑有啼有舞蹈奮張人之生也莫此爲先所謂性也性也者天地之交氣也天氣下降地氣上升交在於中故傳曰人受天地之中以生性之於字從心從生人生肖天地而心其最中者也案包說即鄭注人受血氣以生之旨血氣受之父母父母亦天地之象也孟子云形色天性也形色即形質人物各受血氣以生各有形質而物性不能皆善惟人性則無不善說文云性人之陽气性善者也許言性爲陽气者對情爲陰气言之繫辭以善爲繼之性爲成之則性善之義自孔子發之而又言性相近者言人性不同皆近於善也鄭又云性有賢愚者賢愚猶知愚謂資質有高下也又注天道云七政動變之占案後漢書桓譚傳注引動作適書堯典在璿璣玉衡以齊七政鄭注七政日月五星也五星謂金木水火土之星先王觀乎天文而知寒暑之序以敬授民時故以日月五星爲七政也變動若飛伏進退之類說文云占視兆問也從卜從口周官占人注占蓍龜之卦兆吉凶是占合龜筮言之人君見天道之變而占之以觀其吉凶反之人事加修省焉此占問之意也漢

世儒者若伏生董生翼奉劉向劉歆皆以五行說天道而眭京等亦言七政災變故班氏傳贊引論語天道爲說又前書張禹傳成帝問張禹以天變因用吏民所言王氏事示禹禹對災異之意深遠難見性與天道自子貢之屬不得聞何況淺見鄙儒之所言後書桓譚傳天道性命聖人所難言自子貢以下不得而聞今諸巧慧小才技數之人增益圖書矯稱讖記以欺惑貪邪詿誤人主皆以吉凶禍福言天道故鄭氏同之其義備於春秋矣錢氏大昕潛研堂文集一說性與天道猶言性與天合也後漢書馮異傳臣伏自思惟以詔敕戰攻每輒如意時以私心斷決未嘗不有悔國家獨見之明久而益遠乃知性與天道不可得而聞也管輅別傳苟非性與天道何由背爻象而任胷心晉書紀瞻傳陛下性與天道猶復役機神於史籍此亦漢儒相承之說宋氏翔鳳發微亦本錢氏而小異云聖人言性合乎天道與猶言合也後言利與命與仁亦是合義今案以與爲合此漢儒誤解不可援以爲訓李賢後漢書外戚傳注云論語云云謂孔子不言性命及天道而學者誤謂孔子之言性自然與天道合非惟失於文句實乃大乖意旨是錢氏所引諸說皆章懷所不取矣史記世家夫子之言天道與性命性命連文阮氏元性命古訓謂爲安國

眞本義或然也皇本高麗本又漢書眭弘等傳贊外戚傳
注匡謬正俗引並作也已矣○注章明至聞也○正義曰
書堯典平章百姓鄭注章明也與此注同易傳云六畫而
成章孟子云君子之爲學也不成章不達章是文之所見
故注云文彩形質著見以文彩釋文以著見釋章也古無
彩字經典俱作采禮樂記文采節奏又曰省其文采注以
文章爲禮儀故以形質言之明有威可畏有儀可象故人
耳目得以循行也性爲人之所受以生即鄭君人受血氣
以生之義天道元亨日新之道者元始也亨通也易彖傳
大哉乾元萬物資始此元爲始也通則運行不窮故日月
往來以成晝夜寒暑往來以成四時也乾有四德元亨利
貞此不言利貞者略也天道不已故有日新之象禮記哀
公問篇云敢問君子何貴乎天道也孔子對曰貴其不已
如日月東西相從而不已也是天道也不閉其久是天道
也中庸言天道爲至誠無息引詩維天之命於穆不已蓋
曰天之所以爲天也此詩所言天命據鄭箋即天道也聖
人法天故易言君子終日乾乾夕惕若夫子贊易曰天行
健君子以自彊不息又曰剛健篤實煇光日新其德皆不
已之學也皆法乎天也性與天道其理精微中人以下不
可語上故不可得聞其後子思作中庸以性爲天命以天

道爲至誠孟子私淑諸人謂人性皆善謂盡心則能知性知性則能知天皆夫子性與天道之言得聞所未聞者也集解釋性與鄭合其釋天道本易言之與鄭氏之據春秋言吉凶禍福者義皆至精當兼取之

子路有聞未之能行唯恐有聞（注）孔曰前所聞未及行故恐後有聞不得並行也注前所至行也○正義曰有聞文章之道也子路好勇聞斯行之其未及行又恐別有所聞致前所聞不能並行苟子哀公篇是故知不務多務審其所知楊倞注引此文蓋審其所知卽是欲行之故不務多知也包氏愼言溫故錄聞讀若聲聞之聞韓愈名箴云勿病無聞病其曄曄昔者子路唯恐有聞赫然千載德譽愈尊其言當有所本蓋子路當時有聲聞之一事爲人所稱道子路自度尚未能行故唯恐復有聞此說與孔注異亦通

子貢問曰孔文子何以謂之文也（注）孔曰孔文子衞大夫孔圉文謚也**子曰敏而好學不恥下問是以謂之文也**（注）孔

曰敏者識之疾也下問謂凡在己下者注孔文至謚也○正義曰世本云孔達生得閭叔穀穀生成叔烝鉏鉏生頃叔羈羈生昭叔起起生圉圉即孔叔圉亦稱仲叔圉邢疏引謚法云勤學好問曰文是文爲謚也春秋時謚法雖失實然猶不輕謚文故子貢問孔文子之謚而夫子於公叔文子之謚文亦特表其行明凡謚文當愼之也○注下問謂凡在己下者○正義曰俞氏樾平議云下問者非必以貴下賤之謂凡以能問於不能以多問於寡皆是案俞說即此注言凡之旨

子謂子產有君子之道四焉注孔曰子產鄭大夫公孫僑**其行己也恭其事上也敬其養民也惠其使民也義**正義曰君子者鄉大夫之稱子產德能居位合於道者有四故夫子表之行己恭則能修身事上敬則能盡禮養民惠則田疇能殖子弟能誨故夫子稱爲惠人惠者仁也仁者愛人故又言古之遺愛也使民義則集注所云如都鄙有章上下有服田有封洫廬井有伍之類皆是○注子產鄭大夫公孫僑○正義曰鄭者周同姓國韋昭晉語注謂子產鄭穆公之

孫子國之子，故稱公孫。《晉語》言「公孫成子」，「成」其謚也。錢氏大昕《後漢書攷異》：「產者，生也。木高曰喬，有生長之義，故名喬，字子產。」後人增加「人」旁。案：《說文》：「僑，高也。」僑言人之高者。郭注《山海經》長股國言「有喬國，今伎家喬人蓋象此身」，喬、僑通用。《左傳》長狄僑如，當亦取高人之意。僑產義合，高大爲美，故子產又字子美。此當兼存二義。

子曰：「晏平仲善與人交，久而敬之。」注：周曰：「齊大夫。晏，姓；平，謚；名嬰。」正義曰：周官大宰「二曰敬故」，鄭注：「敬故，不慢舊也。」晏平仲久而敬之，據鄭說，則久謂久故也。君子不遺故舊，則民不偷，故稱平仲爲善交。皇疏引孫綽曰：「交有傾蓋如舊，亦有白首如新。隆始者易，克終者難。敦厚不渝，其道可久，所以難也。」孫說謂平仲與人交久，與鄭微異，亦得通也。皇本作「久而人敬之」，疏云：「凡人交易絕，而平仲交久而人愈敬之也。」此就所據本說之。實則當從鄭本，無「人」字，解爲平仲敬人。○注「晏姓，平謚，名嬰」。○正義曰：《史記·管晏列傳》：「晏平仲嬰者，萊之夷維人也。」索隱曰：「名嬰，平謚，仲字。晏者，地名，以邑爲氏。」《一統志》：「晏城在齊河西北二十五里，即其地也。」謚法解：「治而無眚曰平，執事有制曰平。」鄭注《禮記·檀弓》「布幅」，治國紀綱皆曰平，是平爲謚也。

子曰臧文仲居蔡(注)包曰臧文仲魯大夫臧孫辰文諡也蔡國君之守龜出蔡地因以爲名焉長尺有二寸居蔡僭也

山節藻棁(注)包曰節者栭也刻鏤爲山棁者梁上楹畫爲藻文言其奢侈何如其知也(注)包曰非時人謂之爲知

正義曰龜者介蟲之長有知靈能先知故用爲卜白虎通蓍龜篇天子下至士皆有蓍龜者重事決疑示不自專凡卜皆在廟故藏龜亦於廟周官龜人凡取龜用秋時攻龜用春時各以其物入于龜室注云六龜各異室也史記龜策列傳言高廟有龜室又言置室西北隅懸之此其制也左文二年傳說臧孫此事云作虛器杜注作虛器謂居蔡山節藻棁也有其器而無其位故曰虛如杜所言則居蔡謂作室以居之所謂龜櫝也漢書食貨志元龜爲蔡非四民所得居有者入太卜受直然則文仲得此蔡卽當歸諸周室而不得私藏之禮器所云家不寶龜是也乃文仲則僭爲已有且以此龜本藏天子廟中故亦以天子廟飾居之其所置之處亦必在文子家廟中明堂位曰山節藻棁複廟

重檐天子之廟飾也文仲諂瀆神物以冀福佑而不知其僭上無等之罪必不爲神所相故夫子不斥其僭而但斥其以不知全氏祖望經史問答據漢人之說則居蔡是僭諸侯之禮山節藻梲是僭天子宗廟之禮以飾其居如此則已是二不知不應槪以作虛器罪之曰一不知也又云山節藻梲實係天子之廟飾管仲僭用以飾其居而臧孫未必然者蓋臺門反坫朱紘鏤簋出自夷吾之奢汰不足爲怪而臧孫則儉人也天下豈有以天子之廟飾自居而使妾織蒲於其中者蓋亦不相稱之甚矣吾故知其必無此也然則山節藻梲將何施曰施之於居蔡也案全氏此辨致確其據家語以文仲世爲魯之守蔡大夫又取陸佃說以伯禽所受封之繁弱爲蔡別名又名僂句皆謬妄不足一辨故略之節與格同陳氏鱣古訓藝文類聚引作棄格一字案爾雅釋宮栭謂之棄釋文棄音節孫炎本作節是棄節通用論語釋文又云梲本又作棳○注臧文至僭也○正義曰臧文仲即臧孫辰見左莊二十八年傳鄭注云蔡國君之守龜也龜出於蔡故得以爲名焉與包略同左昭五年傳吳蹶由曰卜之以守龜又曰國之守龜其何事不卜是國君有守龜也漢書食貨志元龜岠冉長尺二寸公龜九寸侯龜七寸子龜五寸又云元龜爲蔡是蔡長尺

二寸也白虎通引禮三正記天子龜爲蔡長一尺二寸諸侯一尺大夫八寸士六寸與食貨志異然皆以天子龜爲尺二寸也但包旣以蔡爲長尺二寸則是天子守龜不當云國君之守龜此稍誤矣淮南說山訓大蔡神龜出於溝壑高誘注與包鄭同漢食貨志如氏注以蔡爲蔡國薛瓚以蔡爲龜名不取蔡國之說爲顏監所糾正路史國名紀言蘄春江中有蔡山在廣濟縣大龜納錫故曰蔡非姬姓蔡王氏塗四書地理志引之謂今黃梅縣西南九十里曰蔡山西接廣濟縣此或包鄭所指龜所出之地名矣俞氏樾平議包氏此解亦臆說竊疑蔡當讀爲叡說文叡楚人謂卜問吉凶曰叡讀若贅龜者所以卜問吉凶也因卽名之曰叡蓋楚語也龜本荊州所貢故沿襲其語耳叡與蔡音相近孔氏廣森經學卮言謂蔡蔡叔之蔡卽叡三苗之叡然則以蔡爲叡猶以蔡爲叡矣案俞此說甚可據因並箸之○注節者至奢侈○正義曰鄭亦有此注與包同節爲栭者本爾雅文說文云格欂櫨也欂櫨柱上枅也枅屋欂櫨也栭屋枅上標也鄭注明堂位云山節刻欂櫨爲山也三蒼云柱上方木曰枅一名楮山東河南皆曰枅自陜以西曰楮廣雅釋宮欂謂之枅格謂之笮合諸訓觀之格也栭也枅也欂櫨也楮也笮也六名實一物王延壽靈光

殿賦芝栭攢羅以戢㙮張載注云芝栭柱上節方小木爲
之長三尺此卽節也段氏玉裁說文注云有枅有曲枅枅
則栔也曲枅則欒也曲枅加於柱枅加於曲枅栭又加於
枅以次而小故名之栭薛注西京賦曰栭斗也張載注靈
光賦曰栭方小木爲之栭在枅之上枅者柱上方木斗又
小於枅亦方木也然後乃抗梁焉栭與枅非一物釋宮云
栭謂之㮰合二事渾言之許則析言之案說文以栭爲枅
標標者枅上端也栭與枅正是一物而段云非一物誤矣
爾雅開謂之槉郭注柱上欂也亦名枅又曰楷說文開門
欂櫨也徐鍇繫傳斗上承棟者橫之似笄也柱端交梧之
處置方木焉使相接合故謂之槉案開字從門從幷象
其形從門則爲門上之枅與柱端之枅同故其訓亦不異
郝氏懿行義疏謂案槉一物兩名案言其標槉言其末亦
未是也鄭注禮器云山節謂刻柱頭爲斗拱形如山也柱
頭者節也斗拱者山之形鄭據目見言之非謂刻山形於
節上也梲爲梁上楹者爾雅云宗廟謂之梁其上楹謂之
棳是棳在梁上郭注以爲侏儒鄭注明堂位亦云畫侏儒
柱爲藻文也侏儒者短柱之稱故禮器注云藻梲謂畫梁
上短柱爲藻文也釋名棳儒梁上短柱也儒上當補侏字
淮南主術訓短者以爲侏儒高誘注侏儒梁上戴蹲跪人

也朱儒本短人故短木亦稱朱儒高舉其形似言之非謂刻爲人也玉篇棁楄也以棁爲棼殊誤徐鍇說文繫傳以棼爲梁上短柱而以兩旁枝梧之木爲棁亦與舊訓不合藻者水草爾雅釋草莙牛藻藻與藻同包以山節藻棁爲奢侈不言僭者以奢侈則僭可知鄭此注又云山節藻棁天子之廟飾皆非文仲所當有之案鄭注禮器云宮室之飾士首本大夫達稜諸侯斵而礱之天子加密石焉無畫山藻之禮也又云山節藻棁此是天子廟飾而管仲僭之者考士首本云云見穀梁傳及晉語尚書大傳皆是言桷飾鄭以桷飾如此則凡飾皆同而又言天子廟飾山節藻棁是於密石之外又加此山藻之飾與宮室之制不同也山節藻棁是二事皆非文仲宮室中所當有故夫子譏之

子張問曰令尹子文【注】孔曰令尹子文楚大夫姓鬭名穀字於菟三仕爲令尹無喜色三已之無慍色舊令尹之政必以告新令尹何如子曰忠矣曰仁矣乎曰未知焉得仁【注】但聞其忠事未知其仁也 正義曰令尹楚官名邢疏云令善也尹正也言用善人正此官

也三已者詩墓門箋已去也南山有臺箋已止也全氏祖望經史問答子文於莊公卅年爲令尹至僖公卅三年讓於子玉凡在位卅八年子玉死蔿呂臣繼之子上又繼之大孫伯又繼之成嘉又繼之是後楚之令尹不見於左傳文公十二年子越之亂追紀日令尹子文卒鬬般爲令尹則蔿者成嘉之後子文嘗再起爲令尹而仁山以爲子上之後者誤也子上死即有商臣之變使子文是時在位豈尚可以言忠案子越亂在宣四年非文十二年全氏誤也如全此說子文僅再仕再已而論語云三仕三已者大略之辭汪氏中述學云易近利市三倍詩如賈三倍論語焉往而不三黜春秋傳三折肱爲良醫此不必限以三也論語季文子三思而後行雌雉三嗅而作孟子書陳仲子三咽此不可知其爲三也論語子文三仕三已史記管仲三仕三已三戰三走田忌三戰三勝范蠡三致千金此不必其果爲三也故知三者虛數也案楚語觀射父曰昔鬬子文三舍令尹無一日之積恤民之故也潛夫論過利篇楚鬬子文三爲令尹而有飢色妻子凍餒朝不及夕皆言子文三仕三已與論語正合若莊子堯問莊子田子方呂氏春秋知分淮南子道應史記鄒陽傳循吏列傳皆以三仕三已爲孫叔敖之事閻氏若璩四書釋地又續云孫叔敖

之令尹見宣十一年叔敖死於楚莊王時絲令尹僅七八年莊王之賢豈肯暫已叔敖意莊子荀子原係子文事傳譌而爲叔敖其說是也夫子許爲忠者皇疏引李充曰進無喜色退無怨色公家之事知無不爲忠臣之至也釋文未知如字鄭音智注及下同漢書古今人表先列聖人次仁人次智人其序篇引此二語論衡問孔篇子文會舉子玉代己位而伐宋以百乘敗而喪其衆不知如此安得爲仁中論智行篇或曰然則仲尼曰未知焉得仁乃高仁邪何謂也對曰仁固大也然則仲尼亦有所激然非專小智之謂也若有人相語曰彼尚無有一智也安得乃知爲仁乎二文皆讀知爲智智與鄭同李充曰子玉之敗子文之舉舉以敗國不可謂智也賊夫人之子不可謂仁也可補鄭義皇本何如下有也字○注姓鬭名穀字於菟○正義曰左宣四年傳初若敖娶于䢵生鬭伯比若敖卒從其母畜于䢵淫于䢵子之女生子文焉䢵夫人使棄諸夢中虎乳之䢵子田見之懼而歸以告夫人遂使收之楚人謂乳穀謂虎於菟故命之曰鬭穀於菟實爲令尹子文說文穀乳也從子𣪊聲漢書敘傳上楚人謂乳穀如氏曰穀音構牛羊乳汁曰穀廣雅釋詁穀生也曹憲音曰穀春秋之穀烏菟釋言穀乳也穀穀一字左傳作穀或係叚借論語釋文

穀本又作穀荀子禮論君子以倍叛之心接臧穀猶且羞之楊倞注孺子曰穀莊子駢拇臧與穀二人注同穀與穀同若言乳兒也於菟爲虎此反切之權輿曹憲作烏菟漢書敘傳作於檡皆以音近通用王氏引之春秋名字解詁於菟虎文貌說文⿰牛余黃牛虎文讀若涂菟⿰牛余聲義並同虎有文謂之於菟故牛有虎文謂之⿰牛余說文虍虎文也於菟與虍聲近而義同如王此說子文爲字亦是名字相應矣敘傳云故名穀於檡字子文此注以穀爲名於菟爲字而不言子文之爲名爲字作僞者之疏可知

崔子弒齊君陳文子有馬十乘棄而違之注孔曰皆齊大夫崔杼作亂陳文子惡之捐其四十匹馬違而去之至於他邦則曰猶吾大夫崔子也違之之一邦則又曰猶吾大夫崔子也違之何如子曰清矣曰仁矣乎曰未知焉得仁注孔曰文子避惡逆去無道當春秋時臣陵其君皆如崔子無有可止者 正義曰崔者地名以邑爲氏也左襄

二十七年傳成請老于崔杜注濟東朝陽縣西北有崔氏城在今濟南府章丘縣西北二十五里俗呼古城弑者說文云臣殺君也左宣十八年傳凡自虐其君曰弑白虎通誅伐篇引春秋讖曰弑者何也欲言臣子殺其君父不敢卒候間司事可稍稍試之是其義也釋文弑本又作殺說文殺戮也段氏玉裁注云述其實則曰殺正其名則曰弑春秋正名之書也故言弑不言殺三傳述實以釋經之書也故或言弑或言殺案此則弑殺兩通齊君莊公名光左襄二十五年傳言莊公通崔杼之妻姜氏崔子因是又以其間伐晉也欲弑公以說于晉夏五月乙亥公問崔子疾遂從姜氏姜入于室與崔子自側戶出甲興公踰牆又射之中股反隊遂弑之是崔子弑君之事也論語釋文崔子鄭注云魯讀崔爲高今從古論衡別通篇仕宦爲吏亦得高官將相長吏猶我大夫高子也安能別之亦據魯論包氏愼言溫故錄高氏爲齊命卿與文子同朝者高止也崔杼弑君而魯論書高子者責其不討賊也與趙盾同義文子去齊而之他邦其間或欲請師討賊而見其執國命者皆與惡人爲黨故曰猶吾大夫高子也陳氏立句溪雜箸曰以左傳崔杼事證之則魯論信爲誤字然文子所至各國亦何至皆如崔子而文子亦何至輒擬人以弑君之賊

則下兩言猶吾大夫崔子似以魯論作高子爲長蓋弒君之逆法所必討高子爲齊當國世臣未聞聲罪致討以春秋貶趙盾律之宜與崔子同惡矣其首句自當作崔子魯論作高子則涉下高子而誤案包陳二說微異皆可得魯論之義鄭以古論定魯論亦以莊公時高子不當權要與趙盾異春秋無所致譏故宜從古論作崔子也陳文子名須無文者謚也文子出奔春秋經傳皆無之劉氏逢祿論語述何篇時非有執政且旋反國故不錄也清者說文云澂水之貌下篇身中清馬融曰清純潔也皇疏引李充曰違亂求治不汚其身清矣而所之無可驟稱其亂不如甯子之能愚蘧生之可卷未可爲智也潔身而不濟世未可謂仁也此亦當得鄭義唐石經棄作弃即古棄字違之之一邦皇本作違之之至他邦○注捐其四十匹馬違而去之○正義曰說文棄捐也捐棄也轉相訓曲禮云問大夫之富數馬以對故此言有馬十乘也一乘是四匹馬則十乘是四十匹馬陳氏鱣簡莊集解此文云此指其在廄之馬金氏仁山以十乘乃十甸之地其采邑之大可知非也論語千乘之國及百乘之家皆指出車之數而言陳文子有馬十乘及齊景公有馬千駟則指公馬之畜于官者非國馬之數莊氏間也大學畜馬乘謂士初試爲大夫者百

乘之家謂有采地者鄭注甚明周官按人云家四閑馬二種鄭志答趙商曰當八百六十四匹此言天子之卿大夫之制若侯國初試爲大夫者畜馬乘今文子有馬十乘亦可謂多矣閻氏釋地以開方之法計其賦十乘而宗爲文子采邑蓋仍沿金氏之誤耳

季文子三思而後行子聞之曰再斯可矣（注）鄭曰季文子魯大夫季孫行父文謚也文子忠而有賢行其舉事寡過不必及三思

正義曰三思者言思之多能審慎也左氏傳言文子將聘於晉求遭喪之禮以行後晉襄公果卒杜預注以爲三思而後行此可證矣說文再一舉而二也皇本再下有思字顧氏炎武金石文字記唐石經斯作思。注季文至三思。正義曰行父者季孫字也忠而有賢行者左成十六年傳范文子曰季孫於魯相二君矣妾不衣帛馬不食粟可不謂忠乎襄五年傳季文子卒宰庀家器爲葬備無衣帛之妾無食粟之馬無藏金玉無重器備君子是以知季文子之忠於公室也皆言文子忠事也舉事寡過不必及三思故言再思卽可矣左襄二十五年傳衛太叔文子曰君子之行思其終也思其復也哀二十七年傳中行文子曰君子之謀也始衷終皆舉之而後入焉是三思乃美行吳志諸葛恪傳注引志林曰恪輔政大司馬呂岱戒之曰世方多難每事必十思恪答曰昔季文子三思而後行夫子曰再斯可矣今君令恪十思明恪之劣也亦以文子三思爲賢與鄭注意合

子曰甯武子注馬曰衛大夫甯俞武謚也邦有道則知邦無道則愚其知可及也其愚不可及也注孔曰佯愚似實故曰不可及也

正義曰有道無道不知在何時朱子集注以有道屬文公無道屬成公全氏祖望經史問答云武子之事文公其於左氏無所見則或謂有道亦祇就成公之世無事之時樊氏廷枚四書釋地補引汪廷珍說此有道乃對禍亂而言與史魚章兩有道正同成公復國後武子輔政凡十餘年其間如請改杞命不答彤弓等事皆所謂有道則知也宋氏翔鳳發微云左氏所載甯武子遭罹國難盡忠竭謀乃使衛侯再得返國斯亦知矣且晉責舊憾興師相加其君既出其國屢存內外有杭戈之憂上下無晏安之樂武子於此運其知謀宛濮之盟醫衍

之貨凡爲盡臣皆知及此若論其愚當非有言可紀有事可載也蓋成公之無道不在失國在不知人以叔武之守而至於殺則甯氏之行亦恐不全也乃前驅背盟不言於事後於晉爭訟從坐而無辭從容大國之間周旋闇君之側譖訴皆絶刑罰不罹斯其能愚之實足以脫乎亂世非有聖賢之學烏能及於此乎○注衞大夫甯俞○正義曰左文四年經衞使甯俞來聘傳作甯武子是武子卽甯俞程公說春秋分紀甯武子莊子速之子左文五年晉陽處父聘於衞反過甯杜注晉邑汲郡脩武縣也今河南衞輝府獲嘉縣西北有修武故城卽古甯邑其地與衞境相接或本爲衞邑武子世食於此故氏甯也說本江氏永春秋地理考實

子在陳曰歸與歸與吾黨之小子狂簡斐然成章不知所以裁之注孔曰簡大也孔子在陳思歸欲去故曰吾黨之小子狂簡者進取於大道妄作穿鑿以成文章不知所以裁制我當歸以裁之耳遂歸○正義曰陳者國名說文云陳宛丘也今河南陳州府治淮寧縣

史記孔子世家孔子至陳歲餘吳王夫差伐陳取三邑而去孔子居陳三歲會晉楚爭彊更伐陳及吳侵陳陳常被寇孔子曰歸與歸與吾黨之小子狂簡進取不忘其初於是孔子去陳過蒲適衛去衛將西見趙簡子臨河乃還反乎衛又去衛復如陳是歲魯哀公三年而孔子年六十矣季桓子卒康子代立使使召冉求冉求將行孔子曰魯人召求非小用之將大用之也是日孔子曰歸乎歸乎吾黨之小子狂簡斐然成章吾不知所以裁之子贛知夫子思歸送冉求因誡曰即用以孔子爲招云世家此文述夫子再有歸與之辭前文見孟子後文見論語蓋夫子思歸之切屢見乎辭故世家各隨文記之司馬貞索隱疑爲一文兩敘閻氏若璩釋地續以孔子此歎與起於魯之召求之歸前所載爲錯簡復出非也釋文吾黨之小子狂簡絕句鄭讀至小子絕句今鄭說已佚孟子趙注孔子在陳不遇賢人上下無所交蓋歎息思歸欲見其鄉黨之士也周禮五黨爲州五州爲鄉故曰吾黨之士也此稱吾黨之義也狂者說文云狾狾犬也狾犬雄猛善發故人之矯恣自張大者亦謂之狂孟子萬章曰敢問何如斯可謂狂矣曰如琴張曾皙牧皮者孔子之所謂狂矣何以謂之狂也曰其志嘐嘐然曰古之人古之人夷考其行而不掩焉者也趙

注嘐嘐志大言大者也重言古之人欲慕之也夷平也考察其行不能揜覆其言是其狂也斐然者禮記大學有斐君子鄭注斐有文章貌也爾雅釋訓注斐文貌言弟子居魯所學已就能成文章可觀也裁者爾雅釋言裁節也張栻論語解方聖人歷聘之時詩書禮樂之文固已付門人次序之矣及聖人歸於魯而後有所裁定又云狂簡之士雖行有不揜而其志大蓋能斐然以成章矣至於義理之安是非之平詳略之宜則必待聖人裁之而後爲得也案孔子世家言陽虎亂政時孔子不仕退而修詩書禮樂弟子彌眾至自遠方莫不受業是孔于年五十內已修詩書禮樂非至晚年歸魯始爲之也弟子受業卽受孔子所修之業當時洙泗之間必有講肄之所不皆從夫子出遊故此在陳得思之也沈氏濤論語孔注辨僞誤解世家之文以歸爲冉求將歸吾黨之小子亦指冉求則世家此文下明言子贛知夫子思歸又夫子言求也退卽求亦自言力不足是求之爲人與狷近與狂簡絕遠沈君說未爲是也不知所以裁之謂弟子學已成章嫌已淺薄不知所以裁之也此正謙幸之辭其弟子之當裁制自不言可知世家不知上有吾字皇本裁之下有也字○注簡大至遂歸○正義曰簡大爾雅釋詁文趙注孟子云簡大也狂者進取

大道而不得其正者也沈氏濤辨僞云斐字從文古訓無不以爲文貌者今云妄作穿鑿謬矣案下篇子曰不得中行而與之必也狂狷乎是狂簡亦有爲之人但務爲高遠所言或不副其所行非有所穿鑿也包咸子罕篇注曰時人有穿鑿妄作篇籍者此則不知而作豈諸弟子所爲乎焦氏循論語補疏妄作穿鑿申解斐然蓋讀斐爲匪匪猶非也此或得孔義然亦謬矣妄作穿鑿以成文章不知所以裁制是以不知爲弟子不知也於義亦隔云遂歸者終言之孔子反魯在哀十一年冬

子曰伯夷叔齊不念舊惡怨是用希（注）孔曰伯夷叔齊孤竹君之二子孤竹國名　正義曰爾雅釋詁念思也希罕也並常訓大戴禮衛將軍文子篇孔子曰不克不忌不念舊惡蓋伯夷叔齊之行也皇疏云舊惡故憾也人若錄於故憾則怨恨更多唯夷齊豁然忘懷若有人犯己己不怨錄之所以於人怨少也邢疏云不念舊時之惡而欲報復故希爲人所怨恨也毛氏奇齡四書改錯此惡字猶左傳周鄭交惡之惡舊惡卽夙怨也惟有夙怨而相忿而不之念因之恩怨俱泯故怨是用希此必有實

事而令不傳者張文藏曰魏書房景伯除清河太守郡民劉簡虎嘗失禮于景伯景伯署其子爲西曹掾論者以爲不念舊惡南齊皇甫肅曾勸劉勔殺王廣之及勔亡肅反依廣之而廣之感且契賞且啟武帝使爲東海太守史臣以爲不念舊惡然則此惡字並解作怨字案毛說與皇疏合惟怨字當從邢疏以爲人怨恨也朱子集注云孟子稱其不立於惡人之朝不與惡人言與鄉人立其冠不正望望然去之若將浼焉其介如此宜若無所容矣然其所惡之人能改即止故人亦不甚怨之也案集注亦是會子立事云朝有過夕改則與之夕有過朝改則與之即此義○注伯夷至國名○正義曰伯叔少長之字夷齊其名也皇疏謂伯夷名允叔齊名致釋文云允字公信智字公達夷齊謚也見春秋少陽篇史記索隱亦同惟智作致與義疏合案謚法解夷齊並爲謚然古人無以字居謚上者困學紀聞引胡明仲曰彼已去國誰爲之節惠哉蓋如伯達仲忽亦名而已矣其說良是史記伯夷列傳云伯夷叔齊孤竹君之二子也爾雅釋地觚竹列於四荒郭注觚竹在北觚與孤同漢地理志遼西郡令支有孤竹城今永平府盧龍縣東有古孤竹城

子曰：孰謂微生高直？或乞醯焉，乞諸其鄰而與之。注孔曰：微生姓，名高，魯人也。乞之四鄰，以應求者，用意委曲，非爲直人。○正義曰：乞醯者，乞猶求也。左僖廿六年經「公子遂如楚乞師」，杜注：「乞，不保得之辭。」說文：「醯，酸也。作醯以鬻以酒，從鬻、酒，並省。」鬻與醬同。儀禮聘禮注：「以醯穀爲陽，醯肉爲陰。」醯遠穀言，是其以鬻爲之。說文：「酸，酢也。關東謂酢曰酸。」酢即醋字。禮記內則「和用醯」，釋文：「醯，酢也。」周官疾醫「五味」，醯、酒、飴、蜜、薑、鹽之屬，注云：「醯則酸也。」古酸用梅，疑即加之於醯，故醯味酸。士昏、公食大夫所云醯醬，據注云「以醯和醬」，則是加醯於醬也。醬不必皆加以醯，故有芥醬、卵醬、醢醬、醯醬之別。廣雅釋器：「醯，醋也。」醯與醯同。論語釋文：「醯亦作醯。」郊特牲、內則、天官釋文同。釋名釋飲食：「以醯多汁者爲醯。醯，瀋也。」惠氏士奇禮說遂以醯醬爲一物，又謂古無醋，其說並誤。乞諸其鄰而與之，不爲直者，乞諸其鄰而冒爲己物以與人，人知與之爲微生，而不知爲鄰所以不得爲直。若乞諸鄰而稱鄰以與之，此亦厚德，無所可譏矣。○注：「微生姓，名高，魯人也。」○正義曰：漢書古今人表「尾生高」、「尾生晦」，師古曰：「即微生高、微生畝也。」燕策蘇代曰：「信如尾生高文曰信如尾生高則不過不欺人耳蘇秦曰信如尾生期而不來抱梁柱而死莊子盜跖篇尾生與女子期於梁下女子不來水至不去抱梁柱而死淮南氾論說林竝載此事高誘注云魯人則微生蓋嘗硜硜自守者故當時或以爲直也尾與微通書堯典鳥獸孳尾史記五帝紀作微是其證

子曰巧言令色足恭左丘明恥之丘亦恥之注孔曰足恭便僻貌左丘明魯太史匿怨而友其人左丘明恥之丘亦恥之注孔曰心內相怨而外詐親 正義曰釋文云一本此章有子曰字恐非案陸所見無子曰與上章合爲一章蓋由傳寫脫誤不當以有者爲非也爾雅釋詁匿微也舍人注匿藏之微也說文匿亡也亡若亡命之亡謂隱藏也左丘明與孔子同時而卒於孔子後漢劉歆稱其好惡同於聖人卽指此文之類○注足恭便僻貌左丘明魯太史○正義曰邢疏云便僻其足以爲恭謂前卻俯仰以足爲恭也臧氏庸拜經日記表記孔子曰君子不失足於人不失色於人不失口於人曾子修身篇亟達而無守好名而無體忿怒而爲惡足恭而口聖

而無常位者君子弗與也巧言令色能小行而雋難于仁矣文王官人篇華如誣巧言令色足恭一也皆以無爲有者也案不失足者不足恭也不失色者不令色也不失口者不巧言也故文王官人三者並舉足恭而口聖口聖卽巧言也詩板無爲夸毗正義曰夸毗者便辟其足前卻爲恭孔注言足恭便僻之貌者義當如此解爾雅釋訓籧篨口柔也戚施面柔也夸毗體柔也李巡注巧言好辭以口饒人是謂口柔和顏悅色以誘人是謂面柔屈已卑身求得於人曰體柔論語友便辟馬融曰便辟巧避人所忌以求容媚者友善柔馬融曰面柔者也友便佞鄭玄曰便辯也謂佞而辯也然則便辟爲體柔善柔爲面柔便佞爲口柔體柔爲足恭面柔爲令色口柔爲巧言斷斷然矣案臧說深得此注之義管子小匡篇曹孫宿之爲人巧佞卑諂足恭而辭結結與給同史記五宗世家趙王彭祖爲人巧佞卑諂足恭而心刻深又日者列傳孅趨而言索隱曰孅趨猶足恭也顏師古漢書景十三王傳注足恭謂便辟也李賢後漢書崔駰傳注夸毗謂佞人足恭善爲進退皆讀足如字皇疏引繆協曰足恭者以恭足於人意而不合於禮度此讀足爲將樹反見陸氏音義仲尼燕居恭而不中禮謂之給子曰給奪慈仁鄭注巧言足恭之人似慈仁實

鮮仁據鄭注義則給如供給之給謂足也故鄭引足恭誼之此義亦通史記十二諸侯年表序自孔子論史記次春秋七十子之徒口受其傳魯君子左丘明懼弟子各有安其意失其眞故具論其語成左氏春秋又自敘篇稱左丘失明厥有國語漢書藝文志左氏傳三十卷左丘明魯太史案史公以左丘連文則左丘是兩字氏明其名也左丘亦單稱左故舊文皆言左傳不言左丘傳說者疑左與左丘爲二作國語者左丘明作左傳者别一人與史漢諸文不合非也左丘明雖爲太史其氏左丘不知何因解者援玉藻動則左史書之謂左丘明是以官爲氏則但當氏左不當連丘爲文亦恐非也周官太史下大夫二人上士四人侯國羣臣秩差降太史當止以士爲之

顏淵季路侍子曰盍各言爾志子路曰願車馬衣輕裘與朋友共敝之而無憾注孔曰憾恨也顏淵曰願無伐善無施勞注孔曰不自稱己之善不以勞事置施於人　正義曰季路即子路季者少長之稱閻氏若璩四書釋地又續季路長顏淵二十一歲而先顏淵者尚德也侍者說文云侍承也釋名釋

言語侍時也尊者不言常於時供所當進者也鄭注云盍何不也案爾雅釋言曷盍也郭注盍何也何與何不語有詳略各者説文云各異詞也夫子欲覘二子之志故問其何不各言之也願者有志而未逮之辭爾雅釋詁願思也裘者説文云裘皮衣也裘即裘字凡裘服毛在外故有加衣以襲之衣裘猶衣裳皇邢各本衣下有輕字阮氏元校勘記唐石經輕字旁注案石經初刻本無輕字車馬衣裘見管子小匡及齊語是子路本用成語後人涉雍也篇衣輕裘而誤衍輕字錢大昕云石經輕字宋人誤加考北齊書唐邕傳顯祖嘗解服青鼠皮裘賜邕云朕意在車馬衣裘與卿共敝蓋用子路故事是古本無輕字一證也釋文於亦之適齊節音衣爲于既反而此衣字無音是陸本無輕字二證也邢疏云願以己之車馬衣裘與朋友共乘服是邢本亦無輕字三證也皇疏云車馬衣裘共乘服是皇本亦無輕字四證也今注疏與皇本正文有輕字則後人依通行本增入非其舊矣白虎通三綱六紀云朋友之交貨則通而不計共憂患而相救下引此文至敝之絕句唐邕傳同言己與朋友共用至敝也今讀與朋友共爲一句敝之而無憾爲一句似敝之專指朋友於語意未晰説文共同也又㡀敗衣也从巾象衣敗之形敝帗也一曰敗衣

今經傳訓敗之字皆作敝是從或義也皇本作弊乃通用字施勞者朱子集注云施者張大之意案施勞與伐善對文禮記祭統注施猶著也淮南詮言訓功蓋天下不施其美謂不誇大其美也善言德勞言功周官司勳事功曰勞是也禮記表記君子不自大其事不自尚其功以求處情過行弗率以求處厚荀子君子篇備而不矜一自善也謂之聖不矜矣夫故天下不與爭能而致善用其功有而不有也夫故為天下貴矣二文所言卽顏子之志曾子言有若無實若虛昔者吾友嘗從事於斯若無若虛卽無伐無施之意吾友謂顏子顏子未得位未能行其所志故嘗以其所願從事之也○注憾恨也○正義曰見廣雅釋詁此常訓○注不自至於人○正義曰伐訓稱者引申之義左襄十三年傳小人伐其技以馮君子杜注自稱其能曰伐皇疏云願已行善而不自稱欲潛行而百姓日用而不知也又願不施勞役之事於天下也故鑄劒戟為農器使子貢無施其辨子路無厲其勇也案孟子云以佚道使民雖勞不怨孔子亦言擇可勞而勞之是勞民非政所能免今但言不施以勞事然則將可勞者亦勿勞之乎於義為短今所不從

子路曰願聞子之志子曰老者安之朋友信之少者

懷之（注）孔曰懷歸也正義曰老者人年五十以上之通稱爾雅釋詁老壽也少者禮記少儀目錄少猶小也趙岐孟子萬章注人少年少也韓詩外傳遇長老則脩弟子之義遇等夷則脩朋友之義遇少而賤者則修告道寬裕之義故無不愛也無不敬也無與人爭也曠然而天地苞萬物也如是則老者安之少者懷之朋友信之據韓傳所言則朋友謂其年位與夫子等夷者也信者禮記經解云民不求其所欲而得之謂之信竊謂子路重倫輕利不失任卹之道義者之事也顏子勞而不伐有功而不德仁者之事也夫子仁覆天下教誠愛深聖者之事也○注懷歸也○正義曰爾雅釋詁懷止也釋言懷來也並與歸訓近言少者得所養教歸依之若父師也

子曰已矣乎吾未見能見其過而內自訟者也（注）包曰訟猶責也言人有過莫能自責正義曰已矣乎者歎辭已止也大學記云所謂誠其意者毋自欺也如惡惡臭如好好色此之謂自謙故君子必慎其獨也獨者人所未及知而己所獨知之之時也意有善惡誠意者於意之善者好之意之不善者惡之惡不善正是葆其善故君子之於改過尤亟亟也人凡有過其始也皆藏

於意故能自見能自見而內自訟則如惡惡臭必思所以去之夫子言惡不仁之人不使不仁者加乎其身所謂內自訟者如此所謂誠意者如此否則見其過而不能自訟卽是自欺自欺則非誠意矣夫子嘆未見好仁惡不仁者及此又有未見能自訟之歎蓋改過爲學者至要而亦至難故非愼獨不克致力矣所以云未見者察之於色與言觀之於所行事所謂誠於中必形於外人之視己如見其肺肝然也○注訟猶責也○正義曰訟訓責者引伸之義廣雅釋詁訟責也責卽責字

子曰十室之邑必有忠信如丘者焉不如丘之好學也正義曰凌氏曙典故覈四井爲邑井有三家四井凡十二家云十室舉成數也大戴禮曾子制言云是故昔者禹見耕者五耦而式過十室之邑必下爲乘德之士存焉卽此必有忠信之意案忠信者質之至美者也然有美質必濟之以學斯可祛其所蔽而進於知仁之道故子以四教先文行於忠信行卽行其所學也韓詩外傳劒雖利不厲不斷材雖美不學不高故學然後知不足卽此義也釋文云焉如字衛瓘於虔反爲下句首皇疏引衛說云所以忠信不如丘者

由不能好學如上耳苟能好學可使如上也案訓焉爲由其義甚曲武氏億經讀考異焉猶安也安不如我之好學言亦如我之好學也此亦以焉屬下句其義較衞爲順當並箸之

香山何燿章校刊